JUS PUBLICUM

Beiträge zum öffentlichen Recht

Band 65

Dieter Kugelmann

Die informatorische Rechtsstellung des Bürgers

Grundlagen und verwaltungsrechtliche Grundstrukturen individueller Rechte auf Zugang zu Informationen der Verwaltung

Mohr Siebeck

Dieter Kugelmann, geboren 1963; Studium der Rechtswissenschaft in Mainz und Dijon; 1991 Promotion; 1993 zweite juristische Staatsprüfung; 1992–94 wiss. Mitarbeiter an der Universität Mainz; 1994–2000 wiss. Assistent an der Universität Mainz; 2000 Habilitation.

Als Habilitationsschrift auf Empfehlung des Fachbereichs Rechts- und Wirtschaftswissenschaften der Johannes Gutenberg-Universität Mainz gedruckt mit Unterstützung der Deutschen Forschungsgemeinschaft.

Die Deutsche Bibliothek – CIP-Einheitsaufnahme

Kugelmann, Dieter:
Die informatorische Rechtsstellung des Bürgers : Grundlagen und verwaltungsrechtliche Grundstrukturen individueller Rechte auf Zugang zu Informationen der Verwaltung / Dieter Kugelmann. – Tübingen : Mohr Siebeck, 2001
(Jus publicum ; Bd. 65)
ISBN 3-16-147445-7

Das Buch wurde von Gulde-Druck in Tübingen aus der Garamond-Antiqua belichtet, auf alterungsbeständiges Werkdruckpapier gedruckt und von der Großbuchbinderei Heinr. Koch in Tübingen gebunden.

ISSN 0941-0503

Vorwort

Die Stellung des Bürgers in der Kommunikation mit staatlichen Stellen wird zu einem wesentlichen Teil davon geprägt, welche Informationen ihm zur Verfügung stehen. Seine Möglichkeiten, Einfluss auf Vorgehen oder Entscheidungen der Verwaltung zu nehmen, stehen und fallen mit seinen Möglichkeiten, Informationen zu übermitteln oder zu erhalten. Änderungen der faktischen Gegebenheiten und Intensivierungen von Informationsflüssen können eine Stärkung der Stellung des Einzelnen in der Kommunikation erfordern, wenn seine Rechtspositionen gefährdet sind. Für die Kommunikation des Bürgers mit der Verwaltung sind die rechtlichen Regeln des Verwaltungsrechts maßgebend. Das ihrer Schaffung und Anwendung zugrunde liegende Verständnis wirkt auf die Position des Einzelnen ein und bedarf daher der Untersuchung. Denn nur wenn man sich das Grundverständnis vergegenwärtigt, kann es vor dem Hintergrund sich ändernder Rahmenbedingungen sachgerecht modifiziert werden. Auf der Grundlage der existierenden Regelungen versucht die vorliegende Arbeit, ein Grundverständnis verwaltungsrechtlicher Regelungen über Information zu entwickeln, das sich als zukunftstauglich erweisen soll.

Die vorliegende Untersuchung wurde im Wintersemester 1999/2000 vom Fachbereich Rechts- und Wirtschaftswissenschaften der Johannes Gutenberg-Universität in Mainz als Habilitationsschrift angenommen. Rechtsakte, Literatur und Rechtsprechung, die bis Mai 2000 zugänglich waren, fanden noch Berücksichtigung. Das Rundgespräch zum „Verwaltungsrecht in der Informationsgesellschaft" konnte in die Darstellung nicht mehr einbezogen werden (die Tagungsbeiträge werden veröffentlicht in *W. Hoffmann-Riem/E. Schmidt-Aßmann* (Hrsg.), Verwaltungsrecht in der Informationsgesellschaft, Band 7 der Schriftenreihe zur Reform des Verwaltungsrecht); das Gleiche gilt für die Arbeit von *Arno Scherzberg*, Die Öffentlichkeit der Verwaltung, Baden-Baden 2000.

Die Arbeit verdankt ihr Zustandekommen der Betreuung durch Prof. Dr. Walter Rudolf, der darauf hingewirkt hat, dass im Geist wissenschaftlicher Freiheit und Eigenverantwortung Gedanken Raum greifen konnten, die dann auf ihre Praktikabilität untersucht wurden. Für das engagierte Erstellen des Zweitberichts danke ich Herrn Prof. Dr. Friedhelm Hufen. Wichtige Anregungen verdanke ich Herrn Prof. Dr. Christoph Gusy. In vielfältiger Hinsicht bin ich Herrn Dr. Ulrich Repkewitz zu Dank verpflichtet, der konstruktive inhaltliche wie redaktionelle Hinweise gab. Der Deutschen Forschungsgemeinschaft danke ich für die großzügige Gewährung eines Druckkostenzuschusses.

Nicht zuletzt, sondern vor allem anderen wäre das Zustandekommen der Schrift ohne die Unterstützung und den Halt undenkbar, die mir meine Frau Ellen zuteil werden ließ. Ihr und Kristin schulde ich mehr, als Worte ausdrücken können.

Mainz, im Juni 2000 Dieter Kugelmann

Gramlich, DÖV 02, 261, Kaspers, DVBl 02, 882

Inhaltsverzeichnis

Einleitung

Die Entwicklungen der Informationsgesellschaft stellen vielfältige neue Herausforderungen an das Verwaltungsrecht.[1] Im Zusammenhang mit der technischen Informatisierung von Gesellschaft und Verwaltung treten auch Änderungen im Verhältnis der Bürger zum Staat ein, die sich in Änderungen der Kommunikation zwischen dem einzelnen Bürger und den staatlichen Stellen niederschlagen.[2] Die modernen Techniken vervielfältigen die Wege möglicher Kommunikation, insbesondere durch die zunehmende Vernetzung, beinhalten aber auch ein Element der Veränderbarkeit von Information, das mit der Rechtssicherheit in Konflikt geraten kann. Parallel dazu erhöht sich die Geschwindigkeit, mit der immer größere Mengen an Informationen übermittelt werden können.[3] Intensivierungen von Kommunikation führen zu Gefahren für die Rechtspositionen des Bürgers, denn die Beherrschbarkeit des Kommunikationsgeschehens nimmt ab.[4] Das Recht auf informationelle Selbstbestimmung ist der augenfälligste Ausdruck des Schutzbedürfnisses, das der Einzelne vor dem Hintergrund dieser Entwicklungen hat.[5] Der Bürger tritt aktiv in Kommunikationsbeziehungen mit staatlichen Stellen ein, um von ihnen Informationen zu erhalten. Sein Interesse an Information kann unterschiedliche Gründe haben, die von der Kenntnismehrung als solcher über die Beobachtung behördlichen Handelns bis hin zur Sicherung eigener Rechtspositionen reichen. Damit stellt sich im Einzelfall die Frage, ob ein Bürger über ein Recht auf Information gegenüber staatlichen Stellen verfügt und wie weit dieses trägt.[6] Antworten hängen nicht zuletzt von Ausgestaltung und Ausmaß einer transparenten rechtsstaatlichen Verwaltungsarbeit ab, da damit Maßstäbe für die Beteiligung der Öffentlichkeit an den Tätigkeiten staatlicher Verwaltung gesetzt werden. Regelungen der Kommunikation zwischen Verwaltung und Bürger werfen vor dem Hintergrund der Informationsgesellschaft weitreichende Fragen nach der Konzeption von Verwaltung in der Demokratie auf.

---

[1] *E. Schmidt-Aßmann*, Das Allgemeine Verwaltungsrecht, 6/3; vgl. *M. Kloepfer*, Gutachten D, S. 11.

[2] *F. Schoch*, VVDStRL 57 (1997), S. 162; *I. Ebsen*, DVBl. 1997, S. 1039; Enquête-Kommission Zukunft der Medien, Schlussbericht vom 22. 6. 1998, BT-Drs. 13/11004, Ziff. 2.3 und 7.

[3] *I. Ebsen*, DVBl. 1997, S. 1039.

[4] Vgl. *D. Bleyl*, DuD 1998, S. 33. Zu den technischen Entwicklungen und ihren Folgen *M. Kloepfer*, Gutachten D, S. 12ff.; *H.-H. Trute*, JZ 1998, S. 822f.; *H.J. Wolff/O. Bachof/R. Stober*, Verwaltungsrecht, Band 1, § 3, Rn. 23ff., jeweils m.w.N.

[5] BVerfGE 65, 1 (42f.); *W. Rudolf*, in: Festschrift für Stern, S. 1348; *F. Hufen*, JZ 1984, S. 1073; zu neueren Diskussionen *Ch. Gusy*, KritV 2000, S. 56ff.

[6] Vgl. *S. Lodde*, Informationsrechte, S. 4f.

Kugelmann, DÖV 05, 851

Gegenstand der Kommunikation sind Informationen im weitesten Sinne.[7] Informationen sind für den Einzelnen unabdingbar, um ihm Handlungsmöglichkeiten in sozialen, aber auch speziell in rechtlichen Zusammenhängen zu eröffnen.[8] Der Einzelne ist nur dann in der Lage, seine Interessen wahrzunehmen, wenn er über die dazu notwendigen Informationen verfügt. Die Information bildet das zentrale Grundelement eines modernen Verwaltungsrechts.[9] Ihre Rolle spielt sie in vielfältigen Zusammenhängen und gerade auch dann, wenn sie als „Vorsorgefaktor" nicht in ein formalisiertes Konditionalprogramm eingepasst werden kann.[10] Information ist Voraussetzung einer verwaltungsrechtlichen Entscheidung, ihre Übermittlung oder deren Verweigerung kann aber, wie im Fall der Akteneinsicht, auch den Entscheidungsinhalt darstellen. Eine Reihe gesetzlicher Regelungen räumt dem Einzelnen Informationsrechte ein; Anwendungsbereich und Reichweite derartiger Regelungen müssen sich den Anforderungen stellen, die intensivere und vielfältigere Kommunikation zur Folge hat. Der Zweck einer gesetzlichen Regelung kann jedoch auch darin bestehen, der Verwaltung die Gewinnung von Informationen zu ermöglichen. Mit der Vermehrung der Informationsmenge, die einer Behörde zur Verfügung steht, werden Regelungen erforderlich, welche die Verwertung oder Weitergabe von Informationen begrenzen.[11] Diese Zielsetzung hat namentlich in den Datenschutzgesetzen von Bund und Ländern ihren Niederschlag gefunden. Im Hinblick auf die Informationen und die Kommunikation kann demnach infolge technischer oder sozialer Entwicklungen Regelungsbedarf entstehen.[12] Existierende verwaltungsrechtliche Regelungen müssen daraufhin untersucht werden, ob sie zur Lösung der anstehenden Probleme geeignet sind. Es können Modifikationen sowohl einzelner Vorschriften wie auch der tragenden Strukturen des Verwaltungsrechts insgesamt erforderlich werden. Die Rechtsentwicklung reagiert auf sich ändernde soziale Gegebenheiten und trägt den Änderungen Rechnung.[13] Das Erarbeiten einer öffentlich-rechtlichen Informationsordnung stellt einen Teil dieses Prozesses dar und bezweckt, dass das Öffentliche Recht seiner Gestaltungsfunktion auf dem Gebiet der Kommunikation gerecht wird.[14]

Anhaltspunkte für die Ausgestaltung der öffentlich-rechtlichen Informationsordnung bieten die Rechtsordnungen anderer Staaten und das Recht der Europäischen Union.[15] Insbesondere die Einflüsse des europäischen Rechts

---

[7] *J.N. Druey*, Information, S. 17f.

[8] *H.-H. Trute*, JZ 1998, S. 822.

[9] *H.-H. Trute*, VVDStRL 57 (1997), S. 219; *I. Ebsen*, DVBl. 1997, S. 1039.

[10] *F. Hufen*, VVDStRL 47 (1989), S. 165.

[11] *M. Kloepfer*, Gutachten D, S. 35, 56ff.

[12] Vgl insoweit zum Grundrecht auf informationelle Selbstbestimmung *F. Hufen*, JZ 1984, S. 1074.

[13] Vgl. *R. Pitschas*, Referat M, Thesen 2 und 5.

[14] *F. Schoch*, VVDStRL 57 (1997), S. 166.

[15] *G. Winter/E. Gurlit*, in: Winter (Hrsg.), Öffentlichkeit, S. 34.

wirken auf eine Intensivierung der Transparenz im Bereich der Verwaltung hin.[16]

Verwaltungsrechtliche Regelungen der Kommunikation zwischen Bürgern und Verwaltung können unter dem Oberbegriff des Informationsverwaltungsrechts zusammengefasst und geordnet werden. Der Begriff des Informationsverwaltungsrechts bezeichnet in diesem Zusammenhang, ungeachtet weiterer möglicher Bedeutungsschichten, diejenigen Regelungen des Verwaltungsrechts, welche die Kommunikation und damit die Steuerung des Flusses von Informationen zwischen Bürger und Verwaltung zum Gegenstand haben.[17] Behörden verwalten Informationen, indem sie über deren Verteilung, Übermittlung oder Geheimhaltung entscheiden. Bürger wollen Informationen von der Behörde erhalten oder verhindern, dass diese bestimmte Informationen preisgibt. Sie können auch ein Interesse daran haben, der Behörde Informationen zu übermitteln und damit zur Kenntnis zu geben. Das Informationsverwaltungsrecht stellt die Rahmenordnung für Information und Kommunikation zur Verfügung.

Aus der Sicht des Einzelnen konkretisiert sich das Informationsverwaltungsrecht zuvörderst in den Rechten und Pflichten, die seine Handlungsspielräume erweitern oder begrenzen. Die informatorische Rechtsstellung des Bürgers, die sich angesichts der in ständigem Wandel befindlichen tatsächlichen und rechtlichen Gegebenheiten fortentwickelt, umfasst die einschlägigen rechtlichen Regelungen in ihrer Vielfalt. Sie bildet den individualbezogenen Teil des Rechts der Informationsverwaltung. Da nicht nur die Verfügungsmacht über eigene Daten betroffen ist, geht es nicht allein um die informationelle Selbstbestimmung, sondern um die weiter reichende informatorische Selbstbestimmung. Dieser Begriff verdeutlicht, dass der Bürger in der Kommunikation mit der Verwaltung unterschiedliche aktive wie passive Rollen einnehmen kann. Das Informationsverwaltungsrecht insgesamt zeichnet sich durch die Einbindung subjektiver und objektiver Interessen in Richtung auf Intensivierung wie Verhinderung von Kommunikation aus.

Aus dem so verstandenen Informationsverwaltungsrecht greift die vorliegende Arbeit vorrangig den Bereich der Gewährung und Sicherung individueller Rechte auf.[18] Ziel ist die Strukturierung des zentralen Teils der informatorischen Rechtsstellung des Bürgers. Im Kern geht es um subjektive Rechte des Einzelnen auf Information gegenüber staatlichen Stellen.[19] Denn die dem Bürger zu-

---

16 *J. Schwarze*, in: ders. (Hrsg.), Verwaltungsrecht, S. 824; *F. Schoch*, VVDStRL 57 (1997), S. 201; *H.-H. Trute*, VVDStRL 57 (1997), S. 251 mit Fn. 152; *J. Masing*, Mobilisierung, S. 221.

17 Vgl. *R. Pitschas*, in: Hoffmann-Riem/Schmidt-Aßmann, Reform, Band 1, S. 241; *ders.*, DuD 1998, S. 146; *ders.*, Referat M, Thesen 11 -13; *ders.*, Die Verwaltung 33 (2000), S. 114f.; vgl. zu weiteren Aspekten *E. Schmidt-Aßmann*, Das Allgemeine Verwaltungsrecht, 6/7ff.; allgemein zur rechtlichen Informationsordnung *M. Kloepfer*, Gutachten D, S. 85ff.

18 Vgl. *E. Schmidt-Aßmann*, Das Allgemeine Verwaltungsrecht, 6/9.

19 Siehe *R. Pitschas*, Die Verwaltung 33 (2000), S. 113, der allgemeiner von einem „Recht auf Wissen" des informierten Bürgers spricht.

stehenden subjektiven Rechte prägen seine Kommunikation mit der Verwaltung.[20] Aufgrund materiellrechtlicher Regelungen und innerhalb eines Verwaltungsverfahrens verfügt der Bürger ebenso über Abwehrrechte gegen Informationsbegehren der Verwaltung wie über Rechte auf Übermittlung von behördlichen Informationen.[21] Im Vordergrund der Untersuchung steht die Struktur von Rechten auf Information.[22]

Der methodische Ansatz entfaltet sich in drei Schritten. Zunächst geht es um die Klärung der theoretischen und verfassungsrechtlichen Rahmenbedingungen. Dann werden Rechtsnormen des Informationsverwaltungsrechts konkret auf ihren Gehalt und ihre Struktur geprüft. Aus den Gemeinsamkeiten existierender Rechte wird letztlich auf die generellen Grundstrukturen subjektiver Rechte auf Information geschlossen.

Zunächst ist die Klärung der Rahmenbedingungen für informatorische Rechtspositionen im Verwaltungsrecht erforderlich (1. Kapitel). Vor dem Hintergrund der Funktionen von Öffentlichkeit im demokratischen Rechtsstaat werden Grundbedingungen für die Tätigkeit der Verwaltung und damit auch für die Gewährleistung individueller Rechte gegenüber der Verwaltung skizziert. Ausgehend von den derart verdeutlichten konzeptionellen Vorgaben, die das Verhältnis der Verwaltung zum Bürger prägen, können aus der Verfassung Maßstäbe für Auslegung und Gestaltung von Rechten auf Information gewonnen werden (2. Kapitel). Auf dieser Grundlage erfolgt eine eingehende, auch rechtsvergleichende, Betrachtung des geltenden Verwaltungsrechts, soweit es Pflichten zum Informieren der Verwaltung oder Rechte auf Information des Bürgers betrifft. Objektiv begründete Pflichten der Verwaltung zur Herstellung von Öffentlichkeit schlagen sich zum Beispiel in Berichtspflichten oder in der Durchführung komplexer Verfahren im Planungs- und Umweltrecht nieder (3. Kapitel). Als besonders bedeutsam stellen sich Instrumente mediatisierter Rechtsdurchsetzung dar, die individuelle Interessen an Information verwirklichen helfen, ohne den Individuen unmittelbare Rechte einzuräumen. Gruppen oder Beauftragte können Informationsinteressen wirksam innerhalb oder gegenüber der Verwaltung vertreten. Für den Bürger sind dennoch subjektive Rechte auf Information das wichtigste Mittel zur Rechtsdurchsetzung, weil er es in der Hand hat, dieses Mittel einzusetzen. Das geltende Recht in anderen Staaten und auf europäischer Ebene kennt solche Rechte ebenso wie das deutsche Verwaltungsrecht (4. Kapitel). Bestehende rechtliche Gewährleistungen wie zum Beispiel die §§ 29, 30 oder 72 VwVfG werden dargestellt und daraufhin untersucht, ob sie den Anforderungen eines modernen Informationsverwaltungsrechts und insbesondere den verfassungsrechtlichen Vorgaben genügen. Entsprechen die existierenden Regelungen diesen Anforderungen nicht, bedür-

---

[20] *R. Pitschas*, in: Hoffmann-Riem/Schmidt-Aßmann (Hrsg.), Reform, Band 1, S. 279; vgl. *H. Hill*, Verfahren S. 276.

[21] *F. Hufen*, Fehler im Verwaltungsverfahren, Rn. 46, 565.

[22] Vgl. den Ansatz von *H.-H. Trute*, VVDStRL 57 (1997), S. 223 mit Fn. 21.

fen sie einer Neustrukturierung und modifizierten Interpretation. Im Laufe der Untersuchung kann es damit zu einer punktuellen Umgestaltung verwaltungsrechtlicher Regelungskonzepte kommen. Das Ziel der Beschreibung einer informatorischen Rechtsstellung des Bürgers trägt aber weiter. Vorhandene Konzeptionen dienen als Vorbilder und Modelle, um daraus Bausteine für eine übergreifende Grundlegung subjektiver Rechte auf Information zu gewinnen (5. Kapitel). Den geltenden Vorschriften sollen gemeinsame Strukturen entnommen werden, die den Tatbestand eines Informationsrechts, etwa die Rechtsträgerschaft, ebenso formen wie die Grenzen des Rechts. Durch die zusammenfassende Behandlung einer Reihe von Informationsrechten wird der Blick auf die Strukturen der Rechte auf Information jenseits ihrer bereichsspezifischen Ausgestaltung freigegeben. Diese Strukturen leiten Auslegung und Anwendung bestehender Informationsrechte. Sie prägen aber auch künftig zu schaffende Informationsrechte.

Folgen der Konzeption einer informatorischen Rechtsstellung des Bürgers sind nicht nur Umgestaltungen de lege lata, sondern auch die Erarbeitung eines Grundgerüsts für Rechte auf Information de lege ferenda. Es soll kein Hehl daraus gemacht werden, dass rechtspolitisch in der Konsequenz des zugrunde gelegten Konzepts die Schaffung eines nicht bereichsspezifischen, allgemeinen Rechts auf Information des Bürgers gegen die Verwaltung liegt.[23] Wenn sich der Gesetzgeber zu diesem Schritt entscheidet, sollten ihm ausreichende Erkenntnisse über die Struktur eines solchen Rechts zur Verfügung stehen. Der Ansatz der Untersuchung ist jedoch rechtsdogmatisch, da sie derartige Erkenntnisse aus der existierenden Rechtsmasse ableitet. Somit liegt ihr Schwerpunkt auf der Ebene des geltenden Rechts der Informationsverwaltung. Bereits auf dieser Ebene besteht die informatorische Rechtsstellung des Bürgers. Sie bildet den Teil des Informationsverwaltungsrechts, der den Zugang des Bürgers zu Informationen der Verwaltung betrifft.

---

[23] Ähnlich *D. König*, DÖV 2000, S. 54ff.; *H.-H. Schild*, RDV 2000, S. 100f.; für einen Anspruch auf fehlerfreie Ermessensentscheidung *G. Nolte*, DÖV 1999, S. 372.

1. Kapitel:
Öffentlichkeit und Verwaltung

Information ist Voraussetzung von Kommunikation. Kommunikation wiederum stellt als Austausch von Informationen den Modus dar, in dem sich Öffentlichkeit verwirklicht. Eine freiheitliche Demokratie braucht Öffentlichkeit. Die modernen Informations- und Kommunikationstechniken erleichtern und fördern eine partnerschaftlichere Gestaltung des Verhältnisses zwischen staatlichen Stellen und den Bürgern.[1] Gerade auch im Bereich der Verwaltung setzen sich kooperative Mechanismen immer mehr durch, die auf Kommunikation angelegt sind. Dabei benötigen die Bürger Informationen, um auf den Kommunikationsprozess Einfluss nehmen zu können.[2] Materielle Informationsrechte gründen zum Teil auf dieser Notwendigkeit. Die Regelung der Rechte und Pflichten in Kommunikationsprozessen, die auf eine Entscheidung der Verwaltung hinführen, leisten die Vorschriften über das Verfahren. Verwaltungsrechtliche Verfahren stellen sich unter diesem Blickwinkel als Prozesse der Informationsgewinnung und Informationsverarbeitung mit dem Ziel einer administrativen Entscheidung dar.[3] Aus der Sicht des Bürgers ist der Zugang zu den Informationen der Verwaltung von zentraler Wichtigkeit. Die ihm zustehenden Informationsrechte konstituieren die Mindestausstattung seiner Position im Kommunikationsprozess mit der Verwaltung.[4]

Öffentlich-rechtliche Rechte auf Information innerhalb und außerhalb von Verwaltungsverfahren stehen im Kontext der Beteiligung von Öffentlichkeit an der Verwaltung. Die skizzenhafte Erörterung dreier Vorfragen in diesem Kapitel dient der Einordnung der informatorischen Rechtspositionen in diesen Kontext. Die demokratietheoretischen Funktionen der Öffentlichkeit werden erstens in Bezug zur Rolle der Verwaltung in der rechtsstaatlichen Demokratie gesetzt. Zunächst werden diese Funktionen allgemein entwickelt und dann im Hinblick auf die Legislative, die Judikative und die Exekutive knapp veranschaulicht. Die Tätigkeit der Verwaltung hat sich vor diesem Hintergrund Herausforderungen zu stellen, die zweitens insbesondere die Konzeption ihres Ver-

---

[1] Enquête-Kommission Zukunft der Medien, Schlussbericht vom 22.6. 1998, BT-Drs. 13/11004, Ziff. 7.1.

[2] *E. Schmidt-Aßmann*, Das Allgemeine Verwaltungsrecht, 2/5 und 6/3; *H.-H. Trute*, JZ 1998, S. 822.

[3] *F. Hufen*, Fehler im Verwaltungsverfahren, Rn. 46f.; *E. Schmidt-Aßmann*, HdBStR, §70, Rn. 1.

[4] Vgl. *H. Hill*, Verfahren, S. 276.

hältnisses zum Bürger beeinflussen. Dieses Verhältnis bedarf der Beschreibung unter allgemeinen Vorzeichen. Da sich die Beteiligung der Öffentlichkeit an den Tätigkeiten der Verwaltung auf der Basis von Akzeptanz und Partizipation entfaltet, sollen diese Begriffe erörtert und in eine Sicht auf die Verwaltung eingeordnet werden, die der Rechtsposition des Bürgers hohes Gewicht beimisst.[5] Einer weiteren Klärung der Grundlagen für die Kommunikation zwischen Bürger und Verwaltung dient der Blick auf die in diesem Kommunikationsprozess involvierten Interessen, der sich an bestehenden gesetzlichen Vorschriften orientiert, um eine konkrete Benennung der berücksichtigungsfähigen Interessen zuzulassen. Die allgemeine Interessenlage soll auf das Thema der Informationsrechte zugespitzt werden. Da zur Verarbeitung der Interessen das Verwaltungsverfahren eine zentrale Stellung einnimmt, folgen drittens Überlegungen zur Verteilung von Kommunikationschancen im Verfahren. Auf Regelungen der Kommunikation nimmt die Rechtsschutzfunktion des Verwaltungsverfahrens Einfluss, die in Abgrenzung zum verwaltungsgerichtlichen Rechtsschutz verdeutlicht werden soll. Damit ist der Bezugsrahmen dafür gewonnen, in eine konkrete Untersuchung verwaltungsrechtlicher Informationsrechte zuerst auf der verfassungsrechtlichen (2. Kapitel) und sodann auf der einfach gesetzlichen Ebene (3. und 4. Kapitel) einzutreten.

1. Aspekte der Funktionen von Öffentlichkeit

Demokratie verwirklicht sich öffentlich. Eine lebendige Demokratie setzt eine lebendige Öffentlichkeit voraus.[6] Der schillernde Begriff der Öffentlichkeit weist vielfältige Facetten auf, die in Verbindung mit der Beteiligung von Bürgern an der Verwaltung stehen.[7] Wenn der Bürger zum Beispiel durch eine entsprechende Meinungsäußerung aus seiner Privatsphäre heraustritt, tritt er gleichzeitig in einen Kommunikationsprozess ein. Öffentlichkeit steht im Zusammenhang mit der Vervielfältigung und Verstärkung individueller Auffassungen in der öffentlichen Meinung.[8] Öffentlich ist insoweit der Teilnehmer- und Adressatenkreis aufgrund seiner Unbestimmtheit. Und öffentlich ist das Thema, es ist von allgemeinem Interesse.[9] Allerdings bedeutet dies keine Eingrenzung der Gegenstände, zu denen sich eine öffentliche Meinung bildet. Brennende politische Fragen können ebenso von allgemeinem Interesse sein wie das Privatleben Prominenter oder das Verhalten von Kindern in der Schu-

---

[5] Ähnlich *E. Schmidt-Aßmann*, Das Allgemeine Verwaltungsrecht, 2/102.

[6] *P. Häberle*, in: ders., Die Verfassung des Pluralismus, S. 126, 129f. und passim.

[7] Zur Geschichte des Begriffs der Öffentlichkeit *E.G. Mahrenholz*, Festschrift für Simon, S. 262ff.

[8] Siehe dazu *E. Noelle-Neumann*, Artikel „Öffentliche Meinung", in: Noelle-Neumann/Schulz/Wilke (Hrsg.), Fischer Lexikon Publizistik, S. 376ff. m.N.

[9] *H.H. v. Arnim*, Staatslehre, S. 43.

le.[10] Aus rechtlicher Sicht nützt eine funktionale Sichtweise von Öffentlichkeit. Öffentlichkeit bezeichnet personell das potentielle Publikum für die Beobachtung staatlichen Handelns und funktionell die Möglichkeiten des Zugangs zu Positionen, in denen staatliches Handeln wahrgenommen und beeinflusst werden kann.

Die Rechtsprechung des Bundesverfassungsgerichts bezieht sich auf die öffentliche Meinung, soweit eine Verbindung zum Verfassungsrecht besteht. Durch Teilhabe an der Bildung so verstandener öffentlicher Meinung kann der Bürger versuchen, auf die politische Willensbildung einzuwirken.[11] Entscheidend ist der offene Prozess der freien Meinungsbildung.[12] Das Bundesverfassungsgericht betont die geistige Auseinandersetzung und den Meinungskampf als konstituierende Elemente der freiheitlich-demokratischen Staatsform.[13] Die öffentliche Meinung im Sinne kommunikativer Macht, die Einfluss auf die Politik nehmen will, formt eines der Bindeglieder zwischen Staat und Gesellschaft.[14] Die Freiheit der Bildung dieser öffentlichen Meinung schützt Art. 5 Abs. 1 GG.[15] In der Bündelung von Einzelmeinungen gewinnt die öffentliche Meinung ihre Funktion als Versuch der Durchsetzung von Interessen. Durch diese Einflussnahme auf politische Entscheidungen kommt ihr zudem die Funktion der Legitimation politischer Herrschaft zu.[16] Entscheidungen staatlicher Stellen können sich auf die vorherige Diskussion stützen und auf die entsprechenden Meinungsäußerungen berufen. Dabei ist neben der Wirkung der öffentlichen Meinung als kommunikativer Macht in der Demokratietheorie ihre praktische Wirkung in einer konkreten Gesellschaftsordnung zu berücksichtigen. Da sie ein starkes Druckmittel darstellt, sind ihr Gefahren des Missbrauchs immanent.[17] Sie erweist sich oft als Produkt organisierten Zusammenwirkens und ist daher kein unfehlbarer Gradmesser gesellschaftlicher Meinungen.[18] Als Ausdruck der gesellschaftlichen Basis von demokratischer Herrschaft entfaltet sie jedoch einheitsstiftende Wirkung.[19] Die Öffentlichkeit bildet ein Netzwerk für die Kommunikation von Meinungen.[20]

---

[10] *E. Noelle-Neumann*, Artikel „Öffentliche Meinung“, in: Noelle-Neumann/Schulz/Wilke (Hrsg.), Fischer Lexikon Publizistik, S. 377f.

[11] BVerfGE 20, 56 (98); *W. Schmitt Glaeser*, in: Isensee/Kirchhof (Hrsg.), HdBStR, § 31, Rn. 26.

[12] *M. Kloepfer*, in: Isensee/Kirchhof (Hrsg.), HdBStR, § 35, Rn. 12; *K. Stern*, Staatsrecht I, § 18 II 5e (S. 618); mit Bezug zur Information *U. Sieber*, NJW 1989, S. 2570.

[13] Ständige Rechtsprechung seit BVerfGE 7, 198 (208).

[14] Siehe *E. G. Mahrenholz*, Festschrift für Simon, S. 278.

[15] BVerfGE 8, 104 (112); 20, 56 (98).

[16] *H. Heller*, Staatslehre, S. 199; *E. Schmidt-Aßmann*, AöR 116 (1991), S. 373.

[17] Vgl. schon *G. W. F. Hegel*, Grundlinien der Philosophie des Rechts, § 318.

[18] *K. Hesse*, Grundzüge, Rn. 150; *H. Heller*, Staatslehre, S. 201f.; *E. G. Mahrenholz*, Festschrift für Simon, S. 275f. zu Art. 8 GG.

[19] *H. Heller*, Staatslehre, S. 206.

[20] *J. Habermas*, Faktizität und Geltung, S. 436.

Das Verständnis von öffentlicher Meinung als kommunikativer Macht geht einher mit einer Begrenzung der Öffentlichkeit für den Vorgang der Kommunikation, der zur Konkretisierung und Verwirklichung von Interessen des Gemeinwohls beiträgt. Die Personengruppe, welche in einer bestimmten Situation die Öffentlichkeit darstellt, kann variieren.[21] Infolge der jeweils berührten Interessen segmentiert sich die Öffentlichkeit selbst oder wird durch normative Vorgaben segmentiert. Soweit der Begriff in den juristischen Diskurs einfließt, kommt es auf den Kontext an, der das konkrete Begriffsverständnis leitet. Eine interessierte Öffentlichkeit erweist sich als Teilöffentlichkeit im Verhältnis zum gesamten Publikum. Im Falle politischer Öffentlichkeit handelt es sich um an der Mitwirkung im Gemeinwesen interessierte Personen, die dementsprechend in ihrer Eigenschaft als Staatsbürger auftreten.[22] Konsequenz aus der jeweiligen Rolle kann die Ausstattung mit Rechten sein.[23]

Öffentlichkeit wirkt nicht nur von der Gesellschaft auf den Staat. In dem Maße wie die Verflechtung von gesellschaftlichen und staatlichen Bereichen und Interessenlagen zunimmt, durchwirkt die Öffentlichkeit die staatlichen Strukturen selbst. Die grundlegende Distanz zwischen Staat und Bürger mit ihrer freiheitssichernden Kraft wird damit nicht aufgehoben.[24] Durch das Öffnen staatlicher Entscheidungsräume soll vielmehr die Freiheit des Bürgers vor Gefahren geschützt werden, die ihr durch veränderte Formen staatlichen Handelns und Entscheidens drohen. Der Kommunikationsprozess muss für Einwirkungen offen sein.[25] Öffentlichkeit in ihrer normativen Ausprägung ist Teil des Wesens moderner Staatlichkeit.[26] Diese konstituiert sich offen und durchschaubar. Staatliches Handeln gewinnt für den Bürger an Transparenz, wenn ihm ausreichende Informationen über dieses Handeln zur Verfügung stehen. Die Öffentlichkeit bildet ein Forum, das auf die Rationalität behördlicher Entscheidungen befördernd einwirkt.[27] Dieser Bedeutungsgehalt von Öffentlichkeit erweist sich als wichtig für die Konzeption einer rechtlichen Informationsordnung.

Staatliche Stellen treten auf und nehmen Rollen im Rahmen von Kommunikation ein. Zunächst geht es um die Ermöglichung von Öffentlichkeit.[28] Die Rolle des Staates beschränkt sich insoweit darauf, die Rahmenbedingungen für die Meinungs- und Willensbildung zu gewährleisten. In diesen Zusammenhang gehören die Freiheiten, die für das Auftreten von Bürgern im öffentlichen Raum

---

[21] *W. Martens*, Öffentlich, S. 48.

[22] *J. Habermas*, Strukturwandel, Vorwort 1990, S. 38, der darin den Grundbegriff einer normativ angelegten Demokratietheorie erblickt.

[23] Vgl. *J. Habermas*, Faktizität und Geltung, S. 156.

[24] Vgl. allgemein *P. Kirchhof*, in: Isensee/Kirchhof (Hrsg.), HdBStR, § 59, Rn. 174.

[25] *J. Habermas*, Strukturwandel, Vorwort 1990, S. 42.

[26] *R. Smend*, in: ders., Staatsrechtliche Abhandlungen, S. 470; *K. Hesse*, Grundzüge, Rn. 152; *R. Pitschas*, DuD 1998, S. 142f. unter dem Stichwort der „Informationsfunktion" des Staates.

[27] *E. Schmidt-Aßmann*, Das Allgemeine Verwaltungsrecht, 2/116.

[28] Vgl. *R. Smend*, in: ders., Staatsrechtliche Abhandlungen, S. 465f.

notwendig sind: Meinungs- und Pressefreiheit, Versammlungsfreiheit und Vereinigungsfreiheit. Im gesellschaftlichen Bereich formiert sich politische oder sonst interessierte Öffentlichkeit im Diskurs. Der Staat hat lediglich die Freiheitsräume zu sichern, in denen sich Öffentlichkeit abspielt. Öffentlichkeit ist sozial. Allerdings reagieren staatliche Organe auf Prozesse, die in der Öffentlichkeit vor sich gehen, insbesondere auf eine starke öffentliche Meinung zu einer bestimmten Frage. Kommunikative Macht beeinflusst die administrative Machtausübung.[29]

Eine aktivere Rolle nehmen staatliche Stellen bei der Herstellung von Öffentlichkeit ein. Voraussetzung der Möglichkeit von interessierter Öffentlichkeit ist, dass der Staat informiert. Bedeutung erlangt diese Tätigkeit staatlicher Stellen zumal dann, wenn sie mehr oder weniger exklusiv über bestimmte Informationen verfügen. Die Herstellung von Öffentlichkeit ermöglicht eine informierte Öffentlichkeit, indem sie den Bürgern die Informationen vermittelt, die sie zur Meinungsbildung benötigen. Dergestalt werden die Bürger in die Lage versetzt, ihre Freiheiten wirksam und effektiv auszuüben. In diesem Zusammenhang speisen staatliche Stellen als Teilnehmer am Kommunikationsprozess Informationen in diesen ein.

Im staatlichen Bereich wird Öffentlichkeit hergestellt; sie ist normativ.[30] Die Herstellung von Öffentlichkeit dient einem bestimmten Zweck, insoweit ist auch die Öffentlichkeit funktionalisiert.[31] Da die Rechtsordnung die Grundlage für staatliches Handeln liefert, definiert sie auch die Einfallstore für die Öffentlichkeit. Personell kann es sich dabei um Betroffene oder sonst von einem staatlichen Tätigwerden Berührte handeln. In Frage kommt aber auch das gesamte Publikum als potentieller Adressat einer Bestimmung. Beteiligung „der Öffentlichkeit" kann daher heißen, dass potentiell jedermann beteiligt wird, wobei es sich faktisch um interessierte Teilöffentlichkeiten handelt. Unter Beteiligung der Öffentlichkeit fällt aber auch die Fallkonstellation, dass die Beteiligung nur bestimmten Personen ermöglicht werden soll. Die Zugangschancen werden insoweit durch Entscheidungen staatlicher Stellen verteilt. Erfolgt dies wie regelmäßig durch Gesetz, sichert die rechtlich verfasste Öffentlichkeit des Gesetzgebungsverfahrens den Zugang der Öffentlichkeit zum Prozess der Entscheidungsfindung. Damit ist die öffentliche Kontrolle und die Bildung einer öffentlichen Meinung zur Entscheidung über die Einräumung von Zugangschancen gewährleistet.

---

29 *J. Habermas*, Strukturwandel, Vorwort 1990, S. 43.

30 *E. Schmidt-Aßmann*, Das Allgemeine Verwaltungsrecht, 2/116.

31 Vgl. *M. Schröder*, Die Verwaltung 4 (1971), S. 301.

2. Funktionen von Öffentlichkeit gegenüber staatlicher Ausübung von Herrschaft

Politische Meinungs- und Willensbildung der Bürgerinnen und Bürger braucht die Öffentlichkeit staatlicher Beratungs- und Entscheidungsprozesse.[32] Wesensmerkmal eines demokratischen Rechtsstaates ist die Transparenz staatlichen Handelns und Entscheidens.[33] Dies gilt für alle drei Gewalten.[34]

Die Souveränität des Volkes nach Art. 20 Abs. 2 Satz 1 GG legt dessen Beteiligung an der Entscheidungsfindung nahe. Entscheidungen des Gesetzgebers bedürfen der Rückkopplung an die politische Öffentlichkeit. Öffentlichkeit hat insoweit herrschaftsrationalisierende Wirkung.[35] Auf der Grundlage des Art. 20 Abs. 2 Satz 1 GG ist der Grundsatz der Öffentlichkeit parlamentarischer Arbeit unumstritten. Das Gesetzgebungsverfahren selbst nach Art. 77, 78 GG findet öffentlich statt und schafft Öffentlichkeit durch die Debatten im Parlament. Die Gesetze werden im Bundesgesetzblatt veröffentlicht (Art. 82 Abs. 1 Satz 1 GG). Eine ordnungsgemäße Verkündung von Rechtsvorschriften stellt eine Voraussetzung für deren Existenz dar.[36] Die Gesetzgebung verwirklicht Öffentlichkeit schon im Vorfeld der eigentlichen Entscheidung und strebt damit einen Abgleich der beteiligten Interessen an.[37] Anhörungen, Diskussionen in Ausschüssen und weitere formalisierte oder informale Instrumente erlauben es, die Öffentlichkeit einzubeziehen. Zwar handelt es sich häufig um eine Fachöffentlichkeit, also einen begrenzten Personenkreis. Angesichts der Segmentierung von Öffentlichkeit in eine Vielzahl von Öffentlichkeiten mit unterschiedlichen Kenntnissen und Interessen entspricht dies aber den Mechanismen einer pluralistischen Gesellschaft, in der Öffentlichkeit auch über die Medien hergestellt wird, also in mediatisierter Form stattfindet.[38]

Ausprägungen von Transparenz auf dem Gebiet der rechtsprechenden Gewalt sind etwa das Prinzip der Öffentlichkeit des Gerichtsverfahrens nach § 169 GVG oder die Beteiligung von Laien.[39] Dadurch wird die Kontrolle der Gerichte gewährleistet, aber auch das Interesse der Öffentlichkeit an einer gerechten Rechtspflege zum Ausdruck gebracht.[40]

Das Verhältnis von Verwaltung und Öffentlichkeit wird von den Regelungen des Grundgesetzes weniger eindeutig gesteuert als im Fall des Verhältnisses der

---

[32] *B. Pieroth*, JuS 1981, S. 625; *K. Hesse*, Grundzüge, Rn. 152.

[33] *P. Kirchhof*, in: Isensee/Kirchhof (Hrsg.), HdBStR, § 59, Rn. 175.

[34] Vgl. *W. Hirschberger*, Zugang, S. 8ff.

[35] *P. Häberle*, in: ders., Die Verfassung des Pluralismus, S. 134.

[36] *Ch. Gusy*, DVBl. 1979, S. 721; insoweit zu Art. 82 GG *B. Pieroth*, in: Jarass/Pieroth, Grundgesetz, Art. 82, Rn. 1.

[37] *P. Lerche*, in: Lerche/Schmitt Glaeser/Schmidt-Aßmann, Verfahren, S. 97ff.

[38] *G. Püttner*, Verwaltungslehre, S. 368f.

[39] Vgl. *P. Häberle*, in: ders., Die Verfassung des Pluralismus, S. 136; *W. Hirschberger*, Zugang, S. 39; *W. Martens*, Öffentlich, S. 74f.

[40] *Ch. Enders*, NJW 1996, S. 2713.

Öffentlichkeit zur Gesetzgebung, daher steht es stärker in Abhängigkeit von anderen Faktoren. Das Verständnis von Verwaltung hat Wandlungen erfahren und entwickelt sich dynamisch weiter. Gerade die Wechselwirkungen von Öffentlichkeit und Verwaltung waren lange von Auffassungen geprägt, die sich für die Durchsetzung von Transparenz und Offenheit in der Demokratie als hinderlich erweisen.[41] Als Beispiel kann das Verständnis der Verwaltungsvorschriften dienen, die auch dann der Publikation bedürfen, wenn sie keine Außenwirkung entfalten.[42] Die Gewährleistungen des Grundgesetzes zu Gunsten von Grundrechten und Rechtsstaat haben sich Bahn gebrochen und ihre Wirkkraft für die Tätigkeit der Verwaltung entfaltet.[43] In Abkehr von traditionellen Denkmustern gewinnt seit längerem eine Sicht der Verwaltung auch als Dienstleistungsunternehmen an Boden. Die Verwaltung soll im Dienste der Bürger Rechtsnormen vollziehen. Neben Änderungen von Vorschriften wird auch eine Änderung des Stils hin zu einer mit den Bürgern kooperierenden Verwaltung angestrebt. Kooperation kann dabei allerdings nur soweit gehen, wie dies die Materie und das relevante Entscheidungsverfahren zulassen. Denn der Bürger will seine eigenen Interessen durchsetzen, die Verwaltung dagegen ist zur Durchsetzung öffentlicher Interessen berufen.[44]

Anstöße zur Fortentwicklung des Verhältnisses von Öffentlichkeit und Verwaltung kommen aus dem Recht der Europäischen Gemeinschaft. Richtlinien wie diejenigen zur Umweltverträglichkeitsprüfung oder über den Zugang zu Umweltinformationen[45] zwingen zur Einführung von Rechtsinstituten und Verfahrensweisen, die ins deutsche Verwaltungsrecht nicht immer einfach einzupassen sind. Inhaltlich handelt es sich dabei unter anderem um die verstärkte Mitwirkung von Privaten im Verwaltungsverfahren, den Einsatz der Öffentlichkeit als Kontrollinstanz oder die Einbeziehung marktwirtschaftlicher Instrumente ins Umweltrecht.[46]

Der Beteiligung von Bürgerinnen und Bürgern im Verwaltungsverfahren und an Entscheidungen wachsen damit neue Funktionen zu, über die aber die hergebrachten Zwecke der Bürgerbeteiligung nicht vergessen werden dürfen.

Die Öffnung der Verfahren dient zuerst der Sicherung individueller Rechte.[47] Beteiligung von Betroffenen, auch Drittbetroffenen, erlaubt ihnen, eigene Rechtspositionen insbesondere in Verwaltungsverfahren einzubringen und gel-

---

[41] Vgl. *P. Häberle*, Öffentliches Interesse, S. 716f. und passim.

[42] *F. Ossenbühl*, in: Erichsen (Hrsg.), Allgemeines Verwaltungsrecht, § 6, Rn. 57; *Ch. Gusy*, DVBl. 1979, S. 724.

[43] Vgl. *H.H. Rupp*, Grundfragen, S. 113ff., 146ff.

[44] *E. Schmidt-Aßmann*, in: Hoffmann-Riem/Schmidt-Aßmann, Reform, Band 1, S. 18, 36.

[45] Richtlinie 85/337/EWG des Rates vom 27. 6. 1985 über die Umweltverträglichkeitsprüfung bei bestimmten öffentlichen und privaten Projekten, ABl. Nr. L 175 vom 5. 7. 1985, S. 40; geändert durch die Richtlinie 97/11/EG des Rates vom 3. 3. 1997, ABl. Nr. L 73 vom 14. 3. 1997, S. 5; Richtlinie 90/313/EWG des Rates vom 7. 6. 1990 über den freien Zugang zu Informationen über die Umwelt, ABl. Nr. L 158 vom 23. 6. 1990, S. 56.

[46] *D. Ehlers*, in: Erichsen (Hrsg.), Allgemeines Verwaltungsrecht, § 3, Rn. 67.

[47] Vgl. *C.H. Ule*/*H.-W. Laubinger*, Gutachten B, S. 80.

tend zu machen. Daneben spielt die Rationalisierung und Effektivierung des Entscheidungsprozesses eine wichtige Rolle. Der Behörde sollen Möglichkeiten der Information eingeräumt werden, damit sie zügig und berechenbar entscheiden kann. Öffentlichkeit ist auch Steuerungsressource.[48] Die Verwirklichung der Gesetzeszwecke erfordert oftmals Partizipation.[49] Die Beteiligten werden eingebunden, damit durch Kooperation ein Konsens herbeigeführt werden kann, der die Kontrolle, aber auch die Durchsetzbarkeit der Entscheidungen erleichtert. Letztlich kommt es auf das Erreichen und Absichern materieller Vertretbarkeit der Entscheidung an.[50] Öffentlichkeit umfasst in diesem Kontext individualisierte Öffentlichkeit ebenso wie mediatisierte Öffentlichkeit. Die Chance zur Information und zur Einflussnahme kann dem einzelnen Bürger ebenso eingeräumt werden wie Verbänden, Parteien oder den Medien.[51] Medien und Interessenvereinigungen spielen eine besonders aktive Rolle in der Kontrolle staatlichen Handelns.[52] Aufgrund ihrer Informationsvorsprünge oder ihres Sachverstandes sind sie oft eher als einzelne Bürger in der Lage, Missstände im Vollzug von Rechtsvorschriften zu erkennen und aufzudecken.

Die Kontrolle durch Öffentlichkeit beschränkt sich nicht auf die Verhinderung von Machtmissbrauch. Vielmehr soll die Öffentlichkeitskontrolle eine umfassende Bewertung der staatlichen Aufgabenwahrnehmung gewährleisten.[53] Angesichts der mannigfach aufgefächerten Verwaltung nehmen ganz unterschiedliche Teilöffentlichkeiten Kontrolle wahr. Der lokale Bezug ist ebenso entscheidend wie das betreffende Sachgebiet.[54] Der Sache nach ist die Kontrolle durch Öffentlichkeit nichts Neues. Öffentlichkeit kann als Gegenmacht zu etablierten Interessenträgern aktiviert werden, um die Grundlagen für behördliche Entscheidungen ausgewogener zu gestalten.[55] Die Tendenz weist aber auf eine Institutionalisierung und Verrechtlichung der Kontrollfunktion. Zentral bleibt die parlamentarische Kontrolle der Verwaltung.[56] Die unmittelbare Kontrolle durch die Öffentlichkeit tritt jedoch mit verstärktem Gewicht daneben.[57] Auf dem Umweg über das Umweltrecht der Europäischen Gemeinschaft hat sie verstärkt Eingang ins deutsche Verwaltungsrecht gefunden.[58] Die Europäische Gemeinschaft zieht die Öffentlichkeit insbesondere dann als Kontrollinstrument heran, wenn andere Durchsetzungsmechanismen nicht in ausreichendem Maße

---

[48] *F. Schoch*, VVDStRL 57 (1997), S. 211.

[49] *R. Steinberg*, in: Hoffmann-Riem/Schmidt-Aßmann (Hrsg.), Konfliktbewältigung, Band 1, S. 299.

[50] *W. Schmitt-Glaeser*, in: Lerche/Schmitt Glaeser/Schmidt-Aßmann, Verfahren, S. 58.

[51] *F. Kopp*, Verfassungsrecht, S. 191.

[52] *G. Püttner*, Verwaltungslehre, S. 368.

[53] *M. Eifert*, DÖV 1994, S. 546; *F. Kopp*, Verfassungsrecht, S. 187.

[54] *G. Püttner*, Verwaltungslehre, S. 367.

[55] *E. Schmidt-Aßmann*, AöR 116 (1991), S. 373.

[56] *E. Klein*, Problematik, S. 165.

[57] Dagegen *M. Kaufmann*, in: Bertschi u.a. (Hrsg.), Demokratie und Freiheit, S. 57.

[58] Vgl. *E. Riedel*, EuR, Beih. 1/1995, S. 61 – 63.

zur Verfügung stehen.[59] Über ein konkretes Verfahren hinaus nehmen einzelne Bürger oder Interessenverbände die Rolle von Wächtern über den Verwaltungsvollzug ein. Die Entscheidungsträger werden dadurch zu Darlegung und Rechtfertigung ihrer Positionen gezwungen.[60] Dies betrifft nicht nur den Gesetzgeber, sondern gerade auch die vollziehende Verwaltung.[61] Am deutlichsten wird diese Entwicklung mit der Umsetzung der Umweltinformationsrichtlinie nunmehr im Umweltinformationsgesetz vom 8. Juli 1994.[62]

Öffentlichkeit bewirkt insoweit eine Bändigung staatlicher Machtausübung durch einen Rückkopplungseffekt.[63] Wenn die Verwaltung gleichsam unter öffentlicher Beobachtung ihre Aufgaben erfüllt, erhöht sich die Wahrscheinlichkeit, dass sie sorgfältig und überlegt vorgeht, insbesondere bei der Ausnutzung von Entscheidungsspielräumen.[64] Diese Funktion von Öffentlichkeit stellt hohe Anforderungen an den eigenverantwortlichen Bürger. Aus ihr spricht kein prinzipielles Misstrauen in die Tätigkeit der Verwaltung, sondern ein Vertrauen darauf, dass durch Information der Bürger Fehler vermieden und die Qualität der Verwaltungsarbeit verbessert werden können.

3. Akzeptanz und Transparenz

Die Rolle des Bürgers im Verwaltungsverfahren gewinnt an Bedeutung. Seine Rechtsstellung entwickelt sich noch mehr weg vom lediglich Rechtsunterworfenen, noch stärker hin zum verantwortlichen Rechtssubjekt.[65] Er wird nicht nur in die Kontrolle einbezogen, sondern vermehrt auch in die Entscheidungsfindung. Im Vordergrund steht dabei weniger die Legitimation der Verwaltungsentscheidung als deren Akzeptanz.[66] Die Chance der Akzeptanz, nämlich der Hinnahme der Entscheidung, steigt, wenn die von der Entscheidung Betroffenen mit ihr einverstanden sind oder sie zumindest anerkennen.[67] Wird Konsens erreicht, dann gelingt auch die Herstellung von Akzeptanz.[68] Umgekehrt stärkt eine verbreitete Akzeptanz von Verwaltungshandeln den allgemeinen Grundkonsens mit der Staatsordnung des Grundgesetzes.[69] Sie ist Ausdruck ei-

---

[59] *I. Pernice*, NVwZ 1990, S. 423f.

[60] *E. Schmidt-Aßmann*, in: Hoffmann-Riem/Schmidt-Aßmann, Reform, Band 1, S. 55.

[61] *G. Püttner*, Verwaltungslehre, S. 367.

[62] BGBl. I, S. 1490.

[63] *E. Gurlit*, Verwaltungsöffentlichkeit, S. 112.

[64] *M. Schröder*, Die Verwaltung 4 (1971), S. 305.

[65] Vgl. *P. Badura*, DÖV 1968, S. 454.

[66] *W. Hoffmann-Riem*, in: Hoffmann-Riem/Schmidt-Aßmann, Reform, Band 1, S. 133f.; ablehnend zur Legitimationswirkung von Beteiligung *W. Schmitt Glaeser*, VVDStRL 31 (1973), S. 214 – 220.

[67] *Th. Würtenberger*, Akzeptanz, S. 61f.; *E. Schmidt-Aßmann*, Das Allgemeine Verwaltungsrecht, 2/103.

[68] *R. Wahl*, VVDStRL 41 (1983), S. 164; *K. Hesse*, Grundzüge, Rn. 15, 44.

[69] Vgl. BVerfGE 44, 125 (147); 63, 230 (243).

nes Verständnisses der Bürger von ihrem Verhältnis zum Staat, das sich insbesondere in einem gesteigerten Bewusstsein von individuellen Rechten und politischen Mitsprachemöglichkeiten manifestiert.[70] Akzeptanz bildet ein Qualitätsmerkmal für die Entscheidungen der Verwaltung.[71] Die Rechtmäßigkeit der Entscheidung hängt jedoch nicht von ihrer Akzeptanz ab.[72] Das Anstreben von Akzeptanz durch die Verwaltung erfolgt mit dem Ziel, eine möglichst optimale Entscheidung zu treffen. Optimierung und Akzeptanzsicherung gehen Hand in Hand.[73] Zunächst steht die Nachvollziehbarkeit der Entscheidungsinhalte im Vordergrund. Die Akzeptanz des Entscheidungsverfahrens kann jedoch Unzufriedenheiten mit dem Ergebnis abfedern, wenn der Eindruck hergestellt werden kann, dass die Interessen im Verfahren Berücksichtigung gefunden haben.[74] Diese Gesichtspunkte führen zu einer akzeptanzsichernden Strukturierung von Verfahrensabläufen.[75] Eine Verbesserung des Informationsflusses zwischen Behörde und Öffentlichkeit verbessert Akzeptanz und Glaubwürdigkeit der entsprechenden Verwaltungstätigkeit.[76] Das Interesse des Bürgers an einer Entscheidung in angemessener Zeit sollte Berücksichtigung finden. Denn auch eine möglichst schnelle Entscheidung schafft Akzeptanz. Ruft die Entscheidung der Verwaltung allgemeine Zufriedenheit hervor, werden Widerspruchs- und Gerichtsverfahren vermieden. Das tauglichste Mittel zur Herbeiführung eines Konsenses über eine konkrete Einzelfallentscheidung ist die frühzeitige Beteiligung der Betroffenen im Verwaltungsverfahren.[77] Dies trifft insbesondere für komplexe Verfahren zu,[78] gilt aber grundsätzlich auch für Verwaltungsverfahren einfacherer Struktur.

Die Funktion der Transparenz des Verwaltungsverfahrens, zur Akzeptanz der Entscheidung beizutragen, kann sich in jedem Verfahren verwirklichen.[79] In zweipoligen Verfahrensgestaltungen gelingt es leichter, die Durchschaubarkeit des Verfahrens zu gewährleisten. Denn die aufeinander treffenden Interessen sind klarer abgrenzbar als in mehrpoligen und komplexen Verfahren. Da zudem eine geringere Anzahl von Interessen involviert ist, kann ein Interessenausgleich einfacher hergestellt werden. Die Gesetze können in der Regel derartige Abläufe stärker steuern als sie es in komplexen Verfahren vermögen. Transparenz erweist sich insbesondere in Verwaltungsverfahren als notwendig, die auf-

---

[70] *W. Brohm*, NVwZ 1991, S. 1028.

[71] *H. Schulze-Fielitz*, in: Hoffmann-Riem/Schmidt-Aßmann (Hrsg.), Konfliktbewältigung, Band 2, S. 59.

[72] *R. Steinberg*, in: Hoffmann-Riem/Schmidt-Aßmann (Hrsg.), Konfliktbewältigung, Band 1, S. 299; *E. Schmidt-Aßmann*, Das Allgemeine Verwaltungsrecht, 2/105.

[73] *W. Hoffmann-Riem*, DVBl. 1994, S. 608 mit Verweis auf den hohen Stellenwert von Optimierung und Akzeptanzsicherung in den angelsächsischen Rechtsordnungen.

[74] *W. Hoffmann-Riem*, in: Hoffmann-Riem/Schmidt-Aßmann, Reform, Band 1, S. 134.

[75] *E. Schmidt-Aßmann*, Das Allgemeine Verwaltungsrecht, 2/104.

[76] *F.-J. Moormann*, in: Landmann/Rohmer, UIG, Vorb., Rn. 5.

[77] *F. Hufen*, NJW 1982, S. 2169.

[78] *R. Wahl*, VVDStRL 41 (1983), S. 159.

[79] *Th. Würtenberger*, Akzeptanz, S. 82ff.; vgl. *K.-P. Sommermann*, Staatsziele, S. 473.

grund ihrer Komplexität für den Bürger undurchschaubar zu werden drohen. Transparenz kann ein Stück weit fehlende Partizipation ausgleichen. Verantwortungszusammenhänge werden auf diese Weise öffentlich gemacht.[80] Zunächst ist es Aufgabe des Gesetzgebers, entsprechende Gestaltungen herbeizuführen.[81] Beispielhaft seien die Vorschriften über die Planfeststellung (insbesondere §§72ff. VwVfG) und das Gesetz über die Umweltverträglichkeitsprüfung genannt. Die Handhabung derartiger Vorschriften verlangt von der Verwaltung die Umsetzung der Bürgerbeteiligung, die solche Gesetze notwendig machen. Das Verwaltungsverfahren kann in seinen modernen Ausprägungen nicht mehr als im Grunde einseitige Entscheidungsfindung der Verwaltung verstanden werden, an welcher der rechtsunterworfene Bürger nicht teil hat, deren Ergebnis er aber befolgen muss. Vielmehr erklärt sich das Verwaltungsverfahren als gemeinsamer Weg von Verwaltung und Bürger zu dem Ziel einer nachvollziehbaren Entscheidung.[82] Zum Zweck der Entscheidungsfindung treten Bürger und Verwaltung in eine Kommunikationsbeziehung.

4. Kommunikation, Information und Partizipation

Kommunikation ist prozesshafte Übertragung von Information.[83] Damit kann ein Kommunikationsverhältnis einsetzen, in dem Informationen ausgetauscht werden.[84] Verwaltungsrechtliche Entscheidungsprozesse leben von Austausch, Weitergabe und Verarbeitung von Information.[85] Selbst der Erlass eines belastenden Verwaltungsakts durch die Ordnungsbehörde gegenüber einem Bürger setzt Informationen über das Handeln des Bürgers und dessen Auswirkungen voraus. In komplexeren Verfahrensgestaltungen nimmt die Verwaltung noch intensiver an Kommunikationsprozessen teil, in denen sie durchaus unterschiedliche Rollen in unterschiedlichen Situationen spielt.[86]

Information wird im vorliegenden Zusammenhang verstanden als wissens- oder erkenntnismehrendes Grundelement sozialer Interaktion.[87] Sie dient der

---

[80] Vgl. *P. Häberle*, in: ders., Die Verfassung des Pluralismus, S. 130.

[81] Für eine Stärkung der Transparenz im Exekutivbereich *F. Schoch*, VVDStRL 57 (1997), S. 201.

[82] Vgl. *F. Hufen*, Fehler im Verwaltungsverfahren, Rn. 209.

[83] *W. Schulz*, Artikel „Kommunikationsprozess", in: Noelle-Neumann/Schulz/Wilke (Hrsg.), Fischer Lexikon Publizistik, S. 140; vgl. Brockhaus Enzyklopädie, Band 12, Stichwort „Kommunikation"; Kritik am Begriff der Übertragung bei *N. Luhmann*, Soziale Systeme, S. 193.

[84] *J.N. Druey*, Information, S. 151.

[85] *F. Hufen*, Fehler im Verwaltungsverfahren, Rn. 207; *R. Pitschas*, in: Blümel/Pitschas (Hrsg.), Reform, S. 247.

[86] *E. Schmidt-Aßmann*, in: Hoffmann-Riem/Schmidt-Aßmann, Reform, Band 1, S. 41; vgl. BVerfGE 53, 30 (77), Sondervotum *Simon* und *Heußner*.

[87] Vgl. Brockhaus Enzyklopädie, Band 10, Stichwort „Information"; siehe auch *I. Ebsen*, DVBl. 1997, S. 1039; *F. Schoch*, VVDStRL 57 (1997), S. 166f.; ausführlich *U. Sieber*, NJW 1989, S. 2572f. und *J.N. Druey*, Information, S. 3ff.

Reduktion von Ungewissheit im Kommunikationsprozess.[88] Zu diesem Zweck nimmt der Sender eine Auswahl vor, daher unterscheidet sich die Information von ihrer Mitteilung.[89] Im Gegensatz zu Zeichen, Daten oder Signalen ist der Begriff Information von vornherein sozial geprägt, da in Informationen Aussage und Interpretation verknüpft werden, so dass letztlich erst der Empfänger die Information konstituiert.[90] Informationen sind das Produkt von Handlungen, beeinflussen aber im Gegenzug wiederum Handlungen, so dass sie gleichzeitig die Voraussetzung und den Gegenstand sozialer Interaktion darstellen.[91] Diese Arbeitsdefinition der Information erlaubt eine Strukturierung von Kommunikationsprozessen im Verwaltungsrecht und insbesondere in Verwaltungsverfahren, weil Bürger und Verwaltung sowohl Sender wie Empfänger von Informationen sein können. Information ist im sozialen System des Verwaltungsverfahrens niemals neutral, sondern immer zielorientiert und wird interpretativ aufgeladen eingesetzt.

Die rechtlichen Rollen der Teilnehmer am Kommunikationsprozess zwischen Bürger und Verwaltung bestimmt der Gesetzgeber. In der Zuweisung von Informationschancen an die Bürger verwirklicht sich Partizipation und verwirklicht sich die Herstellung von Öffentlichkeit. Unter Partizipation werden alle Formen der Beteiligung von Bürgern an Entscheidungen der Verwaltung zusammengefasst, die sich nicht als Ausübung von Staatsgewalt unmittelbar durch das Volk darstellen.[92] Es geht um die Bestimmung des Kreises der Personen, die in das Verfahren einbezogen werden sollen, wobei die Ausweitung dieses Kreises über die im engeren Sinne Betroffenen hinaus im Vordergrund steht.[93] Der Zusammenhang von Information und Partizipation findet in der Ausgestaltung des Verwaltungsverfahrensrechts beredten Ausdruck. Denn Partizipation ist funktionaler Teil staatlicher Verfahren.[94] Regelungen über Information im Verwaltungsverfahren erweisen sich als notwendig. Die bestehenden Regelungen bilden den Ausgangspunkt für eine durchgehende Konzeption von Informationsrechten. Die Informationen über Probleme und Interessen der am Verfahren beteiligten Personen gehören zum Programm der Informationsverarbeitung, insbesondere im Verwaltungsverfahren.[95] Der Entscheidung

---

[88] *W. Schulz*, Artikel „Kommunikationsprozess", in: Noelle-Neumann/Schulz/Wilke (Hrsg.), Fischer Lexikon Publizistik, S. 149.

[89] *N. Luhmann*, Soziale Systeme, S. 68 und 195.

[90] *O. Baller*, in: Haratsch/Kugelmann/Repkewitz (Hrsg.), Herausforderungen, S. 34f.; *M. Albers*, in: Haratsch/Kugelmann/Repkewitz (Hrsg.), Herausforderungen, S. 121; *H.-H. Trute*, JZ 1998, S. 825; *W. Schulz*, Artikel „Kommunikationsprozess", in: Noelle-Neumann/Schulz/Wilke (Hrsg.), Fischer Lexikon Publizistik, S. 154 jeweils m.w.N.

[91] *A. Podlech*, in: AK-GG, Art. 2 Abs. 1, Rn. 42f.

[92] *D. Ehlers*, in: Erichsen (Hrsg.), Allgemeines Verwaltungsrecht, § 1, Rn. 25; *E. Schmidt-Aßmann*, Das Allgemeine Verwaltungsrecht, 2/106; vgl. *U. Battis*, Partizipation, S. 44ff.

[93] *P. Badura*, in: Erichsen (Hrsg.), Allgemeines Verwaltungsrecht, § 35, Rn. 11.

[94] *W. Schmitt Glaeser*, VVDStRL 31 (1973), S. 223; vgl. *R. Hendler*, Die bürgerschaftliche Mitwirkung, S. 16.

[95] *F. Hufen*, Fehler im Verwaltungsverfahren, Rn. 46; ebenso für das Zusammenwirken der

der Verwaltung können Möglichkeiten der Einflussnahme durch die Bürger vorgeordnet sein.[96] Einflussnahme setzt das Wissen um die näheren Umstände voraus. Ohne die Möglichkeit der Information gibt es keine Partizipation; ohne Partizipation keine Öffentlichkeit.[97]

5. Interessen an Information und an Informationsbeschränkungen

Die Beteiligung von Bürgern an Entscheidungen der Verwaltung erfolgt nach Maßgabe der Grundkonzeption, die das Verhältnis von Bürgern und Verwaltung trägt. Da Transparenz zur Akzeptanz von Entscheidungen beiträgt und Mechanismen der Partizipation die Transparenz verwirklichen, sind allgemeine Maßstäbe vorgegeben. Diese Maßstäbe finden nicht nur bei Auslegung und Anwendung bestehender Vorschriften des Informationsverwaltungsrechts Berücksichtigung, sondern auch dann, wenn gesetzliche Regelungen geändert oder neu geschaffen werden. Auf beiden Wirkungsfeldern müssen zudem die Sichtweisen der am Kommunikationsprozess Beteiligten einbezogen werden. Rechte auf Information stehen im Spannungsfeld unterschiedlicher Interessen,[98] denn Kommunikation im Verwaltungsverfahren ist interessengeleitet. Im Kommunikationsprozess insbesondere des Verwaltungsverfahrens treffen unterschiedliche Interessen von Bürgern und Verwaltung aufeinander.[99] Den Interessen an Zugang zu Information stehen Interessen an der Verweigerung des Zugangs gegenüber. Diese Interessen sind durch unterschiedliche und teilweise gegenläufige Rechtspositionen abgesichert, die des Ausgleichs bedürfen. Die Interessen am Ausgang des Verfahrens nutzen dem Herbeiführen einer vertretbaren und konsensfähigen abschließenden Sachentscheidung, wenn sie ins Verfahren eingebunden werden.[100] In der Organisation des Interessenausgleichs liegt eine zentrale Aufgabe des Verwaltungsverfahrensrechts.[101] Da der Schwerpunkt der vorliegenden Arbeit auf der Untersuchung und möglichen Neustrukturierung des geltenden Rechts liegt, bilden den Ausgangspunkt normativ verfestigte Interessen. Die einschlägigen gesetzlichen Regelungen tragen unterschiedlichen Interessenlagen Rechnung und können dazu dienen, generell im Rahmen der Kommunikation von Bürgern und Verwaltung bestehende Interes-

---

Verwaltungen im Rahmen der Europäischen Gemeinschaft *A. Hatje*, Die gemeinschaftsrechtliche Steuerung, S. 134.

[96] *E. Schmidt-Aßmann*, Das Allgemeine Verwaltungsrecht, 2/111.

[97] *B. Pieroth*, JuS 1981, S. 626; zu den Begriffen *R. Hendler*, Die bürgerschaftliche Mitwirkung, S. 12 und 14.

[98] *M. Kloepfer*, Gutachten D, S. 77; *I. Ebsen*, DVBl. 1998, S. 1039; vgl. für das Recht auf informationelle Selbstbestimmung *H.-H. Trute*, JZ 1998, S. 824.

[99] Zum Begriff des Interesses *H.H. v. Arnim*, Staatslehre, S. 180ff.

[100] *W. Hoffmann-Riem*, AöR 119 (1994), S. 590 (622); *G. Püttner*, Verwaltungslehre, S. 305; skeptisch *U. Di Fabio*, Risikoentscheidungen, S. 467.

[101] Vgl. *E. Schmidt-Aßmann*, in: Hoffmann-Riem/Schmidt-Aßmann, Reform, Band 1, S. 39; *F. Hufen*, Fehler im Verwaltungsverfahren, Rn. 46.

sen zu identifizieren, und sie können Hinweise auf Kriterien für einen Interessenausgleich geben.

5.1. Interessen von Bürgern an Kommunikation mit der Verwaltung

Der Grad des Interesses eines Bürgers reicht von allgemeiner und unspezifischer Interessiertheit bis hin zur individuellen Betroffenheit. Die Betroffenen haben ein Interesse an den Informationen der Behörde.[102] Betroffene im Verwaltungsverfahren sind diejenigen, in deren Rechtssphäre die Maßnahme der Behörde eingreift, denen subjektive Rechte eingeräumt, verweigert, entzogen oder feststellend bestätigt werden.[103] Ihrer Interessenlage entsprechen individuelle Rechte auf Information. Je genauer sie die Informationen kennen, welche die Behörde ihrer Entscheidung zugrunde legen will, desto effektiver können sie auf diese Entscheidungsfindung Einfluss nehmen.[104] Kehrseite ist die Gelegenheit zur Stellungnahme. Dem Recht, sich zu informieren, korrespondiert das Recht, der Verwaltung eigene Informationen zu unterbreiten. Betroffene wollen ihre Ansprüche und Forderungen den Behörden gegenüber wirksam zur Geltung bringen.[105] Das Recht, Informationen vorbringen zu können, entfaltet nur dann Effektivität, wenn die Behörde diese auch zur Kenntnis nehmen muss. Ob sie dies getan hat, ergibt sich vorrangig aus der abschließenden Sachentscheidung und deren Begründung. Auch Drittbetroffene können über legitime Interessen verfügen, die bereits im Verfahren geltend gemacht werden sollten.[106] Diese Rechtspositionen können wie regelmäßig im Nachbar- oder Konkurrentenschutz denen des unmittelbar Betroffenen widersprechen. Sie können aber auch dessen Interessen gleichlaufen, etwa im Fall eines ersten Gebührenbescheides auf einer umstrittenen Rechtsgrundlage. Die Interessenkonflikte potenzieren sich in Großverfahren wie der Genehmigung einer Anlage, da die involvierten Interessen vielgestaltig und oft unübersichtlich sind.

Rechte und Pflichten im Verwaltungsverfahren können abhängig vom Grad der Betroffenheit abgestuft werden. Jenseits von Rechtsbetroffenheit kann auch die bloße Involvierung von Interessen eine verfahrensrechtliche Stellung begründen. Personen, die an Einwendungen oder sonstigen Eingriffen ins Verfahren interessiert sind, bringen insoweit latent öffentliche Interessen zum Ausdruck.[107] Die Verwaltung hat in ihrer Entscheidung alle Interessen zu berücksichtigen, die das Normprogramm der Entscheidungsgrundlage vorgibt.

---

[102] *W. Brohm*, VVDStRL 30 (1972), S. 281.
[103] *C.H. Ule/H.-W. Laubinger*, Verwaltungsverfahrensrecht, § 15, Rn. 5.
[104] *R. Alexy*, Theorie der Grundrechte, S. 438.
[105] *R. Hendler*, Die bürgerschaftliche Mitwirkung, S. 8.
[106] *M. Schmidt-Preuß*, Privatinteressen, S. 524f.
[107] *W. Schmidt*, VVDStRL 33 (1975), S. 208.

Die Chancen der Beteiligung von unmittelbar Betroffenen und Drittbetroffenen hängen von dem Grad ab, in dem ihre Interessen von der Entscheidung der Behörde berührt werden. Im Hinblick auf die Trägerschaft von Rechten auf Information kann unterschieden werden zwischen den tatsächlich Rechtsbetroffenen, den potentiell Rechtsbetroffenen sowie den am Verfahren Interessierten.[108]

Der formelle Begriff des „Beteiligten" ist durch § 13 VwVfG besetzt.[109] Die Vorschrift des § 13 Abs. 1 VwVfG geht davon aus, dass die Stellung als Beteiligter regelmäßig mit einer Betroffenheit in eigenen materiellen oder Verfahrensrechten einher geht.[110] Aus dem Blickwinkel des Informationsaustausches geht es Beteiligten im Sinne des § 13 VwVfG und Betroffenen um die Durchsetzung rechtlicher Interessen. Dabei ist der Betroffenenbegriff nach den Vorgaben des Verwaltungsverfahrensgesetzes der weitere, auch Beteiligte umfassende Begriff. Er umfasst den unmittelbar Betroffenen, insbesondere den Adressaten der Verwaltungsmaßnahme, ebenso wie den mittelbar Betroffenen, auf den die Maßnahme indirekte Auswirkungen zeitigt, der aber nicht Beteiligter sein muss. Nicht die Intensität der Berührung in Rechten kennzeichnet der deskriptive Begriff der Mittelbarkeit, sondern die Wirkungsweise der Entscheidung. Durch diesen Begriff vereinfacht sich die Beschreibung von Betroffenheit in Interessengeflechten. Drittbetroffene sind mittelbar Betroffene. Eine nähere Klärung der Begriffsinhalte von Beteiligung und Betroffenheit wird an den Sachbereichen anzusetzen haben, in denen diese Begriffe eine Rolle spielen.

Die Betroffenheit kann eingetreten sein, indem im Verwaltungsverfahren bereits eine Konkretisierung stattgefunden hat, die erkennen lässt, welche Personen von der Entscheidung in ihren Rechten berührt werden. Neben diese tatsächliche Betroffenheit, vor allem der Beteiligten, tritt insbesondere für das Informationsverwaltungsrecht die potentielle Betroffenheit. Potentiell betroffen sind diejenigen, deren Berührtheit in ihren Rechten aufgrund der Situation absehbar ist. In komplexen Verfahren kann es dazu kommen, dass sich die Betroffenheit bestimmter Personengruppen erst im Zeitablauf abzeichnet. Wenn etwa die Auswirkungen gentechnischer Arbeiten erst während des Verfahrens klar werden oder mögliche Umwelteinwirkungen von Anlagen sich nur durch Sachverständigengutachten klären lassen, sind doch die Anwohner im Umkreis der Anlage bereits von Anfang an potentiell betroffen. Als potentiell Betroffene kommen sowohl spätere unmittelbar Betroffene wie mittelbar Drittbetroffene in Betracht, da eine genaue Klärung des Eingriffs in Rechtspositionen zunächst schwierig sein kann. Die Feststellung ihrer tatsächlichen Betroffenheit erfordert

---

[108] In Anlehnung an *W. Schmidt*, VVDStRL 33 (1975), S. 207; vgl. auch *H. Hill*, Verfahren, S. 268f.

[109] *C.H. Ule/H.-W. Laubinger*, Verwaltungsverfahrensrecht, § 15, Rn. 2ff.

[110] *F. Hufen*, Fehler im Verwaltungsverfahren, Rn. 159. Die Unterscheidung von *W. Schmitt-Glaeser*, in: Lerche/Schmitt Glaeser/Schmidt-Aßmann, Verfahren, S. 53f., zwischen den Rechtsbetroffenen, den Interessenbeteiligten und den Popularbeteiligten ist sachlich zutreffend, aber von der Begrifflichkeit des VwVfG überholt.

mehr Informationen. Wem die Beeinträchtigung in rechtlich garantierten Positionen droht, der hat ein erhebliches Interesse an der Kommunikation mit der Behörde.[111] Für die Partner in zweipoligen Verwaltungsverhältnissen steht mit der Entscheidung der Verwaltung regelmäßig viel auf dem Spiel. Gleiches gilt für Drittbetroffene, die Schutznormen zu ihren Gunsten geltend machen können. Von der Entscheidung unmittelbar oder mittelbar Betroffene verfügen regelmäßig über Beteiligungsrechte.

Dies ist nicht notwendig der Fall bei am Verfahren Interessierten, die nicht in Rechten betroffen sind, aber ein wirtschaftliches, soziales oder ideelles Interesse am Ausgang des Verfahrens haben.[112] Im Einzelfall ordnen spezielle gesetzliche Regelungen Personen Befugnisse zu, ohne dass dies ein wie auch immer geartetes Interesse an der Verwaltungsentscheidung erfordert.[113] Eine solche „Jedermann-Beteiligung“ findet sich etwa in §10 Abs. 3 Satz 2 BImSchG oder §3 Abs. 1 Satz 1 BauGB.[114] Auch wenn das Vorliegen eines Interesses am Verfahrensausgang nachgewiesen werden muss, erweist sich die Abgrenzung des Kreises der Verfahrensinteressierten oft als schwierig.[115] Das Vorbringen etwa eines ideellen Interesses ermöglicht nahezu jedermann die Beteiligung.

5.2. Interessen der Verwaltung an Kommunikation mit den Bürgern

Die Verwaltung hat Interessen, die aus ihrem Auftrag des Gesetzesvollzugs erwachsen, letztlich also die spezifischen Konkretisierungen von Gemeinwohlinteressen bilden.[116] Ihre Interessen an Informationen speisen sich aus den Vorgaben für ihre Aufgabenerfüllung. Zur Vorbereitung ihrer Entscheidung ist die Verwaltung auf Informationen von Seiten der Bürger angewiesen.[117] Sie kann ihre Entscheidungen regelmäßig ohne diese Informationen nicht treffen. Denn die Optimierung der Entscheidungsfindung verlangt die Berücksichtigung aller involvierten Interessen. Die als Grundlage für die Entscheidung notwendigen Informationen müssen gesammelt werden. Das Sammeln der Informationen ist im Anwendungsbereich des Amtsermittlungsgrundsatzes des §24 Abs. 1 VwVfG Aufgabe der Behörde. Schon deshalb muss sie an der Kommunikation mit denjenigen Bürgerinnen und Bürgern interessiert sein, die über relevante Informationen verfügen. Der Untersuchungsgrundsatz des §24 VwVfG ist

---

111 *R. Steinberg*, DÖV 1982, S. 625.

112 Vgl. *E. Schmidt-Aßmann*, Das Allgemeine Verwaltungsrecht, 2/108.

113 *H. Hill*, Verfahren, S. 268.

114 *H.-W. Laubinger*, Stichwort „Öffentlichkeitsbeteiligung“, in: Kimminich/von Lersner/Storm (Hrsg.), Handwörterbuch des Umweltrechts, Sp. 1496.

115 Vgl. schon *W. Schmitt-Glaeser*, in: Lerche/Schmitt Glaeser/Schmidt-Aßmann, Verfahren, S. 54.

116 *W. Martens*, Öffentlich, S. 185.

117 *N. Luhmann*, Legitimation durch Verfahren, S. 213; *E. Czerwick*, DÖV 1997, S. 975.

Ausdruck dessen, dass das Verwaltungsrecht die Wichtigkeit von Information anerkennt.[118] Informationsquellen sind einerseits vorhandene Verwaltungsakten, andererseits externe Quellen. Im Mittelpunkt steht der Bürger als Antragsteller, Vorhabenträger, Projektbetreiber oder in ähnlichen Rollen. Damit wird er zum Partner in der Kommunikation. Kommunikation zwischen Verwaltung und Bürger bewirkt regelmäßig die Effektivierung der Entscheidungsfindung. Auch im Falle einer stark einseitig geprägten Entscheidung der Verwaltung bedarf es einer Öffnung von Kommunikationswegen im Verfahren.[119] Eine begründete, nachvollziehbare Entscheidung hat eine solide Informationsbasis zur Voraussetzung. Liegen die Informationen vor, kann schnell entschieden werden.

Da die Komplexität bei Entscheidungen der Verwaltung zunimmt, wird auch der Kreis der vom Verfahren Betroffenen und Berührten tendenziell größer, womit wiederum das Informationsbedürfnis der Verwaltung steigt.[120] Besonders deutlich tritt dies in Planfeststellungsverfahren hervor. Das Bundesverwaltungsgericht hat betont, dass verfahrensbezogene Anforderungen an die korrekte Aufnahme von Informationen und die Einhaltung von Beteiligungsbefugnissen die Planfeststellungsbehörde in die Lage versetzen sollen, zu einer abgewogenen Entscheidung zu gelangen.[121] Die frühzeitige Information über in das Verfahren involvierte Interessen der Bürger erleichtert den Planungsvorgang, indem die planerische Informationsaufbereitung erleichtert wird.[122] Die Entscheidung stößt zudem eher auf Akzeptanz, wenn sie alle relevanten Daten verarbeitet. Eine vertretbare Entscheidung spiegelt die Komplexität der Interessenlage wider.[123] Zur Herbeiführung einer vertretbaren Entscheidung ist die Kommunikation zwischen Bürger und Verwaltung unabdingbar. Die Verwaltung soll und will eine rechtmäßige, inhaltlich vertretbare Entscheidung treffen. Daher hat sie ein begründetes Interesse daran, vom Bürger Informationen zu erlangen. Wenn sie in einen Kommunikationsprozess eintritt, gibt sie auch eigene Informationen weiter.

5.3. Interessen an der Verweigerung von Informationen

Der Wunsch nach Geheimhaltung von Informationen kann von der Verwaltung selbst oder von im Verwaltungsverfahren involvierten Rechtssubjekten stammen. Im Fall der Genehmigung einer Anlage sind Informationen über de-

---

[118] *B.-O. Bryde*, VVDStRL 46 (1988), S. 202; *J. Masing*, Mobilisierung, S. 132.

[119] BVerfGE 45, 297 (335).

[120] *H. Schulze-Fielitz*, in: Hoffmann-Riem/Schmidt-Aßmann (Hrsg.), Konfliktbewältigung, Band 2, S. 56.

[121] BVerwGE 75, 214 (230).

[122] BVerwG, Urt.v.24. 5. 1996, NVwZ 1997, S. 489f.

[123] *W. Schmitt-Glaeser*, VVDStRL 31 (1973), S. 245; *F. Hufen*, Fehler im Verwaltungsverfahren, Rn. 46.

ren Funktionsweise für die Verwaltung unverzichtbar. Am Zugang zu eben diesen Informationen bestehen jedoch erhebliche Interessen Dritter, seien es von der Anlage betroffene Bürger oder auch Betreiber vergleichbarer Anlagen.[124] Das Informationsinteresse kann sich auf Informationen richten, deren Veröffentlichung andere Interessen entgegenstehen. Denn die Verwaltung erhebt Informationen aus unterschiedlichen Quellen. Damit geraten die natürlichen oder juristischen Personen ins Blickfeld, welche der Verwaltung die Informationen zur Verfügung stellen. Wenn sie Träger von Rechten sind, kommt es zu einem Konflikt mit eventuellen Rechten auf Information, die den Informationssuchenden zustehen. Rechte auf die Verweigerung von Information entspringen insbesondere dem Recht auf informationelle Selbstbestimmung oder dem Betriebs- und Geschäftsgeheimnis.[125]

Die Befugnis von Behörden zur Weitergabe von Informationen unterliegt Beschränkungen, wenn der Schutz des Rechts auf informationelle Selbstbestimmung dies verlangt. Personenbezogene Daten in Behördenakten sind geschützt.[126] Die Verwaltung hat in ihrem Kommunikationsgebaren die Bindungen an die datenschutzrechtlichen Bestimmungen zu berücksichtigen.[127] Wenn in einem Verwaltungsverfahren mehrere Bürgerinnen oder Bürger involviert sind, sorgt die Verwaltung dafür, dass mit deren personenbezogenen Daten rechtmäßig umgegangen wird. Andererseits darf sich die Behörde hinter dem Datenschutz nicht verstecken. Falls Informationsrechte bestehen, muss sie deren Wahrnehmung so weit als möglich gewährleisten. Genügen Schwärzungen bestimmter Daten in Akten, sind diese ansonsten zugänglich zu machen. Polygonale Konstellationen stellen dabei hohe Anforderungen an die Verwaltung.

Als dem Informationszugang entgegenstehende individuelle Rechte kommen auch die Gewährleistungen zum Schutz von Betriebs- und Geschäftsgeheimnissen in Betracht. Diese ergeben sich aus einer Reihe von Gesetzen (insbesondere §30 VwVfG). Wird dem Betriebs-oder Geschäftsgeheimnis durch teilweisen Informationszugang oder einen zeitlichen Aufschub des Informationszugangs ausreichend Rechnung getragen, hat die Behörde diese Maßnahmen einer weitergehenden Beschneidung von Informationsrechten vorzuziehen.[128]

Ein Interesse der Öffentlichkeit wie auch der Einzelnen besteht an Effizienz und Funktionsfähigkeit der Verwaltung. Diese Aspekte können die Geheimhaltung von Informationen bedingen. Verwaltungseffizienz bemisst sich nach dem Sachauftrag, den die Verwaltung zu erfüllen hat. Effizient arbeitet die Verwaltung dann, wenn sie ihren Auftrag zeitlich, finanziell und quantitativ möglichst

---

[124] Vgl. *E. Gurlit*, Verwaltungsöffentlichkeit, S. 64ff.

[125] *O. Baller*, in: Haratsch/Kugelmann/Repkewitz (Hrsg.), Herausforderungen, S. 52f.; Enquête-Kommission Zukunft der Medien, Schlussbericht vom 22. 6. 1998, BT-Drs. 13/11004, Ziff. 7.1; siehe auch *E. Schwan*, Amtsgeheimnis, S. 215.

[126] BVerfGE 65, 1 (45).

[127] Vgl. *B.-O. Bryde*, VVDStRL 46 (1988), S. 203.

[128] Vgl. *F. Hufen*, Fehler im Verwaltungsverfahren, Rn. 252.

weitgehend erfüllt.[129] Die Aufgabenerfüllung der Verwaltung soll dem Bürger dienen. Auch die Effizienz und Funktionsfähigkeit der Verwaltung beziehen sich letztlich auf den Bürger und seine Interessen.[130] Die Verweigerung oder Beschränkung des Zugangs zu Informationen kommt demnach nur dann in Betracht, wenn die Erfüllung der behördlichen Aufgabe ernstlich behindert wird und damit legitime Interessen anderer Bürger als der Informationssuchenden geschützt werden.

5.4. *Interessenausgleich*

Die Interessen für und gegen die Übermittlung von Informationen müssen im Verfahren selbst zu einem Ausgleich gebracht werden.[131] Weder eine einseitige Betonung der Öffentlichkeit, noch eine einseitige Betonung der Geheimhaltung bringen die Aufgabe des Ausgleichs voran.[132] Die Gestaltung der Kommunikationsbeziehungen ist Aufgabe des Informationsverwaltungsrechts. Eckpunkte für eine Rahmenordnung bestehen einerseits zeitlich. Die Gewährung von Kommunikationschancen kann je nach Verfahrensstadium differieren, also etwa in den Stadien der Kontaktaufnahme, der Vorverhandlungen, der Sachverhaltsermittlung, des Entscheidungsprozesses, der Entscheidung und der nachgelagerten Situation des Rechtsschutzes unterschiedliche Ausprägungen erfahren. Einen Anknüpfungspunkt für Regelungen bildet andererseits die personelle Ausgestaltung der Kommunikationsbeziehungen. Die Entscheidung, wer mit welchen Rechten und Pflichten an der Kommunikation mit der Verwaltung teilhaben darf, trifft grundsätzlich der Gesetzgeber. Ausnahmsweise prägen die Grundrechte unmittelbar die Kommunikationsbeziehungen mit, wenn und soweit ihnen eindeutige Festlegungen zu entnehmen sind.[133] Dies kann bei der Ausgestaltung von Vorschriften über die Beteiligung von Bürgern im Verwaltungsverfahren der Fall sein.[134] Aufgrund ihrer Herrschaft über das Verfahren obliegt die Steuerung der Informationsflüsse der Verwaltung. Diese führt auch insoweit die gesetzlichen Vorgaben aus. Soweit diese Vorgaben konkretisierungsfähig und konkretisierungsbedürftig sind, nimmt die Verwaltung eine am Zweck des Gesetzes orientierte, durch die Verfassung geleitete Auslegung vor.

---

129 *R. Wahl*, VVDStRL 41 (1983), S. 163.

130 *J. Pietzcker*, VVDStRL 41 (1983), S. 197.

131 RhPfVerfGH, Entsch.v.4. 11. 1998, NJW 1999, S. 2264 = CR 1999, S. 354 (355).

132 *P. Schneider*, Pressefreiheit, S. 102, spricht von Öffentlichkeitsmythos und Arkanmystizismus.

133 BVerfGE 53, 30 (65); vgl. weiter gehend *W. Blümel*, in: ders. (Hrsg.), Bürgerbeteiligung, S. 54, 79ff.

134 BVerfGE 53, 30 (66).

6. Informationsrechte des Bürgers und Informationspflichten der Verwaltung

Die Regelung der Kommunikation im Verwaltungsrecht führt zu Rechten und Pflichten. Aus der Sicht der Verwaltung geht es zum einen um ihre Verpflichtungen zur Information. Zum anderen eröffnen sich ihr Möglichkeiten zur Steuerung und Beeinflussung des Kommunikationsprozesses und zur Erfüllung der ihr übertragenen Aufgaben. Wenn sie Öffentlichkeit herstellt, behält die Verwaltung die Befugnis, die Informationen auszuwählen, die sie an die Öffentlichkeit gibt. Sie hat allerdings wahrheitsgemäß und möglichst umfassend zu informieren.

Dem Bürger kann ein Recht auf Information gegen staatliche Stellen zustehen.[135] Im Kern geht es um Zugang des Bürgers zu Informationen des Staates im Wege eines Rechts auf Akteneinsicht oder Auskunftserteilung.[136] Über die Akteneinsicht hinaus können sich Informationsrechte jedoch auf den Zugang zu jeder Information einer staatlichen Stelle in unterschiedlichster Art und Weise erstrecken. Das Auskunftsrecht stellt insoweit eine abgeschwächte Variante eines Informationsrechts dar, als die Behörde die Herrschaft darüber behält, welche Informationen herausgegeben werden. Rechte auf Information sind Teil der Strukturierung von Kommunikationschancen durch die Gesetze.[137] Als zentrale Verfahrensrechte erweisen sich in diesem Zusammenhang Akteneinsicht und Anhörung. Der Bürger soll Kommunikation mit der Verwaltung erzwingen können.[138] Er hat ein grundsätzliches Recht darauf, dass ihm die Behörde die für ihn relevanten Informationen aus den Akten zugänglich macht. Der Bürger hat weiter ein grundsätzliches Recht darauf, dass die Behörde die Informationen zur Kenntnis nimmt, die er als wichtig für den Ausgang des Verfahrens betrachtet. Das Anhörungsrecht ist das Recht, die Behörde zu informieren. Der Bürger hat die Gelegenheit, Informationen vorzubringen, die nach seiner Auffassung für die Entscheidung der staatlichen Stelle von Bedeutung sind. In engem Zusammenhang zu Akteneinsicht und Anhörungsrechten der Bürger stehen Begründungspflichten der Verwaltung wie sie § 39 VwVfG vorschreibt, die in Rechte umschlagen können und eine nachträgliche Kontrolle des Kommunikationsprozesses erlauben.[139]

---

[135] Allgemein zur Struktur von Informationsrechten *J.N. Druey*, Information, S. 217ff.

[136] *H.-U. Erichsen*, Jura 1993, S. 180.

[137] *J.N. Druey*, Information, S. 195, 213.

[138] *P. Kirchhof*, in: Isensee/Kirchhof (Hrsg.), HdBStR, § 59, Rn. 180.

[139] Siehe schon *N. Luhmann*, Legitimation durch Verfahren, S. 213ff.; vgl. für Frankreich *J. Rivero*, droit administratif, Ziff. 95, 4°.

7. Verfahrensverantwortung von Verwaltung und Bürgern

Das Informationsverwaltungsrecht und insbesondere das Verwaltungsverfahrensrecht als Rahmenordnung für die Kommunikation im Verfahren weisen den Partnern der Kommunikation ihre Rechte, also Kommunikationschancen, ebenso zu wie ihre Pflichten. Die Aufwertung der Rolle, welche die am Informationsaustausch Beteiligten und Interessierten spielen, hat eine gesteigerte Verantwortung für die Kommunikation im Verfahren zur Folge. Vermehrten Rechten stehen unter Umständen auch vermehrte Pflichten gegenüber.[140] Für die Bürger kann Partizipation dazu führen, dass ihnen Obliegenheiten zuwachsen oder sie höhere Risiken tragen müssen. Den Teilnehmern am Verfahren werden in Abhängigkeit von der konkreten Verfahrensart Einwendungs- und Anfechtungslasten auferlegt, die mit der Sanktion der Präklusion verbunden sein können.[141] Die Verantwortung für den Ablauf des Verfahrens obliegt nicht ausschließlich der Behörde, sondern verstärkt auch den Bürgern. Allerdings gilt es zu bedenken, dass die Auferlegung von Pflichten und Risiken auf den Bürger ihre Grenzen in dem Umstand findet, dass die Verwaltung über die Befugnis zur letztlichen Entscheidung verfügt. Denn regelmäßig behält die Behörde die Verfahrensherrschaft, um ihre Aufgabe zu erfüllen, die im Vollzug des Gesetzes unter Beachtung der Rechtsstellung der Bürger besteht. Sie trifft zu diesem Zweck die das Verfahren abschließende Entscheidung.[142] Im Lauf des Verfahrens kann sie aber Teile ihrer Verantwortung an Verfahrensbeteiligte abgeben.[143]

Dementsprechend wird in einer zunehmenden Zahl von Verfahrensarten die Verfahrensverantwortung teilprivatisiert.[144] Die Beherrschung von Risiken, die von Wirtschaftsteilnehmern ausgehen, kann diesen selbst übertragen werden.[145] Der wesentliche Anstoß hierzu ging vom Recht der Europäischen Gemeinschaft aus. Im Verfahren der Umweltverträglichkeitsprüfung (vgl. §6 UVPG) und im Rahmen des Öko-Audit werden den privaten Rechtssubjekten Lasten und Aufgaben im Verfahren auferlegt, deren Erfüllung die Behörde lediglich noch nachvollzieht.[146] Dieser Weg der nachvollziehenden Amtsermittlung nimmt der Behörde nicht ihre Verantwortung für die abschließende Sachentscheidung, entlastet sie aber durch verstärkte Beteiligung, insbesondere des

---

140 Vgl. *S. Herrmann*, Informationspflichten, S. 97; zu Pflichten im Verwaltungsverfahren *H. Maurer*, Allgemeines Verwaltungsrecht, §19, Rn. 25.

141 *W. Schmitt Glaeser*, in: Lerche/Schmitt Glaeser/Schmidt-Aßmann, Verfahren, S. 66; *W. Blümel*, in: ders. (Hrsg.), Bürgerbeteiligung, S. 86.

142 *M. Schmidt-Preuß*, VVDStRL 56 (1996), S. 181.

143 Vgl. *E. Schmidt-Aßmann*, in: Hoffmann-Riem/Schmidt-Aßmann, Reform, Band 1, S. 44.

144 *W. Hoffmann-Riem*, AöR 119 (1994), S. 607ff.; ausführlich *M. Schmidt-Preuß*, VVDStRL 56 (1996), S. 168, 178ff. m.w.N.

145 *Ch. Koenig*, NVwZ 1994, S. 940ff.

146 Gesetz über die Umweltverträglichkeitsprüfung vom 12.2.1990, BGBl. 1990 I, S. 205; Verordnung (EWG) Nr. 1836/93 des Rates vom 29.6.1993 über die freiwillige Beteiligung gewerblicher Unternehmen an einem Gemeinschaftssystem für das Umweltmanagement und die Umweltbetriebsprüfung, ABl. Nr. L 168 vom 10.7.1993, S. 1.

Vorhabenträgers.[147] Auch nach Abschluss des Verfahrens werden die Privaten nicht vollständig aus der Verantwortung entlassen. Ihnen obliegt dann die Verantwortung dafür, dass die umweltrechtlichen Anforderungen eingehalten oder die datenschutzrechtlichen Vorgaben gesichert werden. Aus allen diesen Gründen rücken Private verstärkt in Kommunikationsbeziehungen mit der Verwaltung, aber auch mit Dritten ein, in denen sie Regelungen über den Austausch von Informationen unterliegen.

8. Verwaltungsverfahren und Rechtsschutz

8.1. Verfahren und Entscheidung

Das Verwaltungsverfahren bezweckt die Verwirklichung staatlicher Aufgaben und die Wahrung individueller Rechte.[148] Es ist zwar Gesetzesvollzug.[149] Gleichzeitig sichert das Verwaltungsverfahrensrecht aber die Rechtsstellung des Bürgers bei der Aufgabenerfüllung durch die Verwaltung.[150] Darin liegt eine Konsequenz aus dem Grundsatz der Gesetzmäßigkeit der Verwaltung des Art. 20 Abs. 3 GG. Die Vorschriften des Verfahrensrechts, welche die Kommunikation zwischen den Betroffenen, Interessierten und der Verwaltung regeln, gewährleisten vor diesem Hintergrund Informationsrechte und Kommunikationschancen. Bereits im Vorfeld der letztlichen Entscheidung durch die Verwaltung werden eigenständige Rechtspositionen verbürgt.[151] Die Aufwertung des Verfahrens hat Kompensationsfunktion.[152] Denn die Wahrnehmung der Staatsaufgaben offenbart Defizite des Rechtsgüterschutzes in Bereichen, in denen mangels der Betroffenheit subjektiver Rechte das auf Individualrechtsschutz zugeschnittene Kontrollsystem nicht zum Zuge kommt.[153] Beeinträchtigungen der Umwelt etwa fallen aus dem Rechtsschutzsystem häufig heraus.

Angesichts der Herausforderungen an die Steuerungsfähigkeit des Rechts, die aus gesellschaftlicher Differenzierung und der Komplexität vieler Sachverhalte folgen, erscheint eine Prozeduralisierung von Entscheidungsprozessen als

---

[147] *W. Hoffmann-Riem*, AöR 119 (1994), S. 623.

[148] *E. Schmidt-Aßmann*, Das Allgemeine Verwaltungsrecht, 6/101; *F. Schoch*, Die Verwaltung 25 (1992), S. 21; *H. Hill*, Verfahren, S. 208; *M. Schmidt-Preuß*, NVwZ 2000, S. 259.

[149] *K.A. Bettermann*, VVDStRL 17 (1959), S. 142.

[150] *P. Badura*, in: Erichsen (Hrsg.), Allgemeines Verwaltungsrecht, § 33, Rn. 2; *R. Wahl*, in: Blümel/Pitschas (Hrsg.), Reform, S. 117; vgl. RhPfVerfGH, Beschl.v.16.8. 1994, NJW 1995, S. 444 (446); andere Akzentuierung bei *R. Pitschas*, Verwaltungsverantwortung, S. 658f.

[151] Gegen eine Verselbständigung verfahrensrechtlicher Positionen *P. Badura*, in: Erichsen (Hrsg.), Allgemeines Verwaltungsrecht, § 33, Rn. 5; ähnlich *F. Kopp/U. Ramsauer*, VwVfG, § 45, Rn. 4.

[152] Vgl. *H. Schulze-Fielitz*, in: Hoffmann-Riem/Schmidt-Aßmann (Hrsg.), Konfliktbewältigung, Band 2, S. 56; zur Rechtsfigur der Kompensation *E. Klein*, DVBl. 1981, S. 661.

[153] *D. Grimm*, in: ders., Die Zukunft der Verfassung, S. 191; vgl. *W. Hoffmann-Riem*, DVBl. 1994, S. 1381.

Form der Staatsentlastung und als Ausdruck zunehmend kooperativen Vorgehens des Staates.[154] Zumal bei Entscheidungen der Verwaltung unter Ungewissheit wie im technischen Sicherheitsrecht kompensieren die Information über und die Partizipation an der Entscheidung in gewissem Maße den Umstand, dass die Verwaltung dem Bürger völlige Sicherheit nicht garantieren kann.[155] Risikoverwaltung macht den Ausgleich von Unsicherheit durch Prozeduralisierung in besonderem Maße notwendig. Auch das Planfeststellungsverfahren ist Ausdruck der Besonderheiten, die eine Entscheidung über komplexe Sachverhalte mit sich bringt.[156] Die Schwierigkeit, materielle Anforderungen zu formulieren, wirkt sich zumal im Umweltrecht zu Gunsten einer Aufwertung des Verfahrensrechts aus.[157] Bei Maßnahmen in zahlreichen Verwaltungszweigen sieht sich die Verwaltung hoher Komplexität gegenüber. Die Entscheidung der Behörde steht nicht mehr allein im Vordergrund des verwaltungsrechtlichen Interesses, das Verfahren selbst gewinnt an Bedeutung.[158] An der zentralen Wichtigkeit des Ergebnisses des Verfahrens für den Bürger ändert dies nichts.[159] Denn das Ergebnis, etwa der belastende oder begünstigende Verwaltungsakt oder der Inhalt des verwaltungsrechtlichen Vertrages, führt die Rechtsfolge für den Bürger herbei. Für das Verwaltungsverfahren gilt: Nicht der Weg ist das Ziel, sondern Ziel ist die Entscheidung.[160] Der Weg ist aber ausschlaggebend dafür, welches Ziel erreicht wird.[161] Die einzig richtige und vom Entscheidungsträger nur noch zu findende Verwaltungsentscheidung gibt es nicht.[162] Die Entscheidung wird erst im Verfahren hergestellt. Das Verfahren als Verwirklichungsmodus des materiellen Rechts bildet die notwendige Voraussetzung einer vertretbaren Entscheidung.[163] Die Entscheidung der Verwaltung muss selbstverständlich rechtmäßig sein. Innerhalb der Bandbreite rechtmäßiger Entscheidungen ergeben sich aber Variationsmöglichkeiten, so dass das Verfahren prägende Kraft

---

[154] *H. Schulze-Fielitz*, in: Hoffmann-Riem/Schmidt-Aßmann (Hrsg.), Konfliktbewältigung, Band 2, S. 56; *W. Hoffmann-Riem*, DVBl. 1994, S. 1382; zur Steuerungsdebatte *G.F. Schuppert*, in: Hoffmann-Riem/Schmidt-Aßmann (Hrsg.), Reform, Band 1, S. 83; *M. Schmidt-Preuß*, VVDStRL 56 (1996), S. 169f.; *U. Di Fabio*, VVDStRL 56 (1996), S. 242.

[155] *A. Scherzberg*, VerwArch 84 (1993), S. 506f.; skeptisch *U. Di Fabio*, Risikoentscheidungen, S. 397f.

[156] *P. Badura*, in: Erichsen (Hrsg.), Allgemeines Verwaltungsrecht, § 34, Rn. 9.

[157] *J. Masing*, DVBl. 1998, S. 552.

[158] *W. Brohm*, in: Hoffmann-Riem/Schmidt-Aßmann (Hrsg.), Konfliktbewältigung, Band 1, S. 255; *E. Schmidt-Aßmann*, Das Allgemeine Verwaltungsrecht, 6/99; *R. Schmidt-De Caluwe*, in: Sodan/Ziekow (Hrsg.), VwGO, § 44a, Rn. 243; allgemein *N. Luhmann*, Legitimation durch Verfahren, S. 203ff.

[159] Vgl. *F. Hufen*, JuS 1999, S. 314.

[160] Vgl. *E. Schmidt-Aßmann*, in: Isensee/Kirchhof (Hrsg.), HdBStR, § 70, Rn. 5; *R. Pitschas*, Verwaltungsverantwortung, S. 162.

[161] Siehe BSGE 70, 133 (136), (GrS).

[162] *H.H. Rupp*, in: Festschrift für Bachof, S. 164.

[163] *R. Wahl*, VVDStRL 41 (1983), S. 153; *F. Schoch*, Die Verwaltung 25 (1992), S. 47; vgl. allgemein *H.H. v. Arnim*, Staatslehre, S. 194.

entfaltet.[164] Insbesondere Entscheidungen der Verwaltung in polygonalen Rechtsbeziehungen erweisen sich infolge ihres komplexen Charakters als Auswahl unter mehreren zulässigen Ergebnissen.[165] Die Verwirklichung des vorgegebenen Normprogramms erfolgt im Zusammenwirken von Verwaltung und Beteiligten in der konkreten Entscheidungssituation.[166] Das Verfahren verbürgt die Vertretbarkeit der Entscheidung.[167] Die Beteiligung der Öffentlichkeit fungiert keineswegs nur als demokratietheoretisches Partizipationselement. Sie soll gerade zu einem möglichst akzeptablen und sachgerechten Ergebnis, einer die Interessen optimierenden Entscheidung führen.[168]

Im Zusammenhang damit erwächst dem Verfahrensrecht auch aus dem geänderten Charakter einer Reihe durchzuführender Normprogramme gesteigerte Bedeutung. Die Verwaltung arbeitet einerseits mit Konditionalprogrammen. Der Tatbestand umschreibt die Merkmale der Ordnungsstörung, die Rechtsfolge ordnet die Maßnahme des Staates an. Das Anwachsen der planenden und lenkenden Verwaltung im Verhältnis zur Eingriffsverwaltung hat andererseits zur Folge, dass Normen mit Zielstruktur an Bedeutung gewinnen.[169] Aufträge an die Verwaltung resultieren aus Finalprogrammen. Die Regelung gibt ein zu erreichendes Ziel vor, überlässt aber die Mittel und Wege zur Zielerreichung der Verwaltung.[170] Aus der Sicht der Verwaltung lassen sich unterschiedliche Entscheidungstypen identifizieren, von der strikt gebunden bis zur planerischen Entscheidung, die den Grundstrukturen der Rechtsanwendung zugeordnet werden können, der Subsumtion und der Abwägung.[171] Finaler Charakter kommt beispielsweise der Planung zu, die sich nach Auffassung des Bundesverfassungsgerichts als komplexer Prozess der Gewinnung, Auswahl und Verarbeitung von Informationen darstellt und auch die Auswahl der Mittel umfasst.[172] In komplexen Entscheidungssituationen nimmt notwendig die Zahl der Abwägungsentscheidungen zu, die auf Rechtsgrundlagen mit Zielstruktur basieren. Wenn lediglich das Ziel feststeht, kommt dem Verfahren erhebliche

---

164 Vgl. *W. Brohm*, in: Isensee/Kirchhof (Hrsg.), HdBStR, § 36, Rn. 31, 46 zur Beratung im Entscheidungsprozess.

165 *F. Hufen*, Fehler im Verwaltungsverfahren, Rn. 589; *H. Faber*, Verwaltungsrecht, § 32 I b.

166 *D. Grimm*, NVwZ 1985, S. 871; vgl. *W. Brohm*, VVDStRL 30 (1972), S. 280 mit Fn. 100 zur Konsensherstellung.

167 *R. Pitschas*, Verwaltungsverantwortung, S. 162 spricht von „Richtigkeitsgewähr"; siehe auch *D. Ehlers*, Jura 1996, S. 618 und *N. Luhmann*, Legitimation durch Verfahren, S. 204, 210.

168 *W. Hoffmann-Riem*, AöR 119 (1994), S. 600; *H. Faber*, Verwaltungsrecht, § 32 I b; *R. Pitschas*, Verwaltungsverantwortung, S. 219f.; vgl. *F. Hufen*, JuS 1999, S. 314.

169 Dazu *P. Badura*, DÖV 1968, S. 450ff.

170 *D. Grimm*, in: ders., Die Zukunft der Verfassung, S. 192f.; *J. Aulehner*, in: Haratsch/Kugelmann/Repkewitz (Hrsg.), Herausforderungen, S. 199; *W. Hoffmann-Riem*, DVBl. 1994, S. 1381; nach *N. Luhmann*, Das Recht der Gesellschaft, S. 195ff., 202f., sind auch Zweckprogramme letztlich Konditionalprogramme, wobei er allerdings ein weites Verständnis von Konditionalprogrammen zugrunde legt.

171 *G.F. Schuppert*, in: Hoffmann-Riem/Schmidt-Aßmann (Hrsg.), Reform, Band 1, S. 102f.

172 BVerfGE 95, 1 (16).

Wichtigkeit zu.[173] Die punktuelle Maßnahme der Verwaltung tritt hinter eine mehrstufige Annäherung an die Lösung zurück, die für die Beteiligung von Bürgern offen ist.[174] Je schwächer die materiell-rechtlichen Handlungsprogramme der Verwaltung festgelegt sind, desto stärker drängen Beteiligung und Information des Bürgers im Verfahren in den Vordergrund.[175] Soweit Kommunikationschancen eröffnet werden, verfügt der Bürger über Einflussmöglichkeiten auf die Sachentscheidung, welche bei verfahrensgeprägten Entscheidungen die Wahrung seiner Rechtspositionen in wesentlichem Umfang bestimmen. Die Kommunikation zwischen Bürger und Behörde kann allerdings nicht zu einer bestimmten Entscheidung in der Sache zwingen. Darin zeigt sich der qualitative Unterschied zwischen der Beteiligung im Verfahren und der Durchsetzung subjektiver Rechte vor dem Verwaltungsgericht.[176]

8.2. Verwaltungsverfahren und Gerichtsverfahren

Das Verwaltungsverfahren weist den Weg für die abschließende Sachentscheidung und nimmt insoweit eine selbständige Funktion ein, als dort die Interessen Einfluss nehmen und Berücksichtigung finden, die letztlich für die Entscheidung der Verwaltung eine Rolle spielen und über die entschieden wird. In diesem Verständnis liegt eine Modifikation der Orientiertheit des deutschen Verwaltungsrechts am Ergebnis des Verfahrens. Die Hervorhebung des Ergebnisses betont den gerichtlichen Rechtsschutz. Danach soll das Verfahren nur der Richtigkeit des Ergebnisses dienen, und die Verfahrensregeln sollen dementsprechend eine Gerichtskontrolle ermöglichen. Eine weitergehende eigenständige Rolle wird ihnen nicht zugesprochen. Verfahrensfehler gewinnen auf der Grundlage dieser Anschauung im Verhältnis zum Ergebnis grundsätzlich keine eigene Bedeutung.[177] Grundlage dieses Verständnisses ist die Vorstellung eines bereits vorhandenen richtigen Ergebnisses, das es nur noch durch Deduktion und Subsumtion zu finden gilt. Der Charakter des Verfahrens als Ort des geregelten Interessenausgleichs wird dabei vernachlässigt.[178]

Demgegenüber bedarf der funktionale Zusammenhang von Verfahrensrecht und verwaltungsgerichtlichem Rechtsschutz der Hervorhebung.[179] Das Verwaltungsverfahren dient auch der Wahrung subjektiver Rechte und weist inso-

---

[173] BVerfGE 90, 60 (96); *P. Badura*, DÖV 1968, S. 454; *D. Grimm*, NVwZ 1985, S. 866; vgl. *J. Pietzcker*, VVDStRL 41 (1983), S. 202; *W. Brohm*, in: Hoffmann-Riem/Schmidt-Aßmann (Hrsg.), Konfliktbewältigung, Band 1, S. 254; *H. Faber*, Verwaltungsrecht, § 32 I b.

[174] *P. Kirchhof*, in: Isensee/Kirchhof (Hrsg.), HdBStR, § 59, Rn. 50.

[175] *R. Steinberg*, DÖV 1982, S. 625; *J. Aulehner*, in: Haratsch/Kugelmann/Repkewitz (Hrsg.), Herausforderungen, S. 201.

[176] *D. Grimm*, in: ders., Die Zukunft der Verfassung, S. 195f.

[177] So *J. Pietzcker*, VVDStRL 41 (1983), S. 222; *W. Krebs*, DVBl. 1984, S. 115.

[178] *F. Hufen*, Fehler im Verwaltungsverfahren, Rn. 586f.

[179] *W. Krebs*, Kontrolle, S. 98.

weit Parallelen zum Gerichtsverfahren auf.[180] Die rechtliche Strukturierung des Verwaltungsverfahrens ermöglicht eine Vorverlagerung des Rechtsschutzes.[181] Darunter wird nicht nur die Tatsache verstanden, dass im Verfahren bereits Einwände erhoben werden können, die ansonsten gegen die letztliche Sachentscheidung vorgebracht werden müssten. Der Rechtsschutz wird vielmehr auch insoweit vorverlagert, als die verwaltungsgerichtliche Kontrolle die Einhaltung der Regeln des Informationsaustausches im Verfahren umfasst.[182] Dabei sind die Unterschiede zwischen den Handlungen einer Behörde im Verwaltungsverfahren und der Kontrolle durch die Gerichte ex post nicht zu verkennen. Die Rechtswahrung im Verfahren bezieht gerade im Fall von Ermessens- und Abwägungsentscheidungen mehr Interessen und Belange ein als der auf subjektiven Rechtsschutz ausgerichtete Verwaltungsprozess.[183] Dem sollte durch Anerkennung behördlicher Spielräume Rechnung getragen werden. Damit wird keineswegs die Bedeutung des verwaltungsgerichtlichen Rechtsschutzes geschmälert. Vielmehr werden die Verwaltungsgerichte durch eine verstärkte Verlagerung des Ausgleichs der Interessen ins Verfahren entlastet.[184] Besondere Bedeutung gewinnt diese Entlastungsfunktion des Verfahrensrechts in Fällen, in denen der Verwaltung weite Entscheidungsspielräume zukommen, das normativ vorgegebene Entscheidungsprogramm also unbestimmt ist.[185] Wenn die Überprüfung derartiger Entscheidungen den Schwerpunkt auf den Verfahrensaspekt legt, wird die Verwaltungsgerichtsbarkeit der Notwendigkeit enthoben, eigene Wertungen über die Vertretbarkeit des Ergebnisses an die Stelle der behördlichen Wertungen zu setzen. Sie kann sich auf die Kontrolle der Rechtmäßigkeit konzentrieren, die sich dann allerdings auch auf die Rechtmäßigkeit des Verfahrens erstreckt. In diesem Rahmen kommt der Verwaltungsgerichtsbarkeit die Aufgabe zu, die Verfahrensrechte zu gewährleisten. Ihre Funktion wird nicht vermindert, sondern ausgeweitet, indem die Verwaltungsgerichte verstärkt auch über Informationsrechte und Kommunikationsmöglichkeiten zu entscheiden haben.

---

180 *J. Schwarze*, Der funktionale Zusammenhang, S. 32f.; *P. Stelkens/H. Schmitz*, in: Stelkens/Bonk/Sachs, VwVfG, § 9, Rn. 63; anders *N. Luhmann*, Legitimation durch Verfahren, S. 216.

181 BVerfGE 53, 30 (60).

182 Vgl. *R. Steinberg*, DÖV 1982, S. 622.

183 *R. Wahl*, VVDStRL 41 (1983), S. 160.

184 *E. Schmidt-Aßmann*, in: Isensee/Kirchhof (Hrsg.), HdBStR, § 70, Rn. 21.

185 *J. Schwarze*, Der funktionale Zusammenhang, S. 63.

2. Kapitel:

Verfassungsrechtliche Grundlagen von Rechten auf Information

Das Verfassungsrecht hat verwaltungsverfahrensrechtliche und informationsrechtliche Gehalte.[1] Dies gilt für die verfassungsrechtlichen Grundprinzipien staatlicher Ordnung ebenso wie für die ausdrücklich als solche gewährleisteten Verfahrensgrundrechte. Gegenstand einer kontroversen Diskussion ist die verfahrensrechtliche Funktion der materiellen Grundrechte. Aus der Sicht einer rechtlichen Informationsordnung erweist sich eine Strukturierung der einschlägigen Gewährleistungen des Grundgesetzes als notwendig. Sie ist Voraussetzung für die Erörterung von Ansprüchen auf Herstellung von Öffentlichkeit und von individualbezogenen subjektiven Informationsrechten.

Informationsrechte sind dem Grunde nach verfassungsrechtlich garantiert. Unter Informationsrechten werden Rechte verstanden, die auf den Zugang zu Informationen im Besitz der Behörde und damit auf Beteiligung an der Kommunikation insbesondere im Verwaltungsverfahren gerichtet sind. Im Vordergrund stehen dabei die Rechte auf Auskunft und Akteneinsicht.[2] Materielle Informationsrechte können auf grundrechtliche Positionen zurückzuführen sein. Einwirkungen der Verfassung folgen aus typischen Konstellationen der Gefährdung von individuellen Rechten. Vielfältige Beeinflussungen durch das Verfassungsrecht erfährt das Verwaltungsverfahren. In ihm müssen große Mengen an Informationen verarbeitet und oft unterschiedlichste Interessen integriert werden. Auch wenn ein Recht auf Information nicht verfahrensbezogen ist, sondern aus einer materiellen Rechtsposition erwächst, kann es doch im Kontext eines Verwaltungsverfahrens geltend gemacht werden. Die von diesem geschaffenen Rahmenbedingungen sind von erheblicher Bedeutung für die Wahrnehmung von Informationsrechten. Der Begriff des Verwaltungsverfahrens wird zur Klärung der verfassungsrechtlichen Einflüsse zunächst nicht im Sinne des § 9 VwVfG verstanden, sondern bezeichnet alle Kommunikationszusammenhänge, die auf eine behördliche Entscheidung gerichtet sind. Die Einwirkungen des Verfassungsrechts auf derartige Verfahren stehen im Mittelpunkt der folgenden Betrachtung.

Den Ausgangspunkt bilden die Staatsfundamentalnormen, deren Einflüsse

---

[1] *F. Schoch*, VVDStRL 57 (1997), S. 187; *F. Kopp*, Verfassungsrecht, S. 16ff.; *C.H. Ule/F. Becker*, Verwaltungsverfahren, S. 4; *O. Bachof*, VVDStRL 30 (1972), S. 204.

[2] Siehe oben 1. Kapitel, 6.

auf das Recht der Informationsverwaltung allgemein, insbesondere aber auf die Notwendigkeit individueller Informationsrechte von unterschiedlicher Intensität sind.[3] Konkretere Aussagen im Hinblick auf subjektive Rechtspositionen stehen von den Grundrechten zu erwarten.[4] Die verfassungsrechtlichen Vorgaben bedürfen der Zuspitzung für das Thema der informatorischen Rechtsstellung des Bürgers. Dazu werden die im Kommunikationsprozess zwischen Bürger und Verwaltung typischerweise auftretenden Interessen auf ihre verfassungsrechtliche Absicherung hin untersucht.

1. Das Recht der Informationsverwaltung und die Staatsfundamentalnormen

1.1. Das Demokratieprinzip

Die Bedeutung des Demokratieprinzips gemäß Art. 20 Abs. 1 und 2 GG für Informationsrechte liegt nicht in der Begründung bestimmter einzelner Verfahrensrechte. Vielmehr spielt es eine Rolle aufgrund der prinzipiellen Zuordnung von Staatsfunktionen, die in ihm zum Ausdruck kommt und aufgrund der zentralen Stellung, die es dem Bürger im politischen Prozess zuweist.[5] Mit dem Demokratieprinzip des Art. 20 Abs. 1 GG hat das Grundgesetz eine Grundentscheidung zu Gunsten einer offenen, transparenten Rechts- und Staatsordnung getroffen.[6] Diese Grundentscheidung gilt nach allerdings umstrittener Ansicht auch für das Verwaltungsverfahren.[7] In diesem Zusammenhang gewinnt Art. 1 Abs. 1 GG Bedeutung. Die Menschenwürde verbietet es, den Menschen zum Objekt staatlichen Handelns zu machen.[8] Der Bürger ist im Verwaltungsverfahren als Rechtssubjekt zu behandeln.[9] Dies erfordert eine Mindestausstattung mit Rechten.[10] Allerdings ist der aus Art. 20 Abs. 1 i.V.m. Art. 1 Abs. 1 GG zu

---

[3] Zur Bindungswirkung der Staatszielbestimmungen *K.-P. Sommermann*, Staatsziele, S. 377ff.

[4] Vgl. *H.-H. Trute*, VVDStRL 57 (1997), S. 249ff.

[5] *E. W. Böckenförde*, in: Isensee/Kirchhof (Hrsg.), HdBStR, § 22, Rn. 29, 87; *R. Herzog*, in: Maunz/Dürig, Art. 20, Erl. II, Rn. 2f.; *K. Hesse*, Grundzüge, Rn. 133; *H. Maurer*, Staatsrecht, § 7, Rn. 18; vgl. *F. Schoch*, VVDStRL 57 (1997), S. 202.

[6] *K. Stern*, Staatsrecht I, § 18 II 5e (S. 618); *F. E. Schnapp*, in: v. Münch/Kunig (Hrsg.), Grundgesetz-Kommentar, Art. 20, Rn. 11, spricht von einem demokratischen Postulat größerer Transparenz politischer Prozesse; vgl. *W. Hirschberger*, Zugang, S. 169; *M. Schulte*, Schlichtes Verwaltungshandeln, S. 176 m.w.N.

[7] *J. Lücke*, Begründungszwang, S. 98; siehe auch *W. Brohm*, VVDStRL 30 (1972), S. 279f.; von Demokratisierung der Verwaltungspolitik spricht *E. Stein*, in: AK-GG, Art. 20 Abs. 1–3 II, Rn. 43.

[8] BVerfGE 9, 89 (95); 50, 166 (175); *G. Dürig*, in: Maunz/Dürig, Art. 1, Rn. 34ff.; *Ph. Kunig*, in: v.Münch/Kunig (Hrsg.), Grundgesetz-Kommentar, Art. 1, Rn. 22ff.

[9] *F. Kopp*, Verfassungsrecht, S. 16.

[10] *F. Kopp*, Verfassungsrecht, S. 180; vgl. *K.-P. Sommermann*, Staatsziele, S. 464f., der die Erleichterung des Zugangs der Bürger zu Informationen der Verwaltung in den Zusammenhang einer Einbindung der Bürger in die Verwirklichung von Staatszielen stellt.

gewinnende Maßstab nicht bestimmt genug, um allein aus diesen Regelungen ein konkretes Recht ableiten zu können.[11] Eine Einflussnahme des Bürgers im Verfahren muss jedenfalls möglich sein. Den Minimalstandard für Chancen des Bürgers auf Einflussnahme stellt eine Anhörung im Fall belastender Entscheidungen der Verwaltung dar.[12]

Bereits im Vorfeld der Gesetzgebung ist innerhalb eines offenen politischen Prozesses[13] dem Bürger die Möglichkeit der Beteiligung einzuräumen.[14] Entsprechende Bemühungen finden Ausdruck im Abhalten von Bürgerforen oder Hearings. Dem entspricht ein transparenter Prozess der Gesetzesdurchführung.[15] Dies ist vor dem Hintergrund zu sehen, dass eine komplexe Gesellschaft durch Gesetze immer schwerer zu steuern ist.[16] Daraus folgen auch Konsequenzen für die Durchführung der Gesetze. Die Verwaltung steuert sich zunehmend selbst, ihre Eigendynamik erhöht sich.[17] Wenn die Kraft des Gesetzes zur Konditionierung der Verwaltung abnimmt, dann liegt es nahe, dem Bürger verstärkte Einflussmöglichkeiten im Bereich des Verwaltungsverfahrens einzuräumen. Neben der Ausweitung der Rechte auf Information oder Gewährung rechtlichen Gehörs kommt auch die Ausweitung des Kreises der Berechtigten in Betracht. Eine Verschiebung von Gewichtungen innerhalb der Staatsfunktionen darf nicht zu Lasten der Einfluss- und Mitwirkungsmöglichkeiten des Individuums gehen. Sicherlich ist insoweit eine unmittelbare Kompensation nicht realisierbar. Den Entscheidungen der Verwaltung wird durch Beteiligung und Informationszugang im Grundsatz keine gesteigerte Legitimation aus demokratietheoretischer Sicht verliehen.[18] Die Intensität der Diskussion darüber, ob und inwieweit Partizipation auch demokratische Legitimation vermitteln könne, ist unter dem Vorzeichen der Partizipation zurückgegangen.[19] Hier wird ein enges Verständnis von Partizipation zugrunde gelegt. Gruppen von Betroffenen

---

[11] Vgl. zur Rolle des Art. 38 GG insoweit *G. Nolte*, DÖV 1999, S. 368.

[12] *P. Stelkens/H. Schmitz*, in: Stelkens/Bonk/Sachs, VwVfG, § 9, Rn. 46; ähnlich *W. Schmitt Glaeser*, VVDStRL 31 (1973), S. 224; kritisch zu einer Ableitung des Anhörungsrechts des § 28 VwVfG allein aus Art. 1 Abs. 1 GG *H.-W. Laubinger*, VerwArch 73 (1982), S. 81 mit Fn. 94 unter Hinweis auf *C.H. Ule*, DVBl. 1959, S. 541f.

[13] Vgl. *E.W. Böckenförde*, Demokratie als Verfassungsprinzip, S. 326f.

[14] Vgl. *K. Hesse*, Grundzüge, Rn. 161; für eine stärkere Transparenz der Verwaltungstätigkeit *F. Schoch*, VVDStRL 57 (1997), S. 201. Zu Verfahrensbedingungen politischer Willensbildung *E.W. Böckenförde*, in: Isensee/Kirchhof (Hrsg.), HdBStR, § 22, Rn. 40.

[15] *F. Kopp*, Verfassungsrecht, S. 182; *A. Engelbert/M. Kutscha*, NJW 1993, S. 1256; dagegen ist laut *M. Kriele*, VVDStRL 29 (1971), S. 67 die unmittelbare Teilhabe am Entscheidungsprozess mit dem Deomkratieprinzip unvereinbar.

[16] *R. Steinberg*, DÖV 1982, S. 619.

[17] *D. Grimm*, Wandel der Staatsaufgaben, S. 166f.; *E.W. Böckenförde*, Demokratie als Verfassungsprinzip, S. 357f.

[18] BVerfGE 93, 37 (67ff.); differenzierend *U. Battis*, Partizipation, S. 194f.; zur demokratischen Legitimation BVerfGE 83, 60 (72ff.); *E.W. Böckenförde*, in: Isensee/Kirchhof (Hrsg.), HdBStR, § 22, Rn. 11ff.; *R. Herzog*, in: Maunz/Dürig, Art. 20, Erl. II, Rn. 46ff.

[19] Zu dieser Diskussion *W. Schmitt Glaeser*, VVDStRL 31 (1973), S. 214 – 220 und passim; *W. Schmidt*, VVDStRL 33 (1975), S. 210ff.; *U. Battis*, Partizipation, S. 44ff., 193ff.

oder Interessierten repräsentieren nicht das Volk im Sinne des Art. 20 Abs. 2 GG.[20] Aus diesem Grund werden dem Begriff der Partizipation Beteiligungsformen zugeordnet, die sich nicht als Ausdruck demokratischer Legitimation darstellen.[21] Das Demokratieprinzip weist aber dem Gesetzgeber die Richtung hin zu einer Ausweitung von Beteiligungsrechten und Chancen auf Einflussnahme.[22] Die demokratische Ordnung des Grundgesetzes zielt auf die Akzeptanz ihrer Entscheidungen durch den Bürger. Dem einzelnen Staatsbürger muss nach den Worten des Bundesverfassungsgerichts als selbstverantwortlichem Glied der Rechtsgemeinschaft Gelegenheit gegeben werden, die Gestaltung, Ausformung und Konkretisierung der Rechtsordnung zu beeinflussen.[23] Das Bundesverfassungsgericht hat dementsprechend im Kontext verwaltungsrechtlichen Handelns festgestellt, dass die Stellung des Bürgers im Staat das Gespräch zwischen Verwaltung und Bürger notwendig macht.[24] Das Demokratieprinzip drängt auf Partizipation des Bürgers an Verwaltungsentscheidungen; es gibt darauf aber keinen Anspruch.[25] Seine Konsequenz besteht nicht in der Gewährung subjektiver Rechtspositionen.[26] Es gibt die Richtung vor, in der die Ausgestaltungen des Verwaltungsverfahrens durch den Gesetzgeber laufen sollten.[27] Interpretationen von Verfahrensvorschriften der einfachen Gesetze haben diese Richtungsvorgabe zu beachten.

1.2. Das Rechtsstaatsprinzip

Das Verwaltungsverfahren erweist sich in weitem Umfang als Ausprägung rechtsstaatlicher Grundsätze.[28] Aus der Gesetzmäßigkeit der Verwaltung gemäß Art. 20 Abs. 3 GG folgt das Prinzip des rechtsstaatlichen Verwaltungsver-

---

[20] *E. Schmidt-Aßmann*, Das Allgemeine Verwaltungsrecht, 2/106 mit Fn. 224, nach dem wichtige Fragen nunmehr eher unter den Stichworten „Legitimation“ und „kooperativer Staat“ behandelt würden. Betonung des Aspekts der Repräsentation bei *M. Kriele*, VVDStRL 29 (1971), S. 68ff.

[21] Siehe oben 1. Kapitel, 4., sowie insbesondere *U. Battis*, Partizipation, S. 194

[22] *E. Stein*, in: AK-GG, Art. 20 Abs. 1–3 II, Rn. 43; *W. Schmidt*, VVDStRL 33 (1975), S. 217; vgl. *K.-P. Sommermann*, Staatsziele, S. 473; dezidiert gegen jede Beratung staatlicher Stellen im Entscheidungsprozess unter dem Vorzeichen des Demokratieprinzips *M. Kriele*, VVDStRL 29 (1971), S. 68. Zur demokratischen Mitwirkungsfreiheit der Bürger *E. W. Böckenförde*, in: Isensee/Kirchhof (Hrsg.), HdBStR, § 22, Rn. 94.

[23] Vgl. BVerfGE 44, 125 (147f.); 63, 230 (243).

[24] BVerfGE 45, 297 (335).

[25] *D. Ehlers*, in: Erichsen (Hrsg.), Allgemeines Verwaltungsrecht, § 1, Rn. 21; *B. Pieroth*, JuS 1981, S. 627f.; *Ch. Rotta*, Nachrichtensperre, S. 59, will weiter gehen und dem Demokratieprinzip das Gebot prinzipieller Öffentlichkeit staatlichen Handelns entnehmen.

[26] *W. Schmitt Glaeser*, VVDStRL 31 (1973), S. 227; *J. Lücke*, Begründungszwang, S. 99.

[27] Zur Rolle des Gesetzgebers *K.-P. Sommermann*, Staatsziele, S. 427ff.

[28] *P. Badura*, in: Erichsen (Hrsg.), Allgemeines Verwaltungsrecht, § 33 III 1, Rn. 29; *H. Schulze-Fielitz*, in: Dreier (Hrsg.), Grundgesetz, Art. 20, Rn. 193; weitere Entfaltungen des Rechtsstaatsprinzips für das Verwaltungsverfahren bei *P. Stelkens/H. Schmitz*, in: Stelkens/Bonk/Sachs, VwVfG, § 9, Rn. 49ff.

fahrens.[29] Durch das Verwaltungsverfahrensgesetz wird Rechtsstaatlichkeit gesichert, indem es Stabilität und Kontinuität staatlichen Verwaltungshandelns in den von ihm erfassten Bereichen gewährleistet. Das Rechtsstaatsprinzip leitet nicht nur Anwendung und Auslegung des Verwaltungsverfahrensgesetzes, sondern beeinflusst bereits die Intensität der Regelungen, welche der Gesetzgeber schafft.[30] In seinen einzelnen Ausprägungen formt es Teile einer verfassungsrechtlichen Rahmenordnung für das Verwaltungsverfahren vor.[31]

Zwecke des Rechtsstaatsprinzips sind insbesondere der Schutz der Freiheit des Bürgers sowie die Mäßigung und rechtliche Bindung staatlicher Machtausübung.[32] Die Unterwerfung jedweden staatlichen Handelns unter das Recht als ein Kern des Rechtsstaatsprinzips bedingt die rechtliche Regelung des Verwaltungsverfahrens.[33] Denn dieses Verfahren erzeugt staatliche Entscheidungen gegenüber dem Einzelnen und bedarf daher einer Verrechtlichung, die ein faires und objektives Verfahren gewährleistet.[34] Neben die Gesetzmäßigkeit der Verwaltung und deren Kontrolle tritt die Gewährleistung und Sicherung individueller Rechtspositionen, insbesondere durch die Grundrechte.[35] Da aufgrund des Art. 19 Abs. 4 GG in Verbindung mit den rechtsstaatlichen Prinzipien des Art. 20 GG dem individuellen Rechtsschutz zentrale Bedeutung für die Freiheitssicherung zukommt,[36] hat sich das Verwaltungsverfahrensrecht den Anforderungen zu stellen, die die Notwendigkeit des Individualrechtsschutzes nach sich zieht; es hat eigenständige Rechtsschutzfunktion. Sie ist Teil seiner Funktion der Rechtsverwirklichung.[37] Die Durchsetzung materieller Rechte verlangt, dass der in seinen Grundrechten Betroffene im Verwaltungsverfahren Gelegenheit haben muss, seine Belange zur Geltung zu bringen. Der Auftrag des Verwaltungsverfahrens, zur Rechtsdurchsetzung zu verhelfen, den das Bundesverfassungsgericht unter dem Aspekt der Vorverlagerung des Rechtsschutzes diskutiert,[38] macht es notwendig, den Beteiligten Rechtspositionen

---

[29] *K. Stern*, Staatsrecht I, § 20 IV 4e (S. 824); *H.J. Bonk*, in: Stelkens/Bonk/Sachs, VwVfG, § 1, Rn. 28.

[30] *F. Kopp*, VwVfG, Vorbem § 1, Rn. 4a. Zu den Wirkungen des Rechtsstaatsprinzips im Hinblick auf Zielkontrolle und Prognosekontrolle *R. Herzog*, in: Maunz/Dürig, Art. 20, Erl. VII, Rn. 51, 53.

[31] Darstellung der vertretenen Ausprägungen bei *K. Sobota*, Das Prinzip Rechtsstaat, S. 145 ff.

[32] *U. Scheuner*, Entwicklung des Rechtsstaats, S. 250; *R. Herzog*, in: Maunz/Dürig, Art. 20, Erl. VII, Rn. 21 ff. Näher zu den im Einzelnen umstrittenen Gehalten des Rechtsstaatsprinzips *Ph. Kunig*, Das Rechtsstaatsprinzip, S. 240 ff.; *K. Sobota*, Das Prinzip Rechtsstaat, S. 27 ff.; *E. Schmidt-Aßmann*, in: Isensee/Kirchhof (Hrsg.), HdBStR, § 24, Rn. 69 ff., jeweils m.w.N.

[33] *K. Stern*, Staatsrecht I, § 20 IV 4 e (S. 824).

[34] BVerfGE 60, 253 (295); *H.J. Bonk*, in: Stelkens/Bonk/Sachs, VwVfG, § 1, Rn. 30; *D. Dörr*, Faires Verfahren, S. 141 ff.

[35] *R. Herzog*, in: Maunz/Dürig, Art. 20, Erl. VII, Rn. 23; *H. Maurer*, Staatsrecht, § 8, Rn. 11; *E. Schmidt-Aßmann*, in: Hoffmann-Riem/Schmidt-Aßmann (Hrsg.), Reform, Band 1, S. 20.

[36] Vgl. BVerfGE 9, 137 (149); 17, 306 (313 f.).

[37] *J. Pietzcker*, VVDStRL 41 (1983), S. 229, LS 9, S. 2; *P. Stelkens/H. Schmitz*, in: Stelkens/Bonk/Sachs, VwVfG, § 9, Rn. 63.

[38] BVerfGE 53, 30 (60).

einzuräumen. Effektiver und rechtzeitiger Rechtsschutz erzwingt im Grundsatz die Beteiligung von Betroffenen, zumindest in komplexen Großverfahren. Das Rechtsstaatsprinzip stellt einen Begründungsstrang für Informations- und Beteiligungsrechte dar, aber eben nur wenn und soweit der individuelle Rechtsschutz diese Rechte notwendig macht.[39] Rechte auf Information sind kommunikationsbezogen. Sie unterstützen den Bürger bei der Verfolgung materieller Ziele.[40] Das Ziel kann aber, insbesondere bei materiellen Informationsrechten, in der Mehrung von Kenntnis selbst bestehen.

Die individuelle Rechtsverfolgung durch den Bürger hat daneben die rechtsstaatliche Funktion, vertretbare Entscheidungen der Verwaltung mit herbeizuführen und zur Kontrolle verwaltungsrechtlichen Handelns beizutragen.[41] Denn ein gesetzmäßiges Handeln der Verwaltung bedeutet die Realisierung des Normprogramms der die Entscheidung leitenden Regelung. Ohne einen Beitrag der Verfahrensbeteiligten zur Kommunikation ist die Erreichung des Normziels in aller Regel nicht möglich. Die Beteiligten stellen Informationen zur Verfügung. Ungeachtet ihrer egoistischen Motive erlauben sie damit der Behörde, eine vertretbare Entscheidung zu treffen. Das gewünschte Ergebnis ist eine rechtmäßige Entscheidung. Falls das Verwaltungsverfahren in eine rechtswidrige Entscheidung mündet, kommt ein Angehen gegen die Entscheidung durch den Einzelnen in Betracht. Verfahrensrechte sind auch die Konsequenz aus dem Recht auf ein faires Verfahren gemäß Art. 2 Abs. 1 GG i.V.m. Art. 20 Abs. 3 GG.[42]

Da zur Rechtsschutzfunktion das Prinzip der Gesetzmäßigkeit der Verwaltung hinzutritt, fordert das Rechtsstaatsprinzip, dem im Verfahren involvierten Bürger eine rechtliche Minimalausstattung zur Teilnahme am Kommunikationsprozess mit der Verwaltung einzuräumen.[43] Angesichts der zunehmenden Komplexität vieler Verfahren umfasst dies in aller Regel ein grundsätzliches Recht auf Information. Dem entspricht eine gesicherte Rechtsposition hinsichtlich der abschließenden Entscheidung, wie sie insbesondere das Erfordernis einer Begründung zumindest belastender behördlicher Entscheidungen gewährt, das man insoweit zumindest dem Rechtsstaatsprinzip entnehmen kann.[44] Das Rechtsstaatsprinzip verlangt die Gewährung rechtlichen Gehörs an die Betei-

---

[39] *K. Sobota*, Das Prinzip Rechtsstaat, S. 503; konsequent nur auf das Rechtsstaatsprinzip gründet *W. Blümel*, Grundrechtsschutz, S. 26, die Beteiligung der Betroffenen in Verfahren mit planerischem Charakter; siehe auch *E. Schmidt-Aßmann*, AöR 116 (1991), S. 375; zurückhaltend *R. Herzog*, in: Maunz/Dürig, Art. 20, Erl. VII, Rn. 59.

[40] OVG Rh-Pf, Urt.v.2.10. 1991, DVBl. 1991, S. 1367 zur Akteneinsicht.

[41] *W. Schmitt Glaeser*, VVDStRL 31 (1973), S. 245f.; *U. Battis*, Partizipation, S. 194 weist auch der Partizipation Kontrollfunktion zu.

[42] *D. Dörr*, Faires Verfahren, S. 141; *P. Stelkens/H. Schmitz*, in: Stelkens/Bonk/Sachs, VwVfG, § 9, Rn. 60.

[43] *K. Sobota*, Das Prinzip Rechtsstaat, S. 503.

[44] Vgl. *J. Lücke*, Begründungszwang, S. 50, der weiter gehend zur Ausweitung des Begründungszwangs die materiellen Grundrechte hinzuzieht.

ligten.[45] Soweit das Rechtsstaatsprinzip individuellen Rechtsschutz absichert, ist das Recht auf Anhörung eine notwendige Folgerung.[46] Da die Gesetzmäßigkeit der Verwaltung eine Sammlung der für die Entscheidung erforderlichen Informationen erfordert, erweist sich eine Anhörung der Beteiligten im Verwaltungsverfahren auch aus diesem Grund als zwingend. Bereits aus dem Rechtsstaatsprinzip folgt weiter die Notwendigkeit der Akteneinsicht zum Zwecke der Rechtsverteidigung.[47] Die Erreichung des im Normprogramm vorgegebenen Ziels, eine vertretbare Entscheidung zu treffen, ist ohne einen Kommunikationsprozess zwischen Behörde und Bürger selten möglich. Das Prinzip der Gesetzmäßigkeit der Verwaltung führt zur Verrechtlichung der Position des Beteiligten im Informationsaustausch.

Die grundsätzliche Gewährleistung von Anhörung und Akteneinsicht trägt dem Charakter des Verfahrens als Kommunikationsprozess Rechnung. Über das Verwaltungsverfahren hinaus sind Informationsrechte unter dem Gesichtspunkt potentieller Belastungen des Bürgers durch die Verwaltung von Bedeutung. Aus dem Rechtsstaatsprinzip ergibt sich allerdings nur, dass diese Rechte überhaupt verbürgt sein müssen. Ihre konkrete Entfaltung obliegt dem Gesetzgeber.[48] So hat er in §28 Abs.2, §29 Abs.2 und §30 VwVfG Einschränkungen der Rechte auf Anhörung und Akteneinsicht vorgenommen, die aus der Sicht des Rechtsstaatsprinzips keinen Einwänden begegnen.

Die Gewährleistungen des Rechtsstaatsprinzips gehen im Vergleich zu denen des Demokratieprinzips tiefer: Sie beinhalten Verfahrensrechte für die Betroffenen und Beteiligten dem Grunde nach. Demgegenüber greifen die Gewährleistungen des Demokratieprinzips mehr in die Breite: Zwar verlangt es keine bestimmten Rechtseinräumungen; sein Ziel der Verwirklichung eines transparenten Verwaltungsverfahrens betrifft aber über die Betroffenen und Beteiligten hinaus die Öffentlichkeit insgesamt.[49]

1.3. Das Sozialstaatsprinzip

Auch dem Sozialstaatsprinzip wird eine Bedeutung für das Verwaltungsverfahrensrecht zugeschrieben. Es soll dem Zweck dienen, den Betroffenen in seiner Subjektivität zu schützen, wenn er als Leistungsempfänger auftritt. Im Rah-

---

[45] *H.-W. Laubinger*, VerwArch 73 (1982), S.75, 84; *Ph. Kunig*, Das Rechtsstaatsprinzip, S.375; *K. Sobota*, Das Prinzip Rechtsstaat, S.503; *H.J. Bonk*, in: Stelkens/Bonk/Sachs, VwVfG, §1, Rn.30; vgl. *R. Hendler*, Die bürgerschaftliche Mitwirkung, S.18.

[46] BVerwGE 74, 109 (112); *C.H. Ule/H.-W. Laubinger*, Verwaltungsverfahrensrecht, §24, Rn.1; *F. Kopp*, VwVfG, §28, Rn.2.

[47] BayVGH, Urt.v.17.2. 1998, NVwZ 1999, S.889; *F. Kopp*, Verfassungsrecht, S.120; *W. Schmitt Glaeser*, VVDStRL 31 (1973), S.248; wohl auch *H.-W. Laubinger*, VerwArch 73 (1982), S.84.

[48] *H.-W. Laubinger*, VerwArch 73 (1982), S.84; *H. Schulze-Fielitz*, in: Dreier (Hrsg.), Grundgesetz, Art.20, Rn.193; vgl. *C.H. Ule/F. Becker*, Verwaltungsverfahren im Rechtsstaat, S.4.

[49] Ähnlich *R. Pitschas*, Verwaltungsverantwortung, S.493.

men sozialstaatlicher Leistungsverteilung soll die menschliche Personalität erhalten bleiben. Deshalb folgen aus dem Sozialstaatsprinzip nach dieser Auffassung Beteiligungsmöglichkeiten für die Betroffenen an den Verwaltungsentscheidungen.[50] Eine derartige sozialstaatliche Partizipation geht jedoch über den Bedeutungsgehalt des Sozialstaatsprinzips hinaus.[51] Ihm sind konkrete Rechtseinräumungen für das Verwaltungsverfahren nicht zu entnehmen. Die Zielrichtung, zum Abbau sozialer Ungleichheiten beizutragen, verpflichtet die staatlichen Stellen dazu, bei den Maßnahmen lenkender, verteilender und leistender Verwaltung auf sozialen Ausgleich Bedacht zu nehmen. Die Schaffung der sozialen Voraussetzungen zur Realisierung der Freiheit für alle soll angestrebt werden.[52] Ein Beteiligungsrecht im Verwaltungsverfahren oder ein materielles Informationsrecht stellt aber eine subjektive Berechtigung dar, keine faktische Vorbedingung der Ausübung von Freiheit. Das rechtliche Gehör oder die Akteneinsicht bilden, auch soweit sie Voraussetzungen weiterer Rechtswahrnehmung und Rechtsdurchsetzung sind, selbständige Berechtigungen des einzelnen Bürgers. Damit liegt ihr Ursprung im Rechtsstaatsprinzip oder in den Grundrechten, nicht im Sozialstaatsprinzip. Aufgrund seiner Unschärfe erscheint dieses zur Entwicklung von fest umrissenen Verfahrensrechten ungeeignet.

Das Sozialstaatsprinzip soll gemäß einer anderen Auffassung Wirkung im Verwaltungsverfahren entfalten, indem Verwaltungsverantwortung und Kommunikation als Maßstäbe festgelegt werden, um behördliche Verfahren zu gestalten.[53] Es weist die Richtung, in welcher Art und Weise Beteiligungsmöglichkeiten in staatlichen Entscheidungsabläufen eingeräumt werden sollten.[54] Grundsätzlich umschreibt das Sozialstaatsprinzip durchaus die Eigenart moderner Verwaltung.[55] Mit dieser Beschreibung ist für die Ausgestaltung von Verfahrensrechten allerdings wenig mehr als eine Folie gewonnen, auf der rechtliche Verbürgungen festgeschrieben werden müssen. Eigenständige rechtliche Wirkungen kann das Sozialstaatsprinzip im Rahmen von Betreuungs- oder Fürsorgepflichten entfalten.[56] Zu Gunsten sozial Schwächerer oder Rechtsunkundiger führt es zu Informationspflichten der Behörden.[57] Derart allgemeine Informationspflichten bedürfen gesetzlicher Konkretisierung, wie insbesondere die §§ 13ff. SGB I und weitere Beratungspflichten des Sozialrechts deutlich machen.[58] Im Rahmen des Verwaltungsverfahrens und darüber hinaus

---

[50] *W. Schmitt Glaeser*, VVDStRL 31 (1973), S. 250 – 257.

[51] *W. Hirschberger*, Zugang, S. 137; zurückhaltend auch *H.-W. Laubinger*, Die Verwaltung als Helfer des Bürgers, S. 457.

[52] *E. W. Böckenförde*, Demokratie als Verfassungsprinzip, S. 375.

[53] *R. Pitschas*, in: Hoffmann-Riem/Schmidt-Aßmann (Hrsg.), Reform, Band 1, S. 279f.

[54] *R. Pitschas*, Verwaltungsverantwortung, S. 483.

[55] *K. Hesse*, Grundzüge, Rn. 211.

[56] *C. H. Ule/H.-W. Laubinger*, Verwaltungsverfahrensrecht, § 26, Rn. 1.

[57] *F. Hufen*, Fehler im Verwaltungsverfahren, Rn. 212.

[58] Vgl. *P. Stelkens/D. Kallerhoff*, in: Stelkens/Bonk/Sachs, VwVfG, § 25, Rn. 5; *C. H. Ule/H.-W. Laubinger*, Verwaltungsverfahrensrecht, § 26, Rn. 15 mit dem Nachweis einzelner Vorschriften.

äußert das Sozialstaatsprinzip begünstigende Wirkungen von begrenzter Tragweite für den informationsbedürftigen Bürger.

2. *Das Recht der Informationsverwaltung und die Grundrechte*

2.1. *Die Verfahrensgrundrechte*

Die vom Grundgesetz ausdrücklich gewährleisteten Verfahrensgrundrechte betreffen überwiegend das Gerichtsverfahren. Die Gewährleistungen der Art. 101, 103 Abs. 2 und 3 sowie des Art. 104 GG spielen im Verwaltungsverfahren unmittelbar keine Rolle. Nach überwiegender Auffassung ist auch Art. 103 Abs. 1 GG im Verwaltungsverfahren nicht unmittelbar anwendbar.[59] In diesen Rechten können immerhin grundsätzliche Richtungsentscheidungen des Verfassunggebers gesehen werden, die auf dem Wege über die Staatsfundamentalnormen Bedeutung auch im Verwaltungsverfahren zu gewinnen vermögen. Gemeinsam ist den Verfahrensgrundrechten, dass sie materielle Grundrechtspositionen voraussetzen und nicht begründen.[60] Das Recht des Art. 19 Abs. 4 GG gewährleistet effektiven gerichtlichen Rechtsschutz.[61] Die Vorschrift entfaltet nach der Rechtsprechung des Bundesverfassungsgerichts Vorwirkungen im Verwaltungsverfahren.[62] Sie gewährleistet, dass das Verwaltungsverfahren den gerichtlichen Rechtsschutz weder vereiteln noch unzumutbar erschweren darf.[63] Im Kern geht es um das rechtliche Gehör, dem durch angemessene Ausgestaltung des Verwaltungsverfahrens Geltung verschafft werden soll.[64] Die Unterschiede zwischen Verwaltungsverfahren und Verwaltungsprozess dürfen allerdings weder verkannt, noch überspielt werden.[65] Vorrangiger Gegenstand des Art. 19 Abs. 4 GG und auch des Art. 103 GG ist das gerichtliche Verfahren. Den Schutz subjektiver Verfassungspositionen im Verwaltungsverfahren leisten zuvörderst die materiellen Grundrechte.

2.2. *Die verfahrensrechtliche Funktion materieller Grundrechte*

Rechte auf Information innerhalb des Verwaltungsverfahrens werden von der Verfassung geprägt. Die Staatsfundamentalnormen geben den Rahmen vor

---

[59] *Ph. Kunig*, Das Rechtsstaatsprinzip, S. 373 m.w.N.

[60] Vgl. *F. Ossenbühl*, Festschrift für Eichenberger, S. 184.

[61] BVerfG, Beschl.v.27.10. 1999, EuGRZ 2000, S. 167 (172).

[62] BVerfGE 27, 297 (305); 49, 220 (228, 242); *F. Kopp*, VwVfG, Vorbem. vor § 1, Rn. 4a m.w.N.; im Einzelnen *E. Schmidt-Aßmann*, in: Maunz/Dürig, Grundgesetz, Art. 19, Rn. 248ff.

[63] BVerfGE 22, 49 (81); 61, 82 (110); 69, 1 (49).

[64] BVerfGE 54, 86 (91) zu Art. 103 Abs. 1 GG.

[65] *F. Hufen*, Fehler im Verwaltungsverfahren, Rn. 34; kritisch auch *E. Schmidt-Aßmann*, Ordnungsidee und System, S. 38.

und stellen Anforderungen an den Gesetzgeber. Bei der Begründung subjektiver Rechte können grundrechtliche Gewährleistungen eine Rolle spielen, sofern sie auf das Verwaltungsverfahren einwirken. Diese Einwirkungen vollziehen sich vorrangig durch die verfahrensrechtliche Funktion der Grundrechte.

2.2.1. Die Effektivität der Durchsetzung

Die Grundrechte entfalten Wirkungen im Verwaltungsverfahren. Ausgangspunkt für die Analyse dieser Wirkungen ist der Grundgedanke, dass die effektive Durchsetzbarkeit zu den elementaren Bestandteilen des Grundrechtes selbst gehört.[66] Materielle Rechtspositionen benötigen Verfahren, um Realität zu werden.[67] Wenn und soweit die grundrechtliche Gewährleistung nur mit Hilfe von verfahrensrechtlichen Instituten oder entsprechenden Interpretationen des einfachen Gesetzes einzulösen ist, haben diese verfassungsrechtlichen Rang.

Das Bundesverfassungsgericht hat diese Konzeption ursprünglich mit Blick auf wirksamen Rechtsschutz durch den Richter entwickelt.[68] In seiner weiteren Rechtsprechung bilden Urteile zur effektiven Durchsetzung der Grundrechte auf Eigentum (Art. 14 GG) und auf Asyl (Art. 16 Abs. 2 Satz 1 GG a.F.) einen Schwerpunkt.[69] Mit dem Mülheim-Kärlich-Beschluss aus dem Jahr 1979 überträgt das Bundesverfassungsgericht seine Rechtsprechung zur verfahrensrechtlichen Funktion der materiellen Grundrechte ausdrücklich auf das Verwaltungsverfahren;[70] darin liegt die Bedeutung dieser Entscheidung.[71] Sie hat zustimmende, aber auch ablehnende Reaktionen hervorgerufen, wobei sich letztere insbesondere gegen das weiter gehende Sondervotum der Richter *Simon* und *Heußner* richteten.[72] Das Bundesverfassungsgericht hält an den Grundaussagen seiner Rechtsprechung fest.[73] Darin ist ihm das Bundesverwaltungsgericht gefolgt.[74]

Die Grundrechte enthalten die Anordnung ihrer eigenen Durchsetzung. Aus ihnen leiten sich Ansprüche auf effektive individuelle Rechtsschutzgewährung

---

[66] BVerfGE 39, 276 (294).

[67] *H.H. Rupp*, AöR 101 (1976), S. 184; *K. Hesse*, EuGRZ 1978, S. 434; *Ch. Starck*, in: v.Mangoldt/Klein/Starck (Hrsg.), GG, Art. 1, Rn. 166; zu neuartigen Gefährdungslagen *U. Di Fabio*, VVDStRL 56 (1996), S. 254.

[68] BVerfGE 24, 367 (401).

[69] Eingehende Darstellung bei *H.-W. Laubinger*, VerwArch 73 (1982), S. 62ff.; vgl. auch die Beschreibung der Entwicklung der Rechtsprechung in BVerfGE 53, 30 (71ff.), abw.M. *Simon* und *Heußner*; dazu *Th. Vesting*, in: Grabenwarter u.a. (Hrsg.), Allgemeinheit, S. 14.

[70] BVerfGE 53, 30 (65).

[71] *W. Blümel*, in: ders. (Hrsg.), Bürgerbeteiligung, S. 33; *K.-P. Dolde*, NVwZ 1982, S. 70; *F. Hufen*, NJW 1982, S. 2161; *E. Denninger*, in: Isensee/Kirchhof (Hrsg.), HdBStR, § 113, Rn. 3.

[72] Positiv zum Beispiel *W. Blümel*, in: ders. (Hrsg.), Bürgerbeteiligung, S. 34f.; *K. Redeker*, NJW 1980, S. 1593 (1594); kritisch zum Beispiel *F. Ossenbühl*, Festschrift für Eichenberger, S. 190; *K.-P. Dolde*, NVwZ 1982, S. 70; vgl. *W. Clausen*, in: Knack (Hrsg.), VwVfG, Vor § 9, Rn. 3.1 m.w.N. und ausführlich *J. Held*, Grundrechtsbezug, S. 81ff.

[73] BVerfGE 84, 35 (45f.); 84, 59 (73); 90, 60 (96); 94, 166 (200).

[74] BVerwGE 74, 209 (212); 75, 214 (226).

ab, die über den Gewährleistungsgehalt des Art. 19 Abs. 4 GG hinausgehen. Das Bundesverfassungsgericht hat hervorgehoben, dass hinsichtlich der Durchsetzbarkeit von Grundrechten im gerichtlichen Verfahren regelmäßig die Rechtsschutzgarantie des Art. 19 Abs. 4 GG zum Zuge komme; die materiellen Grundrechte könnten aber besondere und zusätzliche Anforderungen an das gerichtliche Verfahren stellen.[75] Die grundrechtssichernde Funktion der materiellen Grundrechte umfasst den Rechtsschutz gegen die Verletzung von verfassungsrechtlich gewährleisteten Rechtspositionen durch Stellen der öffentlichen Verwaltung, und sie entfaltet sich im Rahmen der Drittwirkung auch zwischen Privaten in entsprechenden Rechtsstreitigkeiten.[76] Der Grundsatz, dass die Grundrechte Wirkungen auf das Verwaltungsverfahrensrecht entfalten, steht fest.[77] Im Hinblick auf die Kernaussagen zumal der Art. 1 Abs. 1, Art. 2 Abs. 2 Satz 1, Art. 3 Abs. 1 GG ist die Wirkung auf das Verfahren unbestritten.[78] Aber auch darüber hinaus entspricht es der Rechtsprechung des Bundesverfassungsgerichts, der die Literatur weitgehend gefolgt ist, dass potentiell jedes Grundrecht in der Lage ist, das Verwaltungsverfahren zu beeinflussen.[79]

Einerseits macht der Information begehrende Bürger ein Recht geltend, das umso stärker ist, je mehr Rückhalt es in den Grundrechten findet. Andererseits können dem Verlangen nach Information grundrechtlich abgesicherte Rechtspositionen anderer Rechtssubjekte gegenüber stehen, insbesondere das Recht auf informationelle Selbstbestimmung. Zur Auflösung der Konflikte und zur Klärung der Rahmenbedingungen für Abwägungen ist eine Erörterung der verfahrensbezogenen Funktion der Grundrechte angebracht, die sich auf Aspekte der Informationsverwaltung konzentriert.

2.2.2. *Grundrechtsschutz durch und im Verfahren*

Die verfahrensrechtliche Funktion der Grundrechte bedarf der Strukturierung. Orientierungspunkte für Differenzierungen sind die Gefährdungslage für die grundrechtlich geschützte Rechtsstellung, Rechtsträger und Adressat der grundrechtlichen Gewährleistung sowie die geltend gemachte Dimension des Grundrechts. Eine Unterscheidung bietet sich an zwischen dem Grundrechtsschutz durch Verfahren und demjenigen im Verfahren.[80] Die Grundrechte set-

---

[75] BVerfG, Beschl.v.27.10. 1999, EuGRZ 2000, S. 167 (172).

[76] *H. Bethge*, NJW 1982, S. 6; *D. Lorenz*, AöR 105 (1980), S. 629; *P.-M. Huber*, Grundrechtsschutz, S. 68f.; vgl. auch *H. Goerlich*, Grundrechte als Verfahrensgarantien, S. 348.

[77] RhPfVerfGH, Beschl.v.16.8. 1994, NJW 1995, S. 444 (446); OVG NRW, Beschl.v.25.11. 1999, NVwZ 2000, S. 449 (450); *F. Kopp*, VwVfG, Vorbem § 1, Rn. 4b ff. m.N.; *H.-J. Papier*, in: Maunz/Dürig, Art. 14, Rn. 48.

[78] Vgl. insoweit *H.-W. Laubinger*, VerwArch 73 (1982), S. 80ff., der ansonsten das Konzept der verfahrensrechtlichen Funktionen der Grundrechte insgesamt in Frage stellt.

[79] *F. Kopp*, VwVfG, Vorbem § 1, Rn. 4b; *W. Clausen*, in: Knack (Hrsg.), VwVfG, Vor § 9, Rn. 3.1 jeweils m.w.N.

[80] *F. Ossenbühl*, Festschrift für Eichenberger, S. 188; *J. Held*, Grundrechtsbezug, S. 65; *W. Clausen*, in: Knack (Hrsg.), VwVfG, Vor § 9, Rn. 3.1.

zen Maßstäbe für eine den Grundrechtsschutz effektuierende Verfahrensgestaltung; sie werden durch die Art und Weise des Verfahrens geschützt. Verletzungen von Grundrechten können durch verfahrensrechtliche Ausgestaltungen vermieden werden. Auf der anderen Seite sind die vorhandenen Verfahrensvorschriften grundrechtskonform auszulegen.[81] Im laufenden Verwaltungsverfahren nehmen die Grundrechte Einfluss. Diese Unterscheidung verweist auf die handelnden Akteure im Verwaltungsverfahren und die von ihnen zu erfüllenden Anforderungen, welche sich nach den Vorgaben der aus den Grundrechten resultierenden Schutzpflichten bemessen.

Nach der Rechtsprechung des Bundesverfassungsgerichts liegt in der Missachtung der Verfahrensregelung eine unmittelbare Grundrechtsverletzung, wenn die Verfahrensvorschrift in Erfüllung einer grundrechtlichen Schutzpflicht erlassen wurde.[82] Eine solche Schutzpflicht kann dazu führen, dass eine Regelung des einfachen Rechts beibehalten, nachgebessert oder neu eingeführt werden muss.[83] Verfahrensrechtliche Regelungen einschließlich subjektiver Rechte können grundrechtsgeboten sein.[84] Vorsicht ist angezeigt, da konzeptionell nicht jeder Verpflichtung des Gesetzgebers eine subjektive Berechtigung gegenüber stehen muss. Dies würde der parlamentarischen Demokratie den Boden unter den Füßen entziehen. Denn bei der Kennzeichnung einer Regelung als grundrechtsgeboten steht immer zu bedenken, dass sie damit dem Zugriff des Gesetzgebers zumindest dem Grunde nach verschlossen ist. Die Grundrechte markieren lediglich den Minimalstandard an Verfahrensgewährleistungen.[85] Darüber hinaus verbleiben dem Gesetzgeber erhebliche Spielräume.[86]

2.3. *Wirkungsweisen der Grundrechte im Rahmen des Verfahrens*

Wenn und soweit andere Grundrechtsfunktionen für den Schutz des Grundrechts vor Verletzungen nicht ausreichen, greift dessen verfahrensrechtliche Funktion.[87] Sie tritt nicht nur kumulativ hinzu, sondern nimmt eigene Aufgaben zu Gunsten des Grundrechtsschutzes wahr. Für einen effektiven Grundrechtsschutz reicht die Kontrolle der endgültigen Sachentscheidungen in vielen Bereichen nicht mehr aus. Deshalb ist es unabdingbar, Grundrechtsschutz bereits im Prozess der Entscheidungsfindung zu gewährleisten.[88] Die interessen-

---

[81] BVerfGE 53, 30 (73), Sondervotum *Simon* und *Heußner*; vgl. *K. Stern*, Staatsrecht III/1, § 69 V 6 (S. 967).

[82] BVerfGE 53, 30 (65f.).

[83] *G. Hermes*, Das Grundrecht auf Schutz von Leben und Gesundheit, S. 268; *J. Isensee*, in: Isensee/Kirchhof (Hrsg.), HdBStR, § 111, Rn. 90; vgl. zu den Schutzpflichten auch *J. Dietlein*, Die Lehrer von den grundrechtlichen Schutzpflichten, passim.

[84] *R. Alexy*, Theorie der Grundrechte, S. 435.

[85] BVerfGE 60, 253 (295); vgl. auch BVerfGE 56, 216 (242).

[86] *H. Hill*, Verfahren, S. 240.

[87] BVerfGE 90, 60 (96); vgl. auch *R. Alexy*, Theorie der Grundrechte, S. 446.

[88] *M. Schulte*, Schlichtes Verwaltungshandeln, S. 117; *P.-M. Huber*, Grundrechtsschutz, S. 75.

geleitete Kommunikation zwischen Verwaltung und Bürger vollzieht sich grundrechtsorientiert. Der Grund für die Aufwertung des Verfahrens liegt in der Ausweitung gestaltender Tätigkeit des Staates, die eine Zuordnung und Verteilung grundrechtsrelevanter Positionen mit sich bringt und eine Wandlung der Anwendung von Gesetzen durch die Verwaltung beinhaltet.[89] Denn viele Gesetze stellen keine Konditionalprogramme, sondern Finalprogramme dar und sind damit weitgehend ergebnisoffen und der Konkretisierung durch die Verwaltung zugänglich.[90] Die Tätigkeit einer planenden und gestaltenden Verwaltung trägt zudem die Gefahr der Entwertung materieller Grundrechtspositionen durch verspäteten Schutz in sich.[91]

Das Bundesverfassungsgericht hat unter Berücksichtigung dieser Entwicklungen Fallgruppen des verfahrensrechtlichen Grundrechtsschutzes herausgearbeitet.[92] Sein besonderes Augenmerk liegt auf der Art und Intensität des Grundrechtseingriffs.[93] Zum einen ist die verfahrensrechtliche Funktion der Grundrechte bedeutsam, wenn die Ergebniskontrolle deshalb ausfällt, weil das Grundrecht keine Maßstäbe für das Ergebnis bereitstellt. Anwendungsfälle waren berufsbezogene Wertungen in Prüfungsentscheidungen oder die Festlegung der Rundfunkgebühr. Zum anderen stellt es auf den rechtzeitigen Grundrechtsschutz ab und weist dem Verfahren grundrechtsschützende Wirkung zu, falls eine Ergebniskontrolle erst zu einem Zeitpunkt stattfinden könnte, in dem die Verletzungen des Grundrechts nicht mehr auszuräumen sind.[94] Allerdings gilt es festzuhalten, dass die verfahrensrechtliche Funktion der Grundrechte in Verwaltungsverfahren, die zu einer eingreifenden Maßnahme führen, ebenso von Bedeutung sein kann wie in Verfahren der planenden und gestaltenden Verwaltung.[95]

Die Differenzierung der verfahrensrechtlichen Wirkungsweisen der Grundrechte nach Rechtsträger und Adressaten umschließt mehrere Dimensionen. Rechtsträger ist der Grundrechtsberechtigte, im Rahmen des Verwaltungsverfahrens der von der Entscheidung Betroffene. Rechtsträger können aber auch Dritte sein, deren rechtlich geschützte Interessen ebenfalls nicht nur von der abschließenden Sachentscheidung, sondern bereits vom Kommunikationsprozess berührt sein können, welcher der Entscheidung vorausgeht. Adressat der grundrechtlichen Ansprüche ist zunächst die entscheidende Stelle der Verwaltung. Sie hat die gesetzlichen Vorschriften im Verfahren in einer Weise anzuwenden, die dem Schutz betroffener Grundrechte Rechnung trägt. Adressat ist auch der Gesetzgeber, der bei der Schaffung der gesetzlichen Vorschriften über

[89] *K. Hesse*, in: Handbuch des Verfassungsrechts, § 5, Rn. 43; *ders.*, Grundzüge, Rn. 260; *D. Grimm*, NVwZ 1985, S. 867.
[90] Siehe oben 1. Kapitel, 8.1., und *F. Hufen*, Fehler im Verwaltungsverfahren, Rn. 22.
[91] *K. Hesse*, EuGRZ 1978, S. 436.
[92] Vgl. *K. Hesse*, in: Handbuch des Verfassungsrechts, § 5, Rn. 45ff.
[93] BVerfGE 84, 34 (46).
[94] BVerfGE 90, 60 (96); vgl. *D. Grimm*, NVwZ 1985, S. 866.
[95] *E. Denninger*, in: Isensee/Kirchhof (Hrsg.), HdBStR, § 113, Rn. 4.

das Verwaltungsverfahren die grundrechtlichen Positionen miteinbeziehen muss. Die Normgebung durch Rechtsverordnung oder Satzung kommt im Grundsatz ebenfalls als Anwendungsfeld für die verfahrensrechtliche Funktion der Grundrechte in Frage.[96]

2.3.1. *Verfahrensrechte zur Eingriffsabwehr*

Grundrechte im Verwaltungsverfahren dienen auf einer ersten Ebene der Abwehr ungerechtfertigter Eingriffe der Verwaltung.[97] Rechtswahrung und Rechtsdurchsetzung im Verwaltungsverfahren bedeuten keine bloße Vorverlagerung gerichtlichen Rechtsschutzes. Vielmehr sind sie ein eigenständiger Auftrag des Verwaltungsverfahrens.[98] Das Verfahrensrecht führt zu einer Vorverlagerung des Rechtsschutzes insgesamt.[99] Da die Grundrechte die Rechtsordnung im Ganzen durchdringen und prägen, hat das Verwaltungsverfahren auch grundrechtsschützende und grundrechtssichernde Funktion. In der Rechtsprechung des Bundesverfassungsgerichts konkretisiert sich die abwehrrechtliche Grundrechtsfunktion im Hinblick auf Verfahrensrecht in Fällen zu Art. 12 GG.[100] Gegenstand sind Prüfungsverfahren. Stellt sich heraus, dass eine Verfahrensvorschrift als Grundlage für einen Eingriff in ein Grundrecht herangezogen wird, ist der Eingriff an den Schranken des Grundrechts zu messen. Die Verfahrensvorschrift wird einer Prüfung auf ihre Verhältnismäßigkeit unterzogen. Prüfungsmaßstab sind die Grundrechte dabei auch, aber nicht nur, in ihrer verfahrensrechtlichen Komponente. Diese Untersuchung der verfahrensrechtlichen Regelungen kann dazu führen, dass die durch das Verfahrensrecht bewirkte Belastung des Betroffenen aufgehoben wird (§ 95 BVerfGG).

Die verfassungs- und insbesondere grundrechtskonforme Auslegung des Verwaltungsverfahrensrechts hat hier ihr erstes Anwendungsfeld.[101] Vorhandene Vorschriften mit verwaltungsverfahrensrechtlichem Inhalt müssen verfassungskonform und insbesondere im Lichte der Grundrechte ausgelegt werden.[102] Zweck ist, ihre Aufhebung zu vermeiden, Rechtsgrund ist Art. 1 Abs. 3 GG. In der Regel wird diese Erscheinungsform grundrechtskonformer Auslegung in den Vordergrund treten, wenn der Bürger Rechtsschutz in Anspruch nimmt, sei es im Widerspruchsverfahren oder vor Gericht. Allerdings ist auch die Verwaltung selbst verpflichtet, verfahrensrechtliche Normen im Einklang mit den Grundrechten und der Verfassung insgesamt zu interpretieren und anzuwenden. Tut sie das nicht, liegt ein Eingriff in das jeweilige Grundrecht vor.

---

96 *P.-M. Huber*, Grundrechtsschutz, S. 75.

97 *H. Hill*, Verfahren, S. 233.

98 *R. Wahl*, VVDStRL 41 (1983), S. 161; siehe oben 1. Kapitel, 8.

99 BVerfGE 53, 30 (60).

100 Vgl. *J. Wieland*, in: Dreier (Hrsg.), GG, Art. 12, Rn. 154ff.; *P. Tettinger*, in: Sachs (Hrsg.), GG, Art. 12, Rn. 16.

101 *B. Pieroth/B. Schlink*, Grundrechte, Rn. 87ff.

102 *K. Stern*, Staatsrecht III/1, § 69 V 7 (S. 975); vgl. allgemein BVerfGE 8, 210 (221).

Vorschriften über den Zugang zu Informationen der Verwaltung können durch ihre Ausgestaltung oder ihre Anwendung Grundlagen für Eingriffe in die grundrechtlich geschützte Sphäre des Bürgers sein. Sie sind verfassungskonform auszulegen.[103] Verfahrensrechtliche Eingriffe in Grundrechte des Bürgers müssen sich an den Grundrechten auch in ihrer verfahrensrechtlichen Funktion messen lassen.[104]

Die freiheitssichernde Wirkung der verfahrensrechtlichen Funktion der Grundrechte entfaltet sich auch bei Grundrechtseingriffen, die nicht auf Verfahrensvorschriften beruhen. Denn bei der Überprüfung der angewandten Rechtsnorm, also der eventuellen Rechtfertigung des Grundrechtseingriffs, spielt es eine Rolle, ob die Gestaltung der Norm den verfahrensrechtlichen Vorgaben der Grundrechte entspricht.[105] Die Verfassung kann Anlass für eine Änderung im Verständnis von Normen und Normzusammenhängen sein. Einen Ausweg bietet die verfassungskonforme Interpretation.

2.3.2. Verfahrensgestaltung und Verfahrensrechte als Folge der Grundrechte

Die verfahrensrechtliche Komponente kann für den Bürger bereits bei der Bestimmung des grundrechtlichen Gewährleistungsinhalts bedeutsam werden. Das ist der Fall, wenn das Verfahren der Feststellung der Grundrechtsberechtigung dient.[106] Es geht nicht um eine Grundrechtsbeschränkung, sondern um die Grundrechtsverwirklichung. Das Verfahren ist die Bedingung der Möglichkeit, das Grundrecht in Anspruch zu nehmen.[107] So kann das Asylgrundrecht des Art. 16a Abs. 1 GG angesichts der tatsächlichen Umstände seiner Inanspruchnahme nicht anders als in einem grundrechtskonformen Verfahren Wirksamkeit entfalten.[108] Auch die Feststellung der tatbestandsmäßigen Voraussetzungen für das Grundrecht auf die Verweigerung des Kriegsdienstes nach Art. 4 Abs. 3 GG bedarf eines sachgerechten, geeigneten und zumutbaren Verfahrens.[109] Das Verfahren bezweckt jeweils die Feststellung, ob dem Betroffenen die behauptete Grundrechtsposition zusteht. Diese Position selbst liegt dem Verfahren voraus, kann aber ohne verfahrensmäßige Konkretisierung nicht Wirklichkeit werden.[110]

Wenn der Gesetzgeber eine Regelung des Verfahrens trifft, das grundrechtsfeststellenden Charakter hat, bewegt er sich auf grundrechtlich bereitetem Bo-

[103] *A. v. Mutius*, NJW 1982, S. 2159.

[104] *F. Hufen*, Fehler im Verwaltungsverfahren, Rn. 30.

[105] *R. Wahl*, VVDStRL 41 (1983), S. 166f.; *P.-M. Huber*, Grundrechtsschutz, S. 70.

[106] *F. Hufen*, Fehler im Verwaltungsverfahren, Rn. 29.

[107] *F. Ossenbühl*, Festschrift für Eichenberger, S. 185; *K. Stern*, Staatsrecht III/1, §69 V 7 (S. 975).

[108] BVerfGE 56, 216 (236); 94, 166 (200).

[109] BVerfGE 69, 1 (25).

[110] *E. Denninger*, in: Isensee/Kirchhof (Hrsg.), HdBStR, §113, Rn. 15f.; *P.-M. Huber*, Grundrechtsschutz, S. 81; siehe auch *J. Held*, Grundrechtsbezug, S. 165ff.

den. Deutlichster Fall ist Art. 16a Abs. 3 und 4 GG, der verfahrensrechtliche Strukturen wie Regelvermutungen oder Einschränkungen des Prüfungsumfangs vorgibt. Auch Art. 13 Abs. 2 GG schreibt bestimmte Verfahrensgestaltungen vor.[111] Er bewirkt eingriffsunabhängige Verfahrensrechte.[112] Seine verfahrensrechtliche Dimension hat zur Folge, dass bei gewerberechtlichen Betretungsrechten auch ohne Eingriff eine Mitteilung an den Wohnungsinhaber erfolgen muss.[113]

Der Gesetzgeber ist aber nicht nur in den Fällen grundrechtsfeststellender Verfahrensregelungen verfassungsgeleitet. Vielmehr hat er bei jeder verwaltungsverfahrensrechtlichen Vorschrift die Wirkungen der Grundrechte mitzubedenken.[114] Der Unterschied liegt in der Dichte der Anforderungen an die Gestaltung des einfachen Rechts.[115] Stellt der Staat Leistungen zur Verfügung, können aus Grundrechten bestimmte Ausgestaltungen des Zugangs folgen. Verfahrensregelungen erlauben zum Beispiel im Zusammenhang des Art. 12 Abs. 1 GG eine chancengleiche Verteilung von Leistungen.[116] Hohe Anforderungen an den Gesetzgeber stellen grundrechtliche Verbürgungen, die ohne Regelungen über Organisation und Verfahren nicht verwirklicht werden können. Der Aspekt der Organisation tritt in dieser Fallgruppe in den Vordergrund. Prototypen sind die Rundfunkfreiheit (Art. 5 Abs. 1 Satz 2 GG) und die Freiheit der Wissenschaft (Art. 5 Abs. 3 GG).[117] Den Grundrechten entspringt insoweit die Aufgabe bei der Organisation freiheitsstiftender sozialer Interdependenzsysteme Maßstäbe zu setzen.[118] Die Erfüllung dieser Aufgabe obliegt dem Gesetzgeber. Er muss unter stärkster Wahrung des grundrechtlichen Schutzgutes regulieren und eine funktionsgerechte und verhältnismäßige Lösung finden.[119] Der Gesetzgeber hat den Anspruch einzulösen, durch seine Regelung einen angemessenen Ausgleich grundrechtlich abgesicherter und sonstiger Rechtsgüter zu gewährleisten. Mittel zu diesem Zweck können Verfahrenssysteme sein.[120] Das Verfahren erweist sich als Modus der Herstellung praktischer Konkordanz.[121]

Die verfassungskonforme Auslegung von Verwaltungsverfahrensrecht

---

111 *H. Hill*, Verfahren, S. 233 zur alten Fassung des Art. 13 GG.

112 *M. Herdegen*, in: Dolzer (Hrsg.), Bonner Kommentar, Art. 13, Rn. 11.

113 BVerwGE 78, 251 (255).

114 *F. Hufen*, Fehler im Verwaltungsverfahren, Rn. 24; vgl. auch *K. Hesse*, EuGRZ 1978, S. 435.

115 *P. Lerche*, in: Lerche/Schmitt Glaeser/Schmidt-Aßmann, Verfahren, S. 103.

116 BVerfGE 33, 303 (331); *K. Hesse*, EuGRZ 1978, S. 436; *P.-M. Huber*, Grundrechtsschutz, S. 75.

117 *K. Hesse*, EuGRZ 1978, S. 436; *F. Ossenbühl*, Festschrift für Eichenberger, S. 187f.; *K. Stern*, Staatsrecht III/1, § 69 V 7 (S. 975); *P.-M. Huber*, Grundrechtsschutz, S. 35; *H. Hill*, Verfahren, S. 239.

118 *H.H. Rupp*, in: Tuchtfeldt (Hrsg.), Soziale Marktwirtschaft, S. 112, Anm. 46; *H. Bethge*, NJW 1982, S. 3f.

119 *K. Stern*, Staatsrecht III/1, § 69 V 7 (S. 975).

120 *P. Lerche*, in: Lerche/Schmitt Glaeser/Schmidt-Aßmann, Verfahren, S. 104; vgl. BVerfGE 83, 130 (152).

121 *F. Hufen*, Fehler im Verwaltungsverfahren, Rn. 33; *F. Kopp*, VwVfG, Vorbem § 1, Rn. 4c; *F. Ossenbühl*, DÖV 1981, S. 1; vgl. zur praktischen Konkordanz *K. Hesse*, Grundzüge, Rn. 317f.

kommt in einer weiteren Konstellation zur Anwendung. Durch verfassungskonforme Auslegung werden Vorschriften des einfachen Rechts in Ergänzung der systematischen Auslegung konkretisiert, falls mehrere Auslegungen in Betracht kommen.[122] Denn die Verfassung geht im Rang vor. Die verfahrensrechtliche Seite der Grundrechte ist Teil der interpretativen Ausstrahlungswirkung der Grundrechte auf die Rechtsordnung.[123] Vorschriften über das Verwaltungsverfahren unterliegen dieser Auswirkung in besonderem Maße. Normen des einfachen Rechts sind verfassungsrechtlichen Einflüssen nicht nur eröffnet, wenn sie – wie in der ersten Fallkonstellation – selbst die Grundlage eines Grundrechtseingriffs bilden. Sie werden auch dann verfassungsrechtlich beeinflusst, wenn sie eine Stellung im System der Normen einnehmen, die ihre interpretative Heranziehung etwa im Rahmen der Verhältnismäßigkeitsprüfung erfordert. Damit kann sich ihr Gewährleistungsgehalt unter verfassungsrechtlichen Vorzeichen ändern. Diese verfahrensrechtliche Funktion der Grundrechte spielt bereits bei der gesetzgeberischen Abwägung im Gesetzgebungsverfahren eine Rolle. Sie ist aber auch bei der Anwendung geltenden Rechts durch Verwaltung oder Rechtsprechung jederzeit aktualisierbar. Es gilt der *Grundsatz der informations- und kommunikationsfreundlichen Auslegung*. Seinen Rechtsgrund bildet die verfahrensrechtliche Seite der Grundrechte, die vom Transparenzgebot des Demokratieprinzips Unterstützung erfährt. Jener Grundsatz ist Teil der verfassungskonformen Auslegung, die er inhaltlich für Verfahrensvorschriften in eine bestimmte Richtung lenkt.

Von besonderer Bedeutung für Informationsrechte im Verwaltungsverfahren ist die Situation, dass im Rahmen eines Verfahrens ein Grundrecht nachteilig mitbetroffen wird und dem Grundrechtsinhaber deshalb Verfahrenspositionen zum Schutze des Grundrechts eingeräumt werden.[124] *Die verfahrensrechtliche Funktion der Grundrechte begründet subjektive öffentliche Rechte*, die gerade im Hinblick auf Rechtsschutz und Beteiligung an bereits gesetzlich geregelten Verwaltungsverfahren gewährt werden können.[125] Die grundrechtskonforme Auslegung von Verfahrensrecht kann dazu führen, dass Rechte auf Information gewährt werden müssen, die nicht ausdrücklich in der gesetzlichen Regelung enthalten sind. Genügen die vorhandenen Vorschriften den Anforderungen der Grundrechte in ihrer verfahrensrechtlichen Funktion nicht, besteht eine Schutzlücke. Die Verwaltung ist berechtigt und verpflichtet, diese Schutzlücke durch unmittelbaren Rückgriff auf verfassungsrechtliche Grundsätze zu schlie-

---

[122] *F. Müller*, Juristische Methodik, Rn. 100.

[123] Vgl. *B. Pieroth/B. Schlink*, Grundrechte, Rn. 91.

[124] *E. Denninger*, in: Isensee/Kirchhof (Hrsg.), HdBStR, § 113, Rn. 7; *B. Pieroth/B. Schlink*, Grundrechte, Rn. 97; vgl. BVerfGE 63, 131 (143): „Erfüllt das vom Gesetzgeber geschaffene Verfahrensrecht seine Aufgabe nicht oder setzt es der Rechtsausübung so hohe Hindernisse entgegen, daß die Gefahr einer Entwertung der materiellen Grundrechtsposition entsteht, dann ist es mit dem Grundrecht, dessen Schutz es bewirken soll, unvereinbar."

[125] *K. Stern*, Staatsrecht III/1, § 69 VI 3 (S. 986); siehe OVG NRW, Beschl. v. 25. 11. 1999, NVwZ 2000, S. 449.

ßen.[126] Um effektiven Grundrechtsschutz zu gewährleisten, räumt dann die Verwaltung den Grundrechtsträgern Informationsrechte im Verwaltungsverfahren von Verfassungs wegen ein.[127]

Grundrechtsschutz durch die staatlichen Stellen kann die Verfahrensteilhabe des Grundrechtsberechtigten erfordern. Die Sicherung von Grundrechtspositionen erzwingt die Beteiligung des Berechtigten.[128] In Ausnahmefällen kann der Gesetzgeber selbst veranlasst oder eventuell sogar verfassungsrechtlich gezwungen sein, eine subjektive verfahrensrechtliche Position einzuräumen.[129] Damit wird die Aufgabe des Gesetzgebers zur Sicherung der Grundrechte subjektiv gewendet. Die Erfüllung dieser Aufgabe kann vom Berechtigten eingefordert werden, soweit sein grundrechtlich verbürgter Anspruch reicht. Bei der Einräumung von Ansprüchen gegen den Gesetzgeber ist jedoch äußerste Zurückhaltung zu üben. Denn die Problematik dieser Konstruktion liegt darin, dass als Folge der materiellen Grundrechte eine bestimmte Gestaltung des einfachen Rechts erforderlich wird. Die Verletzung solcher grundrechtssichernder Verfahrensvorschriften kann der Bürger gerichtlich durchsetzen.[130] Die Grundrechte wirken insofern nicht als Abwehrrechte, sondern sie berechtigen dazu, in einem Verfahren eine bestimmte Position wahrzunehmen.

Allerdings werden gegen eine Instrumentalisierung von Grundrechten zur Teilhabe am staatlichen Willensbildungsprozess grundsätzliche Bedenken geäußert.[131] Verfahrensteilhabe könne nur vorbeugender Grundrechtsschutz sein, als Legitimation für die Teilhabe an der Konkretisierung staatlicher Entscheidungen komme sie nicht in Betracht.[132] Dem Gesetzgeber werde die Aufgabe der Abwägung zwischen den in einem Verfahren involvierten Interessen erschwert.[133] Dem liegt grundrechtsdogmatisch die Auffassung zugrunde, dass Verfahrensrechte ausschließlich aus individuellen Rechtspositionen abgeleitet werden könnten, die Grundrechte aber keine objektive Verfahrensteilhabe unter demokratischen Gesichtspunkten gewährten.[134]

Diese Bedenken greifen nicht durch. Die Eigenständigkeit der verfahrensrechtlichen Funktion der Grundrechte rechtfertigt sich nicht nur aus vorbeu-

---

[126] BVerfGE 60, 253 (294f.); BVerwGE 92, 132 (136); *F. Kopp*, VwVfG, Vorbem § 1, Rn. 4c; a.A. *F. Ossenbühl*, DÖV 1981, S. 9.

[127] *H.W. Laubinger*, VerwArch 73 (1982), S. 77.

[128] *P. Lerche*, in: Lerche/Schmitt Glaeser/Schmidt-Aßmann, Verfahren, S. 104; *K. Stern*, Staatsrecht III/1, § 69 V 7 (S. 976f.); *K. Redeker*, NJW 1980, S. 1594; die Absicherung des Grundrechtsschutzes durch Verfahrensteilhabe hält *H.H. Rupp*, AöR 101 (1976), S. 186, für unbestreitbar; *F. Ossenbühl*, DÖV 1981, S. 7, spricht davon, der Grundgedanke sei „mehr oder weniger evident."

[129] *H. Goerlich*, Grundrechte als Verfahrensgarantien, S. 212.

[130] BVerfGE 53, 30 (79), Sondervotum *Simon* und *Heußner*.

[131] Siehe *H.H. Rupp*, AöR 101 (1976), S. 186f.

[132] *F. Ossenbühl*, DÖV 1981, S. 6.

[133] *F. Ossenbühl*, Festschrift für Eichenberger, S. 193f.; vgl. auch *P. Lerche*, in: Lerche/Schmitt Glaeser/Schmidt-Aßmann, Verfahren, S. 106.

[134] *H.H. Rupp*, AöR 101 (1976), S. 186; *F. Ossenbühl*, DÖV 1981, S. 6; *H. Bethge*, NJW 1982, S. 7.

gendem Rechtsschutz und führt auch nicht zu einer demokratischen Legitimation jenseits parlamentarischer Verantwortung. Vielmehr ist sie Reaktion auf Gefährdungen der Grundrechte und Ausgleich für auftretende Probleme mit der Ergebniskontrolle ex post.[135] Es geht nicht um objektive Teilhabe, sondern um die umfassende und effektive Sicherung subjektiver Rechtspositionen. Der staatliche Willensbildungsprozess findet in Kommunikation mit dem Bürger statt. Im Rahmen dieses Prozesses verdient der Bürger Schutz vor der Beeinträchtigung seiner individuellen Rechtssphäre. Die Motivation dieser Rechte spielt keine Rolle. Durch eine solche Konzeption der verfahrensrechtlichen Funktion der Grundrechte und durch die Konkretisierung der Kriterien, die für eine Subjektivierung maßgeblich sind, verlieren die dargestellten Bedenken ihre Tragkraft. Die Bestimmung grundrechtssichernder Verfahrensvorschriften erweist sich als das schwierigste Problem.[136] Im vorliegenden Zusammenhang müssen Gesichtspunkte gefunden werden, die eine Antwort auf die Frage erlauben, ob und wann Rechte auf Information verfassungsrechtlich geboten sind.

2.4. Informationsrechte als Ausprägungen der Schutzpflichten des Gesetzgebers und Grundrechtsgebotenheit von Rechten im Verwaltungsverfahren

2.4.1. Schutzpflichten

Verfassungsrechtlich lässt sich ein Recht auf Information im Verwaltungsverfahren und darüber hinaus nur mit den Schutzpflichten der staatlichen Stellen für die grundrechtlichen Freiheiten begründen.[137] Da diese Pflichten zuvörderst dem Gesetzgeber obliegen, hat dieser einen Gesetzgebungsauftrag zur grundrechtssichernden Ausgestaltung des Verfahrensrechts auszuführen.[138] Der Gesetzgeber muss Regelungen über das Verfahren in Übereinstimmung mit den Grundrechten ausgestalten.[139] Die Grundrechte können auch die Schaffung von Regelungen dem Grunde nach gebieten. Im Zusammenhang des Rechts der Informationsverwaltung kommen Regelungen über die Beteiligung von Bürgern an Entscheidungen der Verwaltung als Untersuchungsgegenstand in Betracht.[140] Insbesondere Vorschriften, die eine Begründung der Einzelfallent-

---

[135] BVerfGE 90, 60 (97).

[136] *R. Wahl*, VVDStRL 41 (1983), S. 169.

[137] *D. Grimm*, NVwZ 1985, S. 867; *H.-H. Trute*, JZ 1998, S. 825; vgl. *F. Ossenbühl*, Festschrift für Eichenberger, S. 191; *K. Stern*, Staatsrecht III/1, §69 VI 4 (S. 993); *H.H. Klein*, DVBl. 1994, S. 495; BVerfGE 96, 56 (64) zu einem Auskunftsrecht des nichtehelichen Kindes auf Benennung des Vaters; kritisch zu den Schutzpflichten *Ch. Enders*, Der Staat 35 (1996), S. 376 und passim.

[138] *D. Grimm*, NVwZ 1985, S. 867; *Th. Vesting*, in: Grabenwarter u.a. (Hrsg.), Allgemeinheit, S. 15; siehe auch *Ph. Kunig*, in: Hoffmann-Riem/Schmidt-Aßmann (Hrsg.), Konfliktbewältigung, Band 1, S. 60.

[139] BVerfGE 90, 60 (96); 94, 166 (200); 96, 56 (64).

[140] *Ch. Starck*, in: v.Mangoldt/Klein/Starck (Hrsg.), GG, Art. 2, Rn. 214, erachtet die Öffnung

scheidung vorschreiben oder Rechte auf Anhörung oder Akteneinsicht gewährleisten, könnten grundrechtsgeboten sein.[141] Allerdings schafft der Gesetzgeber Normen aus unterschiedlichen Gründen und berücksichtigt unterschiedliche Interessen. Sein Gestaltungsspielraum wird von einem bestehenden grundrechtlichen Anspruch eingeschränkt, aber in der Regel nicht vollständig beseitigt.[142] Da solche Ansprüche selten auftreten, kommt dem Gesetzgeber – wie auch der vollziehenden Gewalt – bei der Erfüllung von Schutzpflichten ein weiter Wertungs- und Gestaltungsspielraum zu.[143] Er muss aber sachgerechte Regelungen treffen, die zum wirksamen Schutz der grundrechtlich bewehrten Rechtsgüter geeignet sind.[144] Im Gesetz sollten erforderliche Abwägungen vorstrukturiert werden, wozu auch Regelungen über den Zugang zu Informationen gehören.[145] Entspricht eine Verfahrensregelung inhaltlich dem grundrechtlich gebotenen Standard, bleibt sie dennoch einfaches Recht und erlangt keinen Verfassungsrang.[146] Die grundrechtliche Schutzpflicht ist vom schützenden einfachen Recht zu unterscheiden.[147]

Dem Einzelnen steht eine verfassungsrechtlich abgesicherte Rechtsposition zu. Zumindest im Falle eigener Grundrechtsbetroffenheit ist Partizipation in Form der Verfahrensteilhabe geboten.[148] Sie dient dann dem Zweck, ungerechtfertigte Eingriffe der öffentlichen Gewalt in die Rechtssphäre des Bürgers vermeiden zu helfen. Sollte der Eingriff vollzogen werden, spielen die Verfahrensrechte auch im Rahmen des gerichtlichen Schutzes eine Rolle. Die Untersuchung ihrer Einhaltung ist Teil der Rechtmäßigkeitsprüfung. Eine Verletzung von Verfahrensvorschriften kann nur dann als Grundrechtsverletzung qualifiziert werden, wenn ihr Erlass in Erfüllung einer staatlichen Schutzpflicht erfolgt ist oder hätte erfolgen müssen.[149] Nach der Reichweite der Schutzpflichten des Staates bemisst sich die Reichweite grundrechtlich fundierter Ansprüche der Grundrechtsberechtigten auf eine bestimmte Verfahrensgestaltung oder auf

---

der Genehmigungs- und Planfeststellungsverfahren für die Nachbarn als Ausdruck von Schutzpflichten aus Art. 2 Abs. 2 Satz 1 GG.

[141] Dagegen *M. Kaufmann*, in: Bertschi u.a. (Hrsg.), Demokratie und Freiheit, S. 62.

[142] *G. Hermes*, Das Grundrecht auf Schutz von Leben und Gesundheit, S. 266.

[143] BVerfGE 77, 170 Leitsatz 2.a (171) und S. 229f.; *J. Isensee*, in: Isensee/Kirchhof (Hrsg.), HdBStR, § 111, Rn. 90 und 162, *S. Oeter*, AöR 119 (1994), S. 537f., 549f.; vgl. *E. W. Böckenförde*, Grundrechte als Grundsatznormen, S. 174, der die inhaltliche Unbestimmtheit als „nach oben hin offen, aber aus sich selbst ohne Maß" kennzeichnet, allerdings ebd. S. 173 die Schutzpflicht als möglicherweise zentralen Begriff der objektiv-rechtlichen Dimension der Grundrechte identifiziert.

[144] *H.H. Klein*, DVBl. 1994, S. 495.

[145] Vgl. *R. Steinberg*, NJW 1996, S. 1990.

[146] *F. Ossenbühl*, Festschrift für Eichenberger, S. 191; *F. Hufen*, Fehler im Verwaltungsverfahren, Rn. 33; *E. Denninger*, in: Isensee/Kirchhof (Hrsg.), HdBStR, § 113, Rn. 38.

[147] *G. Hermes*, Das Grundrecht auf Schutz von Leben und Gesundheit, S. 267; *J. Isensee*, in: Isensee/Kirchhof (Hrsg.), HdBStR, § 111, Rn. 87.

[148] *H.J. Bonk*, in: Stelkens/Bonk/Sachs, VwVfG, § 1, Rn. 30.

[149] BVerfGE 53, 30 (65); BVerfGE 77, 170 (229).

Verfahrensrechte.[150] Zur Sicherung der realen Voraussetzungen von Freiheitsausübung erweist sich das Konzept der Schutzpflichten als tauglicher Ansatz, der den grundrechtlichen Gefährdungslagen zumal in polygonalen Rechtsverhältnissen gerecht wird.[151]

Der Europäische Gerichtshof für Menschenrechte tendiert inzwischen ebenfalls dazu, aus den Menschenrechten der EMRK Schutzpflichten abzuleiten, aus denen wiederum Verpflichtungen staatlicher Stellen folgen können. Zur Vorbeugung gegen schwerwiegende Beeinträchtigungen erfordert der Schutz des Privat- und Familienlebens in Art. 8 EMRK die Wahrnehmung von Informationspflichten durch den Staat, die in dem vom Gerichtshof entschiedenen Fall unter anderem aus der Umsetzung der Umweltinformationsrichtlinie in Italien resultierten.[152]

Auf dem Wege über die Schutzpflichten können auch Beziehungen zwischen privaten Rechtssubjekten beeinflusst werden. Gefährdungen grundrechtlicher Positionen im Bereich der Informationsverwaltung können von Privaten ausgehen, wenn diese zum Beispiel anderen privaten Rechtssubjekten Informationen verweigern. Im Vordergrund des Interesses stehen Betreiber von Großanlagen.[153] Unmittelbare Konsequenzen im Sinne einer Veröffentlichung von Unternehmensdaten haben die Grundrechte nicht.[154] Da die Gerichte bei der Auslegung und Anwendung prozessrechtlicher Vorschriften über Information und Kommunikation an die Vorgaben der Grundrechte gebunden sind, stehen Regelungen wie § 299 ZPO oder § 71 GWB, der für das wettbewerbsrechtliche Verfahren die Einsichtsrechte Beteiligter in Gerichtsakten normiert, unter dem Vorzeichen einer kommunikationsfreundlichen Auslegung. Dabei gilt es zu beachten, dass in privatrechtlichen Streitigkeiten beide beteiligte Parteien auf Grundrechte zurückgreifen können.

2.4.2. Grundrechtsgebotenheit

Eine Vorschrift des Verwaltungsverfahrensrechts ist grundrechtsgeboten, wenn der Schutz eines Grundrechts im Verfahren nicht anders als durch ihren grundsätzlichen Bestand möglich ist. In der Regel beschränkt sich die Gebotenheit darauf, dass überhaupt eine Vorschrift zur Sicherung des Grundrechts vorhanden ist, ohne dass eine konkrete Ausgestaltung vom Grundgesetz erzwungen würde. Das grundrechtsgebotene Minimum an Verfahrensgarantien bemisst sich danach, welche Strukturen erforderlich sind, um den Zweck des Verfahrens zu erreichen.[155] Dieser Zweck besteht in der Verwirklichung staatlicher

---

150 *F. Ossenbühl*, Festschrift für Eichenberger, S. 191.

151 *F. Schoch*, VVDStRL 57 (1997), S. 206f.

152 EGMR, Urt.v.19. 2. 1998 (Guerra u.a. gegen Italien), NVwZ 1999, S. 59, Rn. 58.

153 *R. Steinberg*, NJW 1996, S. 1986f.

154 Vgl. weiter gehend de lege ferenda *O. Baller*, in: Haratsch/Kugelmann/Repkewitz (Hrsg.), Herausforderungen, S. 53.

155 Enger *A. v. Mutius*, NJW 1982, S 2157.

Aufgaben und der Wahrung der Rechte der Bürger bei dieser Aufgabenerfüllung.[156] Rechte auf Information im Verwaltungsverfahren bezwecken die Realisierung von Rechtspositionen der Bürger im Prozess der Entscheidungsfindung. Grundrechtsgeboten können nur solche Regelungen sein, die für eine an den Zwecken der Rechtsdurchsetzung der Bürger einerseits und der Aufgabenerfüllung der Verwaltung andererseits orientierte Kommunikation unabdingbar sind.[157] Kriterien für die Bestimmung dieses grundrechtsgebotenen Minimums liefert das Grundgesetz.[158] Allerdings lassen sich weder aus den Staatsfundamentalnormen noch aus den Grundrechten ins Einzelne gehende Vorschriften ableiten. Da der Hauptzweck der grundrechtlichen Verfahrensgarantien darin liegt, durch die Einflussnahme des Individuums auf das Verfahren subjektive Rechte zu sichern und die Entscheidung zu beeinflussen, bilden Rechte auf Information und Kommunikation den zentralen Teil des grundrechtsgebotenen Minimalstandards an Verfahrensgarantien.[159] Das grundrechtlich notwendige Verwaltungsverfahrensrecht wird von Beteiligungs- und Informationsgesichtspunkten geprägt. Vorschriften über Begründung, Anhörung oder Akteneinsicht sind im Verwaltungsverfahren regelmäßig grundrechtsgeboten.[160] Im Einzelnen kommt es auf den Zweck des Verwaltungsverfahrens und die typischerweise involvierten Grundrechtspositionen an.

Die aus dem Demokratieprinzip resultierende Notwendigkeit eines transparenten Verwaltungsverfahrens unter Beteiligung der Bürger und die aus dem Rechtsstaatsprinzip folgende Notwendigkeit, Anhörungs- und Akteneinsichtsrechte vorzusehen, schränken den Spielraum des Gesetzgebers ein.[161] Gleiches gilt für parallele Gewährleistungen aus den Freiheitsrechten. Die grundrechtsgebotenen gesetzlichen Regelungen sind dem Grunde nach vorbestimmt. Der Gesetzgeber ist dahin festgelegt, dass er solche Bestimmungen treffen muss. Er ist aber frei darin, wie er sie ausgestaltet, und er ist frei darin sie zu ändern; er darf sie nur nicht vollständig abschaffen.

2.5. Zusammenfassung

Die verfahrensrechtliche Funktion der Grundrechte hat bedeutsame Auswirkungen auf das Informationsverwaltungsrecht. Im Vordergrund steht die verfassungskonforme Anwendung von Verwaltungsverfahrensrecht. Existieren Vorschriften über den Informationsaustausch im Verwaltungsverfahren, unterliegen sie dem interpretatorischen Einfluss der Grundrechte. Aus den Grund-

[156] *F. Schoch*, Die Verwaltung 25 (1992), S. 21.
[157] *E. Denninger*, in: Isensee/Kirchhof (Hrsg.), HdBStR, § 113, Rn. 26.
[158] *F. Kopp*, VwVfG, Vorbem § 1, Rn. 2.
[159] *F. Hufen*, NJW 1982, S. 2163; ähnlich *D. Grimm*, NVwZ 1985, S. 869; für den Umweltschutz *M. Kloepfer*, in: Dolzer (Hrsg.), Bonner Kommentar, Art. 20a, Rn. 19.
[160] *D. Grimm*, NVwZ 1985, S. 869; vgl. BayVGH, Urt.v.17.2. 1998, NVwZ 1999, S. 889.
[161] Daher skeptisch *F. Ossenbühl*, Festschrift für Eichenberger, S. 192.

rechten folgt im Zusammenspiel mit dem Demokratieprinzip der Grundsatz der informations- und kommunikationsfreundlichen Auslegung. Im Verwaltungsverfahren besteht eine Vermutung für die Gewährung des Zugangs zu Informationen der Behörde. Weil die Verwaltung zum Schutz auch dieser Entfaltung der Grundrechte verpflichtet ist, hat sie weitestmöglich Zugang zu den Informationen zu gewähren, über die sie verfügt.

Da ein Anspruch auf Information gegen eine Behörde sich auf ein Tun der staatlichen Stelle richtet, erweisen sich die staatlichen Schutzpflichten als Kern der verfassungsrechtlichen Begründung von Informationsrechten. Sie werden insoweit von der verfahrensrechtlichen Funktion der Grundrechte geprägt. Im Regelfall ist damit zuerst der Gesetzgeber zum Handeln aufgerufen. Regelungen von Verwaltungsverfahren umfassen die Informations- und Kommunikationsbeziehungen. Die geltenden Regelungen sind der kommunikationsfreundlichen Auslegung durch Gerichte und Verwaltung zugänglich.

Die aus den Grundrechten abzuleitenden Konsequenzen entsprechen im Hinblick auf den individuellen Rechtsschutz denen des Rechtsstaatsprinzips, denn das Rechtsstaatsprinzip verlangt, dass aufgrund der Vorverlagerung des Rechtsschutzes den von der Verfahrensentscheidung Betroffenen auch Verfahrensrechte eingeräumt werden.[162] Hinsichtlich dieses Personenkreises besteht ein Gleichklang mit den Anforderungen der Grundrechte an das Verwaltungsverfahren. Die grundsätzliche Einräumung eines Rechts auf Information im Verwaltungsverfahren kann grundrechtsgeboten sein. Sofern die Versagung von Information einen Verstoß gegen die Grundrechte in ihrer verfahrensrechtlichen Funktion darstellt, ist der Grundrechtsträger dazu berechtigt, die Verletzung der grundrechtsschützenden Verfahrensvorschrift auch unter diesem Gesichtspunkt gerichtlich geltend zu machen.[163] Ein Auslegungsfehler der Behörde bedeutet aber nur dann auch einen Grundrechtsverstoß, wenn gerade die Ausstrahlungswirkung des Grundrechts auf das einfache Recht verkannt wurde, also eine spezifische Verletzung von Verfassungsrecht vorliegt. Verfahrensfehler sind unter diesen Umständen Grundrechtsverstöße. Das Recht auf Information ist grundrechtsrelevantes Verfahrensrecht.[164]

3. Die verfassungsrechtliche Verankerung der einschlägigen Rechtspositionen

Rechte auf Information sind in einen Prozess der Kommunikation eingebunden, in dem vielfältige Interessen aufeinandertreffen. Diese können auf den Zugang zu Information ebenso gerichtet sein wie auf die Verweigerung von Infor-

---

[162] Siehe oben 2. Kapitel, 1.2.
[163] Entsprechend zu BVerfGE 53, 30 (78f.).
[164] Vgl. zur Konzeption *D. Grimm*, NVwZ 1985, S. 868.

mation.[165] Die entsprechenden Interessen finden in unterschiedlicher Weise Rückhalt im Grundgesetz. Dem Verwaltungsverfahren kommt die Funktion zu, die Informationsinteressen der Beteiligten zu integrieren und zum Ausgleich zu bringen. Deshalb erweist sich die verfahrensrechtliche Funktion der Grundrechte für die Einräumung und das Verständnis von Informationsrechten als besonders bedeutsam. Ihren Ursprung können diese Rechte im Verfahrenskontext haben, wie zum Beispiel Anhörung oder Akteneinsicht.

Außerhalb von Verwaltungsverfahren bedürfen die Einflüsse der Grundrechte auf Gewährleistung und Ausgestaltung von Informationsrechten deshalb der Betrachtung, weil Rechte auf Information zur Durchsetzung grundrechtlich verbürgter Rechtspositionen erforderlich sein können. In dieser Funktion gleichen die grundrechtlichen Einflüsse denen auf das Verfahrensrecht, weil sie ebenfalls rechtliche Strukturen notwendig machen, die zur Sicherung und Durchsetzung anderer Positionen eingesetzt werden. Materielle Informationsrechte weisen also funktionale Besonderheiten auf, unterliegen aber den gleichen verfassungsrechtlichen Anforderungen wie sonstige materielle Rechte. Bedeutung gewinnt insbesondere die Lehre von den Schutzpflichten.

Das Auskunftsrecht im Datenschutz (§ 19 Abs. 1 BDSG) oder das Einsichtsrecht in Stasi-Unterlagen (§ 3 Abs. 1 StUG) sind Beispiele für Rechte auf Information mit Ursprung in materiellen Rechtspositionen. Gleichzeitig deuten diese Beispiele auf einen Zusammenhang mit grundrechtlich geschützten Positionen hin. Den Grundrechten können informationsrechtliche Gehalte zu entnehmen sein und sie können verfahrensrechtliche Wirkungen zu Gunsten verfahrensbezogener Rechte auf Information entfalten, wobei die Einflüsse der Staatsfundamentalnormen berücksichtigt werden müssen.

3.1. Individuelle Rechte auf Information

Ein ausdrückliches Recht auf Information des Einzelnen gegenüber der Verwaltung gewährt das Grundgesetz nicht.[166] Schon bei der Normschöpfung äußert die Verfassung aber Einfluss auf gesetzliche Regelungen, welche Abläufe von Kommunikation insbesondere im Verwaltungsverfahren betreffen, dies gilt umso stärker für deren Interpretation.

3.1.1. Die Vorgaben der Staatsfundamentalnormen

Rechte auf Information verfügen über Wurzeln im Rechtsstaatsprinzip.[167] Gründe sind die Verrechtlichung staatlichen Handelns und die Sicherung effektiven Rechtsschutzes. Der vom Demokratieprinzip gewiesenen Richtung hin

[165] Dazu oben 1. Kapitel, 5. und *M. Kloepfer*, Gutachten D, S. 76f.
[166] *O. Baller*, in: Haratsch/Kugelmann/Repkewitz (Hrsg.), Herausforderungen, S. 52f.
[167] Siehe oben 2. Kapitel, 1.2.

zu mehr Beteiligung im Verwaltungsverfahren wird Rechnung getragen. Das Bundesverfassungsgericht hat betont, dass die von einem Verfahren betroffenen Bürger rechtzeitig über den Verfahrensstand informiert werden müssen.[168] Im Kommunikationsprozess des Verwaltungsverfahrens bedarf es indes weiterer Informationen als derjenigen über den Stand des Verfahrens. Die Kenntnis der tatsächlichen Grundlagen, auf denen die Entscheidung beruhen wird oder das Wissen über andere im Verfahren involvierte Rechtspositionen und Interessen können für die Einflussnahme des Bürgers ausschlaggebend sein. Sein Bedürfnis nach Information umschließt grundsätzlich die Kenntnisnahme von allen das Verfahren betreffenden Umständen.

Das Rechtsstaatsprinzip vermittelt jedoch keine subjektiven Rechte, sondern veranlasst den Gesetzgeber dazu, Rechte auf Information in die Regelungen über das Verwaltungsverfahren aufzunehmen.[169] Der Gesetzgeber ist dann zur Einräumung von Rechten auf Information gezwungen, wenn sie grundrechtlich geboten sind, und er der ihm insoweit obliegenden Schutzpflicht genügen muss. Eine subjektive Berechtigung kraft Verfassung besteht nur, wenn und soweit Grundrechte zur Begründung eines Rechtes auf Information in der Lage sind.[170] Die materiellen Grundrechte sind demgemäß auf ihre Aussagen zu einem Recht auf Information insbesondere im Verwaltungsverfahren zu untersuchen. Jedes Grundrecht ist potentiell geeignet, Auswirkungen auf das Verwaltungsverfahren zu haben.[171] Falls ein Grundrecht solche Wirkungen äußert, kommt es insbesondere darauf an, inwieweit es die Schaffung oder Auslegung einer Norm beeinflusst oder ob es gar ein Recht auf Information als grundrechtsgeboten erzwingt. Auf der Grundlage der verfahrensrechtlichen Funktion der Grundrechte können konkrete informationsrechtliche Aussagen einzelner Grundrechte herausgearbeitet werden.

3.1.2. Die Freiheitsrechte im Allgemeinen

Die Freiheitsrechte nehmen im Rahmen ihrer in allgemeiner Form bereits erörterten Verfahrensfunktion Einfluss auf die Kommunikation in Verwaltungsverfahren. Außerhalb laufender Verwaltungsverfahren tragen die Freiheitsrechte zur gesetzlichen Gewährleistung von Informationsrechten bei. Dies erschließt sich aus der Rechtsprechung des Bundesverfassungsgerichts. Die informations- und verfahrensrechtlichen Gehalte der Freiheitsrechte äußern sich vor allem im Wege der verfassungskonformen Auslegung einfachen Rechts. Sofern dort Anhaltspunkte gegeben sind, können mit Unterstützung der Grundrechte Rechte auf Information im Wege der Auslegung aus dem Gesetz abgeleitet, bestehende Rechtspositionen ausgeweitet oder präzisiert werden. Informa-

[168] BVerfGE 84, 34 (46f.); 84, 59 (72).
[169] Vgl. *H. Schulze-Fielitz*, in: Dreier (Hrsg.), Grundgesetz, Art. 20, Rn. 193.
[170] Vgl. zur Akteneinsicht *F. Kopp*, VwVfG, § 29, Rn. 2.
[171] *E. Denninger*, in: Isensee/Kirchhof (Hrsg.), HdBStR, § 113, Rn. 18.

tions- und verfahrensrechtliche Wirkungen zum Schutz seines materiellen Gehalts kann jedes Freiheitsrecht entfalten.

Das allgemeine Persönlichkeitsrecht aus Art. 2 Abs. 1 i.V.m. Art. 1 Abs. 1 GG zeitigt informations- und verfahrensrechtliche Auswirkungen auf die Gestaltung des Gegendarstellungsrechts.[172] Dieses gesetzlich eingeräumte Recht kann seine verfassungsrechtlichen Wurzeln nicht verleugnen. Der grundrechtlich geforderte Schutz der Persönlichkeit hat bei der gesetzgeberischen Abwägung mit anderen Rechten, insbesondere dem Grundrecht der Presse- und Rundfunkfreiheit, miteinzufließen. Gerade im Konflikt mit einer anderen grundrechtlichen Position, hier dem Art. 5 Abs. 1 Satz 2 GG, gewinnt die gesetzgeberische Entscheidung im Zeichen praktischer Konkordanz besondere Wichtigkeit. Den Maßstab liefert der Grundsatz der Verhältnismäßigkeit.[173]

Die Presse- und die Rundfunkfreiheit des Art. 5 Abs. 1 Satz 2 GG formen Regelungen in den Pressegesetzen und den Staatsverträgen auf dem Gebiet des Rundfunks vor. Dies betrifft etwa die Festsetzung der Rundfunkgebühr.[174] Aus der Kunstfreiheit des Art. 5 Abs. 3 Satz 1 GG resultieren Anforderungen an den Gesetzgeber zur Gestaltung des Verfahrens, in dem Kunstwerke auf die Liste der jugendgefährdenden Schriften gesetzt werden, die eine gewisse Regelungsdichte erfordern können.[175] Die Pressefreiheit des Art. 5 Abs. 1 Satz 2 GG begründet jedoch keinen Anspruch gegenüber Behörden auf Herausgabe von Informationen.[176] Ebensowenig sind der Freiheit der Wissenschaft oder der Forschung des Art. 5 Abs. 3 GG Berechtigungen zur Einsicht in Behördenakten zu entnehmen. Die Verwaltung trifft von Verfassungs wegen keine Pflicht zur aktiven Unterstützung der Grundrechtsträger durch Erteilung von Informationen.[177]

Meldet ein Veranstalter eine Versammlung unter freiem Himmel an, stehen ihm aufgrund des Art. 8 GG Einflussmöglichkeiten auf das Verhalten der zuständigen Behörde zur Verfügung. Die Versammlungsfreiheit zeitigt verfahrens- und organisationsrechtliche Wirkungen, die zu einer versammlungsfreundlichen Anwendung der vorhandenen Vorschriften führen, welche der Kooperationspflicht von Veranstalter und Behörden entspricht.[178] Die verfahrensrechtliche Funktion des Art. 8 GG umfasst auch die Gewährung von Informationen der Behörde an die Veranstalter. Ein Verwaltungsverfahren i.S.d. § 9 VwVfG liegt in diesem Zusammenhang insbesondere dann vor, wenn die Behörde einen Verwaltungsakt erlassen will, also eine der Maßnahmen des § 15

[172] BVerfGE 63, 131 (143).

[173] BVerfGE 63, 131 (144).

[174] BVerfGE 90, 60 (96).

[175] BVerfGE 83, 130 (152).

[176] BVerwGE 47, 247 (252).

[177] BVerfG (2. Kammer des Ersten Senats), Beschl.v. 30.1.1986, NJW 1986, S. 1243; BVerwG, Beschl.v. 9.10.1985, NJW 1986, S. 1277 (1278); *J. Bizer*, Forschungsfreiheit, S. 96f.

[178] BVerfGE 69, 315 (355f.).

VersG zu ergreifen beabsichtigt. Aber schon vor dem eigentlichen Verwaltungsverfahren führt Art. 8 GG zur Aufnahme von Kommunikation.

Rechte auf Information basieren auf grundrechtlichen Schutzpflichten. Das Recht auf Leben und körperliche Unversehrtheit hat bei der Entwicklung grundrechtlicher Schutzpflichten eine herausragende Rolle gespielt.[179] Nach der Konzeption des Bundesverfassungsgerichts folgt aus Art. 2 Abs. 2 GG beispielsweise, dass die Verfahrensvorschriften über die Beteiligung klagebefugter Dritter im atomrechtlichen Genehmigungsverfahren grundrechtliche Relevanz besitzen.[180] Sofern durch ein Verfahren bzw. in absehbarer Weise durch die abschließende Sachentscheidung die grundrechtlichen Positionen eines Dritten berührt werden, kann das diesem Dritten zustehende Grundrecht eine bestimmte Ausgestaltung des Verwaltungsverfahrens erfordern.

Die informations- und verfahrensrechtlichen Wirkungen des Art. 12 Abs. 1 GG auf Prüfungen sind vom Bundesverfassungsgericht in unterschiedlichen Konstellationen herausgearbeitet worden.[181] Vorläufige Berufsverbote in einem Verfahren sind danach ebenso als Eingriffe in die Freiheit der Berufswahl zu qualifizieren wie Vorschriften über das Prüfungsverfahren. Der Eingriff liegt in der verfahrensrechtlichen Regelung oder ihrer Anwendung im konkreten Fall begründet.[182] Das Bundesverwaltungsgericht hat im Anschluss daran die Auswirkungen des Art. 12 GG auf Regelungen über Prüfungsverfahren weiter ausformuliert.[183] Aufgrund des Schutzes der Berufswahlfreiheit sind bestimmte Grundstrukturen in Prüfungsverfahren grundrechtsgeboten.[184] Kern ist zum einen das Recht des Prüflings auf Information über den Verfahrensstand. Die Ausgestaltung des Verfahrens muss zum anderen gewährleisten, dass ein Vorbringen des Prüflings in der Entscheidung auch Berücksichtigung findet.[185] Eine Lösung mit vertretbaren Argumenten darf nicht als falsch bewertet werden.[186] Bei mündlichen Prüfungen sind ausreichende Vorkehrungen zu treffen, um eine nachträgliche Aufklärung des Prüfungsgeschehens zu ermöglichen, wozu die üblichen Beweismittel der Zeugen- und Parteivernehmung zur Verfügung stehen.[187] Der Informationsanspruch des Prüflings hat ein Recht auf eine angemessene Begründung der Prüfungsentscheidung zur Folge.[188] Fehlen entsprechende Regelungen, ist das Verfahren unmittelbar nach Maßgabe der

---

[179] *G. Hermes*, Das Grundrecht auf Schutz von Leben und Gesundheit, S. 43ff.

[180] BVerfGE 53, 30 (66). Das Sondervotum der Richter *Simon* und *Heußner* zu dem Beschluss bezeichnet die Beteiligungsvorschriften als „unmittelbare Ausprägung der grundrechtsschützenden Funktion des Verfahrensrechts," ebd. S. 79.

[181] BVerfGE 44, 105 (118); 45, 422 (430); 52, 380 (390); 84, 34 (45); 84, 59 (72).

[182] *H. Hill*, Verfahren, S. 233; *K. Stern*, Staatsrecht III/1, § 69 V 7 (S. 972).

[183] BVerwGE 92, 132 (137); 99, 185 (188ff.).

[184] *J. Wieland*, in: Dreier (Hrsg.), GG, Art. 12, Rn. 154.

[185] BVerfGE 84, 34 (46f.); 84, 59 (72); BVerwGE 92, 132 (136f.).

[186] *J. Wieland*, in: Dreier (Hrsg.), GG, Art. 12, Rn. 157.

[187] BVerwG, Beschl.v.31.3. 1994, DVBl. 1994, S. 641 (641f.); HessVGH, Urt.v.14.10. 1996, DVBl. 1997, S. 621.

[188] BVerwGE 99, 185 (189).

grundrechtlichen Anforderungen durchzuführen.[189] Infolge der Verfahrenswirkungen des Art. 12 Abs. 1 GG verlangt das Bundesverwaltungsgericht ein eigenständiges verwaltungsinternes Kontrollverfahren.[190] Denn die gerichtliche Kontrolle von Prüfungsentscheidungen muss beschränkt sein, um eine Ungleichbehandlung der Kandidaten, die vor Gericht ziehen, gegenüber denjenigen, die das nicht tun, zu verhindern.[191]

Vielfältige verfahrensrechtliche Wirkungen entfaltet Art. 14 GG zum Schutz des Eigentums.[192] Um die Garantie des Eigentums zu sichern, ist bei Eingriffen ein Verfahren zu gewährleisten, das effektiven Rechtsschutz bietet.[193] Der Schutz des Grundrechts gebietet das Recht zur tatsächlichen Durchsetzung kraft Verfahrensrechts.[194] Im Zusammenhang beispielsweise von Enteignungen oder Zwangsversteigerungen hat der Gesetzgeber daher Vorkehrungen zur Sicherung des Grundrechts zu treffen.[195] Die Einwendungsbefugnis des von einer Enteignung betroffenen Grundstückseigentümers muss aufgrund der Verfahrenswirkungen des Art. 14 GG gesichert sein.[196] Der Kommunikationsprozess zwischen Verwaltung und Bürger erweist sich auch im Bereich des Eigentumsrechts als zentraler Gegenstand grundrechtlicher Anforderungen an das Verfahren.

Die Neufassung des Asylrechts macht dessen Verfahrensbezogenheit besonders deutlich. In Art. 16a Abs. 3 und 4 GG sind Verfahrensregelungen festgezurrt, die den verfahrensbezogenen Gewährleistungsgehalt des Asylrechts beschränken.[197] Nach wie vor ist die Verwirklichung des Asylrechts stark vom Verfahren seiner Feststellung abhängig. Die Schutzpflicht des Gesetzgebers gegenüber dem Recht des Art. 16a Abs. 1 GG hat Anforderungen an das durch den Gesetzgeber zu regelnde Verfahren zur Folge. Das Bundesverfassungsgericht spricht von einem grundrechtsausfüllenden Gesetz.[198] Dem Gesetzgeber verbleibt ein Gestaltungsspielraum.[199]

Eine kohärente Gewährleistung von subjektiven Rechten auf Information gegenüber der Verwaltung ist den Grundrechten nicht zu entnehmen. Abhängig vom betroffenen Sachbereich und den dort involvierten Interessen und Rechtspositionen kann aber die Gewährung eines subjektiven Rechts auf verfassungsrechtlicher Grundlage durchaus in Betracht kommen. Die Grundrechte weisen, soweit sie Wirkungen entfalten, in die Richtung einer Erweiterung des Zugangs zu Informationen von Behörden.

---

[189] BVerwGE 99, 185 (190).

[190] BVerwGE 92, 132 (136f.).

[191] BVerfGE 84, 34 (52).

[192] *H.-J. Papier*, in: Maunz/Dürig, Art. 14, Rn. 43ff.; *H.J. Bonk*, in: Stelkens/Bonk/Sachs, VwVfG, § 1, Rn. 35.

[193] BVerfGE 46, 325 (334).

[194] *H.-J. Papier*, in: Maunz/Dürig, Art. 14, Rn. 45.

[195] BVerfGE 46, 325 (335); 74, 264 (286f.).

[196] BVerwGE 74, 109 (112).

[197] BVerfGE 94, 115 (132).

[198] BVerfGE 94, 115 (141).

[199] BVerfGE 94, 166 (200).

3.1.3. Die Informationsfreiheit im Besonderen

Nach Art. 5 Abs. 1 Satz 1 Halbsatz 2 GG steht jedermann die Informationsfreiheit zu.[200] Ein Recht auf Zugang zu Informationen der Verwaltung gewährt die Vorschrift jedoch nicht, da Behördeninformationen nach Ansicht von Literatur und Rechtsprechung keine allgemein zugänglichen Quellen darstellen.[201] In der Auslegung des Europäischen Gerichtshofes für Menschenrechte beinhaltet die Informationsfreiheit des Art. 10 EMRK zumindest kein individuelles Recht darauf, dass staatliche Stellen Informationen sammeln oder verbreiten.[202]

Nach der Rechtsprechung des Bundesverfassungsgerichts zur Informationsfreiheit des Grundgesetzes soll die Informationsquelle in der Regel dann allgemein zugänglich sein, wenn sie technisch geeignet und bestimmt ist, der Allgemeinheit, also einem individuell nicht bestimmbaren Personenkreis, Informationen zu verschaffen.[203] An dieser Beschreibung wird auch festgehalten, wenn staatliche Stellen Inhaber der Bestimmungsbefugnis über die Zugänglichkeit von Informationen sind.[204] Dadurch hat die jeweilige staatliche Stelle ein Mittel in der Hand, um Informationen aus dem Bereich der Informationsfreiheit herauszunehmen, indem sie die allgemeine Zugänglichkeit festlegt.[205] Dementsprechend gelten Behördenvorgänge als nicht allgemein zugänglich, wenn sich aus ihrer Zweckbestimmung im Einzelfall nichts Anderes ergibt. Nach der gängigen Auslegung des Art. 5 Abs. 1 Satz 1 Halbsatz 2 GG umfasst das Grundrecht eine Auskunftserteilung oder Gewährung von Akteneinsicht durch Behörden nicht.[206] Verwaltungsvorschriften sind danach keine allgemein zugänglichen Informationsquellen.[207] Im Gegenteil wird betont, dass Geheimhaltungsinteressen des Staates oder dritter Personen zu Publizitätsverboten führen können.[208]

Zwar wird die Auslegung der allgemein zugänglichen Quellen in Art. 5 Abs. 1 Satz 1 GG als zirkelschlüssig kritisiert, aber zumeist doch akzeptiert.[209] Gegenteilige Auffassungen gründen sich auf das Demokratieprinzip, dem ein Gebot

---

[200] Zur Entstehung im internationalen Kontext *W. Rudolf*, Informationsfreiheit, S. 135ff.

[201] *E. Schmidt-Jortzig*, in: Isensee/Kirchhof (Hrsg.), HdBStR, § 141, Rn. 28ff.; *Ch. Starck*, in: v.Mangoldt/Klein/Starck (Hrsg.), GG, Art. 5, Rn. 49; *R. Wendt*, in: v.Münch/Kunig (Hrsg.), Grundgesetz-Kommentar, Art. 5, Rn. 25; *F. Schoch*, VVDStRL 57 (1997), S. 189.

[202] EGMR, Urt.v. 19. 2. 1998 (Guerra u.a. gegen Italien), NVwZ 1999, S. 59, Rn. 53.

[203] BVerfGE 27, 71 (83).

[204] *Ch. Degenhart*, in: Dolzer (Hrsg.), Bonner Kommentar, Art. 5 Abs. 1, 2, Rn. 263; *R. Herzog*, in: Maunz/Dürig, Art. 5 Abs. 1, 2, Rn. 89.

[205] *M. Kloepfer*, in: Isensee/Kirchhof (Hrsg.), HdBStR, § 35, Rn. 54.

[206] BVerfG (2. Kammer des Ersten Senats), Beschl.v. 30. 1. 1986, NJW 1986, S. 1243; BVerwGE 47, 247 (252). Dagegen wird in der Schweiz ein Anspruch auf Akteneinsicht unmittelbar aus der Verfassung abgeleitet, BGer, Urt.v. 19. 6. 1996, EuGRZ 1996, 399 (402) m.N.

[207] BVerwGE 61, 15 (22).

[208] *M. Kloepfer*, in: Isensee/Kirchhof (Hrsg.), HdBStR, § 35, Rn. 59; *Ch. Starck*, in: v.Mangoldt/Klein/Starck (Hrsg.), GG, Art. 5, Rn. 48.

[209] *J. Scherer*, Verwaltung und Öffentlichkeit, S. 31; *E. Gurlit*, Verwaltungsöffentlichkeit, S. 98ff.

der Öffentlichkeit staatlichen Handelns entnommen wird.[210] Immerhin folgt dann aus der Informationsfreiheit ein Gesetzgebungsauftrag zu Gunsten der Publizität von Informationen der Verwaltung.[211] Selbst im Zusammenwirken mit dem Grundrecht des Art. 5 GG kann jedoch aus dem Demokratieprinzip ein subjektives Recht auf Zugang zu Informationen von Verwaltungsbehörden nicht abgeleitet werden, weil das Demokratieprinzip mit seiner abstrakten Perspektive nicht hinreichend subjektiv verdichtet werden kann.[212] Das Bundesverfassungsgericht hat denn auch einen Bezug zwischen Demokratiprinzip und Informationsfreiheit lediglich hergestellt, um zu begründen, dass ein demokratischer Staat eine gut informierte öffentliche Meinung brauche.[213]

Durch das Element der tatsächlichen Zugänglichkeit von Informationen als Anknüpfungspunkt für den Gewährleistungsbereich des Grundrechts gerät die Informationsfreiheit in Abhängigkeit von der technischen Entwicklung.[214] Ein Verständnis des Art. 5 Abs. 1 Satz 1 Halbsatz 2 GG, das den Rahmenbedingungen, welche durch die Entwicklung der Medien geschaffen werden, Rechnung zu tragen sucht, kann gewisse neue Akzente setzen, indem im Rahmen der gängigen Auslegung der Informationsfreiheit die Maßstäbe für die faktische, also auch technische Empfangbarkeit der Information herabgesetzt werden.[215] Das Bundesverfassungsgericht hat deutlich gemacht, dass die Herstellung der Voraussetzungen, die der Erschließung von Informationsquellen zu Gunsten des Individuums dienen, vom Schutz der Informationsfreiheit umfasst sind: Massenmedien sind allgemein zugängliche Informationsquellen und das Aufstellen einer Parabolantenne ist von der Informationsfreiheit geschützt.[216] In Anlehnung an diesen Ansatz kann man eine Information auch als allgemein zugänglich bewerten, wenn sie vom Empfänger nur mit erheblichem technischem Aufwand zu empfangen ist.[217] Die Informationsfreiheit erfasst eine Quelle selbst dann, wenn die Information nicht für eine unbeschränkte Allgemeinheit bestimmt ist, sondern nur für einen Ausschnitt der Allgemeinheit.[218] Eine Teilöffentlichkeit als Empfänger reicht aus. Ausschlaggebend bleibt das Merkmal des im Vorhinein unbestimmbaren, vom Sender der Information abstrakt zu bestimmenden Adressatenkreises.

Die Informationsfreiheit des Grundgesetzes kann als Quelle für Rechte auf Information fruchtbar gemacht werden, indem von der geläufigen Auslegung durch Literatur und Rechtsprechung abgegangen wird.[219] Geschehen könnte

---

210 *Ch. Rotta*, Nachrichtensperre, S. 59f.

211 *G. Nolte*, DÖV 1999, S. 369.

212 Siehe oben 2. Kapitel, 1.1.

213 BVerfGE 27, 71 (81).

214 Insoweit kritisch auch *G. Nolte*, DÖV 1999, S. 369.

215 *F. Schoch*, VVDStRL 57 (1997), S. 190 m.w.N.

216 BVerfGE 90, 27 (32).

217 *P. Lerche*, Jura 1995, S. 566.

218 *P. Lerche*, Jura 1995, S. 565.

219 *O. Baller*, in: Haratsch/Kugelmann/Repkewitz (Hrsg.), Herausforderungen, S. 55; ähnlich *F. Schoch*, VVDStRL 57 (1997), S. 189; *D. König*, DÖV 2000, S. 55; *G. Nolte*, DÖV 1999, S. 369.

dies in einem Prozess des Verfassungswandels.[220] Der Begriff der „allgemein zugänglichen Quellen" in Art. 5 Abs. 1 Satz 1 GG wäre einer Neuinterpretation aufgrund des erleichterten faktischen Zugangs zu Informationen und vor dem Hintergrund der Einflüsse europarechtlicher Vorschriften, insbesondere des Umweltrechts, auf die deutsche Rechtsordnung zu unterziehen.[221] Auch die Landesgesetze über die Informationsfreiheit könnten in diesem Zusammenhang berücksichtigt werden. Damit würde eine Erweiterung des Kreises der allgemein zugänglichen Informationen im Sinne des Art. 5 Abs. 1 GG möglich. Diese würden dann grundsätzlich auch Informationen von Behörden umfassen.[222] Der methodische Weg einer freiwilligen interpretativen Orientierung am Europarecht führt allerdings nicht zwingend zu einem Uminterpretieren des Grundrechts, sondern setzt den Willen der Rechtsanwender und insbesondere des Bundesverfassungsgerichts voraus, diesen Weg auch zu beschreiten. Das ist kurzfristig nicht absehbar. Eine Neuinterpretation der Informationsfreiheit mag wünschenswert sein. Für die Zwecke einer Beschäftigung mit Rechten auf Information hat aber die Ausgangsposition Bestand, dass die Informationsfreiheit des Art. 5 Abs. 1 Satz 1 Halbsatz 2 GG keine Rechte auf Zugang zu Informationen der Verwaltung gewährt.

Die Auswirkungen der Informationsfreiheit auf das Verwaltungsverfahren folgen den für alle Freiheitsrechte geltenden Regeln: Art. 5 Abs. 1 Satz 1 Halbsatz 2 GG wirkt in seiner verfahrensrechtlichen Funktion.[223] Aus der Schutzpflicht staatlicher Stellen zu Gunsten des Art. 5 Abs. 1 Satz 1 Halbsatz 2 GG resultiert die Verpflichtung zu Informationsvorsorge und Informationsmanagement.[224] Die Schutzpflicht führt dazu, dass für eine Veröffentlichung von geeigneten Informationen Sorge getragen werden muss mit dem Ziel, die Bedingungen für die Ausübung der Informationsfreiheit herzustellen. Eine Veröffentlichung bestimmter Informationen kann nicht eingefordert werden, vielmehr sollen die staatlichen Stellen ein Mindestmaß an Zugänglichkeit gewährleisten.[225] Diese Funktion der Informationsfreiheit stellt Anforderungen an die Verwaltung, die auch ohne das Vorliegen subjektiver Ansprüche Informationen

---

[220] Siehe *Ch. Rotta*, Nachrichtensperre, S. 51; *E. Gurlit*, Verwaltungsöffentlichkeit, S. 102; vgl. allgemein zum Verfassungswandel *K. Hesse*, Grundzüge, Rn. 46 m.N.

[221] *W. Kahl*, in: Haratsch/Kugelmann/Repkewitz (Hrsg.), Herausforderungen, S. 26.

[222] *F. Schoch*, VVDStRL 57 (1997), S. 190; *W. Kahl*, in: Haratsch/Kugelmann/Repkewitz (Hrsg.), Herausforderungen, S. 28.

[223] *H.-H. Trute*, VVDStRL 57 (1997), S. 250 betont die objektiv-rechtliche Dimension der Informationsfreiheit; kritisch *M. Kaufmann*, in: Bertschi u.a. (Hrsg.), Demokratie und Freiheit, S. 49.

[224] *Ch. Degenhart*, in: Dolzer (Hrsg.), Bonner Kommentar, Art. 5 Abs. 1, 2, Rn. 277f.; *W. Hoffmann-Riem*, in: AK-GG, Art. 5 Abs. 1, 2, Rn. 98; *F. Schoch*, VVDStRL 57 (1997), S. 190. Dagegen stützt *R. Herzog*, in: Maunz/Dürig, Art. 5 Abs. 1, 2, Rn. 101, solche Pflichten ausdrücklich nicht auf Art. 5 GG, sondern nur auf das Demokratieprinzip.

[225] *H.D. Jarass*, in: Jarass/Pieroth, Grundgesetz, Art. 5, Rn. 17; *Ch. Degenhart*, in: Dolzer (Hrsg.), Bonner Kommentar, Art. 5 Abs. 1, 2, Rn. 277f.; *W. Hoffmann-Riem*, in: AK-GG, Art. 5 Abs. 1, 2, Rn. 98; *J. Bizer*, Froschungsfreiheit, S. 108.

zugänglich zu machen hat. Damit wird Art. 5 Abs. 1 Satz 1 Halbsatz 2 GG den Aussagen des Demokratieprinzips zu Transparenz und Öffentlichkeit gerecht.

3.1.4. Der Gleichheitssatz

Die Verwaltung ist verpflichtet, alle am Verfahren beteiligten und interessierten Personen mit Rücksicht auf ihre jeweilige Rechtsposition gleich zu behandeln.[226] Willkürliche Differenzierungen in und durch Verfahren dürfen nicht vorgenommen werden.[227] Das Verbot von Diskriminierungen gilt auch für Rechte auf Information – Voraussetzung ist ihr Bestehen. Für eine Begründung solcher Rechte hilft Art. 3 GG nicht weiter. Der Gleichheitssatz bietet aber Maßstäbe für die Verteilung von Information durch die Verwaltung, wenn gesetzliche Regelungen der Informationsverwaltung der Konkretisierung bedürfen, insbesondere im Fall von Ermessensvorschriften.[228]

3.1.5. Fazit

Zu Gunsten der Rechtspositionen von Betroffenen und Interessierten im Verwaltungsverfahren wirken die grundrechtlichen Schutzpflichten.[229] Dadurch wird im Hinblick auf Informationsrechte insbesondere die verfahrensrechtliche Funktion der Grundrechte aktiviert. Diese hat im Zusammenwirken mit den Staatsfundamentalnormen von Demokratie und Rechtsstaat eine Ausgestaltung des Verwaltungsverfahrens zur Folge, die Kommunikation erleichtert und Informationen der Behörde soweit als möglich zugänglich macht.

Die Grundrechte gewähren aber grundsätzlich kein unmittelbares subjektives Recht auf Information gegenüber der Verwaltung. Solche Rechte können nur ausnahmsweise aus der verfahrensrechtlichen Funktion der Grundrechte abgeleitet werden.[230] Die Subjektivierung dieser objektiv-rechtlichen Grundrechtsfunktion unterliegt hohen Anforderungen. Deshalb ist es in aller Regel Sache des Gesetzgebers, individuelle Rechte auf Information einzuräumen.[231] In Abwägung der involvierten Interessen regelt er die Kommunikationsbeziehungen im Verwaltungsverfahren. Die Interpretation der vorhandenen Regelungen kann zu einer Erweiterung bestehender Ansätze zu Gunsten von Rechten auf Information führen. Diese Interpretationsvorgänge stehen auf dem Boden des einfachen Gesetzes.

---

226 *H.-W. Laubinger*, VerwArch 60 (1982), S. 81; *F. Kopp*, Verfassungsrecht, S. 169; *J. Held*, Grundrechtsbezug, S. 137.

227 *H. Hill*, Verfahren, S. 232.

228 Ein Beispiel ist BVerwGE 47, 247 (253f.).

229 *Ph. Kunig*, in: Hoffmann-Riem/Schmidt-Aßmann (Hrsg.), Konfliktbewältigung, Band 1, S. 59f.

230 *E. Gurlit*, Verwaltungsöffentlichkeit, S. 128.

231 *E. Gurlit*, Verwaltungsöffentlichkeit, S. 128f.

3.2. Das Informationsinteresse der Öffentlichkeit

Die Öffentlichkeit als solche kann nicht Trägerin eines subjektiven Rechts sein. Es können jedoch Verpflichtungen der Verwaltung bestehen, ihr zur Verfügung stehende Informationen der Öffentlichkeit zugänglich zu machen. Die Verwaltung hat unter Umständen selbst ein Interesse daran, die Öffentlichkeit zu informieren. Dieses Interesse ist Konsequenz ihrer Aufgabenbeschreibung im Einzelnen und ihrer Position im Staatsaufbau. Ihre richtungweisende Grundlegung findet die Öffentlichkeit des Verwaltungsverfahrens im Demokratieprinzip.[232] Dessen Anforderungen hat sich der Gesetzgeber bei der Ausgestaltung von Verwaltungsverfahren zu stellen. Eine Verpflichtung, der Verwaltung die Herstellung von Öffentlichkeit gesetzlich aufzugeben, entspringt dem Demokratieprinzip nicht. Pflichten, Informationen an die Öffentlichkeit zu geben, fußen im einfachen Recht. Ermessensentscheidungen über die Veröffentlichung von Informationen, die der Behörde zur Verfügung stehen, sind unter Beachtung des im Demokratieprinzip verankerten Gebots transparenter Verwaltungstätigkeit zu treffen.

Da sich die Tätigkeit der Verwaltung zum Teil daraus legitimiert, dass sie im Dienste des Bürgers zur Rechtsverwirklichung erfolgt, steht auch die Informationsverwaltung unter dem Vorzeichen einer gesetzmäßigen, bürgernahen Verwaltungstätigkeit. Die Information der Öffentlichkeit kann deswegen für die Verwaltung angebracht sein, selbst wenn sie dazu nicht verpflichtet ist. Vor diesem Hintergrund betreibt die Verwaltung Öffentlichkeitsarbeit.

Alle Stellen, die Aufgaben der öffentlichen Verwaltung wahrnehmen, können in die Lage kommen, über die Herausgabe von Informationen an die Öffentlichkeit entscheiden zu müssen. Über den engeren Bereich staatlicher Verwaltung hinaus betrifft dies auch Träger mittelbarer Staatsverwaltung.[233] In Abhängigkeit von den einschlägigen Rechtsgrundlagen treten Verwaltungen in Kommunikationsprozesse im Rahmen von Verwaltungsverfahren ein oder informieren in generell-abstrakter Art und Weise. Aus der Verfassung können Rechte gegen die Veröffentlichung bestimmter Informationen stammen, nicht aber Verpflichtungen zur Herstellung von Öffentlichkeit in einem bestimmten Fall.

3.3. Das Recht auf informationelle Selbstbestimmung

Ein Grundrecht, das der Herausgabe von Informationen durch die Verwaltung widerstreiten kann, ist das Recht auf informationelle Selbstbestimmung.[234]

---

[232] Siehe oben 2. Kapitel, 1.1.

[233] Vgl. zur Begrifflichkeit *W. Rudolf*, in: Erichsen (Hrsg.), Allgemeines Verwaltungsrecht, §52, Rn. 7.

[234] Vgl. *A. Podlech*, in: AK-GG, Art. 1, Rn. 39 und Art. 2 Abs. 1, Rn. 45f.; allgemein *F. Hufen*, JZ 1984, S. 1073ff.; *M. Kloepfer*, Gutachten D, S. 47ff. Kurzer Überblick über die Grundzüge des Datenschutzes bei *W. Rudolf*, Informationsfreiheit, S. 147 – 150.

Da die Behörde die Verfahrensherrschaft innehat, obliegt ihr die Verteilung der Informationen. Betroffene und Beteiligte im Verfahren können daran interessiert sein, Informationen über andere Betroffene und Beteiligte des Verfahrens zu erhalten. Wenn und soweit es sich bei den Informationen um personenbezogene Daten handelt, die dem Schutz des Rechts auf informationelle Selbstbestimmung unterliegen, sind die Grundrechtsträger gegen die Weitergabe ihrer Daten an Dritte geschützt.[235] Der Anspruch auf Information kann am Schutz der personenbezogenen Daten der anderen Betroffenen oder Beteiligten scheitern. Eine strikte Verhältnismäßigkeitsprüfung erweist sich als unabdingbar.[236]

Ein Beispiel ist das Verfahren gegen eine baurechtliche Erlaubnis. Das Interesse des Widerspruch erhebenden Nachbarn an Informationen über den Bauherrn und dessen Vorhaben reicht durchaus in persönliche Motivationen hinein, deren Preisgabe der Verwaltung verwehrt ist. Ähnliche Konstellationen können hinsichtlich der Vermögensverhältnisse von Anlagenbetreibern im immissionsschutzrechtlichen Genehmigungsverfahren auftreten. Im Umweltbereich können Gegenstand personenbezogener Informationen beispielsweise die Umstände sein, dass eine Person eine Anlage betreibt, Schadstoffe einleitet, Versuche durchführt, Abfallstoffe erzeugt oder mit bestimmten Waren handelt.[237] Personenbezogenen Charakter haben auch Informationen über die Namen von Personen, die Einwendungen erhoben haben oder sonst am Verwaltungsverfahren beteiligt waren, die Rechte an Grundstücken innehaben oder die der Überwachung von Behörden unterliegen.[238] Im Laufe eines Verfahrens können Rechte auf die Verweigerung der Preisgabe von Daten in unterschiedlichen Konstellationen und konträren Zielrichtungen auftreten.[239]

Das Bundesverfassungsgericht hat den Ursprung des Rechts auf informationelle Selbstbestimmung vorrangig in Art. 2 Abs. 1 i.V.m. Art. 1 Abs. 1 GG festgemacht.[240] Daneben treten die Gewährleistungen anderer Grundrechte, soweit ihre Gewährleistungsgehalte die Befugnis des Einzelnen betreffen, über seine persönlichen Daten selbst zu bestimmen, was insbesondere bei Art. 10 und 13 GG der Fall sein kann.[241] Schutzgut aller privaten und öffentlichen Geheimhal-

---

[235] Vgl. BVerwGE 84, 375 (378); BVerwG, Beschl.v.18. 3. 1994, Buchholz 442.16, Nr. 1 zu § 10 StVZO.

[236] BVerfGE 65, 1 (44); BVerwG, Beschl.v.18. 3. 1994, Buchholz 442.16, Nr. 1 zu § 10 StVZO.

[237] *H.-U. Erichsen*, NVwZ 1992, S. 416.

[238] *H.-U. Erichsen*, NVwZ 1992, S. 417.

[239] *F. Hufen*, JZ 1984, S. 1077; vgl. zu weiteren Beispielen *R. Pitschas*, Referat M, Thesen 15 – 20.

[240] BVerfGE 65, 1 (41); 92, 191 (197); BVerfG, Beschl.v.11. 6. 1991, NJW 1991, S. 2411; BVerfG (1. Kammer des Ersten Senats), Beschl.v.24. 9. 1987, NJW 1987, S 2805; zur Entwicklung des Schutzes der informationellen Selbstbestimmung *E. Höfelmann*, Das Grundrecht auf informationelle Selbstbestimmung, S. 31ff.

[241] Zum Vorrang von Art. 10 GG BVerfG, Urt.v.14. 7. 1999, EuGRZ 1999, S. 389 (402). Allgemein *B.-O. Bryde*, VVDStRL 46 (1988), S. 203; *M. Kloepfer*, Gutachten D, S. 51ff.; vgl. *B. Schlink*, Amtshilfe, S. 198ff.

tungspflichten ist die Privatsphäre.[242] Diese wird aber nicht allein durch Art. 2 Abs. 1 GG gesichert.

Die Abgrenzung des Rechts auf informationelle Selbstbestimmung von anderen grundrechtlich geschützten Positionen hängt von dem Grundverständnis ab, das dem Datenschutz zugrunde gelegt wird. Vielfach werden die Bindungen staatlicher Stellen beim Umgang mit personenbezogenen Daten aus den jeweils einschlägigen Freiheitsgewährleistungen und ihrem kommunikativen Gehalt abgeleitet.[243] Der Umgang mit personenbezogenen Daten wird dergestalt auch unter objektiv-rechtlichen Vorzeichen Beschränkungen unterworfen.[244] Andererseits kann das Recht auf informationelle Selbstbestimmung stark von seinem abwehrrechtlichen Gehalt her verstanden werden, mit der Konsequenz, dass Art. 2 Abs. 1 i.V.m. Art. 1 Abs. 1 GG im Schwerpunkt die Rechtsgrundlage für die Abwehr von Fremdaktivitäten im Hinblick auf personenbezogene Daten bildet.[245] Konsequent ist dann eine Unterscheidung zwischen dem Datenschutz im öffentlichen und dem Datenschutz im nicht-öffentlichen Bereich, weil bei letzterem vermehrt Kollisionen mit anderen Individualrechten auftreten können.[246]

Das Bundesverfassungsgericht hat im Grundsatz anerkannt, dass dem Recht auf informationelle Selbstbestimmung Drittwirkung zukommen kann.[247] Werden Rechtsgehalte informationeller Selbstbestimmung auf andere Grundrechtsvorschriften gestützt, entfalten diese gleichermaßen Drittwirkung. Zumal aufgrund der Schutzpflichten des Staates ist im Verhältnis Privater zueinander die Sicherung der Sphäre informationeller Selbstbestimmung geboten.[248]

Wenn es um die Verweigerung des Zugangs zu personenbezogenen Daten im Verwaltungsverfahren geht, ist die einschlägige Entscheidung einer sorgfältigen verfassungsrechtlichen Prüfung zu unterziehen, bei der dann auch die Reich-

---

[242] *W. Rudolf*, in: Festschrift für Stern, S. 1347; siehe auch die Richtlinie 97/66/EG vom 15. 12. 1997 über die Verarbeitung personenbezogener Daten und den Schutz der Privatsphäre im Bereich der Telekommunikation, ABl. Nr. L 24 vom 30. 1. 1998, S. 1; anders *J. N. Druey*, Information, S. 395.

[243] *R. Scholz/R. Pitschas*, Selbstbestimmung, S. 86ff.; *J. Aulehner*, in: Haratsch/Kugelmann/Repkewitz (Hrsg.), Herausforderungen, S. 207; *R. Pitschas*, Referat M, Thesen 7 und 8; *ders.*, Die Verwaltung 33 (2000), S. 118; vgl. zur Diskussion *M. Kloepfer*, Gutachten D, S. 55, 81f. und *M. Albers*, in: Haratsch/Kugelmann/Repkewitz (Hrsg.), Herausforderungen, S. 126 m.N.

[244] Noch weiter gehend *J. N. Druey*, Information, S. 395, für den Datenschutz die Aufgabe hat, zur Entscheidung über Öffnen oder Schließen von Informationskanälen beizutragen; zu Neuordnungen des Datenschutzes *R. Pitschas*, DuD 1998, S. 146, 148f. und *M. Kloepfer*, Gutachten D, S. 85f.

[245] *W. Schmitt Glaeser*, in: Isensee/Kirchhof (Hrsg.), HdBStR, § 129, Rn. 85f.; *Ch. Starck*, in: v.Mangoldt/Klein/Starck (Hrsg.), GG, Art. 2, Rn. 108; vgl. *B. Schlink*, Der Staat 25 (1986), S. 248.

[246] *W. Rudolf*, in: Festschrift für Stern, S. 1360.

[247] BVerfG, Beschl.v.11. 6. 1991, NJW 1991, S. 2411; siehe auch BVerfG (1. Kammer des Ersten Senats), Beschl. v. 16. 9. 1998, NJW 1999, S. 1777.

[248] Für eine Ersetzung der Drittwirkungsdogmatik durch die Schutzpflichtdogmatik *S. Oeter*, AöR 119 (1994), S. 549; vgl. zu objektiv-rechtlichen Dimensionen der Grundrechte für den Datenschutz *H.-H. Trute*, VVDStRL 57 (1997), S. 249, 258; *M. Kloepfer*, Gutachten D, S. 81f.

weite des Rechts auf informationelle Selbstbestimmung im Verhältnis zu anderen Grundrechten zu untersuchen ist. In den meisten Fällen dürften die speziellen Freiheitsgewährleistungen nicht greifen, denn die Kommunikation vollzieht sich in einem von der Verwaltung geleiteten Verfahren, in dem Daten nur erhoben werden dürfen, wenn gemäß einer gesetzlichen Regelung diese Daten für das Verfahren notwendig sind. Auch wenn ein Individuum freiwillig Daten preisgibt, unterliegt deren Verwendung und Weitergabe der Verfahrensverantwortung der Behörde. Deren Kenntnis von den personenbezogenen Daten entspringt den Regelungen über das konkrete Verwaltungsverfahren. Einzelne Grundrechte können Kenntnissperren aufrichten, etwa Art. 8 Abs. 1 GG für die Erhebung oder Speicherung von Daten über Versammlungsteilnehmer.[249] Im Zusammenhang von Versammlungen kann allerdings im Hinblick auf die Weigerung eines Teilnehmers, seine Personalien preiszugeben, Art. 2 Abs. 1 GG im Vordergrund stehen.[250] Die verfassungsrechtliche Grundlage für eine Verweigerung der Weitergabe betrifft die Behandlung der Daten durch die Verwaltung. In ihrer verfahrensrechtlichen Funktion vermögen die Freiheitsrechte Schutzpflichten zu begründen, deren Subjektivierung zu Ansprüchen des Bürgers führt. Diese Ansprüche richten sich darauf, ein bestimmtes Verhalten einer staatlichen Stelle herbeizuführen. Das kann auch das Verweigern einer Information sein. Jenseits des Anwendungsbereichs der Freiheitsrechte schützt das subjektive Abwehrrecht aus Art. 2 Abs. 1 i.V.m. Art. 1 Abs. 1 GG gegen eine Weitergabe von ihm erfasster Daten.

Für die Regelungen des Verwaltungsverfahrens ist zu betonen, dass nach der Rechtsprechung des Bundesverfassungsgerichts nicht jedwede Informationen, sondern lediglich personenbezogene Daten den Schutzgegenstand des Grundrechts auf informationelle Selbstbestimmung darstellen.[251] Unter personenbezogenen Daten versteht die Legaldefinition des § 3 Abs. 1 BDSG Einzelangaben über persönliche oder sachliche Verhältnisse einer bestimmten oder bestimmbaren natürlichen Person.[252] Information ist der weitere Begriff, da sie nicht notwendig personenbezogen ist und von der Art der Übermittlung oder Speicherung nicht abhängt. Dem entspricht die hier zugrunde liegende Arbeitsdefinition, wonach der Begriff Information jedes wissens- oder erkenntnismehren-

---

249 *M. Albers*, in: Haratsch/Kugelmann/Repkewitz (Hrsg.), Herausforderungen, S. 138.

250 BVerfGE 92, 191 (196).

251 Zum Begriff der personenbezogenen Daten *A. Podlech*, Datenschutz, S. 47; *F. Hufen*, JZ 1984, S. 1076; *E. Höfelmann*, Das Grundrecht auf informationelle Selbstbestimmung, S. 54, 176ff.

252 Ähnlich Art. 2 lit. a der Richtlinie 95/46/EG zum Schutz natürlicher Personen bei der Verarbeitung personenbezogener Daten und zum freien Datenverkehr vom 24. 10. 1995, ABl. Nr. L 281, S. 31, der festlegt, dass als personenbezogene Daten alle Informationen über eine bestimmte oder bestimmbare natürliche Person gelten; die Richtlinie orientiert sich insoweit an der fast wortgleichen Definition des Art. 2 lit. a des im Schoß des Europarats abgeschlossenen Übereinkommens zum Schutz des Menschen bei der automatischen Verarbeitung personenbezogener Daten vom 28. 1. 1981, BGBl. 1985 II, S. 538.

de Grundelement sozialer Interaktion umfasst.[253] Von diesem Ausgangspunkt aus hat das Recht auf informationelle Selbstbestimmung im Verwaltungsverfahren nur eine begrenzte Tragweite. Seine Anwendbarkeit als Gegenrecht im Kontext der Informationsverwaltung setzt voraus, dass die Behörde personenbezogene Daten für ihre Entscheidung benötigt oder über solche verfügt, an deren Kenntnis ein Interesse eines anderen Betroffenen oder Beteiligten besteht, dessen Recht auf Information dann Beschränkungen unterliegt.

Umgekehrt kann Art. 2 Abs. 1 i.V.m. Art. 1 Abs. 1 GG auch Grundlage eines Informationsanspruches des Bürgers gegen die Verwaltung sein.[254] Die Vorschrift hat informationsrechtliche Wirkung. Wenn staatliche Stellen Informationen über Personen sammeln, besteht eine Verantwortung im Umgang mit diesen Informationen. Um Kenntnis von den über ihn vorhandenen Daten zu erlangen, ist der Betroffene auf die Mitwirkung der Verwaltung angewiesen. Daraus kann nach der Rechtsprechung des Bundesverwaltungsgerichts ein grundrechtlicher Anspruch auf Information aus Art. 2 Abs. 1 i.V.m. Art. 1 Abs. 1 GG zum Schutz des allgemeinen Persönlichkeitsrechts erwachsen.[255] Das Recht auf Information schafft einen Ausgleich zur staatlichen Sammlung von Information. Nicht als bloßer Rechtsreflex, sondern als eigenständige subjektive Verbürgung tritt dieses Informationsrecht zum Grundrechtsschutz hinzu.[256] Das Grundrecht der freien Entfaltung der Persönlichkeit ist demnach in der Lage, ein verfassungskräftiges Recht auf Information zu begründen.[257]

In seiner Wirkungsdimension als Recht auf informationelle Selbstbestimmung gewährleistet Art. 2 Abs. 1 i.V.m. Art. 1 Abs. 1 GG ebenfalls subjektive Informationsrechte.[258] Auskunftsrechte der Bürger sind in den Datenschutzgesetzen, wie etwa in § 19 Abs. 1 BDSG, als Schutz gegen die unberechtigte Verwendung von Daten vorgesehen.[259] Das Bundesverfassungsgericht spricht von Auskunftsrechten als verfahrensrechtlichen Schutzvorkehrungen.[260] Einschränkungen des Rechts auf informationelle Selbstbestimmung bedürfen organisatorischer und verfahrensrechtlicher Abfederungen.[261] Verfahrensrecht tritt

---

253 Siehe oben 1. Kapitel, 4.

254 *H.-H. Trute*, JZ 1998, S. 825; *R. Pitschas*, Die Verwaltung 33 (2000), S. 123. Einzelheiten auch zu den Regelungen der Landesdatenschutzgesetze bei *E. Höfelmann*, Das Grundrecht auf informationelle Selbstbestimmung, S. 206ff.

255 BVerwGE 82, 45 (51); 89, 14 (17).

256 *R. Pitschas*, Die Verwaltung 33 (2000), S. 124.

257 BVerfG (1. Kammer des Ersten Senats), Beschl. v. 16. 9. 1998, NJW 1999, S. 1777 stützt den Anspruch des Patienten auf Einsicht in seine Krankenunterlagen auf Art. 1 Abs. 1 i.V.m. Art. 2 Abs. 1 GG.

258 RhPfVerfGH, Entsch.v.4. 11. 1998, NJW 1999, S. 2264 = CR 1999, S. 354. Offen gelassen von BVerwGE 84, 375 (379).

259 Dazu BVerwGE 89, 14.

260 BVerfGE 65, 1 (46).

261 BVerfG (1. Kammer des Ersten Senats), Beschl.v.24. 9. 1987, NJW 1987, S. 2805; *M. Antoni*, in: Seifert/Hömig (Hrsg.), Grundgesetz, Art. 1, Rn. 13; *F.-L. Knemeyer*, JZ 1992, S. 348; siehe schon *A. Podlech*, Datenschutz, S. 38; kritisch *D. Zöllner*, Datenschutzbeauftragte, S. 246, 259.

in seiner Funktion auf den Plan, die subjektive Rechtsgewährleistung abzusichern und integriert die informationsrechtliche Wirkung der grundrechtlichen Gewährleistung. Regelungen, die das Grundrecht beschränken, müssen verfahrensrechtlichen Anforderungen entsprechen.[262] Andererseits stellt das Bundesverfassungsgericht ebenfalls klar, dass dem Recht auf informationelle Selbstbestimmung objektive Gehalte zukommen, da die Selbstbestimmung über personenbezogene Daten eine notwendige Bedingung der Handlungs- und Mitwirkungsfähigkeit des Bürgers in der Demokratie ist.[263]

Die Schutzpflichten schlagen dann in ein Recht auf Information (auch) im Verwaltungsverfahren um, wenn dieses zwingend erforderlich ist, um den Schutz des Rechts auf informationelle Selbstbestimmung zu gewährleisten. Das Auskunftsrecht sorgt für eine Missbrauchskontrolle; insoweit trägt es präventiven Charakter. Kontrolle wird auch durch Datenschutzbeauftragte erreicht. Die Rechtsordnung hat sicherzustellen, dass der Bürger erfahren kann, wer was wann und bei welcher Gelegenheit über ihn weiß.[264] In einem Verwaltungsverfahren tritt der Bürger, oft durch Antrag, in Kommunikationsbeziehungen zur Verwaltung, um dieses grundrechtlich verbürgte Versprechen auf Aufklärung einzulösen. Die Selbstbestimmung über den persönlichen Bereich erfordert die Selbstvergewisserung des unmittelbar Betroffenen im Hinblick auf die über ihn vorhandenen personenbezogenen Daten. Zu diesem Zweck ist ein rechtlich gesicherter Anspruch, mit dem staatliche Stellen zur Mitteilung entsprechender Informationen gezwungen werden können, dem Grunde nach unabdingbar.[265] In seiner Ausgestaltung hat dieses Recht konkurrierenden Rechtspositionen Rechnung zu tragen. Die Notwendigkeit, dem unmittelbar Betroffenen ein Recht auf Information über die vorhandenen personenbezogenen Daten einzuräumen, folgt bereits aus dem Grundrecht selbst.[266]

Aus Art. 2 Abs. 1 i.V.m. Art. 1 Abs. 1 GG ergibt sich kein allgemeiner Anspruch auf Informationen gegenüber dem Staat.[267] Das Recht auf informationelle Selbstbestimmung vermag aber für den Betroffenen einen Anspruch auf Information gegen die Verwaltung im Hinblick auf seine eigenen Daten zu begründen. Ein Recht auf Information über die eigenen Daten ist zudem aufgrund des Art. 19 Abs. 4 GG im Vorfeld des Vorgehens gegen Maßnahmen der Verwaltung notwendig.[268] Dieses Informationsrecht besteht im Verwaltungsverfahren, aber auch außerhalb von Verfahren, um die Rechtsstellung des Betroffenen zu

[262] BVerfGE 65, 1 (44), dort zitiert das Bundesverfassungsgericht in diesem Zusammenhang ausrücklich den Mülheim-Kärlich-Beschluss (BVerfGE 53, 30 [65]).

[263] BVerfGE 65, 1 (43); siehe *W. Schmitt Glaeser*, in: Isensee/Kirchhof (Hrsg.), HdBStR, § 129, Rn. 87.

[264] BVerfGE 65, 1 (43).

[265] *F.-L. Knemeyer*, JZ 1992, S. 348; *M.-Th. Tinnefeld/E. Ehmann*, Datenschutzrecht, I. Teil, Ziff. 4.1.2 (S. 89).

[266] Offen gelassen in BVerwGE 84, 375 (379); siehe aber *F. Hufen*, JZ 1984, S. 1077.

[267] *E. Gurlit*, Verwaltungsöffentlichkeit, S. 109.

[268] *G. Trantas*, Akteneinsicht, S. 401.

schützen, soweit sie aus dem Recht auf informationelle Selbstbestimmung folgt.[269]

3.4. Betriebs- und Geschäftsgeheimnisse

Rechten auf Information können Betriebs- und Geschäftsgeheimnisse entgegenstehen. Das verfassungsrechtliche Verständnis des Betriebs- und Geschäftsgeheimnisses muss nicht dem in Gesetzen verwendeten Begriff entsprechen.[270] Die Gehalte etwa von § 30 VwVfG oder § 8 Abs. 1 Satz 2 UIG können über die grundrechtlichen Gewährleistungen hinausgehen. Letztlich gleicht das verfassungsrechtliche Verständnis weitgehend demjenigen, das in Anlehnung an zivil- und strafrechtliche Vorschriften in verwaltungsrechtlichen Gesetzen vorausgesetzt wird.[271] Auf der gesetzlichen Ebene wird eine Tatsache dann als Betriebs- oder Geschäftsgeheimnis gesehen, wenn sie im Zusammenhang mit einem wirtschaftlichen Geschäftsbetrieb steht, nur einem begrenzten Personenkreis bekannt und damit nicht offenkundig ist, nach dem Willen des Unternehmensinhabers geheimgehalten werden soll und wenn an ihrer Geheimhaltung ein berechtigtes wirtschaftliches Interesse besteht. Betriebsgeheimnisse zählen zur technischen Seite des Unternehmens, wie Angaben über Produktionsverfahren, Forschungsprojekte oder Herstellungsverfahren. Geschäftsgeheimnisse gehören zum kaufmännischen Bereich, wie Kundenlisten oder Bilanzen.[272] Neben objektiven umfasst der Geheimnisbegriff demnach auch subjektive Elemente.[273]

Die Wahrung von Betriebs- und Geschäftsgeheimnissen ist Teil der unternehmerischen Handlungsfreiheit. Staatliche Stellen greifen durch die Veröffentlichung solcher Geheimnisse in die Ausübung der wirtschaftlichen Betätigung ein, der zumindest im Rahmen der Privatautonomie von Art. 2 Abs. 1 GG Schutz gewährt wird.[274] Allerdings gewährleistet Art. 2 Abs. 1 GG allein nur einen sehr allgemeinen Schutz, der zudem den weiten Schranken der verfassungsmäßigen Ordnung unterliegt.

Deshalb wird der grundrechtliche Schutz der Betriebs- und Geschäftsgeheimnisse im Rahmen eines informationellen Selbstbestimmungsrechts des Unternehmers versucht.[275] Diese Begriffsbildung beinhaltet allerdings die Gefahr einer Parallelisierung mit dem Menschenrecht auf informationelle Selbstbestimmung, die in die Irre führen würde. Denn dieses ist auf personenbezogene

---

[269] *S. Lodde*, Informationsrechte, S. 39f. m.w.N.

[270] Allgemein *J.N. Druey*, Information, S. 365ff.

[271] Vgl. *A. Turiaux*, UIG, § 8, Rn. 41.

[272] *R. Breuer*, NVwZ 1986, S. 172; *T. Cosack/S. Tomerius*, NVwZ 1993, S. 842; *J. Fluck*, NVwZ 1994, S. 1052; *A. Roßnagel/J. Bizer*, GewArch 1992, S. 124; *Ch. Schrader*, in: Schomerus/Schrader/Wegener, UIG, § 8, Rn. 24; *J. Fluck/A. Theuer*, UIG, § 8, Rn. 204/206.

[273] Vgl. auch die parallele Begriffsbestimmung im Kartellrecht, *K. Schmidt*, Drittschutz, S. 22.

[274] *H.D. Jarass*, in: Jarass/Pieroth, Grundgesetz, Art. 2, Rn. 4.

[275] Vgl. *R. Breuer*, NVwZ 1986, S. 171.

Daten beschränkt, soweit es in Art. 2 Abs. 1 i.V.m. Art. 1 Abs. 1 GG seine Grundlage findet, hat also einen anderen Gegenstand und Schutzzweck.

Den Schutz wirtschaftlicher Tätigkeit leisten zuvörderst die Art. 12, 14 GG. Im Rahmen des Art. 14 GG kommt eine Zuordnung des Betriebs- und Geschäftsgeheimnisses zum Recht am eingerichteten und ausgeübten Gewerbebetrieb in Frage. Das von Art. 14 GG umfasste Recht am eingerichteten und ausgeübten Gewerbebetrieb schließt die Gesamtheit der betrieblichen Mittel, die der Betriebsinhaber organisatorisch vereint, in seinen Schutz ein. Voraussetzung ist, dass es sich um konkret vorhandene Werte handelt, die auf der vorhandenen Organisation sachlicher, persönlicher und sonstiger Mittel beruhen.[276]

Der Schutz des Betriebs- und Geschäftsgeheimnisses kann aber auch als eigenständiger Vermögenswert unmittelbar auf Art. 14 GG gegründet werden.[277] Denn die Verfügungsbefugnis aus dem Eigentum betrifft besonders Werte, die sich der Einzelne durch eigene Leistung oder eigenen Kapitalaufwand erworben hat und die daher zum vorhandenen Vermögensbestand zählen. Soweit Betriebs- und Geschäftsgeheimnisse im Unternehmen entwickelt oder für dieses erworben wurden, stellen sie konkrete Vermögenswerte dar. Die Freiheit des Umgangs mit Vermögenswerten gewährleistet Art. 14 GG.[278] Künftige Gewinnchancen sind nur geschützt, wenn der Unternehmer auf ihre Realisierung vertrauen durfte und sie sich damit bereits zu einer Vermögensposition verdichtet haben.

In der verfassungsgerichtlichen Rechtsprechung wurde mehrfach offen gelassen, ob das Recht am eingerichteten und ausgeübten Gewerbebetrieb überhaupt unter Art. 14 GG fällt.[279] Das Bundesverfassungsgericht hat zudem hervorgehoben, dass der Eigentumsbegriff aus der Verfassung selbst gewonnen werden müsse und nicht der bürgerlich-rechtlichen Eigentumsordnung nachfolgen könne.[280] Dies spricht für den Rückgriff unmittelbar auf Art. 14 GG, ohne das Recht am eingerichteten und ausgeübten Gewerbebetrieb zu bemühen. Im Ergebnis dürfte dies für die konkreten Gewährleistungen von Betriebs- und Geschäftsgeheimnissen keinen Unterschied machen. Den Schutz des Betriebs- und Geschäftsgeheimnisses gewährt demnach Art. 14 GG.[281] Das Grundrecht auf Eigentum schützt die Verfügungsbefugnis über bestimmte Informationen.

Jenseits des Geheimnisschutzes werden wirtschaftliche Kommunikationsvorgänge auch von Art. 12 GG erfasst.[282] Der in einer Konkurrenzsituation ste-

---

276 *H.J. Papier*, in: Maunz/Dürig, Art. 14, Rn. 96, 99.

277 *M. Schröder*, UPR 1985, S. 396f.; *H.-U. Erichsen*, NVwZ 1992, S. 416, jeweils m.w.N.

278 *W. Berg*, GewArch 1996, S. 178; *H.-U. Erichsen/A. Scherzberg*, Umsetzung, S. 72.

279 BVerfGE 66, 116 (145); 68, 193 (222f.); 74, 129 (148).

280 BVerfGE 58, 300 (335).

281 *H.-U. Erichsen*, NVwZ 1992, S. 416; *W. Clausen*, in: Knack (Hrsg.), VwVfG, § 30, Rn. 2; *M. Schröder*, UPR 1985, S. 396; *A. Roßnagel/J. Bizer*, GewArch 1992, S. 123; *W. Berg*, GewArch 1996, S. 178.

282 *F.-L. Knemeyer*, DB 1993, S. 724; *H.-U. Erichsen*, NVwZ 1992, S. 416; sowohl Art. 12 GG wie Art. 14 GG legen zugrunde *R. Scholz/R. Pitschas*, Selbstbestimmung, S. 95; ihnen folgend *R. Breuer*, NVwZ 1986, S. 171.

hende Unternehmer tritt im Wettbewerb auf und übt insoweit seinen Beruf aus.[283] Im Rahmen der Berufsausübung genießen die Mittel der beruflichen Betätigung grundrechtlichen Schutz.[284] Dazu zählt der aktive Umgang mit Betriebs- oder Geschäftsgeheimnissen von Seiten des Unternehmers, indem er etwa bestimmte Produktionsweisen oder Rezepturen verwendet, um Gewinn zu erzielen.[285] Will er solche Geheimnisse erst erwerben und gibt zu diesem Zweck interne Informationen heraus, kann dies die Ausübung des Berufs betreffen.[286] Auch solange sich die Informationen noch nicht zum Geheimnis verdichtet haben, ist die Kommunikation über Angelegenheiten des Betriebs nicht ungeschützt. Die Berufsfreiheit sichert die wirtschaftliche Nutzung und Verwendung betrieblicher Informationen. Das Rechtsstaatsprinzip tritt flankierend hinzu und kann neben den grundrechtlichen Wirkungen ebenfalls Anforderungen an den Gesetzgeber begründen.

Den Geheimnisschutz selbst leistet Art. 14 GG. Aus dem Grundrecht auf Eigentum folgen informationsrechtliche Erfordernisse. Die Behörde muss dem Betroffenen Zugang zu Informationen gewähren, wenn dies der Schutz seiner Betriebs- und Geschäftsgeheimnisse erfordert. Ein solcher Fall ist die Benachrichtigung des Inhabers der Geheimnisse über deren Herausgabe. Gesetzliche Informationsrechte bedürfen einer Auslegung, welche auch die Informationsinteressen des Eigentümers berücksichtigt.

Der verfassungsrechtliche Schutz von Betriebs- und Geschäftsgeheimnissen kann in Kollision mit öffentlichen Interessen geraten oder auf das Interesse eines Informationssuchenden gerade an der Herausgabe der geheimen Informationen durch die Behörde treffen.[287] Hier liegen zentrale Probleme des Geheimnisschutzes im kartellrechtlichen Verfahren.[288] Auch in Genehmigungsverfahren mit umweltrechtlichem Bezug und insbesondere bei der Anlagengenehmigung bestehen häufig Interessen Dritter an Informationen über das Unternehmen, das die Genehmigung beantragt. Bei der Auflösung dieser Konfliktlagen sind die informations- und verfahrensrechtlichen Wirkungen zu berücksichtigen, die Art. 14 GG zum Schutz des Betriebs- und Geschäftsgeheimnisses äußert. Diese bestehen insbesondere darin, dass der Geheimnisträger vor der Entscheidung über die Geheimhaltungsbedürftigkeit zu hören ist, der Behörde die Beweislast für die mangelnde Geheimhaltungsbedürftigkeit einschließlich einer entsprechenden Begründung obliegt und dem Grundrechtsträger Mittel des Rechtsschutzes zur Verfügung stehen müssen.[289] Aus dem Betriebs- und Geschäftsgeheimnis kann ein subjektives Verfahrensrecht folgen, das im Dienste

[283] *H.-U. Erichsen*, NVwZ 1992, S. 416; *A. Turiaux*, UIG, § 8, Rn. 66; vgl. auch *H.-U. Erichsen/A. Scherzberg*, Umsetzung, S. 75; *S. Wachs*, Akteneinsicht, S. 65.

[284] *H.D. Jarass*, in: Jarass/Pieroth, Grundgesetz, Art. 12, Rn. 7.

[285] *H.-U. Erichsen*, NVwZ 1992, S. 416.

[286] Vgl. *W. Berg*, GewArch 1996, S. 178.

[287] *F.-L. Knemeyer*, DB 1993, S. 724.

[288] *K. Schmidt*, Drittschutz, S. 22.

[289] *M. Schröder*, UPR 1985, S. 399 f.; *E. Gurlit*, Verwaltungsöffentlichkeit, S. 124.

des Informationssuchenden zu einer bestimmten Verfahrenshandlung, auch im Verwaltungsprozess, zwingt.[290]

Dem eventuell bestehenden Recht auf Information eines Dritten steht die Rechtsposition aus Art. 14 GG gegenüber, die dem Schutz des zum Eigentum zählenden Betriebs- und Geschäftsgeheimnisses dient. Die anspruchsvolle Leistung, hier einen schonenden Ausgleich herzustellen, kann gelingen, wenn die konkrete Verfahrenssituation in den Vordergrund gerückt wird, wie das § 8 UIG versucht. Eine generelle Abwägung verbietet sich. Das Bestreben geht dahin, Regelungen für typische Verfahrenssituationen herauszuarbeiten, in denen sich die involvierten verfassungsrechtlichen Positionen in einer Weise gleichen, die standardisierte gesetzliche Lösungen ermöglicht.

3.5. Die Effizienz und Funktionsfähigkeit der Verwaltung

Im Zuge der Abwägungen des Gesetzgebers und der Verwaltung über die Gewährung des Zugang zu Informationen sind auch die Effizienz und Funktionsfähigkeit der Verwaltung zu beachten.[291] Das Gewährleisten einer funktions- und leistungsfähigen Verwaltung zählt zu den Aufgaben des Verwaltungsverfahrensrechts.[292]

Damit ist die Frage, ob Effizienz und Funktionsfähigkeit der Verwaltung verfassungsrechtliche Schutzgüter darstellen aber noch nicht beantwortet. Verwaltungseffizienz ist zunächst das Gegenteil eines Vollzugsdefizits.[293] Ihren Bezugspunkt findet sie in der Aufgabenerfüllung durch die Verwaltung. Eine Verwaltung arbeitet dann effizient, wenn sie ihren Rechts- und Sachauftrag unter zeitlichen, finanziellen und quantitativen Gesichtspunkten möglichst vollständig verwirklicht.[294] Es geht nicht allein um betriebswirtschaftliche Gesichtspunkte, um bloße Steigerung der Wirtschaftlichkeit oder um eine Erhöhung der Quantität von Behördenentscheidungen innerhalb einer bestimmten Zeit. Eine derart rein formal verstandene Effizienz wäre ohne juristischen und schon gar ohne verfassungsrechtlichen Wert.[295] Effizienz der Verwaltung ist aufgabenbezogen.[296] Die Verwaltung hat die ihr von der Rechtsordnung zugewiesenen

---

290 OVG NRW, Beschl.v.25.11. 1999, NVwZ 2000, S. 449f. Dieser Beschluss erging zu § 99 Abs. 1 Satz 2 VwGO und nahm ein subjektives Verfahrensrecht auf eine Entscheidung der obersten Aufsichtsbehörde an. Die Regelung des § 99 Abs. 1 Satz 2 i.V.m. § 99 Abs. 2 Satz 1 VwGO ist jedoch vom Bundesverfassungsgericht wegen Verstoßes gegen Art. 19 Abs. 4 GG für verfassungswidrig erklärt worden, BVerfG, Beschl.v.27. 10. 1999, EuGRZ 2000, S. 167 (172); näher dazu unten 5. Kapitel, 8.3.

291 *H. Hill*, Verfahren, S. 243; *F. Kopp*, VwVfG, Vorbem § 1, Rn. 4a.

292 *F. Ossenbühl*, NVwZ 1982, S. 466.

293 *R. Wahl*, VVDStRL 41 (1983), S. 162; vgl. *J. Schwarze*, DÖV 1980, S. 588; *W. Clausen*, in: Knack (Hrsg.), VwVfG, Vor § 9, Rn. 3.2.1.

294 *R. Wahl*, VVDStRL 41 (1983), S. 163.

295 *F. Ossenbühl*, NVwZ 1982, S. 466; *A. v. Mutius*, NJW 1982, S. 2158.

296 *W.-R. Schenke*, VBlBW 1982, S. 316: *J. Schwarze*, DÖV 1980, S. 583; *R. Steinberg*, DÖV 1982, S. 621; *F. Hufen*, Fehler im Verwaltungsverfahren, Rn. 56.

Aufgaben möglichst effizient zu erfüllen, also mit minimalen Mitteln bestmöglich den vorgegebenen Zweck zu erreichen.[297]

Angesichts der Vielfalt an Zielen, die im Verwaltungsverfahren verfolgt werden, kann eine zeitaufwendige Bürgerbeteiligung der Effizienz der Verwaltung dienen. Denn das Schaffen von Akzeptanz für die Entscheidung und die Vermeidung von nachträglichen Fehlerkorrekturen zählen zu den Aufgaben der Verwaltung.[298] Die von der Effizienz zu unterscheidende Herstellung der Effektivität einer Norm, nämlich die tatsächliche Geltung und Wirksamkeit, stellt ebenfalls eine Aufgabe der Verwaltung dar.[299] In Verfahren, in denen es um komplexe Genehmigungen geht, liegt die Funktionsfähigkeit der Verwaltung und der Gerichte zudem im Interesse der Antragsteller und der betroffenen Dritten. Denn sie benötigen in angemessener Zeit Gewissheit über die Erteilung der Genehmigung, um dann gegebenenfalls den Rechtsweg beschreiten zu können.[300] Nur eine funktionsfähige Verwaltung vermag diesen Zustand der Rechtssicherheit innerhalb eines angemessenen Zeitraums herbeizuführen.

Vor diesem Hintergrund kommt der Effizienz und Funktionsfähigkeit der Verwaltung verfassungsrechtlicher Rang zu.[301] Der Grundsatz der Gewaltentrennung in Art. 20 Abs. 2, 3 GG kann nur funktionieren, wenn auch die Exekutive funktioniert.[302] Dementsprechend hat das Bundesverwaltungsgericht den Grundsatz der Verwaltungseffizienz in den Art. 20 Abs. 2 und Art. 83ff. GG verankert gesehen.[303]

Allerdings sind aus den Prinzipien der Effizienz und Funktionsfähigkeit der Verwaltung keine unmittelbaren gesetzlichen Folgen abzuleiten, zumal die Effizienz bei der Erreichung des einen Ziels mit der Effizienz bei der Erreichung eines anderen kollidieren kann.[304] Die Effizienz der Verwaltung ist ein legitimes Ziel des Gesetzgebers. Damit kann sie zum einen als Aspekt bei der teleologischen Auslegung des einfachen Rechts eine Rolle spielen.[305] Zum anderen ist die Effizienz und Funktionsfähigkeit der Verwaltung als verfassungskräftig verankertes Rechtsgut in der Lage, andere verfassungsrechtliche Positionen einzuschränken. Im Rahmen der Grundrechtsschranken gilt dies allerdings nur, falls

---

[297] *P. Stelkens/H. Schmitz*, in: Stelkens/Bonk/Sachs, VwVfG, § 9, Rn. 76.

[298] *F. Ossenbühl*, NVwZ 1982, S. 467; *W.-R. Schenke*, VBlBW 1982, S. 317.

[299] Dazu *D. Lorenz*, AöR 105 (1980), S. 633ff.; *H.-W. Arndt*, Praktikabilität, S. 102ff.

[300] BVerfGE 61, 82 (116).

[301] *R. Steinberg*, DÖV 1982, S. 621; *W.-R. Schenke*, VBlBW 1982, S. 316; *M. Schröder*, NVwZ 1990, S. 907.

[302] *J. Schwarze*, DÖV 1980, S. 583; *F. Kopp*, Verfassungsrecht, S. 200, der allerdings insoweit zu weitgehend von der Leistungsfähigkeit der Verwaltung als einem Satz des ungeschriebenen Rechts spricht.

[303] BVerwGE 67, 206 (209).

[304] *W.-R. Schenke*, VBlBW 1982, S. 316.

[305] *W.-R. Schenke*, VBlBW 1982, S. 316; anders *J. Schwarze*, DÖV 1980, S. 593, der die Effizienz zu einem eigenen Auslegungsgrundsatz erheben will.

weitere, eine Beschränkung begründende Rechtsgüter hinzutreten.[306] Die Effizienz spielt demnach eine Rolle in der Untersuchung der Verhältnismäßigkeit.[307]

Vielfach werden Vorschriften des Verwaltungsverfahrensrechts als Ausprägungen des Grundsatzes der Verwaltungseffizienz verstanden. Gerade Einschränkungen von Rechten, die im Zusammenhang der Verwaltung von Information stehen, werden genannt: das Absehen von der Anhörung oder die Verweigerung der Akteneinsicht in §28 Abs. 2, §29 Abs. 2 VwVfG, aber auch die Heilungsvorschriften und Kontrollbegrenzungen der §§45, 46 VwVfG und §44a VwGO.[308]

Der Gesetzgeber ist dazu berufen, die verfassungsrechtlichen Rechtsgüter bei der Schaffung von Vorschriften des Verwaltungsverfahrens zueinander in Beziehung zu setzen. Diese Wertungen vollzieht die Verwaltung nach. Da ihr umfangreiche Spielräume, insbesondere bei der Ermessensausübung verbleiben, hat sie bei der Ausfüllung dieser Spielräume unter anderem auf die Verfassung zurückzugreifen. Rechtsgrundlagen für Rechte auf Information liefert vorrangig das einfache Recht. Die Konstruktion eines Systems von Rechten auf Information muss sich aber ihrer verfassungsrechtlichen Bindungen stets vergewissern.

---

[306] *A. v. Mutius*, NJW 1982, S. 2158; siehe auch *W. Clausen*, in: Knack (Hrsg.), VwVfG, Vor §9, Rn. 3.2.1.

[307] *F. Hufen*, Fehler im Verwaltungsverfahren, Rn. 56.

[308] *P. Stelkens/H. Schmitz*, in: Stelkens/Bonk/Sachs, VwVfG, §9, Rn. 77; *W. Clausen*, in: Knack (Hrsg.), VwVfG, Vor §9, Rn. 3.2.1.

3. Kapitel:

Die Herstellung von Öffentlichkeit durch die Verwaltung

Soweit Öffentlichkeit im staatlichen Bereich normativ ist, wird sie von der Legislative, der Exekutive oder der Judikative hergestellt.[1] Für die Verwaltung folgt diese Aufgabe unmittelbar oder mittelbar aus den von ihr anzuwendenden Gesetzen. Der Rechtsgrund für die Herstellung von Öffentlichkeit liegt im Ursprung nicht darin, den Schutz individueller Rechtspositionen zu sichern. Vielmehr sind es objektive Gründe, die zur tatsächlichen oder potentiellen Veröffentlichung behördlicher Informationen führen. Die Herstellung von Öffentlichkeit dient dem Gesetzeszweck. Deshalb schreibt sie der Gesetzgeber vor. Deshalb verwirklicht sie die Verwaltung aus eigenem Antrieb. Im Rahmen der Verwirklichung der objektiv veranlassten Publizität kommt allerdings die Funktion des Verwaltungsverfahrens zum Tragen, auch individuellen Rechtsschutz zu gewährleisten.[2]

Die Verpflichtungen der Verwaltung zur Herstellung von Öffentlichkeit sind von freiwilligen Maßnahmen zu aktiver Information der Bevölkerung zu unterscheiden.[3] Letztere betreffen die Öffentlichkeitsarbeit von Behörden.[4] Das Management der Informationen wird nach politischen Maßgaben vorgenommen, kann allerdings an rechtliche Grenzen stoßen.[5] Dagegen berühren Rechtspositionen, welche die Veröffentlichung bestimmter Informationen betreffen, die Kommunikationsbeziehungen zwischen der Verwaltung und Einzelnen oder Gruppen, die an den Informationen interessiert sind. Wenn die Verwaltung eine Pflicht trifft, die Öffentlichkeit zu informieren, kann Teilen dieser Öffentlichkeit ein Recht auf die Umsetzung der Pflicht zustehen. Die behördliche Handlungspflicht bezweckt die Information der Öffentlichkeit generell und wendet sich potentiell an die Gesamtheit oder zumindest erhebliche Teile der Bevölkerung. Hinzu tritt regelmäßig der Zweck, individuell in ihren Rechten Betroffenen oder Interessierten die Wahrnehmung ihrer Rechte oder Interessen zu ermöglichen. Auf die Erfüllung der Pflicht gerichtete Rechte können Einzelnen oder Gruppen zustehen.

---

[1] Siehe oben 1. Kapitel, 1. und *R. Pitschas*, DuD 1998, S. 142f.

[2] Siehe oben 1. Kapitel, 8.1.

[3] Ausführliche Darstellung bei *E. Czerwick*, DÖV 1997, S. 975, 978ff. m.w.N.

[4] Zur Präsentation der Verwaltung im world wide web *H.J. Wolff/O. Bachof/R. Stober*, Verwaltungsrecht, Band 1, § 3, Rn. 26b f.

[5] Siehe zum Beispiel BVerfGE 44, 124; 63, 230.

Die Verpflichtungen der Verwaltung gründen in den allgemeinen Funktionen der Öffentlichkeit und in den verfassungsrechtlichen Vorgaben des Informationsverwaltungsrechts. Beide Aspekte sollen zunächst auf ihre formende Wirkung hinsichtlich der allgemeinen Herstellung von Öffentlichkeit untersucht werden. An einen rechtsvergleichenden Blick schließt sich die Betrachtung der Regelungsmodelle an, die in der Europäischen Gemeinschaft für die Herstellung von Öffentlichkeit jenseits subjektiver Informationsrechte entwickelt wurden. Den Modellen auf europäischer Ebene werden existierende Regelungskonzepte in der Bundesrepublik Deutschland gegenübergestellt, wobei auf komplexe Genehmigungs- und Planfeststellungsverfahren besonderes Augenmerk gelegt wird. Interessen der Öffentlichkeit an Information werden vielfach durch die entsprechende Ausgestaltung von Verfahren befriedigt. In diesem Zusammenhang bietet es sich an, Konzepte der Vertretung und Treuhandschaft von Informationsinteressen in die Untersuchung einzubeziehen. Denn die Öffentlichkeit als solche wird erst handlungsfähig, wenn bestimmte Personen oder Gruppen ihre Interessen wahrnehmen. Dann erst verwirklichen sich die der Öffentlichkeit zukommenden Funktionen auch im Zusammenhang einer konkreten Entscheidung.

1. Funktionen der Öffentlichkeit im Vergleich

Ein funktionales Verständnis von Öffentlichkeit hebt auf ihre Funktion für die Demokratie ab. Das Funktionieren der Formung politischen Willens im Vorfeld von Entscheidungen setzt eine informierte Öffentlichkeit voraus.[6] Und das Funktionieren demokratisch fundierter staatlicher Verwaltung kann in Zeiten steigender verwaltungsmäßiger Eigendynamik und Selbststeuerung durch gesetzlich geregelte Beteiligungsmöglichkeiten verbessert werden, wenn man eine Steigerung von Transparenz und Akzeptanz als vom Demokratieprinzip des Art. 20 Abs. 1 GG grundsätzlich angestrebte Verbesserung versteht.[7] Die Herstellung von Öffentlichkeit fungiert als Ausgleichsmechanismus zu einer theoretisch gedachten, in sich geschlossenen Verwaltung.[8] Teilen der Öffentlichkeit kann die Befugnis zuerkannt werden, bestimmte Berechtigungen geltend zu machen, weil sie insoweit Funktionen für die gesamte Öffentlichkeit wahrnehmen. Bestimmte Rechtspflichten der Behörde entstehen gerade deshalb, weil Individuen oder Gruppen in ihrer Eigenschaft als Teilöffentlichkeit auftreten. Diese Personen oder Personenmehrheiten verfügen dabei über Rechte, deren Rechtsgrund in der Tatsache liegt, dass die Verwaltung in genauer zu bestimmendem Maße der Öffentlichkeit und nicht nur den Verfahrensbeteiligten Informationspflichten schuldet. Die verfassungsrechtliche Grundlage bildet

---

[6] *K. Hesse*, Grundzüge, Rn. 151f.

[7] Siehe oben 2. Kapitel, 1.1. und *F. Schoch*, VVDStRL 57 (1997), S. 201.

[8] *R. Pitschas*, in: Blümel/Pitschas (Hrsg.), Reform, S. 247.

zu wesentlichen Teilen das Demokratieprinzip. Individualrechtliche Positionen, die verstärkt vor dem Hintergrund des Rechtsstaatsprinzips und der Grundrechte zu sehen sind, werden im nächsten Kapitel behandelt. Für die Erörterung von Rechten oder Berechtigungen der Öffentlichkeit insgesamt oder von spezifizierten Teilöffentlichkeiten werden subjektive Rechte auf Information, die auf individuellen Rechtspositionen basieren, zunächst weitgehend ausgeblendet.

1.1. Grundlagen für die Kontrolle der Verwaltung durch die Öffentlichkeit

Sinn der Herstellung von Öffentlichkeit ist es, eine gewisse Gewähr für Richtigkeit und Zweckmäßigkeit der Verwaltung zu bieten.[9] Die Öffentlichkeit des Verwaltungshandelns steht im Zusammenhang der Aufsicht und Kontrolle über die Verwaltung.[10] Über den Kreis der Beteiligten im Sinne des § 13 VwVfG hinaus werden durch die Aktivierung der Öffentlichkeit Dritte in das kritische Beobachten staatlicher Verwaltung einbezogen.[11] Dies entspricht dem Grundgedanken der Kontrolle im demokratischen Staat, wonach sie die Beziehungen zwischen Ermächtigendem und Ermächtigtem, Legitimationsgeber und Legitimiertem betrifft.[12] Kontrolle kann als Begrenzung von Machtausübung verstanden werden, allerdings trägt sie nicht statischen, sondern dynamischen Charakter.[13] Im Gefüge der staatlichen Ordnung zielt Kontrolle zumindest auch auf die Rationalisierung von Entscheidungsprozessen.[14] Der bürgerliche Liberalismus des 19. Jahrhunderts hat die Bedeutung von Öffentlichkeit überbetont.[15] Dies darf aber den Blick darauf nicht verstellen, dass gegenüber einer Verwaltung, die durch aktuelle Entwicklungen wie die Vorgabe gesetzgeberischer Finalprogramme erhebliche Entscheidungsspielräume zur Verfügung hat, die Kontrolle durch die Öffentlichkeit an Wichtigkeit gewinnt.[16] Eine derartige Kontrolle steht an Bedeutung hinter der in der parlamentarischen Demokratie zentralen Kontrolle durch die gewählten und gerade auch zur Kontrolle berufenen Organe zurück.[17] Im Dienste der Bürger sind die Kontrolle durch die Parlamente sowie die Rechtskontrolle in der Verwaltung selbst und durch die Ge-

---

[9] *P. Schneider*, Pressefreiheit, S. 101.

[10] *F. Kopp*, Verfassungsrecht, S. 191; *W. Brohm*, DÖV 1992, S. 1031; *M. Kloepfer*, in: Isensee/Kirchhof (Hrsg.), HdBStR, § 35, Rn. 19.

[11] *B. Pieroth*, JuS 1981, S. 628.

[12] *U. Scheuner*, Verantwortung und Kontrolle, S. 383; im Einzelnen *G. Brunner*, Kontrolle, S. 139ff.

[13] Eingehende Darstellung bei *W. Krebs*, Kontrolle, S. 7ff.

[14] *W. Krebs*, Kontrolle, S. 50, rückt die Funktion der Rationalisierung in den Vordergrund.

[15] Vgl. kritisch *W. Martens*, Öffentlich als Rechtsbegriff, S. 52.

[16] *W. Kahl*, in: Haratsch/Kugelmann/Repkewitz (Hrsg.), Herausforderungen, S. 14; *H. Faber*, Verwaltungsrecht, § 32 I b.

[17] *G. Brunner*, Kontrolle, S. 197, 225.

richte unverzichtbar und spielen angesichts ihrer Effektivität und Kontinuität die systematisch ausschlaggebende Rolle, um die Gesetzmäßigkeit der Verwaltung herzustellen und zu wahren.[18]

Die Kontrolle durch die Öffentlichkeit tritt ergänzend hinzu.[19] Sie ist potentielle Kontrolle, denn ihre Wirkung entfaltet sie auch für die Zukunft. Öffentlichkeit hat einen Rückkopplungseffekt, da sie die Verwaltung bereits im Entscheidungsprozess beeinflusst.[20] Fehler der Verwaltung sollen vermieden, die Behörden sollen zu Sorgfalt und Vorsicht angehalten werden. Das Verdikt der Öffentlichkeit hängt wie ein Damoklesschwert über der agierenden Verwaltungsbehörde. Auch wenn sie etwa mit den Beteiligten im konkreten Verwaltungsverfahren Vereinbarungen getroffen und von daher Kritik ihres Vorgehens nicht zu gewärtigen hat, sieht sie sich doch der generellen Kritik durch die Öffentlichkeit ausgesetzt. Dies mag hinderlich und störend sein, insbesondere wenn manche Medien unsachlich über die Tätigkeiten der Verwaltung berichten. Konzeptionell verhindert es aber, dass die Behörde der gelegentlichen Versuchung erliegt, pragmatische Erwägungen im Einzelfall Überhand gewinnen zu lassen und Aspekte der generellen Handhabung von Rechtsnormen oder auch den Minderheitenschutz zu vernachlässigen. Kontrolle durch die Öffentlichkeit gehört zu einer repräsentativen Demokratie in einem Flächenstaat, die sich durch ihre Komplexität auszeichnet.[21] Die Medien spielen hier eine zentrale Rolle.

Zweck konkreter Einflussnahme durch die Öffentlichkeit ist das Herbeiführen eines bestimmten Ergebnisses. Auf Gebieten wie der Planung, dem Umweltschutz oder der Gesundheitsfürsorge werden von Teilen der Öffentlichkeit Ergebnisse gewünscht, die Tätigkeiten und Entscheidungen der Verwaltungsbehörden voraussetzen. Die Kontrolle der Verwaltungstätigkeit ist nicht Selbstzweck; sie dient einem Ziel. Dieses kann auch darin bestehen, die Art und Weise der Verwaltungsarbeit zu ändern. Da die Verwaltung das Prinzip der Gesetzmäßigkeit aus Art. 20 Abs. 3 GG zu beachten hat, muss sie derart ergebnisorientierter Einflussnahme nicht notwendig nachgeben. Die Berücksichtigung von Wünschen und Erwartungen der Öffentlichkeit trägt politischen Charakter, sofern im Einzelfall bestimmte Ergebnisse angestrebt und mehrere Entscheidungen rechtmäßig sind. Rechtlich steht die kontrollierende Einwirkung durch die Öffentlichkeit im Dienst der rechtmäßigen Aufgabenerfüllung durch die Verwaltung.

Arbeit und Wirkung der politischen Parteien weisen deshalb andere Strukturen auf, weil sie aufgrund ihrer Teilhabe und Teilnahme an parlamentarischer Kontrolle und Regierungsgewalt über andere Kontrollmöglichkeiten verfü-

[18] *E. Klein*, Problematik, S. 165; vgl. *G. Brunner*, Kontrolle, S. 253; *W. Krebs*, Kontrolle, S. 128, 139.

[19] Vgl. *G. Brunner*, Kontrolle, S. 191 ff., 197; *J. Scherer*, Verwaltung und Öffentlichkeit, S. 29; dagegen *M. Kaufmann*, in: Bertschi u.a. (Hrsg.), Demokratie und Freiheit, S. 56.

[20] *M. Schröder*, Die Verwaltung 4 (1971), S. 304.

[21] *U. Scheuner*, Verantwortung und Kontrolle, S. 384, 393.

gen.[22] Direkte Einflussnahme auf die Verwaltung ist ihnen zwar versagt.[23] Vertreter der Parteien in den Regierungen sind aber in der Lage, interne Kontrollmechanismen der Exekutive anzustoßen. Die Parteien können Abgeordnete in den Landtagen oder im Bundestag aktivieren, und die Fraktionen können Bedenken und Kritik an Vorgängen in der Verwaltung ins parlamentarische Leben einbringen. Wenden sich einzelne Bürger an ihre Abgeordneten, steht der Weg parlamentarischer Kontrolle offen. Deren Wirkungsweise hat sich durch die Verschränkungen der Regierung mit der Mehrheit im Parlament verändert. Parlamentarische Kontrolle wird von der parlamentarischen Opposition ausgeübt.[24] Die Effektivität parlamentarischer Kontrolle der Verwaltung stößt jedoch an die Grenzen der Spezialität und Komplexität moderner Verwaltungstätigkeit, zumal die umfangreiche gesetzgeberische Tätigkeit zumindest auf Bundesebene das Parlament stark in Anspruch nimmt.[25] Die Handlungsmöglichkeiten der Fraktionen, wie sie Anfragen oder Untersuchungsausschüsse bieten, reichen zu einer breitflächigen Kontrolle der Verwaltung allein nicht aus. Die Einschaltung und Aktivierung der Öffentlichkeit erlaubt eine begrenzte Kompensation.[26] Auf der Ebene der Länder stellt sich das Bedürfnis nach Kompensation deshalb als geringer dar, weil sich hier die Parlamente verstärkt der Kontrolle der Verwaltung widmen.

Die Öffentlichkeit vermag eine Kontrollfunktion nur dann wahrzunehmen, wenn sie Informationen über die Tätigkeit der Verwaltung besitzt.[27] Eine allgemeine Veröffentlichung bestimmter Informationen ist der erste Schritt, der für den zweiten Schritt der Wahrnehmung subjektiver Rechtspositionen die Voraussetzungen schafft. Die Verwaltung trägt durch Information dazu bei, die Grundbedingungen für eigenverantwortliches Handeln des Bürgers herzustellen. Struktur und Arbeitsweise der Verwaltung können dargestellt und so das Vertrauen der Bürger in die Entscheidungsfindung gestärkt werden.[28] Verwaltungshandeln erweist sich in diesem Zusammenhang als Beitrag zur Kommunikation mit und in der Öffentlichkeit.[29] Informationen über Tätigkeiten der Verwaltung spielen in vielfältiger Hinsicht eine Rolle für den Bürger. Standortentscheidungen hängen auch von der Praxis ab, die an unterschiedlichen denkbaren Standorten hinsichtlich der Genehmigung bestimmter Anlagen angewandt wird. Ein Unternehmen, das eine Anlage zu errichten beabsichtigt, will sich über die Genehmigungspraxis von Behörden informieren. Für einen Bauherrn, der sich zwischen zwei Baugrundstücken entscheiden muss, ist es durchaus von

---

[22] *G. Brunner*, Kontrolle, S. 191ff.

[23] *K. Hesse*, Grundzüge, Rn. 170; *B. Pieroth*, in: Jarass/Pieroth, Grundgesetz, Art. 21, Rn. 9.

[24] *G. Brunner*, Kontrolle, S. 140ff.; *W. Krebs*, Kontrolle, S. 128ff.; *U. Scheuner*, Verantwortung und Kontrolle, S. 397; *K. Stern*, Staatsrecht I, § 22 III 3 (S. 989) m.w.N.

[25] *H.-U. Erichsen*, NVwZ 1992, S. 418; *U. Scheuner*, Verantwortung und Kontrolle, S. 398.

[26] *J. Scherer*, Verwaltung und Öffentlichkeit, S. 29.

[27] *B. Pieroth*, JuS 1981, S. 626; *J. Scherer*, Verwaltungsöffentlichkeit, S. 36; *W. Brohm*, DÖV 1992, S. 1031; siehe auch *M. Kloepfer*, in: Isensee/Kirchhof (Hrsg.), HdBStR, § 35, Rn. 19.

[28] *M. Schröder*, Die Verwaltung 4 (1971), S. 310, 313.

[29] *R. Pitschas*, in: Blümel/Pitschas (Hrsg.), Reform, S. 253.

Bedeutung, wie schnell und mit welchen Vorgaben Baubehörden einen Bauantrag bearbeiten. Ein Verband, der sich den Schutz bestimmter Tierarten zur Aufgabe gemacht hat, kann diese Aufgabe nur erfüllen, wenn er an Informationen darüber herankommt, was die zuständigen Behörden im Hinblick auf die betreffenden Tierarten planen und unternehmen. Im Verwaltungsverfahren nehmen Verwaltungsvorschriften Einfluss, deren Veröffentlichung die Überprüfung behördlicher Praktiken, insbesondere unter dem Blickwinkel des Gleichheitssatzes gemäß Art. 3 Abs. 1 GG erleichtert. Die Verwaltung selbst profitiert von derartiger Kommunikation dadurch, dass die Grundlagen für ihre Entscheidungen verbreitert werden. Mehr Information trägt zu ausgewogeneren Entscheidungen bei. Die Herstellung von Öffentlichkeit steht im Dienste des Gesetzeszwecks, weil dessen Erreichung sachgerechte Maßnahmen der Verwaltung erfordert. Dabei entscheiden die Behörden selbst, welche Informationen sie öffentlich machen. Die Auflösung in diesem Kontext auftretender Interessenkollisionen oder auch nur der Ausgleich der involvierten Interessen obliegt der Verwaltung.

Hinsichtlich des Gegenstands der Kontrolle fallen Urteile darüber, ob eine Veröffentlichung sinnvoll ist, durchaus unterschiedlich aus.[30] Bereits abgeschlossene Vorgänge bereiten in der Regel weniger Probleme. Will beispielsweise eine Genehmigungsbehörde ihre Genehmigungspraxis dadurch anschaulicher machen, dass sie typische Fälle darstellt, wird sie auf abgeschlossene Verfahren zurückgreifen. Individuelle Rechte und Interessen der in diesen Verwaltungsverfahren beteiligten Personen sind zu berücksichtigen, eine Anonymisierung zum Schutz des Rechts auf informationelle Selbstbestimmung bietet sich an. Aus der Sicht der entscheidenden Behörde bestehen kaum Probleme, ihre Entscheidungsfreiheit bleibt unberührt, sachfremde Erwägungen können gar nicht mehr zum Tragen kommen, da die Entscheidung bereits gefallen ist. Bei laufenden Verfahren kann dies anders sein. Die unbefangene und neutrale Entscheidungsfindung der Verwaltung im Rahmen eines Verwaltungsverfahrens nach § 9 VwVfG ist ein schützenswertes Gut, das nicht durch die unvorsichtige Veröffentlichung relevanter Informationen über ein bestimmtes Verwaltungsverfahren gefährdet werden darf. Auch die im Verfahren involvierten Rechtspositionen Privater unterliegen stärkeren Gefährdungen, wenn die abschließende Entscheidung noch aussteht.[31] Eine ungerechtfertigte Veröffentlichung von Informationen über konkrete Verwaltungsverfahren kann einen Eingriff in die Grundrechte der am Verfahren Beteiligten darstellen. Im Rahmen der Herstellung von Öffentlichkeit durch die Verwaltung selbst obliegt dieser eine Pflicht zum Schutz der im Verwaltungsverfahren involvierten subjektiven Rechtspositionen, etwa aus Art. 2 Abs. 1, Art. 12 oder 14 GG. Ist die Preisgabe derartiger Informationen, welche die Rechte einzelner Beteiligter betreffen, nicht zu ver-

[30] Allgemein zum Kontrollgegenstand *G. Brunner*, Kontrolle, S. 209ff.; *W. Krebs*, Kontrolle, S. 68ff., 138ff.

[31] Vgl. *W. Krebs*, Kontrolle, S. 92ff.

meiden, bedarf es Maßnahmen zur Sicherung der grundrechtlich und einfach gesetzlich verbürgten Positionen.

Das Bedürfnis, über Vorgänge in der Verwaltung, insbesondere über den Ablauf von Verwaltungsverfahren informiert zu werden, haben Einzelne in der Regel deswegen, weil sie mit einem derartigen Verfahren selbst zu tun haben. Dann kommt ihnen aber oft die Eigenschaft als Beteiligter zu und sie verfügen über die entsprechenden Rechte, unter Umständen auch über Rechte auf Information. Losgelöst von speziellem Interesse sind die Bedürfnisse von Bürgern oder Interessengruppen, über bestimmte, sie besonders interessierende Vorgänge informiert zu werden. In einer modernen Informationsgesellschaft erweisen sich Kontrollinteressen der Öffentlichkeit oft als mediatisiert.[32] Interessengruppen und Verbände nehmen Interessen wahr, zu deren Vertretung sie auf Informationen angewiesen sein können, die Behörden zur Verfügung stehen.[33] Andererseits verschaffen sie staatlichen Stellen Informationen, die von Exekutive und auch Legislative für deren Entscheidungen benötigt werden;[34] denn sie treten im Prozess der politischen Willensbildung auf und versuchen, auf die Entscheidungsfindung Einfluss zu nehmen.[35] Innerhalb ihres Einflussbereiches können sie versuchen, staatliche Kontrollverfahren auszulösen, um ihren Interessen zuwider laufende Missstände zu beseitigen.[36] Im Zuge des Lobbyismus betreiben sie die Durchsetzung ihrer Interessen auf parlamentarischem Wege.[37] Ihnen sind allerdings interne Informationsmöglichkeiten verschlossen, die Parteien und Fraktionen über ihre Abgeordneten oder Vertreter in der Regierung und durch ihre parlamentarischen Instrumente zur Verfügung stehen.[38] Interessengruppen und Verbände bedürfen des externen Zugangs zu Informationen der Verwaltung.[39]

Die Mediatisierung von Kontrollinteressen wird bei der Rolle der Medien besonders deutlich.[40] Presse und Rundfunk nehmen eigene Interessen bei der Beobachtung von Behörden wahr, soweit sie ihrer Funktion nachkommen, die Öffentlichkeit zu informieren. Umgekehrt vertreten sie Interessen der Öffentlichkeit gegenüber der Verwaltung. Durch ihre Möglichkeiten, die sonstige Öffentlichkeit zu beeinflussen, und durch ihre Infrastruktur stellen die Medien einen erheblichen Machtfaktor auch im Verhältnis zur Verwaltung dar. Berichterstattung in den Medien ist oft der Auslöser für parlamentarische Kontrolle. Auf diese Weise wird von der mediatisierten Öffentlichkeit Einfluss auf die staatli-

---

[32] *D. Grimm*, Verbände, S. 242, 258; vgl. auch *W. Martens*, Öffentlich als Rechtsbegriff, S. 73.

[33] Zur Kontrolle durch Interessenverbände *G. Brunner*, Kontrolle, S. 193ff.

[34] *D. Grimm*, Verbände, S. 244.

[35] *E.W. Böckenförde*, Funktion, S. 411f., mit Blick auf wirtschaftliche Interessen, dort auch zum Sonderfall der Tarifparteien (S. 413ff.).

[36] *G. Brunner*, Kontrolle, S. 195.

[37] Zum Problem *D. Grimm*, Verbände, S. 248ff.

[38] Vgl. *K. Hesse*, Grundzüge, Rn. 151, 169.

[39] *W. Brohm*, DÖV 1992, S. 1031.

[40] Vgl. *G. Brunner*, Kontrolle, S. 195ff.

chen Kontrollinstanzen genommen.[41] Die Presse- und Rundfunkfreiheit des Art. 5 Abs. 1 Satz 2 GG enthält zwar kein Recht gegenüber einer Verwaltungsbehörde auf Offenbarung bestimmter Tatsachen.[42] Wenn aber die Verwaltung sich entscheidet, der Öffentlichkeit Informationen zugänglich zu machen, dann gelangen diese Informationen unter Umständen erst über die Medien aus dem engeren Umkreis der Behörde hinaus.[43] An bestimmten Sachverhalten oder Sachbereichen interessierte Bürger rezipieren diejenigen Medien, die entsprechende Informationen enthalten. Für die Medien sind selbstverständlich auch und gerade Informationen reizvoll, die nicht über die offiziellen Kanäle aus der Verwaltung an die Öffentlichkeit gelangen. Die Aufdeckung von Missständen erfordert gelegentlich Informationsbeschaffung über inoffizielle Wege. Im vorliegenden Zusammenhang der rechtlichen Strukturen innerhalb der Herstellung von Öffentlichkeit geht es aber nur um die von der Verwaltungsbehörde beabsichtigte oder im Rahmen der Gesetze notwendige Veröffentlichung von Informationen.

Neben die Bündelung von Interessen durch Verbände und Gruppen und die Vermittlung von Informationen durch die Medien tritt die unmittelbare Kommunikation der Verwaltung mit dem Bürger. In einer modernen Informationsgesellschaft besteht die Chance, aufgrund der technischen Entwicklung den Zugriff des Einzelnen auf Informationen zu erleichtern. Der Zugang zu Datennetzen erlaubt den Zugang zu Informationen über das Tätigwerden von Verwaltungen. Damit wird der Bürger in die Lage versetzt, Kenntnis von für ihn relevanten Informationen zu erlangen. Seine Abhängigkeit von Interessengruppierungen nimmt ab, wenn er auch eigenständig die gewünschte Information erlangen kann. Gleichzeitig stürmt eine derartige Vielzahl an Informationen auf den Einzelnen ein, dass er der Hilfestellung bedarf, um die ihn interessierenden Informationen überhaupt zu finden. Neben die Informationen, die zum Beispiel von Umweltverbänden, Menschenrechtsgruppen oder Hilfsorganisationen per Post verschickt werden, treten deren erreichbare Adressen im Internet, die dem gleichen Zweck dienen. Für Interessierte bleibt die Gruppe ein Ansprechpartner zur Vermittlung von Information. Die Interessengruppierung oder der Verband verfügt über eine zunehmende Zahl technischer Wege, um sein Anliegen dem Einzelnen nahezubringen. Auch staatliche Stellen geben Informationen in Datennetze, machen sie für den Einzelnen abrufbar. Die Wege der Kontrolle durch Öffentlichkeit vervielfältigen sich, damit wird neuer Regelungsbedarf erzeugt.

---

41 *G. Brunner*, Kontrolle, S. 196.

42 Siehe dazu oben 2. Kapitel, 3.1.2.

43 Zur Medienarbeit der Verwaltung *E. Czerwick*, DÖV 1997, S. 978f.

1.2. Regelungen in einigen anderen Rechtsordnungen

Regelungen über die Veröffentlichung von Informationen der Behörden kennen eine Reihe von Rechtsordnungen. Die Rechtsordnungen europäischer Staaten unterliegen der Betrachtung insbesondere, soweit sie unabhängig von den Regelungen der Europäischen Gemeinschaft die Herstellung von Öffentlichkeit thematisieren.

1.2.1. USA und Kanada

Im angelsächsischen Rechtsraum finden sich zahlreiche Regelungen, die der Verwaltung Pflichten zur Information der Öffentlichkeit auferlegen. Modell ist insbesondere der Freedom of Information Act (FOIA) vom 4. Juli 1967, mit dem in den *Vereinigten Staaten von Amerika* die grundlegende Regelung des Zugangs der Öffentlichkeit zu Informationen der Regierung und Verwaltung des Bundes getroffen wurde.[44] Danach ist jede Verwaltungsbehörde des Bundes verpflichtet, allgemeine Informationen über ihre Arbeit im Federal Register, einer Art Bundesanzeiger, zu veröffentlichen: ihren Organisationsplan, Richtlinien, Auslegungsgrundsätze, Leitfäden, Dienstanweisungen und Hilfen für Antragstellungen. Endgültige Stellungnahmen und Entscheidungen sowie interne Anweisungen und Vorschriften, die Auswirkungen auf die Öffentlichkeit haben, müssen ebenfalls der Öffentlichkeit zugänglich gemacht werden, was von den Behörden mittels öffentlicher Leseräume umgesetzt wird. Das behördliche Fallrecht und damit die Entscheidungspraxis sollen durchschaubar sein.[45] Allerdings bedarf es zum Schutz der Privatsphäre einzelner Bürger einer Anonymisierung.[46] Um den Zugang zu erleichtern, ist ein Verzeichnis der veröffentlichten Informationen aufzustellen.[47] Streitigkeiten in diesem Zusammenhang entstanden insbesondere über den Zugang zu Dienstanweisungen, welche die Rechtsdurchsetzung betreffen. In der Tendenz haben die Gerichte insoweit eine Ausnahme vom Grundsatz des freien Zugangs bejaht, um die Umgehung oder mangelnde Umsetzung von Rechtsnormen zu vermeiden.[48] Wenn eine Behörde die vorgeschriebene Veröffentlichung versäumt, kann sie eine behördliche Entscheidung nicht auf ein unveröffentlichtes Dokument stützen, falls der

---

[44] 5 U.S.C. §552, abgedruckt zum Beispiel bei *E. Gurlit*, in: Winter (Hrsg.), Öffentlichkeit, S. 545ff. und bei Note, 74 Columbia Law Review (1974), S. 896 Fn. 2; Übersetzung der Urfassung bei *M. Rehbinder*, Informationspflicht, S. 63ff.; auszugsweiser Abdruck mit Übersetzung bei *J. Scherer*, Verwaltung und Öffentlichkeit, S. 91ff. Zur Entstehung und den Hintergründen *P. Wald*, 33 Emory Law Journal (1984), S. 650ff.; zur Ausweitung auf gesetzgebende Organe vgl. Note, 48 Fed.Comm.L.J. (1996), S. 375 und passim.

[45] *E. Gurlit*, in: Winter (Hrsg.), Öffentlichkeit, S. 520.

[46] *E. Gurlit*, in: Winter (Hrsg.), Öffentlichkeit, S. 532.

[47] *M. Schröder*, Die Verwaltung 4 (1971), S. 302, 307; *J. Scherer*, Verwaltung und Öffentlichkeit, S. 45.

[48] *G.O. Robinson*, 14 Federal Law Review (1983), S. 41; Note, 74 Columbia Law Review (1974), S. 904 m.N.

Bürger hierdurch einen Rechtsnachteil erleiden würde. Im Vordergrund der Gerichtspraxis standen belastende Verwaltungsakte, die auf nicht veröffentlichte Verwaltungsvorschriften gestützt wurden. Die Gerichte hoben in ihren Entscheidungen darauf ab, ob die nicht veröffentlichte Regelung die existierende Praxis verändert, sich vom Wortlaut des Gesetzes entfernt und ob sie für die Bürger eine Bindungswirkung entfaltet.[49] Eine Handhabe, um die Durchsetzung der Veröffentlichungspflichten zu erreichen, besteht für den Einzelnen nicht.[50]

Die Herstellung von Öffentlichkeit stößt an die Grenzen, die ihr durch die Ausnahmetatbestände des Freedom of Information Act gesetzt werden. Auf die Problematik der Ausnahmen soll im Zusammenhang mit dem subjektiven Recht auf Zugang zu Behördeninformationen eingegangen werden, weil sie sich in der Praxis dort als sehr viel brisanter erweist. Die Regelungen des FOIA über aktive Informationspflichten nehmen zudem bereits Beschränkungen auf der Tatbestandsebene vor, die teils in den Ausnahmetatbeständen wiederkehren. Dies betrifft insbesondere das Verhältnis von internen Verhaltensanweisungen in einer Behörde und ihrem Auftreten nach außen.[51] Allgemein anwendbare Regeln, Richtlinien und Auslegungen sind gemäß Abschnitt (a)(1)(D) des FOIA zu veröffentlichen, wenn sie von der Behörde aufgestellt und befolgt („adopted“) werden. Einer besonderen Zielrichtung hin auf Außenwirkung bedarf es aber ebensowenig wie eines generellen oder formellen Beschlusses der Behörde. Die Pflicht zur Veröffentlichung besteht bereits dann, wenn die Behörde auf der Basis solcher Regeln arbeitet, sie de facto zur Grundlage ihres Vorgehens macht.[52] Die Gerichte haben zum Beispiel Auslegungsrichtlinien der Finanzbehörden ohne weiteres als veröffentlichungsbedürftig beurteilt.[53] Zugänglich gemacht werden sollen nach Abschnitt (a)(2)(A) des FOIA unter anderem endgültige Stellungnahmen und deren Begründungen. Der Vorgang der Entscheidungsfindung erhält eigenes Gewicht und wird von der Öffentlichkeit abgeschirmt, um die interne Willensbildung in der Behörde zu ermöglichen.[54] Die Funktionsfähigkeit der Verwaltung ist ein Aspekt, der keineswegs ausgeblendet wird.

Einer eingehenderen Betrachtung wert ist die Rechtslage in *Kanada*. In Fortentwicklung der Regelungen des US-amerikanischen FOIA wurde in Kanada als zweitem Land des Commonwealth nach Australien, das 1982 einen Freedom of Information Act erließ, ein dichtes Geflecht konziser Vorschriften über den Zugang zu Informationen geschaffen.[55] Die Besonderheit der kanadischen Ge-

---

[49] *E. Gurlit*, in: Winter (Hrsg.), Öffentlichkeit, S. 519 m.N.

[50] *M. Rehbinder*, Informationspflicht, S. 47.

[51] Die Ausnahmen insbesondere in Abschnitt (b)(2), (3) und (5) betreffen diesen Bereich.

[52] Note, 74 Columbia Law Review (1974), S. 902.

[53] Tax Analysts & Advocates v. IRS, 362 F. Supp. 1298 (D.D.C. 1973).

[54] Dieses Schutzgut wird innerhalb eines Ausnahmetatbestands im Abschnitt (b)(5) nochmals aufgenommen („deliberative process privilege“).

[55] Zum australischen FOIA vgl. *G.O. Robinson*, 14 Federal Law Review (1983), S. 40 mit Fn. 24f.

setzgebung liegt darin, dass sie den Zugang zu Behördeninformationen mit dem Schutz der Privatsphäre verknüpft. Allerdings handelt es sich nicht um eine Regelung des Datenschutzes im europäischen Sinne, da das Gesetz den Umgang mit Daten im privaten Bereich nicht erfasst. Amerikanische werden mit skandinavischen Erfahrungen verbunden.[56] Nachdem bereits zuvor gesetzliche Regelungen bestanden, erging auf gesamtstaatlicher Ebene im Jahr 1983 ein Gesetzeswerk, das umfassende Vorschriften für den Informationsfluss im Verhältnis zwischen Bürger und Staat beinhaltet. Der Access to Information Act wurde dabei mit dem Privacy Act zusammen erlassen und von vornherein verzahnt. Dem Recht des Individuums auf Zugang zu staatlichen Informationen steht das Recht zur Seite, unverhältnismäßigem Umgang des Staates mit Informationen über die Bürger entgegenzuwirken.[57] Diesem Verständnis entsprechend sind die Ministerien auf Bundesebene zur Erstellung jährlicher Berichte verpflichtet, in denen Organisation und Verantwortlichkeit jeder Regierungsbehörde dargestellt werden müssen. Die Veröffentlichung umfasst ihre Programme und funktionelle Aufteilung, die Arten zugänglicher Informationen, Beschreibungen von Handbüchern, die in der Behörde benutzt werden sowie Titel und Anschriften der für die Informationsersuchen zuständigen Bearbeiter.[58]

In Anlehnung an das Vorbild des Bundes haben auch die kanadischen Provinzen gesetzgeberische Aktivitäten entfaltet und den Zugang zu Informationen der Regierung und Verwaltung im Zusammenhang mit dem Schutz der Privatsphäre des Einzelnen normiert. Die Provinz British Columbia hat 1992 und 1993 den „Freedom of Information and Protection of Privacy Act“ erlassen.[59] Auf dem neuesten Erkenntnisstand wird hier versucht, aus den Erfahrungen mit derartigen Gesetzen im Bund und den anderen Provinzen Lehren zu ziehen. Die Ziele beschreibt Art. 2 Abs. 1 folgendermaßen: „The purposes of this Act are to make public bodies more accountable to the public and to protect personal privacy by

(a) giving the public a right of access to records,
(b) giving individuals a right of access to, and a right to request correction of, personal information about themselves,
(c) specifying limited exceptions to the right of access,
(d) preventing the unauthorized collection, use or disclosure of personal information by public bodies, and
(e) providing for an independent review of decisions made under this Act.“

Bemerkenswert ist im Zusammenhang mit der Herstellung von Öffentlichkeit die Regelung in Ziff. 25 (part 2, division 4) des Gesetzes. Auch ohne konkretes Ersuchen müssen Behörden Informationen an die Öffentlichkeit, betroffene Gruppen oder Individuen erteilen, wenn Gegenstand der Informationen Risiken für

[56] *J. Michael*, Privacy, S. 75.
[57] *H. Burkert*, in: Winter (Hrsg.), Öffentlichkeit, S. 287.
[58] § 5 AIA, siehe *H. Burkert*, in: Winter (Hrsg.), Öffentlichkeit, S. 287f.
[59] Bill 50 – 1992 & Bill 62 – 1993.

die Umwelt, die Gesundheit oder Sicherheit der Öffentlichkeit oder bestimmter Gruppen sind. Darüber hinaus besteht eine Pflicht zur Veröffentlichung, wenn dies eindeutig im öffentlichen Interesse liegt. Dritte, die von der Information betroffen sind, und der Information Commissioner sind nach Möglichkeit über die Veröffentlichung zu benachrichtigen. Der Gesetzgeber von British Columbia wertet demnach einige Schutzgüter derart hoch, dass sie den Interessen an der Geheimhaltung von Behördeninformationen in jedem Fall vorgehen.

1.2.2. Ausgewählte europäische Staaten

Die Rechtslage in *Großbritannien* ist von der Geltung des common law auch im Verwaltungsverfahren gekennzeichnet. Da es in weiten Bereichen an Kodifikationen fehlt, werden Rechte und Pflichten aus dem Grundsatz der „natural justice" abgeleitet.[60] Dieser konkretisiert sich in einem zur Sicherung eines fairen Verfahrens weit verstandenen Grundsatz des rechtlichen Gehörs. Aus diesem „audi alteram partem"-Prinzip folgt unter anderem eine Verpflichtung der Behörden zur Information der Bürger, die den Bürger in die Lage versetzen soll, seine Angelegenheiten wirksam zu vertreten.[61] Die Veröffentlichung von Informationen wird ganz im Zusammenhang mit der Vertretung individueller Interessen gesehen. Angesichts der dominierenden Rolle des Parlaments in der britischen Rechtstradition und Rechtspraxis kommt die Kontrolle der Verwaltung durch die Öffentlichkeit nur schwach zur Geltung. Die Behörden sind verpflichtet, dem Bürger mitzuteilen, wann und wo die Verhandlung stattfindet, welche Maßnahmen geplant oder welche Beschuldigungen erhoben werden und auf welches Tatsachen- und Beweismaterial sich die Behörde stützt.[62] In neueren Gesetzen finden sich ausdrückliche Regelungen derartiger Fragen.[63] Spezielle Informationspflichten der Behörden begründen insbesondere Gesetze auf dem Gebiet des Umweltrechts.[64]

In *Schweden*, das eine lange Tradition der Aktenöffentlichkeit besitzt, sind Pflichten der Verwaltung zur Herstellung von Öffentlichkeit konzeptionell nicht mit dem individuellen Recht auf Informationszugang verbunden. Spezialgesetze und insbesondere das Umweltschutzgesetz regelten aber die Information der Öffentlichkeit bereits vor der Umweltinformationsrichtlinie der Europäischen Gemeinschaft.[65]

In den *Niederlanden* statuiert Art. 2 Abs. 1 des Gesetzes über die Verwaltungsöffentlichkeit, das am 1.5. 1980 in Kraft trat, eine Verpflichtung der Behörden zu aktiver Information der Öffentlichkeit.[66] Staatliche Organe haben

[60] *E. Riedel*, EuR-Beiheft 1/1995, S. 56.
[61] *A. Freivogel*, Audi Alteram Partem, S. 112.
[62] *E. Riedel*, EuR-Beiheft 1/1995, S. 58.
[63] *A. Freivogel*, Audi Alteram Partem, S. 112.
[64] *J. Burmeister*, in: Winter (Hrsg.), Öffentlichkeit, S. 231 ff.
[65] *Th. Askelöf/R. Fernemann Heuergren*, in: Winter (Hrsg.), Öffentlichkeit, S. 480 f.
[66] *J. Jans*, in: Winter (Hrsg.), Öffentlichkeit, S. 382; Text des Gesetzes ebd. S. 413.

nach diesem Gesetz von sich aus über ihre Politik und deren Durchführung zu informieren, sofern dies im Interesse einer vernünftigen und demokratischen Verwaltung erforderlich ist. Verständlichkeit und frühzeitige Bekanntgabe der Informationen sollen dem Bürger ermöglichen, den staatlichen Stellen noch rechtzeitig Einwände und Auffassungen zur Kenntnis zu bringen.[67] Speziellere Pflichten der Verwaltung zur Herstellung von Öffentlichkeit resultieren aus Gesetzen auf dem Gebiet des Umweltrechts, etwa dem Chemikaliengesetz, dem Immissionsschutzgesetz und dem Gesetz über Abfallstoffe.[68]

Im Jahr 1973 wurde in *Österreich* eine Verpflichtung der Bundesministerien zur Unterrichtung der Öffentlichkeit geschaffen. Wie in den Niederlanden sollen die Inhalte offizieller Dokumente zugänglich gemacht werden.[69]

In *Frankreich* erfolgte Ende der siebziger Jahre ein qualitativer Sprung zu einer größeren Transparenz in der Verwaltung.[70] Diese Entwicklung, die nicht zuletzt auch vom Vordringen automatischer Datenverarbeitung angestoßen wurde, schlug sich zuerst nieder in dem Gesetz vom 6. 1. 1978, das die automatische Datenverarbeitung betrifft und in diesem Zusammenhang den Datenschutz normiert.[71] In dem Gesetz ist auch eine Regelung über die allgemeine Veröffentlichung von Informationen im Zusammenhang mit der automatisierten Datenverarbeitung durch die Verwaltung enthalten. Die durch das Gesetz eingesetzte Commission Nationale de l'informatique et des libertés (CNIL) stellt der Öffentlichkeit Verzeichnisse zur Verfügung, welche die Rechtsregeln beinhalten, die für die automatische Speicherung von Daten maßgebend sind. Die Verzeichnisse enthalten auch die Zielsetzungen der entsprechenden Vorschriften, die Angabe der zuständigen Behörden und die Kategorien personenbezogener Daten, welche gespeichert werden.[72] Maßgebliche Regelungen über die Zugänglichkeit von Behördeninformationen trifft das Gesetz No. 78–753 vom 17. 7. 1978.[73] Die Herstellung von Öffentlichkeit erfolgt nach Art. 9 dieses Gesetzes in Verbindung mit einer Verordnung über dessen Anwendung vom 22. 9. 1979.[74] Danach sind Richtlinien, Dienstanweisungen und ähnliche Dokumente, die eine Interpretation von Rechtsvorschriften oder eine Beschreibung von Verwaltungsverfahren beinhalten, zu veröffentlichen.[75] Die Existenz anderer Dokumente der Behörden ist anzuzeigen. Ausreichende Angaben über die

---

[67] *E. Schwan*, Amtsgeheimnis, S. 133.

[68] *J. Jans*, in: Winter (Hrsg.), Öffentlichkeit, S. 382f.

[69] *J. Michael*, Privacy, S. 112.

[70] *G. Winter*, in: ders. (Hrsg.), Öffentlichkeit, S. 176.

[71] Loi No. 78–17 relative à l'informatique, aux fichiers et aux libertés.

[72] Art. 22 des Gesetzes No. 78–17.

[73] Loi No. 78–753 portant diverses mesures d'amélioration des relations entre l'administration et le public et diverses dispositions d'ordre administratif, social et fiscal, Journal Officiel du 18 Juillet 1978; ergänzt durch Loi No. 79–587 du 11 juillet 1979 sur l'obligation de motiver les décisions, Journal Officiel du 12 Juillet 1973; abgedruckt bei *G. Winter*, in: ders. (Hrsg.), Öffentlichkeit, S. 205ff., und bei *A. Turiaux*, UIG, Anh. D, 1., S. 459ff.

[74] *J. Lemasurier*, Revue du Droit Public 1980, S. 1260 m.N.

[75] Im Einzelnen *J. Lemasurier*, Revue du Droit Public 1980, S. 1259.

Fundstelle sollen gemacht und es soll der Ort angegeben werden, an dem man die Dokumente einsehen kann. Allerdings scheinen sich in der Praxis viele Behörden an die Pflichten zur Veröffentlichung nicht zu halten.[76] Die Herstellung von Öffentlichkeit erfolgt in Frankreich häufig in Verwaltungsverfahren, die daneben der Information der Verwaltung dienen.[77] Im Rahmen förmlicher Beteiligungsverfahren (enquête publique) kann der Verfahrensleiter diejenigen Dokumente der Öffentlichkeit zugänglich machen, deren Veröffentlichung er insoweit für nützlich hält. Derartige Verfahren finden etwa für die Genehmigung von Anlagen oder das Aufstellen von Bebauungsplänen statt.[78] Die enquête publique will zum einen die Öffentlichkeit informieren, zum anderen der Behörde mittels eines Anhörungsverfahrens die informatorische Basis für ihre Entscheidung verschaffen. Am Ende des Verfahrens veröffentlicht der Leiter der enquête einen Bericht sowie begründete Schlussfolgerungen.[79]

1.2.3. Zusammenfassung

Die Herstellung von Öffentlichkeit wird der Verwaltung in einer Reihe von Rechtsordnungen verpflichtend auferlegt, um zum einen das Vertrauen der Bürger in die Verwaltung zu stärken. Zum anderen dient diese Verpflichtung dem Schutz der Bürger in Bereichen, in denen besonders hohe Risiken für die Bevölkerung bestehen und in denen die Verwaltung daher Entscheidungen trifft, die Gefährdungen hochwertiger Schutzgüter beinhalten können. Im Vordergrund steht dabei der Umweltschutz im weitesten Sinne. Hinzu treten potentiell individualschützende Aspekte. Wenn die potentielle Gefährdung individueller Rechtsgüter wie Leben, Gesundheit oder Sicherheit vom Gesetzgeber als erheblich bewertet wird, bezweckt die Information der Öffentlichkeit auch, dem Einzelnen die Möglichkeit einzuräumen, seine individuellen Interessen durchzusetzen.

2. Die Modelle der Europäischen Gemeinschaft

2.1. Der konzeptionelle Ausgangspunkt

2.1.1. Verwaltung und Öffentlichkeit

Das Gemeinschaftsrecht unterliegt Einflüssen aus unterschiedlichen Rechttraditionen. Die Traditionen anderer Mitgliedstaaten im Zusammenhang mit der Öffentlichkeit der Verwaltung wirken sich im Rahmen der Rechtsetzung

[76] *G. Winter*, in: ders. (Hrsg.), Öffentlichkeit, S. 183.

[77] Vgl. insbesondere das Gesetz No. 83–630 vom 12.7. 1983 über die Demokratisierung der Anhörungsverfahren und den Umweltschutz.

[78] *G. Winter*, in: ders. (Hrsg.), Öffentlichkeit, S. 180f.

[79] *E. Riedel*, EuR-Beiheft 1/1995, S. 71f.

der Europäischen Gemeinschaft aus. Der Stellenwert, den Schweden und Finnland der Transparenz und Öffentlichkeit im Bereich der Verwaltung zumessen, wird aus Erklärungen deutlich, welche diese Staaten bei ihrem Beitritt zur Europäischen Union abgegeben haben.[80] Sie begrüßen darin die Entwicklung in der Union zu mehr Offenheit und Transparenz und stellen klar, dass die Öffentlichkeit der Verwaltung, einschließlich des allgemeinen Zugangs zu offiziellen Dokumenten, ein Grundsatz von fundamentaler rechtlicher und politischer Bedeutung in ihren Staaten sei. Sie würden daher diesen Grundsatz im Einklang mit den aus der Mitgliedschaft in der Union erwachsenden Rechten und Pflichten auch in Zukunft anwenden. Schweden spricht insoweit vom eigenen politischen, verfassungsrechtlichen und kulturellen Erbe und schließt den verfassungsrechtlichen Schutz von Personen, die Informationen an die Medien weitergeben, mit ein. Unter dem Einfluss auch der nordischen Staaten wird die Bedeutung, die der Öffentlichkeit der Verwaltung von Seiten der Gemeinschaft zugemessen wird, eher noch ansteigen. Das kann zu Reibungen mit den innerstaatlichen Rechtsordnungen führen. Bei der Anwendung von Verordnungen und insbesondere im Zuge der Umsetzung von Richtlinien steht jeder Mitgliedstaat vor der Problematik, die gemeinschaftlichen Regelungen in sein System des Verwaltungsrechts einzupassen, auch wenn sie sich aus Quellen speisen, die dem eigenen Rechtskreis fremd sind.[81] Die gemeinsame rechtsstaatliche Verfassungstradition, die von der Europäischen Menschenrechtskonvention mitgeprägt wird, bildet den Rahmen, in dem die Mitgliedstaaten ihr Verwaltungsrecht fortentwickeln.[82]

Das deutsche Verwaltungsrecht hat vielfältige Einwirkungen aufzufangen und insbesondere infolge der Umsetzung von Richtlinien zu verarbeiten.[83] Dies führt zu einer Europäisierung im Sinne einerseits einer Einhaltung der europarechtlichen Vorgaben und andererseits einer Annäherung an die verwaltungsrechtlichen Systeme anderer Mitgliedstaaten, die sich ebenfalls verändern.[84] Das innerstaatliche Verwaltungsrecht erfährt Schübe an Flexibilität und Innovation.[85] Es bedarf der zumindest punktuellen, fortentwickelnden Strukturie-

---

[80] Gesetz vom 2.9. 1994 zum Vertrag vom 24.Juni 1994 über den Beitritt des Königreichs Norwegen, der Republik Österreich, der Republik Finnland und des Königreichs Schweden zur Europäischen Union, BGBl. II, S.2022; Schlussakte zum Vertrag, Erklärungen Nr.40 (Norwegen), Nr.45 (Finnland), Nr.47 (Schweden), S.2317f.; durch das Scheitern des Beitritts sind die Norwegen betreffenden Teile nicht wirksam geworden.

[81] Grundlegend zu direkten und indirekten Kollisionen des Gemeinschaftsrechts mit innerstaatlichem Recht *S. Kadelbach*, Allgemeines Verwaltungsrecht, S.23ff.

[82] *E. Schmidt-Aßmann*, DVBl. 1993, S.928.

[83] *M. Brenner*, Gestaltungsauftrag, S.191ff., 363ff.; *Th. v. Danwitz*, System, S.273; *A. Hatje*, Die gemeinschaftsrechtliche Steuerung, S.111ff. und passim; *S. Kadelbach*, Allgemeines Verwaltungsrecht, S.71ff., 143ff.

[84] Umfassend *J. Schwarze*, in: ders. (Hrsg.), Verwaltungsrecht, S.123ff. m.w.N.; Überblicke bei *D. Ehlers*, in: Erichsen (Hrsg.), Allgemeines Verwaltungsrecht, §3, Rn.57ff. und *H.J. Wolff/ O. Bachof/R. Stober*, Verwaltungsrecht, Band 1, §17.

[85] *D. Scheuing*, in: Hoffmann-Riem/Schmidt-Aßmann (Hrsg.), Reform, Band 2, S.292.

rung.[86] Dem trägt mit Blick auf Umweltinformationen der Kommissionsentwurf für ein Umweltgesetzbuch Rechnung.[87] Auch das Verwaltungsverfahren wird von der Europäisierung erfasst.[88] Unmittelbare Regelungen des Vollzugs sind nur in wenigen Sachbereichen wie dem Zoll- und dem Landwirtschaftsrecht anzutreffen.[89] Das Verwaltungsverfahren richtet sich grundsätzlich nach innerstaatlichem Recht, muss aber die gemeinschaftsrechtlichen Rahmenbedingungen beachten und wird insoweit überformt.[90] Eher punktuelle Modifikationen treten durch Entscheidungen des Europäischen Gerichtshofes ein, der im Dienste der praktischen Wirksamkeit des Gemeinschaftsrechts auf die Anwendung des Verfahrensrechts durch die Behörden der Mitgliedstaaten Einfluss nimmt.[91] Grundlegende Wandlungen verursacht das sekundäre Gemeinschaftsrecht.[92] Den Richtlinien der Gemeinschaft liegt ein Verständnis des Verhältnisses zwischen Verwaltung und Öffentlichkeit zugrunde, das dem hergebrachten deutschen Verständnis nicht notwendig entspricht. Dementsprechend erweist sich gerade die Transparenz der Verwaltung einschließlich der Rechte auf Information als ein zentrales Feld der Einwirkung sekundären Gemeinschaftsrechts auf das deutsche Verwaltungsverfahrensrecht.[93] Das wichtigste Sachgebiet, in dem diese Einwirkungen deutlich werden, ist das Umweltrecht.[94] Eine weitgehende Beteiligung der Öffentlichkeit im Rahmen einer partizipatorischen Strategie gehört zu den Grundpfeilern des europäischen Umweltrechts.[95]

Die Auswirkungen des gemeinschaftsrechtlichen Konzepts der Öffentlichkeit führen zu Verschiebungen im System der Kontrolle von Regierung und Verwaltung.[96] Neben die parlamentarische Kontrolle tritt ergänzend die Kontrolle durch die Öffentlichkeit. Allerdings hat sich das klassische Konzept der Verwaltungskontrolle bereits unter dem Grundgesetz geändert, indem die Kontrollaufgabe faktisch von der Parlamentsmehrheit auf die Opposition über-

---

[86] *E. Schmidt-Aßmann*, DVBl. 1993, S. 924.

[87] UGB-KomE, Zum 2. Abschnitt, S. 826 und dazu *M. Kloepfer/W. Durner*, DVBl. 1997, S. 1093.

[88] *S. Kadelbach*, in: v. Danwitz u.a. (Hrsg.), Wege zu einer Europäischen Staatlichkeit, S. 144; *E. Schmidt-Aßmann*, Das Allgemeine Verwaltungsrecht, 6/112; *A. Hatje*, Die gemeinschaftsrechtliche Steuerung, S. 173ff.

[89] Im Einzelnen *I. Pernice/S. Kadelbach*, DVBl. 1996, S. 1103ff.; *M. Schweitzer/W. Hummer*, Europarecht, Rn. 425ff.

[90] *R. Streinz*, Europarecht, Rn. 479ff.; *Ch. Koenig/A. Haratsch*, Europarecht, Rn. 125, 131; *D. Ehlers*, in: Erichsen (Hrsg.), Allgemeines Verwaltungsrecht, § 3, Rn. 63.

[91] EuGH, Rs. C-24/95 (Alcan), Slg. 1997, I-1591, Rn. 24, 34 m.w.N.

[92] *D. Scheuing*, in: Hoffmann-Riem/Schmidt-Aßmann (Hrsg.), Reform, Band 2, S. 343; *D. Ehlers*, in: Erichsen (Hrsg.), Allgemeines Verwaltungsrecht, § 3, Rn. 68f.

[93] *E. Schmidt-Aßmann*, DVBl. 1993, S. 933.

[94] Zusammenfassend *F. Schoch*, NVwZ 1999, S. 459; zur EuGH-Rechtsprechung *G. Winter*, NVwZ 1999, S. 470.

[95] *J. Masing*, Mobilisierung, S. 51ff.; *I. Pernice/S. Kadelbach*, DVBl. 1996, S. 1107; vgl. auch *A. Epiney*, NVwZ 1999, S. 489.

[96] Allgemein zur Gewaltenteilung in europäischen Rechtsordnungen *R.A. Lorz*, in: Müller-Graff/Riedel (Hrsg.), Gemeinsames Verfassungsrecht in der Europäischen Union, S. 103ff.

ging.[97] Der Gedanke, dass die Verwaltung ergänzend der Kontrolle durch die Öffentlichkeit unterliegen solle, ist in der deutschen Diskussion nicht neu.[98] Eine europarechtlich bedingte Aufwertung der Kontrolle durch die Öffentlichkeit kann in das deutsche Rechtssystem eingepasst werden und positive Folgen haben, weil die Eigenverantwortung der Akteure gestärkt wird und die Transparenz des Verwaltungshandelns zunimmt.[99] Die Aufgabenzuweisungen an die Verwaltung bleiben bestehen. Sie entscheidet letztverantwortlich, so dass ihr kein Verlust an Bedeutung gegenüber der gesetzgebenden und der rechtsprechenden Gewalt droht.[100] Ihre Stellung im Staatsgefüge hat sich bereits durch Anforderungen verschoben, die aus dem Vollzug final programmierter Gesetze innerhalb einer komplexen Realität resultieren. Das verstärkte Aktivieren der Öffentlichkeit schafft einen gewissen Ausgleich für verloren gegangene Kontrollchancen des Parlaments. Nachdem sich im Bereich des Umweltrechts hergebrachte Kontrollmechanismen als nicht ausreichend erwiesen haben, weisen neuere Gesetze zur Effektivierung des Rechts der unmittelbaren und mediatisierten Öffentlichkeit, etwa den Umweltverbänden, eine größere Rolle zu.[101] Die sich zu großen Teilen selbst steuernde Verwaltung wird einer stärkeren Rückkopplung mit den Interessen der Bürger geöffnet, indem Wege der Einwirkung geschaffen oder erweitert werden, auf denen jene Interessen die Tätigkeit der Verwaltung beeinflussen können.

2.1.2. Die Konzeption der Gemeinschaft

Die Rechtsordnung der Europäischen Gemeinschaft ist unvollständig. Aufgrund ihres supranationalen Charakters sind in ihr neben einstufigen auch mehrstufige Verfahren angelegt, in denen die Verantwortung für die Rechtsverwirklichung teils bei den Organen der Gemeinschaft und teils bei den Mitgliedstaaten liegt.[102] Die Zuständigkeit für den Vollzug eines Großteils des Gemeinschaftsrechts haben die Mitgliedstaaten. Dementsprechend verfügen die Gemeinschaftsorgane nur über begrenzten Einfluss auf die Durchsetzung des von ihnen gesetzten oder veranlassten Rechts. Zwar räumt das sekundäre Gemeinschaftsrecht der Kommission Aufgaben direkten Vollzugs ein. Neben dem Wettbewerbs- und Kartellrecht trifft dies auch für das Umweltrecht zu.[103] Die Europäische Kommission ist jedoch angesichts der Normenvielfalt nicht in der Lage, neben der fristgerechten Umsetzung der Richtlinien auch die konkrete

[97] *U. Scheuner*, Verantwortung und Kontrolle, S. 398; *H.-U. Erichsen*, NVwZ 1992, S. 418; *K. Stern*, Staatsrecht I, § 22 III 3 (S. 989).

[98] Siehe *F. Kopp*, Verfassungsrecht, S. 191; *J. Scherer*, Verwaltung und Öffentlichkeit, S. 29.

[99] *E. Schmidt-Aßmann*, DVBl. 1993, S. 933.

[100] *B. Wegener*, in: Schomerus/Schrader/Wegener, UIG, § 1, Rn. 19.

[101] *H.-U. Erichsen*, NVwZ 1992, S. 419.

[102] Eingehend *A. Hatje*, Die gemeinschaftsrechtliche Steuerung, S. 173 ff.; *D. Scheuing*, NVwZ 1999, S. 475 ff.; vgl. *E. Chiti*, European Public Law 2 (1996), S. 372.

[103] *G. Winter*, in: Lübbe-Wolf (Hrsg.), Vollzug, S. 111 ff.

Anwendung und Einhaltung der Bestimmungen umfassend zu kontrollieren.[104] Die komplizierten Mechanismen, unterschiedliche Umweltverständnisse in den Mitgliedstaaten, aber auch der unterschiedlich starke Wille der Umweltverwaltungen zur Umsetzung erschweren die einheitliche Implementierung des europäischen Umweltrechts.[105]

Die teils rechtlich, teils faktisch beschränkten Möglichkeiten der Durchsetzung und Kontrolle durch die Gemeinschaftsorgane werden mit dem Versuch kompensiert, die Öffentlichkeit zu aktivieren.[106] Eine solche Wächterfunktion bedingt Information. Die Bürger der Mitgliedstaaten können nur dann eine wirksame Kontrolle über die Rechtsanwendung ausüben, wenn sie über Existenz und Inhalt des Gemeinschaftsrechts und des gemeinschaftsrechtlich veranlassten innerstaatlichen Rechts Bescheid wissen und über die Anwendung informiert sind. Dementsprechend weisen Umweltregelungen auf Gemeinschaftsebene den Aspekten Information und Öffentlichkeit einen zentralen Stellenwert zu.[107] Nach den Vorstellungen der Kommission steht die Aktivierung der Öffentlichkeit in den Mitgliedstaaten in Zusammenhang mit dem Subsidiaritätsprinzip des Art. 5 EGV, das als Kompetenzausübungsregel autonomieschonende Steuerungsmechanismen begünstigt. Die Kommission bevorzugt daher prozedurale Regelungen wie Selbstregulierung oder Einbeziehung der Öffentlichkeit gegenüber emissionsbezogenen Ansätzen wie der Bestimmung von Grenzwerten. Damit kommt sie Vorstellungen in Großbritannien entgegen, während die staatlichen Stellen in der Bundesrepublik Deutschland einigen Regelungskonzeptionen dieser Art zumindest in der Vergangenheit skeptisch gegenüberstanden.[108]

In der Umweltpolitik verfolgt die EG ein *partizipatorisches Konzept*, das im fünften Aktionsprogramm entfaltet wird.[109] Statt sich auf den Erlass von Rechtsvorschriften zu beschränken, bezieht die Strategie der EG Wirtschaftsbeteiligte und Sozialpartner mit ein. Beide Ansätze zusammen sollen einen wirksameren Umweltschutz gewährleisten. Die Öffentlichkeit wacht vor Ort mit über die Anwendung des Gemeinschaftsrechts.[110] Diese partizipatorische Komponente kann nur dann funktionieren, wenn umweltbezogene Informa-

---

[104] Vgl. für das Umweltrecht *B. Wegener*, in: Schomerus/Schrader/Wegener, UIG, § 1, Rn. 16.

[105] *A. Epiney*, Umweltrecht, S. 134f.; *D. Scheuing*, NVwZ 1999, S. 476; ausführlich *L. Krämer*, in: Lübbe-Wolf (Hrsg.), Vollzug, S. 7ff.

[106] *J. Masing*, Mobilisierung, S. 22; *F. Schoch*, NVwZ 1999, S. 459, 461.

[107] *A. Epiney*, Umweltrecht, S. 149; *D. Scheuing*, in: Hoffmann-Riem/Schmidt-Aßmann (Hrsg.), Reform, Band 2, S. 345; *F. Schoch*, VVDStRL 57 (1997), S. 185.

[108] *Ch. Knill/A. Héritier*, in: Lübbe-Wolf (Hrsg.), Vollzug, S. 230f.; zur Exekutive in Großbritannien *R. A. Lorz*, in: Müller-Graff/Riedel (Hrsg.), Gemeinsames Verfassungsrecht in der Europäischen Union, S. 108ff. m. w. N.

[109] Entschließung des Rates und der im Rat vereinigten Vertreter der Mitgliedstaaten vom 1. 2. 1993 über ein Gemeinschaftsprogramm für Umweltpolitik und Maßnahmen im Hinblick auf eine dauerhafte und umweltgerechte Entwicklung (5. Aktionsprogramm), ABl. Nr. C 138, S. 1 (17).

[110] *I. Pernice*, NVwZ 1990, S. 423; *Ch. Knill/A. Héritier*, in: Lübbe-Wolf (Hrsg.), Vollzug, S. 210; *J. Masing*, Mobilisierung, S. 21ff.

tionen den Akteuren, aber auch der breiten Öffentlichkeit zugänglich gemacht werden. Aus Sicht der EG liegt die Aufgabe, die Öffentlichkeit in ihrer Wächterfunktion zu motivieren, nicht allein bei der Kommission, die allerdings mitwirkt, sondern eher auf anderen Ebenen, wobei der Erziehung eine wesentliche Rolle zugemessen wird.[111] Die Zusammenarbeit mit der Industrie zum Zwecke des Umweltschutzes bedingt nach Ansicht des Rates den Einsatz von Informationen zur Förderung besseren Konsumverhaltens der Verbraucher und zur Erhöhung des Vertrauens der Öffentlichkeit in industrielle Aktivitäten.[112] In dem Kapitel des fünften umweltpolitischen Aktionsprogramms über die Akteure kommt die Öffentlichkeit zweimal vor. Einerseits wird ihre Information neben Aspekten wie Abfallwirtschaft oder wirtschaftliche Entwicklung den lokalen und regionalen Behörden als Aufgabe zugewiesen. Ziele sind das Schaffen von Vertrauen und die Beteiligung der Allgemeinheit am Umweltschutz. Andererseits wird die Öffentlichkeit selbst als Akteur verstanden. Das Individuum nimmt die Rolle als Verbraucher von Waren und Dienstleistungen und Verursacher von Umweltverschmutzung, aber eben auch als verantwortlicher Bürger ein, der die Möglichkeit hat, auf künftige politische Entscheidungen mit Umweltbezug Einfluss zu nehmen. Wissen und Information werden als Voraussetzung dafür hervorgehoben, dass der Einzelne sein Verhalten zum Schutz der Umwelt in Beziehung setzt.[113]

Die Gemeinschaft baut damit den partizipatorischen Ansatz aus, der bereits im vierten Aktionsprogramm für den Umweltschutz Ausdruck fand.[114] In Anknüpfung an bestehende Ansätze betont dieses unverbindliche Dokument den Gedanken einer transparenten Verwaltungstätigkeit und misst der Information der Öffentlichkeit hohen Wert bei. Der Zugang zu Informationen wird als Element zum besseren Schutz von Mensch und Umwelt gesehen.[115] Auch die weite Verbreitung von Informationen soll zur Förderung umweltgerechter Entwicklung und der Akzeptanz von Umweltmaßnahmen durch die Öffentlichkeit beitragen.[116] Diese allgemeinen Zielvorgaben haben Niederschlag insbesondere in der Umweltinformationsrichtlinie gefunden.[117] Sie nimmt im europäischen Umweltrecht eine zentrale Rolle ein, da sie die Rechtsdurchsetzung absichern soll.[118] Aber auch andere umweltbezogene Regelungen der EG beziehen regelmäßig die Öffentlichkeit in ihr Konzept mit ein.[119]

---

[111] Ebd. 5. Aktionsprogramm, S. 13.

[112] Ebd. 5. Aktionsprogramm, S. 14.

[113] Ebd. 5. Aktionsprogramm, S. 26f.

[114] Entschließung des Rates der Europäischen Gemeinschaften und der im Rat vereinigten Vertreter der Regierungen der Mitgliedstaaten vom 19. 10. 1987 zur Fortschreibung und Durchführung einer Umweltpolitik und eines Aktionsprogramms der Europäischen Gemeinschaften für den Umweltschutz (4. Aktionsprogramm), ABl. Nr. C 328, S. 1.

[115] 4. Aktionsprogramm, Ziff. 2.6.1. und 2.6.2., S. 15.

[116] 4. Aktionsprogramm, Ziff. 2.6.3., S. 15.

[117] *H.-U. Erichsen*, NVwZ 1992, S. 409.

[118] *Th. v. Danwitz*, System, S. 273.

[119] Vgl. *M. v. Schwanenflügel*, DVBl. 1991, S. 96.

Jeder Bürger soll Verantwortung tragen, weil eine unmittelbare oder potentielle Betroffenheit besteht. Umweltschutz liegt im Interesse jedes Einzelnen und wird so zum allgemeinen öffentlichen Interesse. Damit erweitert sich die Berechtigung zur Durchsetzung der entsprechenden Rechtsnormen auf die Öffentlichkeit. Im Verhalten als Verbraucher oder potentieller Verursacher liegen individuelle Chancen, zu Gunsten des Umwelt- und Nachweltschutzes tätig zu werden. Als verantwortlicher Staatsbürger spielt der Einzelne daneben eine Rolle im Vollzug von Rechtsnormen. Er wacht mit über die Realisierung des Rechts und weist die Verwaltung auf Versäumnisse hin. Die Öffentlichkeit wird zum Instrument der Rechtsverwirklichung im Rahmen dezentralisierter Kontrolle.[120] Ziel ist nicht nur die Verhinderung von Machtmissbrauch, sondern die umfassende Bewertung der Aufgabenerfüllung durch die Behörden.[121] Zwingende Voraussetzung hierfür ist Information. Wenn der Bürger die Verwaltung mitkontrollieren soll, kann seine Information aber nicht im Belieben eben dieser Verwaltung stehen. Er benötigt Rechte auf Information. Da der Normgeber ihm Verantwortung zuweist, müssen dem Bürger auch zur Wahrnehmung dieser Verantwortung notwendige Rechte gewährt werden. Dies betrifft nicht alle Rechtsbereiche in gleicher Weise, sondern hängt von der Intensität ab, mit der Individuen in die Rechtsdurchsetzung einbezogen werden. Diese Intensität wiederum ist Konsequenz der Interessenlage und der Chancen und Mechanismen für die Durchsetzung der Rechtsnormen.

Die Gemeinschaft verfolgt die Konzeption einer dezentralen Kontrolle der Anwendung des Gemeinschaftsrechts über den Umweltbereich hinaus.[122] Denn ein Ausbau zentralisierter Kontrolle durch die Kommission ist weder gewünscht noch durchsetzbar.[123] Um die einheitliche Anwendung des Gemeinschaftsrechts zu gewährleisten, sind Privatisierung der Verantwortung und Aktivierung der Öffentlichkeit notwendige Komponenten gemeinschaftlicher Rechtspolitik. Darin liegt ein Unterscheidungsmerkmal zu einer mitgliedstaatlichen Rechtsordnung, die über ein ausgefeiltes administratives Durchsetzungsinstrumentarium verfügt, das Überwachung und Sanktion ebenso beinhaltet wie Kooperationsbefugnisse. Innerstaatlich stehen effektive Wege der Rechtsdurchsetzung zur Verfügung. Die Partizipation der Öffentlichkeit kann daher für die innerstaatliche Rechtsordnung nicht ohne weiteres mit der Partizipation auf europäischer Ebene gleichgesetzt werden.

[120] *B. Wegener*, in: Schomerus/Schrader/Wegener, UIG, § 17, Rn. 17.
[121] *M. Eifert*, DÖV 1994, S. 546.
[122] *Th. v. Danwitz*, System, S. 273.
[123] *B. Wegener*, in: Schomerus/Schrader/Wegener, UIG, § 17, Rn. 17.

2.2. *Ausgewählte Rechtsakte mit Elementen des partizipatorischen Konzepts*

Vorwiegend ältere Rechtsakte beschränken sich darauf, Berichtspflichten aufzustellen.[124] Dieses Instrumentarium ist auch in völkerrechtlichen Verträgen üblich und dient dazu, einerseits eine gewisse Umsetzungskontrolle einzurichten und andererseits die Souveränität der Staaten zu schonen. Die Richtlinie über die Qualität der Badegewässer aus dem Jahr 1976 bestimmt in ihrem Art. 13, dass die Mitgliedstaaten der Kommission jedes Jahr einen Bericht über die Durchführung der Richtlinie übermitteln und die Kommission dann einen Gemeinschaftsbericht fertigt und veröffentlicht.[125] Eine parallele Regelung enthält Art. 8 der Richtlinie über Schwefeldioxid.[126] Über den engeren Bereich des Umweltschutzes hinaus wurde von der Kontrollkonzeption durch Berichte beispielsweise in der Richtlinie zur Erhaltung der wildlebenden Vogelarten Gebrauch gemacht.[127]

Die Einrichtung einer Berichtspflicht war durchaus nicht in allen Richtlinien des Umweltschutzes selbstverständlich. Eine Reihe von Rechtsakten mit umweltrechtlichem Gehalt enthielt zunächst überhaupt keine Vorschriften über die Information der Öffentlichkeit.[128] Das öffentlichkeitsbezogene Konzept der Gemeinschaft, das spätestens seit dem vierten Aktionsprogramm zum Umweltschutz entwickelt wurde, führte zur nachträglichen Einfügung entsprechender Vorschriften in eine Vielzahl von Rechtsakten. Die Richtlinie 91/692/EWG vom 23.12. 1991 änderte oder ergänzte vorhandene Rechtsakte um eine Berichtspflicht der beschriebenen Art.[129] So wurde die Richtlinie über die Qualität des Trinkwassers von 1980 um einen Art. 17a ergänzt,[130] die Richtlinie über die Ableitung bestimmter gefährlicher Stoffe von 1976[131] und die Richtlinie zum Schutz des Grundwassers von 1980 wurden entsprechend geändert.[132] Neben dem Gewässerschutz betraf die Änderungsrichtlinie von 1991 etwa die Ein-

[124] *A. Hatje*, Die gemeinschaftsrechtliche Steuerung, S. 144; zur Entwicklung der Umweltpolitik der Gemeinschaft *R. Röger*, UIG, Einl., Rn. 3ff.

[125] Richtlinie 76/160/EWG des Rates vom 8.12. 1975, ABl. Nr. L 31 vom 5.2. 1976, S. 1.

[126] Richtlinie 80/779/EWG des Rates vom 15.7. 1980 über Grenzwerte und Leitwerte der Luftqualität für Schwefeldioxid und Schwebestaub, ABl. Nr. L 229 vom 30.8. 1980, S. 30.

[127] Art. 12 der Richtlinie 79/409/EWG des Rates vom 2.4. 1979 über die Erhaltung der wildlebenden Vogelarten, ABl. Nr. L 103 vom 25.4. 1979, S. 1.

[128] Vgl. *M. v. Schwanenflügel*, DVBl. 1991, S. 96 m.N.

[129] Richtlinie 91/692/EWG des Rates vom 23.12. 1991, ABl. Nr. L 377 vom 31.12. 1991, S. 48.

[130] Richtlinie 80/778/EWG des Rates vom 15.7. 1980 über die Qualität des Wassers für den menschlichen Gebrauch, ABl. Nr. L 229 vom 30.8. 1980, S. 11.

[131] Richtlinie 76/464/EWG des Rates betreffend die Verschmutzung infolge der Ableitung bestimmter gefährlicher Stoffe in die Gewässer der Gemeinschaft, ABl. Nr. L 129 vom 18.5. 1976, S. 23.

[132] Art. 16 Abs. 1 der Richtlinie 80/68/EWG des Rates vom 17.12. 1979 über den Schutz des Grundwassers gegen Verschmutzung durch bestimmte gefährliche Stoffe, ABl. Nr. L 20 vom 26.1. 1980, S. 43.

fügung einer Berichtspflicht in die Richtlinie gegen Luftverunreinigungen[133] oder die Richtlinie über Abfälle.[134] Symptomatisch ist, dass auch die Richtlinie über giftige Abfälle entsprechend geändert wurde, welche inzwischen außer Kraft getreten ist,[135] die sie ersetzende Richtlinie aber eine weitergehende Regelung enthält.[136] Danach hat die Kommission neben dem Gesamtbericht alle 3 Jahre einen zusätzlichen Durchführungsbericht zu erstatten. Schon die ursprüngliche Richtlinie über giftige Abfälle enthielt in Art. 12 Abs. 2 eine Regelung, die von der aktuellen Richtlinie 91/689 über giftige Abfälle in Art. 6 Abs. 1 (in Verbindung mit Art. 7 der Richtlinie 75/442) aufgegriffen wird. Die Behörden sind dieser Bestimmung zufolge verpflichtet, die von ihnen erstellten Pläne zur Bewirtschaftung der gefährlichen Abfälle zu veröffentlichen. Regelungen über die Herstellung von Öffentlichkeit finden sich schon früh in der Rechtsordnung der Gemeinschaft. Die unterschiedlichen Versatzstücke wurden Mitte der achtziger Jahre zu dem geschilderten Konzept der Kontrolle durch Öffentlichkeit zusammengefügt. Einen qualitativen Sprung bewirkte durch ihr einheitliches Konzept die UVP-Richtlinie.[137]

2.2.1. Die UVP-Richtlinie

Die Richtlinie über die Umweltverträglichkeitsprüfung vom 27. 6. 1985, die 1997 geändert wurde, fordert eine Bewertung der Auswirkungen bestimmter Vorhaben auf die Umwelt, bevor diese Vorhaben genehmigt werden können.[138] Anwendungsbereich wie Zweck der Richtlinie werden vom Europäischen Gerichtshof weit verstanden.[139] Ihr integrativer Ansatz zwingt zur Prüfung der Folgen für alle Umweltmedien in einer Gesamtschau der Wechselwirkungen (Art. 3). Sie zielt vorrangig auf eine sachlich ausgewogene Entscheidung über die Zulässigkeit des Vorhabens, die den ganzheitlich verstandenen Umweltschutz bestmöglich verwirklicht und dem Vorsorgeprinzip des Art. 174 Abs. 2 Satz 2 EGV Rechnung trägt.[140] Die UVP-Änderungs-Richtlinie von 1997 stellt

---

133 Art. 15a der Richtlinie 84/360/EWG des Rates vom 28. 6. 1984 zur Bekämpfung der Luftverunreinigung durch Industrieanlagen, ABl. Nr L 188 vom 16. 7. 1984, S 20. Diese Richtlinie wird 11 Jahre nach dem Inkrafttreten der IVU-Richtlinie aufgehoben, vgl. Art. 20 Abs. 3 IVU-Richtlinie 96/61/EG.

134 Richtlinie 75/442/EWG des Rates vom 15. 7. 1975 über Abfälle, ABl. Nr. L 194 vom 25. 7. 1975, S. 47.

135 Art. 16 der Richtlinie 78/319/EWG des Rates vom 20. 3. 1978 über giftige und gefährliche Abfälle, ABl. Nr. L 84 vom 31. 3. 1978, S. 43; inzwischen außer Kraft getreten.

136 Art. 8 der Richtlinie 91/689/EWG des Rates vom 12. 12. 1991 über gefährliche Abfälle, ABl. Nr. L 377 vom 31. 12. 1991, S. 20.

137 *I. Pernice/S. Kadelbach*, DVBl. 1996, S. 1107.

138 Richtlinie 85/337/EWG des Rates vom 27. 6. 1985 über die Umweltverträglichkeitsprüfung bei bestimmten öffentlichen und privaten Projekten, ABl. Nr. L 175 vom 5. 7. 1985, S. 40; geändert durch die Richtlinie 97/11/EG des Rates vom 3. 3. 1997, ABl. Nr. L 73 vom 14. 3. 1997, S. 5.

139 EuGH, Rs. C-72/95 (P.K. Kraaijeveld BV), Slg. 1996, I-5403, Rn. 31.

140 *A. Epiney*, Umweltrecht, S. 171 f.

in ihrem 1. Erwägungsgrund klar, dass der Zweck der UVP zuvörderst darin besteht, den Behörden die für ihre Entscheidung relevanten Informationen zur Verfügung zu stellen.[141]

Dagegen war das deutsche Umweltrecht überwiegend einmedial ausgerichtet, wodurch Schwierigkeiten mit der Umsetzung der Richtlinie entstanden.[142] Bei gestuften Entscheidungen können Vorwirkungen der Entscheidung über die Umweltverträglichkeit auf nicht genehmigungsbedürftige Projektteile nicht ausgeschlossen werden und bei parallelen Entscheidungen tauchen dann Probleme auf, wenn von den unterschiedlichen zuständigen Behörden unterschiedliche Maßstäbe angelegt werden.[143] Das deutsche Recht der Anlagengenehmigungen ist insbesondere durch das Immissionsschutzrecht stark ordnungsrechtlich geprägt und befindet sich damit in einer gewissen Frontstellung zum integrativen, mehr planerischen Konzept der UVP-Richtlinie.[144] Die deutsche Konzeption der Anlagengenehmigungsverfahren geht von dem individuellen Recht des Antragstellers aus, der das Vorhaben betreibt.[145] Dem entspricht das Konzept der gebundenen Entscheidung insbesondere nach §6 Abs.1 BImSchG. Die Berücksichtigung von Wechselwirkungen ist nur dann möglich, wenn die umweltbezogenen Positionen gesetzlich abgesichert sind und daher von der Genehmigungsbehörde beachtet und eventuell gegen das Projekt des Anlagenbetreibers gewendet werden können.[146] Herausforderungen an das deutsche Recht stellen in diesem Zusammenhang die Hervorhebung der Umweltbelange mit Konsequenzen für die Argumentationslast sowie das Berücksichtigungsgebot des Art. 8 der Richtlinie, das die bei der Prüfung gewonnenen Informationen betrifft.[147] In §12 UVPG hat der deutsche Gesetzgeber diese Pflicht, die vorherige Bewertung der Umweltauswirkungen zu berücksichtigen, festgelegt und im Sinne einer sachlichen Auseinandersetzung mit dem Bewertungsergebnis verstanden.[148] Die Prüfung der Umweltverträglichkeit kann nach Art. 2 Abs. 2 der UVP-Richtlinie im Rahmen bestehender Genehmigungsverfahren durchgeführt werden. Nach §2 Abs. 1 Satz 1 UVPG stellt die Umweltverträglichkeitsprüfung in der deutschen Rechtsordnung einen unselbständigen Teil verwaltungsbehördlicher Verfahren dar.[149] Damit wird die UVP in die bestehenden Zulässigkeitsverfahren integriert.[150]

Aus der Sicht des Verwaltungsverfahrensrechts bringt die UVP-Richtlinie Änderungen der Aufgaben- und Rollenverteilung zwischen Antragsteller, Be-

---

[141] Richtlinie 97/11/EG des Rates vom 3.3. 1997, ABl. Nr. L 73 vom 14.3. 1997, S. 5.

[142] Vgl. *J. Masing*, DVBl. 1998, S. 553.

[143] *J. Schwarze*, in: ders. (Hrsg.), Verwaltungsrecht, S. 169.

[144] *I. Pernice/S. Kadelbach*, DVBl. 1996, S. 1107; *J. Masing*, DVBl. 1998, S. 554, jeweils m.w.N.

[145] *W. Hoffmann-Riem*, DVBl. 1994, S. 607.

[146] *R. Steinberg*, NVwZ 1995, S. 216; *A. Epiney*, Umweltrecht, S. 181.

[147] *D. Scheuing*, in: Hoffmann-Riem/Schmidt-Aßmann (Hrsg.), Reform, Band 2, S. 346.

[148] *M. Beckmann*, in: Hoppe (Hrsg.), UVPG, §12, Rn. 64.

[149] Vgl. BVerfGE 84, 25 (32).

[150] *H.-J. Peters*, Band 2, UVPG, §2, Rn. 5; vgl. *U. Repkewitz*, Bundeswehr und Umweltschutz, S. 199ff., 211.

hörde und Öffentlichkeit.[151] Dem Träger eines UVP-pflichtigen Projekts wird aufgrund der Angaben, die er der Behörde zu machen hat, eine besondere Ermittlungsverantwortung zugewiesen. Er ist zu Beginn des Verfahrens Herr des möglichen Entscheidungsinhalts und der darauf gerichteten Sachverhaltsermittlung. Der Antragsteller oder Projektträger betreibt auch die Klärung von Sachverhalten außerhalb seiner eigenen Sphäre.[152] Nach und nach tritt dann die aufgeschobene Verantwortung der Behörde für die Sachverhaltsermittlung und Sachverhaltsbewertung hervor, wird sukzessive verstärkt und mündet in die verantwortliche abschließende Sachentscheidung.[153] Die Verwaltung beschränkt sich auf eine nachvollziehende Amtsermittlung, die das Auffangnetz für eine defizitäre private Ermittlung bildet.[154] Dergestalt kommt es zu einer Teilprivatisierung der Verfahrensverantwortung, die Letztentscheidung bleibt bei der Behörde.[155]

Durch die UVP-Richtlinie erfährt die Beteiligung der Öffentlichkeit in Genehmigungsverfahren eine Ausweitung. Die Richtlinie misst ihr eine überragende Bedeutung für die Erreichung des Ziels bei, nämlich des Schutzes der Umwelt durch Vermeidung von Umweltbelastungen.[156] Zunächst erfolgt die Information der Öffentlichkeit insgesamt, um dann zu einer Anhörung der betroffenen Öffentlichkeit zu gelangen. Dieses Konzept ist als trichterförmig bezeichnet worden.[157] Damit wird der Blickwinkel aber auf den Schutz individueller Rechtspositionen verengt. Die allgemeine Herstellung von Öffentlichkeit bezweckt, durch Kundgabe der Informationen über das beantragte Projekt die Voraussetzungen dafür zu schaffen, dass sich die betroffene Öffentlichkeit äußern kann, wobei der Begriff der Betroffenheit in der UVP-Richtlinie nicht nur rechtliche Betroffenheit meint, sondern weitergehend auch die Berührung von Interessen.[158] Da sie daneben die Akzeptanz der Entscheidung zu erhöhen sucht, kommt der Information der Öffentlichkeit eigenständige Bedeutung zu.[159] Nach Art. 6 Abs. 2 der UVP-Richtlinie sorgen die Mitgliedstaaten dafür, dass der Öffentlichkeit der Genehmigungsantrag sowie die Projektunterlagen zugänglich gemacht werden, damit der betroffenen Öffentlichkeit Gelegenheit

---

[151] *J. Schwarze*, in: ders. (Hrsg.), Verwaltungsrecht, S. 169; BayVGH, Urt.v.5.7.1994, DVBl. 1994, S. 1198 (1200).

[152] *R. Wahl*, in: Kroeschell (Hrsg.), Recht und Verfahren, S. 173; *J.-P. Schneider*, Amtsermittlung, S. 133.

[153] *E. Schmidt-Aßmann*, in: Festschrift für Doehring, S. 897; *W. Hoffmann-Riem*, DVBl. 1994, S. 605.

[154] *J.-P. Schneider*, Amtsermittlung, S. 131f.

[155] *W. Hoffmann-Riem*, AöR 119 (1994), S. 607; *R. Wahl*, in: Kroeschell (Hrsg.), Recht und Verfahren, S. 175; *J.-P. Schneider*, Amtsermittlung, S. 137.

[156] *J. Wagner*, in: Hoppe (Hrsg.), UVPG, § 9, Rn. 4; *A. Epiney*, Umweltrecht, S. 175; *U. Hellmann*, Öffentlichkeitsbeteiligung, S. 112; *J. Masing*, Mobilisierung, S. 24.

[157] *J. Cupei*, DVBl. 1985, S. 818.

[158] *W. Erbguth/A. Schink*, UVPG, Einl., Rn. 17f.; *U. Hellmann*, Öffentlichkeitsbeteiligung, S. 156.

[159] Vgl. *U. Hellmann*, Öffentlichkeitsbeteiligung, S. 141.

gegeben werden kann, sich vor der endgültigen Entscheidung über die Durchführung des Projekts zu äußern. Die Verknüpfung durch das Wort „damit" wurde durch die UVP-Änderungs-Richtlinie von 1997 eingefügt.[160] Im Dienste einer sachgerechten Entscheidung rückt die Gelegenheit zur Stellungnahme in den Vordergrund. Die Funktion der Herstellung von Öffentlichkeit, die Voraussetzungen für Äußerungen tangierter Kreise der Bevölkerung zu schaffen, erfährt eine Hervorhebung. Schon die Angaben des Projektträgers sollen die Öffentlichkeit für die Auswirkungen des Projekts auf die Umwelt sensibilisieren.[161] Wenn die Entscheidung getroffen wird, hat die Behörde gemäß Art. 9 der UVP-Richtlinie die Öffentlichkeit über deren Inhalt, die Begründung und über eventuelle Kompensationsmaßnahmen zu informieren. Falls die Mitgliedstaaten aufgrund des Art. 2 Abs. 3 der UVP-Richtlinie ausnahmsweise von einer Umweltverträglichkeitsprüfung absehen, müssen sie die Öffentlichkeit über die näheren Umstände der Ausnahme und die Gründe für deren Gewährung unterrichten.

Die Öffentlichkeit steht im Dienst des bestmöglichen Umweltschutzes. In Art. 2 Abs. 3 und Art. 9 der UVP-Richtlinie treten die Funktionen in den Vordergrund, Akzeptanz der von der Behörde getroffenen Entscheidung herbeizuführen und eine nachträgliche Kontrolle der Verwaltung zu ermöglichen.[162] Die Einbeziehung der Öffentlichkeit in Art. 6 Abs. 2 der UVP-Richtlinie dient vorrangig einer sachlich zutreffenden Entscheidung, indem eine möglichst umfassende Information der Behörde und gleichzeitig eine transparente Entscheidungsfindung angestrebt wird.[163] Dies bestätigt der 6. Erwägungsgrund der Richtlinie 85/337, demzufolge die Angaben des Projektträgers von den Behörden und der Öffentlichkeit ergänzt werden können, die möglicherweise von dem Projekt betroffen sind. In die gleiche Richtung weist Art. 8 der UVP-Richtlinie in seiner geänderten Fassung, der nunmehr das Berücksichtigungsgebot ausdrücklich auf die Ergebnisse der Anhörungen erstreckt.[164] Dagegen bezweckt die Richtlinie allenfalls in zweiter Linie die Gewährung vorverlagerten Rechtsschutzes im Verfahren,[165] auch wenn dieser Aspekt durch die Einräumung einer verfahrensrechtlichen Rechtsstellung automatisch miteinfließt.[166] Die Einschaltung der Öffentlichkeit ist ergebnisorientiert, die Zulassungsentscheidung soll umweltgerecht ergehen.[167]

---

160 Richtlinie 97/11/EG des Rates vom 3.3. 1997, ABl. Nr. L 73 vom 14.3. 1997, S. 7.

161 EuGH, Rs. C-431/92 (Großkrotzenburg), Slg. 1995, I-2189, Rn. 43.

162 Zu weiteren Funktionen *U. Hellmann*, Öffentlichkeitsbeteiligung, S. 140ff.

163 *A. Epiney*, Umweltrecht, S. 171, 175; *W. Erbguth/A. Schink*, UVPG, § 9, Rn. 10; *J. Masing*, Mobilisierung, S. 23.

164 Richtlinie 97/11/EG des Rates vom 3.3. 1997, ABl. Nr. L 73 vom 14.3. 1997, S. 8.

165 *W. Erbguth/A. Schink*, UVPG, § 9, Rn. 10; *J.-P. Schneider*, Amtsermittlung, S. 127; andere Gewichtung bei *J. Wagner*, in: Hoppe (Hrsg.), UVPG, § 9, Rn. 3; *J. Cupei*, DVBl. 1985, S. 818; völlig ablehnend *U. Hellmann*, Öffentlichkeitsbeteiligung, S. 144f.

166 Vgl. *A. Epiney*, Umweltrecht, S. 178.

167 EuGH, Rs. C-431/92 (Großkrotzenburg), Slg. 1995, I-2189, Rn. 43. *J. Wagner*, in: Hoppe (Hrsg.), UVPG, § 9, Rn. 5, spricht missverständlich von Kontrolle der Öffentlichkeit gegenüber

Die verwaltungsverfahrensrechtlichen Konzepte der UVP-Richtlinie finden neben ihrem Niederschlag im UVP-Gesetz Eingang in unterschiedliche Normenkomplexe der deutschen Rechtsordnung. Insbesondere handelt es sich um die 9. BImSchV, die AtVfV, das BBergG und das BauGB.[168] Die Bestimmungen über das Verwaltungsverfahren einer Reihe von Verordnungen und Gesetzen erfahren eine Erweiterung. Neuerungen des Verwaltungsverfahrens modifizieren unterschiedliche Regelungskontexte. Diese Regelungen sind daher strukturellen Veränderungen unterworfen.[169] Trotz der vorhandenen Regelungen über die Beteiligung der Öffentlichkeit deckte das deutsche Verwaltungsrecht keineswegs alle Bereiche ab, sondern bedurfte der Änderung.[170] Die Funktionalisierung der Öffentlichkeit als Ausdruck einer grundsätzlichen Zielrichtung des Rechts der Gemeinschaft führt zu Wandlungen innerstaatlicher Rechtsstrukturen.[171]

2.2.2. *Die Umweltinformationsrichtlinie*

Eine ebenso klare wie einschneidende Änderung bringt die Umweltinformationsrichtlinie durch die Einräumung des voraussetzungslosen subjektiven Rechts auf Information über die Umwelt in Art. 3 Abs. 1.[172] Als Adressaten des Anspruchs werden über die Umweltbehörden hinaus in Art. 6 der Richtlinie 90/313 alle Stellen genannt, die öffentliche Aufgaben im Bereich der Umweltpflege wahrnehmen und die der Aufsicht von Behörden unterstellt sind. Sie haben die ihnen vorliegenden Umweltinformationen selbst oder über die zuständige Behörde zugänglich zu machen. Die Richtlinie verpflichtet die Mitgliedstaaten in Art. 7 weiter dazu, der Öffentlichkeit allgemeine Informationen über den Zustand der Umwelt zur Verfügung zu stellen. In der Umweltinformationsrichtlinie drückt sich die Vorstellung der Gemeinschaft am deutlichsten aus, die Öffentlichkeit zur Kontrolle der Verwaltung einzusetzen, um den Vollzug des materiellen Gemeinschaftsrechts zu verbessern.[173] Die exklusive staatliche Verantwortung für das Gemeinwohl wird modifiziert.[174]

---

dem Projektträger; da Private aber Private nicht im rechtlichen Sinne kontrollieren können, geht es um die Unterstützung und Kontrolle der Verwaltung bei ihrer Aufgabe, die Umweltverträglichkeit des Vorhabens zu prüfen, wozu auch die Konsultation der Öffentlichkeit dient.

[168] *H.-J. Peters*, UVP, Band 1, Einl., Rn. 26.

[169] Vgl. *S. Kadelbach*, Allgemeines Verwaltungsrecht, S. 32ff.

[170] *J. Masing*, Mobilisierung, S. 24. Zu Versäumnissen bei der Umsetzung EuGH, Rs. C-301/95 (Kommission/Bundesrepublik Deutschland), Slg. 1998, I-6135, Rn. 54.

[171] *J. Masing*, Mobilisierung, S. 22.

[172] Richtlinie 90/313/EWG des Rates vom 7. 6. 1990 über den freien Zugang zu Informationen über die Umwelt, ABl. Nr. L 158 vom 23. 6. 1990, S. 56. Zur Umsetzung die Länderberichte in: *R. Hallo* (ed.), Access.

[173] *J. Schwarze*, in: ders. (Hrsg.), Verwaltungsrecht, S. 172; *M. Reinhardt*, Die Verwaltung 30 (1997), S. 164; *J. Masing*, Mobilisierung, S. 31.

[174] *E. Schmidt-Aßmann*, in: Hoffmann-Riem/Schmidt-Aßmann (Hrsg.), Reform, Band 1, S. 26; siehe auch *M. Eifert*, DÖV 1994, S. 546.

2.2.3. Die IVU-Richtlinie

Regeln über den Zugang der Öffentlichkeit zu Informationen über die Genehmigung umweltrelevanter Anlagen enthält die Richtlinie 96/61/EG des Rates über die integrierte Vermeidung und Verminderung der Umweltverschmutzung.[175] Die Richtlinie legt die Voraussetzungen fest, unter denen die in ihrer Anlage I aufgeführten Anlagen genehmigt werden können.[176] Diese Voraussetzungen betreffen den Betrieb bestehender und neuer Anlagen, deren Betreiber die in Art. 3 der Richtlinie niedergelegten Grundpflichten erfüllen müssen. Die IVU-Richtlinie verfolgt wie auch die UVP-Richtlinie ein medienübergreifendes, integriertes Konzept.[177] Allerdings verwirklicht sie dieses Konzept im Ergebnis nur begrenzt, insbesondere indem sie Raum für generalisierte Vorgaben lässt.[178] Emissionen im Sinne des Art. 2 Ziff. 5 der Richtlinie sollen soweit als möglich vermieden oder doch vermindert werden, um ein hohes Schutzniveau für die Umwelt insgesamt zu erreichen (8. Erwägungsgrund).[179] Im Gegensatz zu den Vorschriften der UVP-Richtlinie, die im Schwerpunkt einen verfahrensrechtlichen Ansatz verfolgen und nicht isoliert Anwendung finden, ist die IVU-Richtlinie als eigenständige Rechtsgrundlage für Genehmigungen konzipiert.[180] Sie normiert materielle Anforderungen und Voraussetzungen des Genehmigungsverfahrens für bestimmte Anlagen.[181] Darin liegt vor dem Hintergrund des Zwecks der Richtlinie ihr materiell-integrativer Kern.[182]

Die Öffentlichkeit ist am Verfahren zur Genehmigung neuer Anlagen nach Art. 15 der IVU-Richtlinie zu beteiligen. Anträge auf Genehmigung neuer Anlagen oder auf wesentliche Änderungen bestehender Anlagen sind der Öffentlichkeit zugänglich zu machen, damit sie Stellung nehmen kann, bevor die Behörde ihre Entscheidung trifft. Erkennbar wird von der Behörde erwartet, dass sie die Stellungnahmen zur Kenntnis nimmt. Die Stellungnahme nach Art. 15 Abs. 1 IVU-Richtlinie dürfte im deutschen Recht als Einwendung verstanden werden. Auch die Entscheidung der Behörde muss der Öffentlichkeit zur Verfügung gestellt werden (Art. 15 Abs. 1). Wird eine Genehmigung unter Auflagen erteilt, hat die zuständige Behörde die Ergebnisse zu veröffentlichen, welche die nach Art. 9 der IVU-Richtlinie erforderliche Überwachung der Emissionen ergeben hat (Art. 15 Abs. 2). Nach Art. 15 Abs. 3 der IVU-Richtlinie tritt die

---

[175] Richtlinie 96/61/EG des Rates vom 24. 9. 1996 über die integrierte Vermeidung und Verminderung der Umweltverschmutzung, ABl. Nr. L 257 vom 10. 10. 1996, S. 26. Zur unmittelbaren Anwendbarkeit und zur Umsetzung der Richtlinie in das deutsche Recht *M. Schmidt-Preuß*, NVwZ 2000, S. 252ff.; *R. Wahl*, NVwZ 2000, S. 502ff.

[176] Einzelheiten bei *B. Becker*, DVBl. 1997, S. 589f.

[177] *A. Epiney*, Umweltrecht, S. 213.

[178] *J. Masing*, DVBl. 1998, S. 555; *R. Steinberg/I. Koepfer*, DVBl. 1997, S. 974; vgl. zur Diskussion *R. Wahl*, NVwZ 2000, S. 504 m.w.N.

[179] Vgl. *R. Steinberg*, NVwZ 1995, S. 217.

[180] *B. Becker*, DVBl. 1997, S. 595.

[181] *R. Steinberg/I. Koepfer*, DVBl. 1997, S. 982; *M. Schmidt-Preuß*, NVwZ 2000, S. 253.

[182] *R. Wahl*, NVwZ 2000, S. 505.

Kommission alle 3 Jahre mit einem Verzeichnis der wichtigsten Emissionen und ihrer Quellen an die Öffentlichkeit. Diese Regelungen gelten laut Art. 15 Abs. 1 unbeschadet der Umweltinformationsrichtlinie. Der Druck der Öffentlichkeit soll Unternehmen dazu bringen, aus Gründen der Publicity und Wettbewerbsfähigkeit Emissionen zu reduzieren.[183] Die Vorschrift des Art. 15 Abs. 4 der IVU-Richtlinie stellt klar, dass im Hinblick auf die Veröffentlichung von Informationen die einschränkenden Tatbestände des Art. 3 Abs. 2 und 3 der Umweltinformationsrichtlinie Anwendung finden. Informationen müssen danach dann nicht herausgegeben werden, wenn ihre Veröffentlichung zum Beispiel Geschäfts- und Betriebsgeheimnisse, die Vertraulichkeit personenbezogener Daten oder die öffentliche Sicherheit berührt. In den Anwendungsbereich der IVU-Richtlinie bezieht ihr Art. 5 bestehende Anlagen mit ein, die den materiellen Anforderungen der Richtlinie Genüge tun müssen. Die Mitgliedstaaten sind aufgrund des Art. 5 Abs. 2 der IVU-Richtlinie verpflichtet, die erforderlichen Maßnahmen zu treffen, um Art. 15 Abs. 1, 3 und 4 über die Beteiligung der Öffentlichkeit auch im Rahmen der Genehmigung oder sonstigen Überprüfung bestehender Anlagen anzuwenden.[184]

Horizontale Kommunikation zwischen den Mitgliedstaaten und ihren Behörden spielt an mehreren Stellen der IVU-Richtlinie eine Rolle. Die Mitgliedstaaten sorgen infolge des Art. 11 dafür, dass die zuständige Behörde die Entwicklung der besten verfügbaren Techniken verfolgt oder darüber unterrichtet wird.[185] Einen Informationsaustausch über die Emissionsgrenzwerte oder die besten verfügbaren Techniken regelt Art. 16 durch Einschaltung der Kommission.[186] Im Falle grenzüberschreitender Auswirkungen sind gemäß Art. 17 die Angaben des Genehmigungsantrages dem anderen Mitgliedstaat mitzuteilen, um einen Prozess der Konsultation in Gang zu setzen.[187] Auch die Öffentlichkeit des betroffenen Mitgliedstaates muss von den Antragsunterlagen Kenntnis nehmen können (Art. 17 Abs. 2). Damit wird dem grenzüberschreitenden Drittschutz Rechnung getragen.[188] Einfluss auf die Kommunikation zwischen den Behörden wird Art. 7 der IVU-Richtlinie haben, der einen verfahrensrechtlichen Integrationsansatz zum Ausdruck bringt.[189] Die Mitgliedstaaten treffen danach die erforderlichen Maßnahmen für eine vollständige Koordinierung des Genehmigungsverfahrens und der Genehmigungsauflagen, wenn mehrere Behörden zusammenwirken. Ziel ist, ein wirksames integriertes Konzept aller zuständigen Behörden sicherzustellen. Unterschiedliche Verfahren und Genehmi-

183 *Ch. Knill/A. Héritier*, in: Lübbe-Wolf (Hrsg.), Vollzug, S. 227.

184 Zu Einzelheiten der Umsetzung des Art. 15 der IVU-Richtlinie in das deutsche Recht *M. Schmidt-Preuß*, NVwZ 2000, S. 259f.

185 Vgl. *R. Wahl*, NVwZ 2000, S. 506.

186 *R. Steinberg/I. Koepfer*, DVBl. 1997, S. 982.

187 Vgl. zum insoweit bestehenden Änderungsbedarf *M. Schmidt-Preuß*, NVwZ 2000, S. 260.

188 *K.-P. Dolde*, NVwZ 1997, S. 317.

189 *K.-P. Dolde*, NVwZ 1997, S. 317; *M. Schmidt-Preuß*, NVwZ 2000, S. 260.

gungen für ein Vorhaben sind möglich, sie müssen aber aufeinander abgestimmt werden, um den medienübergreifenden Ansatz zu verwirklichen.

2.2.4. Weitere Ausprägungen der Konzeption

Die Kommission setzt zur Durchsetzung der gemeinschaftlichen Umweltpolitik auf die Information der Öffentlichkeit und die Selbstregulierung der Unternehmen.[190] Weitergehende Berichtspflichten im Vergleich zu früheren Jahren enthalten Rechtsakte seit spätestens 1991. Die Richtlinie zur Behandlung kommunalen Abwassers ordnet in Art. 16 an, dass die Mitgliedstaaten ihre Behörden verpflichten, alle zwei Jahre einen Lagebericht über die Beseitigung von kommunalen Abwässern und Klärschlamm in ihrem Zuständigkeitsbereich zu veröffentlichen, der dann auch an die Kommission weiterzuleiten ist.[191] Der Bericht wird also nicht mehr nur, wie in früheren Rechtsakten, an die Kommission erstattet. Adressat der behördlichen Berichtspflicht ist die Öffentlichkeit in den Mitgliedstaaten. Gerade der kommunale Bezug macht die Veröffentlichung für die interessierten Bürger interessant, weil die Interessen an den Informationen eingrenzbar sind. Im Hinblick auf gefährliche Abfälle berichten die Mitgliedstaaten zwar über die Durchführung der oben bereits erwähnten neuen Richtlinie selbst nur gegenüber der Kommission (Art. 8), die innerstaatlichen Behörden müssen aber Pläne für die Bewirtschaftung der gefährlichen Abfälle veröffentlichen (Art. 6 Abs. 1).[192]

Die ursprüngliche Seveso-Richtlinie von 1982 über die Gefahren schwerer Unfälle bei Industrietätigkeiten instrumentalisierte bereits Pflichten der Veröffentlichung zu Gunsten des Gesundheitsschutzes.[193] Durch Art. 8 Abs. 1 erlegte die Richtlinie den Mitgliedstaaten die Verpflichtung auf, Informationen über die Sicherheitsmaßnahmen und das richtige Verhalten im Falle eines Unfalls zu veröffentlichen. Näher spezifiziert waren die Informationen in Anhang VII. Auch die Seveso-Richtlinie wurde 1991 von der Änderungsrichtlinie 91/692/EWG um eine Berichtspflicht hinsichtlich ihrer Durchführung ergänzt (Art. 18).[194] Die Neufassung der Seveso-Richtlinie von 1996 weitet das Konzept der Öffentlichkeitsbeteiligung aus und konkretisiert es zugleich.[195] Sie verweist in ihrem 3. Erwägungsgrund auf das 5. Aktionsprogramm und erläutert in den Erwägungsgründen 19 und 21 die Funktionalisierung der Öffentlichkeit, wobei

---

[190] *Ch. Knill/A. Héritier*, in: Lübbe-Wolf (Hrsg.), Vollzug, S. 210.

[191] Richtlinie 91/271/EWG des Rates vom 21. 5. 1991 über die Behandlung von kommunalem Abwasser, ABl. Nr. L 135 vom 30. 5. 1991, S. 40.

[192] Richtlinie 91/689/EWG des Rates vom 12. 12. 1991, ABl. Nr. L 377, S. 20.

[193] Richtlinie 82/501/EWG des Rates vom 24. 6. 1982 über die Gefahren schwerer Unfälle bei bestimmten Industrietätigkeiten, ABl. Nr. L 230 vom 5. 8. 1982, S. 1 in der Fassung der Änderungsrichtlinie 88/610/EWG des Rates vom 24. 11. 1988, ABl. Nr. L 336 vom 7. 12. 1988, S. 14.

[194] Richtlinie 91/692/EWG des Rates vom 23. 12. 1991, ABl. Nr. L 377 vom 31. 12. 1991, S. 49.

[195] Richtlinie 96/82/EG des Rates vom 9. 12. 1996 zur Beherrschung der Gefahren bei schweren Unfällen mit gefährlichen Stofffen, ABl. Nr. L 10 vom 14. 1. 1997, S. 13; umgesetzt durch die Verordnung vom 26. 4. 2000, BGBl. 2000 I, S. 603.

die Förderung des Zugangs zu umweltbezogenen Informationen ausdrücklich beabsichtigt ist. Im Vordergrund steht wie in der Vorgänger-Richtlinie die Information der Personen, die von einem Unfall betroffen werden könnten, wobei eine rein faktische Betroffenheit gemeint ist (Art. 13 Abs. 1). Die Informationen über die Sicherheitsmaßnahmen der Betriebe, die mit gefährlichen Stoffen umgehen, werden alle 3 Jahre überprüft, erforderlichenfalls erneuert und aktualisiert. Sie werden zudem der Öffentlichkeit insgesamt ständig zugänglich gemacht. Das Wort „ständig" wurde neu aufgenommen und schreibt fest, dass die Informationen über die Sicherheitsmaßnahmen der Kenntnisnahme durch die Bürger offen stehen müssen. Die Neufassung der Seveso-Richtlinie fordert von den Betrieben nun auch, dass die Sicherheitsberichte der Öffentlichkeit zugänglich gemacht werden müssen. Der Betreiber hat allerdings ein Recht darauf, dass bestimmte Teile des Berichts, die der Behörde vorliegen, nicht allgemein veröffentlicht werden. Dieses Recht kann auf dem Industrie- und Geschäftsgeheimnis, dem Schutz der Privatsphäre, dem Schutz der öffentlichen Sicherheit oder der Landesverteidigung gründen (Art. 13 Abs. 4). Mit Einwilligung der Behörde legt der Betreiber in solchen Fällen der Öffentlichkeit einen gekürzten Bericht vor, der die sensiblen Informationen nicht enthält. Die Öffentlichkeit hat aufgrund des Art. 13 Abs. 5 der Richtlinie ein Recht auf Stellungnahme im Bereich der Planung neuer oder Änderung bestehender Betriebe sowie bei Erschließungsmaßnahmen. Für das im Sicherheitsbericht grundsätzlich enthaltene Verzeichnis gefährlicher Stoffe (Art. 9 Abs. 2) sieht Art. 13 Abs. 6 der Richtlinie vor, dass die Mitgliedstaaten für dessen Veröffentlichung Sorge tragen. Im Zusammenhang der Herstellung von Öffentlichkeit verdient der Umstand Beachtung, dass die Schutzrichtung der Seveso-Richtlinie über den Kreis der tatsächlich Betroffenen hinausreicht. Abhängig vom Charakter der Industrietätigkeit ist es kaum möglich, die potentiell Betroffenen abzugrenzen, so dass eine generelle Unterrichtung der Öffentlichkeit vorgesehen ist. Denn dergestalt werden alle potentiell Betroffenen erreicht. Die Zusammenstellung der notwendigen Informationen obliegt den Betreibern. Die zuständigen Behörden sorgen für die Zugänglichkeit der Informationen, wobei den Interessen der Betreiber und des Staates an der Geheimhaltung bestimmter Informationen Rechnung getragen wird.

In der Richtlinie über Verpackungen von 1994 betont der Rat bereits in den Erwägungsgründen, dass nach seiner Auffassung die Verbraucher bei der Vermeidung und Verwertung von Verpackungen eine wichtige Rolle spielen. Sie müssten angemessen informiert werden, damit sie ihr Verhalten und ihre Haltung anpassen könnten.[196] Gemäß Art. 12 sollen Datenbanken über Verpackungen und Verpackungsabfälle eingerichtet werden, damit die Zielvorgaben der Richtlinie überprüft werden können. Diese Informationssysteme können nur funktionieren, wenn betroffene Marktteilnehmer die zuständigen Behörden in-

[196] Richtlinie 94/62/EG des Rates vom 20. 12. 1994 über Verpackungen und Verpackungsabfälle, ABl. Nr. L 365 vom 31. 12. 1994, S. 10 (12)

formieren. Dies verlangt deshalb Art. 12 Abs. 6 der Verpackungs-Richtlinie. Die Verpackungsbenutzer sind nach Art. 13 über die Rücknahme-, Sammel- und Verwertungssysteme, die Bedeutung der Kennzeichnungen und weitere Aspekte zu unterrichten. Durch die Information insbesondere der Verbraucher soll die Verwendung der Verpackungen beeinflusst und damit indirekt Verpackungsabfall vermieden werden. In den Abfallbewirtschaftungsplänen der Behörden ist ein Kapitel über Verpackungen vorzusehen (Art. 14). Der Rat nimmt sich in Art. 15 der Verpackungs-Richtlinie vor, marktwirtschaftliche Instrumente zur Erreichung der Ziele der Richtlinie einzusetzen. Eine Berichtspflicht der Mitgliedstaaten an die Kommission statuiert Art. 17. Neben die konventionellen Berichtspflichten tritt der Aufbau moderner Informationssysteme. Die Verpackungs-Richtlinie kumuliert die Durchsetzungsmechanismen. Im Dienste der Vermeidung von Verpackungsabfall erlegt die Richtlinie den Mitgliedstaaten Pflichten gegenüber der Kommission ebenso auf wie Pflichten gegenüber der Öffentlichkeit. Hinzu treten marktwirtschaftliche Instrumente, die mittelbar zur Zielerreichung beitragen sollen.

Das Konzept, Umweltschutz durch Information der Öffentlichkeit zu betreiben, wird auch institutionell abgestützt. Die Europäische Umweltagentur hat unter anderem die Aufgabe, die Öffentlichkeit über den Zustand der Umwelt zu unterrichten.[197] Nach Art. 2 vi) der Verordnung 1210/90 soll die Agentur für die umfassende Verbreitung zuverlässiger Umweltinformationen sorgen und zu diesem Zweck alle drei Jahre einen Bericht über den Zustand der Umwelt veröffentlichen.[198]

Die Gemeinschaft macht sich eine Vielfalt von Instrumenten zunutze, um Umweltschutz zu betreiben und auch durchzusetzen. Die Einrichtung von Informationssystemen rückt dabei verstärkt in den Blickpunkt. Nicht nur in den Richtlinien selbst, sondern darüber hinaus in einer Reihe von Entscheidungen werden den Mitgliedstaaten Verpflichtungen zur Informationsübermittlung an die Kommission auferlegt.[199] Zum Abbau von Vollzugsdefiziten wurde auf der Ebene der Europäischen Union das Netzwerk für Umsetzung und Vollzug von Umweltrecht eingerichtet.[200] Daneben versucht die Gemeinschaft, wirtschaftliche Anreize zu Gunsten des Umweltschutzes zu geben.[201]

Einen Anreiz für Unternehmen, der Ökologie einen hohen Stellenwert einzuräumen, bietet die Verordnung über das Umweltzeichen von 1992.[202] Die Schaffung eines gemeinsamen Systems für die Vergabe des Umweltzeichens

---

[197] Verordnung (EWG) Nr. 1210/90 des Rates vom 7. 5. 1990 zur Errichtung einer Europäischen Umweltagentur und eines Europäischen Umweltinformations- und Umweltbeobachtungsnetzes, ABl. Nr. L 120 vom 11. 5. 1990, S. 1.

[198] Einzelheiten bei *A. Epiney*, Umweltrecht, S. 44ff.

[199] Überblick bei *A. Epiney*, Umweltrecht, S. 150ff.

[200] Näher *J. Werner*, in: Lübbe-Wolf (Hrsg.), Vollzug, S. 131ff.; *D. Scheuing*, NVwZ 1999, S. 479.

[201] Vgl. *D. Scheuing*, NVwZ 1999, S. 483.

[202] Verordnung (EWG) Nr. 880/92 des Rates vom 23. 3. 1992 betreffend ein gemeinschaftliches System zur Vergabe eines Umweltzeichens, ABl. Nr. L 99 vom 11. 4. 1992, S. 1.

stellt sicher, dass dessen Vergabe nur an Produkte erfolgt, die bestimmte Voraussetzungen erfüllen. Nach einer bewilligenden Entscheidung der zuständigen innerstaatlichen Stelle kann der Hersteller oder Importeur mit dem Umweltzeichen auf seinen Produkten einen positiven Werbeeffekt erzielen. Gemäß Art. 15 der Verordnung informiert der Mitgliedstaat Verbraucher und Unternehmen über das System, die Kriterien, das Verfahren und weitere Aspekte. Das Verzeichnis der Erzeugnisse, an die ein Umweltzeichen vergeben wurde, publiziert die Kommission (Art. 14). Die Information der Verbraucher wird mit der Einführung einheitlicher Kriterien für die Vergabe des Umweltzeichens verbunden und damit die Entwicklung umweltfreundlicher Produkte gefördert.[203] Zu diesem Zweck werden die Unternehmen verstärkt in den Umweltschutz eingespannt.

Prototyp einer Aktivierung betrieblicher Eigenverantwortung für den Umweltschutz ist die Öko-Audit-Verordnung.[204] Unternehmen können sich auf der Basis der Verordnung einer freiwilligen Betriebsprüfung unterziehen, welche die Einhaltung der geltenden Vorschriften und selbst gesetzter betrieblicher Umweltziele zum Gegenstand hat. Umweltaudit und betriebliches Umweltmanagement gehen Hand in Hand.[205] Die Einhaltung der betrieblichen Umweltpolitik wird von der Verwaltung und Umweltgutachtern, aber auch von der Öffentlichkeit kontrolliert.[206] Voraussetzung für den Erfolg des Systems ist die freiwillige Teilnahme einer möglichst großen Zahl von Unternehmen.[207] Für die Bundesrepublik Deutschland formt das Umweltauditgesetz diese Vorgaben weiter gehend aus und formuliert insbesondere die Voraussetzungen für die Zulassung als Umweltgutachter.[208] Nach § 1 der Erweiterungsverordnung zum deutschen Umweltauditgesetz werden auch Körperschaften des öffentlichen Rechts und Unternehmen in das System einbezogen, die eine der im Anhang genannten Tätigkeiten ausüben, also etwa Erzeugung von Strom oder Gas, Energieversorgung, Wasserversorgung oder bestimmte Arten von Gastgewerben oder Wäschereien.[209] Da die Auditierung unabhängig von behördlichen Genehmigungsverfahren und freiwillig erfolgt, zeitigt sie keine unmittelbaren Aus-

---

203 *A. Epiney*, Umweltrecht, S. 189.

204 Verordnung (EWG) Nr. 1836/93 des Rates vom 29. 6. 1993 über die freiwillige Beteiligung gewerblicher Unternehmen an einem Gemeinschaftssystem für das Umweltmanagement und die Umweltbetriebsprüfung, ABl. Nr. L 168 vom 10. 7. 1993, S. 1.

205 *H. J. Mittelstaedt*, in: Lübbe-Wolf (Hrsg.), Vollzug, S. 235; *Ch. Koenig/A. Haratsch*, Europarecht, Rn. 740.

206 *J. Schwarze*, in: ders. (Hrsg.), Verwaltungsrecht, S. 174; zu grundsätzlichen Fragen *M. Schmidt-Preuß*, VVDStRL 56 (1996), S. 186, 200f.

207 *B. Bender/R. Sparwasser/R. Engel*, Umweltrecht, Rn. 1/162,

208 Gesetz zur Ausführung der Verordnung (EWG) Nr. 1836/93 des Rates vom 29. Juni 1993 über die freiwillige Beteiligung gewerblicher Unternehmen an einem Gemeinschaftssystem für das Umweltmanagement und die Umweltbetriebsprüfung vom 7. 12. 1995, BGBl. I, S. 1591.

209 Verordnung nach dem Umweltauditgesetz über die Erweiterung des Gemeinschaftssystems für das Umweltmanagement und die Umweltbetriebsprüfung auf weitere Bereiche vom 3. 2. 1998, BGBl. I, S. 338.

wirkungen auf Verwaltungsverfahren. Das Modell beeinflusst aber die rechtspolitische Diskussion.[210] Im Mittelpunkt steht die Aufwertung der Rolle des Unternehmens in seiner Verantwortung für den Umweltschutz, die andererseits eine Entlastung der Behörden zur Folge hat. Im deutschen Recht zeigt sich die Ausweitung betrieblicher Verantwortung zum Beispiel in der Einrichtung des Betriebsbeauftragten für den Immissionsschutz in § 53 BImSchG oder des Störfallbeauftragten nach § 58a BImSchG, die gegenüber dem Betreiber der Anlage intern beratende Aufgaben wahrnehmen. Das Konzept der Öko-Audit-Verordnung zieht zur Kontrolle der Ergebnisse betrieblichen Umweltschutzes die Öffentlichkeit heran.[211] Die Bereitstellung von Informationen über den betrieblichen Umweltschutz für die Öffentlichkeit bezweckt nach Art. 1 Abs. 2 lit. c die Verbesserung eben dieses betrieblichen Umweltschutzes.[212] Nach der ersten Umweltprüfung und jeder weiteren Betriebsprüfung wird für die Öffentlichkeit eine knappe Umwelterklärung verfasst (Art. 5 Abs. 2). Diese muss von einem unabhängigen Umweltgutachter für gültig erklärt werden (Art. 4 Abs. 3).[213] Das Verzeichnis aller Standorte, die eine validierte Umwelterklärung erhalten haben, wird gemäß Art. 9 von der Kommission veröffentlicht. Die Unternehmen selbst können die Teilnahmeerklärungen verwenden, allerdings nicht zur Produktwerbung (Art. 10 Abs. 3).[214] Aufgabe der Mitgliedstaaten ist es, nicht nur die Unternehmen sondern auch die Öffentlichkeit über Ziele und Einzelheiten des Audit-Systems zu unterrichten (Art. 15). Die Öffentlichkeit spielt im System der Umweltbetriebsprüfung an unterschiedlicher Stelle eine Rolle. Sie ist als Adressat der Teilnahmeerklärung wichtig für die Unternehmen, denn indirekt dient die Teilnahmeerklärung selbstverständlich auch ihrem Image.[215] Vor diesem Hintergrund erweist sich die Instrumentalisierung der Öffentlichkeit als einer der Angelpunkte, um das Öko-Audit durchzusetzen.

2.2.5. Zusammenfassung

Die dargestellten Rechtsakte lassen für den Aspekt der Herstellung von Öffentlichkeit deutlich werden, dass und wie die Europäische Gemeinschaft die Öffentlichkeit funktionalisiert. Im Vordergrund steht das europäische Umweltrecht.[216] Dies liegt zum einen daran, dass die Gemeinschaft auf diesem Gebiet über weitreichende Kompetenzen verfügt. Auf der Grundlage des Art. 175 EGV ist die Gemeinschaft in der Lage, materielle Regelungen zu treffen, deren Vollzug gewährleistet werden muss. Zum anderen ist das Umweltrecht ein Be-

---

[210] *I. Pernice/S. Kadelbach*, DVBl. 1996, S. 1108.
[211] *Ch. Koenig*, NVwZ 1994, S. 937; *R. Breuer*, NVwZ 1997, S. 840; *J. Masing*, Mobilisierung, S. 27; *M. Schmidt-Preuß*, VVDStRL 56 (1996), S. 187.
[212] *D. Scheuing*, in: Hoffmann-Riem/Schmidt-Aßmann (Hrsg.), Reform, Band 2, S. 348.
[213] Näher *H.J. Mittelstaedt*, in: Lübbe-Wolf (Hrsg.), Vollzug, S. 241 f.
[214] *A. Epiney*, Umweltrecht, S. 148.
[215] *J. Masing*, Mobilisierung, S. 29.
[216] Überblick bei *D. Scheuing*, NVwZ 1999, S. 483.

reich, in dem essentielle Interessen der Unionsbürger und der Nachwelt betroffen sind. Natur- und Gesundheitsschutz, Erhaltung von Wasser und Luft, umweltverträgliche Entsorgung gefährlicher Abfälle und ähnliche Interessen führen dazu, dass viele Unionsbürger von Normen der Gemeinschaft unmittelbar in ihrem Lebenskreis berührt werden und eine Beteiligung breiter Bevölkerungskreise daher nahe liegt. Die Öffentlichkeit spielt zur Durchsetzung gemeinschaftlicher Rechtsinstrumente eine ergebnisbezogene Rolle. Im Verhältnis zur Verwaltung kontrolliert sie die Aufgabenerfüllung. Im Verhältnis zu privaten Unternehmen liefert sie wirtschaftliche Anreize dafür, von indirekt wirkenden Mechanismen des Umweltschutzes Gebrauch zu machen. Die Funktionalisierung der Öffentlichkeit dient der Europäischen Gemeinschaft als Ausgleich für fehlende unmittelbare Vollzugskompetenzen. Auch innerstaatliche Rechtsordnungen messen aber den prozeduralen Aspekten hohe Bedeutung zu. Eine sachbezogene Betrachtung der einschlägigen gemeinschaftsrechtlichen Rechtsakte führt zu der Beurteilung, dass über die besondere Situation supranationaler Regelungen hinaus gute Gründe für eine Aktivierung der Öffentlichkeit sprechen. Wenn essentielle Interessen betroffen sind, fördert die Einbeziehung der Interessenträger die Zielerreichung. Angesichts der Komplexität vieler Sachverhalte sind die Verwaltungsbehörden selbst auf Informationen angewiesen. Hinzu kommt die Begrenztheit staatlicher Ressourcen, die zu einer Aufwertung der Verantwortlichkeiten von Privaten führt. Anlagenbetreiber im Rahmen des Umweltrechts kommen als Verantwortliche ebenso in Betracht wie Dienstleistungsunternehmen, die als Folge von Privatisierungen ehemals staatliche Aufgaben wahrnehmen. Stärkere Verantwortung von Privaten für Belange des Gemeinwohls hat zur Folge, dass sich diese der Öffentlichkeit und ihrem Bedürfnis nach Information und Einflussnahme zu stellen haben. Die Konzeption der Europäischen Gemeinschaft zielt auf die Herstellung von Kommunikation zwischen allen Beteiligten. Allerdings bedarf diese Kommunikation der Steuerung, Informationen müssen gefiltert, bewertet und verteilt werden. Die Verwaltung findet hier veränderte und anspruchsvolle Aufgaben vor. Letztlich steht die Kommunikation unter dem Vorzeichen, dass ein bestimmtes Ziel erreicht, eine bestimmte Entscheidung in sachgerechter und vertretbarer Weise getroffen werden soll.

3. Regelungskonzepte in der Bundesrepublik Deutschland

Die Konzeption in Rechtsakten der Europäischen Gemeinschaft trifft auf die hergebrachten Konzeptionen innerstaatlichen Rechts und lässt sich gelegentlich schwer mit diesen Konzeptionen in Einklang bringen. Das unterschiedliche Verständnis der Öffentlichkeitsbeteiligung ist einer der entscheidenden Punkte.[217] Die Herstellung von Verwaltungsöffentlichkeit im Kontext des Rechts der

[217] *E. Schmidt-Aßmann*, Das Allgemeine Verwaltungsrecht, 6/112.

EU passt nicht ohne weiteres in das hergebrachte System des deutschen Informationsverwaltungsrechts.[218] Ein generelles Informieren im Sinne der Herstellung demokratischer Öffentlichkeit lässt sich in das deutsche Verwaltungsrecht dabei leichter integrieren als die Gewährleistung des individuellen Zugangs zu Behördeninformationen, welche im Rahmen der Herbeiführung einer einzelnen Verwaltungsentscheidung steht.[219] Aus beiden Erfordernissen resultieren Probleme bei der Umsetzung von Richtlinien. Zweifel daran, ob bestimmte Vorschriften gemeinschaftlicher Richtlinien rechtmäßig ins deutsche Recht umgesetzt wurden, haben ihren Grund in diesem Kontext darin, dass die deutschen innerstaatlichen Rechtsvorschriften dem Grundsatz der beschränkten Aktenöffentlichkeit und insgesamt einem Konzept beschränkten Zugangs zu Informationen der Behörden verhaftet waren. Auseinandersetzungen über einzelne Umsetzungsfragen wurzeln in der tiefergehenden Frage danach, ob nicht das deutsche Recht der Informationsverwaltung geänderter Weichenstellungen bedarf. In der Tat gewährleistet nur eine kohärente Systematik des Umgangs mit und Zugangs zu Informationen der Behörden, dass einschlägige Rechtsakte der Europäischen Gemeinschaft ihrem Sinn und Zweck entsprechend in innerstaatliches Recht umgeformt werden können.

Die Europäische Gemeinschaft versucht im Umweltbereich, die Öffentlichkeit zur Kontrolle der Verwaltung in Dienst zu nehmen. Dagegen verknüpft das deutsche Verwaltungsrecht in der Regel die Beteiligung von Bürgern mit dem Schutz subjektiver Rechte (dazu im Einzelnen das 4. Kapitel). Zwar ist dieses Gestaltungsprinzip deutscher verwaltungsrechtlicher Vorschriften inzwischen vielfach durchbrochen, der Kreis der Beteiligten ausgeweitet.[220] Dennoch wird der Ursprung der Öffentlichkeitsbeteiligung im subjektiven Rechtsschutz vielfach sichtbar. Die Mehrzahl der vorhandenen gesetzlichen Regelungen steht nicht im Zusammenhang der Herstellung von Öffentlichkeit. Ihr Schwerpunkt liegt in der Verteidigung subjektiver Rechtspositionen, zu diesem Zweck gewähren sie den Zugang zu Informationen der Verwaltung.[221]

Die objektiv begründete Herstellung von Öffentlichkeit durch die Verwaltung, welche an dieser Stelle zu behandeln ist, findet im deutschen Verwaltungsrecht keine zusammenhängende Regelung. Der Verwaltung steht es grundsätzlich frei, Informationen über ihre Vorgehensweisen und Tätigkeiten der Öffentlichkeit zugänglich zu machen, indem sie selbst die Informationen veröffentlicht oder sich insoweit der Medien bedient. Behörden betreiben auf solch freiwilliger Basis Öffentlichkeitsarbeit.[222] Allerdings kann Öffentlichkeitsarbeit der Verwaltung gerade auf die Abschirmung der Verwaltung vor unliebsamer

---

[218] *F. Schoch*, VVDStRL 57 (1997), S. 201.

[219] *J. Masing*, Mobilisierung, S. 22.

[220] Überblick bei *H.-W. Laubinger*, Stichwort „Öffentlichkeitsbeteiligung“, in: Kimminich/ von Lersner/ Storm (Hrsg.), Handwörterbuch des Umweltrechts, Sp. 1495f.

[221] *J. Masing*, Mobilisierung, S. 134ff.; *A. Hatje*, EuR 1998, S. 737.

[222] *R. Gröschner*, DVBl. 1990, S. 620; *Ch. Gusy*, NJW 2000, S. 979ff.

Kontrolle gerichtet sein.[223] In erster Linie sind es die Regierungen, die ihre Politik und damit auch deren Vollzug durch die Verwaltung den Bürgern präsentieren. Aus rechtlicher Sicht bedürfen die Grenzen derartiger Öffentlichkeitsarbeit näherer Bestimmung, um insbesondere ihre Instrumentalisierung zu Zwekken des Wahlkampfes zu verhindern.[224]

Da Presse und Rundfunk im Prozess der Meinungsbildung eine zentrale Rolle spielen, besteht ein faktischer Druck auch für andere Träger öffentlicher Verwaltung als Regierungen, an die Öffentlichkeit zu treten und sich selbst darzustellen.[225]

Anknüpfungspunkte für eine Systematik des Rechts der Informationsverwaltung sind die bestehenden Regelungen über die Herstellung von Öffentlichkeit. Teilweise haben sie, wie in den Fällen des Umweltinformationsgesetzes und des Gesetzes über die Umweltverträglichkeitsprüfung ihren Ursprung im Gemeinschaftsrecht, dann interessiert die Einpassung in das verwaltungsrechtliche System. Andere Bestimmungen bestehen aufgrund eigenständiger Entscheidungen der deutschen Gesetzgeber, sie werfen ein Schlaglicht auf das Verständnis der Verwaltungsöffentlichkeit im geltenden Recht.

3.1. Regelung in der Landesverfassung von Brandenburg

Besonders deutlich spricht sich die Verfassung des Landes Brandenburg für eine informierte Öffentlichkeit im Hinblick auf den Zustand der Umwelt aus.[226] Sie erlegt in Art. 39 Abs. 7 Satz 1 dem Land, den Gemeinden und den Gemeindeverbänden die Verpflichtung auf, Informationen über gegenwärtige und zu erwartende Belastungen der natürlichen Umwelt zu erheben und zu dokumentieren. Gleichzeitig wird von Verfassungs wegen den Eigentümern und Betreibern von Anlagen eine Offenbarungspflicht aufgebürdet. Die Landesverfassung von Brandenburg und im Zusammenhang der individuellen Informationsrechte auch die Verfassungen von Mecklenburg-Vorpommern, Sachsen, Sachsen-Anhalt und Thüringen reagieren mit ihren Bestimmungen zur Öffentlichkeit von Umweltinformationen nicht nur auf die Einflüsse des Europarechts. Sie stehen auch in der Tradition der Deutschen Demokratischen Republik nach der friedlichen Revolution vom November 1989. Schon am 13. 11. 1989 erließ der Ministerrat eine Verordnung über Umweltdaten, die in ihrem § 1 Abs. 1 normierte, dass Umweltdaten über den Zustand der natürlichen Lebensgrundlagen der Bürger grundsätzlich öffentlich seien.[227] Nach § 6 Abs. 1 der Verordnung sollte der Minister für Umweltschutz und Wasserwirtschaft dem Ministerrat jährlich

---

223 *G. Püttner*, Verwaltungslehre, S. 368.

224 BVerfGE 44, 125 (149).

225 *Ch. Gusy*, NJW 2000, S. 980; *G. Püttner*, Verwaltungslehre, S. 369.

226 Verfassung des Landes Brandenburg vom 20. 8. 1992, GVBl., S. 122.

227 Verordnung über Umweltdaten vom 13. 11. 1989, GBl. der Deutschen Demokratischen Republik I, S. 241.

einen Umweltbericht vorlegen, der zu veröffentlichen war. Die Information der Öffentlichkeit über aktuelle Umweltdaten müsse gesichert sein (§ 6 Abs. 3). Angesichts des Zustands der Umwelt und der bis dahin bestehenden Geheimhaltung der wahren Umweltsituation sah der Ministerrat das Informieren der Öffentlichkeit offensichtlich als besonders dringlich an.

3.2. Informationszugang der Öffentlichkeit in den Kommunen

In einem besonderen Näheverhältnis zu den von ihren Entscheidungen Betroffenen und den an diesen Entscheidungen Interessierten stehen die Kommunalverwaltungen. Wichtigster Grund hierfür ist die unmittelbare demokratische Legitimation zumindest der Vertretungskörperschaft nach Art. 28 Abs. 1 Satz 2 GG. Durch den Wahlakt werden zudem Organe wie insbesondere der Gemeinderat und der Kreistag eingesetzt, die gerade zur Kontrolle der kommunalen Verwaltung berufen sind.[228] Die Gemeinde- und Landkreisordnungen bzw. Kommunalordnungen bemühen sich, die Einwohner der Gemeinde zur Mitwirkung in Angelegenheiten der Gemeinde zu motivieren.[229] Auf Gemeindeebene tragen Bestimmungen über die Unterrichtung der gemeindlichen Öffentlichkeit der Situation Rechnung, dass für eine lebendige Demokratie in der Kommune die Mitwirkung und Beteiligung der Einwohner notwendig ist.

In der Bürger- oder Einwohnerversammlung (vgl. § 16 GemO Rh-Pf)[230] wird die gemeindliche Öffentlichkeit unterrichtet. In obligatorischen Anhörungen oder Fragestunden (§ 16a GemO Rh-Pf), die im Zusammenhang mit den Sitzungen des Gemeinderates stattfinden, haben die Einwohner Gelegenheit, sich näher über bestimmte Sachfragen zu informieren.[231] Sie können zum Beispiel nach § 16b GemO Rh-Pf Anregungen und Beschwerden an die gewählten Organe richten. Über Formen der Mitwirkung hinaus stehen den Gemeindebürgern Wege der Mitentscheidung zur Verfügung. Mit dem Mittel des Einwohner- oder Bürgerantrags können Berechtigte versuchen, den Gemeinderat zu einem bestimmten Beschluss zu bewegen. Das auf einen Bürgerentscheid gerichtete Bürgerbegehren und der Bürgerentscheid selbst gehen über das Einwirken auf die Gemeindeorgane und die Gemeindeverwaltung noch hinaus.[232] Die Bürger beschränken sich dann nicht auf die Kontrolle der Gemeindeverwaltung, sie wollen selbst entscheiden. Hier ist die Verbindung zwischen Öffentlichkeit und Kontrolle aufgehoben, allerdings brauchen die Bürger auch Informationen, um ihre Entscheidungsbefugnisse ausüben zu können.

---

[228] *E. Schmidt-Aßmann*, in: ders. (Hrsg.), Besonderes Verwaltungsrecht, Rn. 67 m.w.N.

[229] Vgl. *W. Hirschberger*, Zugang, S. 58ff., 74f.

[230] Gemeindeordnung Rheinland-Pfalz i.d.F. vom 31. 1. 1994, GVBl., S. 153.

[231] Einzelheiten bei *A. Gern*, Kommunalrecht, Rn. 524, 583.

[232] *Th. v. Danwitz*, DVBl. 1996, S. 134; Nachweis der landesrechtlichen Regelungen bei *O. Seewald*, in: Steiner (Hrsg.), Besonderes Verwaltungsrecht, Teil I, Rn. 163f. mit Fn. 408ff.; nähere Darstellung bei *A. Gern*, Kommunalrecht, Rn. 584ff.

Neben ihrer Kontrollfunktion bezweckt die Unterrichtung der gemeindlichen Öffentlichkeit, die Voraussetzungen für die Wahrnehmung subjektiver Rechte zu schaffen. Die Öffentlichkeit der Sitzungen des Gemeinderates ist ein Kernelement für die Beteiligung der Einwohner an der Entscheidungsfindung und Verwaltung der Gemeinde.[233] Schon die ordnungsgemäße Einberufung der Sitzung gehört zu den verfahrensrechtlichen Voraussetzungen eines Beschlusses.[234] Das subjektive Recht auf Teilnahme an der Ratssitzung kann nur ausüben, wer weiß, dass diese stattfindet. In Baden-Württemberg und Nordrhein-Westfalen werden die Bürger der Gemeinde an der Aufstellung der Haushaltssatzung beteiligt. Die jeweiligen Gemeindeordnungen gestehen den Einwohnern und Abgabepflichtigen ein Einwendungsrecht gegenüber der Haushaltssatzung zu (§81 Abs.1 Satz 2 GO Ba-Wü; §79 Abs.3 Satz 2 GO NRW). Über die Einwendungen im Rahmen des Verfahrens, das zum Aufstellen der Haushaltssatzung führt, entscheidet der Gemeinderat (§81 Abs.1 Satz 3 GO Ba-Wü; §79 Abs.3 Satz 4 GO NRW). Die Kenntnisnahme von den Inhalten der beabsichtigten Satzung ist Vorbedingung für die Möglichkeit der Wahrnehmung des Einwendungsrechts. Für Mitwirkungs- wie Mitentscheidungsrechte der Einwohner oder Bürger sind Informationen gleichermaßen wichtig. Auf eine umfassende Information der kommunalen Öffentlichkeit legen die landesgesetzlichen Regelungen des Kommunalrechts deshalb großen Wert. Dies macht etwa §66 Abs.2 der hessischen Gemeindeordnung deutlich, indem er dem Gemeindevorstand auferlegt, die Bürger in geeigneter Weise über wichtige Fragen der Gemeindeverwaltung zu unterrichten und das Interesse der Bürger an der Selbstverwaltung zu pflegen.[235] Hier verschafft sich das Demokratieprinzip in der kommunalspezifischen Ausgestaltung des Art.28 Abs.1 Satz 1 GG Geltung.

Eben deswegen handelt es sich bei der Unterrichtung der kommunalen Öffentlichkeit um einen Sonderfall, der mit der sonstigen Herausgabe von Informationen durch die Verwaltung nur bedingt vergleichbar ist. Denn in der Kommune besteht eine besondere demokratische Legitimation durch die Wahl der Vertretungskörperschaft und in den meisten Ländern auch des Bürgermeisters oder Landrats.[236] Die Wahl setzt die Unterrichtung der gemeindlichen Öffentlichkeit voraus. Dieser Zusammenhang existiert im Hinblick auf die sonstige Verwaltung nicht. Der besondere Charakter der Kommunen als Teil der Verwaltung mit eigenem demokratischem Legitimationsstrang[237] kommt auch im Hinblick auf die Kommunikation mit der Öffentlichkeit zum Tragen. Zwar dienen Information und Beteiligung der gemeindlichen Öffentlichkeit auch der Kontrolle der Gemeindeverwaltung. Die Unmittelbarkeit der Kontrolle und die Kürze der Legitimationskette in der Gemeinde verstellen jedoch den Weg zur Herstellung direkter Parallelen.

---

233 Vgl. *O. Seewald*, in: Steiner (Hrsg.), Besonderes Verwaltungsrecht, Teil I, Rn.214.

234 *E. Schmidt-Aßmann*, in: ders. (Hrsg.), Besonderes Verwaltungsrecht, Rn.65.

235 Hessische Gemeindeordnung i.d.F. vom 1.4. 1993, GVBl. 1992, S.534 (vorab verkündet).

236 Siehe *W. Rudolf*, in: Erichsen (Hrsg.), Allgemeines Verwaltungsrecht, §53, Rn.24, 28.

237 Dazu *E. Schmidt-Aßmann*, AöR 116 (1991), S.380.

3.3. Spezialgesetzliche Einzelregelungen zur Herstellung von Öffentlichkeit

Die Präsentation der eigenen Tätigkeit durch die Verwaltung gehört als notwendiger Annex zur Wahrnehmung der Sachaufgabe. Außenwirkung der Behördenarbeit ist regelmäßig nur über die Medien zu erreichen. Vor diesem Hintergrund besteht ein Eigeninteresse von Stellen der Verwaltung, mit Informationen an die Öffentlichkeit zu treten.

3.3.1. Freiwillige und gesetzlich vorgeschriebene Information der Öffentlichkeit

Auf freiwilliger Basis erstellen kommunale Umweltbehörden in zunehmendem Maße Umweltberichte. Die Umweltministerien der Länder und des Bundes veröffentlichen ebenfalls Berichte über unterschiedliche Sachbereiche.[238] Eine umfassende aktive Berichterstattung kann einzelne Anfragen überflüssig machen und dergestalt die Verwaltung entlasten.[239] Selbständige Träger öffentlicher Verwaltung, also Anstalten, Stiftungen und über die Kommunen hinaus die sonstigen Körperschaften des öffentlichen Rechts[240] übernehmen mit ihren Aufgaben auch die Selbstdarstellung in der Informationsgesellschaft. Die Herstellung von Öffentlichkeit durch die Regierungen hat einen stark politischen Einschlag. Gerade bei aktuellen und vieldiskutierten Themen erwartet jedoch die Öffentlichkeit, dass die Regierung sie von ihren Erkenntnissen und Absichten unterrichtet. Die Regierung sieht sich Informationsbedürfnissen der Öffentlichkeit gegenüber.[241] Im vorliegenden Zusammenhang steht die Herstellung von Öffentlichkeit durch andere Stellen als die Regierungen von Bund und Ländern im Mittelpunkt des Interesses. Der politische Aspekt ist dann durchaus vorhanden, seine Bedeutung vermindert sich aber im Verhältnis zur sachlichen Information der Bevölkerung, die im sozialen Rechtsstaat bereits in der Unterrichtung über das geltende Recht bestehen kann.[242]

Gesetzlich angeordnete Pflichten zur Herausgabe von Informationen an die Öffentlichkeit finden sich in unterschiedlichen Zusammenhängen.[243] Hervorzuheben ist die Abfallberatungspflicht nach §38 Abs. 1 KrW-/AbfG, die mit einem Rechtsanspruch des Entsorgungspflichtigen auf Auskunft über vorhandene geeignete Abfallbeseitigungsanlagen verbunden ist (§38 Abs. 2 KrW-/

[238] *A. Turiaux*, UIG, §11, Rn. 10, 15; UGB-KomE, S. 818; Überblick über die Umweltberichte in Bund und Ländern bei *J. Fluck/A. Theuer*, UIG, §11, Rn. 39ff.

[239] *M. Schröder*, NVwZ 1990, S. 907; *Ch. Schrader*, in: Schomerus/Schrader/Wegener, UIG, §11, Rn. 2; siehe auch *M. Eifert*, DÖV 1994, S. 549.

[240] Überblick bei *W. Rudolf*, in: Erichsen (Hrsg.), Allgemeines Verwaltungsrecht, §52, Rn. 9ff.

[241] BVerwGE 87, 76 (81).

[242] Vgl. BVerfGE 44, 125 (148).

[243] Überblick bei *P. Kothe*, DÖV 1998, S. 580ff.; *J. Fluck*, in: Breuer u.a. (Hrsg.), Zugang, S. 27ff.; UGB-KomE, S. 817.

AbfG).[244] Adressaten derartiger Informationspflichten sind Behörden, die über Informationen verfügen, welche für die Bürger besonders wertvoll sein können. Ausnahmsweise können auch private Rechtssubjekte gesetzlich dazu verpflichtet werden, Zugang zu bestimmten Informationen zu gestatten. Das Interesse einer unbestimmten Öffentlichkeit an solchen Informationen hängt von den betreffenden Sachbereichen ab.

3.3.2. Berichte der Verwaltung und von Stellen mit organisatorischer Eigenständigkeit

Die Information der Öffentlichkeit wird durch Berichtspflichten institutionalisiert und konkretisiert. Eine Reihe von Berichtspflichten trifft die Bundesregierung selbst oder ihre Mitglieder. Hier steht die Information des Parlaments im Vordergrund, um ihm die Wahrnehmung seiner Kontrollaufgabe zu ermöglichen. Beispiele sind der Jahreswirtschaftsbericht und der Subventionsbericht (§§ 2 und 12 Abs. 2 StWG), der Raumordnungsbericht (§ 21 ROG), der Mietenbericht (§ 8 Abs. 7 WoGG) und der Tierschutzbericht (§ 16d TierSchG).[245] Daneben stehen die Berichte von Beauftragten über ihre Tätigkeit. Der Bundesdatenschutzbeauftragte erstattet gemäß § 26 Abs. 1 BDSG alle zwei Jahre dem Bundestag einen Tätigkeitsbericht. Auf der Grundlage von Art. 45b GG arbeitet der Wehrbeauftragte, der dem Bundestag nach § 2 Abs. 1 WBeauftrG einen jährlichen Gesamtbericht vorlegt. Die Berichte solcher Beauftragter werden von den Medien verbreitet und von der Öffentlichkeit mit großem Interesse zur Kenntnis genommen. Durch Presseerklärungen versuchen die Beauftragten, auf diese Kenntnisnahme hin- und einzuwirken. Eine teilweise vergleichbare Stellung nimmt der Bundesrechnungshof ein.[246] Er berichtet nach Art. 114 Abs. 2 Satz 2 GG der Bundesregierung, aber auch Bundestag und Bundesrat unmittelbar, um den Verfassungsorganen Kontrolle und Kritik zu ermöglichen.[247] Neben diese primäre Zielrichtung tritt die Unterrichtung der Öffentlichkeit, ohne dass diese damit gegen die Verfassungsorgane mobilisiert werden soll.[248] Aufgrund des besonderen öffentlichen Interesses, insbesondere der Wirtschaft, an seiner Tätigkeit ist das Bundeskartellamt verpflichtet, auf der Basis des § 50 Abs. 1 GWB regelmäßig Tätigkeitsberichte zu veröffentlichen. Einen jährlichen Tätigkeitsbericht erstellt die Zentrale Kommission für die Biologische Sicherheit gemäß § 5 Satz 3 GenTG. Die selbständige Organisation von Verwaltungs-

---

[244] *P. Kothe*, DÖV 1998, S. 581.

[245] Vgl. *D. Zöllner*, Datenschutzbeauftragte, S. 135; *M. Schulte*, Schlichtes Verwaltungshandeln, S. 53.

[246] *H. Fischer-Menshausen*, in: von Münch/Kunig (Hrsg.), Grundgesetz-Kommentar, Art. 114, Rn. 11 m.w.N.

[247] *K. Stern*, Staatsrecht II, § 34 IV 4 a (S. 440).

[248] *G. Kisker*, NJW 1983, S. 2170; für ein eigenständiges Zugangsrecht des Rechnungshofes zur Öffentlichkeit *H.H. v. Arnim*, Staatslehre, S. 414.

einheiten erfordert die Information über deren Tätigkeit, um durch Kenntnis ihrer Vorgehensweisen die Rechtssicherheit zu fördern.

3.3.3. Berichte von Expertengremien

Die Möglichkeit der Veröffentlichung betrifft auch die Berichte von Expertengremien, deren vornehmliche Aufgabe in der Beratung von Regierung und Verwaltung oder auch des Parlaments liegt. Aufgrund dieser Zuordnung steht die Veröffentlichung oft im Ermessen der Exekutive oder Legislative. Ausnahmsweise ist die Entscheidungsfreiheit insoweit eingeschränkt. Die Berichte der Expertengremien richten sich in solchen Konstellationen auch an die Öffentlichkeit und sind deshalb dem Grunde nach zur Veröffentlichung bestimmt. Zwei Beispiele seien hierfür angeführt. Eine weitgehend unabhängige Stellung nimmt der Sachverständigenrat zur Begutachtung der gesamtwirtschaftlichen Entwicklung ein.[249] Die Behörden sind verpflichtet, seinen Informationsersuchen zu entsprechen. Seine Gutachten werden unter Umständen auch gegen den Willen der Regierung veröffentlicht.[250] Hier geht es mehr um Information der Öffentlichkeit denn um Beratung der Regierung. Der Sachverständigenrat erfüllt in einem nur von Fachleuten durchschaubaren Bereich eine Kontrollfunktion gegenüber der Regierung.[251] Er wird zu Gunsten der Öffentlichkeit tätig, indem er Öffentlichkeit über die gesamtwirtschaftliche Entwicklung herstellt.[252] Der Rat von Sachverständigen für Umweltfragen wendet sich mit seinen Gesamtgutachten ebenfalls direkt an die Öffentlichkeit. Seine Existenz gründet auf dem Einrichtungserlass vom 28.12. 1971.[253] Er erstattet alle zwei Jahre ein Gutachten über die Umweltsituation und die Umweltbedingungen in der Bundesrepublik Deutschland, das er der Bundesregierung zuleitet.[254] Zugleich ist dieses Gutachten zu veröffentlichen. Im Hinblick auf Einzel- oder Sondergutachten des Rates besteht keine Veröffentlichungspflicht. Zu einzelnen Beratungsthemen kann er Bundes- oder Länderbehörden hören und Anhörungen von Sachverständigen durchführen. Der Rat soll die Urteilsbildung in der Öffentlichkeit erleichtern und genießt daher eine gewisse Unabhängigkeit von Regierung und Parlament.[255]

---

[249] Vgl. *H.H. v. Arnim*, Gemeinwohl, S.325ff.

[250] Vgl. §§2, 3, 5, 6 des Gesetzes über die Bildung eines Sachverständigenrates zur Begutachtung der gesamtwirtschaftlichen Entwicklung vom 14.8. 1963, BGBl. I, S.685.

[251] *W. Brohm*, in: Isensee/Kirchhof (Hrsg.), HdBStR, §36, Rn.29.

[252] *H.H. v. Arnim*, Gemeinwohl, S.329.

[253] Erlaß des Bundesministers des Innern, GMBl. 1972, S.27, geändert durch Erlaß des Bundesministers für Umwelt, Naturschutz und Reaktorsicherheit vom 10.8. 1990, GMBl. 1990, S.831.

[254] *B. Bender/R. Sparwasser/R. Engel*, Umweltrecht, Rn.1/93.

[255] *J. Salzwedel*, Stichwort „Rat von Sachverständigen für Umweltfragen", in: Kimminich/von Lersner/Storm (Hrsg.), Handwörterbuch des Umweltrechts, Sp.1664.

3.3.4. Aufklärung und Information der Öffentlichkeit

Die Herstellung von Öffentlichkeit wird von einigen Gesetzen als Aufklärung oder Unterrichtung bezeichnet.[256] Aufklärungspflichten schafft der Gesetzgeber insbesondere dann, wenn die potentielle Betroffenheit der Bürger hoch ist. Die entsprechenden gesetzlichen Vorschriften betonen die Öffentlichkeit als Adressaten bestimmter Informationen. Aufklärungsansprüche einzelner Bürger begründen sie nicht, ihre Durchsetzung kann nur von übergeordneten Behörden erzwungen werden.[257] Eine regelmäßige Berichterstattung von Behörden unterhalb der Ministerialebene über ihre Tätigkeiten ist eher selten anzutreffen. Verpflichtende Vorschriften wie § 139b Abs. 3 GewO, der die Gewerbeaufsichtsämter zur Erstattung von Jahresberichten zwingt, stellen Ausnahmen dar.[258] Aufklärungspflichten treffen oft eher Behörden mit einer gewissen Eigenständigkeit.

Dem Umweltbundesamt kommt die Aufgabe zu, die Öffentlichkeit in Umweltfragen zu informieren und aufzuklären (§ 2 Abs. 1 Satz 2 UBAG).[259] Aus der gesetzlichen Aufgabenzuweisung des § 2 UBAG folgt eine Aufklärungsbefugnis.[260] Zusammen mit der Führung eines zentralen Informations- und Dokumentationsdienstes gehört die Aufklärung inzwischen zu den zentralen Aufgaben des Umweltbundesamtes.[261] Nach § 26 Abs. 2 PflSchG macht die Biologische Bundesanstalt, eine selbständige Bundesoberbehörde im Geschäftsbereich des Bundesministeriums für Ernährung, Landwirtschaft und Forsten (§ 33 Abs. 1 PflSchG), die Eintragung in die Pflanzenschutzgeräteliste und die Löschung der Eintragung im Bundesanzeiger bekannt.[262] Die Information einer unbestimmten Öffentlichkeit über Tatsachen aus dem Abfallbereich regelt § 39 KrW-/AbfG. Danach unterrichten die Länder die Öffentlichkeit über den erreichten Stand der Vermeidung und Verwertung von Abfällen sowie die Sicherung der Abfallbeseitigung. Den Sozialbehörden obliegt nach § 13 SGB AT die Pflicht, die Bevölkerung aufzuklären. Die einschlägigen Teilöffentlichkeiten sollen über die ihnen aufgrund der Gesetze zustehenden Rechte und Vorteile informiert werden.[263] Gesetzliche Regelungen über die Aufklärung der Öffentlichkeit können als Grundlage für Maßnahmen dienen, die grundrechtsrelevan-

---

[256] *W. Clausen*, in: Knack (Hrsg.), VwVfG, § 25, Rn. 2.1 und 2.3; *S. Herrmann*, Informationspflichten, S. 304; vgl. zum Charakter derartiger Aufklärung *R. Gröschner*, DVBl. 1990, S. 621; *E. Czerwick*, DÖV 1997, S. 981.

[257] *C.H. Ule/H.-W. Laubinger*, Verwaltungsverfahrensrecht, § 26, Rn. 6; zur kommunalen Ebene *P. Kothe*, DÖV 1998, S. 577.

[258] *G. Lübbe-Wolf*, Modernisierung, S. 197.

[259] Gesetz über die Errichtung eines Umweltbundesamtes vom 22. 7. 1974, BGBl. I, S. 1505.

[260] *R. Gröschner*, DVBl. 1990, S. 626; *Ch. Gusy*, NJW 2000, S. 980.

[261] *P.-C. Storm*, Stichwort „Umweltbundesamt", in: Kimminich/von Lersner/Storm (Hrsg.), Handwörterbuch des Umweltrechts, Sp. 2130; *R. Gröschner*, WUR 1991, Heft 2, S. 77; *R. Engel*, Akteneinsicht, S. 218.

[262] Gesetz zum Schutz der Kulturpflanzen vom 15. 9. 1986, BGBl. I, S. 1505.

[263] *C.H. Ule/H.-W. Laubinger*, Verwaltungsverfahrensrecht, § 26, Rn. 6.

ten Charakter tragen.[264] Warnungen an die Öffentlichkeit, etwa vor möglichen Gesundheitsgefahren bestimmter Produkte, werden vom Bundesverwaltungsgericht für zulässig gehalten.[265] Behördliche Informationstätigkeit erfüllt in aller Regel aber nicht die Voraussetzungen eines Eingriffs in Art. 12 Abs. 1 GG.[266]

Auf manchen Sachgebieten, etwa dem Umwelt- und Verbraucherschutz, schätzt der Gesetzgeber das Informationsbedürfnis der Öffentlichkeit oder von Teilöffentlichkeiten besonders hoch ein. Anforderungen an die Verwaltungsbehörden im Hinblick auf das Informieren der Öffentlichkeit sind etwa im Bundes-Immissionsschutzgesetz niedergelegt. Die zuständigen Landesbehörden haben gebietsbezogene Emissionskataster zu erstellen, in denen nähere Einzelheiten zu Luftverunreinigungen aufgeführt sind. Allerdings hindert sie §27 Abs. 3 Satz 1 BImSchG daran, in den Emissionskatastern Einzelangaben der Emissionserklärungen zu veröffentlichen, die der Betreiber einer genehmigungspflichtigen Anlage abzugeben verpflichtet ist, wenn aus diesen Rückschlüsse auf Betriebs- oder Geschäftsgeheimnisse gezogen werden können. Der Bundesminister für Umwelt, Naturschutz und Reaktorsicherheit erlässt gemäß §45 Nr. 5 BImSchG, soweit es unter gewissen Gesichtspunkten erforderlich ist, Verwaltungsvorschriften über die Unterrichtung der Bevölkerung im Hinblick auf Stand und Entwicklung der Luftverunreinigung in Untersuchungsgebieten.[267] Von dieser Ermächtigung hat das Ministerium durch Erlass der Vierten Allgemeinen Verwaltungsvorschriften zum BImSchG Gebrauch gemacht.[268] Nach Ziffer 7.5. der 4. BImSchVwV sollen zur Unterrichtung der Bevölkerung bestimmte Daten zur Veröffentlichung bereitgestellt werden.

An die Öffentlichkeit wendet sich der Bericht gemäß §11 UIG.[269] Danach veröffentlicht die Bundesregierung in vierjährigen Abständen einen Bericht über den Zustand der Umwelt im Bundesgebiet. Dieser sollte sich inhaltlich an den in §3 Abs. 2 Nr. 1 UIG genannten umweltrelevanten Fakten orientieren und damit grundsätzlichen Charakter gewinnen.[270] Die Information über Tä-

---

[264] *R. Gröschner*, WUR 1991, Heft 2, S. 77 und passim; siehe auch *U. Di Fabio*, JuS 1997, S. 5; *D. Murswiek*, DVBl. 1997, S. 1022; *Ch. Gusy*, NJW 2000, S. 982ff., jeweils m.w.N.

[265] BVerwGE 87, 37 (47); Kritik an diesem Urteil bei *R. Gröschner*, JZ 1991, S. 628. Zur Warnung vor einer Jugendsekte BVerwGE 82, 76 (81), dazu kritisch *Ch. Gusy*, JZ 1989, S. 1005; *R. Gröschner*, DVBl. 1990, S. 628f.

[266] *J. Wieland*, in: Dreier (Hrsg.), GG, Art. 12, Rn. 81; *P. Tettinger*, in: Sachs (Hrsg.), GG, Art. 12, Rn. 72; *R. Gröschner*, DVBl. 1990, S. 626; andere Akzentuierungen bei *Ch. Gusy*, NJW 2000, S. 983 und *D. Murswiek*, DVBl. 1997, S. 1027. Das Bundesverwaltungsgericht hat einen Eingriff in die Berufsfreiheit von Konkurrenten in einem Fall bejaht, in dem eine Industrie- und Handelskammer auf Anfragen von Existenzgründern bestimmte wirtschaftliche Berater benannte, BVerwGE 89, 281 (283).

[267] *K. Hansmann*, in: Landmann/Rohmer, BImSchG, §45, Rn. 15a.

[268] 4. BImSchVwV (Ermittlung von Immissionen in Untersuchungsgebieten) vom 26. 11. 1993, GMBl., S. 827; auch abgedruckt bei *K. Hansmann*, in: Landmann/Rohmer, BImSchG, §45, Rn. 16 und bei *C.H. Ule/H.-W. Laubinger* (Hrsg.), BImSchG, RvB, B 4.

[269] *R. Röger*, UIG, §11, Rn. 1.

[270] *Ch. Schrader*, in: Schomerus/Schrader/Wegener, UIG, §11, Rn. 4; *J. Fluck/A. Theuer*, UIG, §11, Rn. 19.

tigkeiten oder Maßnahmen im Sinne des §3 Abs. 2 Nr. 2 und 3 UIG bietet sich an, eine rechtliche Verpflichtung hierzu besteht nicht.[271] Mit einer breiten Darstellung würde sich der Bericht der in Erwägungsgrund 11 der Umweltinformationsrichtlinie angesprochenen Globalstrategie zur Verbreitung umweltbezogener Informationen annähern, ohne deren konzeptionelle Möglichkeiten zu erschöpfen. Allerdings nutzt Art. 7 der Richtlinie diese Möglichkeiten ebenfalls nur begrenzt, indem er lediglich von der Publizität allgemeiner Informationen über den Zustand der Umwelt spricht.[272] Die Vorschrift des §11 UIG enthält zwar nur den Mindeststandard aktiver Umweltinformation, unterschreitet aber den Standard der Richtlinie nicht.[273] Der Berichtszeitraum von vier Jahren ist angesichts der Geschwindigkeit der Entwicklungen im Umweltbereich faktisch zu lang. Letztlich muss §11 UIG dennoch als richtlinienkonform eingeschätzt werden, da Art. 7 der Richtlinie nur von regelmäßigen Berichten ausgeht.[274] In den umweltbezogenen Rechtsakten der Gemeinschaft, die vielfach Berichtspflichten vorsehen, finden sich zumeist Zeiträume von 2 oder 3 Jahren.[275] Daher hatte der Kommissionsvorschlag für die Umweltinformationsrichtlinie noch drei Jahre gefordert. Dieses Erfordernis entfiel im endgültigen Text. Eine Festschreibung von vier Jahren hält sich ungeachtet ihrer begrenzten Sinnhaftigkeit noch im Rahmen des Umsetzungsspielraums. Die Konformität der Regelung des §11 UIG mit den Vorgaben der Richtlinie lässt sich allerdings nicht unter Verweis auf den Rechtszustand insgesamt begründen. Die Berichte nach §11 UIG sind zwar nicht die einzigen Berichte der Bundesregierung im Umweltbereich, so dass insgesamt die Information der Öffentlichkeit faktisch gewährleistet sein mag.[276] Die Umsetzung des Art. 7 der Umweltinformationsrichtlinie kann aber nur durch verbindliche, hinreichend bestimmte Vorschriften erfolgen.[277] Freiwillig erstellte Berichte genügen diesen Vorgaben nicht. Auf Bundesebene verlangen – soweit ersichtlich – nur §2 UBAG und §5 BStatG die Veröffentlichung gewisser Daten über die Umwelt. Diese Vorschriften erweisen sich jedoch als gegenständlich begrenzt und erfüllen die Umsetzungspflicht nicht.[278] Die Regelung des §11 UIG war notwendig, und sie erfüllt am unteren Rand des Möglichen ihren Zweck.

Auf dem Gebiet des Lebensmittelrechts äußert die Bevölkerung naturgemäß ein starkes Interesse an Information. Daher wird gemäß §33 Abs. 3 Satz 1 LMBG das Deutsche Lebensmittelbuch, eine Sammlung von Leitsätzen, in de-

---

271 *A. Turiaux*, UIG, §11, Rn. 3; a. A. *Ch. Schrader*, in: Schomerus/Schrader/Wegener, UIG, §11, Rn. 4.

272 Kritisch *D. Hegele*, in: Hegele/Röger (Hrsg.), Umweltschutz, S. 139.

273 *Ch. Schrader*, in: Schomerus/Schrader/Wegener, UIG, §11, Rn. 9.

274 *Ch. Schrader*, in: Schomerus/Schrader/Wegener, UIG, §11, Rn. 3; a. A. *R. Röger*, UIG, §11, Rn. 8; *D. Hegele*, in: Hegele/Röger (Hrsg.), Umweltschutz, S. 139.

275 Siehe oben 3. Kapitel, 2.2.4.

276 *J. Fluck/A. Theuer*, UIG, §11, Rn. 12.

277 EuGH, Rs. C-361/88 (TA Luft), Slg. 1991, S. I-2567, Rn. 15f.; *M. Schweitzer/W. Hummer*, Europarecht, Rn. 360.

278 *H.-U. Erichsen/A. Scherzberg*, Umsetzung, S. 123.

nen die Merkmale von Lebensmitteln beschrieben werden, vom zuständigen Bundesministerium veröffentlicht. Das Bundesinstitut für gesundheitlichen Verbraucherschutz und Veterinärmedizin publiziert zudem nach §35 LMBG eine amtliche Sammlung von Verfahren zur Untersuchung von Lebensmitteln.

Wenn wichtige Informationen den Behörden nicht zur Verfügung stehen, kann die Herstellung von Öffentlichkeit auch privaten Rechtssubjekten aufgegeben werden. Im Zusammenhang des Umweltschutzes werden den Betreibern von Anlagen Unterrichtungspflichten auferlegt. Nach §15 Abs. 5 und 6 TrinkwV hat der Unternehmer oder sonstige Inhaber einer Wasserversorgungsanlage, aus der Wasser an Anschlussnehmer oder Verbraucher abgegeben wird, unverzüglich bei Beginn der Zugabe von Zusatzstoffen und regelmäßig einmal jährlich sämtliche Zusatzstoffe in örtlichen Tageszeitungen bekannt zu geben. Die Betreiber von Anlagen sehen sich besonders hohen Anforderungen gegenüber, weil ihre Tätigkeit ein besonders großes Gefährdungspotential für die Umwelt in sich birgt und die Bürger daher ein gesteigertes Interesse an Informationen über Aspekte dieser Tätigkeit haben. Anforderungen dieser Art richtet etwa §11a StörfallV (12. BImSchV) auf.[279] Die Pflicht der Betreiber von Müllverbrennungsanlagen, die Öffentlichkeit in wiederkehrender Form zu unterrichten, basiert auf §18 AbfallverbrennungsV (17. BImSchV). Mit dieser Vorschrift wurden zwei Abfall-Richtlinien der EG von 1989 umgesetzt.[280]

3.3.5. Zusammenfassung

Pflichten zur Veröffentlichung von Berichten haben den Zweck, das Parlament bei seiner Aufgabe zu unterstützen, die Verwaltung zu kontrollieren. Dies verdeutlicht §50 Abs. 2 GWB, wonach die Bundesregierung den Bericht der Kartellbehörde unverzüglich mit ihrer Stellungnahme dem Bundestag zuleitet. Die Veröffentlichung dient zusätzlich der Kenntnisnahme durch die Öffentlichkeit. Einige Regelungen stellen diesen Gesichtspunkt in den Vordergrund. Die ohne Anspruch auf Vollständigkeit aufgezählten Beispiele haben gezeigt, dass Informationspflichten häufig in Bereichen aufgerichtet werden, die von besonderem öffentlichen Interesse sind wie im Immissions- und Abfallrecht. In derartigen Konstellationen werden Verpflichtungen zur Unterrichtung der Öffentlichkeit auch privaten Rechtssubjekten auferlegt. Informationspflichten der Behörden sind zudem von Bedeutung, um den Bürgern die Verwaltungspraxis nahe zu bringen, insbesondere wenn wie im Sozialrecht eine Vielzahl von Bür-

[279] Siehe *J. Fluck*, in: Breuer u.a. (Hrsg.), Zugang, S. 29f. mit weiteren Beispielen auch aus dem Landesrecht. Die Vorschriften sind abgedruckt bei *C.H. Ule/H.-W. Laubinger* (Hrsg.), BImSchG, RvB, A 12 und A 17.

[280] Art. 9 der Richtlinie 89/369/EWG des Rates vom 8.6. 1989 über die Verhütung der Luftverunreinigung durch bestehende Verbrennungsanlagen für Siedlungsmüll, ABl. Nr. L 163 vom 14.6. 1989, S. 32 und Art. 8 der Richtlinie 89/429/EWG des Rates vom 21.6. 1989 über die Verringerung der Luftverunreinigung durch bestehende Verbrennungsanlagen für Siedlungsmüll, ABl. Nr. L 203 vom 15.7. 1989, S. 50.

gern potentiell betroffen sein kann. Der Einzelne vermag sein Verhalten an den Vorgehensweisen der Behörden auszurichten, falls er über sie informiert ist. Er benötigt Informationen, um seine individuellen Rechte zu kennen und wahrzunehmen. Durch die Veröffentlichung von Informationen setzen sich die Behörden der Kritik aus, die im besten Falle konstruktiv ist und zu einer rechtmäßigen und sachgerechten Anwendung der Gesetze beiträgt.

3.4. Informationszugang der Öffentlichkeit in komplexen Genehmigungs- und in Planfeststellungsverfahren

3.4.1. Die Struktur der Verfahren

Die Beteiligung der Öffentlichkeit in den Verfahren der Planfeststellung und Anlagengenehmigung, die hier insbesondere auf der Grundlage des Verwaltungsverfahrensgesetzes und des Immissionsschutzrechts dargestellt wird, basiert zum Großteil auf der Gewährung subjektiver öffentlicher Rechte.[281] Sie gehört damit im Schwerpunkt in den Zusammenhang subjektiver Rechte auf Information (und damit ins 4. Kapitel). Denn in den umfangreichen Verfahren der Planfeststellung und Anlagengenehmigung führen die kommunikationsleitenden Rechtsvorschriften zu einer Verengung der allgemeinen Öffentlichkeit auf einzelne Rechtssubjekte, die als Einwendungsberechtigte eine mit subjektiven Rechten ausgestattete Rechtsstellung innehaben. Zur Sicherung der Rechte potentiell Betroffener bedarf das Verfahren der grundrechtskonformen Ausgestaltung.[282] In den komplexen Genehmigungs- und Planfeststellungsverfahren bestehen Ansprüche auf Verfahrenshandlungen. Die nunmehr zu untersuchende Herstellung von Öffentlichkeit erreicht, dass bereits im Vorfeld der Rechtsverletzung Gefährdungen individueller Rechte minimiert werden. Ihre Funktion, die Voraussetzungen für die Wahrnehmung subjektiver Berechtigungen zu schaffen, kommt zum Tragen. Bereits der Verfahrensschritt der Herstellung von Öffentlichkeit kann deshalb mit Rechtspositionen unterlegt sein.

Partizipation in Großverfahren hat daneben den Sinn, jenseits der Sicherung subjektiver Rechtspositionen eine Mitwirkung der Öffentlichkeit an der Entscheidung der Verwaltung zu ermöglichen.[283] Dadurch erfährt die Informationsgrundlage der Behörde eine Verbreiterung. Die Herstellung von Öffentlichkeit in komplexen Verfahren führt weiter dazu, dass die Verwaltung der Kontrolle durch die Bürger ausgesetzt ist, wodurch die Integration der Interes-

[281] Allgemein zur Planfeststellung *H.D. Jarass*, DVBl. 1998, S. 1202 m.w.N., zur Ähnlichkeit mit Anlagenzulassungen ebd. S. 1203.

[282] *E. Kutscheidt*, in: Landmann/Rohmer (Hrsg.), BImSchG, § 10, Rn. 8, 10. Vgl. zur Vereinbarkeit des Einwendungsausschlusses mit Art. 19 Abs. 4 GG, wenn die Mitwirkungsobliegenheiten für den Bürger erkennbar sind, BVerfG, Beschl. v. 27. 12. 1999 (3. Kammer des Ersten Senats), NVwZ 2000, S. 546 (547).

[283] *J. Masing*, Mobilisierung, S. 142.

sen im Verfahren gefördert wird. Steht die Befugnis zur Erhebung von Einwendungen jedermann zu, besteht daran kein Zweifel. Selbst wenn das Berührtsein in eigenen Belangen vorgetragen werden muss, liegt darin kaum eine Eingrenzung des Kreises der zur Kommunikation mit der Behörde berechtigten Personen.[284]

Die Einwendung nach §73 Abs. 4 Satz 1 VwVfG oder §10 Abs. 3 Satz 2 BImSchG ist eine Verfahrenshandlung.[285] Mit ihr macht der Berechtigte materielle Rechte oder Interessen geltend, und sie vermittelt dem Einwender eine mit Rechten ausgestattete Stellung. Denn er verfügt zumindest über die Rechte auf Benachrichtigung vom Erörterungstermin, auf Teilnahme, auf Erörterung und Bescheidung (so §73 Abs. 6 Sätze 1 und 3, §74 Abs. 2 Satz 1 VwVfG).[286] Das Recht des Einwenders auf Information soll weiter unten im Rahmen der individuellen Rechte behandelt werden.[287] Jedoch zeigt sich das Planfeststellungsverfahren bereits im Zusammenhang mit der Herstellung von Öffentlichkeit formalisiert und teilweise auch mit Rechtsansprüchen durchsetzt. Als rechtlich geleiteter Kommunikationszusammenhang beinhaltet es informatorische Verfahrenshandlungen, zu deren Vornahme die Behörden verpflichtet sind. In Verfahren des Immissionsschutzes und der Anlagengenehmigung ist der Ablauf weitestgehend parallel zum Planfeststellungsverfahren geregelt. Die Zwecke der Öffentlichkeitsbeteiligung im Genehmigungsverfahren gleichen sich, sie zielen auf Information der Behörde und Information potentiell Betroffener.[288] Angesichts des Bezuges von Anlagengenehmigungen zu Interessen der Öffentlichkeit, sollte der Aspekt der Kontrolle der Verwaltungstätigkeit nicht außer Acht gelassen werden. Die Erwägungen zum Planfeststellungsverfahren hinsichtlich der rechtlichen Verfestigung von Verfahrenspositionen gelten auch für Verfahren der Anlagengenehmigung nach §10 BImSchG i.V.m. der 9. BImSchV.[289]

Der Aufbau des Genehmigungsverfahrens für Anlagen nach dem Atomgesetz und der Atomverfahrensverordnung deckt sich mit dem des immissionsschutzrechtlichen Verfahrens.[290] Denn §7 Abs. 4 Satz 3 AtG verweist insoweit auf die Atomrechtliche Verfahrensverordnung (AtVfV), die dem Vorbild des BImSchG nachgebildet ist.[291] Soweit für atomare Zwischenlager im Sinne des §9a Abs. 3 AtG ein Planfeststellungsverfahren durchgeführt werden muss, ordnet §9b Abs. 5 Ziff. 1 AtG an, dass die Bekanntmachung des Vorhabens und des

---

284 *H.-W. Laubinger*, Stichwort „Öffentlichkeitsbeteiligung", in: Kimminich/von Lersner/Storm (Hrsg.), Handwörterbuch des Umweltrechts, Sp. 1496.

285 *H.J. Bonk*, in: Stelkens/Bonk/Sachs, VwVfG, §73, Rn. 59.

286 *C.H. Ule/H.-W. Laubinger*, Verwaltungsverfahrensrecht, §40, Rn. 36; *J.-D. Busch*, in: Knack (Hrsg.), VwVfG, §73, Rn. 7.2.

287 Siehe unten 4. Kapitel, 3.6.2.1.

288 *E. Kutscheidt*, in: Landmann/Rohmer (Hrsg.), BImSchG, §10, Rn. 10; *H.D. Jarass*, BImSchG, §10, Rn. 42.

289 Vgl. die Darstellung der Verfahrensschritte und insbesondere der Öffentlichkeitsbeteiligung in unterschiedlichen Verfahren bei *U. Hellmann*, Öffentlichkeitsbeteiligung, 4. Teil.

290 *U. Hellmann*, Öffentlichkeitsbeteiligung, S. 265.

291 Atomrechtliche Verfahrensverordnung i.d.F. vom 3.2. 1995, BGBl. I, S. 180.

Erörterungstermins, die Auslegung des Plans, die Erhebung von Einwendungen, die Durchführung des Erörterungstermins und die Zustellung der Entscheidungen nach der Atomrechtlichen Verfahrensverordnung vorzunehmen sind. Damit weisen das Anlagengenehmigungsverfahren im Atomrecht, soweit es den Ablauf des Genehmigungsverfahrens betrifft, und das Planfeststellungsverfahren keine Unterschiede auf. Eine weitere Parallelregelung stellt das gentechnische Anhörungsverfahren gemäß §18 GenTG i.V.m. der Gentechnik-Anhörungsverordnung dar.[292] Aufgrund ihrer gleichgelagerten Funktionen besteht in all diesen Verfahrensarten die gleiche Struktur der Herstellung von Öffentlichkeit.

Der Gesetzgeber neigt in den letzten Jahren zur Einschränkung der Beteiligungsrechte. Begründet wird dies mit dem Ziel, die Genehmigungsverfahren zu beschleunigen. Im Hintergrund steht die Verbesserung der Rahmenbedingungen für die Wirtschaft.[293] Die Grenzen rechtsstaatlicher Anforderungen an das Verwaltungsverfahren und der verfahrensrechtlichen Wirkungen der Grundrechte lassen dem Gesetzgeber weitgehende Spielräume.[294] Entsprechende Regelungen, die zunächst in Gesetzen fachplanerischen Charakters eingeführt worden waren, haben insbesondere mit dem Genehmigungsverfahrensbeschleunigungsgesetz vom 12.9. 1996[295] Eingang ins Verwaltungsverfahrensgesetz gefunden.[296] Da es an empirischen Untersuchungen über die tatsächliche Dauer der meisten Verwaltungsverfahren und den Einfluss der Öffentlichkeitsbeteiligung auf sie fehlt, ist die Grundlage für eine Beschleunigung durch Begrenzung von Beteiligungsrechten nicht sehr tragfähig. Die Maßstäbe an eine Entscheidung mit Konzentrationswirkung und Bestandskraft müssen ohnehin andere sein, als diejenigen an eine Entscheidung, welche durch nachträgliche Anordnungen jederzeit geändert werden kann.[297] Die Verkürzung der Öffentlichkeitsbeteiligung könnte in vielen Fällen auch Ausdruck einer paternalistischen Verwaltungspraxis sein, die kein Vertrauen in konsensbildende Verwaltungstätigkeit hat und der gegenüber sich der Gesetzgeber aufgeschlossen zeigt.[298] Dieser Trend in der Bundesrepublik läuft den Entwicklungen des europäischen Rechts zuwider. Sofern den Richtlinien der Europäischen Gemeinschaft konkrete Vorgaben zu entnehmen sind, laufen innerstaatliche Regelungen der Beschränkung von Öffentlichkeit Gefahr, aufgrund mangelnder Kon-

292 Verordnung über Anhörungsverfahren nach dem Gentechnikgesetz i.d.F. vom 4.11. 1996, BGBl. I, S.1650.

293 *H. Schmitz/F. Wessendorf*, NVwZ 1996, S.959, die darauf hinweisen, dass mit dem Genehmigungsverfahrensbeschleunigungsgesetz vom 12.9. 1996 der Entwurf eines sogenannten Standortsicherungsgesetzes als erledigt betrachtet wurde, ebd. S.956 mit Fn.13.

294 *H.J. Bonk*, NVwZ 1997, S.322.

295 BGBl. I 1996, S.1354.

296 *U. Repkewitz*, VerwArch 88 (1997), S.149; *H.J. Bonk*, NVwZ 1997, S.322.

297 *U. Repkewitz*, VerwArch 88 (1997), S.140f., 161.

298 *R. Steinberg*, Fachplanung, §1, Ziff. 86; *W. Brohm*, NVwZ 1991, S.1028f.; vgl. auch *W. Hoffmann-Riem*, in: Hoffmann-Riem/Schmidt-Aßmann (Hrsg.), Konfliktbewältigung, Band 1, S.25.

formität mit den Richtlinien dem Vorrang unmittelbar anwendbaren Gemeinschaftsrechts zum Opfer zu fallen.[299] Die Anwendung der innerstaatlichen Vorschriften wird durch richtlinienkonforme Auslegung erhalten, wodurch sich Verschiebungen in den Strukturen und Modifikationen der Aussagen von Normen ergeben können.

Dafür bietet das Recht der Planfeststellung unter dem Einfluss der UVP-Richtlinie Anschauungsmaterial. Das Verfahren der Planfeststellung unterscheidet zwischen den beiden Stufen der Anhörung und der Entscheidung.[300] Im Rahmen des Anhörungsverfahrens finden unter anderem Auslegung und Einwendungserörterung statt. Mit der Weiterleitung aller Unterlagen von der Anhörungs- an die Planfeststellungsbehörde nach §73 Abs. 9 VwVfG beginnt das Beschluss- oder Entscheidungsverfahren.[301] In diesem spielen Informationsrechte im subjektivierten Kontext eine Rolle. Dagegen beinhaltet das Anhörungsverfahren die Herausgabe von Informationen an die Öffentlichkeit und legt die Frage nach Rechtspositionen in diesem Zusammenhang nahe. Diese Frage stellt sich zunächst im Rahmen der Auslegung des Plans nach §73 Abs. 3 VwVfG.

3.4.2. Die Auslegung der Pläne und Unterlagen

Die Herstellung von Öffentlichkeit im Anhörungsverfahren des §73 VwVfG wird durch die Auslegung besorgt. Die Auslegung des Plans nach §73 Abs. 3 Satz 1 VwVfG bezweckt, die Öffentlichkeit über das geplante Vorhaben zu informieren.[302] Allen Inhabern subjektiver Rechte soll die Gelegenheit gegeben werden, Einwendungen anzubringen.[303] Die Auslegung gibt den potentiell Betroffenen einen Anlass, ihre möglichen Belange zu bedenken, um diese dann ins Verfahren einzubringen.[304] Sie ist Voraussetzung für die Wahrnehmung subjektiver Rechte, wodurch ein umfassender Interessenausgleichs herbeigeführt werden soll. Der verfahrensrechtlichen Funktion der Grundrechte, insbesondere des Art. 2 Abs. 2 GG, ist durch diese Ausgestaltung des Anhörungsverfahrens im Rahmen der Planfeststellung Rechnung getragen.[305] Anforderungen an die Bekanntmachung nach §73 Abs. 5 VwVfG folgert das Bundesverfassungsgericht aus Art. 19 Abs. 4 GG, weil die Umstände der Bekanntmachung den Rechtsschutz des Bürgers nicht unzumutbar erschweren dürfen.[306] Die Rechts-

---

[299] Vgl. *H.J. Bonk*, NVwZ 1997, S. 323.

[300] BVerwGE 75, 214 (226); *P. Badura*, in: Erichsen (Hrsg.), Allgemeines Verwaltungsrecht, §39, Rn. 32.

[301] *C.H. Ule/H.-W. Laubinger*, Verwaltungsverfahrensrecht, §39, Rn. 11.

[302] *R. Steinberg*, Fachplanung, §3, Ziff. 65; *H.J. Bonk*, in: Stelkens/Bonk/Sachs, VwVfG, §73, Rn. 38.

[303] BVerwGE 75, 214 (224); BVerwG, Urt.v.24. 5. 1996, NVwZ 1997, S. 489 (490).

[304] *F. Kopp*, VwVfG, §73, Rn. 26, 27; *Ch. Mecking*, NVwZ 1992, S. 318.

[305] BVerwGE 74, 109 (112); 75, 214 (226); *R. Wahl*, NVwZ 1990, S. 431; *D. Grimm*, NVwZ 1985, S. 869; *J.-D. Busch*, in: Knack (Hrsg.), VwVfG, §73, Rn. 2.4.2.

[306] BVerfG, Beschl.v.27. 12. 1999 (3. Kammer des Ersten Senats), NVwZ 2000, S. 546 (547).

wahrung der in ihren Rechten Betroffenen steht neben dem Ziel, der Behörde möglichst umfassende Informationen zu vermitteln, um letztlich die Planung zu optimieren.[307] In diesem Zusammenhang verfolgt die Auslegung auch das Ziel, die Öffentlichkeit allgemein über die Inhalte des Plans zu informieren. Damit erweist sich die Herstellung von Transparenz im Sinne des Demokratieprinzips als nachrangiges, aber nicht zu vernachlässigendes Ziel.[308]

Zu einer Verschiebung der Gewichte führt das Verfahren der Umweltverträglichkeitsprüfung. Nach §9 Abs.1 Satz 2 UVPG muss das Anhörungsverfahren des §6 UVPG den Anforderungen des §73 Abs.3 bis 7 VwVfG entsprechen. Das Anhörungsverfahren des Verwaltungsverfahrensgesetzes findet demnach zu großen Teilen auch Anwendung auf UVP-pflichtige, aber nicht planfeststellungsbedürftige Vorhaben.[309] Die Mehrzahl der planfeststellungsbedürftigen Vorhaben ist ohnehin UVP-pflichtig, bedarf also einer Prüfung auf ihre Umweltverträglichkeit. Den Ausgangspunkt bilden dabei die Regelungen des jeweiligen Fachgesetzes, dann findet das einschlägige Verwaltungsverfahrensgesetz Anwendung und zuletzt kann auf die Regelungen des UVP-Gesetzes zurückgegriffen werden (§4 UVPG).[310] Die Konzeption des Planfeststellungsverfahrens wird in gewissem Maße von den Regelungen über die Umweltverträglichkeitsprüfung überlagert. Gerade die Regelungen der UVP-Richtlinie und des UVP-Gesetzes zur Beteiligung der Öffentlichkeit führen zu Modifikationen im Planfeststellungsverfahren. Dies wirft die Frage nach dem Verständnis der Planauslegung auf.

Schon nach bisheriger Auffassung strebt bereits das Anhörungsverfahren einen Ausgleich der privaten und öffentlichen Interessen und Belange an.[311] Es soll Akzeptanz durch Beteiligung und Informationsverarbeitung fördern.[312] Nun gewinnt der Aspekt der Partizipation im Rahmen der Planauslegung an Bedeutung. Denn für UVP-pflichtige Vorhaben erheischen die Vorgaben des Art.6 Abs.2 UVP-Richtlinie Beachtung, die sich dann in der Regelung des §9 Abs.1 UVPG i.V.m. §73 Abs.3 VwVfG widerspiegeln. Auslegung und öffentliche Bekanntmachung des Plans bzw. der Vorhabenunterlagen gemäß §9 Abs.1 UVPG i.V.m. §73 Abs.3 und 5 VwVfG verwirklichen die von der UVP-Richtlinie vorgeschriebene Herstellung von Öffentlichkeit.[313] Im Anwendungsbereich des UVP-Gesetzes sind der Öffentlichkeit insgesamt die Plan- oder Vorhabenunterlagen zugänglich zu machen. Der in Art.6 Abs.2 UVP-Richtlinie als betroffene Öffentlichkeit bezeichnete Personenkreis kommt erst im Rahmen der Erhebung von Einwendungen zum Zuge. Die Anhörung der Öffentlichkeit ge-

---

[307] *P. Badura*, in: Erichsen (Hrsg.), Allgemeines Verwaltungsrecht, §39, Rn.33; *C.H. Ule/H.-W. Laubinger*, Verwaltungsverfahrensrecht, §40, Rn.17 und 22.

[308] *H.J. Bonk*, in: Stelkens/Bonk/Sachs, VwVfG, §73, Rn.9.

[309] *J.-D. Busch*, in: Knack (Hrsg.), VwVfG, §73, Rn.1.3.3.

[310] *C.H. Ule/H.-W. Laubinger*, Verwaltungsverfahrensrecht, §39, Rn.13, 14.

[311] *J.-D. Busch*, in: Knack (Hrsg.), VwVfG, §73, Rn.2.3.

[312] *Ch. Mecking*, NVwZ 1992, S.317.

[313] *W. Erbguth/A. Schink*, UVPG, §9, Rn.9; *U. Hellmann*, Öffentlichkeitsbeteiligung, S.256.

mäß § 9 Abs. 1 UVPG umfasst die Herstellung allgemeiner Öffentlichkeit hinsichtlich der Planunterlagen, die der Behörde vorliegen, ebenso wie die Beteiligungsmöglichkeiten für die unmittelbar oder mittelbar Betroffenen.[314] Im reinen Planfeststellungsverfahren sind neben dem Plan selbst alle Unterlagen auszulegen, die den potentiell Betroffenen die Feststellung ihrer Betroffenheit ermöglichen.[315] Hierzu können auch eingeholte Gutachten zählen.[316] Gerade im Bereich umweltrelevanter Vorhaben wird dies regelmäßig der Fall sein. Im Anwendungsbereich des UVP-Gesetzes gewährleisten die hohen Anforderungen des § 6 Abs. 3 und 4 UVPG, dass der Öffentlichkeit alle für die Beurteilung des Vorhabens wichtigen Informationen zur Verfügung stehen.[317] Die Auslegung des Plans bzw. der Unterlagen des Vorhabenträgers erweist sich als Fall der Herstellung von Öffentlichkeit durch die zuständige Verwaltungsbehörde. Um die Ziele des Verfahrens zu erreichen, wird Transparenz angestrebt und daher Kommunikation zwischen der Behörde, dem Vorhabenträger und der Öffentlichkeit angeregt.

Parallele Zielsetzungen verfolgt die Regelung des § 10 Abs. 3 BImSchG i.V.m. § 10 Abs. 1 der 9. BImSchV. Nach § 10 Abs. 3 Satz 1 und 2 BImSchG ist das Vorhaben bekannt zu machen, und die vollständigen Unterlagen des Antragstellers sind sodann mit Ausnahme der geheimhaltungsbedürftigen Daten im Sinne des § 10 Abs. 2 Satz 1 BImSchG auszulegen. Im Fall UVP-pflichtiger Anlagen besteht gemäß § 10 Abs. 1 Satz 2 der 9. BImSchV die Verpflichtung, auch die aufgrund der Umweltverträglichkeitsprüfung zusätzlich beigefügten Unterlagen auszulegen. Eine detaillierte Regelung der Bekanntmachung treffen die §§ 4 und 5 der AtVfV. Die Bestimmung der auslegungsbedürftigen Unterlagen in § 6 Abs. 1 AtVfV wird durch die Regelung des Absatzes 2 erweitert, die bei UVP-pflichtigen Vorhaben zusätzliche Unterlagen in die Auslegungspflicht einbezieht. Im Fall einer wesentlichen Änderung des Vorhabens nach Bekanntmachung oder Auslegung sind die Vorhabenunterlagen gemäß § 8 Abs. 2 Satz 1 der 9. BImSchV und § 4 Abs. 2 AtVfV erneut bekannt zu machen und auszulegen, wenn die Änderungen nachteilige Auswirkungen für Dritte besorgen lassen. Die Wahrnehmung individueller Rechte durch potentiell Betroffene erfährt damit eine besondere Absicherung. Durch die Einführung der Umweltverträglichkeitsprüfung fand in beide Verordnungen ein § 1a Aufnahme, der als Schutzgüter auch die Umweltmedien vorsieht, welche die UVP-Richtlinie vorgibt. Neben den Menschen sind das Tiere und Pflanzen, Boden, Wasser, Luft, Klima und Landschaft, einschließlich der jeweiligen Wechselwirkungen sowie Kultur- und sonstige Sachgüter. Bei Änderungen des Vorhabens kann dement-

---

[314] BVerwGE 98, 339 (360).

[315] *F. Kopp*, VwVfG, § 73, Rn. 27; kritisch dazu *U. Hellmann*, Öffentlichkeitsbeteiligung, S. 269.

[316] BVerwGE 75, 214 (225); *C.H. Ule/H.-W. Laubinger*, Verwaltungsverfahrensrecht, § 40, Rn. 17.

[317] Vgl. *H.-J. Peters*, Band 2, UVPG, § 6, Rn. 8, 9; *J.-D. Busch*, in: Knack (Hrsg.), VwVfG, § 73, Rn. 4.1.4.

sprechend nach § 8 Abs. 2 Satz 3 der 9. BImSchV und § 4 Abs. 4 Satz 2 AtVfV auf die erneute Bekanntmachung und Auslegung nicht verzichtet werden, wenn erhebliche Auswirkungen auf diese gemeinschaftsbezogenen Schutzgüter zu befürchten sind. Diese Regelung der Herstellung von Öffentlichkeit hebt das Ziel der Kontrolle der Verwaltung hervor. Die Ausführungsverordnungen über die einschlägigen Genehmigungsverfahren nach dem Bundes-Immissionsschutzgesetz und dem Atomgesetz zielen nicht allein auf den Schutz potentiell Betroffener, sondern tragen auch den durch die UVP-Richtlinie veranlassten konzeptionellen Wandlungen Rechnung, indem sie die Öffentlichkeit zum Zweck des Umweltschutzes instrumentalisieren.

Verletzt die Behörde ihre Verpflichtung zur Auslegung des Plans oder der Unterlagen des Vorhabenträgers, liegt ein Verfahrensfehler vor. Das gilt infolge des Wortlauts von § 73 Abs. 3 VwVfG für UVP-pflichtige Vorhaben ebenso wie in Fällen, in denen das Verwaltungsverfahrensgesetz unmittelbar zur Anwendung gelangt. Der Informationspflicht der Behörde steht jedoch nicht notwendig eine Berechtigung von Teilen der Öffentlichkeit auf die Einräumung dieser Kommunikationsmöglichkeiten gegenüber. Die objektive Pflicht zur Information wird nicht zwingend von einem subjektiven Recht auf Information begleitet, etwa in der Form, dass jedermann ein Recht auf Auslegung des Plans oder der Unterlagen des Vorhabenträgers hätte. Denn die Öffentlichkeit kann die Funktion, welche ihr durch die gesetzlichen Regelungen zugeordnet wird, auch ohne ein solches Recht erfüllen. Demokratische Kontrolle darf nicht zahnlos sein und die Vorverlagerung der Option, Individualrechte geltend zu machen, ergibt nur dann Sinn, wenn sie auch eingefordert werden kann.[318] Da die Auslegung die Information der von dem Vorhaben potentiell Betroffenen bezweckt, wohnt § 9 Abs. 1 UVPG i.V.m. § 73 Abs. 3 VwVfG eine individualschützende Zielrichtung inne. Das Normprogramm beinhaltet auch den Schutz des Individuums, indem Konflikte der Interessen des Vorhabenträgers mit den Interessen anderer Bürger durch die Auflösung von Interessenkollisionen schon im Anhörungsverfahren abgefangen werden sollen. Auf der Stufe der Anhörung zielt die Auslegung jedoch auf die Öffentlichkeit insgesamt. Abgrenzbare Teilöffentlichkeiten werden zunächst nicht anvisiert.[319] Die individuelle Schutzrichtung der Auslegung wird durch die Möglichkeit der Einsichtnahme und der Erhebung von Einwendungen im weiteren Verfahrensablauf aufgefangen, so dass keine Schutzdefizite bestehen und der Vorverlagerung des Schutzes subjektiver Rechte ausreichend Rechnung getragen wird.

---

318 Vgl. *H. Goerlich*, Grundrechte als Verfahrensgarantien, S. 351.

319 Zur entsprechenden Voraussetzung für die Konstituierung subjektiver Rechte *H.-U. Erichsen*, in: Erichsen (Hrsg.), Allgemeines Verwaltungsrecht, § 11, Rn. 40; *H. Maurer*, Allgemeines Verwaltungsrecht, § 8, Rn. 8.

3.4.3. Die Einsichtnahme in Pläne und Unterlagen

Der Plan liegt nach § 73 Abs. 3 Satz 1 VwVfG zur Einsicht aus. Für das Planfeststellungsverfahren wird nach überwiegender Ansicht der Kreis derjenigen, die zur Einsichtnahme berechtigt sind, auf potentiell in ihren Belangen berührte Personen beschränkt.[320] Diese Interpretation muss sich zumindest für UVP-pflichtige Vorhaben den Herausforderungen durch die gesteigerten Mitwirkungsmöglichkeiten stellen, die das UVP-Gesetz und die UVP-Richtlinie erfordern. Im Kontext UVP-pflichtiger Vorhaben nimmt Art. 6 Abs. 2 der UVP-Richtlinie über § 9 Abs. 1 UVPG auf die Auslegung des Verwaltungsverfahrensgesetzes Einfluss. Er bestimmt, dass der Öffentlichkeit jeder Genehmigungsantrag zugänglich gemacht und der betroffenen Öffentlichkeit Gelegenheit zur Äußerung gegeben wird. In der Phase der Auslegung besteht für die Öffentlichkeit insgesamt die Chance, die Unterlagen des Vorhabenträgers zur Kenntnis zu nehmen. Die Möglichkeit der Einsichtnahme ist notwendiger Bestandteil der Unterrichtung der Öffentlichkeit wie sie Art. 6 Abs. 2 und 3 der UVP-Richtlinie verlangt.[321] Den Gegenstand der Unterrichtung bilden die ausgelegten Unterlagen, die jedermann zur Kenntnis gebracht werden sollen. Dann muss auch jedermann das Recht beanspruchen können, die ausgelegten Unterlagen einzusehen. Dergestalt wird der Regelungszweck effektiv erreicht, die Information der Öffentlichkeit über den Inhalt der Unterlagen sicherzustellen. Bereits vor der Auslegung war die Behörde in der Lage, die Unterlagen zu filtern. Eine behördliche Beschränkung des Zugangs der Bürger zu den dann ausgelegten Unterlagen kommt grundsätzlich nicht in Betracht. Die innerstaatlichen Vorschriften sind richtlinienkonform, hier also extensiv auszulegen. Deshalb steht das Einsichtsrecht nach § 9 Abs. 1 UVPG i.V.m. § 73 Abs. 3 VwVfG jedermann zu.[322] Die Möglichkeit der Einsichtnahme darf nicht vom Nachweis einer – auch nur potentiellen – Betroffenheit in eigenen Belangen abhängig gemacht werden.[323] Im Gegensatz zur Akteneinsicht nach §§ 29, 72 Abs. 1 VwVfG betrifft das Recht aus § 73 Abs. 3 Satz 1 VwVfG die ausgelegten Unterlagen, nicht die Behördenakten.[324] Zwar schließt § 9 Abs. 3 Satz 2 UVPG aus, dass durch die Einbeziehung der Öffentlichkeit Rechtsansprüche neu begründet werden. Bestehende Rechte sind aber richtlinienkonform zu verstehen.

Im Anwendungsbereich der UVP-Richtlinie und des UVP-Gesetzes erweist sich das Einsichtsrecht in ausgelegte Unterlagen als Informationsrecht für jedermann. Um die Einheitlichkeit und Schlüssigkeit der Systematik zu wahren, sollte dies generell bei der Einsichtnahme in Unterlagen gelten, die im Rahmen eines komplexen Genehmigungs- oder Planfeststellungsverfahrens stattfindet.

---

[320] BVerwGE 75, 214 (224); *F. Kopp*, VwVfG, § 73, Rn. 27.

[321] BVerwGE 98, 339 (360).

[322] BVerwGE 98, 339 (360); *H.D. Jarass*, KritV 1991, S. 18; *W. Erbguth/A. Schink*, UVPG, § 9, Rn. 4, 9.

[323] BVerwGE 98, 339 (360).

[324] *C.H. Ule/H.-W. Laubinger*, Verwaltungsverfahrensrecht, § 40, Rn. 22.

Zudem bestimmt sich die UVP-pflichtigkeit nach Kriterien, die mit der Herstellung von Öffentlichkeit nichts zu tun haben. Die dem Fachrecht übergeordneten allgemeinen Zwecke der komplexen Verfahren, die Informationsbasis der Behörde zu erweitern, den Bürgern Möglichkeiten der Kontrolle offen zu halten und zugleich die Vorbedingungen für die Wahrnehmung individueller Rechtspositionen zu schaffen, können am effektivsten durch ein weites Verständnis des Rechts auf Einsichtnahme im Zuge des Anhörungsverfahrens verwirklicht werden. Für ein Recht auf Einsichtnahme jedes Bürgers sprechen zudem das Demokratie- und das Rechtsstaatsprinzip. Die existierenden Vorschriften über die Einsicht in die Unterlagen des Vorhabenträgers bzw. des Plans sind im Lichte der Staatsfundamentalnormen des Art. 20 GG auszulegen. Sowohl die Förderung von Transparenz und demokratischer Kontrolle wie die Gewährung von Rechtsschutz werden durch ein weitgehendes Recht auf Einsichtnahme gestärkt. Bis zur Grenze des Rechtsmissbrauchs verleiht auch § 73 Abs. 3 VwVfG jedermann die Berechtigung zur Einsichtnahme.[325]

Die Durchführung von Planfeststellungsverfahren wird in einer Reihe von Fachgesetzen angeordnet (so in § 17 Abs. 1 FStrG, § 28 Abs. 1 PBefG, § 14 Abs. 1 WaStrG, § 31 Abs. 2 KrW-/AbfG).[326] Im Hinblick auf Auslegung und Einsichtnahme gelten die dargelegten Erwägungen, da die Fachgesetze den verfahrensrechtlichen Ablauf des § 73 VwVfG mit gelegentlichen Modifikationen übernehmen und damit auch die verfahrensrechtlichen Rechtspositionen in die jeweiligen Planfeststellungsverfahren implantiert werden. In aller Regel sind die Vorhaben, die für den Ablauf des Planfeststellungsverfahrens auf die Regelungen des Verwaltungsverfahrensgesetzes verweisen, ohnehin UVP-pflichtig. Demzufolge kommt die durch das UVP-Gesetz mitausgestaltete informatorische Rechtsposition des Einzelnen zum Tragen, die das Recht auf Einsichtnahme umschließt. Ein weites Verständnis der Berechtigung zur Einsichtnahme im Planfeststellungsverfahren entspricht der Rechtslage im immissionsschutzrechtlichen Genehmigungsverfahren. Nach § 10 Abs. 3 Satz 2 BImSchG ist jedermann einwendungsbefugt. Damit steht auch jedermann das Recht zu, die ausgelegten Unterlagen einzusehen.[327] Dieses Recht sollte dahin ausgefüllt werden, dass der die Informationen Begehrende auf eigene Kosten Abschriften oder Ablichtungen der ausgelegten Unterlagen anfertigen darf.[328] Ein Anspruch soll insoweit aber nach überwiegendem Verständnis nicht bestehen.[329] Die Behörde trifft jedenfalls die Pflicht aus § 10 Abs. 2 der 9. BImSchV, dem Informa-

---

[325] *S. Lodde*, Informationsrechte, S. 23; *C.H. Ule/H.-W. Laubinger*, Verwaltungsverfahrensrecht, § 40, Rn. 23; *H. Meyer*, in: Meyer/Borgs, VwVfG, § 73, Rn. 33.

[326] Vgl. zur Planfeststellung einer privat finanzierten Bundesfernstraße nach § 17 FStrG BVerwG, Urt.v.20.5. 1999, NVwZ 2000, S. 555.

[327] *W. Vallendar*, in: Feldhaus (Hrsg.), 9. BImSchV, § 10, Ziff. 6; *H.D. Jarass*, BImSchG, § 10, Rn. 50; *S. Wachs*, Recht auf Akteneinsicht, S. 177.

[328] *U. Storost*, in: Ule/Laubinger (Hrsg.), BImSchG, § 10, Rn. D 26.

[329] *E. Kutscheidt*, in: Landmann/Rohmer, 9. BImSchV, § 10, Rn. 6; *W. Vallendar*, in: Feldhaus (Hrsg.), 9. BImSchV, § 10, Ziff. 6.

tionssuchenden eine Abschrift oder Vervielfältigung der Kurzbeschreibung des Antragstellers nach §4 Abs.3 Satz 1 der 9. BImSchV zu überlassen. Die Auslegung und Einsichtnahme bei der Genehmigung einer Anlage nach §7 Abs.4 Satz 3 AtG i.V.m. §6 Abs.1 AtVfV richten sich nach parallelen Grundsätzen, wie der Verweis auf §10 BImSchG klarstellt. Diese Regelungen sichern die weitgehende Herstellung von Öffentlichkeit.[330] Das Immissionsschutzrecht und das Atomrecht werden damit den Vorgaben des UVP-Gesetzes gerecht und erfüllen zugleich die Anforderungen des hier zugrunde gelegten Konzepts der Herstellung von Öffentlichkeit an die Einräumung von Kontrollchancen und Möglichkeiten der Rechtswahrnehmung.

Der Verpflichtung der Behörde, Öffentlichkeit herzustellen, kann das subjektive Recht des Bürgers entsprechen, dies einzufordern. Ein individuelles Recht auf Information räumt der Gesetzgeber ein, weil im Verfahren vielfältige Interessen eine Rolle spielen. Durch die Steigerung der Intensität des Informationsaustausches sollen Interessenintegration und Konfliktbewältigung verbessert werden.[331] Die Auslegung der Unterlagen eröffnet auf einer ersten Stufe die Kommunikationschancen. Darauf besteht kein Anspruch. Das Tätigwerden der Behörde richtet sich zunächst an den Informationen aus, die der Träger des Vorhabens ins Verwaltungsverfahren einspeist. Die Verwaltung sichtet und aggregiert nunmehr die Informationen. Wenn die Behörde der Auffassung ist, dass nunmehr die nächste Phase mit einer Beteiligung der Öffentlichkeit beginnen soll, wenn sie also die Unterlagen auslegt, dann hat jeder Bürger ein Zugangsrecht zu diesen Unterlagen. Aufgrund der Komplexität derartiger Verfahren ist die Information der Öffentlichkeit zum beabsichtigten Interessenausgleich notwendig. Die Verteilung der Kommunikationschancen obliegt der Behörde. Sie sieht sich dabei den individuellen Rechten gegenüber, die bereits im Rahmen der Herstellung genereller Öffentlichkeit entstehen können. Die Herstellung von Öffentlichkeit kann von eigenständigen Verfahrensrechten flankiert sein. Dies ist beim Recht auf Einsichtnahme der Fall.

3.4.4. Genehmigungsverfahren und IVU

Die stärkere Ausrichtung von Genehmigungsverfahren auf die Information der Öffentlichkeit treibt die Richtlinie 96/16/EG über die integrierte Vermeidung und Verminderung der Umweltverschmutzung weiter voran.[332] Denn die IVU-Richtlinie betrifft die Genehmigungsverfahren für die Mehrzahl umweltrelevanter Anlagen. Nach der Begriffsbestimmung des Art.2 Ziff. 3 i.V.m. der Anlage I unterfallen dem Anwendungsbereich der Richtlinie vorwiegend Anlagen, deren Genehmigung auf der Grundlage des Bundes-Immissionsschutzge-

---

[330] Kritisch *S. Wachs*, Recht auf Akteneinsicht, S.179.

[331] Vgl. BVerwG, Urt.v.24.5. 1996, NVwZ 1997, S.489 (490), zur Konfliktbewältigung im Planfeststellungsverfahren.

[332] Näher *M. Schmidt-Preuß*, NVwZ 2000, S.252ff.; *R. Wahl*. NVwZ 2000, S.502ff.

setzes zu erteilen ist.[333] Die Beteiligung der Öffentlichkeit erfolgt nach dem immissionsschutzrechtlichen Genehmigungsverfahren bereits auf hohem Niveau. Daher bringt die IVU-Richtlinie keine völlige Umwälzung, nimmt jedoch punktuell Einfluss.[334]

Nach Art. 15 Abs. 1 der IVU-Richtlinie treffen die Mitgliedstaaten die erforderlichen Maßnahmen, um sicherzustellen, dass die Anträge auf Genehmigung neuer Anlagen oder wesentlicher Änderungen der Öffentlichkeit zugänglich gemacht werden, damit sie dazu Stellung nehmen kann, bevor die zuständige Behörde entscheidet. Werden die Antragsunterlagen ausgelegt, ist damit die Kenntnisnahme durch die Öffentlichkeit in ausreichendem Maße gewährleistet. Der Kontrollfunktion der Öffentlichkeit entspricht ein effektiv ausgestaltetes Recht auf Einsichtnahme in die Antragsunterlagen. Denn eine Stellungnahme ist nur zu bekannten Tatsachen möglich. Die Stellungnahme dürfte im deutschen Recht als Einwendung verstanden werden. Da nach Art. 15 Abs. 1 IVU-Richtlinie auch die abschließende Entscheidung der Öffentlichkeit zur Verfügung stehen muss, wäre eine Benachrichtigung nur der Einwender ungenügend. Die alleinige Anwendung etwa von § 10 Abs. 7 BImSchG reicht nicht, um die Anforderungen der Richtlinie zu erfüllen. Hinzu muss eine öffentliche Bekanntmachung gemäß § 10 Abs. 8 BImSchG treten.[335] Ob unter Gesichtspunkten des individuellen Rechtsschutzes die Einwender benachrichtigt werden müssen, ist eine Frage des innerstaatlichen Rechts. Infolge des Art. 15 Abs. 2 IVU-Richtlinie sind die Ergebnisse der Überwachung der Emissionen, welche die Behörden im Falle einer unter Auflagen genehmigten Anlage vornehmen müssen, der Öffentlichkeit zur Verfügung zu stellen. Dabei ist aber wohl nicht an die Herstellung genereller Öffentlichkeit gedacht. Denn es geht nach dem Wortlaut um die Ergebnisse, die „bei der zuständigen Behörde vorliegen." Die Kenntnisnahme von Informationen, die der Behörde vorliegen, erfolgt durch den Zugang zu Behördeninformationen. Dieser Zugang wird durch ein subjektives Recht gesichert.[336]

3.5. Zusammenfassung

Der Bereich Umwelt erweist sich bei Betrachtung der Regelungen im Recht der Bundesrepublik Deutschland als besonders informationssensibel. Nach den Wertungen der gesetzgebenden Organe in Bund und Ländern verdichten sich die Interessen einer unbestimmten Vielzahl von potentiell Betroffenen dahin, dass eine generelle Herstellung von Öffentlichkeit sich hier als notwendig und

---

333 *K.-P. Dolde*, NVwZ 1997, S. 314.

334 Ähnlich die allgemeine Beurteilung von *R. Steinberg*, NVwZ 1995, S. 218 und *R. Wahl*. NVwZ 2000, S. 503.

335 *M. Schmidt-Preuß*, NVwZ 2000, S. 259.

336 Siehe unten 4. Kapitel, 3.6.2.1.

sinnvoll darstellt. Das Abfall- und das Immissionsschutzrecht bieten eine Vielzahl von Beispielen. Das Interesse an der Herstellung von Öffentlichkeit beschränkt sich jedoch nicht auf den Umweltbereich. Informationspflichten treffen die Behörden insbesondere dann, wenn ein starkes potentielles Interesse der Bürger an den Informationen zu vermuten ist. Spezielle Regelungen der Herstellung von Öffentlichkeit beruhen auf Erwägungen, die sich nicht an einer als durchgehend verstandenen Systematik orientierten. Die Notwendigkeit einer derartigen Systematik wurde erst durch die intensiver in den Bereich Öffentlichkeitsbeteiligung einwirkenden Regelungen der Europäischen Gemeinschaft deutlich. Durch die UVP-Richtlinie weisen nunmehr Vorschriften des Planungs- und Genehmigungsrechts parallele Grundstrukturen auf. Gerade die Partizipation als zentraler Aspekt der UVP führt nicht nur zu Gesetzesänderungen, sondern kann auch modifizierte Interpretationen bestehender Vorschriften zur Folge haben.

Die Herstellung genereller Öffentlichkeit kann, muss aber nicht durch subjektive Rechte abgefedert werden. Jedoch kann die Einräumung von Rechtspositionen an Einzelne für das Erreichen der Verfahrenszwecke förderlich sein. Verfahrensrechtliche Regelungen verlangen den Behörden vielfach Informationspflichten als objektive Verpflichtungen ab. Die Verwaltung soll aber die grundsätzliche Verteilung der Kommunikationschancen in der Hand behalten. Deshalb gewährt der Gesetzgeber Individualrechte auf die Herstellung von Öffentlichkeit in komplexen Verfahren frühestens dann, wenn die Behörde den ersten Schritt zur Eröffnung der Kommunikation getan hat. Dementsprechend besteht kein Recht auf Auslegung von Plänen oder Unterlagen. Das Recht muss zur Erfüllung der Funktion notwendig sein, die der Beteiligung der Öffentlichkeit im Verfahren zuerkannt wird. Wenn die demokratische Kontrolle der Verwaltung oder der vorverlagerte Schutz subjektiver Rechte des Bürgers im Verwaltungsverfahren sich verstärkt auswirken, räumt der Gesetzgeber individualrechtliche Positionen ein. Diese verfahrensrechtlichen Rechtspositionen wirken im Vorfeld der materiellen subjektiven Rechte, die in weiteren Stufen des Verfahrens zur Geltung kommen. Sie bilden Voraussetzungen für die Wahrnehmung der materiellen Rechte. Im Kontext der Herstellung von Öffentlichkeit nehmen die verfahrensrechtlichen Einräumungen jedoch eine eigenständige Stellung ein. Vor diesem Hintergrund können Teilen der funktional verstandenen Öffentlichkeit, nämlich einzelnen Bürgern, gesetzlich verankerte Rechte auf die Herstellung von Öffentlichkeit durch die Behörde zustehen. In der Konsequenz dieser Konstruktion liegt die Gewährung eines subjektiven Rechts für jedermann auf Einsichtnahme in ausgelegte Pläne oder Unterlagen.

4. Beteiligung von Gruppen und Verbänden

4.1. Beteiligung im Verfahren

Öffentlichkeit wird auch zu Gunsten von Gruppen und Verbänden hergestellt.[337] Nutznießer behördlicher Information sind dann nicht nur Individuen, sondern auch Zusammenschlüsse von Individuen, die sich die Wahrnehmung und Vertretung bestimmter Interessen zur Aufgabe gemacht haben und deshalb in hoheitliche Entscheidungsprozesse einbezogen sind.[338] Verbände sind auf Dauer angelegt, andere Gruppen wie Bürgerinitiativen verfolgen ein bestimmtes Ziel auf Zeit. Ihre Rolle im Verwaltungsverfahren besteht in der Informationsbeschaffung und Informationsverarbeitung, um der zuständigen Behörde eine tragfähige Grundlage für ihre Entscheidung zu gewährleisten.[339] Durch die Verfügungsmacht über Informationen nehmen sie Einfluss auf behördliche Entscheidungen.[340] Im Rahmen des Verfahrensablaufs können den Gruppen oder Verbänden eigene Verfahrensrechte eingeräumt werden.[341] Damit wird eine Kontrolle und Verbesserung der behördlichen Tätigkeit in Bereichen gewährleistet, in denen mangels Individualinteressen subjektive Positionen nicht in ausreichendem Maße vorhanden sind.[342] Die Bestimmung der öffentlichen Interessen im Einzelfall erfolgt nicht allein durch die Verwaltung, sondern soll in einem Kooperationsprozess vorgenommen werden, an dem Gruppen und Verbände teilnehmen.[343] Die Pflicht und das Recht der Verwaltung zum Treffen der Entscheidung bleiben davon völlig unberührt.

Die Ausgestaltung der Partizipation obliegt dem Gesetzgeber, denn sie dient dem Erreichen des Gesetzeszwecks. An der Seite der materiellen öffentlichen Interessen steht das Interesse an der objektiven Rechtseinhaltung.[344] Mittels der gesetzlichen Vorgaben werden die Interessen zueinander in Verhältnis gesetzt. Die Beteiligung der Gruppen oder Verbände setzt deren Betroffenheit in eigenen materiellen Rechten nicht voraus.[345] Die satzungsmäßige Tätigkeit des Verbandes muss aber auf das generelle Erreichen des Gesetzeszwecks gerichtet

---

[337] *W. Brohm*, DÖV 1992, S. 1031; vgl. UGB-KomE, S. 521.

[338] Vgl. die Definitionen der Verbände bei *Ph. Kunig*, Jura 1996, S. 494 und der Interessenverbände bei *H.H. v. Arnim*, Gemeinwohl, S. 134.

[339] *B. Bender*, Stichwort „Verbandsbeteiligung", in: Kimminich/von Lersner/Storm (Hrsg.), Handwörterbuch des Umweltrechts, Sp. 2554.

[340] *D. Grimm*, Verbände und Verfassung, S. 242, 244; siehe auch *B. Bender*, Von der Verbandsbeteiligung, S. 39, 43.

[341] Für § 29 Abs. 1 BNatSchG BVerwG, Urt.v.24.5. 1996, NVwZ 1997, S. 491 (492).

[342] *B. Bender/R. Sparwasser/R. Engel*, Umweltrecht, Rn. 3/257, nennen neben dem Natur- und Landschaftsschutzrecht zum Beispiel § 7 Abs. 2 Nr. 6 AtG oder § 5 Abs. 1 Nr. 2 BImSchG; *B. Bender*, Stichwort „Verbandsbeteiligung", in: Kimminich/von Lersner/Storm (Hrsg.), Handwörterbuch des Umweltrechts, Sp. 2555f.; vgl. auch *F. Kopp*, Beteiligung, S. 400.

[343] *D. Grimm*, Verbände und Verfassung, S. 244.

[344] *K. Balleis*, Mitwirkungs- und Klagerechte, S. 48.

[345] *B. Bender*, Von der Verbandsbeteiligung, S. 41; *K. Balleis*, Mitwirkungs- und Klagerechte, S. 43.

sein. Bezweckt das Gesetz den Schutz der Natur, ist die Beteiligung von Naturschutzverbänden zu regeln. Im Falle wirtschaftsrechtlicher Gesetze geht es um die Beteiligung von Wirtschaftsverbänden oder Gewerkschaften. Insgesamt gingen die Gesetzgeber in der Bundesrepublik Deutschland hinsichtlich der effektiven Beteiligung von Gruppen und Verbänden eher restriktiv vor.[346]

Die Beteiligung von Gruppen und Verbänden bezweckt dann vornehmlich die Verbreiterung der behördlichen Informationsbasis, wenn jene gruppenbezogene Interessen vertreten wie zum Beispiel in §14 Abs. 3 Satz 1 GüKG. Das Einbeziehen mehrerer Gruppen mit unterschiedlichen Interessen soll zu einer ausgewogenen Entscheidung der Behörde führen. Überdies spielt der Kontrollaspekt mit. Die Behörde steht unter Beobachtung. Das Verfahren wird durch die in ihm gewährleisteten Rechtspositionen geprägt, auf welche die Behörde Rücksicht nimmt. Vor diesem Hintergrund haben Gruppen und Verbände Teil an der demokratischen Kontrolle der Verwaltung. Ihre interessenorientierte Struktur bleibt dabei zu beachten. Aus diesem Grund werden unterschiedliche Verbände beteiligt, die auch gegenläufige Interessen vertreten. In gemischten Gremien nehmen oft akademisch-wissenschaftliche Sachverständige eine ausgleichende Rolle ein. Kompromisse können vorformuliert, Konflikte vermieden werden. Die Beteiligung von Gruppen oder Verbänden an der behördlichen Entscheidungsfindung dient der Integration.[347]

Die Einschaltung von Verbänden kann den Interessen ihrer Mitglieder verpflichtet sein, also egoistischer bzw. gruppennütziger Natur sein. In Verwaltungsverfahren kommt ihnen unter diesen Rahmenbedingungen keine Sonderrolle zu, zumal ein betroffenes Verbandsmitglied selbst aktiv werden kann, sei es auch mit Unterstützung des Verbandes. Auch außerhalb konkreter Verwaltungsverfahren bedürfen Verbände oder Gruppen der Information über behördliche Vorgehensweisen, um sinnvolle und zweckdienliche Aktivitäten entfalten zu können. Eine Bürgerinitiative zum Erhalt denkmalgeschützter Gebäude muss mit den zuständigen Behörden in Kontakt treten, um deren Vorgaben und Absichten in Erfahrung zu bringen. Ein Verband, der eine Berufsgruppe im Wirtschaftsleben vertritt, hat ein Interesse an der Behördenpraxis zur Behandlung dieses Wirtschaftszweiges. Soweit der Gesetzgeber diese Informationsinteressen als legitim anerkennt, ist die Information über geplante behördliche Maßnahmen oder eine generelle Verwaltungspraxis zweckmäßig, um die Ziele der einschlägigen Gesetze zu erreichen. Darüber hinaus steht der Herausgabe von Informationen durch die Verwaltung ohne entsprechende Verpflichtung nichts entgegen, wenn nicht konkurrierende Rechtspositionen gegenläufige Wirkung entfalten. Die Kommunikation trägt dem Zweck des Verbandes oder der Gruppe ebenso Rechnung wie dem öffentlichen Interesse an der Verwirklichung gesetzlicher Vorgaben.

---

[346] *W. Hoffmann-Riem*, in: Hoffmann-Riem/Schmidt-Aßmann (Hrsg.), Konfliktbewältigung, Band 1, S. 24.

[347] *W. Brohm*, in: Isensee/Kirchhof (Hrsg.), HdBStR, §36, Rn. 19.

Gruppen oder Verbände können zu Gunsten des Gemeinwohls instrumentalisiert werden.[348] Die Gruppen oder Verbände wirken dann auf der Grundlage ihrer Satzung als Treuhänder von Rechtsgütern, die vom Gesetzgeber als besonders schutzwürdig angesehen werden. Ihre Einbeziehung in das Verfahren bezweckt nicht die Sicherung der Interessen des Verbandes oder seiner Mitglieder, obwohl darin ein Nebeneffekt liegen kann.[349] Die Verbände nehmen vielmehr Interessen der Allgemeinheit wahr, werden altruistisch tätig. Ihre Tätigkeit steht im Zusammenhang der Vorformung politischen Willens im weitesten Sinne.[350] Auch diese treuhänderische Interessenwahrnehmung bedingt eine Ausstattung mit verfahrensrechtlichen Rechtspositionen.[351] Denn nur dann kommen die schützenswerten Interessen im Verwaltungsverfahren ausreichend zur Geltung. Zwar sind die zuständigen Behörden verpflichtet, alle einschlägigen Interessen zu berücksichtigen. Die Wichtigkeit bestimmter Schutzgüter und Defizite an Rechtsschutz aufgrund des Mangels an klagefähigen, subjektiven Rechtspositionen rechtfertigen jedoch die Einschaltung von Gruppen oder Verbänden zur Förderung des Gemeinwohls.[352]

Dieselbe Gruppe kann sowohl gruppennützig wie gemeinwohlorientiert tätig werden. Unter beiden Gesichtspunkten bedarf ihre Stellung im Verwaltungsverfahren einer rechtlichen Verfestigung. Diesen Gedanken bringt die brandenburgische Landesverfassung zum Ausdruck. Das Recht, sich in Bürgerinitiativen und Verbänden zusammenzuschließen, wird allen Menschen durch Art. 21 Abs. 3 Satz 1 der Landesverfassung eingeräumt. Um diesen Gruppen zur Interessenbündelung verfahrensrechtliche Instrumente zur Verfügung zu stellen, verleiht ihnen Art. 21 Abs. 3 Satz 2 der Landesverfassung das Recht auf Information durch alle staatlichen und kommunalen Stellen und auf Vorbringen ihrer Anliegen bei den zuständigen Stellen und Vertretungskörperschaften. Der in Satz 3 anschließende Gesetzesvorbehalt stellt die Notwendigkeit klar, diese Rechtseinräumungen zu konturieren.

Eine konsensorientierte Art des Einbeziehens von Gruppen und Verbänden stellt die Anhörung der beteiligten Kreise gemäß § 51 BImSchG beim Erlass von Rechtsverordnungen dar.[353] Sie dient dem Zweck, eine hohe Qualität der Normen zu erzielen.[354] In den gesetzlich vorgeschriebenen Fällen ist danach ein jeweils auszuwählender Kreis von Vertretern der Wissenschaft, der Betroffenen, der beteiligten Wirtschaft, des beteiligten Verkehrswesens und der für den Im-

348 *B. Bender*, Stichwort „Verbandsbeteiligung", in: Kimminich/von Lersner/Storm (Hrsg.), Handwörterbuch des Umweltrechts, Sp. 2555.

349 *F. Kopp*, VwVfG, § 73, Rn. 23.

350 *K. Hesse*, Grundzüge, Rn. 151.

351 BVerwGE 87, 62 (71); OVG Sachs-Anh, Urt.v.29.3. 1995, DÖV 1995, S. 780 (781).

352 Vgl. *M. Kloepfer u.a.*, Entwurf UGB AT, § 132.

353 Siehe *C.H. Ule*, in: Ule/Laubinger (Hrsg.), BImSchG, § 51, Rn. 2; *K. Hansmann*, in: Landmann/Rohmer, BImSchG, § 51, Rn. 8 zum Begriff der beteiligten Kreise.

354 *K. Hansmann*, in: Landmann/Rohmer, BImSchG, § 51, Rn. 3.

missionsschutz zuständigen obersten Landesbehörden zu hören.[355] Derartige Anhörungen finden im Vorfeld des Erlasses von Rechtsverordnungen statt, welche zum Beispiel die genehmigungsbedürftigen Anlagen bestimmen (§4 Abs. 1 Satz 3 BImSchG) oder die Anforderungen an genehmigungsbedürftige Anlagen festlegen (§7 Abs. 1 BImSchG). Die beteiligten Kreise haben Möglichkeiten der Einflussnahme nicht im einzelnen Verwaltungsverfahren, aber im Verfahren der exekutiven Normgebung. Eine parallele Regelung zu §51 BImSchG findet sich in §60 KrW-/AbfG.[356] Die Verbände auf dem Feld des Umwelt-, Tier- und Naturschutzes werden in §17 Abs. 7 ChemG zu den beteiligten Kreisen gezählt.[357] Konflikte sollen im Vorfeld vermieden werden, indem die Vorschriften bereits unter Einbeziehung der relevanten Interessen geformt werden. Ziel ist ein Interessenclearing.[358] Damit wird Akzeptanz geschaffen und das Risiko von Rechtsstreitigkeiten vermindert. Die Aufnahme der Kommunikation stärkt die Informationsbasis der entscheidenden Behörde. Insoweit sind in der Beteiligung bei der exekutiven Normsetzung die Vertreter der Wirtschaft oder Wissenschaft den Vertretern anderer Behörden gleichgestellt. Denn die Mitwirkungsmöglichkeiten folgen aus der politischen und fachlichen Position, nicht primär aus individueller Betroffenheit.[359] Darin liegt der Unterschied zur Mitwirkung von Gruppen und Verbänden im Verwaltungsverfahren. An die Seite des Sachverstandes tritt die Instrumentalisierung der Verbände im Dienste des Gemeinwohls.

Im Zusammenhang der Herstellung von Öffentlichkeit nimmt die Beteiligung von Gruppen oder Verbänden eine besondere Stellung ein. Ihr wohnt nicht die Funktion inne, die Wahrnehmung subjektiver Rechte vorzubereiten. Die Beteiligung der Verbände und Gruppen bezweckt die Interessenintegration im Verwaltungsverfahren. Die das Verfahren abschließende Entscheidung hat dann mit hoher Wahrscheinlichkeit eine erhebliche Menge der einschlägigen Informationen wahr- und in sich aufgenommen. Durch die Gewährleistung von Verbandsinteressen soll eine bessere, ausgewogenere Behördenentscheidung herbeigeführt werden.[360] Gleichzeitig fördert die Partizipation von Gruppen und Verbänden den Gesetzeszweck und erhöht die Akzeptanz. Die Kontrolle behördlicher Tätigkeit spielt bei der Verbandsbeteiligung ebenfalls mit und gewinnt an Bedeutung, wenn diese Beteiligung verstärkt den Schutz von Gemein-

---

[355] Zum Beispiel §4 Abs. 1, §5 Abs. 2, §7 Abs. 1, §23 Abs. 1, §32 Abs. 1, §33 Abs. 1, §34 Abs. 1, §35 Abs. 1, §38 Abs. 2 BImSchG usw.

[356] Siehe §8 Abs. 1, §12 Abs. 1 und Abs. 2, §19 Abs. 4 KrW-/AbfG usw.

[357] Chemikaliengesetz i.d.F. vom 25. 7. 1994, BGBl. I, S. 1703.

[358] *E. Schmidt-Aßmann*, in: Hoffmann-Riem/Schmidt-Aßmann (Hrsg.), Konfliktbewältigung, Band 2, S. 22; *K. Hansmann*, in: Landmann/Rohmer, BImSchG, §51, Rn. 3; vgl. *W. Hoffmann-Riem*, DVBl. 1994, S. 1381.

[359] *W. Brohm*, DÖV 1992, S. 1031; *K. Hansmann*, in: Landmann/Rohmer, BImSchG, §51, Rn. 3.

[360] Vgl. *B. Bender*, Stichwort „Verbandsbeteiligung“, in: Kimminich/von Lersner/Storm (Hrsg.), Handwörterbuch des Umweltrechts, Sp. 2555.

wohlgütern anstrebt.[361] In der Bewertung der gesetzlich vorgesehenen Schutzgüter liegt auch der Schlüssel für die Gewichtung der Partizipation bei der Verbands- und Gruppenbeteiligung. Je stärker das Schutzgut die Öffentlichkeit insgesamt betrifft, desto stärker werden der Verband oder die Gruppe zu Gunsten des Schutzgutes instrumentalisiert. Gemeinwohlgüter, die nicht subjektivrechtlich besetzt sind wie der Tier- oder Pflanzenschutz, können effektiver geschützt werden, indem die zuständigen Behörden in ihrer Tätigkeit von gesellschaftlichen Gruppen unterstützt und in Grenzen auch kontrolliert werden.

4.2. Beteiligungsrechte anerkannter Naturschutzverbände nach § 29 BNatSchG

Den Prototyp einer Norm, die Verbandsinteressen ins Verwaltungsverfahren integriert, bildet §29 BNatSchG. Anerkannte Naturschutzverbände wirken nach dieser Vorschrift bei bestimmten Verfahren mit und verfügen zu diesem Zweck über begrenzte Rechte auf Anhörung und Akteneinsicht. Neben der Mitwirkung bei exekutivischer Rechtsetzung und beim Aufstellen von Landschaftsprogrammen und Landschafts(rahmen)plänen (nach §§5 und 6 BNatSchG) handelt es sich um die Partizipation bei der Planfeststellung und der Befreiung von Verboten und Geboten, die zum Schutz von Naturschutzgebieten und Nationalparks erlassen wurden. Diese Verwaltungsverfahren interessieren eine potentiell große Zahl von Gruppen und Personen. Auf der Grundlage des §29 Abs. 1 Nr. 4 BNatSchG verfügen anerkannte Naturschutzverbände im Planfeststellungsverfahren über Mitwirkungsrechte, wenn das planfeststellungsbedürftige Vorhaben mit Eingriffen in Natur und Landschaft im Sinne des §8 BNatSchG verbunden ist. Damit wird nicht die Beteiligung nach §73 VwVfG in vollem Umfang gewährleistet. Den Naturschutzverbänden stehen vielmehr punktuelle Rechte zu, die zur Erfüllung ihrer Funktion notwendig sind. Sie verfügen nach §29 Abs. 5 Satz 3 BNatSchG ausdrücklich über ein Mitwirkungsrecht. Das Bundesverwaltungsgericht hat daraus und aus der Notwendigkeit eines Anerkennungsverfahrens gemäß §29 Abs. 2 BNatSchG, mit der ein zu beteiligendes Rechtssubjekt geschaffen wird, die Beurteilung abgeleitet, dass §29 Abs. 1 Nr. 4 BNatSchG den Verbänden ein selbständig durchsetzbares, subjektives öffentliches Recht auf Beteiligung am Verfahren einräumt.[362] Nach §29 Abs. 1 BNatSchG ist den Naturschutzverbänden Gelegenheit zur Äußerung sowie zur Einsicht in die einschlägigen Sachverständigengutachten zu geben.[363] Zu diesem Zweck müssen sie jenseits der allgemeinen Beteiligung

[361] Vgl. *H.H. v. Arnim*, Gemeinwohl, S. 310.

[362] BVerwGE 87, 62 (69); dazu *K.-P. Dolde*, NVwZ 1991, S. 960; *I. Rudolph*, JuS 2000, S. 479; siehe auch HessVGH, Beschl.v.11.7.1988, NVwZ 1988, S. 1040, unter Aufgabe seiner vorherigen Rechtsprechung und HessVGH, Urt.v.1.9. 1998, NuR 2000, S. 226.

[363] Näher BVerwG, Urt.v.24.5. 1996, NVwZ 1997, S. 491 (492).

der Öffentlichkeit gesondert über die Planunterlagen informiert werden.[364] Die Beteiligung ist in Plangenehmigungsverfahren nicht notwendig, bildet aber in Planfeststellungsverfahren als spezifische Form der Öffentlichkeitsbeteiligung das zentrale Instrument zur Erfüllung der Verbandsaufgaben.[365] Das Beteiligungsrecht beinhaltet die Anhörung und als Voraussetzung hierfür die Einsicht in die Planunterlagen.[366] Selbst wenn ihnen die Einwendungsbefugnis nach § 73 Abs. 4 VwVfG abzusprechen wäre, können sie doch schriftliche Stellungnahmen zu dem Plan abgeben, den ihnen die Anhörungsbehörde zu übermitteln hat, und sie dürfen am Erörterungstermin teilnehmen.[367] Zur Sicherung ihrer Funktion steht ihnen aber die Einwendungsbefugnis jedenfalls in Planfeststellungsverfahren zu.[368] Eine Äußerung nach § 29 Abs. 1 BNatSchG wirkt effektiv, wenn sie im Verfahren als Einwendung wirkt. Darin zeigt sich die Intensität der Mitwirkungsrechte von anerkannten Naturschutzverbänden. Zur treuhänderischen Wahrnehmung von Gemeinwohlinteressen haben sie eine gut ausgestattete verfahrensrechtliche Position. Die Vorschrift des § 29 BNatSchG knüpft gerade an das Verfahren der Planfeststellung an, nicht etwa an deren inhaltliche Wirkungen.[369] Als wesentliche Rechtsfolge steht einem anerkannten Naturschutzverband im Falle eines Verfahrensfehlers durch mangelhafte Beteiligung ein gerichtlich durchsetzbarer Anspruch auf Aufhebung der behördlichen Entscheidung zu.[370]

Im Zusammenhang von Großvorhaben, die mit Eingriffen in Natur und Landschaft verbunden sind, verfolgen vorrangig die zuständigen Behörden durch ihre Tätigkeiten (§§ 3, 8 Abs. 2 Satz 2 und 3/BNatSchG) die Ziele des Naturschutzes und der Landschaftspflege (§ 1 Abs. 1 BNatSchG).[371] Dem Gesetzgeber ist dies nicht genug. Er schafft mit der Anerkennung von zu beteiligenden Naturschutzverbänden ein Gegengewicht im Verwaltungsverfahren, mit dem die Zielerreichung verbessert werden soll. Das Bundesverwaltungsgericht spricht von einer behördenunterstützenden Funktion dieser „Sachverstandpartizipation."[372] Denn von einem derartigen Vorhaben betroffene Dritte machen im Verwaltungsverfahren ihre eigenen Interessen geltend. Aus diesem Grund kommt den anerkannten Naturschutzverbänden eine besondere Aufgabe zu, deren Erfüllung mit der Einräumung von Beteiligungsrechten verknüpft ist.[373]

---

[364] *J.-D. Busch*, in: Knack (Hrsg.), VwVfG, § 73, Rn. 5.3; *F. Kopp*, VwVfG, § 73, Rn. 25; UGB-KomE, S. 519.

[365] BVerwG, Urt.v.14. 7. 1997, DVBl. 1997, S. 1123 (1124f.).

[366] BVerwG, Urt.v.12. 11. 1997, DVBl. 1998, S. 334 (335); *F. Kopp*, VwVfG, § 73, Rn. 23.

[367] *C.H. Ule/H.-W. Laubinger*, Verwaltungsverfahrensrecht, § 40, Rn. 41.

[368] *H.J. Bonk*, in: Stelkens/Bonk/Sachs, VwVfG, § 73, Rn. 68; *H.-J. Peters*, UVP, Band 1, S. 22; *J. Wagner*, in: Hoppe (Hrsg.), UVPG, § 9, Rn. 20.

[369] BVerwGE 98, 100 (103); BVerwG, Urt.v.12. 11. 1997, DVBl. 1998, S. 334 (335).

[370] BVerwGE 87, 62 (71); HessVGH, Beschl.v.11. 7. 1988, NVwZ 1988, S. 1040; OVG Sachs-Anh, Urt.v.29. 3. 1995, DÖV 1995, S. 780 (781); dagegen *K.-P. Dolde*, NVwZ 1991, S. 961f.

[371] Vgl. zu den Zielen BVerwG, Urt.v.20. 1. 1989, DVBl. 1989, S. 658 (658f.).

[372] BVerwG, Urt.v.12. 11. 1997, DVBl. 1998, S. 334

[373] BVerwGE 87, 62 (73).

Ihre Instrumentalisierung dient dem Schutz von Rechtsgütern, denen rechtlich individualisierte Rechtsträger fehlen.[374] Der Gesetzgeber hat mit §29 Abs.1 Nr.4 BNatSchG den Weg einer Subjektivierung von objektiven öffentlichen Interessen beschritten. Der Zweck der Beteiligung der Verbände liegt darin, eine verstärkte Berücksichtigung der Belange des Naturschutzes und der Landschaftspflege zu erreichen.[375] Die Gewährung individuell durchsetzbarer Verfahrensrechte dient der Funktionserfüllung.[376] Damit können diese Interessen auch in das auf die Individualklage ausgerichtete Rechtsschutzsystem der VwGO eingebracht werden.

4.3. Durchsetzung von Rechtspositionen durch Verbände

Die Verbandsklage hat sich als Instrument, um gemeinschaftsbezogene Schutzgützer zu verteidigen, in Deutschland lange Zeit nicht flächendeckend durchgesetzt.[377] Das System des Rechtsschutzes dominiert die Verteidigung subjektiver öffentlicher Rechte. Die Verbandsklage wird aus dieser Sicht zumeist als Systembruch verstanden. Immerhin schließt eine Verteidigung subjektiver Rechte nicht aus, dass das Rechtsschutzsystem auch die Durchsetzung objektiver Rechtsnormen ermöglicht.[378] Ausnahmen zu Gunsten von Gemeinwohlgütern gibt es aber lediglich im Naturschutzrecht.[379]

Die Verfassung Brandenburgs erklärt die Verbandsklage in Art.39 Abs.8 für zulässig auf dem Gebiet des Schutzes der natürlichen Lebensgrundlagen. Anerkannte Umweltverbände sollen demnach das Recht auf Beteiligung an Verwaltungsverfahren haben, welche die natürlichen Lebensgrundlagen betreffen. Das brandenburgische Naturschutzgesetz konkretisiert diese Bestimmung.[380] Über §29 BNatSchG hinaus sind anerkannten Verbänden nach §63 Abs.2 BbgNatSchG in weiteren Fällen Beteiligungsrechte eingeräumt. Ihnen können gemäß §64 BbgNatSchG die Betreuung geschützter Objekte und Gebiete sowie Aufgaben des Artenschutzes übertragen werden. Die Klagebefugnis der Naturschutzverbände findet ihre Regelung in §65 BbgNatSchG. Zur Unterstützung der Behörden bei der Durchführung des Gesetzes sollen ehrenamtliche Naturschutzhelfer und Naturschutzbeauftragte bestellt werden (§61 BbgNatSchG). Bei den Behörden werden Naturschutzbeiräte gebildet, deren Mitglieder ehrenamtlich tätig sind und zu deren Aufgaben es gehört, der Öffentlichkeit die Auf-

---

374 Vgl. *K. Balleis*, Mitwirkungs- und Klagerechte, S.38.

375 OVG Sachs-Anh, Urt.v.29.3. 1995, DÖV 1995, S.780 (781).

376 BVerwGE 87, 62 (71f.).

377 Vgl. zu anderen Rechtsordnungen und dem Recht der Europäischen Union *A. Epiney*, NVwZ 1999, S.486 und 488 m.w.N.

378 *J. Masing*, Mobilisierung, S.123ff.

379 Vgl. insoweit kritisch *G. Lübbe-Wolf*, Modernisierung, S.202 m.N.

380 Brandenburgisches Gesetz über Naturschutz und Landschaftspflege vom 25.6. 1992, GVBl., I S.208.

gaben und Ziele des Naturschutzes und der Landschaftspflege zu vermitteln (§ 62 BbgNatSchG). Durch diese Indienstnahme von Bürgern für den Gesetzeszweck werden die Möglichkeiten zur Information der Öffentlichkeit ausgeweitet. Auch die sächsische Landesverfassung sieht in Art. 10 Abs. 2 die Verbandsklage vor. Die näheren Regelungen trifft § 58 des sächsischen Naturschutzgesetzes.[381] Für eine egoistische Verbandsklage, bei der der Verband Individualinteressen seiner Mitglieder verfolgt, besteht kein Bedürfnis, da die von der Maßnahme betroffenen Mitglieder klageberechtigt sind und der Verband sie unterstützen kann.[382] Gesetzliche Ausnahmen von dieser Regel finden sich in § 8 Abs. 4, § 12 und § 16 Abs. 3 Satz 2 HandwO.

Die Befugnis, behördliche Verletzungen von Rechtsnormen zu beanstanden, auch wenn sie keinen drittschützenden Charakter haben, wird Naturschutzverbänden vom Bundesrecht nicht eingeräumt. Die altruistische Verbandsklage hat aber die Mehrzahl der Naturschutzgesetze der Länder eingeführt.[383] Nach den landesrechtlichen Regelungen kann ein anerkannter Naturschutzverband die Verletzung spezifischen Naturschutzrechts rügen, sofern seine satzungsmäßigen Aufgaben berührt werden und er seine Mitwirkungsrechte im vorausgehenden Verfahren genutzt hat. Sinn und Zweck bestehen in der Einhaltung öffentlich-rechtlicher Normen und in der Minderung von Vollzugsdefiziten.[384] Damit wirkt die altruistische Verbandsklage vor dem Hintergrund des Art. 20a GG und der entsprechenden Vorschriften in den Landesverfassungen, ohne dass das Verfassungsrecht ihre Einführung erzwingen könnte. Dem Auftrag dieser Staatsfundamentalnorm, die natürlichen Lebensgrundlagen zu schützen, nutzt die Verminderung von Vollzugsdefiziten im Umweltschutz. Der Verbandsklage kommt vornehmlich eine Beanstandungsfunktion zu.[385] Sie dient nicht dem individuellen Rechtsschutz, sondern sie dient dem Schutz der Natur und damit dem Schutz von Gemeinwohlgütern.[386]

Jenseits der altruistischen Verbandsklage zu Gunsten des Schutzes der natürlichen Lebensgrundlagen verfügen Verbände über weitere Klagerechte. Ihnen steht die Berechtigung zu, in ihrer Eigenschaft als individualisiertes Rechtssub-

---

[381] Sächsisches Gesetz über Naturschutz und Landschaftspflege vom 11.10. 1994, GVBl., S. 1601.

[382] *B. Bender/R. Sparwasser/R. Engel*, Umweltrecht, Rn. 3/256; *E. Rehbinder*, Stichwort „Verbandsklage", in: Kimminich/von Lersner/Storm (Hrsg.), Handwörterbuch des Umweltrechts, Sp. 2559; *B. Bender*, Von der Verbandsbeteiligung, S. 52.

[383] Bisher in 12 Ländern, nicht in Baden-Württemberg, Bayern, Mecklenburg-Vorpommern und Nordrhein-Westfalen, vgl. *Ph. Kunig*, Jura 1996, S. 495 mit Fn. 9; *E. Rehbinder*, Stichwort „Verbandsklage", in: Kimminich/von Lersner/Storm (Hrsg.), Handwörterbuch des Umweltrechts, Sp. 2566f.

[384] *E. Rehbinder*, Stichwort „Verbandsklage", in: Kimminich/von Lersner/Storm (Hrsg.), Handwörterbuch des Umweltrechts, Sp. 2559f.; *K. Balleis*, Mitwirkungs- und Klagerechte, S. 38f. m.N.

[385] *B. Bender/R. Sparwasser/R. Engel*, Umweltrecht, Rn. 3/257.

[386] *K. Balleis*, Mitwirkungs- und Klagerechte, S. 51, 53.

jekt Eigentumsrechte geltend zu machen.[387] Im Zusammenhang der Informationsrechte können Verbände ihre Rechte auf Beteiligung im Verfahren durchsetzen.[388] Das entsprechende Vorgehen eines Verbandes erweist sich als Klage zur Erzwingung von Partizipation.[389] Der Verband geht auf dem Klageweg gegen die Verletzung seiner Mitwirkungsbefugnisse nach §29 Abs. 1 Satz 1 Nr. 4 BNatSchG durch die Behörde vor, nicht aber gegen materielle Mängel des Planfeststellungsbeschlusses.[390] Im Gegensatz zur Verbandsklage geht es nicht um die Durchsetzung eines materiellen Rechts, sondern um die Verteidigung eines subjektiven Verfahrensrechts.[391] Die Beteiligungsrechte sind mittels einer allgemeinen Leistungsklage noch während des Planfeststellungsverfahrens isoliert erzwingbar.[392] Der Planfeststellungsbeschluss kann mit der Begründung angefochten werden, die Rechte auf Beteiligung seien verletzt worden.[393] Eine derartige Anfechtungsklage des Verbandes kommt auch dann in Betracht, wenn sein Mitwirkungsrecht nach §29 Abs. 1 Satz 1 Nr. 4 BNatSchG durch den Verzicht auf ein gebotenes Planfeststellungsverfahren vereitelt wurde.[394] Falls jedoch ein Planfeststellungsverfahren rechtmäßig unterblieben ist, gelten für die Beteiligung die ansonsten jeweils einschlägigen Vorschriften. Erteilt die Behörde etwa eine Plangenehmigung (zum Beispiel nach §74 Abs. 6 VwVfG, §14 Abs. 1a Satz 1 Nr. 1 WaStrG oder §17 Abs. 1a FStrG),[395] entfällt die Beteiligung nach §29 Abs. 1 Nr. 4 BNatSchG. Denn ein Planfeststellungsverfahren im Sinne dieser Vorschrift liegt dann nicht vor und das Mitwirkungsrecht wird von §74 Abs. 6 und 7 VwVfG nicht umfasst.[396] Der Gesetzgeber hat bei der Ausdehnung des Anwendungsbereiches der Plangenehmigung bewusst in Kauf genommen, dass die Mitwirkungsrechte anerkannter Naturschutzverbände nach §29 Abs. 1 Nr. 4 BNatSchG beseitigt werden.[397] Das Instrument der Plangenehmigung

---

387 *Ph. Kunig*, Jura 1996, S. 495; zur Sperrgrundstücksklage *K. Balleis*, Mitwirkungs- und Klagerechte, S. 217f. m.N.

388 BVerwGE 87, 62 (74).

389 *Ph. Kunig*, Jura 1996, S. 495; *B. Bender*, Stichwort „Verbandsbeteiligung", in: Kimminich/von Lersner/Storm (Hrsg.), Handwörterbuch des Umweltrechts, Sp. 2557.

390 BVerwG, Urt.v.24.5. 1996, NVwZ 1997, S. 491 (492).

391 OVG Sachs-Anh, Urt.v.29.3. 1995, DÖV 1995, S. 780 (781).

392 BVerwGE 87, 62 (70f.); *B. Bender*, Stichwort „Verbandsbeteiligung", in: Kimminich/von Lersner/Storm (Hrsg.), Handwörterbuch des Umweltrechts, Sp. 2557; für eine Verpflichtungsklage *F. Kopp*, VwVfG, §73, Rn. 23; skeptisch wegen §44a VwGO *C.H. Ule/H.-W. Laubinger*, Verwaltungsverfahrensrecht, §40, Rn. 41.

393 BVerwG, Urt.v.24.5. 1996, NVwZ 1997, S. 491 (492); VGH Ba-Wü, Urt.v.1.2. 1996, NVwZ 1997, S. 594 (595).

394 VGH Ba-Wü, Urt.v.1.2. 1996, NVwZ 1997, S. 594 (596); OVG Sachs-Anh, Urt.v.29.3. 1995, DÖV 1995, S. 780 (781); *Ph. Kunig*, Jura 1996, S. 497; *B. Bender/R. Sparwasser/R. Engel*, Umweltrecht, Rn. 3/264.

395 Vgl. die weiteren Nachweise bei *U. Repkewitz*, VerwArch 88 (1997), S. 148f.

396 BVerwGE 98, 100 (102).

397 *H. Schmitz/F. Wessendorf*, NVwZ 1996, S. 960.

zielt gerade auf eine Einschränkung der Beteiligungsrechte, da sich der Gesetzgeber davon eine Beschleunigung der Verwaltungsverfahren verspricht.[398]

Klagerechte zur Verteidigung von Gemeinwohlinteressen sind ein gangbarer Weg, um Rechtsgüter wie den Naturschutz, Tierschutz, Denkmalschutz oder die Volksgesundheit zu sichern. Auf dem Gebiet des Umweltrechts wird als Alternative zur Verbandsklage auch die Einrichtung eines Umweltanwalts mit Klagebefugnis erwogen.[399] Zwar ist das subjektiv-rechtliche Konzept stark verankert.[400] Die Zuerkennung von Klagerechten an Gruppen oder Verbände ohne die Betroffenheit einer subjektiven Rechtsposition ermöglicht jedoch eine effektivere Verteidigung von Interessen der Allgemeinheit.[401] Die Verbandsklage steht allerdings im Zusammenhang mit der Ausschlag gebenden Funktion, welche die Gerichte einnehmen. Wenn auf die Ausgestaltung des Verfahrens Wert gelegt wird, sollten die Gerichte aber Spielräume für Verfahrensgerechtigkeit eröffnen. Neben der Verbandsklage vor den Gerichten kommen weitere Möglichkeiten in Betracht, um die Interessen der Allgemeinheit an der Erlangung von Information durchzusetzen.

5. Mediatisierung von Informations- und Kontrollinteressen der Öffentlichkeit

Die Herstellung von Öffentlichkeit hat die Funktionen, demokratische Kontrolle zu erlauben, den Informationsstand der Behörden verbessern zu helfen und im Vorfeld individueller Rechtseinräumungen die Voraussetzungen für deren Wahrnehmung zu schaffen. Der Zugang der Öffentlichkeit zu Informationen von Behörden kann unmittelbar gewährt werden. Er kann aber auch mittelbare Verwirklichung finden, indem besondere Stellen treuhänderisch für die Öffentlichkeit als Ganzes die Aufgabe der Kontrolle und zugleich den Schutz der Rechte des Einzelnen wahrnehmen. Rechtsordnungen anderer Staaten sehen deshalb häufig eine mehr oder weniger unabhängige Stelle vor, die den Informationszugang sichern soll.[402] Der Schutz des Individualrechts ist dabei sicherlich zentral. Derartige Stellen tragen aber daneben Verantwortung für die Sicherung von Informationsinteressen der Öffentlichkeit. Diese Interessen werden mediatisiert. Die zwischengeschalteten Stellen überwachen generell die Umsetzung von Gesetzen, die Informationsrechte einräumen, untersuchen Verwaltungspraktiken und erstellen Berichte, die veröffentlicht werden. Mit solchen Instrumentarien ausgestattete Ombudsleute, Beauftragte oder Kom-

---

398 *H.J. Bonk*, NVwZ 1997, S. 329; *H. Schmitz/F. Wessendorf*, NVwZ 1996, S. 961.

399 *E. Rehbinder*, Stichwort „Verbandsklage", in: Kimminich/von Lersner/Storm (Hrsg.), Handwörterbuch des Umweltrechts, Sp. 2561.

400 *J. Masing*, Mobilisierung, S. 125.

401 Eine Verbandsklage hält *A. Epiney*, NVwZ 1999, S. 490, in bestimmten Fällen gemeinschaftsrechtlich für geboten.

402 *R.S. Baxter*, European Public Law 2 (1996), S. 636.

missionen stehen an der Schnittstelle zwischen der Verwaltung und den Informationssuchenden.

5.1. Die Rolle der Beauftragten

Der Staat als Handlungs- und Wirkungseinheit differenziert sich immer mehr aus, weshalb sich die Einheit der Verwaltung als Herausforderung darstellt.[403] Eine Reaktion auf diese Entwicklung sind die Beauftragten, die an Sachproblemen orientiert arbeiten und Brüche zwischen den spezialisierten Verwaltungseinheiten kitten sollen.[404] Vor diesem Hintergrund hat sich ihre Aufgabenstellung gewandelt, die sich ursprünglich bei der Entstehung in Schweden und dann auch Finnland aus dem Fehlen einer Verwaltungsgerichtsbarkeit erklärte.[405] Beauftragte werden zur Erfüllung einer Reihe von Grund- und Querschnittsaufgaben von Parlament, Regierung oder Verwaltung bestellt. Sie sind damit betraut, für die Beachtung eines bestimmten Gesichtspunktes oder einer bestimmten Materie über die Grenzen von Ressorts und Verwaltungsebenen hinaus zu sorgen. Mittel dazu sind Beratung und Kontrolle.[406] Beauftragte stehen im Dienst der Informationsinteressen staatlicher Stellen. Sie werden aber auch als Sachwalter gesellschaftlicher Gruppierungen eingesetzt wie Ausländerbeauftragte, Drogenbeauftragte oder Altenbeauftragte.[407] Der Schutz von Rechtsgütern der Allgemeinheit erfolgt insoweit dadurch, dass die Beauftragten deren Belange wahrnehmen.[408] Unmittelbare rechtliche Wirkung im Verhältnis zum Bürger entfalten sie nur in seltenen Fällen. Gerade wenn sie der Sicherung von Individualrechten verpflichtet sind, bedürfen sie umfangreicherer Befugnisse. Ihre Tätigkeit steht im Licht der Medien und wirkt damit mittelbar auf die Sichtweise der Bürger, ihr Verhalten und ihr Verhältnis zu den staatlichen Stellen ein. Die Beauftragten bewegen sich innerhalb des Rahmens der Verwaltung.[409] Ihre Einbindung in das Zusammenspiel der Fachinstanzen und Einrichtungen wirft Fragen des Informationsflusses, der Koordination und Kooperation auf.[410]

Mit Blick auf die Herausgabe von Informationen durch die Verwaltung bietet die Tätigkeit von Beauftragten im geltenden Recht Anschauungsmaterial dafür, wie das Interesse an allgemeinen Informationen über bestimmte Sachgebiete durch die Zwischenschaltung von staatlichen oder privaten Stellen befriedigt

---

403 *B.-O. Bryde*, VVDStRL 46 (1988), S. 184, 193.

404 *H. Schulze-Fielitz*, in: Hoffmann-Riem/Schmidt-Aßmann (Hrsg.), Konfliktbewältigung, Band 2, S. 58.

405 *U. Kempf*, in: Kempf/Uppendahl (Hrsg.), Ombudsman, S. 130.

406 *W. Brohm*, in: Isensee/Kirchhof (Hrsg.), HdBStR, § 36, Rn. 4.

407 *M. Fuchs*, „Beauftragte", S. 215f.

408 Vgl. *J. Puchta*, in: Kempf/Uppendahl (Hrsg.), Ombudsman, S. 119.

409 *U. Kempf*, in: Kempf/Uppendahl (Hrsg.), Ombudsman, S. 13.

410 *W. Brohm*, in: Isensee/Kirchhof (Hrsg.), HdBStR, § 36, Rn. 10.

werden kann. Unabhängig von ihrer privatrechtlichen oder öffentlich-rechtlichen Organisationsform müssen Rechtsregeln die Vertrauenswürdigkeit der Informationsmittler sicherstellen, die Grundlage ihrer Tätigkeit ist.[411] Durch Beauftragte oder entsprechende Kommissionen werden Interessen gebündelt, kanalisiert und dadurch im Verhältnis zur Exekutive gestärkt. Dadurch kann gegenläufigen Interessen Rechnung getragen werden.[412] Ein Beauftragter, der zur Wahrung von Interessen der Öffentlichkeit an der Herausgabe von Informationen durch die Verwaltung berufen ist, bezieht Geschäftsgeheimnisse, Interessen des Datenschutzes oder die Funktionsfähigkeit der Verwaltung eher in seine Vorgehensweise ein als eine Gruppe oder ein Individuum, deren alleiniges Ziel darin besteht, ihr Partikularinteresse an Information durchzusetzen. Für einen eventuellen Informationszugangsbeauftragten de lege ferenda können bestehende Strukturen als Vorbild dienen.

5.1.1. Beauftragte mit stark ausgeprägter Wirkung in der Öffentlichkeit

Eine Rolle bei der Offenbarung von Informationen, die der Verwaltung zur Verfügung stehen, spielen diejenigen Beauftragten, die über den engeren Bereich der Verwaltung oder des Parlaments hinaus in Verbindung mit dem Bürger treten. Dies ist vornehmlich bei Beauftragten der Fall, deren Aufgabe in der Verteidigung grundrechtlich geschützter Positionen liegt. Die Tätigkeit der Behinderten- und Gleichstellungsbeauftragten dient dem Schutz grundrechtlich verankerter Rechtsgüter (Art. 3 Abs. 2 und 3 GG). Solche Beauftragten existierten bereits, bevor die entsprechenden Ergänzungen des Grundgesetzes vorgenommen wurden. Auf kommunaler Ebene schreibt das Kommunalverfassungsrecht einiger Länder die Einrichtung der Gleichstellungsbeauftragten verpflichtend vor.[413] Änderungen im Charakter ihrer Arbeit durch die verfassungsrechtliche Normierung einer Förderpflicht auf Bundesebene sind nicht absehbar.

Die Datenschutzbeauftragten in der Bundesrepublik Deutschland weisen unterschiedliche organisatorische Verankerungen auf.[414] Ihre Rechtsstellung entwickelte sich im Schwerpunkt nach dem Volkszählungsurteil des Bundesverfassungsgerichts.[415] Aus der Sicht des Bundesverfassungsgerichts ist ihre Unabhängigkeit Voraussetzung für einen effektiven Schutz des Rechts auf informationelle Selbstbestimmung, das bestimmten Einschränkungen überhaupt nur wegen der Existenz dieser Datenschutzkontrolle unterworfen werden

---

411 *J. Bizer*, Forschungsfreiheit, S. 197.

412 Zum Vorschlag eines Datentreuhänders *J. Bizer*, Forschungsfreiheit, S. 196ff.

413 BVerfGE 91, 228 (242) zur Regelung in Schleswig-Holstein.

414 Einzelheiten bei *G. Wippermann*, DÖV 1994, S. 931; *W. Rudolf*, in: Festschrift für Stern, S. 1350.

415 BVerfGE 65, 1.

darf.[416] Daraus haben die Datenschutzgesetze die Folgerung gezogen, dass der jeweilige Datenschutzbeauftragte in Ausübung seines Amtes unabhängig und nur dem Gesetz unterworfen ist (so § 22 Abs. 4 Satz 2 BDSG).[417] In einigen Ländern der Bundesrepublik hat die Unabhängigkeit des Landesdatenschutzbeauftragten Verfassungsrang.[418]

Aufgabe der Datenschutzbeauftragten ist nicht in erster Linie die Unterstützung des Parlaments, sondern der effektive Schutz des Rechts auf informationelle Selbstbestimmung.[419] Dazu dient, wie etwa § 24 BDSG verdeutlicht, die Kontrolle der Verarbeitung und Nutzung von Daten. Die Datenschutzbeauftragten nehmen insoweit Funktionen vorgelagerten Rechtsschutzes wahr.[420] Sie leisten der Regierung und dem Parlament Hilfestellung, auch im Rahmen der Gesetzgebung (vgl. § 26 BDSG).[421] In der Praxis überwiegt die Beratung der Ministerien und öffentlichen Stellen i.S.d. der Datenschutzgesetze (vgl. § 2 BDSG).[422] Hinsichtlich der Beratung weist die Tätigkeit der Datenschutzbeauftragten Ähnlichkeiten mit der Heranziehung externer Sachverständiger auf.[423] Ihre Funktion des Grundrechtsschutzes erfordert aber eine besondere Stellung. Die Datenschutzbeauftragten fassen regelmäßig bei der Kontrolle der öffentlichen Gewalt keine rechtsverbindlichen Beschlüsse. Sie sind insoweit vorbereitend oder konsultativ tätig.[424] Die Beanstandung ist kein mit Rechtsmitteln angreifbarer Verwaltungsakt.[425] Im Rahmen der Kontrolltätigkeit kann ein Landesdatenschutzbeauftragter jedoch selbst Eingriffe in das Recht auf informationelle Selbstbestimmung vornehmen und somit die Rechtsposition des Bürgers berühren.[426] Die Tätigkeitsberichte der Datenschutzbeauftragten auf Bundes- und Landesebene (vgl. § 26 Abs. 1 BDSG) sind zentrale Bestandteile ihrer Arbeit. Durch die Verbreitung der Berichte über die Medien erhält die Öffentlichkeit nicht nur Informationen über die Tätigkeit des Beauftragten selbst. Sie wird allgemein über die Fragen unterrichtet, die hinsichtlich des Datenschutzes aktuell von Bedeutung sind.[427] Die Berichte stellen Öffentlichkeit über die Situation des Grundrechts auf informationelle Selbstbestimmung her. Nach Maßgabe einiger Landesgesetze sind die jeweiligen Landesdatenschutzbeauftragten auch

---

[416] BVerfGE 65, 1 (46); 67, 157 (185); vgl. weiter gehend das HbgVerfG, Urt.v.19.7. 1995, NVwZ 1996, S. 1201 (1204), das in einer mangelnden Regelung und Organisation des Datenschutzes eine Verletzung des Rechts auf informationelle Selbstbestimmung sieht.

[417] Die Landesgesetze enthalten zumeist gleichlautende Formulierungen, Nachweise bei *G. Wippermann*, DÖV 1994, S. 931 mit Fn. 18.

[418] Art. 74 Abs. 1 Satz 4 LVerf Bbg; Art. 37 Abs. 2 Satz 1 LVerf M-Vorp; Art. 46a Abs. 3 LVerf Nds; Art. 77a Abs. 2 Satz 1 LVerf NRW; Art. 63 Abs. 3 Satz 1 LVerf Sachs-Anh.

[419] *W. Rudolf*, in: Festschrift für Stern, S. 1353; vgl. BVerfGE 65, 1 (46).

[420] *J. Bizer*, Forschungsfreiheit, S. 225.

[421] *G. Wippermann*, DÖV 1994, S. 934.

[422] *W. Rudolf*, in: Festschrift für Stern, S. 1353.

[423] *W. Brohm*, in: Isensee/Kirchhof (Hrsg.), HdBStR, § 36, Rn. 9.

[424] *D. Zöllner*, Datenschutzbeauftragte, S. 172.

[425] BVerwG, Beschl.v.5.2. 1992, RDV 1993, S. 27; *G. Wippermann*, DÖV 1994, S. 934.

[426] *D. Zöllner*, Datenschutzbeauftragte, S. 71 ff.

[427] Skeptisch zum Öffentlichkeitsauftrag *D. Zöllner*, Datenschutzbeauftragte, S. 96 ff.

zur Kontrolle des nicht-öffentlichen Bereichs berufen. Da sie dann Entscheidungen treffen können, die den Bürger berechtigen oder verpflichten, unterstehen sie insoweit der Rechts- und Fachaufsicht.[428] Denn eine unabhängige Stelle, die Entscheidungen mit Außenwirkung treffen könnte, wäre mit dem Grundsatz der Gewaltentrennung in Art. 20 Abs. 2 und 3 GG unvereinbar.[429] Soweit die Datenschutzbeauftragten nicht über Eingriffsbefugnisse, sondern nur über Kontrollbefugnisse verfügen, unterliegen sie keiner parlamentarischen Kontrolle.[430] Eine Rechtsaufsicht besteht im Falle entsprechender gesetzlicher Anordnung wie in § 22 Abs. 4 Satz 3 BDSG lediglich für Extremfälle, insbesondere hinsichtlich von Überschreitungen des Kontrollbereichs. Die Unabhängigkeit des Datenschutzbeauftragten darf nicht angetastet werden.[431] Eine Bindung an die Rechtsauffassung der Aufsichtsbehörde ist aufgrund der Funktion der Datenschutzkontrolle ausgeschlossen.[432]

Allerdings gerät diese Konzeption durch die Datenschutzrichtlinie der Europäischen Gemeinschaft ins Wanken.[433] Denn Art. 28 der Datenschutzrichtlinie verlangt, ohne zwischen der Kontrolle des öffentlichen und des nicht-öffentlichen Bereichs zu trennen, eine unabhängige Kontrollinstanz, ein Erfordernis, das hinsichtlich der Kontrolle des nicht-öffentlichen Bereiches in der Bundesrepublik Deutschland Probleme aufwerfen könnte. Denn in den meisten Ländern sind insoweit nicht die unabhängigen Datenschutzbeauftragten, sondern weisungsgebundene Aufsichtsbehörden zuständig.[434] Infolge der Datenschutzrichtlinie könnte es notwendig sein, auch die Kontrolle des Datenschutzes im nicht-öffentlichen Bereich den unabhängigen Datenschutzbeauftragten zu übertragen.[435] Allerdings wird die Kompetenz der Gemeinschaft zur Regelung der Kontrolle des öffentlichen Bereichs angezweifelt mit der Konsequenz, dass die Richtlinie eine Zentralisierung der Kontrolle bei den Datenschutzbeauftragten nicht erforderte.[436] Die fehlende Unterscheidung der EG-Richtlinie zwischen Datenschutz im öffentlichen und im nicht-öffentlichen Bereich hätte dann keine Auswirkungen auf die Datenschutzkontrolle in Deutschland.[437]

---

[428] *I. Wind*, Kontrolle, S. 39f.

[429] *W. Rudolf*, in: Festschrift für Stern, S. 1362.

[430] *W. Rudolf*, in: Erichsen (Hrsg.), Allgemeines Verwaltungsrecht, § 52, Rn. 23.

[431] *D. Zöllner*, Datenschutzbeauftragte, S. 167f.

[432] *G. Wippermann*, DÖV 1994, S. 933.

[433] Richtlinie 95/46/EG des Rates zum Schutz natürlicher Personen bei der Verarbeitung personenbezogener Daten und zum freien Datenverkehr vom 24. 10. 1995, ABl. Nr. L 281 vom 23. 11. 1995, S. 31.

[434] *S. Simitis*, in: Tinnefeld/Philips/Heil (Hrsg.), Informationsgesellschaft, S. 65 (6.3.4.); umfassend *I. Wind*, Kontrolle, S. 29ff.

[435] *S. Simitis*, NJW 1997, S. 287; vgl. zur früheren Diskussion *I. Wind*, Kontrolle, S. 30; allgemein gegen eine Unterscheidung von privatem und öffentlichem Sektor beim Schutz personenbezogener Informationen *H.-H. Trute*, JZ 1998, S. 826 und *M. Kloepfer*, Gutachten D, S. 112 m.w.N.

[436] *W. Rudolf*, in: Festschrift für Stern, S. 1360.

[437] 15. Tätigkeitsbericht des Landesbeauftragten für den Datenschutz Rheinland-Pfalz, Landtag Rh-Pf, Drucks. 12/7589 vom 16. 11. 1995, S. 14; *W. Rudolf*, in: Festschrift für Stern, S. 1360.

Seine Aufgabenbeschreibung bringt den Datenschutzbeauftragten gelegentlich in Konflikte mit Verwaltungsbehörden, die durch eine offene Auseinandersetzung ausgeräumt werden müssen.[438] Denn er ist Vertreter eines partikularen öffentlichen Interesses.[439] Vom theoretischen Ausgangspunkt her wird er einseitig zu Gunsten des Datenschutzes tätig, was ihn an einer abgewogenen Wahrnehmung seiner Aufgaben in der Praxis nicht hindert. Er soll nicht das Gemeinwohl in einem Verwaltungs- oder Gerichtsverfahren gegenüber Ressortinteressen verteidigen, sondern speziell Datenschutz betreiben. Insoweit besteht eine rechtspolitische Ähnlichkeit zur altruistischen Verbandsklage.[440]

Ähnliche Grundstrukturen im Verhältnis zur Öffentlichkeit kennzeichnen die Stellung des Wehrbeauftragten. Der Wehrbeauftragte des Bundestages ist nach Art. 45b Satz 1 GG dessen Hilfsorgan bei der Ausübung der parlamentarischen Kontrolle und zum Schutz der Grundrechte berufen. Seine Aufgabe liegt nicht in der Durchsetzung einer bestimmten Rechtsposition wie bei den Datenschutzbeauftragten, sondern in der Wahrung der Grundrechte insgesamt, die den Soldaten zustehen.[441] Zur Erfüllung dieser Funktion verfügt er aufgrund des § 3 Ziff. 1 WBeauftrG gegenüber dem Bundesminister für Verteidigung und allen diesem unterstellten Dienststellen über umfassende Rechte auf Auskunft und Akteneinsicht. Durch seinen Jahresbericht nach § 2 Abs. 1 WBeauftrG unterrichtet er nicht nur den Bundestag, sondern informiert zugleich die Öffentlichkeit.

Eine parallele Funktion im Verhältnis zum Parlament übt der Bürgerbeauftragte in Rheinland-Pfalz aus.[442] Er hat gemäß Art. 1 Abs. 1 des Landesgesetzes über den Bürgerbeauftragten die Aufgabe, im Rahmen des parlamentarischen Kontrollrechts des Landtags die Stellung des Bürgers im Verkehr mit den Behörden zu stärken. Dementsprechend wird er vom Landtag gewählt (§ 9 Abs. 1 LGBb). Er leitet seine Befugnisse vom Petitionsausschuss ab, dessen ständiger Beauftragter er ist.[443] Der Bürgerbeauftragte kann nach § 4 LGBb um Auskunft und Akteneinsicht ersuchen. Wird sie ihm verweigert, entscheidet der Petitionsausschuss, ob er von seinen entsprechenden Informationsrechten nach Art. 90a der Landesverfassung Gebrauch macht.[444] Den Bürgerbeauftragten trifft aufgrund des § 7 Abs. 3 LGBb die Pflicht, dem Landtag einen jährlichen Gesamtbericht zu erstatten. Aufgrund dieser Konzeption steht er ganz in Abhängigkeit vom Landtag. Ebenso wie die Untersuchungsausschüsse des Bun-

---

[438] *D. Zöllner*, Datenschutzbeauftragte, S. 269.

[439] *W. Brohm*, in: Isensee/Kirchhof (Hrsg.), HdBStR, § 36, Rn. 4; *D. Zöllner*, Datenschutzbeauftragte, S. 55f.

[440] *D. Zöllner*, Datenschutzbeauftragte, S. 56.

[441] *D. Hömig*, in: Seifert/Hömig (Hrsg.), Grundgesetz, Art. 45b, Rn. 1.

[442] Landesgesetz über den Bürgerbeauftragten des Landes Rheinland-Pfalz vom 3.5. 1974 (GVBl., S. 187); zu seiner Entstehung und Tätigkeit näher *U. Kempf*, in: Kempf/Uppendahl (Hrsg.), Ombudsman, S. 14ff.; *H. Matthes*, Der Bürgerbeauftragte, S. 88ff.

[443] Differenzierend *H. Matthes*, Der Bürgerbeauftragte, S. 227.

[444] Vgl. *H. Matthes*, Der Bürgerbeauftragte, S. 198f.

destages nach Art. 44 GG verfügt er über Informationsbefugnisse, die er für das Parlament ausübt.

Auf europäischer Ebene arbeitet eine parallel konzipierte Einrichtung. Der Bürgerbeauftragte der Europäischen Union wird nach Art. 195 Abs. 1 EGV vom Europäischen Parlament ernannt. Gegenstand seiner Tätigkeit ist das Aufdecken von Missständen bei der Tätigkeit der Organe oder Institutionen der Gemeinschaft.[445] Aufgrund von einzelnen Beschwerden führt er Untersuchungen durch und berichtet jeweils dem Parlament. Zudem legt er dem Europäischen Parlament einen Jahresbericht vor (Art. 195 Abs. 1 EGV am Ende). Einen weitergehenden Auftrag nimmt der Ombudsmann in Griechenland wahr, der insbesondere mit dem Schutz der Freiheit des Einzelnen gegenüber der Verwaltung betraut ist. Gemäß Art. 4 Abs. 5 des griechischen Gesetzes über den Ombudsmann verfügt dieser über das Recht auf Akteneinsicht gegenüber den Verwaltungsbehörden. Nach Art. 4 Abs. 7 des Gesetzes informiert er auf jeden Fall den Betroffenen über den Fortgang des Falles. Durch die Einrichtung des Ombudsmannes als unabhängige Verwaltungsbehörde soll willkürlichen Maßnahmen der Behörden entgegengesteuert werden.[446]

Die Bürgerbeauftragten haben im Vergleich zum Wehr- oder Datenschutzbeauftragten eine Rolle inne, die sehr viel mehr auf die effektive Wahrnehmung der Aufgaben durch das Parlament zugeschnitten ist. Letztlich dient die parlamentarische Kontrolle selbstverständlich den Bürgern. Sie ist aber systematisch wie theoretisch von der unmittelbaren Kontrolle durch die Öffentlichkeit und der Vorbereitung des individuellen Rechtsschutzes zu trennen. Die Ausgestaltung insbesondere der Rolle des Datenschutzbeauftragten gewährt Aufschlüsse über vermittelte Zugangsrechte des Bürgers zu Informationen. Von der Verwaltung erhält der Beauftragte Informationen, die er auswertet und filtert. Durch seine Bindung an Recht und Gesetz ist er dem Ausgleich der gegenläufigen Interessen stärker verpflichtet als der Einzelne. Über Berichte und die Beantwortung von Anfragen stellt der Beauftragte selbst wiederum Öffentlichkeit her. Die effektive Wahrnehmung solcher Funktionen setzt eine eigenständige Stellung des Beauftragten voraus.

5.1.2. Beauftragte mit gering ausgeprägter Wirkung in der Öffentlichkeit

Die öffentliche Verwaltung bedient sich einer Vielzahl von Beauftragten zur Erfüllung ihrer Aufgaben, vom lokalen Fahrradbeauftragten bis zur Ausländerbeauftragten der Bundesregierung.[447] Vielfach erfolgt ihre Bestellung freiwillig im Rahmen der Organisationsgewalt. Als Rechtsgrundlage für ihre Tätigkeit

---

[445] Vgl. den Jahresbericht 1995, ABl. Nr. C 234, S. 1 vom 12. 8. 1996, Auszüge auch in EuGRZ 1996, S. 487; zu dem Bericht *S. Tierney*, European Public Law 2 (1996), S. 517ff.

[446] *A. Filos*, EuGRZ 1997, S. 603 mit Übersetzung des griechischen Gesetzes über die Einführung der Institution des Ombudsmannes vom 28. 3. 1997.

[447] Vgl. den Überblick bei *M. Fuchs*, „Beauftragte", S. 58ff.

kommt jede Art von Rechtsquelle in Betracht.[448] Die Beauftragten nehmen eine bestimmte Sachaufgabe oder ein bestimmtes Gemeinwohlinteresse wahr. Dazu sind sie mit unterschiedlich starker Eigenständigkeit ausgestattet. Sie werden innerhalb der Verwaltung tätig, wobei ihre Tätigkeit teils eher verwaltungspolitisch geprägt ist. Mit der Funktion kann eine Wirkung nach außen, etwa in den Medien, verbunden sein. Dies ist am ehesten bei Vertretern von gesellschaftlichen Minderheiten und in politisch sensiblen Bereichen der Fall wie die Tätigkeit der Ausländerbeauftragten in Bund und Kommunen zeigt. Strukturell handelt es sich aber vorrangig um internes Einwirken auf die Verwaltungstätigkeit. Ein Zusammenhang mit der Herstellung von Öffentlichkeit durch die Verwaltung besteht nur mittelbar. Die konkrete Ausgestaltung des Informierens der Öffentlichkeit durch Beauftragte der Verwaltung hängt von der Aufgabenstellung, der Durchsetzungskraft einzelner Beauftragter und den politischen Rahmenbedingungen ab.

Die Steigerung der Verantwortung privater Rechtssubjekte für Gemeinwohlgüter wird in der Einrichtung von Beauftragten auf innerbetrieblicher Ebene deutlich. Zu Gunsten des Datenschutzes bestimmt §36 Abs. 1 BDSG, dass nicht-öffentliche Stellen, die personenbezogene Daten automatisiert verarbeiten und damit mindestens fünf Arbeitnehmer beschäftigen, einen betrieblichen Datenschutzbeauftragten zu bestellen haben. Bei nicht automatisierter Datenverarbeitung muss ein solcher ab 20 Arbeitnehmern berufen werden.[449] Seine Rechtsstellung ist gesetzlich ausgestaltet, etwa durch ein Benachteiligungsverbot und eine beschränkte Weisungsfreiheit. Der Betriebsbeauftragte für den Immissionsschutz nach §53 BImSchG oder der Störfallbeauftragte nach §58a BImSchG üben gegenüber dem Betreiber einer immissionsschutzrechtlich genehmigungsbedürftigen Anlage beratende Aufgaben aus.[450] Dem Tierschutz verpflichtet ist der Tierschutzbeauftragte, den Träger von Einrichtungen, in denen Versuche an Wirbeltieren durchgeführt werden, nach §8b Abs. 1 Satz 1 TierSchG zu bestellen haben. Zu Gunsten des zu schützenden öffentlichen Interesses ordnet §8b Abs. 6 Satz 1 TierSchG an, dass der Tierschutzbeauftragte bei der Erfüllung seiner Aufgaben weisungsfrei ist.

Innerbetriebliche Beauftragte dienen als Ansprechpartner für den Betrieb, nicht notwendig für die Öffentlichkeit. Die gesetzliche Ausgestaltung ihrer Stellung soll die Gewähr dafür bieten, dass der Schutz des öffentlichen Interesses sichergestellt ist, das sich in der störungsfreien Erfüllung ihrer Aufgabe ausdrückt. Als Betriebsangehörige sind sie in die innerbetriebliche Kommunikation eingebunden und wirken bei der Vorbereitung der Veröffentlichung von Informationen über den Betrieb mit. Ob ein Betrieb Informationen der Öffentlichkeit zugänglich macht und welche er zu diesem Zweck auswählt, ist Teil seiner Öffentlichkeitsarbeit und unterliegt dem Prinzip der Freiwilligkeit.

[448] *M. Fuchs*, „Beauftragte", S. 56.
[449] Näher *I. Rudolf*, NZA 1996, S. 296ff.
[450] *B. Bender/R. Sparwasser/R. Engel*, Umweltrecht, Rn. 6/266–269.

5.2. Die Rolle der Sachverständigen

Sachverständige und Berater werden eingeschaltet, um staatlichen Stellen Hilfestellung zu leisten. Diese Hilfestellung betrifft das Bedürfnis nach Information oder die Notwendigkeit der Identifikation und Klärung von Interessen. Die Einschaltung von Sachverständigen ad hoc oder in ständiger Form, zum Beispiel durch Beiräte oder Ausschüsse, kann und soll Interessen bündeln.[451] Oft machen es schon rein technische Fragen erforderlich, Sachverständige zur Erstellung von Gutachten hinzuzuziehen. Auf diese Weise eröffnen sich auch der Wissenschaft Möglichkeiten, Einfluss auf staatliche Entscheidungen zu nehmen.[452] Regierung und Parlament beschäftigen eine Vielzahl von beratenden Gremien. Diese sind teilweise gesetzlich verankert. Einen Anschauungsfall für den häufigen Fall der Regierungsberatung bietet das Immissionsschutzrecht mit der Störfall-Kommission nach § 51a BImSchG, welche die Bundesregierung berät und durch Gutachten Wege zur Verbesserung der Anlagensicherheit aufzeigen soll.

Im Verwaltungsverfahren wird im Kontext von Entscheidungen, die komplexe Sachverhalte aus dem technischen, medizinischen oder naturwissenschaftlichen Bereich betreffen, auf externen Sachverstand zurückgegriffen.[453] Bei Großvorhaben sind dadurch interessierte Gruppen bereits in einem frühen Stadium des Verfahrens über die Vorgänge informiert, wenn sie nämlich Vertreter in die entsprechenden Beratungsgremien entsenden und soweit es sich nicht um vertrauliche Informationen handelt. Das Verwaltungsverfahren und nicht das Gerichtsverfahren ist der Ort, um Sachverstand zu integrieren und Streitigkeiten zwischen Sachverständigen auszutragen.[454] Die Sachverständigen treten im Rahmen ihrer Aufgabenbeschreibung in Kommunikationsbeziehungen zu den Behörden. Sie haben beratende Funktion und statten die Behörden mit notwendigen Informationen aus, damit diese in den Stand versetzt werden, ihre Aufgaben zu erfüllen und Entscheidungen zu treffen. Dieser Zusammenhang wird von der Vorschrift des § 13 Abs. 1 Satz 1 der 9. BImSchV verdeutlicht. Im Rahmen eines immissionsschutzrechtlichen Genehmigungsverfahrens holt die Genehmigungsbehörde danach Sachverständigengutachten ein, soweit dies zur Prüfung der Genehmigungsvoraussetzungen notwendig ist, soweit also die vorhandene Informationsbasis der Behörde nicht ausreicht.[455] Parallele Bedürfnisse, mittels externen Sachverstandes zu einer ausreichenden faktischen Grundlage für Entscheidungen zu gelangen, finden sich im Bereich der Kultur. Vor der Eintragung eines Kultur- oder Archivgutes in das Verzeichnis national wertvollen Kulturgutes muss ein Sachverständigen-Ausschuss gehört werden (§ 2

---

[451] *W. Brohm*, in: Isensee/Kirchhof (Hrsg.), HdBStR, § 36, Rn. 9 mit zahlreichen Beispielen.

[452] *H.H. v. Arnim*, Staatslehre, S. 418f.

[453] *R. Breuer*, Stichwort „Sachverständiger“, in: Kimminich/von Lersner/Storm (Hrsg.), Handwörterbuch des Umweltrechts, Sp. 1759.

[454] BVerwGE 72, 300 (316); *Th. Würtenberger*, Akzeptanz, S. 131.

[455] *B. Bender/R. Sparwasser/R. Engel*, Umweltrecht, Rn. 6/183.

Abs. 2, § 11 Abs. 2 des Gesetzes zum Schutz deutschen Kulturgutes gegen Abwanderung).[456] Ein Sachverständigen-Ausschuss ist gemäß § 5 Abs. 2 des Gesetzes auch vor Erteilung der Ausfuhrgenehmigung zu hören. Die Veräußerung wertvollen Kultur- und Archivgutes, das im Eigentum der Kirchen steht, darf nur dann genehmigt werden, wenn zuvor eine sachverständige Stelle gehört wurde (§ 19 Satz 2 des Gesetzes). Eine vergleichsweise starke Stellung im Verwaltungsverfahren nimmt die Zentrale Kommission für die biologische Sicherheit nach § 4 GenTG ein.[457] Sie berät gemäß § 5 GenTG die Bundesregierung in sicherheitsrelevanten Fragen und gibt hierzu Empfehlungen ab. Will die zuständige Behörde bei der Genehmigung einer gentechnischen Anlage von der Stellungnahme der Kommission abweichen, muss sie dies schriftlich begründen (§ 11 Abs. 8 Satz 3 GenTG). Die Verwaltung behält die Befugnis zur Letztentscheidung, aber die Rolle der Kommission wird durch die Begründungspflicht aufgewertet. Hinzu tritt die ausdrückliche Herstellung von Öffentlichkeit über die Arbeit der Zentralen Kommission für die Biologische Sicherheit durch § 5 Satz 3 GenTG, wonach sie einen jährlichen Tätigkeitsbericht erstellt. Die Kommission hat trotz ihrer grundsätzlich nur beratenden Rolle durch ihre gesetzlich ausgestaltete Position und Besetzung sowie ihre Sachkunde erheblichen Einfluss auf die behördlichen Entscheidungen.[458]

Gerade in modernen Gesetzen, die auf die Komplexität von Sachverhalten reagieren, werden Kommissionen und Sachverständige zur Hilfe bei der Erfüllung des Gesetzeszwecks herangezogen.[459] Der Umgang mit Risiken und damit die nicht völlige Aufklärbarkeit der Tatsachen überfordert die zuständigen Behörden.[460] Ihrer bestehenden Verantwortung für die Entscheidungen tritt eine gesteigerte Auslagerung von Verantwortung für die Sachverhaltsermittlung zur Seite. Sofern Beratungsgremien maßgeblichen Einfluss auf die Normkonkretisierung ausüben, bedarf die Sachgerechtigkeit ihrer Entscheidungen organisatorischer und prozeduraler Absicherungen.[461] Die mit der Beratung betrauten Personen und Gruppen müssen zur Verwirklichung ihrer Aufgaben in enge Kommunikation mit der zuständigen Behörde treten. Diese stellt die ihr vorliegenden relevanten Informationen zur Verfügung, damit wiederum die Kommission oder der Sachverständige ihre beratende Funktion ausüben können. Durch die Stellungnahme, das Gutachten, eben die Beratung wird die Behörde

---

456 Gesetz zum Schutz deutschen Kulturgutes gegen Abwanderung vom 6. 8. 1955, BGBl. I, S. 501.

457 *R. Breuer*, Stichwort „Sachverständiger“, in: Kimminich/von Lersner/Storm (Hrsg.), Handwörterbuch des Umweltrechts, Sp. 1767, bezeichnet die gesetzliche Normierung als rechtsstaatlichen Fortschritt gegenüber der Errichtung aufgrund von Ministerialerlassen.

458 *B. Bender/R. Sparwasser/R. Engel*, Umweltrecht, Rn. 8/104.

459 *W. Brohm*, in: Isensee/Kirchhof (Hrsg.), HdBStR, § 36, Rn. 40; *A. Scherzberg*, VerwArch 84 (1993), S. 503.

460 *A. Scherzberg*, VerwArch 84 (1993), S. 503, 506; ausführlich *U. Di Fabio*, Risikoentscheidungen, S. 447, 455ff.

461 *R. Breuer*, Stichwort „Sachverständiger“, in: Kimminich/von Lersner/Storm (Hrsg.), Handwörterbuch des Umweltrechts, Sp. 1766; *A. Scherzberg*, VerwArch 84 (1993), S. 506.

in die Lage versetzt, zu entscheiden.[462] Der Informationsfluss bewegt sich aber im Verhältnis der Entscheidungsträger zueinander. Da die Einbeziehung der Sachverständigen oder Kommissionen ganz auf die Unterstützung der Behörde zugeschnitten ist, gibt es insoweit keine Rechte auf Information außerhalb des internen Bereichs der Verwaltung und ihrer eventuell ausgegliederten Helfer. Unberührt bleibt die generelle Herstellung von Öffentlichkeit wie sie zum Beispiel der Zentralen Kommission für die Biologische Sicherheit durch § 5 Satz 3 GenTG aufgegeben ist. Individuelle Rechte auf Information, die sich auf das entsprechende Verwaltungsverfahren richten, treffen auch die Informationen der Kommissionen und Sachverständigen. Diese gehören zum Bereich der entscheidenden Verwaltung. Damit unterliegen sie den gleichen Ansprüchen wie alle anderen Informationen aus diesem Bereich. Gutachten von Sachverständigen oder Stellungnahmen und Empfehlungen von Kommissionen sind nach Maßgabe der jeweiligen Gesetze zugänglich zu machen, soweit entsprechende Rechte auf Information bestehen.[463]

6. Mediation durch Informationsmittler

6.1. Abgrenzung zur Vertretung in Massenverfahren

Den Fall eines vermittelten Zugangs zu Informationen der Verwaltung stellt die Vertretung nach §§ 17, 18 VwVfG dar. Mit der Regelung soll zum einen die Aktenintegrität geschützt, zum anderen sollen massenhaft, aber gleichgelagert auftretende Informationsgesuche bewältigt werden.[464] Nach § 17 Abs. 1 VwVfG gilt bei mehr als 50 gleichgerichteten Anträgen ein herausgehobener Unterzeichner als Vertreter. Die Vertretungsvorschrift des § 17 VwVfG stellt auf die gleiche Form der Eingaben ab. Engere Voraussetzungen weist § 18 VwVfG auf, da die zu vertretenden Personen beteiligt sein und inhaltlich gleiche Interessen haben müssen.[465] Beteiligung in diesem Sinne liegt nicht nur bei dem Personenkreis des § 13 VwVfG vor, sondern darüber hinaus bei Einwendungsbefugten.[466] Nach § 19 Abs. 1 Satz 2 VwVfG kann der Vertreter alle Verfahrenshandlungen vornehmen, also auch Akten einsehen. In diesem Fall hat gemäß § 29 Abs. 1 Satz 3 VwVfG nur der Vertreter das Recht auf Akteneinsicht, den Vertretenen kann die Behörde Akteneinsicht nach pflichtgemäßem Ermessen gewähren.[467] Die Vorschriften der §§ 17 bis 19 VwVfG zielen auf die Ab-

[462] Vgl. BVerwGE 72, 300 (316).
[463] Vgl. *H.H. v. Arnim*, Staatslehre, S. 436.
[464] *S. Lodde*, Informationsrechte, S. 194.
[465] *H.J. Bonk*, in: Stelkens/Bonk/Sachs, VwVfG, § 18, Rn. 3f.
[466] *C.H. Ule/H.-W. Laubinger*, Verwaltungsverfahrensrecht, § 45, Rn. 28; *W. Clausen*, in: Knack (Hrsg.), VwVfG, § 18, Rn. 3.2 m.w.N. zu den unterschiedlichen Begründungen dieses Ergebnisses.
[467] *C.H. Ule/H.-W. Laubinger*, Verwaltungsverfahrensrecht, § 45, Rn. 38.

wicklung sogenannter Massenverfahren.[468] Für die Praxis wird ein Weg gewiesen, um eine Vielzahl gleichgearteter Anträge zu kanalisieren und ihre Bearbeitung zu erleichtern.[469] Der Ausgleich zwischen Partizipation und effektiver Verwaltung soll durch die Einschaltung von Mittelspersonen geschaffen werden.[470] Die Mediatisierung der Informationsinteressen durch einen gemeinsamen Vertreter stellt diesen auf die Seite der Vertretenen. Zwar ist er gemäß § 19 Abs. 1 Satz 3 VwVfG weisungsfrei, muss aber den Kontakt mit den Vertretenen halten und ihre Meinung erkunden, bevor er maßgebliche Verfahrensschritte einleitet.[471] Auf der Grundlage des Informationsflusses zwischen Vertreter und Vertretenen filtert der Vertreter die Informationen, um der Behörde die Verarbeitung zu erleichtern und gleichzeitig die Interessen der Vertretenen zu verteidigen. Ihm kommt keine vermittelnde Position zu, wenn auch im Umgang zwischen Vertretern und Verwaltung schon wegen der geringeren Zahl der Kommunikationspartner Erleichterungen zu erwarten sind.

Dieses Modell kann auf andere Konstellationen der Suche nach Information nur begrenzt übertragen werden. Gleichgerichtete Wünsche auf Zugang zu Informationen der Behörden stellen die Ausnahme dar. Die Motivationen der Informationssuchenden sind zu verschieden. Zum Ausgleich der Interessen an Information eignet sich eher ein treuhänderisches Konzept. Ein Beauftragter mit öffentlich-rechtlich ausgestalteter Position vermag die Interessen am Zugang zu Informationen ausgewogener mit den gegengerichteten Interessen abzuwägen als ein Vertreter einer Seite. Die Verantwortung für die Verteilung der Informationschancen wird der Behörde dann teilweise abgenommen. Immerhin zeigt die Regelung des § 19 Abs. 1 VwVfG, dass auch ein zwischengeschalteter Interessenvertreter auf die Kommunikation mit der Behörde zweckdienlicher einwirken kann, wenn er über eine gewisse Eigenständigkeit verfügt. Für Verwaltungsverfahren mit einer Vielzahl an involvierten Personen erlauben die §§ 17 bis 19 VwVfG eine Erleichterung der Kommunikation. Der Vertreter hat aber nicht mehr Rechte als ein einzelner Vertretener sie hätte. Die Bewertung, ob Gründe des § 30 VwVfG der Gewährung von Akteneinsicht entgegenstehen, bleibt für die Behörde unverändert. Lediglich der Funktionsfähigkeit der Verwaltung wird Rechnung getragen.

6.2. *Ansätze zur Mediation von Informationen*

Praktische Versuche, die Bürger an Entscheidungen und Planungen zu beteiligen, laufen häufig auf die Gelegenheit zur Diskussion mit den Entscheidungsträgern hinaus. Inhaltlich kann es zum Beispiel um städtische Verkehrskonzepte

---

[468] *W. Clausen*, in: Knack (Hrsg.), VwVfG, § 17, Rn. 2.

[469] *F. Kopp*, VwVfG, § 17, Rn. 1; *C.H. Ule/H.-W. Laubinger*, Verwaltungsverfahrensrecht, § 45, Rn. 2.

[470] *H.J. Bonk*, in: Stelkens/Bonk/Sachs, VwVfG, § 17, Rn. 1.

[471] *F. Kopp*, VwVfG, § 19, Rn. 7; *W. Clausen*, in: Knack (Hrsg.), VwVfG, § 19, Rn. 3.5.

oder Industrieansiedlungen gehen.[472] Gesprächsrunden, Foren oder Runde Tische bedürfen der Moderation, so dass sie zur Leitung der Kommunikation den Einsatz von unabhängigen Personen erfordern. Die Beteiligung und Mitwirkung von Bürgern in der Verwaltung erweist sich als Betätigungsfeld für Mediation und Moderation.

Wenn das Verwaltungshandeln darauf zielt, durch Mitwirkung am Verfahren und bei der Vorbereitung von Entscheidungen der Verwaltung den Bürger in den Staat zu integrieren, bezeichnet man es als integratives Verwaltungshandeln.[473] Unabhängig von der Zielsetzung, die zur Beteiligung der Bürger führt, findet eine derartige Beteiligung nur im Verfahren zur Herbeiführung der Entscheidung statt; die Entscheidung selbst trifft die zuständige Behörde.[474] Mediation kann auch auf der Ebene der Streitschlichtung erfolgen. In der kanadischen Provinz British Columbia ist der für die Sicherung von Informationsrechten zuständige Information Commissioner befugt, einen Mediator zu ermächtigen, eine konkrete Problematik des Informationszugangs zu untersuchen und in ihr zu vermitteln.[475] Die allgemeine Problematik der Verfahrens- und Konfliktmittlung wird auch unter dem Gesichtspunkt der Regulierung von Informationsflüssen diskutiert. Der Konfliktmittler soll als neutraler Dritter die Interessen ausgleichen und eine Vereinbarung zwischen den Beteiligten fördern.[476] Dazu macht er Übereinstimmungen und Gegensätze zwischen den Beteiligten deutlich und wirkt moderierend ein.[477] Über die zur Teilnahme an dem Verwaltungsverfahren Berechtigten hinaus können auf einvernehmlicher Basis auch Dritte beteiligt werden.[478] Die frühzeitige Einbindung möglicher Betroffener zielt auf die Verhinderung von Defiziten an Fairness, Gleichbehandlung oder Rechtsschutz.[479] Im Ausgangspunkt weist der Informationsstand der an der Mediation beteiligten Personen erhebliche Unterschiede auf. Aufgabe des Verfahrens- oder Konfliktmittlers ist deshalb zuvörderst der Abbau von Ungleichgewichten im Informationsniveau.[480] Damit nimmt der Verfahrens- oder Kon-

---

[472] Vgl. die Beispiele bei *H. Hill*, in: Blümel/Pitschas (Hrsg.), Reform, S. 338 – 343.

[473] *H. Hill*, in: Blümel/Pitschas (Hrsg.), Reform, S. 338.

[474] *B. Holznagel*, Konfliktmittlung, S. 244ff.; *Ph. Kunig*, in: Hoffmann-Riem/Schmidt-Aßmann (Hrsg.), Konfliktbewältigung, Band 1, S. 62; *H. Hill*, in: Blümel/Pitschas (Hrsg.), Reform, S. 353; *W. Brohm*, in: Hoffmann-Riem/Schmidt-Aßmann (Hrsg.), Konfliktbewältigung, Band 1, S. 255.

[475] Abschnitt 55 des Freedom of Information and Protection of Privacy Act; zur Rolle des Ombudsmans vgl. *W. Chandler*, in: Kempf/Uppendahl (Hrsg.), Ombudsman, S. 180ff.

[476] *H. Schulze-Fielitz*, in: Hoffmann-Riem/Schmidt-Aßmann (Hrsg.), Konfliktbewältigung, Band 2, S. 61; *Th. Würtenberger*, Akzeptanz, S. 137.

[477] *W. Hoffmann-Riem*, in: Hoffmann-Riem/Schmidt-Aßmann (Hrsg.), Reform, Band 1, S. 158.

[478] *W. Hoffmann-Riem*, in: Hoffmann-Riem/Schmidt-Aßmann (Hrsg.), Konfliktbewältigung, Band 1, S. 34.

[479] *B. Holznagel*, Konfliktmittlung, S. 208, 278; *H. Schulze-Fielitz*, in: Hoffmann-Riem/Schmidt-Aßmann (Hrsg.), Konfliktbewältigung, Band 2, S. 69f.

[480] *B. Holznagel*, in: Becker-Schwarze/Köck/Kupka/v.Schwanenflügel (Hrsg.), Wandel,

fliktmittler die Rolle eines Informationsmittlers ein. Die zuständige Verwaltung überträgt ihm Teile ihrer Befugnis, Informationschancen im Verwaltungsverfahren zu verteilen und zuzuordnen.

Außer privaten Verfahrensmittlern können auch behördliche Verfahrensmanager eingesetzt werden, um komplexe Sachverhalte zu klären und Entscheidungen vorzubereiten.[481] Werden Projekte der Verwaltung mittels besonders beauftragter Manager realisiert, nehmen diese vordringlich Aufgaben der Koordinierung wahr; Zweck ist zumeist die Beschleunigung des Vorhabens.[482] Die Vorschrift des § 2 Abs. 2 Satz 3 Nr. 5 der 9. BImSchV sieht ausdrücklich vor, dass zu erörtern ist, ob sich der behördliche Verfahrensbevollmächtigte zur Verfahrensbeschleunigung eines Projektmanagers bedienen soll. Eine Beschleunigung erfordert den reibungslosen Fluss der im Verfahren erforderlichen Informationen. Auch Projektmanagern kommt im Hinblick auf die Informationen die Funktion von Moderatoren zu.[483] Sie vermitteln Informationen zwischen den am Verfahren Beteiligten und weisen dadurch Informationschancen zu. Das Recht der Bauleitplanung eröffnet die Option, die Beteiligung von Bürgern und Trägern öffentlicher Belange nach §§ 3, 4 BauGB durch Mediatoren oder Projektmanager durchführen zu lassen. Dritte können gemäß § 4b BauGB zur Beschleunigung des Bauleitplanverfahrens eingesetzt werden.[484] Ihnen darf nur die Leitung des Verfahrens auf der Stufe der Beteiligung übertragen werden. Das Herausarbeiten der Interessen kann die Behörde auslagern. Für eine effektive Ordnung der Kommunikation kommen Dritte in Betracht, die Konsens stiften, aber auch Konflikte klarstellen und damit zur Beschleunigung des Verfahrens beitragen.

Die Handlungsspielräume der unterschiedlichen Mittler und Verfahrensmanager im Hinblick auf die Verteilung von Informationen sind jedoch beschränkt. Zum einen verfügen sie selbst nur über eine verfahrensrechtlich limitierte Position und damit insbesondere nicht über die Rechte der §§ 28, 29 VwVfG. Würde die Rolle des Mittlers gesetzlich ausgestaltet, sollte ihm daher die Stellung eines Beteiligten i.S.d. § 13 VwVfG und damit auch das Akteneinsichtsrecht des § 29 VwVfG zugestanden werden.[485] Ansonsten ist er auf die Zustimmung der beteiligten Personen und Behörden angewiesen, ihnen zur Verfügung stehende Informationen weiterleiten zu dürfen.[486] Zum anderen stellen

---

S. 104; *H. Schulze-Fielitz*, in: Hoffmann-Riem/Schmidt-Aßmann (Hrsg.), Konfliktbewältigung, Band 2, S. 69.

[481] *M. Böckel*, DÖV 1995, S. 106f.; *M. Bullinger*, EuR-Beih. 1/1995, S. 46f.

[482] *M. Bullinger*, in: Blümel/Pitschas (Hrsg.), Reform, S. 146ff.

[483] *Th. Würtenberger*, Akzeptanz, S. 138.

[484] § 4b BauGB wurde eingefügt durch das Gesetz zur Änderung des Baugesetzbuchs und zur Neuregelung des Rechts der Raumordnung (BauROG) vom 18. 8. 1997, BGBl. I, S. 2081, das nach seinem Art. 11 am 1. 1. 1998 in Kraft trat.

[485] *H. Schulze-Fielitz*, in: Hoffmann-Riem/Schmidt-Aßmann (Hrsg.), Konfliktbewältigung, Band 2, S. 77.

[486] *W. Hoffmann-Riem*, in: Hoffmann-Riem/Schmidt-Aßmann (Hrsg.), Konfliktbewältigung, Band 1, S. 34.

sich die Rechtspositionen der Teilnehmer an der Mediation unterschiedlich dar. Beteiligte i.S.d. § 13 VwVfG können neben potentiell Betroffenen oder Interessierten stehen, entscheidende Behörden neben solchen, die Stellungnahmen abzugeben haben. Wenn eine Behörde die Herausgabe bestimmter Informationen verweigert, gehen die Rechte auf Information des Informationsmittlers nicht über die Rechte der anderen Teilnehmer am Verfahren hinaus. Nur in diesem Rahmen kann er vorgehen. Eine erfolgreiche Arbeit des Informationsmittlers setzt letztlich den Konsens aller Teilnehmer voraus.

7. Zusammenfassung

7.1. Die Herstellung von Öffentlichkeit

Die Verwaltung ist nach Maßgabe der Gesetze zur Herstellung von Öffentlichkeit verpflichtet. Gründe hierfür sind die Richtungsentscheidung des Demokratieprinzips für Transparenz und die Notwendigkeit der Kommunikation mit dem Bürger, um den Gesetzeszweck zu erreichen. Die Verpflichtungen zur Herstellung von Öffentlichkeit intensivieren sich infolge von Entwicklungen des Europarechts, wie sie etwa im UVP-Gesetz sichtbaren Ausdruck finden. Öffentlichkeit wird im Zuge der Auslagerung von alleiniger Verfahrensverantwortung des Staates als zusätzliche Kontrollinstanz verstanden. Zur Wahrnehmung ihrer Kontrollfunktion bedarf sie der Informationen. Die Funktion der Öffentlichkeit, bei der Kontrolle der Verwaltung mitzuwirken, tritt neben die Funktionen, die Verwaltung mit notwendigen Informationen zu versorgen und die Voraussetzungen für individuellen Rechtsschutz zu schaffen. Dem trägt ein Verständnis vorhandener Rechtsnormen Rechnung, das vermehrt rechtliche Gewährleistungen festschreibt, die zur Herstellung von Öffentlichkeit beitragen. Von dieser veränderten Gewichtung sind insbesondere Planfeststellungsverfahren und Verfahren zur Genehmigung von Anlagen betroffen. Die Regelungen der Auslegung und Einsichtnahme in diesen Verfahren bieten Gelegenheit, Rechtspositionen zu Gunsten der Öffentlichkeit Raum zu verschaffen. Auf die Auslegung von Plänen oder Unterlagen besteht zwar kein Anspruch, aber die Behörde trifft eine objektiv-rechtliche Verpflichtung zur Auslegung, deren Verletzung einen Verfahrensfehler begründet. Nachdem die Behörde im Verfahrensschritt der Auslegung die ihr zur Verfügung stehenden Informationen offen legt, hat auf der nächsten Stufe jedermann ein Recht auf Einsichtnahme in die ausgelegten Unterlagen. Schon im Rahmen allgemeiner Herstellung von Öffentlichkeit kommt ein individuelles Recht auf Information zum Tragen.

Mit einer aktiven Informationspolitik können Behörden versuchen, individuelle Ersuchen nach Information überflüssig zu machen. Stellt die Behörde bereits selbst weitgehende Transparenz her, vermindert sich das Konfliktpotential, weil die Bürger sich den Zugang zu Informationen nicht erst erkämpfen müssen.[487] Die Behörde vermag bis zu einem gewissen Punkt selbst zu bestimmen, welche Informationen sie aufgrund der rechtlichen Vorschriften zugänglich macht. Sie kann eine eigene Informationspolitik entwickeln. Wenn sie dagegen auf Informationsrechte reagieren muss, verfügt sie über sehr viel weniger Einfluss auf die dann zu veröffentlichenden Informationen.

7.2. Die Mediatisierung von Informationsinteressen

Der Durchsetzung von solchen Gemeinwohlinteressen, deren Verfolgung gar nicht oder nur in geringem Maße mittels subjektiver Rechte erzwungen werden kann, dient die Einrichtung von verwaltungsexternen Institutionen, die Aktivitäten zu Gunsten des jeweiligen Schutzgutes entfalten. Zur Erfüllung ihrer Aufgaben bedürfen sie der Ausstattung mit Rechtspositionen auch im Verwaltungsverfahren. Gesetzlich anerkannt sind insoweit die anerkannten Naturschutzverbände nach § 29 BNatSchG, die auch Kontrollfunktionen wahrnehmen. Als prozessuales Mittel zur Durchsetzung von Gemeinwohlinteressen kommt die Verbandsklage in Betracht. Sachverständige oder Kommissionen, die innerhalb des Rahmens der Verwaltung an Entscheidungsprozessen beteiligt sind, wirken auf die Stärkung von öffentlichen Interessen hin. Ihre Information vollzieht sich auf der internen Ebene. Externe Sachverständige oder Kommissionen müssen, soweit sie vorgesehen sind, durch die zuständigen Behörden ausreichend mit Informationen versorgt werden, um die Erfüllung ihrer Aufgaben zu gewährleisten. Allerdings wendet sich die Beratungstätigkeit nach innen gelegentlich nach außen, wenn nämlich das Informieren der Öffentlichkeit zur Aufgabenbeschreibung und zum Selbstverständnis der Gremien oder Beauftragten zählt. Eine eher ausgleichende Rolle als Informationsmittler spielen Beauftragte. Ihre Einrichtung soll die verstärkte Verwirklichung individueller Rechtspositionen fördern. Befugnisse und Einfluss nehmen dann zu, wenn sie grundrechtlich verankerte Rechtspositionen vertreten. Das beste Beispiel bieten die Datenschutzbeauftragten. Eine Durchsetzungsebene niedriger sind Einrichtungen anzusiedeln, die der Konsensbildung und Kooperation im Verwaltungsverfahren dienen. Solche Institutionen können auch zur Verteidigung von Gemeinwohlinteressen geschaffen werden. Ihre Wirkung entfaltet sich sehr viel stärker innerhalb des Behördenzusammenhangs. Die Tätigkeit derartiger, zumeist verwaltungsinterner Beauftragter oder Gremien steht unter dem Vorzeichen der Suche nach dem Kompromiss. Einen Kompromiss erreichen sie nur, indem sie Kommunikation anstoßen und lenken. Damit geraten sie regelmäßig in die Rolle eines Vermittlers von Informationen. Zur verstärkten Durchsetzung von Rechten und Interessen an Information erweist sich in vielen Konstellationen die Mediatisierung dieser Rechte und Interessen als hilfreich. Ein Be-

[487] Vgl. zu diesem Zusammenhang US Supreme Court, United States Department of Justice v. Tax Analysts, 492 U.S. (1989), S. 136 (152f.).

auftragter oder eine Kommission verfügen über Informationsrechte gegenüber der Verwaltung, die in dieser Form dem Bürger nicht eingeräumt werden können. Dadurch wird die Möglichkeit eröffnet, einen schonenden Ausgleich der involvierten Rechtspositionen anzustreben.

4. Kapitel:

Regelungsmodelle bestehender Rechte auf Information

Die Pflichten der Verwaltung zur Herstellung von Öffentlichkeit stehen im Dienst des Gesetzeszwecks und basieren auf objektiven Rechtsgründen. Ihnen können nur ausnahmsweise subjektive Berechtigungen entnommen werden. Aus der Sicht des Bürgers stellen daher subjektive Rechte auf Information den Kern seiner informatorischen Rechtsstellung dar. Diese Rechte zielen darauf, Informationen zu erhalten. Die Darstellung konzentriert sich auf Rechte des Bürgers gegen die Verwaltung.[1] Eine Untersuchung des Aufbaus der bestehenden Regelungen soll die Basis für eine allgemeine Strukturierung subjektiver Rechte auf Information im nächsten Kapitel bereiten. Die Art und Weise, wie Vorschriften die Interessenkonflikte auflösen, bietet Anschauungsmaterial dafür, ob derartigen Rechten Gesetzmäßigkeiten zugrunde liegen, die Aussagen über eine gemeinsame Grundstruktur von Informationsrechten erlauben.

Regelungsmodelle für Individualrechte des Bürgers in der Kommunikation finden sich nicht nur in vielen Rechtsordnungen anderer Staaten, sondern auch in rechtlichen Instrumenten auf supranationaler und internationaler Ebene.[2] Das Gemeinschaftsrecht hat mit dem Anspruch auf Umweltinformationen ein wirkkräftiges Informationsrecht ins deutsche Recht eingeführt, das sich aufgrund seines Charakters für eine eingehende Analyse aufdrängt, denn ein derart umfassendes Informationsrecht gab es zuvor in der deutschen Rechtsordnung nicht. Einen weiteren Schwerpunkt der Betrachtung bildet das Verwaltungsverfahrensrecht, weil nach geltendem Recht wichtige Informationsrechte im Umkreis eines konkreten Verwaltungsverfahrens gewährt werden. Im Vordergrund steht das Recht auf Akteneinsicht der §§29, 30 VwVfG. Weitere Akteneinsichtsrechte in anderen Verfahrensarten vervollständigen das Bild, das Differenzierungen von Informationsrechten nach ihrer Struktur zulässt. Von der Anzahl der tatsächlichen oder potentiellen Verfahrensbeteiligten hängt die Ausgestaltung der Informationsrechte ebenso ab wie von dem jeweiligen Ablauf des Verfahrens. An einem Verfahren mit planerischem Einschlag sind nicht nur Beteiligte im Sinne des §13 VwVfG, sondern weite Bevölkerungskreise interessiert.[3]

---

[1] Vgl. den Ansatz von *S. Lodde*, Informationsrechte, S. 7; zu Informationspflichten der Bürger gegenüber der Verwaltung *S. Herrmann*, Informationspflichten, S. 100ff. und passim; zur Partizipation bei der Rechtsetzung durch die Verwaltung rechtsvergleichend *T. Ziamou*, ZaöRV 60 (2000), S. 41ff.

[2] *D. König*, DÖV 2000, S. 55; *G. Nolte*, DÖV 1999, S. 364ff.; *H.-H. Schild*, RDV 2000, S. 97ff.

[3] *P. Lerche*, in: Lerche/Schmitt Glaeser/Schmidt-Aßmann, Verfahren, S. 124, 126.

Der Vollzug von gesetzgeberischen Finalprogrammen weist andere Strukturen auf als der Vollzug von Konditionalprogrammen. Unterschiedliche Verfahrensgestaltungen erfordern unterschiedliche Informationsrechte. Rechte auf Information, die unabhängig von Verwaltungsverfahren bestehen, verdeutlichen durch ihre andersartigen Voraussetzungen die Unterschiede in der Struktur von Informationsrechten.

1. Grundzüge von Rechten auf Information in anderen Rechtsordnungen

Individuelle Rechte auf Information werden aufgrund unterschiedlicher Voraussetzungen, in unterschiedlichem Ausmaß, mit unterschiedlichen Modalitäten und in unterschiedlichen Sachbereichen gewährt. Die für die deutsche Rechtsordnung identifizierten entgegenstehenden Interessen des Schutzes der informationellen Selbstbestimmung, des Schutzes von Betriebs- und Geschäftsgeheimnissen und des Schutzes der Funktionsfähigkeit der Verwaltung finden sich in sämtlichen Regelungsmodellen wieder.[4]

1.1. Modelle in Rechtsordnungen anderer Staaten

1.1.1. Individueller Informationszugang nach den Freedom of Information Acts, insbesondere in den USA und Kanada

Vorbild für die Einräumung eines subjektiven Rechts auf Zugang zu Informationen einer Behörde ist der Freedom of Information Act (FOIA) der *Vereinigten Staaten* vom 4. Juli 1967.[5] Subjektive Zugangsrechte aufgrund des Privacy Act von 1974 sollen im vorliegenden Zusammenhang außer Betracht bleiben.[6] Abschnitt (a) (3) des FOIA bestimmt: „... each agency, upon any request for records, which (A) reasonably describes such records and (B) is made in accordance with published rules stating the time, place, fees (if any), and procedures to be followed, shall make the records promptly available to any person."

Anspruchsberechtigt ist jedermann, Adressat sind die Behörden des Bundes, die Grenze des Zugangsanspruchs bilden lediglich die im Gesetz ausdrücklich vorgesehenen Ausnahmen.[7] Die Auslegung des Begriffes „records" erweist sich

---

[4] *G. Nolte*, DÖV 1999, S. 365.

[5] 5 U.S.C. §552; abgedruckt zum Beispiel bei *E. Gurlit*, in: Winter (Hrsg.), Öffentlichkeit, S. 545ff., bei Note, 74 Columbia Law Review (1974), S. 896, Fn. 2 und mit deutscher Übersetzung bei *J. Fluck/A. Theuer*, UIG, F I; Übersetzung der Urfassung bei *M. Rehbinder*, Informationspflicht, S. 63ff.

[6] Privacy Act, 5 U.S.C. §552a; dazu *J. Michael*, Privacy, S. 87f.

[7] *M. Rehbinder*, Informationspflicht, S. 30; *P. Wald*, 33 Emory Law Journal (1984), S. 655; vgl. die Literaturnachweise bei *G. Trantas*, Akteneinsicht, S. 551, Fn. 13.

als wichtig für den Umfang des Zugangsrechts. Im Laufe der Zeit bedurfte es der Anpassung an geänderte Arbeitsweisen in der Verwaltung aufgrund der Anwendung neuer Techniken.[8] Nach Ansicht des Supreme Court gewährt der FOIA Zugang zu Dokumenten, die erstens von der Behörde selbst geschaffen oder zusammengestellt wurden und über die zweitens die Behörde die Kontrolle hat.[9]

Die Praxis wird nicht allein durch Informationsersuchen von Individuen in ihrem eigenen Interesse bestimmt. Eine große Rolle spielen Anfragen von Unternehmen, eine sehr viel geringere Rolle als erwartet die Anfragen durch Presse und Rundfunk.[10] Die Anteile an der Zahl der Ersuchen nach Information schwankt abhängig von dem Adressaten der Ersuchen: Das Interesse von Unternehmen bzw. Individuen an Informationen ist in unterschiedlichen Sachbereichen unterschiedlich groß. Ende der achtziger Jahre kamen etwa 60% der Anfragen an die Consumer Product Safety Commission von Konsumentenanwälten, die Informationen zur Vorbereitung von Produkthaftungsprozessen benötigten. Dagegen überwogen bei den Informationsersuchen an die Federal Drug Administration mit etwa 80% die Anfragen von Unternehmen. Es wurden spezielle „FOI Services Companies" gegründet, Dienstleistungsunternehmen zur Sammlung von Informationen nach dem FOIA. Diese Unternehmen bringen nicht nur Ersuchen im Auftrag von anderen Unternehmen vor, sie sammeln auch Behördeninformationen auf Vorrat, um sie vorzuhalten und auf Anfrage eines Unternehmens unmittelbar gegen Entgelt an dieses abgeben zu können. Der FOIA hat einen Informationsmarkt geschaffen.[11] Daneben stehen eine Reihe von gemeinnützigen privaten Organisationen, die ohne Gewinnerzielungsabsicht Informationen sammeln und weitergeben, was vom FOIA auch durchaus gewollt ist.[12] Im Zuge der Änderung des FOIA im Jahr 1986 wurde diesen Entwicklungen durch eine Staffelung der Gebühren Rechnung getragen, die zu höheren Gebühren für „commercial users" und zu geringeren Gebühren für Wissenschafts- und Bildungseinrichtungen sowie andere Informationssuchende geführt hat. Liegt die Veröffentlichung im öffentlichen Interesse, kann die Gebühr ganz entfallen.[13]

Aus der Sicht der Behörde bleiben die gesetzlichen Rahmenbedingungen für die Mitteilung von Information unabhängig vom Ersuchenden in allen Fällen gleich. Sie hat innerhalb von 10 Tagen über die Anfrage zu entscheiden und dem Antragsteller die Entscheidung mitzuteilen. Im Fall einer Ablehnung des Ersuchens kann der Antragsteller Widerspruch einlegen, über den innerhalb von 20

---

[8] Siehe insbesondere 5 USC § 552a, Records maintained on individuals.

[9] Vgl. *G. Tolley*, 1990 Ann.Surv.Am.L., S. 506; Überblick über die ältere Rechtsprechung bei *H.G. Rupp*, AöR 108 (1983), S. 446ff.

[10] *P. Wald*, 33 Emory Law Journal (1984), S. 665; Note, 74 Columbia Law Review (1974), S. 958.

[11] Zum Ganzen *E. Gurlit*, in: Winter (Hrsg.), Öffentlichkeit, S. 521f.

[12] *G. Tolley*, 1990 Ann.Surv.Am.L., S. 509.

[13] Abschnitt (a)(4)(A)(ii) und (iii).

Tagen entschieden werden muss.[14] Praktische Probleme resultieren zum einen daraus, dass die Antragsteller nicht immer angemessen genau beschreiben können, welche Akte sie suchen. Zum anderen steht den Abteilungen innerhalb der Behörden, die für die Bearbeitung der Informationsersuchen zuständig sind, oft kein eigener Haushaltstitel und damit zu wenig Personal zur Verfügung, wodurch eine effektive Bearbeitung erschwert wird.[15] Die gesetzlichen Fristen werden daher praktisch nie eingehalten.[16] Wartezeiten von Monaten oder gar Jahren sind keine Ausnahme. Beim FBI betrug die durchschnittliche Bearbeitungszeit im Jahr 1983 191 Tage. Infolge der großen Zahl von Informationsersuchen und der geringen Kapazitäten der Behörden, um diese Ersuchen zu bearbeiten, laufen nicht nur die Fristen leer, es stellt sich auch eine gewisse Frustration auf Seiten der Antragsteller ebenso wie auf Seiten der Behörden ein.[17]

Im Mittelpunkt der Diskussion über den Zugang zu Behördeninformationen in den USA stehen die *Ausnahmetatbestände* des Freedom of Information Act. Diese sind grundsätzlich eng auszulegen, ohne sie aber jeder Bedeutung zu berauben.[18] Sie lassen sich in zwei Gruppen untergliedern: Ausnahmen zum Schutz der Funktionsfähigkeit von Staat und Verwaltung auf der einen und Ausnahmen zum Schutz der Interessen Dritter auf der anderen Seite.

Die Sicherung der Funktionsfähigkeit des Staates bedeutet zunächst den Schutz von Staatsgeheimnissen.[19] Im Hinblick auf die Verwaltung können interne Vorgänge wie Gehälter oder Pausenzeiten des Personals vom Informationsanspruch ausgenommen bleiben.[20] Interne Behördenkommunikation im Vorfeld der Entscheidung unterliegt ebenfalls nicht der Pflicht zur Offenbarung; allerdings bevorzugen die Gerichte eine enge Auslegung.[21] Akten, welche die Rechtsdurchsetzung betreffen, können ebenso geheim gehalten werden wie Akten der Steuerbehörden, wobei insbesondere die Umgehung des Rechts vermieden werden soll.[22] Rechtsdurchsetzung umfasst Straf-, Zivil- und Verwaltungsverfahren, sofern diese in Verwaltungszwang enden können wie etwa in der Sozialversicherung.[23] Besondere Vorschriften über die Geheimhaltung von Akten in anderen Gesetzen schließen die Pflicht zur Offenbarung unter bestimmten Voraussetzungen aus.[24] Infolge einer diesbezüglichen Gesetzesände-

---

[14] Abschnitt (a)(6) des FOIA; vgl. *E. Schwan*, Amtsgeheimnis, S. 138.

[15] *E. Gurlit*, in: Winter (Hrsg.), Öffentlichkeit, S. 522f.

[16] *E. Gurlit*, in: Winter (Hrsg.), Öffentlichkeit, S. 536.

[17] Note, 43 Duke L.J. (1994), S. 1284ff.

[18] US Supreme Court, John Doe Agency v. John Doe Corp., 107 L. Ed. 2d (1989) 462 (463).

[19] Abschnitt (b)(1) des FOIA. Näheres regelt eine Executive Order der Regierung, die Fassung von 1982 ist abgedruckt bei *G. O. Robinson*, 14 Federal Law Review (1983), S. 42, Fn. 38.

[20] Abschnitt (b)(2) des FOIA.

[21] Abschnitt (b)(5) des FOIA; zur engen Auslegung dieses Tatbestandes *G. O. Robinson*, 14 Federal Law Review (1983), S. 43 m.N.; kritisch zur Fassung der Vorschrift *M. Rehbinder*, Informationspflicht, S. 39ff.; *M. Schröder*, Die Verwaltung 4 (1971), S. 320f.

[22] Abschnitt (b)(7)(A), (E) und (8) des FOIA.

[23] *M. Rehbinder*, Informationspflicht, S. 42f.

[24] Abschnitt (b)(3) des FOIA.

rung geht der FOIA allerdings dem Privacy Act von 1974 vor, Informationsbegehren nach dem FOIA dürfen nicht unter Rückgriff auf Ausnahmetatbestände des Privacy Act abgelehnt werden.[25] Allerdings enthält der Privacy Act eine Bezugnahme auf den FOIA, die eine normative Verklammerung im Hinblick auf den Schutz der Privatsphäre beinhaltet.[26]

Ausnahmetatbestände im Interesse Dritter umfassen den Schutz von Betriebs- und Geschäftsgeheimnissen sowie sonstiger vertraulicher kommerzieller Informationen.[27] Die Möglichkeit der Geheimhaltung von geologischen und geophysikalischen Angaben, die sich auf Ölquellen beziehen, ergänzt den Schutz des Geschäftsgeheimnisses.[28] Vom Anwendungsbereich des Informationsanspruchs sind weiter ausgenommen Personalakten, ärztliche Unterlagen und sonstige Akten, deren Veröffentlichung die Privatsphäre verletzen würde.[29] Der US Supreme Court hat in diesem Zusammenhang entschieden, dass Bundesbehörden die Adressen von Mitarbeitern nicht an Gewerkschaften herausgeben müssen, weil das Interesse der Mitarbeiter am Schutz ihrer Personaldaten vorgehe und insoweit auch der Privacy Act greife, da dessen Ausnahme zugunsten des FOIA nicht einschlägig sei.[30] Akten mit Bezug zur Rechtsdurchsetzung können geheim gehalten werden, wenn durch die Offenbarung ihrer Inhalte das Recht des Beschuldigten auf ein faires Verfahren oder seine Privatsphäre verletzt oder Leben und Gesundheit gefährdet würden.[31] In den Fällen des Schutzes der Privatsphäre erweist sich eine Interessenabwägung im Einzelfall als unumgänglich.[32]

Individuelle ebenso wie öffentliche Schutzgüter betrifft die Ausnahme, nach der die Quellen vertraulicher Informationen geschützt werden, unabhängig davon ob es sich bei der Quelle um ein Individuum oder eine Behörde handelt.[33] Ohnehin tritt an die Seite der individuellen Schutzgüter immer das Interesse der Behörde daran, auch in Zukunft notwendige private Informationen zu erhalten.[34] Im Jahr 1986 wurde eine Bestimmung aufgenommen, wonach Akten mit Bezug zur Rechtsdurchsetzung, deren Veröffentlichung den Verfahrenserfolg vereiteln könnte, vom Anwendungsbereich des Gesetzes für einen bestimmten

---

[25] *E. Gurlit*, in: Winter (Hrsg.), Öffentlichkeit, S. 535.

[26] Vgl. US Supreme Court, Urt.v.23.2.1994 (United States Department of Defense V. Federal Labor Relations Authority, 510 US 487 = 127 L Ed 2d 325.

[27] Abschnitt (b)(4) des FOIA.

[28] Abschnitt (b)(9) des FOIA; siehe *M. Rehbinder*, Informationspflicht, S. 44.

[29] Abschnitt (b)(6) des FOIA.

[30] US Supreme Court, Urt.v.23.2.1994 (United States Department of Defense V. Federal Labor Relations Authority, 510 US 487 = 127 L Ed 2d 325.

[31] Abschnitt (b)(7)(B), (C) und (F) des FOIA.

[32] *G. O. Robinson*, 14 Federal Law Review (1983), S. 44, 46; Note, 74 Columbia Law Review (1974), S. 954; *J. Michael*, Privacy, S. 84; vgl. *G. Tolley*, 1990 Ann.Surv.Am.L., S. 509 zur entsprechenden Rechtsprechung des Supreme Court.

[33] Abschnitt (b)(7)(D) des FOIA; dazu Note, 43 Duke L.J. (1994), S. 1308.

[34] *G. O. Robinson*, 14 Federal Law Review (1983), S. 46.

Zeitraum ausgenommen sind.[35] Dabei geht es um strafrechtliche Verfahren unter Einschluss von Tätigkeiten des FBI, die verdeckte Ermittlungen zum Inhalt haben. Mit dieser Bestimmung wurde keine weitere Ausnahme von der Regel des Informationszugangs geschaffen, sondern nur den Behörden die Möglichkeit eingeräumt, vorläufig die Existenz von bestimmten Akten zu dementieren.[36]

Die Ausnahmetatbestände berechtigen die Behörden zur Geheimhaltung, sie verpflichten sie aber nicht dazu. Die Behörden sind befugt, nach ihrem Ermessen auch Akten, die von den Ausnahmen erfasst sind, den Informationssuchenden und der Öffentlichkeit zugänglich zu machen.[37] Dieser Weg ist ihnen nur dann verschlossen, wenn ein spezielles Gesetz die Geheimhaltung anordnet. Der Behörde steht ein weites Ermessen zu. Im Zusammenhang mit der Preisgabe von Geschäfts- und Betriebsgeheimnissen führt dies zu umgekehrten Ansprüchen („reverse FOIA actions"): Unternehmen versuchen, die Herausgabe von Informationen, die der Behörde zur Verfügung stehen, zu verhindern.[38] Der Informationsanspruch des einen trifft auf das Geheimhaltungsinteresse des anderen. Der Supreme Court hat dem Ansinnen von Privaten, die Preisgabe von Informationen nach dem FOIA zu vereiteln, eine weitgehende Absage erteilt, dabei aber betont, dass die Gerichte zur umfassenden Kontrolle der einschlägigen Vorschriften berufen sind.[39]

Durch die Sicherung einer freien Entscheidungsfindung innerhalb der Behörden trägt der FOIA dem Umstand Rechnung, dass nicht nur der geordnete Ablauf interner Willensbildung beeinträchtigt werden kann, wenn in einem zu frühen Stadium Informationen nach außen dringen. Die Behörde könnte auch auf eine Verwaltungspraxis festgelegt werden, zu der sie sich noch nicht entschlossen hat und dadurch unter äußeren Druck geraten.[40] Auf der Ebene der Rechtsdurchsetzung setzt sich diese Zielsetzung fort. Gerade die entsprechenden Ausnahmetatbestände werden in der Praxis sehr häufig geltend gemacht, sind andererseits aber auch umstritten.[41]

Gleich hohe Bedeutung hat die Ausnahme zu Gunsten der Geschäfts- und Betriebsgeheimnisse, während der Schutz der Privatsphäre nicht ganz so häufig als Grund für eine Verweigerung von Behördeninformationen vorgebracht wird. Alle anderen Ausnahmetatbestände spielen eine untergeordnete Rolle.[42]

---

[35] Abschnitt (c) des FOIA.

[36] *E. Gurlit*, in: Winter (Hrsg.), Öffentlichkeit, S. 526; die Bedenken der Sicherheitsbehörden, die zu der Gesetzesänderung führten, schildert *P. Wald*, 33 Emory Law Journal (1984), S. 671ff.

[37] Supreme Court, Chrysler Corp. v. Brown, 441 U.S. (1979) 281 (292).

[38] *J. Michael*, Privacy, S. 85, stellt fest, dass entsprechende Klagen von Individuen zum Schutz ihrer Privatsphäre, soweit ersichtlich, noch nicht vorgekommen seien, was mit der finanziellen Belastung durch das Gerichtsverfahren zusammenhängen könne; dies spreche für einen Beauftragten („privacy commissioner") nach dem kanadischen Modell, um den Schutz der Privatheit sicherzustellen.

[39] Chrysler Corp. v. Brown, 441 U.S. (1979) 281 (292f.).

[40] Zu den Zwecken der Ausnahme Note, 74 Columbia Law Review (1974), S. 938.

[41] Vgl. zur älteren Rechtsprechung Note, 74 Columbia Law Review (1974), S. 936ff.

[42] *E. Gurlit*, in: Winter (Hrsg.), Öffentlichkeit, S. 527f.

Die Pflicht der Behörde, Akten zugänglich zu machen, kann in einem eigenständigen gerichtlichen Verfahren durchgesetzt werden, das von anderen Verwaltungsverfahren oder Prozessen unabhängig ist.[43] Für die Rechtskontrolle können die Gerichte auf ein in camera-Verfahren zurückgreifen, in dem das Gericht unter Einsichtnahme in die Akten prüft, ob deren Einordnung als geheimhaltungsbedürftig gerechtfertigt war.[44] Die Beweislast für die Geheimhaltungsbedürftigkeit liegt bei der Behörde.[45] Bei der Anwendung des FOIA kommt es jedoch nur in seltenen Fällen zu gerichtlichen Auseinandersetzungen. So wurden vom 4.7. 1967 bis zum 4.7. 1971 insgesamt 254.637 Informationsersuchen an die Behörden gerichtet, von denen 233.969 stattgegeben wurde. Nur 99 der ablehnenden Entscheidungen wurden in Gerichtsverfahren überprüft. Diese Relationen haben sich bis heute nicht verschoben.[46] Im Jahr 1993 zum Beispiel wurden 575.424 Ersuchen an die Bundesbehörden gerichtet, 76.293 Anträge wurden abgelehnt, was zu 10.204 Beschwerden führte und letztlich zu 335 Entscheidungen durch die Gerichte.[47]

Die Kosten, die der FOIA für die Verwaltung verursacht, sind nicht gering, erweisen sich aber im Verhältnis zum demokratischen Gewinn als akzeptabel, zumal wirtschaftlich positive Effekte des Informationszugangs kaum zu beziffern sind.[48] Nach den offiziellen Statistiken beliefen sich zum Beispiel im Jahr 1993 die Kosten für die Umsetzung des FOIA auf 108.486.000 Dollar, womit die durchschnittlichen Kosten eines Antrags auf Informationszugang bei etwa 189 Dollar lagen; diesen Kosten standen Einnahmen von 8.013.000 Dollar durch Gebühren gegenüber.[49] Den kostenträchtigsten Faktor bildet die Überprüfung der beantragten Dokumente darauf, ob eine der gesetzlichen Ausnahmen vorliegt, denn dazu bedarf es gut ausgebildeten Personals.[50] Als erheblicher Faktor der Implementierung erweist sich das Selbstverständnis der Behörden. Behörden mit einer offeneren Haltung, insbesondere wenn sie erst nach Inkrafttreten des FOIA geschaffen wurden, haben mit der Umsetzung des FOIA weniger Probleme als Behörden wie das FBI, die sich als stärker der Geheimhaltung verpflichtet verstehen.[51]

Der US Supreme Court hat sich in den letzten Jahren im Hinblick auf den FOIA vornehmlich mit Fällen beschäftigt, in denen das Recht auf Informationszugang mit den Interessen der behördlichen Funktionsfähigkeit und der

---

43 *M. Rehbinder*, Informationspflicht, S. 47.

44 Abschnitt (a)(4)(B) des FOIA.

45 *E. Gurlit*, in: Winter (Hrsg.), Öffentlichkeit, S. 539.

46 Note, 84 Geo.L.J. (1996), S. 625.

47 *R.S. Baxter*, European Public Law 2 (1996), S. 644f.

48 *G.O. Robinson*, 14 Federal Law Review (1983), S. 51f.

49 *R.S. Baxter*, European Public Law 2 (1996), S. 645.

50 Note, 43 Duke L.J. (1994), S. 1284.

51 *E. Gurlit*, in: Winter (Hrsg.), Öffentlichkeit, S. 537; vgl. *P. Wald*, 33 Emory Law Journal (1984), S. 658, die als sogenannte 10. Ausnahme den Grundsatz der Behörden anführt: „We are not going to tell you."

Privatheit kollidierte.[52] Die stetig anwachsende Menge an persönlichen Informationen, die von der Verwaltung gesammelt werden, führt zu Auslegungsfragen im Zusammenhang des FOIA.[53] Der Supreme Court bemüht sich, den Gerichten flexible und pragmatische Kriterien an die Hand zu geben, um diese Kollisionen auflösen zu können. Er betont das Interesse der Bürger daran, dass persönliche Informationen, die von unterschiedlichen Behörden gesammelt wurden, nicht zentral zusammengeführt werden und weitet den Schutz dieser Daten aus. Das einzige öffentliche Interesse, dass im Kontext eines Antrags nach dem FOIA mit dem privaten Interesse am Schutz der Privatsphäre abgewogen werden kann, ist das Interesse des Antragstellers an der Information über die Tätigkeiten von Regierung und Verwaltung.[54] Zur Sicherung der Rechtsdurchsetzung hat der Supreme Court Akten als geheimhaltungsfähig eingestuft, die ursprünglich zu anderen Zwecken angelegt wurden, im Zeitpunkt des Informationsersuchens aber für die Rechtsdurchsetzung benötigt werden.[55] Vielfach heben auch die Bundesgerichte auf den Zweck des Gesetzes ab, um die Ablehnung von Informationsersuchen zu billigen.[56] Auf dem Wege einer Fortentwicklung durch offene Interpretation bewahrt der Supreme Court den Charakter des FOIA als Grundlage weitgehender Rechte auf Information, ohne die entgegenstehenden Interessen zu vernachlässigen.

Damit gibt die Rechtslage in den Vereinigten Staaten ein Bild von dem Spiel der Interessen um die Herausgabe von Information. Dem Grundsatz des Anspruchs auf Behördeninformation stehen Rechte gegenüber, die sich in den Schutzgütern der Funktionsfähigkeit der Verwaltung einerseits und des Schutzes von Privatsphäre sowie Geschäftsgeheimnissen bündeln. Die Auflösung der Interessenkonflikte durch den FOIA kann Hinweise auf Problemlösungen in der Bundesrepublik Deutschland geben. Denn die Interessenlage ist grundsätzlich identisch. Allerdings können angesichts der unterschiedlichen verwaltungsrechtlichen Traditionen und der jeweiligen spezifischen historischen Entwicklungen von Rechtsinstituten die Anregungen des FOIA nur mit Vorsicht aufgegriffen werden. Die Regelungen des FOIA sind vor dem Hintergrund zu betrachten, dass in den Vereinigten Staaten ein gewisses Misstrauen gegen die Verwaltung, insbesondere die Bundesverwaltung, herrscht. Diesem Misstrauen entspricht es, dem Einzelnen subjektive Rechte zu verleihen, die ihm eine eigene Verteidigung seiner Rechtspositionen ermöglichen. Die Betonung liegt auf der individuellen Verteidigung von Rechten, Hilfe von der Verwaltung wird insoweit grundsätzlich nicht erwartet.[57] Bei schwachen materiellen Vorgaben geht

---

[52] Im Einzelnen *G. Tolley*, 1990 Ann.Surv.Am.L., S.497ff.; Note, 43 Duke L.J. (1994), S.1294ff.

[53] Im Vordergrund standen Abschnitt (b)(6) und (7) (C) des FOIA.

[54] United States Department of Justice v. Reporters Committee for Freedom of the Press, 489 U.S. (1989), 749 (763f. und 772f.).

[55] John Doe Agency v. John Doe Corp., 107 L. Ed. 2d (1989) 462 (463).

[56] *Ch. Partsch*, NJ 1998, S.346.

[57] *J. Michael*, Privacy, S.83.

man davon aus, dass sich unter fairen Bedingungen ein angemessenes Ergebnis einstellt.[58] Dagegen obliegt es in der Bundesrepublik der Verwaltung, gerade auch Rechte der Bürger zu sichern, wozu sogar spezialisierte Einrichtungen wie Beauftragte geschaffen werden. Die Verwaltung hat bei ihrer Auslegung von Rechtsnormen die Rechtspositionen der Bürger zu beachten. Nicht nur den Gesetzgeber treffen verfassungsrechtlich verankerte Schutzpflichten zu Gunsten des Einzelnen, auch die Verwaltung hat bei der Rechtsanwendung auf der Basis der Art. 1 Abs. 3 und Art. 20 Abs. 3 GG die Rechtsstellung des Bürgers zu schützen. Das Verhältnis des Bürgers zur Verwaltung erweist sich in der Bundesrepublik als weniger kontradiktorisch geprägt. Damit kann die Auflösung der Interessenkollisionen hinsichtlich des Zugangs zu Behördeninformationen anders ausfallen, als in den Vereinigten Staaten.

Ähnliche Bestimmungen wie der FOIA der USA enthält der Freedom of Information Act in *Australien*, der 1982 in Kraft trat.[59] Dem Schutz der Privatsphäre wird hier zusätzlich im FOIA selbst durch ein Recht auf Berichtigung von Daten Rechnung getragen.[60]

Auch in *Kanada* wird dem Bürger durch den am 1. 7. 1983 in Kraft getretenen Access to Information Act ein individuelles Zugangsrecht zu Behördeninformationen eingeräumt.[61] Das Gesetz ist auf vertrauliche Unterlagen des Privy Council und des Kabinetts von vornherein nicht anwendbar. Die Frist zur Bearbeitung der Informationsersuchen beträgt 30 Tage und kann unter bestimmten Umständen verlängert werden.[62] Dies scheint gegenüber der US-amerikanischen Regelung die praxisnähere Lösung zu sein.

Die Regelung der Ausnahmen vom Informationszugang erfolgt zweistufig. Zum einen gibt es gewisse Typen von Dokumenten, die bereits im Access to Information Act selbst als geheimhaltungsbedürftig aufgeführt sind. Hierzu zählen die Dokumente, deren Veröffentlichung mit Blick auf die Funktionsfähigkeit von Staat und Verwaltung unterbleiben muss. In diese Gruppe gehören weiter Dokumente, die Betriebs- und Geschäftsgeheimnisse beinhalten, wenn nicht die Behörde selbst Produkt- oder Umwelttests durchführen ließ, deren Ergebnisse sich in den Akten finden. Personenbezogene Informationen dürfen grundsätzlich nicht herausgegeben werden. Aufgrund der kanadischen Besonderheit, dass Informationszugang und Datenschutz gemeinsam in einem Gesetzeswerk geregelt sind, besteht eine Verknüpfung mit dem Privacy Act, der bestimmte Arten von Informationen als nicht personenbezogen definiert (Abschnitt 3 Privacy Act).

---

58 *D. Ehlers*, Jura 1996, S. 617 m.w.N. Siehe auch *T. Ziamou*, ZaöRV 60 (2000), S. 60.

59 *R.S. Baxter*, European Public Law 2 (1996), S. 647; siehe auch *G.O. Robinson*, 14 Federal Law Review (1983), S. 40ff. in den Fußnoten.

60 *J. Michael*, Privacy, S. 91 m.N.

61 Bill C-43; auszugsweise abgedruckt bei *H. Burkert*, in: Winter (Hrsg.), Öffentlichkeit, S. 342ff.; das individuelle Recht wird verbrieft in Abschnitt 4 (I) Access to Information Act.

62 *H. Burkert*, in: Winter (Hrsg.), Öffentlichkeit, S. 288ff.

Soweit der Informationszugang durch den Typ des Dokuments nicht ausgeschlossen ist, verfügt die Behörde auf der zweiten Stufe über Ermessen. Sie hat zu untersuchen, ob die Veröffentlichung spezifizierte Interessen verletzt. Werden keinerlei Interessen beeinträchtigt, sind die Informationen herauszugeben. Falls eine Interessenverletzung abzusehen ist, entscheidet die Behörde nach ihrem Ermessen über die Herausgabe der Informationen.[63]

Die Provinz British Columbia erließ nach dem Vorbild des Bundes 1992 und 1993 den „Freedom of Information and Protection of Privacy Act", der die gegen die Informationserteilung sprechenden Interessen näher konkretisiert.[64] Die Ausnahmetatbestände zum grundsätzlichen Recht auf Zugang zu Behördeninformationen umfassen insbesondere die Rechtsdurchsetzung, finanzielle und wirtschaftliche Interessen öffentlicher Einrichtungen, individuelle und öffentliche Sicherheit, aber auch die Beziehungen und Verhandlungen mit anderen Regierungen.[65] In einem föderativen System sind derartige Beziehungen ein schützenswertes Gut. Die Ausnahmen zu Gunsten der Interessen Dritter schließen neben den Betriebs- und Geschäftsgeheimnissen auch Beeinträchtigungen der Position im Wettbewerb und erhebliche finanzielle Verluste ein.[66] Der Ausnahmegrund des Schutzes der Privatsphäre erfährt eine detaillierte Entfaltung. Eine Verletzung der Privatsphäre wird vermutet, wenn die Information die persönliche Gesundheit, die berufliche Beschäftigung oder persönliche Bewertungen betrifft oder mögliche individuelle Rechtsverletzungen im Spiel sind. Die Informationen unterfallen dagegen unter anderem dann nicht dem Schutz der Privatsphäre, wenn eine Einwilligung des Betroffenen vorliegt oder spezielle Rechtsvorschriften die Herausgabe ermöglichen. Lehnt die Behörde das Informationsersuchen aufgrund des Schutzes der Privatsphäre ab, muss sie dem Antragsteller eine Zusammenfassung der gewünschten Information zukommen lassen, wenn diese nicht unvermeidlich die zu schützende Identität des Dritten preisgibt.[67]

Bevor der Zugang zu Informationen gewährt wird, bei denen eine Ablehnung aufgrund involvierter Geschäftsgeheimnisse oder des Schutzes der Privatsphäre in Frage kommt, muss die Behörde die betreffenden Dritten schriftlich benachrichtigen, um ihnen Gelegenheit zur Stellungnahme zu geben. Mittels Fristen für die einzelnen Verfahrensschritte soll ein zügiger Ablauf sichergestellt werden. Sinn der Regelung ist es, die in den Vereinigten Staaten von Amerika anzutreffenden umgekehrten, nämlich auf Verweigerung von Information gerichteten Prozesse zu vermeiden.[68] Der Dritte verfügt allerdings über ein Klagerecht,

---

[63] Zum Ganzen *H. Burkert*, in: Winter (Hrsg.), Öffentlichkeit, S. 291ff.

[64] Bill 50 – 1992 & Bill 62 – 1993. Im Jahr 1995 zog die Provinz Alberta mit einem ähnlichen Gesetz nach, das ebenfalls „Freedom of Information and Protection of Privacy Act" überschrieben ist, S.A. 1994, c. F-18.5.

[65] Abschnitt 15 – 20 des Freedom of Information and Protection of Privacy Act.

[66] Abschnitt 21 des Freedom of Information and Protection of Privacy Act.

[67] Abschnitt 22 des Freedom of Information and Protection of Privacy Act.

[68] *J. Michael*, Privacy, S. 78.

um seine Rechtsposition gegen unzulässige Veröffentlichung von Informationen durch die Behörden zu verteidigen.[69]

Die Zusammenfassung des Informationszugangs und des Schutzes der Privatsphäre in einem einzigen Gesetzeswerk führt zu einer Regelung aus einem Guss. Allerdings betrifft sie nur das Verhältnis zwischen Individuum und Staat. Der Datenschutz gegenüber der Datenverarbeitung durch Private kann nicht mit erfasst werden.[70]

In Kanada tritt neben den Privacy Commissioner der Information Commissioner. Die Einheitlichkeit der Regelung erklärt das Nebeneinander der beiden Beauftragten, die sich auf Bundesebene einen gemeinsamen Etat teilen. Der Information Commissioner befasst sich mit Beschwerden der Informationssuchenden, beteiligt sich mit Zustimmung des Betroffenen an Gerichtsverfahren und berichtet jährlich dem Parlament.[71] Das individuelle Zugangsrecht zu Behördeninformationen wird institutionell abgefedert. Dem Information Commissioner steht nicht die Befugnis zu, die Herausgabe von Dokumenten anzuordnen. Er sieht sich mehr als Instanz der Einflussnahme, gibt Empfehlungen. Für seine Untersuchungen verfügt er aber grundsätzlich über die gleichen Beweiserhebungsmöglichkeiten wie die Gerichte. Er untersucht den Einzelfall, auch ohne konkrete Beschwerde, allgemeine Überprüfungen der Politik des Informationszugang obliegen ihm nicht.[72] Im Zeitraum 1993–94 wurden von den 1.016 Beschwerden 599 durch Vergleich erledigt, die wenigsten Fälle gelangten zu Gericht.[73] Befugnisse zur Herbeiführung eines Vergleichs hat auch der Information Commissioner in British Columbia.[74] Er kann einen Mediator dazu ermächtigen, eine konkrete Problematik des Informationszugangs zu untersuchen und in ihr zu vermitteln.[75] Damit bedient sich die kanadische Rechtsordnung nicht nur der Figur eines Beauftragten für den Informationszugang, dieser kann wiederum in Einzelfällen spezielle Informationsmittler ad hoc einschalten. Die Durchsetzung des individuellen Rechts auf Zugang zu Behördeninformationen wird dem Einzelnen erleichtert, indem ihm ein Ansprechpartner zur Verfügung steht, der Hilfestellung leistet.

Neuseeland hat sich mit dem Official Information Act von 1982 eine Regelung gegeben, die nach ihrer Grundstruktur der kanadischen Regelung entspricht. Sie wird ergänzt durch den Local Government Official Information and Meetings Act, der 1988 in Kraft trat.[76] Einem subjektiven Zugangsrecht stehen weit gefasste Ausnahmen gegenüber. Die institutionelle Absicherung durch einen Ombudsmann mit begrenzten Befugnissen erscheint etwas schwächer als

---

[69] *H. Burkert*, in: Winter (Hrsg.), Öffentlichkeit, S. 303f.
[70] *J. Michael*, Privacy, S. 75.
[71] *R.S. Baxter*, European Public Law 2 (1996), S. 646.
[72] *H. Burkert*, in: Winter (Hrsg.), Öffentlichkeit, S. 307ff.
[73] *R.S. Baxter*, European Public Law 2 (1996), S. 647.
[74] Abschnitt 42 des Freedom of Information and Protection of Privacy Act.
[75] Abschnitt 55 des Freedom of Information and Protection of Privacy Act.
[76] *R.S. Baxter*, European Public Law 2 (1996), S. 650.

in Kanada oder Australien.[77] Im Ergebnis führten im Zeitraum 1993–94 die erhobenen 1.018 Beschwerden hinsichtlich des Informationszugangs zu nur 13 formellen Empfehlungen des Ombudsmannes, denen sämtlich entsprochen wurde. Die Mehrzahl der Fälle erledigte sich informell, durch Rücknahme oder wurde durch die betroffene Behörde selbst geklärt.[78]

1.1.2. Individueller Informationszugang nach dem Recht europäischer Staaten

Die europäischen Staaten weisen unterschiedliche Traditionen und Ansätze im Hinblick auf den Zugang zu Informationen der Behörden auf. Dies gilt insbesondere für die Mitgliedstaaten der Europäischen Union. In der Darstellung werden die Regelungen zur Umsetzung der Umweltinformationsrichtlinie nur gestreift, da sie als europarechtlich veranlasste Regelungen den Blick auf die innerstaatlichen Grundsätze verstellen.[79]

In *Großbritannien* sind das allgemeine Verwaltungsrecht und das Verwaltungsverfahrensrecht nur in vergleichsweise geringem Umfang kodifiziert. Der Gedanke der Fairness beherrscht das Verwaltungsverfahren.[80] Die Rechte der Betroffenen finden ihre Grundlage im konkreten Grundsatz der „natural justice", der im common law wurzelt. Rechte und Pflichten werden aus dem Prinzip „audi alteram partem" abgeleitet, das in der „natural justice" verankert ist. Zur Sicherung der Fairness werden den Betroffenen im Verwaltungsverfahren bestimmte Rechte auf Beteiligung und Anhörung eingeräumt.[81] Eine grundsätzliche Schwierigkeit besteht darin, dass die Grundsätze des „audi alteram partem" für kontradiktorische Verfahren entwickelt wurden und auf ein mehr kooperativ geprägtes Verwaltungsverfahren nicht immer passen. Dies betrifft in Großbritannien insbesondere die „inquiry"-Verfahren, die zum Beispiel Enteignungen oder der Aufstellung von Plänen vorausgehen und gesetzlich angeordnet sein müssen.[82] In derartigen formalisierten Anhörungsverfahren erweist sich die Entscheidung oft als schwierig, welche Informationen die Behörden an die Bürger herausgeben sollen und welche nicht.[83]

Die Grundlage für den Umgang mit Behördeninformationen bildet der Official Secrets Act von 1911, wonach keine behördliche Information ohne Genehmigung an die Öffentlichkeit gegeben werden darf, es sei denn, das öffentliche

---

[77] Vgl. zum Ganzen *J. Michael*, Privacy, S. 72ff.

[78] *R.S. Baxter*, European Public Law 2 (1996), S. 651.

[79] Zur Umsetzung der Umweltinformationsrichtlinie vgl. die Länderberichte in: *R. Hallo* (ed.), Access.

[80] *J. Jowell/P. Birkinshaw*, in: Schwarze (Hrsg.), Verwaltungsrecht, S. 297.

[81] *E. Riedel*, EuR-Beiheft 1/1995, S. 56.

[82] Zu den inquiries und weiteren Verfahren mit Beteiligung der Öffentlichkeit *E. Riedel*, EuR-Beiheft 1/1995, S. 59ff.; *T. Ziamou*, ZaöRV 60 (2000), S. 83f.

[83] *A. Freivogel*, Audi Alteram Partem, S. 89, 114.

Interesse gebietet die Weitergabe. Geheimhaltung ist Pflicht.[84] Die traditionellen Rechtsgrundsätze werden allerdings von neueren Kodifikationen, etwa auf dem Gebiet des Umweltschutzes, überlagert. Gerade hinsichtlich von Informationen über die Umwelt bestehen schon seit längerem spezielle Informationsrechte der Bürger. So hat der Control of Pollution Act von 1974 eine Reihe von Informationspflichten der Behörden, aber auch Informationsrechte der Bürger eingeführt, die insbesondere den Zugang zu Registern betreffen, in denen die Behörden umweltrelevante Informationen verzeichnen.[85] Das System von öffentlichen Registern wurde seit Mitte der achtziger Jahre ausgebaut.[86]

Rechte auf Akteneinsicht wurden in den letzten Jahren aufgrund des Schutzes persönlicher Daten erweitert.[87] Nach dem allgemeinen Grundsatz des „audi alteram partem" stellt sich die Akteneinsicht als Recht zur Durchsetzung der eigenen Positionen dar, dem die Verpflichtungen der Behörde zur Information dienend vorangehen. Zum Zwecke des Datenschutzes gewährt eine Reihe von Gesetzen dem Betroffenen individuelle Zugangsrechte. Der Data Protection Act von 1984 verbrieft das Recht auf Information über elektronisch gespeicherte personenbezogene Daten bei Behörden und Firmen, das 1987 auf Personalakten ausgedehnt wurde.[88] Ein ähnliches Zugangsrecht besteht zu medizinischen Daten seit 1986.[89] Auf kommunaler Ebene sind Informationen durch den Local Government (Access to Information) Act von 1985 zugänglich, der den bereits bestehenden Zugang zu gemeindlichen Gremien, Ausschüssen und Unterausschüssen auf die Tagesordnung, die für die Tagung angefertigten Papiere und die Hintergrunddokumente erstreckt.[90]

Die Einführung eines allgemeinen Rechts auf Zugang zu Behördeninformationen ist in Großbritannien Gegenstand politischen Streits.[91] Die Notwendigkeit der Einführung eines solchen Rechts wird mit der Begründung bestritten, das Fragerecht des Parlaments an den zuständigen Minister stelle die Öffentlichkeit des Verwaltungshandelns ausreichend her. Dieser kann allerdings unter Berufung auf „disproportionate costs" die Antwort verweigern.[92] Im Jahr 1994 hat die britische Regierung einen unverbindlichen Verhaltenskodex über den Informationszugang in Teilen der Verwaltung eingeführt, der insbesondere die

[84] Text bei *J. Burmeister*, in: Winter (Hrsg.), Öffentlichkeit, S. 244f.

[85] *J. Burmeister*, in: Winter (Hrsg.), Öffentlichkeit, S. 231ff.; *M. v. Schwanenflügel*, DVBl. 1991, S. 94; *A. Turiaux*, UIG, Einl., Rn. 11.

[86] *P. Roderick*, in: Hallo (ed.), S. 250.

[87] *E. Riedel*, EuR-Beiheft 1/1995, S. 58.

[88] Access to Personal Files Act, siehe *J. Burmeister*, in: Winter (Hrsg.), Öffentlichkeit, S. 220; vgl. zur Entstehung *J. Michael*, Privacy, S. 100ff.

[89] Health Service Joint Consultative Committees (Access to Information) Act, dazu *J. Burmeister*, in: Winter (Hrsg.), Öffentlichkeit, S. 220; siehe auch den Access to Medical Records Act von 1991, vgl. *J. Michael*, Privacy, S. 108.

[90] *J. Burmeister*, in: Winter (Hrsg.), Öffentlichkeit, S. 240f.

[91] Vgl. *J. Michael*, Privacy, S. 108.

[92] *J. Burmeister*, in: Winter (Hrsg.), Öffentlichkeit, S. 219.

Bereiche der öffentlichen Gesundheit und Sicherheit betrifft und auch ein verwaltungsinternes Beschwerdeverfahren einrichtet.[93]

Auf den Gebieten des Umwelt- und Datenschutzes bestehen demnach individuelle Zugangsrechte zu Informationen von Behörden, die als bereichsspezifische Regelungen deutlich machen, dass sich Großbritannien derartigen Rechtseinräumungen nicht verschließt. Die Umweltinformationsrichtlinie der EG wurde 1992 mit den Environmental Information Regulations (EIR) umgesetzt.[94] Neuere Entscheidungen der Gerichte weiten die Verfahrensrechte der Individuen aus.[95] Insgesamt verschafft sich, auch unter dem Eindruck des Gemeinschaftsrechts, eine Tendenz Raum, die hin zu mehr Transparenz in der Verwaltung weist.[96]

Eine lange Tradition weitgehender Aktenöffentlichkeit weist *Schweden* auf.[97] Dort wird das Recht auf Zugang zu Behördeninformation in Verbindung mit der Förderung eines freien Meinungsaustausches gesehen und im Pressegesetz gewährleistet, das Verfassungsrang besitzt.[98] Dem Grundsatz, dass jeder schwedische Staatsbürger zur Einsichtnahme in offizielle Akten befugt ist (Kap. 2., § 1 des Pressegesetzes), stehen Beschränkungen dieses Rechts gegenüber aus Rücksicht auf die Sicherheit des Reiches, die zentrale Finanz- oder Währungspolitik, die Tätigkeit einer Behörde zu Inspektion, Kontrolle oder anderer Aufsicht, das Interesse an der Vorbeugung und Verfolgung von Verbrechen, das wirtschaftliche Interesse der Allgemeinheit, den Schutz der berechtigten persönlichen oder finanziellen Verhältnisse des Einzelnen und das Interesse an der Bewahrung von Tier- und Pflanzenarten (Kap. 2., § 2 des Pressegesetzes). Das Informationsrecht wird stark von Vertretern der Medien genutzt. In der Praxis ergeben sich kaum Probleme, die Behörden zeigen sich in der Regel hilfsbereit, viele Anfragen werden bereits am Telefon erledigt.[99] Die bedeutenderen Behörden müssen aufgrund von Verwaltungsvorschriften Register über ihre Korrespondenz führen, um den Zugang zu erleichtern.[100]

Die Ausnahmen vom allgemeinen Einsichtsrecht sind in einem besonderen Geheimhaltungsgesetz näher konkretisiert.[101] Die Behörde hat jeweils einzelfallbezogene Prüfungen durchzuführen, ob die Freigabe der Informationen dem gesetzlich vorgegebenen Ziel der Ausnahme zuwider läuft. Die Herausgabe von Informationen darf verweigert werden, wenn andernfalls der Allgemein-

---

[93] *R.S. Baxter*, European Public Law 2 (1996), S. 641.

[94] Im Einzelnen *R.S. Baxter*, European Public Law 2 (1996), S. 639ff.

[95] Nachweise bei *J. Jowell/P. Birkinshaw*, in: Schwarze (Hrsg.), Verwaltungsrecht, S. 296f.

[96] *J. Schwarze*, in: ders. (Hrsg.), Verwaltungsrecht, S. 810.

[97] Zur geschichtlichen Entwicklung des Prinzips der Aktenöffentlichkeit in Schweden vgl. *E. Schwan*, Amtsgeheimnis, S. 121f.; *J. Michael*, Privacy, S. 53.

[98] Abgedruckt bei *Th. Askelöf/R. Fernemann Heuergren*, in: Winter (Hrsg.), Öffentlichkeit, S. 500ff.; vgl. *R.S. Baxter*, European Public Law 2 (1996), S. 636.

[99] *Th. Askelöf/R. Fernemann Heuergren*, in: Winter (Hrsg.), Öffentlichkeit, S. 484, 486f.

[100] *E. Schwan*, Amtsgeheimnis, S. 125f.

[101] Auszugsweise abgedruckt bei *Th. Askelöf/R. Fernemann Heuergren*, in: Winter (Hrsg.), Öffentlichkeit, S. 505ff.

heit ein Schaden entstünde.[102] Dies gilt zum Beispiel für den Schutz der behördlichen Aufsichtstätigkeit, der die Vorbereitung behördlicher Kontroll- und Prüfhandlungen umfasst.[103] Die Einordnung von Informationen als Betriebs- oder Geschäftsgeheimnis findet innerhalb eines weiten Beurteilungsspielraums der Behörden statt. Stichprobenartigen Befragungen zufolge akzeptieren die Behörden oft die Einschätzung des Lieferanten der Informationen über deren Geheimhaltungsbedürftigkeit.[104] Im Zusammenspiel von Akteneinsicht und Datenschutz, den Spezialgesetze regeln, ist eine Abwägung notwendig, mit der sichergestellt werden soll, dass Betroffene ihre eigene Daten einsehen können, ohne auf diesem Weg Zugang zu ihnen ansonsten verschlossenen persönlichen Informationen über andere zu erlangen.[105]

Rechtsschutz gewähren nicht nur die Verwaltungsgerichte, denen insoweit ein in camera-Verfahren zur Verfügung steht.[106] Wegen der Ablehnung eines Informationsersuchens kann auch der Justizombudsmann angerufen werden, der Aufgaben der Aufsicht über die Anwendung von Gesetzen durch Behörden ausübt, aber nicht die Befugnis besitzt, Entscheidungen von Behörden aufzuheben.[107]

Die schwedische Regelung der Aktenöffentlichkeit ist zum Modell für eine Reihe von Staaten geworden.[108] Dies trifft für *Finnland* zu, das bis 1809 Teil Schwedens war.[109] In der am 1. 8. 1995 in Kraft getretenen Fassung des allgemeinen Verfassungsdokuments über die Regierungsform wird das Recht auf Zugang zu Verwaltungsdokumenten in Zusammenhang mit der Meinungsfreiheit verfassungsmäßig festgelegt.[110] Nach § 10 Abs. 2 des Verfassungsdokuments sind Dokumente im Besitz der Behörden öffentlich zugänglich und jeder hat insoweit ein Recht auf Information. Eine Reihe von Gesetzen, die teils bereits aus den fünfziger Jahren datieren, setzt umfassende verfahrensunabhängige Rechte auf Information um. Deren Gegenstand bilden sämtliche Akten von Behörden.[111]

Die Vorbildfunktion der schwedischen Regelung wirkte sich auch in *Dänemark und Norwegen* aus, die beide im Jahre 1970 gesetzliche Regelungen über die Öffentlichkeit von Behördenakten schufen.[112] Dänemark erließ mit zwei

---

[102] *E. Schwan*, Amtsgeheimnis, S. 124.

[103] *Th. Askelöf/R. Fernemann Heuergren*, in: Winter (Hrsg.), Öffentlichkeit, S. 489.

[104] *Th. Askelöf/R. Fernemann Heuergren*, in: Winter (Hrsg.), Öffentlichkeit, S. 495.

[105] *J. Michael*, Privacy, S. 54; *Th. Askelöf/R. Fernemann Heuergren*, in: Winter (Hrsg.), Öffentlichkeit, S. 491 f.

[106] *E. Schwan*, Amtsgeheimnis, S. 127.

[107] *Th. Askelöf/R. Fernemann Heuergren*, in: Winter (Hrsg.), Öffentlichkeit, S. 499 f.

[108] *J. Michael*, Privacy, S. 53.

[109] *E. Schwan*, Amtsgeheimnis, S. 127.

[110] Vgl. GA *Tesauro*, Schlussanträge in der Rs. C-58/94 (Königreich der Niederlande gegen Rat der Europäischen Union), Slg. 1996, I-2179, Ziff. 15 mit Fn. 16; deutsche Übersetzung des maßgeblichen Verfassungsdokumentes bei *A. Kimmel* (Hrsg.), Verfassungen, S. 111.

[111] *M. Seppälä*, in: Hallo (ed.), Access, S. 292.

[112] *J. Michael*, Privacy, S. 56, 58; ausführlich zu Norwegen *T. Killingland*, in: Hallo (ed.) Ac-

Gesetzen vom 19.12. 1985 eine Neuregelung.[113] Im dänischen Recht findet das Prinzip der Aktenöffentlichkeit auch Anwendung auf gesetzlich benannte Energieversorgungsunternehmen.[114] Das norwegische Recht gestattet die Verweigerung von Information in weiterem Umfang als dies etwa nach der schwedischen Rechtslage möglich wäre.[115] Andererseits existiert in Norwegen ebenso wie in Schweden die Institution des Ombudsmannes. Norwegen hat, ähnlich wie Kanada, eine Benachrichtigungspflicht Dritter eingeführt, wenn deren Interessen von einem Informationsersuchen berührt werden.[116] Die Umweltinformationsrichtlinie erfordert keinerlei Änderungen des geltenden Rechts.[117]

Die Rechtsordnung der *Niederlande* kennt ein allgemeines Zugangsrecht zu Behördeninformationen seit 1980.[118] Eine Festlegung des Prinzips der Öffentlichkeit erfolgte in Art. 110 der geänderten Verfassung von 1983, wonach die Behörden bei der Durchführung ihrer Aufgaben Öffentlichkeit herstellen.[119] Der Auslegung des Begriffes der Unterlagen im Sinne des Gesetzes kommt für den Umfang des Einsichtsrechts besondere Bedeutung zu. Eine niederländische Besonderheit besteht darin, dass dem Bürger nicht zwingend unmittelbarer Zugang zu den Akten eingeräumt wird. Vielmehr kann die Verwaltung Zusammenfassungen über den Inhalt der Akten fertigen, die dann dem Informationssuchenden zugänglich gemacht werden oder sie kann ihn mündlich informieren.[120] Die Ausnahmetatbestände unterteilen sich in zwei Gruppen. Absolute Verweigerungsgründe wie die Sicherheit des Staates oder Betriebsgeheimnisse, soweit diese durch natürliche oder juristische Personen den Behörden vertraulich mitgeteilt worden sind, schließen die Mitteilung der Information stets aus. Im Hinblick auf den Schutz von Unternehmens- und Produktionsdaten betont die gerichtliche Praxis die Vertraulichkeit, begrenzt aber die Möglichkeit der Geheimhaltung, indem die Informationen der Unternehmen genau auf ihre Geheimhaltungsbedürftigkeit untersucht werden.[121] Relative Ausnahmegründe, zu denen die Gewährleistung von Kontrolle und Aufsicht durch Behörden sowie das Recht des Einzelnen auf Achtung seiner persönlichen Lebenssphäre

---

cess, S. 309ff. Die Gesetzestexte sind auszugsweise abgedruckt bei *E. Schwan*, Amtsgeheimnis, S. 128ff.

[113] Gesetze Nr. 571 und Nr. 572, letzteres auszugsweise abgedruckt bei *A. M. Peschel*, in: Winter (Hrsg.), Öffentlichkeit, S. 167ff.; siehe auch *M. v. Schwanenflügel*, DVBl. 1991, S. 94.

[114] Vgl. § 1 Abs. 2 des dänischen Gesetzes über Öffentlichkeit in der Verwaltung.

[115] *T. Killingland*, in: Hallo (ed.) Access, S. 312f.

[116] *J. Michael*, Privacy, S. 58f.

[117] *T. Killingland*, in: Hallo (ed.) Access, S. 310.

[118] Das Gesetz vom 9.11. 1978 trat 1980 in Kraft, siehe *J. Michael*, Privacy, S. 62; *R. Hallo*, in: Hallo (ed.), Access, S. 196; Text des Gesetzes bei *J. Jans*, in: Winter (Hrsg.), Öffentlichkeit, S. 412ff.

[119] Verfassung des Königreiches der Niederlande vom 17.2. 1983, zuletzt geändert am 10.7. 1995, deutsche Übersetzung bei *A. Kimmel* (Hrsg.), Verfassungen, S. 287; vgl. GA *Tesauro*, Schlussanträge in der Rs. C-58/94 (Königreich der Niederlande gegen Rat der Europäischen Union), Slg. 1996, I-2179, Ziff. 15 mit Fn. 16.

[120] *J. Jans*, in: Winter (Hrsg.), Öffentlichkeit, S. 382.

[121] Überblick über die Rechtsprechung bei *J. Jans*, in: Winter (Hrsg.), Öffentlichkeit, S. 385ff.

zählen, müssen im Rahmen einer Güterabwägung angewandt werden.[122] Die interne Willensbildung der Behörde ist besonders geschützt.[123]

Alle 5 Jahre obliegt der Verwaltung die Pflicht, einen Bericht über die Durchführung des Gesetzes vorzulegen und damit die Praxis der Aktenöffentlichkeit vorzustellen.[124] Danach scheinen größere Organisationen mit hauptamtlichen Mitarbeitern mehr Gebrauch von den gesetzlichen Mitteln der Informationsbeschaffung zu machen als kleinere Organisationen. Der Anteil von Einzelpersonen, die Informationszugang begehren, ist hoch; in den Ministerien für Wohnungswesen, Stadtentwicklung und Umwelt wurde er auf 80% geschätzt. Die Nachfrage nach Information war auf kommunaler Ebene höher als auf regionaler oder zentraler Ebene.[125]

In *Frankreich* kam es Ende der siebziger Jahre zu einigen gesetzlichen Regelungen, welche die Herstellung von mehr Transparenz in der Verwaltung zum Ziel hatten.[126] Ausdruck fanden diese Bestrebungen in dem Gesetz vom 6.1. 1978, das die automatische Datenverarbeitung sowie den Datenschutz betrifft und bereits ein individuelles Zugangsrecht für Betroffene zu automatisch gespeicherten persönlichen Daten beinhaltet.[127] Dieses Recht wird in mehreren Hinsichten entfaltet, indem der Einzelne nicht nur berechtigt ist, von automatisch gespeicherten Informationen Kenntnis zu erlangen, die ihm gegenüber von der Verwaltung verwendet werden.[128] Er erhält auch Zugang zu ihn betreffenden Informationen, wenn diese in Dateien gespeichert sind.[129] In diese Vorgänge ist die Commission Nationale de l'informatique et des libertés (CNIL) eingeschaltet, deren Aufgaben unter anderem in der Unterrichtung der Betroffenen über ihre Rechte und Pflichten aufgrund des Gesetzes und in der Kontrolle des Informationszugangs bestehen und die die Befugnis besitzt, bindende Entscheidungen zu treffen.[130] Im Hinblick auf Dateien, zu denen dem Einzelnen zum Beispiel aus Gründen der nationalen Sicherheit kein individueller Zugang gewährt wird, kann ein Mitglied der CNIL Einsicht in die Datei nehmen.[131]

Das allgemeine Recht auf Zugang zu Behördeninformationen gewährleistet das Gesetz No. 78–753 vom 17.7. 1978.[132] Dieses Gesetz wurde in einigen

---

122 Art. 4 des niederländischen Gesetzes über die Öffentlichkeit der Verwaltung; siehe *E. Schwan*, Amtsgeheimnis, S. 134; *J. Michael*, Privacy, S. 63f.

123 *E. Schwan*, Amtsgeheimnis, S. 135.

124 Art. 5 des niederländischen Gesetzes über die Öffentlichkeit der Verwaltung.

125 *J. Jans*, in: Winter (Hrsg.), Öffentlichkeit, S. 391f.

126 *G. Winter*, in: ders. (Hrsg.), Öffentlichkeit, S. 176f.; *J. Rivero*, droit administratif, Ziff. 95bis, 3°; ausführlich *G. Trantas*, Akteneinsicht, S. 174ff.

127 Loi No. 78–17 relative à l'informatique, aux fichiers et aux libertés.

128 Art. 3 des Gesetzes 78–17.

129 Art. 34, 35 des Gesetzes 78–17; vgl. *J. Lemasurier*, Revue du Droit Public 1980, S. 1257.

130 Art. 6 und 21 des Gesetzes 78–17; Zusammensetzung und Unabhängigkeit der CNIL waren in der Nationalversammlung der umstrittenste Punkt des Gesetzes, siehe *J. Michael*, Privacy, S. 65.

131 Art. 39 des Gesetzes 78–17.

132 Loi No. 78–753 portant diverses mesures d'amélioration des relations entre l'administration et le public et diverses dispositions d'ordre administratif, social et fiscal, Journal Officiel du

Punkten ergänzt durch ein Gesetz vom 11.7.1979, das ansonsten die Pflicht zur Begründung von Verwaltungsakten eingeführt hat.[133] Auf der Grundlage des Gesetzes No. 78–753 besteht ein umfassendes Recht auf Einsicht in nicht personenbezogene Behördenakten und ein Recht der Betroffenen auf Zugang zu den sie persönlich betreffenden Dokumenten.[134] Art. 1 Abs. 1 des Gesetzes No. 78–753 lautet: „Le droit de toute personne à l'information est précisé et garanti par le présent titre en ce qui concerne la liberté d'accès aux documents administratifs de caractère non nominatif." Zu Gunsten der Betroffenen regelt Art. 6bis: „Les personnes qui le demandent ont droit à la communication, par les administrations mentionnées à l'article 2 des documents de caractère nominatif les concernant, (...)."

Zugänglichkeit der Behördenakten ist die Regel, Geheimhaltung ist die begründungsbedürftige Ausnahme.[135] Dabei wird nach Inhalt und Charakter der Akten unterschieden.[136] Als personenbezogen gilt eine Akte, wenn sie eine Beschreibung oder ein Werturteil über eine namentlich bekannte oder leicht identifizierbare Person enthält. Eine Baugenehmigung wird danach nicht als personenbezogen beurteilt.[137] Dokumente, zu denen Zugang begehrt werden kann, müssen bereits existieren, ein Anspruch auf Zusammenstellung von Informationen zum Zwecke der Herausgabe besteht nicht.[138] Adressaten des Zugangsanspruchs sind nicht nur die Behörden des Staates und der Gebietskörperschaften, sondern auch diejenigen öffentlich- oder privatrechtlich verfassten Anstalten, Körperschaften und Gesellschaften, die öffentliche Aufgaben (service public) erfüllen.[139] Die Einwohner von Gemeinden haben in Frankreich das Recht auf Zugang zu den Protokollen der Gemeinderatssitzungen, zum Haushaltsplan und zur Haushaltsrechnung der Gemeinde sowie den generellen und individuellen Entscheidungen der Gemeindeorgane.[140] Dieses Recht resultiert aber aus kommunalen Rechtsvorschriften und nur ergänzend aus dem allgemeinen Gesetz.

Die Ausnahmetatbestände des Gesetzes No. 78–753 schützen das nationale Interesse, beispielsweise in Sachen Verteidigung oder öffentliche Sicherheit. Sie schützen weiter die Funktionsfähigkeit der Verwaltung und die privaten Inter-

---

18 Juillet 1978; ergänzt durch Loi No. 79–587 du 11 juillet 1979 sur l'obligation de motiver les décisions, Journal Officiel du 12 Juillet 1979; abgedruckt bei *G. Winter*, in: ders. (Hrsg.), Öffentlichkeit, S. 205ff. und bei *A. Turiaux*, UIG, Anh. D, 1., S. 459ff.

[133] Loi No. 79–587 sur l'obligation de motiver les décisions; dazu *J. Lemasurier*, Revue du Droit Public 1980, S. 1263 m.N.

[134] *E. Riedel*, EuR-Beiheft 1/1995, S. 72; *G. Trantas*, Akteneinsicht, S. 185ff.

[135] *J. Rivero*, droit administratif, Ziff. 95bis, 3°; *J. Lemasurier*, Revue du Droit Public 1980, S. 1258.

[136] Näher *G. Trantas*, Akteneinsicht, S. 193ff. mit Nachweisen der französischen Praxis und Literatur.

[137] *J. Michael*, Privacy, S. 68; *G. Winter*, in: ders. (Hrsg.), Öffentlichkeit, S. 184.

[138] *G. Winter*, in: ders. (Hrsg.), Öffentlichkeit, S. 185.

[139] Art. 2 des Gesetzes 78–735.

[140] *G. Winter*, in: ders. (Hrsg.), Öffentlichkeit, S. 181.

essen, worunter der Schutz des Privatlebens und von Betriebs- und Geschäftsgeheimnissen verstanden wird.[141] Die Verwaltung kann, muss aber nicht die Herausgabe verweigern.

Über die Anwendung dieser Vorschriften wacht die Commission d'accès aux documents administratifs (CADA).[142] Sie unterstützt die Behörden bei der Umsetzung des Gesetzes, steht aber vor allem dem Informationssuchenden zur Seite. Bei Streitigkeiten über den Zugangsanspruch wirkt sie schlichtend und vermittelnd, um einen Rechtsstreit vor den Gerichten zu vermeiden.[143] Weigert sich die Behörde, dem Informationsersuchen stattzugeben, muss sich der Rechtsschutz suchende Einzelne an die CADA wenden. Erst wenn sie die ablehnende Entscheidung bestätigt, steht der Weg zum Verwaltungsgericht offen.[144] Im Jahr 1992 wurden 2534 Beschwerden zur CADA erhoben, die Zahl stieg im darauffolgenden Jahr auf 3200 an. Etwa zwei Drittel der Beschwerden kamen von natürlichen Personen, 18% betrafen die Stadtplanung, 11% die öffentliche Verwaltung allgemein und 10% den Umweltbereich. In 53% der Fälle empfahl die CADA, dem Antragsteller die Informationen zugänglich zu machen.[145] Die Mehrzahl der Informationsersuchen kommt von natürlichen Personen, dies entspricht dem Bild bei den Beschwerden zur CADA. Auch juristische Personen wie Umweltschutz- und Verbraucherverbände oder Gewerkschaften machen von ihren Informationsrechten Gebrauch. Dagegen sind Anfragen von Unternehmen oder der Presse, im Gegensatz zu den USA, eher selten.[146] Der Schutz des Privatlebens wird nicht nur auf der Ausnahmeebene gesichert, da ohnehin nur solche Akten allgemein zugänglich sind, die nicht personenbezogene Informationen enthalten oder in denen solche Informationen geschwärzt werden konnten.[147] In Gegenbewegung zur Aktenöffentlichkeit haben sich der Schutz der Privatsphäre und des Betriebs- und Geschäftsgeheimnisses zusammen mit dem Ausnahmegrund, der die Geheimhaltung unfertiger oder vorbereitender Dokumente erlaubt, als besonders wirkkräftig erwiesen.[148]

Ein Recht auf Information gegenüber der Verwaltung ist in einigen europäischen Staaten in der Verfassung festgelegt. In *Griechenland* verpflichtet nach Art. 10 Abs. 3 der Verfassung ein Antrag auf Auskunftserteilung die zuständige Behörde zur Antwort, wenn dies gesetzlich vorgesehen ist.[149] Das griechische

---

[141] Art. 6 des Gesetzes 78–753; dazu *G. Winter*, in: ders. (Hrsg.), Öffentlichkeit, S. 187; *J. Rivero*, droit administratif, Ziff. 95bis, 3°; *E. Schwan*, Amtsgeheimnis, S. 136.

[142] *G. Trantas*, Akteneinsicht, S. 226 ff.; *R.S. Baxter*, European Public Law 2 (1996), S. 638.

[143] *J. Lemasurier*, Revue du Droit Public 1980, S. 1261.

[144] *J. Rivero*, droit administratif, Ziff. 95bis, 3°; *E. Riedel*, EuR-Beiheft 1/1995, S. 73; *J. Michael*, Privacy, S. 69; *G. Trantas*, Akteneinsicht, S. 239.

[145] *R.S. Baxter*, European Public Law 2 (1996), S. 638.

[146] *G. Winter*, in: ders. (Hrsg.), Öffentlichkeit, S. 185, dessen Zahlen auf der Basis von Berichten der CADA die zweite Hälfte der achtziger Jahre betreffen.

[147] *G. Winter*, in: ders. (Hrsg.), Öffentlichkeit, S. 189.

[148] *G. Winter*, in: ders. (Hrsg.), Öffentlichkeit, S. 191.

[149] Verfassung vom 9. 6. 1975, zuletzt geändert am 12. 3. 1986, in deutscher Übersetzung bei *A.*

Gesetz aus dem Jahr 1986, welches das Informationsrecht ausformuliert, ähnelt weitgehend der französischen Regelung.[150] Allerdings wird den Gründen für die Verweigerung von Informationen breiter Raum zugestanden, den die Verwaltung intensiv nutzt. Die Umweltinformationsrichtlinie hat Griechenland erst zwei Jahre nach Fristablauf unter dem Eindruck eines drohenden Verfahrens vor dem Europäischen Gerichtshof umgesetzt.[151] Die Rechtsordnungen Belgiens, Luxemburgs, Portugals und Spaniens enthielten vor der Umweltinformationsrichtlinie der EG kein gesetzliches Zugangsrecht zu Behördeninformationen ohne den Nachweis eines Interesses,[152] obwohl ein grundsätzliches Recht auf Zugang zu Behördeninformationen in Spanien und Portugal der Verfassung zu entnehmen ist.[153] In *Spanien* ergibt sich dieses Recht aus dem Grundsatz der Öffentlichkeit der Rechtsakte. Denn Art. 105 lit. b der Verfassung ordnet an, dass das Gesetz den Zugang der Bürger zu Verwaltungsarchiven und -registern regelt, wobei als Gegengründe die Sicherheit und Verteidigung des Staates, die Ermittlung strafbarer Handlungen und der Schutz der Intimsphäre von Personen aufgeführt sind.[154] Hinzu tritt das bürgerschaftliche Recht der Partizipation in öffentlichen Angelegenheiten aus Art. 23.1 der Verfassung.[155] Auf das einfache Recht schlugen die Verfassungsvorschriften kaum durch, Gesetzgeber und Verwaltung standen der Herausgabe von Informationen eher restriktiv gegenüber. Die *portugiesische Verfassung* legt in ihrem Art. 268 Abs. 1 fest, dass Bürger über ein Recht auf Information über den Fortgang von Vorgängen verfügen, an denen sie ein unmittelbares Interesse haben. Durch die Regelung des Art. 268 Abs. 2 der Verfassung wird ihnen ein Recht auf Zugang zu Verwaltungsarchiven und -registern eingeräumt, das die gesetzlichen Bestimmungen in den Bereichen der inneren und äußeren Sicherheit, der strafrechtlichen Ermittlungen und des Persönlichkeitsrechts unberührt lässt.[156] In Art. 61 des Verwaltungsverfahrensgesetzes wird unmittelbar interessierten Bürgern ein Informationsrecht über das eigene Verfahren eingeräumt. Als legitime Interessen in diesem Sinne werden nicht nur subjektive Rechte, sondern auch Verbandsinteressen und die Interessen mittelbar Betroffener an unter anderem Gesundheit, Bil-

---

Kimmel (Hrsg.), Verfassungen, S. 154; *M. v. Schwanenflügel*, DVBl. 1991, S. 94; *A. Turiaux*, UIG, Einl., Rn. 10 m.N.

[150] Gesetz Nr. 1599/1986; *J. Michael*, Privacy, S. 118.

[151] *V. Dorovinis*, in: Hallo (ed.), Access, S. 112–114.

[152] *A. Turiaux*, UIG, Einl., Rn. 13; *M. v. Schwanenflügel*, DVBl. 1991, S. 95; Spanien und Portugal verfügen aber über verfassungsrechtliche Bestimmungen zum Schutz persönlicher Daten, vgl. *J. Michael*, Privacy, S. 115, 119.

[153] Vgl. GA *Tesauro*, Schlussanträge in der Rs. C-58/94 (Königreich der Niederlande gegen Rat der Europäischen Union), Slg. 1996, I-2179, Ziff. 15 mit Fn. 16; zum portugiesischen Verwaltungsverfahrensgesetz und insbesondere dem Recht auf Anhörung siehe *C. B. Moniz/P. M. Pinheiro*, European Public Law 2 (1996), S. 500ff.

[154] Verfassung des Königreiches Spanien vom 29.12. 1978, zuletzt geändert am 27.8. 1992, deutsche Übersetzung bei *A. Kimmel* (Hrsg.), Verfassungen, S. 522.

[155] *F.S. Moreno*, in: Hallo (ed.), Access, S. 227

[156] Verfassung der Republik Portugal vom 2.4. 1976, zuletzt geändert am 25.11. 1992, deutsche Übersetzung bei *A. Kimmel* (Hrsg.), Verfassungen, S. 402.

dung oder Umwelt betrachtet.[157] In der Verfassung vom 17.2. 1994 hat *Belgien* nunmehr eine Bestimmung eingeführt, die ein Zugangsrecht zu Behördeninformationen garantiert.[158] Jeder hat gemäß Art. 32 der belgischen Verfassung das Recht, jegliches Verwaltungsdokument einzusehen und eine Abschrift davon zu bekommen, außer in ausdrücklich geregelten Fällen. Schon vor der Umsetzung der Umweltinformationsrichtlinie hat *Österreich* im Vorgriff auf den Beitritt zur Europäischen Union ein Umweltinformationsgesetz geschaffen, das am 1. Juli 1993 in Kraft trat.[159] Nach vorheriger Rechtslage gab es auf dem Gebiet des Umweltrechts schwächer ausgestaltete Gewährleistungen.[160] Die österreichischen Gesetzgeber auf Bundes- und Landesebene haben allerdings schon seit der Verfassungsreform von 1987 spezielle subjektive Rechte auf Information geschaffen.[161]

Dagegen bestanden bereits Zugangsrechte zu Informationen über die Umwelt in *Irland* und Italien.[162] Im Falle Irlands handelte es sich allerdings nicht um ein generelles, sondern um punktuelle Informationsrechte, zum Beispiel im Planungsrecht.[163] In *Italien* wurde ein individueller Anspruch auf Zugang zu Informationen über die Umwelt durch das Gesetz Nr. 349 vom 27.12. 1986 geschaffen.[164] Eine allgemeinere Regelung beinhaltet das Gesetz Nr. 241 vom 7.8. 1990, das einige Prinzipien des Verwaltungshandelns normiert und auf alle Verwaltungen Anwendung findet.[165] Die Vorschrift des Art. 22 dieses Gesetzes ordnet an, dass „um die Transparenz der Verwaltungstätigkeit zu sichern und die Unparteilichkeit ihrer Ausführung zu fördern, das Recht auf Akteneinsicht jedem zuerkannt wird, der ein Interesse am Schutze rechtlich relevanter Situationen hat." Die Akteneinsicht ist Teil eines Bündels von Teilnahmerechten im Verwaltungsverfahren, die allen Individuen zugestanden werden, welche sich durch ein Interesse am Verfahren auszeichnen. Über Teilnahmerechte verfügen auch Träger sogenannter diffuser Interessen, worunter Interessen verstanden werden, die einer unbestimmten Vielzahl von Subjekten zugeordnet und daher nicht als Eigeninteressen einzelner Bürger angesehen werden können. Gemeint ist etwa das Interesse an der Gesundheit in einer Region oder am Schutz der Landschaft, das von Verbänden oder anderen Gruppen wahrgenommen

---

157 *A. Lopes/J. C. Sendim*, in: Hallo (ed.), Access, S. 217.

158 Die koordinierte Verfassung Belgiens vom 17.2. 1994, amtliche Übersetzung bei *A. Kimmel* (Hrsg.), Verfassungen, S. 1; vgl. GA *Tesauro*, Schlussanträge in der Rs. C-58/94 (Königreich der Niederlande gegen Rat der Europäischen Union), Slg. 1996, I-2179, Ziff. 15 mit Fn. 16.

159 *E. Glawischnig/G. Günsberg/B. Drumel*, in: Hallo (ed.), Access, S. 277.

160 *J. Michael*, Privacy, S. 112.

161 GA *Tesauro*, Schlussanträge in der Rs. C-58/94 (Königreich der Niederlande gegen Rat der Europäischen Union), Slg. 1996, I-2179, Ziff. 15 mit Fn. 16.

162 *A. Turiaux*, UIG, Einl., Rn. 11 und 12.

163 *J. Wates*, in: Hallo (ed.), Access, S. 125 m.N.

164 *K.H. Ladeur*, in: Winter (Hrsg.), Öffentlichkeit, S. 268; das Gesetz ist auszugsweise abgedruckt, ebd., S. 277ff.

165 Das Gesetz trägt den Titel „Neue Normen zum Verwaltungsverfahren und zum Recht auf Zugang zu Verwaltungsdokumenten", vgl. *A. Masucci*, AöR 121 (1996), S. 263.

wird.[166] Die Durchsetzung des Gesetzes hing von Verordnungen zur Durchführung ab, die erst zwei Jahre nach dem Gesetz erlassen wurden. In der Praxis der Behörden mangelt es an der Beachtung der gesetzlichen Teilnahmerechte.[167]

Außerhalb der Europäischen Union kennt beispielsweise *die ungarische Verfassung* in Art. 61 Abs. 1 ein Recht auf Zugang zu öffentlichen Datenbeständen.[168] Das Verwaltungsverfahrensgesetz enthält ein Informationsrecht, das in eigenen Rechten oder Interessen Betroffenen zusteht. Die Bestimmung des berechtigten Personenkreises liegt im Ermessen der Behörde.[169] Die Rechtsordnung der *Russischen Föderation* kennt einen allgemeinen Anspruch auf Akteneinsicht auf der Ebene des einfachen Rechts.[170] In der *Tschechischen Republik* garantiert die Verfassung nicht nur die Informationsfreiheit (Art. 17 Abs. 1), sondern auch das Recht des Einzelnen auf Informationen über die Umwelt (Art. 35 Abs. 2). Konsequenz ist die Verbürgung eines individuellen Informationsrechts über die Umwelt im Umweltgesetz von 1992.[171] Die am 17. 10. 1997 in Kraft getretene *Verfassung Polens* statuiert in Art. 61 Abs. 1 das Recht des Bürgers, Informationen über die Tätigkeiten staatlicher Stellen zu erlangen.[172] Ein Umweltinformationsgesetz wird geschaffen werden.[173] Dagegen besteht ein Recht auf Akteneinsicht im Rahmen des Verwaltungsverfahrens.[174] Ein effektiver Zugang zu Informationen über die Umwelt zeichnet sich in den osteuropäischen Staaten erst in Umrissen ab.[175] Diejenigen Staaten, die der Europäischen Union beitreten wollen, werden ihre Rechtsordnung aber auch in dieser Hinsicht anpassen und deshalb subjektive Rechte auf Information zumindest auf dem Gebiet des Umweltrechts schaffen.

Die Regelungen anderer Rechtsordnungen über den Zugang zu Behördeninformationen, die andeutungsweise vorgestellt wurden, postulieren die Öffentlichkeit der Verwaltung als Regel und die Geheimhaltung als Ausnahme, wenn sie ein umfassendes Recht auf Information enthalten. Umweltschutz und Datenschutz erweisen sich als besonders wichtige Schrittmacher für individuelle Rechte auf Information. Der Funktionsfähigkeit von Staat und Verwaltung wird in unterschiedlicher Weise Rechnung getragen. Dabei kann nach dem Gewicht der Schutzgüter differenziert werden. Wenn individuelle Interessen Dritter durch das Informationsersuchen berührt werden, ist eine Interessenabwägung unvermeidlich. Die Tätigkeit der Gesetzgeber zu Gunsten des Schutzes persönlicher Informationen hat neue Anforderungen an die Behörden gestellt.

---

[166] *A. Masucci*, AöR 121 (1996), S. 264f.

[167] *M. Albrizio/P. Fantilli*, in: Hallo (ed.), Access, S. 177.

[168] *J. Michael*, Privacy, S. 124; *K.E. Horvath*, in: Hallo (ed.), Access, S. 360.

[169] *K.E. Horvath*, in: Hallo (ed.), Access, S. 360.

[170] *G. Nolte*, DÖV 1999, S. 365.

[171] *E. Kruzíková*, in: Hallo (ed.), Access, S. 350.

[172] Verfassung vom 2. 4. 1997, Dziennik Ustaw vom 16. 10. 1997, Nr. 78, Ziff. 483.

[173] *K. Nowacki*, in: Hallo (ed.), Access, S. 374.

[174] *K. Nowacki*, in: Hallo (ed.), Access, S. 377.

[175] *R. Hallo*, in: ders. (ed.) Access, S. 23.

Verwaltungen und Gerichte müssen diesen Anforderungen im Einzelfall gerecht werden.

1.2. Informationsrechte im Recht der Europäischen Union

1.2.1. Individueller Informationszugang gegenüber den Organen

Jeder Bürger der Europäischen Union sowie jede natürliche oder juristische Person mit Wohnsitz oder Sitz in einem Mitgliedstaat hat nach Art. 255 Abs. 1 EGV das Recht auf Zugang zu Dokumenten des Europäischen Parlaments, des Rates und der Kommission. Dabei legt der Rat gemäß Art. 255 Abs. 2 EGV die Modalitäten und Einschränkungen für die Ausübung des Informationsrechts fest.[176] Die Vorschrift wurde durch den Vertrag von Amsterdam in den EG-Vertrag eingeführt.[177] Die Erklärung 41 des Vertrages von Amsterdam stellt fest, dass sich die Organe der Gemeinschaft von den im Rahmen des EG-Vertrages geltenden Vorschriften unter anderem über die Transparenz und den Zugang zu Dokumenten leiten lassen.

Die Europäische Union bekundet immer wieder den Willen, bei ihren Tätigkeiten Transparenz und Bürgernähe zu gewährleisten.[178] Ausdruck findet dieses Bestreben in einer Reihe von politischen Dokumenten und insbesondere in Art. 1 Abs. 2 EUV und der Erklärung Nr. 17 zum Vertrag über die Gründung einer Europäischen Union von 1992.[179]

Die darin angestrebte Transparenz der Beschlussverfahren wurde zunächst durch interne Regelungen von Rat und Kommission umgesetzt, die durch einen Verhaltenskodex und Änderungen der Geschäftsordnung des Rates mehr Transparenz sichern wollten.[180] Nach und nach beschloss jedes Organ für seine Tätigkeit Grundsätze über Informationsrechte der Unionsbürger. So erließ am 20. 12. 1993 der Rat den Beschluss 93/731/EG über den Zugang der Öffentlichkeit zu Ratsdokumenten, der gegenüber den Unionsbürgern individuelle Wirkung entfaltet.[181] Andere Organe und Einrichtungen zogen nach.[182] Inhaltlich

---

[176] Die Kommission hat hierzu einen Vorschlag vorgelegt, Vorschlag der Kommission vom 26. 1. 2000 für eine Verordnung des europäischen Parlaments und des Rates über öffentlichen Zugang zu Dokumenten des Europäischen Parlaments, des Rates und der Kommission, Dok. KOM (2000) 30 endg., auffindbar unter http://europa.eu.int./eur-lex/en/com/dat/2000/en_500PC0030.html (Referenz vom 10. 5. 2000).

[177] Für die Bundesrepublik Deutschland: Gesetz vom 8. 4. 1998 zum Vertrag von Amsterdam vom 2. 10. 1997, BGBl. II, S. 386.

[178] Dazu *M. Dreher*, EuZW 1996, S. 487ff.; *E. Chiti*, European Public Law 2 (1996), S. 368ff.; *D. Kugelmann*, EuR 1996, S. 207ff.

[179] Vgl. *M. Hilf*, in: Grabitz/Hilf (Hrsg.), EU, Art. A, Rn. 14.

[180] Verhaltenskodex des Rates und der Kommission vom 6. 12. 1993, ABl. Nr. L 340, S. 41 und Beschluss 93/662/EG des Rates vom 6. 12. 1993 zur Festlegung seiner Geschäftsordnung, ABl. Nr. L 304, S. 1.

[181] ABl. Nr. L 340, S. 43, geändert ABl. 1996, Nr. L 325, S. 19.

[182] Siehe Beschluss des Europäischen Parlaments vom 10. 7. 1997, ABl. Nr. L 263, S. 27; Be-

weisen die Beschlüsse der Organe über den Zugang zu Dokumenten weitgehende Ähnlichkeiten auf. Die Gemeinschaftsorgane verfügen über die Kompetenz, aufgrund ihrer internen Organisationsgewalt den Zugang zu in ihrem Besitz befindlichen Dokumenten zu regeln, solange keine allgemeine Regelung auf der Ebene der Gemeinschaft besteht.[183] Eine Nichtigkeitsklage der Niederlande nach Art. 230 EGV gegen den Beschluss 93/731, den darauf beruhenden Art. 22 der Geschäftsordnung des Rates und den Verhaltenskodex hatte deshalb keinen Erfolg. Schon auf der Grundlage der Beschlüsse der Organe stehen den Unionsbürgern Rechte auf Zugang zu deren Dokumenten zu. Nach der Rechtsprechung des Gerichts erster Instanz zum Beschluss 93/731 verfügt der Rat bei der Entscheidung darüber, ob er Zugang zu Dokumenten gewährt, über ein Ermessen, soweit nicht eine der aufgeführten bindenden Ausnahmen greift.[184] Den Rat trifft die Pflicht, das Ermessen auch auszuüben. Das Recht besteht unabhängig davon, ob der Rat als Organ der EG oder als Organ für die Union handelt.[185] Im Rahmen der Ausnahmegründe zum Zugangsrecht hat der Rat die erforderliche Abwägung vorzunehmen zwischen dem Interesse des Unionsbürgers am Zugang zu Ratsdokumenten und dem Interesse des Rates, die Vertraulichkeit seiner Verhandlungen zu wahren.[186] Eine teilweise Ablehnung des Zugangs verschafft dem Informationsrecht weiter gehende Geltung als eine völlige Ablehnung und ist daher intensiv zu prüfen.[187] Bestimmte in dem Beschluss genannte Gründe führen zur Ersetzung des Ermessens durch eine Pflicht zur Verweigerung der Informationen.[188] Die Ausnahmeregelungen gestatten die Lösung des Einzelfalles.[189] An die Begründung der Entscheidung, mit der der Zugang verweigert wird, sind hohe Anforderungen zu stellen.[190] Rechtsgrundlage für den Zugang zu Dokumenten der Kommission ist der Beschluss 94/90 der Kommission vom 8. Februar 1994.[191] Durch diesen Beschluss werden den Unionsbürgern individuelle Rechte eingeräumt, welche die Kommission zu be-

---

schluss des Wirtschafts- und Sozialausschusses vom 27. 5. 1997, ABl. Nr. L 339, S. 18; Beschluss des Ausschusses der Regionen vom 17. 9. 1997, ABl. Nr. L 351, S. 70.

[183] EuGH, Rs. C-58/94 (Königreich der Niederlande gegen Rat der Europäischen Union), Slg. 1996, I-2169, Rn. 37, 43; dazu *E. Chiti*, European Public Law 2 (1996), S. 563 ff.; EuG, Rs. T-96/95 (WWF UK), Slg. 1997, II-313, Rn. 54.

[184] EuG, Rs. T-194/94 (Carvel und Guardian), Slg. 1995, II-2765, Rn. 73, 78; näher zu diesem Urteil *D. Kugelmann*, EuR 1996, S. 209 ff.; *E. Chiti*, European Public Law 2 (1996), S. 363 ff.; siehe auch *M. Dreher*, EuZW 1996, S. 491.

[185] Art. 1 Abs. 2 des Beschlusses 93/731 definiert unabhängig vom Datenträger jedes Schriftstück, das sich im Besitz des Rates befindet, als zugängliches Dokument; siehe EuG, Rs. T-174/95 (Svenska Journalistförbundet gegen Rat), Slg. 1998, II-2289, über den Zugang zu Dokumenten im Zusammenhang mit Europol; vgl. zur älteren Rechtslage *M. Dreher*, EuZW 1996, S. 488.

[186] EuG, Rs. T-174/95 (Svenska Journalistförbundet gegen Rat), Slg. 1998, II-2289, Rn. 113; EuG, Urt. v. 19. 7. 1999, Rs. T-14/98 (Hautala), NVwZ 1999, S. 1216, Rn. 67.

[187] EuG, Urt. v. 19. 7. 1999, Rs. T-14/98 (Hautala), NVwZ 1999, S. 1216, Rn. 76.

[188] EuG, Rs. T-174/95 (Svenska Journalistförbundet gegen Rat), Slg. 1998, II-2289, Rn. 111.

[189] *D. Kugelmann*, EuR 1996, S. 209.

[190] EuG, Rs. T-174/95 (Svenska Journalistförbundet gegen Rat), Slg. 1998, II-2289, Rn. 117.

[191] ABl. Nr. 46, S. 58, geändert ABl. 1996, Nr. L 247, S. 45.

achten hat. Prüft sie das Vorliegen der Ausnahmetatbestände, die den Informationszugang verschließen, steht ihr zwar ein Ermessensspielraum zu. Sie unterliegt aber nach der Rechtsprechung des Gerichts erster Instanz ebenso wie der Rat dem Gebot, überhaupt eine Abwägung vorzunehmen, und sie ist wegen Art. 253 EGV verpflichtet, ihre Entscheidung zu begründen.[192] Zur Ablehnung von Informationsersuchen erlaubt der Beschluss 94/90 der Kommission, sich entweder auf Interessen Dritter oder auf eigene Interessen, etwa die Vertraulichkeit interner Beratungen, zu berufen.[193] Die Kommission muss prüfen, ob die Offenlegung tatsächlich geeignet ist, die als schützenswert festgelegten Interessen zu beeinträchtigen.[194] Dies gilt auch für Dokumente der Kommission, die in laufenden Verfahren vor Gericht vorgelegt werden.[195] Auch insoweit trifft nach der Rechtsprechung des Europäischen Gerichtshofes die Kommission eine Verpflichtung, im Einzelfall zu prüfen, ob Zugang gewährt werden kann.[196] Die Ausnahmen vom Grundsatz des Zugangs zu Informationen sind eng auszulegen.[197] Aus der Begründung für die Ablehnung des Informationsrechts darf sich nicht der gerade zu schützende Inhalt des Dokuments ergeben.[198]

Eine besondere Schwierigkeit entsteht dadurch, dass die Mitgliedstaaten den Organen der Gemeinschaft Dokumente zur Verfügung stellen, die dann auch Gegenstand des auf Art. 255 Abs. 1 EGV gründenden Informationsrechts sein können. Mit Rücksicht auf die innerstaatlichen Maßgaben für den Umgang mit Dokumenten kann sich die Anwendung eines Ausnahmegrundes aufdrängen. Daher hat die Kommission im Rahmen von Verfahren vor den europäischen Gerichten, insbesondere von Vertragsverletzungsverfahren nach Art. 234 EGV, sicher zu stellen, dass die für das Verfahrensziel erforderliche Vertraulichkeit von Unterlagen der Mitgliedstaaten gewährleistet ist.[199] Wenn umgekehrt die Kommission Auskünfte an innerstaatliche Gerichte erteilt, zum Beispiel in Wettbewerbssachen, bleibt sie doch der Ansprechpartner für Informationssuchende im Hinblick auf ihre Dokumente. Sie hat zu untersuchen, ob Zugang zu den Dokumenten gewährt werden kann. Die Einhaltung der innerstaatlichen Verfahrensvorschriften gewährleistet die Kommission, indem sie Dokumente

---

192 EuG, Rs. T-96/95 (WWF UK), Slg. 1997, II-313, Rn. 64. Vgl. *D. Scheuing*, NVwZ 1999, S. 482.

193 EuG, Rs. T-96/95 (WWF UK), Slg. 1997, II-313, Rn. 60.

194 EuG, Rs. T-124/96 (Interporc), Slg. 1998, II-231, Rn. 52.

195 EuG, Urt.v. 14. 10. 1999, Rs. T-309/97 (Bavarian Lager Company Ltd.), Rn. 41, auffindbar unter http://curia.eu.int.

196 EuGH, Urt.v. 11. 1. 2000, verb. Rs. C-174/98 P und C-189/98 P (Königreich der Niederlande; van der Wal), EuGRZ 2000, S. 44, Rn. 24.

197 EuG, Rs. T-96/95 (WWF UK), Slg. 1997, II-313, Rn. 56; EuG, Rs. T-124/96 (Interporc), Slg. 1998, II-231, Rn. 49; EuG, Urt.v. 19. 7. 1999, Rs. T-14/98 (Hautala), NVwZ 1999, S. 1216, Rn. 84; EuG, Urt.v. 14. 10. 1999, Rs. T-309/97 (Bavarian Lager Company Ltd.), Rn. 39, auffindbar unter http://curia.eu.int.

198 EuG, Rs. T-96/95 (WWF UK), Slg. 1997, II-313, Rn. 65.

199 EuG, Urt.v. 14. 10. 1999, Rs. T-309/97 (Bavarian Lager Company Ltd.), Rn. 46, auffindbar unter http://curia.eu.int.

nur dann herausgibt, wenn dies nicht gegen das innerstaatliche Recht verstößt.[200]

Schon auf der Basis der Beschlüsse, die jedes Organ über den Zugang zu seinen Dokumenten getroffen hatte, trug das Zugangsrechts den Charakter eines individuellen, gerichtlich durchsetzbaren Rechts.[201] Auf der Grundlage des Art. 255 EGV wird sich dies nicht ändern. Im Gegenteil verstärkt die Verankerung des Rechts auf Information im EG-Vertrag noch dessen Durchschlagskraft. Allerdings dürften die Regelungen der Modalitäten und Einschränkungen dem öffentlichen Interesse der Gemeinschaft erheblichen Stellenwert beimessen, zumal die Grundlagen insoweit nach Art. 255 Abs. 2 EGV der Rat festlegt und nicht jedes einzelne Organ für sich. Der Vorschlag der Kommission für eine Verordnung auf der Grundlage des Art. 255 Abs. 2 EGV stellt demgemäß einheitliche Regeln für Dokumente des Europäischen Parlaments, des Rates und der Kommission auf.[202] Danach soll die Verordnung sämtliche Dokumente im Besitz der Institutionen betreffen, also etwa auch Dokumente aus dem Bereich der Außen- und Sicherheitspolitik. Die Kommission schlägt einen umfangreichen Katalog von Ausnahmen vor, wobei dem Schutz von vertraulichen Dokumenten dritter Parteien hoher Wert beigemessen wird, um insbesondere Dokumente der Mitgliedstaaten vom Zugangsrecht ausschließen zu können. Das Recht der Unionsbürger auf Zugang zu Informationen der Gemeinschaftsorgane stellt aber im Kern einen Grundzug der Europäischen Gemeinschaft als Rechtsgemeinschaft dar.

1.2.2. Akteneinsicht als allgemeiner Rechtsgrundsatz des Gemeinschaftsrechts

Der Europäische Gerichtshof hat Verteidigungsrechte in Verwaltungsverfahren vor der Europäischen Kommission als allgemeine Rechtsgrundsätze des Gemeinschaftsrechts entwickelt.[203] Er hat betont, dass gerade in Rechtsbereichen, in denen keine ausdrücklichen Regelungen bestehen, die Gemeinschaftsorgane besonderes Augenmerk auf die Wahrung von Verfahrensgarantien zum Schutz des Einzelnen legen müssen.[204] Eine der zentralen Verfahrensgarantien stellt das Recht auf Einsicht in die Akten dar.[205] Gemeinsam mit dem Anhörungsrecht bildet es den Kern der Verteidigungsrechte, die einem Betroffenen

---

[200] EuGH, Urt.v. 11. 1. 2000, verb. Rs. C-174/98 P und C-189/98 P (Königreich der Niederlande; van der Wal), EuGRZ 2000, S. 44, Rn. 24 und 28.

[201] *E. Chiti*, European Public Law 2 (1996), S. 373.

[202] Vorschlag der Kommission vom 26. 1. 2000 für eine Verordnung des europäischen Parlaments und des Rates über öffentlichen Zugang zu Dokumenten des Europäischen Parlaments, des Rates und der Kommission, Dok. KOM (2000) 30 endg., auffindbar unter http://europa.eu.int./eur-lex/en/com/dat/2000/en_500PC0030.html (Referenz vom 10. 5. 2000).

[203] Überblick bei *G. Haibach*, NVwZ 1998, S. 456ff.; vgl. die Nachweise bei *G. Trantas*, Akteneinsicht, S. 561f.

[204] EuGH, Rs. C-49/88 (Al-Jubail Fertilizer), Slg. 1991, I-3187, Rn. 16.

[205] *A. Hatje*, Die gemeinschaftsrechtliche Steuerung, S. 213ff.

zustehen.[206] Um eine gerichtliche Kontrolle zu ermöglichen, bedürfen zudem beschwerende Entscheidungen einer Begründung.[207] Im Kontext von Verwaltungsverfahren vor der Kommission konzentriert sich die Beteiligung ganz auf die in ihren Rechten Betroffenen. Den wichtigsten Anwendungsfall des Rechts auf Akteneinsicht stellt das Kartellverfahren dar.[208] Nach der Rechtsprechung verfügen zumindest die Hauptbeteiligten über einen Anspruch auf Einsicht in die Dokumente, auf welche die Kommission ihre Entscheidung stützt.[209] Auf der anderen Seite wird den Unternehmen das Recht auf den Schutz von Betriebs- und Geschäftsgeheimnissen zugestanden.[210] Es ist Teil des Schutzes vertraulicher Daten, der insbesondere Dritten zugute kommt und der mit Auskunfts- und Akteneinsichtsrechten in Einklang gebracht werden muss.[211]

1.3. Die Positionen der Organe des Europarates zum Recht auf Zugang zu Behördeninformationen

Die Parlamentarische Versammlung und das Ministerkomitee des Europarates haben in mehreren Entschließungen und Empfehlungen zum Ausdruck gebracht, dass eine informierte öffentliche Meinung wesentlicher Bestandteil jedes demokratischen Systems ist. Mit Blick auf die in subjektiven Rechten Betroffenen erweisen sich Informationsrechte als logische Folge ihrer Rechtsstellung. Zu Gunsten des von einer Maßnahme der Verwaltung Betroffenen fordert das Ministerkomitee in der Resolution (77) 31 vom 28. 9. 1977,[212] ihn über die Faktoren zu informieren, welche zu der beabsichtigten Entscheidung führen. Die Information durch die Behörde, welche in der Regel auf Antrag gegeben werde, stelle die Voraussetzung des rechtlichen Gehörs dar. Im Rahmen von Verwaltungsverfahren, von denen eine große Anzahl von Personen berührt werden, verlangt die Empfehlung R (87) 16 vom 17. 9. 1987 eine umfassende Beteiligung der Bürger.[213] Diese solle zumindest für die unmittelbar Betroffenen auch die Information über die administrative Entscheidung und deren Gründe beinhalten.

Jenseits konkreter Verfahren werden Rechte auf Information in den Rahmen des Funktionierens einer demokratischen Öffentlichkeit gestellt. In der Empfehlung Nr. 854 (1979) vom 1. 2. 1979 wird der Wunsch ausgesprochen, dass der Zugang der Öffentlichkeit zu Verwaltungsdokumenten gewährleistet und insbesondere das Recht, die staatlichen Organe und Dienststellen um Informatio-

---

[206] *C.D. Classen*, Die Verwaltung 31 (1998), S. 310f.
[207] EuGH, Rs. C-166/95 P (Daffix), Slg. 1997, I-983, Rn. 23.
[208] Siehe dazu unten 4. Kapitel, 3.5.2.
[209] *C.-O. Lenz/G. Grill*, Festschrift für Deringer, S. 315; *J.-P. Hix*, Akteneinsicht, S. 60.
[210] EuG, Rs. T-36/91 (ICI), Slg. 1995, II-1847, Rn. 98.
[211] EuG Rs. T-353/94 (Postbank), Slg. 1996, II-921, Rn. 69.
[212] Abgedruckt in: Stelkens/Bonk/Sachs, VwVfG, 5. Teil, Nr. 7.
[213] Abgedruckt in: Stelkens/Bonk/Sachs, VwVfG, 5. Teil, Nr. 9.

nen zu ersuchen und diese Informationen zu erhalten, anerkannt werde.[214] Noch deutlicher formuliert die Empfehlung des Ministerkomitees R (81) 19 vom 25. 11. 1981.[215] Sie betont die Bedeutung, die eine angemessene Unterrichtung über das öffentliche Leben für die Öffentlichkeit in einer demokratischen Gesellschaft hat und fordert die Mitgliedstaaten auf, in ihre Rechtsordnungen ein Recht auf Zugang zu Informationen, die im Besitz der Behörden sind, aufzunehmen, das von dem Betroffenen keine Begründung seines Antrags verlangt. Der Europarat stellt insbesondere eine Verbindung zur Meinungs- und Informationsfreiheit des Art. 10 EMRK her, versteht also das Zugangsrecht zu Behördeninformationen als bürgerliches Grundrecht.[216]

Der Europäische Gerichtshof für Menschenrechte folgert aus Art. 10 EMRK das Verbot an Staaten, den Informationsfluss zwischen Privaten zu verhindern.[217] Die Freiheit, Informationen zu empfangen, verbiete es einer Regierung, „eine Person am Empfang von Informationen zu hindern, die Dritte ihr mitzuteilen wünschen oder mitzuteilen bereitstehen." Allerdings erlege Art. 10 EMRK einem Staat nicht die Pflicht auf, bestimmte Informationen zu sammeln.[218] Im konkreten Fall hatten italienische Behörden Sicherheitsberichte einer Chemiefabrik geprüft, die Bevölkerung aber nicht über das Ergebnis der Prüfung unterrichtet.[219] Darin erblickte der Gerichtshof keinen Verstoß gegen Art. 10 EMRK. Ein Recht auf Information gegenüber staatlichen Stellen enthält Art. 10 EMRK danach nicht. Der Bürger kann nicht aufgrund der Informationsfreiheit die Herausgabe von Informationen der Behörde verlangen. Ihm steht aber das Recht auf Erhalt von Informationen durch andere private Rechtssubjekte zu, das von staatlichen Stellen nicht beeinträchtigt werden darf. Im gleichen Fall Guerra erkannte der Gerichtshof jedoch auf eine Verletzung des Art. 8 EMRK, der jedermann den Anspruch auf die Achtung seines Privat- und Familienlebens zugesteht. Denn schwerwiegende Umweltverschmutzung beeinflusse das Wohlergehen von Einzelnen in erheblichem Maße und hindere sie am Genuss ihres häuslichen Lebens. Dadurch könne das in Art. 8 EMRK geschützte Privat- und Familienleben beeinträchtigt werden.[220] Dementsprechend hat der Gerichtshof eine Verletzung des Art. 8 EMRK bejaht, weil die potentiell Betroffenen von den Behörden keine Informationen über die Sicherheit der Chemiefabrik erhielten. Der Gerichtshof entnimmt Art. 8 EMRK aus-

---

[214] Conseil de l'Europe, Assemblée Parlementaire, Textes adoptés, 30. ordentliche Sitzung, dritter Teil, Januar/Februar 1979.

[215] Conseil de l'Europe, Collection des recommendations, résolutions et déclarations du Comité des Ministres portant sur les droits de l'homme, 1949 bis 1987, Straßburg 1989, S. 96.

[216] GA *Tesauro*, Schlussanträge in der Rs. C-58/94 (Königreich der Niederlande gegen Rat der Europäischen Union), Slg. 1996, I-2180, Ziff. 16; siehe *S. Wachs*, Akteneinsicht, S. 189.

[217] EGMR, Urt.v.19.2. 1998 (Guerra u.a. gegen Italien), NVwZ 1999, S. 59, Ziff. 53 und Leitsatz 1.

[218] EGMR, Urt.v.19.2. 1998 (Guerra u.a. gegen Italien), NVwZ 1999, S. 59, Ziff. 53.

[219] Auf der Grundlage der Seveso-Richtlinie der EG, vgl. *D. Scheuing*, NVwZ 1999, S. 483.

[220] EGMR, Urt.v.19.2. 1998 (Guerra u.a. gegen Italien), NVwZ 1999, S. 59, Ziff. 60; vgl. *D. König*, DÖV 2000, S. 55.

drücklich positive Verpflichtungen.[221] Zur Sicherung grundlegender Individualrechtsgüter, die in Menschenrechten zum Ausdruck kommen, können zumindest Informationspflichten erforderlich werden. Aus Art. 10 EMRK hat der Gerichtshof gefolgert, dass ein Staat sein Informationssystem in einer Weise einrichten muss, dass der Einzelne sich tatsächlich informieren kann.[222] Damit bewegt sich der Gerichtshof in Richtung auf die Entwicklung von Schutzpflichten aus der EMRK.

1.4. Informationsrechte auf der Ebene des Völkerrechts

Auf völkerrechtlicher Ebene ist in neueren Verträgen auf dem Gebiet des Umweltschutzes eine Tendenz zur Schaffung von Rechten auf Information festzustellen. Die Organisation on Economic and Cultural Development (OECD) hatte bereits in den siebziger Jahren unverbindliche Empfehlungen verabschiedet, in denen Rechte auf Information im Zusammenhang der Bekämpfung grenzüberschreitender Umweltverschmutzung verlangt wurden. Ziel war es, solche Fälle zu vermeiden oder wenigstens den Erhalt einer Entschädigung zu ermöglichen. Die Staaten wurden aufgefordert, Informationsrechte in Verwaltungs- und Gerichtsverfahren für alle, auch ausländischen Betroffenen anzuerkennen.[223] In Prinzip 10 der unverbindlichen Deklaration von Rio[224] wird die wichtige Rolle hervorgehoben, die der Partizipation der Öffentlichkeit an Entscheidungen im Umweltbereich zukommt. Zur Durchsetzung von umweltrechtlichen Normen sollten auch die Individuen beitragen, weshalb ihnen Zugangsrechte zu administrativen und gerichtlichen Verfahren gewährt werden müssten.[225] Verbindliche Verpflichtungen der Staaten legt das Rahmenübereinkommen von Rio über Klimaänderungen[226] dann allerdings nur hinsichtlich des Austausches von Informationen zwischen den Vertragsparteien fest. Immerhin macht das Sekretariat die Mitteilungen der Vertragsparteien zu dem Zeitpunkt öffentlich verfügbar, zu dem sie der Konferenz der Vertragsparteien vorgelegt werden (Art. 12 Abs. 10 des Rahmenübereinkommens).

Auf der Grundlage der Konvention zum Schutz der Meeresumwelt des Nordostatlantiks steht Individuen der Zugang zu Informationen über den Zustand des Meeresgebiets und über Maßnahmen offen, die Einfluss auf die Um-

---

221 EGMR, Urt.v.19. 2. 1998 (Guerra u.a. gegen Italien), NVwZ 1999, S. 59, Ziff. 58; vgl. *J. Frowein*, in: Frowein/Peukert, EMRK, Art. 8, Rn. 2 und 11 m.w.N.

222 EGMR, Urt.v.26. 3. 1987, Ser. A, p. 116, Ziff. 74; dazu *J. Frowein*, in: Frowein/Peukert, EMRK, Art. 10, Rn. 13.

223 Nachweise bei *Ph. Sands/J. Werksman*, in: Ginther u.a. (ed.), Sustainable Development, S. 198.

224 Erklärung von Rio zu Umwelt und Entwicklung (Rio-Deklaration), Europa-Archiv 1993, D 28 (30).

225 Vgl. *J. Wates*, in: Hallo (ed.), Access, S. 424.

226 Rahmenübereinkommen der Vereinten Nationen über Klimaänderungen vom 9. 5. 1992, BGBl. 1993 II, S. 1783.

welt in diesem Bereich des Atlantiks nehmen.[227] Die Vertragsparteien sind nach Art. 8 Abs. 1 der Konvention verpflichtet, alle entsprechenden Informationen ohne überhöhte Kosten zugänglich zu machen, ohne dass die antragstellende natürliche oder juristische Person ein Interesse geltend machen müsste. Die Gründe zur Ablehnung eines Antrags sind in Art. 9 Abs. 3 der Konvention aufgeführt.

In der für die Bundesrepublik nicht in Kraft befindlichen Konvention des Europarates von 1993 über die zivilrechtliche Umwelthaftung ist das Kapitel III mit dem Titel „Access to Information" überschrieben.[228] Darin werden dem Geschädigten zur Verfolgung seiner Schadensersatzansprüche weitgehende Informationsrechte eingeräumt. Durch Einschaltung eines Vermittlers („operator") kann er auch an spezifische Informationen der Behörden gelangen, die ihm selbst ansonsten verschlossen bleiben würden, wie zum Beispiel die chemische Zusammensetzung schädlicher Substanzen oder den Aufbau genetisch modifizierter Organismen.[229] Angesichts derart tiefgreifender Rechte verwundert die geringe Zahl der Unterzeichnerstaaten nicht.

Im Rahmen der Economic Commission for Europe (ECE), einem Hilfsorgan des Wirtschafts- und Sozialrats der Vereinten Nationen, wurde in Aarhus die „Convention on access to information, public participation in decision-making and access to justice in environmental matters" vom 25. Juni 1998 abgeschlossen.[230] Ihr in Art. 1 festgelegtes Ziel besteht darin, dass die Vertragsparteien die im Titel der Konvention genannten Rechte einräumen, um das Recht des Menschen auf ein Leben in einer seiner Gesundheit und seinem Wohlergehen zuträglichen Umwelt zu schützen. Die Konvention beinhaltet demgemäß die Forderung nach weitgehenden Rechten auf Information des Bürgers in Angelegenheiten der Umwelt.[231] Der Zugang zu Informationen über die Umwelt soll gemäß Art. 4 Abs. 1 ohne Nachweis eines Interesses gewährt werden. Die Ausschlusstatbestände gleichen überwiegend denen der EG-Umweltinformationsrichtlinie. Nach Art. 6 der Konvention sollen die Vertragsparteien bei Entscheidungen über die Zulässigkeit umweltrelevanter Tätigkeiten, wie zum Beispiel der Genehmigung von Anlagen zur Energiegewinnung oder von chemischen Anlagen, eine weitgehende Beteiligung der Öffentlichkeit sichern. Die ECE-Konvention erstreckt die Beteiligung der Öffentlichkeit auf umweltbezogene Pläne, Programme und Politiken (Art. 7) und verpflichtet die Vertragsparteien,

---

[227] Übereinkommen zum Schutz der Meeresumwelt des Nordostatlantiks vom 22. 9. 1992, für die Bundesrepublik in Geltung gesetzt durch das Gesetz vom 23. 8. 1994 zu internationalen Übereinkommen über den Schutz der Meeresumwelt des Ostseegebietes und des Nordostatlantiks, BGBl. II, S. 1355, 1360.

[228] Convention on Civil Liability for Damage Resulting from Activities Dangerous to the Environment vom 21. 6. 1993 (noch nicht in Kraft), 32 ILM (1993), S. 1228.

[229] Art. 16 der Konvention.

[230] Text in deutscher Übersetzung bei *J. Fluck/A. Theuer*, UIG, F II; zur Vorgeschichte *R. Hallo*, in: ders. (ed.) Access, S. 24.

[231] *A. Hatje*, EuR 1998, S. 735 mit Fn. 11 und S. 747 mit Fn. 60. Vgl. *D. Scheuing*, NVwZ 1999, S. 483.

einen Rechtsweg gegen die Verweigerung des Zugangs zu Informationen vorzusehen (Art. 9). Die ECE umfasst 55 Mitglieder, zu denen neben europäischen Staaten einschließlich der Schweiz auch die USA, Kanada, Japan, Israel und einige Republiken Zentralasiens gehören.[232] Bereits 1995 beschloss die Ministerkonferenz unverbindliche Richtlinien über Umweltinformationen.[233] Sie bilden den Hintergrund für die Vorschriften der Konvention, wenn auch Überschneidungen möglichst vermieden werden sollten.

Völkervertragliche Rechte auf Information werden vorrangig zum Zweck der Rechtsverfolgung in Fällen der Umwelthaftung und allgemein zum Schutz der Umwelt gewährt. Die Mitgliedstaaten der Europäischen Union und die Staaten, die dem Freedom of Information verpflichtet sind, betreiben die Gewährleistung von Informationsrechten auf dem Gebiet der Umwelt am aktivsten. Für diese Staaten knüpfen völkervertragliche Regelungen insoweit an bestehende innerstaatliche Rechtsvorschriften an und führen diese weiter. Eine nicht unbeträchtliche Ausweitung des Konzepts und eine Verdichtung der Verpflichtungen, welche insbesondere auch die Mitgliedstaaten der Union treffen, könnte die Aarhus-Konvention bringen. Zwar dürften sie über die umweltrechtlichen Verpflichtungen im Rahmen der Europäischen Gemeinschaft zumeist nicht hinaus gehen. Mitgliedstaaten der Gemeinschaft wie die Bundesrepublik Deutschland, die eine eher restriktive Umsetzung der einschlägigen Richtlinien betrieben haben, könnten sich aber neuen Herausforderungen gegenüber sehen. Als einziger Mitgliedstaat der Europäischen Union hat Deutschland das Aarhus-Abkommen zunächst nicht unterzeichnet und dies erst später nachgeholt.[234] Die Einzelheiten der Entwicklung sind noch nicht absehbar.[235]

2. Modelle in der deutschen Rechtsordnung und die Auswirkungen des Rechts der Europäischen Gemeinschaft

Die Umweltinformationsrichtlinie traf in der Bundesrepublik auf vereinzelte Rechtsvorschriften, die Rechte auf Information für den Bürger gegenüber den Behörden begründeten. Diese bildeten die Ausnahme von der Regel, dass Informationsrechte nur den Betroffenen eingeräumt wurden. Im Rahmen seines Anwendungsbereiches hat das von der Umweltinformationsrichtlinie veranlasste Umweltinformationsgesetz (UIG)[236] dieses Regel-Ausnahme-Verhältnis umgekehrt.[237]

---

232 *J. Wates*, in: Hallo (ed.), Access, S. 423.

233 Einzelheiten bei *J. Wates*, in: Hallo (ed.), Access, S. 424ff.

234 *D. König*, DÖV 2000, S. 55.

235 Von einer Ausdehnung des Rechts auf Informationen als Folge der Aarhus-Konvention geht aus *A. Hatje*, EuR 1998, S. 747 mit Fn. 60.

236 BGBl. I, S. 1490.

237 *B. Wegener*, in: Schomerus/Schrader/Wegener, UIG, § 1, Rn. 21.

2.1. Die Einordnung von Rechten auf Information im deutschen Verwaltungsrecht

Unabhängig von der Umweltinformationsrichtlinie gibt es in der deutschen Rechtsordnung Vorschriften insbesondere des öffentlichen Rechts, die Rechte auf Information gegenüber der Verwaltung gewähren oder betreffen.[238] Ihre Strukturen und die Interessen, vor deren Hintergrund sie erlassen wurden, geben Aufschluss über die Haltung zur Öffentlichkeit von Behördeninformation in der Bundesrepublik.[239]

Von Individualrechten des Einzelnen sind Rechte auf Information zu unterscheiden, die aus dem Kontrollrecht des Parlaments gegenüber der Verwaltung resultieren. Zu diesem Zweck und zur Sicherung ihrer Mitwirkung an den Aufgaben des Parlaments kann einzelnen Abgeordneten die Befugnis zustehen, sich Akten vorlegen zu lassen, wie dies etwa in Art. 56 Abs. 3 Satz 2 der brandenburgischen Landesverfassung ausdrücklich niedergelegt ist.[240] Zur Erfüllung ihrer Funktion benötigen parlamentarische Untersuchungsausschüsse die Befugnis, die Herausgabe von Behördeninformationen verlangen zu können. Das Recht aus Art. 44 Abs. 1 GG zur Erhebung von Beweisen, die zur Erfüllung des Untersuchungsauftrags erforderlich sind, umfasst das Recht auf Auskunft und Aktenvorlage.[241] Die Untersuchungsausschüsse unterliegen bei ihrer Tätigkeit der Bindung an die Grundrechte und damit auch an das Recht auf informationelle Selbstbestimmung.[242] Der Schutz persönlicher und geschäftlicher Daten bildet eine Grenze für die Pflicht zur Aktenvorlage.[243] Grundlage und Maßstab dieser Informationsrechte ist die Kontrollfunktion des Parlaments gegenüber der Exekutive.

Eine Einflussnahme des Bürgers auf die Kontrolle der Verwaltung erlaubt das Petitionsrecht des Art. 17 GG. Da es keine eigenen subjektiven Rechte des Petenten voraussetzt, weist es hinsichtlich seiner Voraussetzungen Ähnlichkeiten zu selbständigen verfahrensunabhängigen Informationsrechten auf.[244] Grundrechtsträger ist jedermann.[245] Die Petition muss angenommen werden und der Petent verfügt über einen Anspruch auf Erlass eines Bescheids.[246] Darüber hin-

---

[238] Überblick bei *S. Herrmann*, Informationspflichten, S. 285ff. und *H.-H. Schild*, RDV 2000, S. 97ff.

[239] Vgl. den Ansatz von *S. Lodde*, Informationsrechte, S. 7, sowie *D. König*, DÖV 2000, S. 46ff.

[240] BbgVerfG, Urt.v.20. 6. 1996, NJW 1996, S. 3334; zu Einschränkungen des Rechts der Abgeordneten auf Akteneinsicht gegenüber dem Landesrechnungshof BbgVerfG, Urt.v.20. 11. 1997, DÖV 1998, S. 200.

[241] BVerfGE 67, 100 (128); siehe HbgVerfG, Urt.v.19. 7. 1995, NVwZ 1996, S. 1201 (1202).

[242] BVerfGE 67, 100 (142f.); 77, 1 (47); siehe auch BayVerfGH, Entsch.v.31. 3. 1995, NVwZ 1996, S. 1206; *R. Bergmann*, in: Seifert/Hömig (Hrsg.), Grundgesetz, Art. 44, Rn. 4.

[243] HbgVerfG, Urt.v.19. 7. 1995, NVwZ 1996, S. 1201 (1203f.); *B. Pieroth*, in: Jarass/Pieroth, Grundgesetz, Art. 44, Rn. 8.

[244] *C.D. Classen*, Die Verwaltung 31 (1998), S. 318.

[245] *H.D. Jarass*, in: Jarass/Pieroth, Grundgesetz, Art. 17, Rn. 4.

aus verbürgt das Petitionsrecht jedoch keine Ansprüche und stärkt die rechtliche Position des Einzelnen im Verhältnis zur Verwaltung nicht. So ist Art. 17 GG keine allgemeine Auskunftspflicht zu entnehmen.[247] Das unspezifische Petitionsrecht führt nicht notwendig zu konkreten Konsequenzen.[248] In vielen Fällen vermag es faktische Bedeutung zu entfalten und auf Vorgänge der Verwaltung Einfluss zu nehmen. Dabei dient es aber letztlich der Selbstkontrolle der Verwaltung. Auf der Seite der Rechtsfolge bleibt das Petitionsrecht blass.

Im Hintergrund individueller Rechte auf Information stehen die besonderen Interessenlagen, die der Gesetzgeber durch die Einräumung eines subjektiven Rechts anerkennt, mit dem ein Verhalten der Verwaltung herbeigeführt werden kann. Das Recht auf Erlangung von Informationen speziell über die Umwelt hat Aufnahme in einige Landesverfassungen gefunden, wobei die Anlehnung an Formulierungen der EG-Umweltinformationsrichtlinie auffällt.[249] Die Verfassungen des Freistaats Sachsen in Art. 34 und des Landes Sachsen-Anhalt in Art. 6 Abs. 2 normieren ebenso wie Art. 33 der thüringischen Verfassung ein Recht auf Auskunft des Bürgers über Umweltdaten, die seinen Lebensraum betreffen.[250] Damit erfährt die Reichweite des Auskunftsrechts von vornherein eine räumliche Begrenzung.[251] Diese Begrenzung und die Beschränkung auf die Auskunft werden im Anwendungsbereich des Umweltinformationsgesetzes von dessen weitergehenden Regelungen ausgehebelt. Die ausfüllenden Landesgesetze müssen den Vorgaben des UIG gerecht werden. Die Landesverfassung von Mecklenburg-Vorpommern lehnt sich mit dem in Art. 6 Abs. 3 festgeschriebenen Recht auf Zugang zu Informationen über die Umwelt stark an den Wortlaut der Umweltinformationsrichtlinie an.[252] Die gesetzliche Umsetzung bereitet deshalb aus der Sicht des UIG keine Probleme.[253]

Die Verfassung von Brandenburg gewährt in Art. 39 Abs. 7 Satz 2 jedem ein Recht auf Informationen über die gegenwärtigen und zukünftigen Belastungen der natürlichen Umwelt.[254] Mit dieser Regelung wird dem Bürger ein weitgehender Anspruch zugestanden. Die näheren Konturen dieses Anspruchs ergeben sich aus den Landesgesetzen, die nach Art. 39 Abs. 7 Satz 3 die Einzelheiten regeln. Das brandenburgische Naturschutzgesetz räumt als ausfüllende Regelung in § 67 Abs. 1 einen allgemeinen Auskunftsanspruch ein, schließt ihn aber in Absatz 2 wieder aus, wenn der Schutz personenbezogener Daten sowie von Betriebs- oder Geschäftsgeheimnissen entgegensteht oder wenn es um Daten

---

[246] BVerfGE 2, 225 (230).
[247] *D. Hömig*, in: Seifert/Hömig (Hrsg.), Grundgesetz, Art. 17, Rn. 5.
[248] *J. Masing*, Mobilisierung, S. 172f.
[249] *A. Turiaux*, UIG, Einl., Rn. 22.
[250] Verfassung des Freistaats Sachsen vom 27.5. 1992, GVBl., S. 243; Verfassung des Landes Sachsen-Anhalt vom 16.7. 1992, GVBl., S. 600; Verfassung des Freistaats Thüringen vom 25.10. 1993, GVBl., S. 625.
[251] *J. Fluck/A. Theuer*, UIG, § 4, Rn. 92/97.
[252] Verfassung des Landes Mecklenburg-Vorpommern vom 23.5. 1993, GVOBl., S. 372.
[253] *A. Turiaux*, UIG, Einl., Rn. 22.
[254] Verfassung des Landes Brandenburg vom 20.8. 1992, GVBl., S. 122.

aus nicht abgeschlossenen Untersuchungen, Berichten oder Studien geht.[255] Kommt die Beeinträchtigung schutzwürdiger Belange des Betroffenen, die Verletzung eines Betriebs- oder Geschäftsgeheimnisses oder von Geheimhaltungsinteressen anderer Behörden in Betracht, kann gemäß §67 Abs. 3 BbgNatSchG eine Auskunft erteilt werden, falls das Interesse am Schutz der Umwelt das Geheimhaltungsinteresse überwiegt.

Die Verfassungen der fünf genannten Länder führen mit der Betonung der Öffentlichkeit von Umweltinformationen auch eine kurze Rechtstradition fort, die in der Deutschen Demokratischen Republik nach der friedlichen Revolution vom November 1989 begründet wurde. Die am 13.11. 1989 erlassene Verordnung des Ministerrates der DDR über Umweltdaten legt in §1 Abs. 1 fest, dass Umweltdaten über den Zustand der natürlichen Lebensgrundlagen der Bürger grundsätzlich öffentlich sind.[256] Nach §6 Abs. 4 der Verordnung sind Betriebe, gesellschaftliche Organisationen, Publikationsorgane und Bürger berechtigt, bei den staatlichen Kontrollorganen Umweltdaten einzusehen. Der Kreis der Berechtigten ist außerordentlich weit gefasst. Im Grunde wird hier ein allgemeines, voraussetzungsloses Recht auf Information über die Umwelt eingeräumt. Noch einen Schritt weiter geht §6 Abs. 5 Satz 1 der Verordnung. Gesellschaftliche Organisationen und Bürger können danach bei Nachweis eines berechtigten persönlichen Interesses die Gewinnung, Bearbeitung und Veröffentlichung von Umweltdaten gegen Erstattung von Gebühren und Auslagen mit den zuständigen staatlichen Kontrollorganen vereinbaren. Damit waren insbesondere Untersuchungen von Wasser, Boden, Obst und Gemüse gemeint (§6 Abs. 5 Satz 2). Ungeachtet einiger Unklarheiten wie der Frage, welches persönliche Interesse eine gesellschaftliche Organisation nachweisen soll, enthält die Vorschrift einen interessanten Ansatz. Das Recht auf existierende Information wird gewährt, die Behörden können zudem durch Vereinbarung dazu gebracht werden, Informationen im Auftrag des Bürgers zu sammeln und aufzubereiten. Geht man von einer vertraglichen Grundlage aus, könnte sich die Behörde demnach weigern, bestimmte Daten zu gewinnen. Hat sie diese Daten aber gesammelt, dann handelt es sich um existierende Informationen, die wiederum allgemein zugänglich sind. Wenn ein Umweltverband mit der Behörde die Entnahme von Bodenproben gemäß §6 Abs. 4 vereinbart und die Kosten trägt, dann können die Ergebnisse danach aufgrund des §6 Abs. 5 von jedermann abgefragt werden.

Der Verfassunggeber im Land *Brandenburg* schreibt über den Sachbereich Umwelt hinaus ein Informationsrecht fest. Nach Art. 21 Abs. 4 der brandenburgischen Landesverfassung hat jeder nach Maßgabe des Gesetzes das Recht auf Einsicht in Akten und sonstige amtliche Unterlagen der Behörden und Verwal-

---

[255] Brandenburgisches Gesetz über Naturschutz und Landespflege vom 25.6. 1992, GVBl. I, S. 208.

[256] Verordnung über Umweltdaten vom 13.11. 1989, GBl. der Deutschen Demokratischen Republik I, S. 241.

tungseinrichtungen des Landes und der Kommunen, soweit nicht überwiegende öffentliche oder private Interessen entgegenstehen. Bürgerschaftliche Kontrolle der Verwaltung findet Aufnahme in die Landesverfassung. Das Recht auf Information steht im Kontext der politischen Mitgestaltung durch die Bürger.[257] Allerdings wird das Recht auf Information in den Gesetzen ausgestaltet und eingeschränkt. Mit dem Akteneinsichts- und Informationsgesetz (AIG) ist das verfassungsrechtliche Versprechen eingelöst worden.[258] Gemäß § 1 AIG hat jeder das Recht auf Akteneinsicht, soweit nicht überwiegende öffentliche oder private Interessen entgegenstehen oder andere Regelungen vorgehen. Die Verweisung bezieht sich insbesondere auf das UIG.[259] Die öffentlichen Interessen werden in § 4 AIG, die privaten Interessen in § 5 AIG aufgelistet.[260] Jeweils führt das Vorliegen bestimmter Gegengründe dazu, dass der Antrag auf Akteneinsicht abgelehnt werden muss. Diese Gründe sind im privaten Bereich der Datenschutz, der Schutz des geistigen Eigentums und das Betriebs- und Geschäftsgeheimnis (§ 5 Abs. 1 AIG). Unter den in § 5 Abs. 2 AIG genannten Voraussetzungen kann dennoch Akteneinsicht gewährt werden, etwa im Fall der Zustimmung des Betroffenen zur Offenbarung oder wenn ausnahmsweise das Offenbarungsinteresse überwiegt. Die Ausführlichkeit des § 4 AIG verdeutlicht das Gewicht, das einer Fülle öffentlicher Interessen zugemessen wird.[261] Zu den Gründen, bei deren Bestehen die Akteneinsicht abzulehnen ist, zählen die Landesverteidigung und die Strafverfolgung, aber auch Belange der öffentlichen Sicherheit. Der Zugang zu Akten, die der Durchführung von Gerichtsverfahren, strafrechtlichen oder disziplinarrechtlichen Ermittlungsverfahren sowie Bußgeldverfahren dienen, soll ebenso verweigert werden können wie der Zugang zu Akten, die der Aufsicht über eine andere Stelle dienen. Aus diesem Grund steht einer Gemeinde kein Recht auf Einsicht in Akten der Kommunalaufsicht zu.[262] Als schwächer werden die in § 4 Abs. 2 AIG aufgeführten öffentlichen Interessen bewertet, die um die Arbeits- und Funktionsfähigkeit von Behörden kreisen. Die Entscheidung bedarf einer Abwägung, da ein Überwiegen des Informationsinteresses dazu führt, dass der Gegengrund zurücktritt (§ 4 Abs. 2 a.E. AIG).[263] Das Gesetz gewährt nicht nur den Bürgern als Individuen, sondern nach § 9 AIG auch Bürgerinitiativen und Verbänden ein allgemeines Recht auf Akteneinsicht. Im Vergleich zum Gesetzentwurf der Landesregierung ist die Notwendigkeit entfallen, für den Anspruch ein berechtigtes Interesse geltend

---

[257] Kritisch *U. Karpen*, JA 1993, S. 112f.

[258] Akteneinsichts- und Informationsgesetz vom 10. 3. 1998, GVBl. I, S. 46.

[259] Aber auch etwa auf § 144 BbgWassG, näher *R. Breidenbach/B. Palenda*, LKV 1998, S. 253. Siehe auch Erste Hinweise zur Anwendung des Akteneinsichts- und Informationszugangsgesetzes des Ministeriums des Innern vom 17. 7. 1998, ABl. Bbg Nr. 40 vom 28. 9. 1998, S. 842, Ziff. 1.

[260] Detailliert hierzu *R. Breidenbach/B. Palenda*, LKV 1998, S. 254ff.; *Ch. Partsch*, NJ 1998, S. 349f.

[261] Kritisch *Ch. Partsch*, NJ 1998, S. 349.

[262] VG Potsdam, Beschl.v.16. 11. 1998, LKV 1999, S. 155 (156).

[263] Zweifel an der Vereinbarkeit des § 4 AIG mit Art. 21 der Landesverfassung äußert *Ch. Partsch*, NJW 1998, S. 2561.

zu machen.[264] Dieses Erfordernis hätte den Sinn des Gesetzes, einen voraussetzungsfreien Informationszugang zu gewährleisten, von vornherein konterkariert. Genau diese Voraussetzungsfreiheit schreibt aber die Landesverfassung vor. Bei der Formulierung der Gegengründe zum Recht auf Akteneinsicht in den §§4 und 5 AIG gab es keine Änderungen. Auch die zentrale Begrenzung des Anwendungsbereiches blieb erhalten. Nach §2 Abs.5 AIG wird Akteneinsicht in laufenden Verfahren nur nach Maßgabe des anzuwendenden Verfahrensrechts gewährt.[265] Der subjektive Anspruch auf Akteneinsicht greift insbesondere nur außerhalb des Verwaltungsverfahrens, die Regelungen der Akteneinsicht in den Verwaltungsverfahrensgesetzen gehen vor. Denn das Verwaltungsverfahrensrecht soll in Bund und Ländern einheitlich gelten.[266] Aufgrund der weitgefächerten Gegengründe könnte das subjektive Recht auf Akteneinsicht zu großen Teilen leer laufen. Immerhin ist ein völliger Ausschluss des Informationsrechts an Art.21 Abs.4 der brandenburgischen Landesverfassung zu messen, falls sich das Verfahren nach Landesrecht richtet. Dann kommt eine verfassungskonforme Auslegung des §29 BbgVwVfG in Betracht, die zu einer weiter gehenden Gewährung der Akteneinsicht führt.[267]

Das Land *Berlin* hat das „Gesetz zur Förderung der Informationsfreiheit" (IFG-B) eingeführt.[268] Der Zweck des Gesetzes besteht laut §1 IFG-B darin, durch ein umfassendes Informationsrecht das in Akten festgehaltene Wissen und Handeln öffentlicher Stellen unter Wahrung des Schutzes personenbezogener Daten unmittelbar der Allgemeinheit zugänglich zu machen, um über die bestehenden Informationsmöglichkeiten hinaus die demokratische Meinungs- und Willensbildung zu fördern und eine Kontrolle des staatlichen Handelns zu ermöglichen. Adressaten des Rechts sind sämtliche öffentliche Stellen und auch Private, die mit der Ausübung hoheitlicher Befugnisse betraut sind (§2 Abs.1 IFG-B). Das umfassend ausgestaltete Informationsrecht steht nach §3 IFG-B jedem Menschen zu. Diese Formulierung betont die Verwurzelung des Informationsrechts im Prinzip der Demokratie. An einigen Punkten werden in dem Gesetz Ansätze sichtbar, die sich von den Vorbildern des VwVfG und des UIG lösen. Im Hinblick auf den Schutz personenbezogener Daten versucht §6 Abs.2 IFG-B eine Konkretisierung der schutzwürdigen Belange, die der Offenbarung der Informationen entgegenstehen können, um die grundsätzlich erfor-

---

[264] Gesetzentwurf der Landesregierung zu einem Akteneinsichtsrechtsgesetz, Landtag Brandenburg, Drucksache 2/4417; zu den Gründen dafür *R. Breidenbach/B. Palenda*, LKV 1998, S.253.

[265] Erste Hinweise zur Anwendung des Akteneinsichts- und Informationszugangsgesetzes des Ministeriums des Innern vom 17.7. 1998, ABl. Bbg Nr.40 vom 28.9. 1998, S.842, Ziff. 2.7.

[266] Gesetzentwurf der Landesregierung zu einem Akteneinsichtsrechtsgesetz, Landtag Brandenburg, Drucksache 2/4417, Begründung zu §2 Abs.4 (S.3); *R. Breidenbach/B. Palenda*, LKV 1998, S.254.

[267] Für Akteneinsicht direkt aus Art.21 Abs.4 der brandenburgischen Landesverfassung *Ch. Partsch*, NJ 1998, S.348 und *ders.*, NJW 1998, S.2563.

[268] Gesetz zur Förderung der Informationsfreiheit im Land Berlin vom 15.10. 1999, GVBl. I 1998, S.46.

derliche Entscheidung im Einzelfall zu erleichtern. Falls der Betroffene zum Beispiel an einem Verwaltungsverfahren beteiligt ist, ihm gegenüber überwachende Verwaltungstätigkeiten erfolgt sind oder er Eigentümer, Pächter, Mieter oder Inhaber eines vergleichbaren Rechts ist, sollen einige aufgezählte Daten, wie Name, Anschrift und Geburtsdatum, offenbart werden können. Die Regelbeispiele dienen der Handhabbarkeit des Informationsrechts, ohne der Behörde die notwendigen Spielräume bei der Entscheidung zu verschließen. Wenn die Regelung von den Behörden als Hilfestellung bei der Abwägung genutzt und nicht als zwingende Vorgabe missverstanden wird, kann sie eine Beschleunigung der Entscheidungsfindung und eine Vereinheitlichung der Entscheidungspraxis zur Folge haben. Erhebliche Einschränkungen des Informationsrechts bewirkt der weitgehende Schutz von Rechtsdurchsetzung und Strafverfolgung in § 9 Abs. 1 IFG-B, da jede Vereitelung des Erfolgs bevorstehender behördlicher Maßnahmen ausreicht, um das Recht auszuschließen. Immerhin ist nach 3 Monaten in derselben Sache neu zu entscheiden (§ 9 Abs. 2 IFG-B). Der Schutz behördlicher Entscheidungsprozesse durch § 10 IFG-B betrifft Entwürfe zu Entscheidungen sowie Arbeiten zu ihrer unmittelbaren Vorbereitung und wird für die Bauleitplanung dahin konkretisiert, dass die Akten einsehbar sind, sobald der Beschluss, einen Bauleitplan aufzustellen, gefasst ist (§ 10 Abs. 2 IFG-B). Die öffentlichen Stellen trifft aus § 17 Abs. 4 Satz 1 IFG-B eine Verpflichtung, Verzeichnisse zu führen, die geeignet sind, die Aktenordnung und den Aktenbestand sowie den Zweck der geführten Akten erkennen zu lassen. Das Berliner Informationsfreiheitsgesetz veranschaulicht das Bemühen, ein umfassendes Recht auf Information zu gewähren und gleichzeitig den Bedürfnissen praktischer Behördenarbeit Rechnung zu tragen. Da ein Informationsrecht, gerade wenn es neu eingeführt wird, erhebliche Anforderungen an die Verwaltung stellt, fördern präzise rechtliche Vorgaben die Verwirklichung des Gesetzeszwecks.

Einen vergleichsweise bescheidener formulierten Zweck verfolgt das Informationsfreiheitsgesetz für das Land *Schleswig-Holstein*.[269] Gemäß § 1 IFG-SH zielt das Gesetz darauf, den freien Zugang zu den bei den Behörden vorhandenen Informationen sowie die Verbreitung dieser Informationen zu gewährleisten und die grundlegenden Voraussetzungen festzulegen, unter denen derartige Informationen zugänglich gemacht werden sollen. Auf der Ebene der Rechtsgewährung nimmt § 3 IFG-SH eine weite Bestimmung des Anwendungsbereiches vor und § 4 IFG-SH räumt ein umfassendes Informationsrecht ein. Die Formulierungen der Gründe, die zu einer Verweigerung des Informationszugangs führen können, lehnen sich an die Leitbilder der § 29 Abs. 2, § 30 VwVfG, des UIG und des brandenburgischen AIG an. Die Vorschriften zum Schutz öffentlicher Interessen schirmen in § 10 IFG-SH den behördlichen Entscheidungsprozess in der gängigen Weise ab, indem Entwürfe und Vorarbeiten

[269] Gesetz über die Freiheit des Zugangs zu Informationen für das Land Schleswig-Holstein vom 9. 2. 2000, GVBl. 2000, S. 166. Dazu *Th. Weichert*, DuD 2000, S. 262ff.

dem Informationsrecht entzogen werden können. Dagegen unterscheidet sich die Regelung des Schutzes der Rechtsdurchsetzung durch ihre engere Fassung von derjenigen in § 9 des Berliner Informationsfreiheitsgesetzes. Nach § 9 des IFG-SH unterliegen nur anhängige Gerichtsverfahren, Ordnungswidrigkeitenverfahren und Disziplinarverfahren der Ausnahme vom Zugangsrecht, der bloße Erfolg behördlicher Maßnahmen wird als solcher nicht geschützt. An einem entscheidenden Punkt sichert damit das Informationsfreiheitsgesetz des Landes Schleswig-Holstein die Erreichung seines Zweckes, nämlich die Gewährleistung des freien Zugangs zu Informationen der Behörden. Der Schutz von Betriebs- und Geschäftsgeheimnissen in § 11 IFG-SH und von personenbezogenen Daten in § 12 IFG-SH wird mit den allgemeineren Klauseln bewirkt, die auf § 30 VwVfG zurückgehen. Das Interesse an der Offenbarung muss also überwiegen, die Behörde hat eine Abwägungsentscheidung zu treffen.[270] Zur Verwirklichung des Informationsrechts dient das in § 15 IFG-SH normierte Trennungsprinzip, nach dem die Behörden verpflichtet sind, geeignete Vorkehrungen zu treffen, um schützenswerte Informationen ohne unverhältnismäßigen Aufwand abtrennen zu können.

In einzelnen Sachbereichen wird Bürgern durch landesrechtliche Regelungen Einsicht in öffentlich geführte Datenbestände eingeräumt. Einen Anschauungsfall bieten die Wasserbücher.[271] Sie werden angelegt, um für den Bürger Rechtsklarheit zu erzeugen.[272] Die Verpflichtung zur Führung von Wasserbüchern begründet § 37 Abs. 1 WHG. Die Wassergesetze der Länder gestalten die Voraussetzungen der Einsicht in die Wasserbücher unterschiedlich aus. Während in § 117 Abs. 1 Satz 1 WG Ba-Wü und § 102 Abs. 1 Satz 1 BerlWG ein berechtigtes Interesse des Informationssuchenden gefordert wird, gewähren Art. 94 BayWG, § 170 Abs. 1 BremWG, § 100 HbgWG oder § 119 LWG M-Vorp einen voraussetzungslosen Anspruch für jedermann.[273]

Als Gegenstand von Informationsrechten kommen weitere Datenbestände, insbesondere aus dem Bereich des Umweltrechts in Betracht, etwa Altlasten- und Verdachtsflächenkataster.[274] Bestimmungen über den Zugang zu Emissionskatastern nach § 46 BImSchG, Luftreinhalteplänen gemäß § 47 BImSchG und Lärmminderungsplänen nach § 47a BImSchG sind nicht getroffen worden, so dass die Behörde über Informationsbegehren nach Ermessen entscheidet.[275] Im Rahmen einer Revision des Gesetzes abgeschafft wurde die Regelung des

---

[270] *Th. Weichert*, DuD 2000, S. 265.

[271] *J. Burmeister/G. Winter*, in: Winter (Hrsg.), Öffentlichkeit, S. 122.

[272] *J. Masing*, Mobilisierung, S. 138; vgl. *J. Fluck/A. Theuer*, UIG, § 4, Rn. 115.

[273] Wassergesetz für Baden-Württemberg vom 1. 7. 1988, GBl., S. 269; Berliner Wassergesetz i.d.F. vom 3. 3. 1989, GVBl., S. 605; Bayerisches Wassergesetz i.d.F. vom 3. 2. 1988, GVBl., S. 33; Bremisches Wassergesetz vom 26. 2. 1991, GBl., S. 65, ber. S. 158; Hamburgisches Wassergesetz vom 20. 6. 1960, GVBl., S. 16; Wassergesetz des Landes Mecklenburg-Vorpommern vom 30. 11. 1992, GVBl., S. 669; die entsprechenden Vorschriften sind abgedruckt bei *J. Fluck/A. Theuer*, UIG, C.

[274] Siehe *J. Fluck*, in: Breuer u.a. (Hrsg.), Zugang, S. 28f.

[275] *J. Burmeister/G. Winter*, in: Winter (Hrsg.), Öffentlichkeit, S. 123.

§27 Abs. 6 LAbfWAG a.F. Rheinland-Pfalz, wonach Nutzungsberechtigten und Eigentümern von Nachbargrundstücken Auskunft über die im Verdachtsflächen- und Altlastenkataster gespeicherten Daten zu geben war, wenn sie ein berechtigtes Interesse darlegen.[276] Das Umweltinformationsgesetz auf Bundesebene, das ein voraussetzungsloses Recht auf Informationen über die Umwelt gewährt, dürfte den Grund für die Abschaffung der Vorschrift bilden. Denn die Notwendigkeit, ein berechtigtes Interesse geltend zu machen, führt dazu, dass die Informationsmöglichkeit des Bürgers von einer behördlichen Beurteilung seiner Interessenlage abhängt.[277] Ein berechtigtes Interesse an der Auskunft verlangt §3 Abs. 1 der hessischen Verdachtsflächendatei-Verordnung.[278] Allerdings werden die Anforderungen an das Vorliegen eines berechtigten Interesses regelmäßig derart heruntergeschraubt, dass es keine ernstzunehmende Hürde für das Informationsbegehren darstellt.[279] Auf dieses Erfordernis verzichtet §18 Abs. 2 des Bodenschutzgesetzes Baden-Württemberg, der jedermann ein Recht auf Auskunft über Daten zur Bodenbeschaffenheit und zu Bodenbelastungen einräumt, die in der Bodendatenbank geführt werden.[280]

Die Datenbestände in Registern oder Katastern dienen vorrangig der Unterrichtung der Behörden, um Kontrolle ausüben und Entscheidungen treffen zu können.[281] Sie werden aber auch mit Blick auf die potentiell Betroffenen geführt.[282] Deren Schutz ist Aufgabe der zuständigen Behörden, die daher potentiell bedeutsame Informationen sammeln und auswerten. Ein Unterschied zu der Situation der Akteneinsicht nach §29 VwVfG besteht darin, dass diese Vorschrift Informationen betrifft, die im Rahmen eines Verwaltungsverfahrens gesammelt und gespeichert werden, um die das Verwaltungsverfahren abschließende Entscheidung herbeizuführen. Die Informationssammlung und -auswertung erfolgt zielgerichteter als in den Fällen, in denen Informationen aus generellen Gründen der Kontrolle und Prävention zusammengestellt und bearbeitet werden.

2.2. *Europarechtlich veranlasste Vorschriften: Das Umweltinformationsgesetz*

Kristallisationspunkt für Voraussetzungen und Strukturen eines individuellen Rechts auf Information ist das Umweltinformationsgesetz. Die Vorschrift

---

276 Landesabfallwirtschafts- und Altlastengesetz i.d.F. vom 30.4. 1991, GVBl., S. 251; nunmehr gilt das Landesabfallwirtschafts- und Altlastengesetz vom 2.4. 1998, GVBl., S. 97.

277 *H.-U. Erichsen/A. Scherzberg*, Umsetzung, S. 26.

278 Verordnung über die Einrichtung und Führung einer Verdachtsflächendatei vom 1.10. 1991, GVBl., I S. 314, GVBl. II, 89–14.

279 *J. Masing*, Mobilisierung, S. 138 mit Fn. 350.

280 Gesetz vom 24.6. 1991, GBl., S. 434; siehe *J. Fluck/A. Theuer*, UIG, §4, Rn. 116/120.

281 *W. Hirschberger*, Zugang, S. 92.

282 Siehe UGB-KomE, Zu §221, S. 837.

des §4 Abs. 1 UIG führt einen voraussetzungslosen und verfahrensunabhängigen Anspruch auf Zugang zu Umweltinformationen in das deutsche Verwaltungsrecht ein. Für den Umweltbereich wird das Prinzip der beschränkten Aktenöffentlichkeit abgelöst.[283] Die Kontrolle durch die Öffentlichkeit konkretisiert sich im Informationsrecht des Einzelnen.[284] Im Rahmen eines prozeduralen Verständnisses von Verwaltungsverfahren gewinnen Kommunikation und Information an Bedeutung.[285] Unter diesem Vorzeichen werden strukturell wichtige Aspekte des UIG erörtert, ohne dass eine flächendeckende Darstellung des Gesetzes beabsichtigt ist.

Das Recht auf Information dient der Verwirklichung des Gesetzeszwecks, der mit Blick auf die Umweltinformationsrichtlinie verdeutlicht werden kann. Die Richtlinie stellt in Erwägungsgrund 4 ihre Zielsetzung fest: „Der Zugang zu umweltbezogenen Informationen im Besitz der Behörden wird den Umweltschutz verbessern." Das subjektive Recht auf Zugang zu Umweltinformationen dient den Zielen der Umweltinformationsrichtlinie, letztlich also der Verbesserung des Umweltschutzes.[286] Die Vorschrift des §1 UIG beschreibt nicht den Gesetzeszweck, sondern fasst lediglich den Inhalt des Gesetzes zusammen. Eine Beschränkung des Zwecks auf die Sicherung der Transparenz von Umweltdaten[287] greift zu kurz und verkennt die Vorgaben der Richtlinie. Der Zweck liegt nach der Entstehungsgeschichte des Gesetzes darin, den Umweltschutz durch Dezentralisierung von Kontrolle voranzutreiben.[288] Individuen als Teil der Öffentlichkeit sind dazu berufen, durch Kontrolle der Verwaltung den Umweltschutz zu fördern.[289] Information über die Umwelt ist Voraussetzung der Kontrolle durch den Bürger.

2.2.1. Das Recht auf Information nach §4 Abs. 1 UIG

Die Vorschrift des §4 Abs. 1 UIG gewährt freien Zugang zu Informationen über die Umwelt. Das Recht ist voraussetzungslos, ein besonderes Interesse an den Informationen oder eine besondere Position des Informationssuchenden müssen nicht geltend gemacht werden. Und es ist verfahrensunabhängig, der Anspruch steht nicht im Kontext eines bestimmten, laufenden Verwaltungsverfah-

---

[283] *D.H. Scheuing*, in: Hoffmann-Riem/Schmidt-Aßmann (Hrsg.), Reform, Band 2, S. 348; *B. Wegener*, in: Schomerus/Schrader/Wegener, UIG, §4, Rn. 1; *D. König*, DÖV 2000, S. 50; *M. Kaufmann*, in: Bertschi u.a. (Hrsg.), Demokratie und Freiheit, S. 43ff.

[284] *J. Masing*, Mobilisierung, S. 33; *A. Hatje*, EuR 1998, S. 735; *Ch. Gusy*, JZ 1999, S. 1169.

[285] *E. Schmidt-Aßmann*, in: Hoffmann-Riem/Schmidt-Aßmann (Hrsg.), Reform, Band 1, S. 26.

[286] *M. Schröder*, ZHR 155 (1991), S. 472; *B. Burkholz*, NVwZ 1994, S. 125; *H.-U. Erichsen*, NVwZ 1992, S. 409.

[287] So aber *F.-J. Moormann*, in: Landmann/Rohmer, UIG, §1, Rn. 5f.

[288] *R. Kramer*, UIG, §1, Ziff. 1; *B. Wegener*, in: Schomerus/Schrader/Wegener, UIG, §1, Rn. 15ff.; *A. Scherzberg*, DVBl. 1994, S. 733; *J. Fluck*, NVwZ 1994, S. 1049.

[289] *R. Röger*, UIG, §1, Rn. 4; *A. Turiaux*, UIG, §4, Rn. 7; *W. Berg*, GewArch 1996, S. 181; *J. Masing*, Mobilisierung, S. 33.

rens. In beiden Hinsichten bestehen erhebliche Unterschiede zu § 29 VwVfG, der den Beteiligten eines Verwaltungsverfahrens nach § 9 VwVfG ein Recht auf Akteneinsicht einräumt.[290] Zur Begründung des Anspruchs aus § 4 Abs. 1 UIG können verfassungsrechtlich der Art. 20a GG[291] und europarechtlich die Erwägungen der Umweltinformationsrichtlinie herangezogen werden. Um die Förderung des Umweltschutzes durch die Zugänglichkeit von Informationen für den Bürger zu gewährleisten und damit dem § 1 UIG gerecht zu werden, bedarf das Recht auf Information in § 4 Abs. 1 UIG einer weiten Auslegung.[292]

Aus Gründen des grundrechtlichen Schutzes von Unternehmen vor Preisgabe sensibler Informationen wird vereinzelt die Entscheidung über den Zugang zu Information nach § 4 UIG zu einer Abwägungsentscheidung umgedeutet.[293] Dem widersprechen jedoch der eindeutige Wortlaut und der Zweck der Regelung. Privaten Unternehmen steht das Recht auf informationelle Selbstbestimmung aus Art. 2 Abs. 1 i.V.m. Art. 1 Abs. 1 GG nicht zu, da es sich um ein höchstpersönliches Recht handelt.[294] Ihr Schutz resultiert aus dem Betriebs- und Geschäftsgeheimnis, das über Art. 12 und 14 GG verfassungsrechtlich abgesichert und in § 8 UIG als Ausschlusstatbestand vorgesehen ist.[295] Eventuelle Unklarheiten bei der inhaltlichen Bestimmung des Betriebs- und Geschäftsgeheimnisses sind bei der Entscheidung über die Anwendung des § 8 UIG zu lösen, können aber nicht das gesetzliche System sprengen.

Die Vorschrift des § 4 Abs. 1 UIG gewährt ein subjektives öffentliches Recht.[296] Sein Inhalt richtet sich auf freien Zugang zu Informationen über die Umwelt. Durch § 3 Abs. 2 UIG werden die Informationen über die Umwelt in begrifflich weitgehendem Sinne umschrieben.[297] Sie können auf allen denkbaren Informationsträgern vorhanden sein und umfassen Daten über den gegenwärtigen oder künftigen Zustand von Umweltbereichen sowie über die Umwelt beeinträchtigende und schützende Tätigkeiten.[298] Das Recht auf Information des § 4 Abs. 1 UIG erstreckt sich auf die bei den Behörden vorhandenen Daten.[299] Der Anspruch erfasst alle Akten und Datenbestände, die Informationen

---

290 *B. Wegener*, in: Schomerus/Schrader/Wegener, UIG, § 4, Rn. 10; *A. Turiaux*, UIG, § 1, Rn. 6; *R. Breuer*, NVwZ 1997, S. 839; *M. Kaufmann*, in: Bertschi u.a. (Hrsg.), Demokratie und Freiheit, S. 46; *D. König*, DÖV 2000, S. 50; vgl. *R. Engel*, Akteneinsicht, S. 207.

291 Vgl. *M. Kloepfer*, in: Dolzer (Hrsg.), Bonner Kommentar, Art. 20a, Rn. 10.

292 *F.-J. Moormann*, in: Landmann/Rohmer, UIG, § 1, Rn. 4.

293 *M. Reinhardt*, Die Verwaltung 30 (1997), S. 179f.

294 *H.D. Jarass*, NJW 1989, S. 860; *W. Schmitt Glaeser*, in: Isensee/Kirchhof (Hrsg.), HdBStR, § 129, Rn. 89.

295 Vgl. *B. Bender/R. Sparwasser/R. Engel*, Umweltrecht, Rn. 1/173; *H.-U. Erichsen*, NVwZ 1992, S. 416.

296 *B. Wegener*, in: Schomerus/Schrader/Wegener, UIG, § 4, Rn. 1; *F.-J. Moormann*, in: Landmann/Rohmer, UIG, § 4, Rn. 9; *W. Berg*, GewArch 1996, S. 181; siehe *H.-U. Erichsen/A. Scherzberg*, Umsetzung, S. 4; *H.-U. Erichsen*, Jura 1993, S. 184.

297 Zu § 3 Abs. 2 Nr. 3 des UIG siehe OVG Nds, Urt.v.19. 11. 1997, NVwZ 1998, S. 654.

298 *R. Röger*, UIG, § 3, Rn. 22ff.; *J. Fluck/A. Theuer*, UIG, § 3, Rn. 167ff.

299 *F.-J. Moormann*, in: Landmann/Rohmer, UIG, § 4, Rn. 9; kritisch gegenüber dieser Begrenzung *D. Hegele*, in: Hegele/Röger (Hrsg.), Umweltschutz, S. 117f.

über die Umwelt enthalten. Das Abtrennen anderer Aktenteile oder Daten durch die Behörde ist zulässig. Allerdings dürfte aufgrund des geringeren Aufwandes in aller Regel die gesamte Akte oder Datei zugänglich gemacht werden.[300]

Anspruchsberechtigt nach §4 Abs. 1 UIG sind alle natürlichen und juristischen Personen des Privatrechts.[301] Das Recht steht auch Personen zu, die keine Unionsbürger sind.[302] Dagegen kommen juristische Personen des öffentlichen Rechts nicht als Rechtsträger in Betracht.[303] Verwaltungsbehörden sind auf Amtshilfe und ähnliche interne Instrumente angewiesen, da der Anspruch auf Umweltinformation dem Grunde nach nicht zwischen Verwaltungsbehörden gilt.[304] Eine Ausnahme greift nach dem Konzept des Gesetzes für Träger öffentlicher Verwaltung mit einer grundrechtlich fundierten, eigenständigen Stellung, also insbesondere Kommunen, Kirchen, Rundfunkanstalten und Universitäten.[305] Sie eignen sich dafür, zur Kontrolle der Verwaltung durch Öffentlichkeit beizutragen. Allerdings hat das Bundesverwaltungsgericht den Gemeinden die Zuerkennung des Rechts aus §4 Abs. 1 UIG mit der Begründung versagt, der Informationsanspruch greife nur im Verhältnis zwischen Staat und Bürgern.[306] Dieses Verhältnis macht zwar den Schwerpunkt der Regelung aus. Dem Ziel, der Öffentlichkeit ein Instrument zur Kontrolle der Verwaltung an die Hand zu geben, dient aber auch die Einräumung des Rechts auf Information an verfassungsrechtlich konkretisierte und herausgehobene Teilöffentlichkeiten. Der Ortsverband einer politischen Partei kann dementsprechend das Informationsrecht des §4 Abs. 1 UIG in Anspruch nehmen. Das Bundesverwaltungsgericht hebt hervor, dass politische Parteien aufgrund ihrer aus Art. 21 GG resultieren-

---

[300] *A. Turiaux*, UIG, §4, Rn. 20.

[301] *A. Turiaux*, UIG, §4, Rn. 4; *V. Müller/J.-U. Heuer*, NVwZ 1997, S. 331; vgl. *H.-U. Erichsen*, Jura 1993, S. 182.

[302] *B. Wegener*, in: Schomerus/Schrader/Wegener, UIG, §4, Rn. 4; *A. Turiaux*, UIG, §4, Rn. 13; *G. Trantas*, Akteneinsicht, S. 588. Eine Verpflichtung zu einer solch weiten Fassung des Personenkreises aus der Umweltinformationsrichtlinie, die sich nur auf Gemeinschaftsbürger bezieht, bestand nicht, *H.-U. Erichsen*, NVwZ 1992, S. 410.

[303] BVerwG, Beschl. v. 31. 10. 1995, NVwZ 1996, S. 400 (401); so zum Beispiel auch der Gemeinsame Runderlaß der brandenburgischen Ministerien für Umwelt, Naturschutz und Raumordnung, für Ernährung, Landwirtschaft und Forsten, für Wirtschaft, Mittelstand und Technologie, für Arbeit, Soziales, Gesundheit und Frauen, für Wissenschaft, Forschung und Kultur, für Bildung, Jugend und Sport und des Ministeriums des Innern zum Vollzug des Umweltinformationsgesetzes vom 30. 6. 1997, ABl. Bbg Nr. 34 vom 28. 8. 1997, S. 712, Ziff. 3.1.

[304] *R. Röger*, in: Hegele/Röger (Hrsg.), Umweltschutz, S. 22f.; *A. Turiaux*, UIG, §4, Rn. 6; *J. Fluck/A. Theuer*, UIG, §4, Rn. 21. *V. Müller/J.-U. Heuer*, NVwZ 1997, S. 331; *C.H. Ule/H.-W. Laubinger*, Verwaltungsverfahrensrecht, §25, Rn. 14 mit Fn. 35.

[305] *A. Scherzberg*, DVBl. 1994, S. 736; *B. Wegener*, in: Schomerus/Schrader/Wegener, UIG, §4, Rn. 5; *A. Turiaux*, UIG, §4, Rn. 10f.; *R. Röger*, UIG, §4, Rn. 7; *B. Bender/R. Sparwasser/R. Engel*, Umweltrecht, Rn. 1/170; enger *R. Kramer*, UIG, §4, Ziff. 4; *A. Theuer*, NVwZ 1996, S. 327; weiter *F.-J. Moormann*, in: Landmann/Rohmer, UIG, §4, Rn. 3 und 5, der allen juristischen Personen des öffentlichen Rechts den Anspruch zuerkennen will, allerdings auf der Grundlage eines zu eng verstandenen Zwecks des §4 UIG.

[306] BVerwG, Beschl. v. 31. 10. 1995, NVwZ 1996, S. 400 (401).

den Aufgabenstellung in den gesetzlich garantierten Informationsfluss einzubeziehen sind.[307] Ihnen kommt eine Kontrollfunktion gegenüber der Exekutive zu, deren Verwirklichung gerade zu den Zielen des UIG zählt.[308] Die örtlichen Untergliederungen von Parteien können ortsbezogene Informationsbedürfnisse vorbringen, daher sind sie gemäß § 4 Abs. 1 UIG anspruchsberechtigt.[309]

Nach § 4 Abs. 1 Satz 2 UIG steht lediglich die Art und Weise, wie der bindende Anspruch auf Zugang zu gewährleisten ist, im Ermessen der Behörde. Die Akteneinsicht stellt nach Sinn und Zweck des Gesetzes den Regelfall dar.[310]Denn die unmittelbare Einsichtnahme wird dem in § 1 formulierten Ziel, freien Zugang zu Behördeninformationen zu gewährleisten, eher gerecht, als ein mittelbarer Zugang über eine Auskunft der Behörde.[311] Die Akteneinsicht trägt dem Zweck der Umweltinformationsrichtlinie 90/313/EWG am ehesten Rechnung und gewährleistet ihre effektive Umsetzung.[312] Allerdings erweisen sich andere Möglichkeiten der Informationserteilung nicht zwingend als ermessensfehlerhaft. Sie sind vom Wortlaut des § 4 Abs. 1 Satz 2 UIG gedeckt und widersprechen auch nicht den Vorgaben der Umweltinformationsrichtlinie.[313] Der Grundsatz des effet utile erzwingt die Akteneinsicht als alleiniges Mittel zur Verwirklichung des Zwecks der Richtlinie nicht.[314] Die Umweltinformationsrichtlinie überlässt es in Art. 3 Abs. 1 Satz 2 ausdrücklich den Mitgliedstaaten, die praktischen Regeln festzulegen, nach denen Informationen zugänglich gemacht werden können. Aus dem effet utile folgt die Notwendigkeit, dass die Informationen vollständig, unverfälscht und leicht zugänglich sein müssen. Insoweit ist das Ermessen der Behörden nach § 4 Abs. 1 Satz 1 UIG gebunden.[315] Die Art und Weise des Zugangs und damit die Wahl zwischen Akteneinsicht und anderen Formen lässt die Richtlinie grundsätzlich offen.[316] Einzig aufgrund ihrer Unmittelbarkeit gebührt der Akteneinsicht im Regelfall der Vorzug.[317] Der Verwaltungsaufwand, der durch die Art und Weise der Zugangsgewährung

---

307 BVerwG, Urt.v.25.3. 1999, DÖV 1999, S. 778 (779) = NVwZ 1999, S. 1220 (1221).

308 *Ch. Gusy*, JZ 1999, S. 1169.

309 BVerwG, Urt.v.25.3. 1999, DÖV 1999, S. 778 (779) = NVwZ 1999, S. 1220 (1221).

310 *B. Wegener*, in: Schomerus/Schrader/Wegener, UIG, § 4, Rn. 17; *A. Turiaux*, UIG, § 4, Rn. 17; *H.-U. Erichsen*, NVwZ 1992, S. 411; *R. Röger*, in: Hegele/Röger (Hrsg.), Umweltschutz, S. 25; dagegen *F.-J. Moormann*, in: Landmann/Rohmer, UIG, § 4, Rn. 12.

311 *H.-U. Erichsen/A. Scherzberg*, Umsetzung, S. 54.

312 *H.-U. Erichsen*, Stichwort „Informationszugang", in: Kimminich/von Lersner/Storm (Hrsg.), Handwörterbuch des Umweltrechts, Sp. 1098.

313 BVerwGE 102, 282 (286); *H.-U. Erichsen*, Jura 1993, S. 183; so auch der Gemeinsame Runderlaß der brandenburgischen Ministerien für Umwelt, Naturschutz und Raumordnung, für Ernährung, Landwirtschaft und Forsten, für Wirtschaft, Mittelstand und Technologie, für Arbeit, Soziales, Gesundheit und Frauen, für Wissenschaft, Forschung und Kultur, für Bildung, Jugend und Sport und des Ministeriums des Innern zum Vollzug des Umweltinformationsgesetzes vom 30. 6. 1997, ABl. Bbg Nr. 34 vom 28. 8. 1997, S. 712, Ziff. 3.2.

314 So aber *A. Scherzberg*, DVBl. 1994, S. 737.

315 Vgl. BVerwGE 102, 282 (287).

316 *A. Epiney*, Umweltrecht, S. 160.

317 *G. Trantas*, Akteneinsicht, S. 594.

entsteht, bildet einen beachtlichen, aber letztlich zweitrangigen Gesichtspunkt bei der Ermessensausübung.[318] Die Funktionsfähigkeit der Verwaltung ist verfassungsrechtlich nicht stärker abgesichert als Rechte auf Information.[319] Dagegen schlagen das Recht auf informationelle Selbstbestimmung und die Sicherung von Betriebs- und Geschäftsgeheimnissen insoweit durch, als die Behörde diesen grundrechtlich gewährleisteten Positionen bei ihrer Ermessensentscheidung nach §4 Abs. 1 Satz 2 UIG besondere Beachtung schenken muss. Neben den Vorgaben der Richtlinie haben sie ermessensleitende Bedeutung. Erweist sich aus diesen Gründen eine Bearbeitung der herauszugebenden Informationen als notwendig, hat sich die Verwaltung für diejenige Art und Weise der Informationserteilung zu entscheiden, die den involvierten Rechtspositionen am besten Geltung verschafft.[320] Der Weg der Akteneinsicht kann deshalb versperrt, das Ermessen entsprechend reduziert sein, falls etwa unternehmerische Geheimnisse aufgrund des Kontextes in den Akten anders nicht geschützt werden können. Dagegen erscheint eine Auskunft der Behörde dann angebracht, wenn die Informationen der Aufbereitung bedürfen, weil etwa Informationen aufgrund datenschutzrechtlicher Erwägungen unkenntlich gemacht werden müssen.[321] Die Gewährung von Akteneinsicht vermag unter Umständen weniger Aufwand zu verursachen als eine Auskunft, wenn der Aktenbestand nämlich bereits gesichtet ist und zur Erteilung einer Auskunft erneut bearbeitet werden müsste.[322] Bei komplexen Akten bedarf der Informationssuchende der Unterstützung, um die gewünschten Informationen überhaupt identifizieren zu können.[323] Dem Bürger kann daher ein Anspruch auf Hilfestellung bei der Entschlüsselung der Informationen neben dem eigentlichen Informationsanspruch zustehen.[324] Seine im Antrag niedergelegten Wünsche auf eine bestimmte Art des Informationszugangs dürfen von der Behörde nur bei gewichtigen, von ihr darzulegenden Gründen abgelehnt werden.[325]

---

318 Vgl. BVerwGE 102, 282 (287f.); *H.-U. Erichsen*, NVwZ 1992, S. 412.

319 Siehe oben 2. Kapitel, 3.5.

320 So auch der Gemeinsame Runderlaß der Ministerpräsidentin – Landesplanungsbehörde – und aller Ministerien des Landes Schleswig-Holstein vom 12.5. 1999 – X 133 – über Hinweise zum Vollzug des Umweltinformationsgesetzes (UIG), ABl. S-H 1999, Nr. 22, S. 225 (226), Ziff. 4.3.

321 VG München, Urt. v. 26.9. 1995, NVwZ 1996, S. 410 (412).

322 *M. Schröder*, NVwZ 1990, S. 908; *R. Kramer*, UIG, §4, Ziff. 11; *A. Turiaux*, UIG, §4, Rn. 19.

323 *M. Schröder*, NVwZ 1990, S. 908; *H.-U. Erichsen*, NVwZ 1992, S. 412; *R. Röger*, in: Hegele/Röger (Hrsg.), Umweltschutz, S. 24.

324 *H.-U. Erichsen/A. Scherzberg*, Umsetzung, S. 55; *R. Röger*, in: Hegele/Röger (Hrsg.), Umweltschutz, S. 25; *H.-U. Erichsen*, Jura 1993, S. 183; *A. Scherzberg*, DVBl. 1994, S. 737; siehe auch *M. Schröder*, NVwZ 1990, S. 908.

325 BVerwGE 102, 282 (288).

2.2.2. *Die Beschränkungen des Rechts auf Information nach §§ 7, 8 UIG*

Das Verhältnis des § 4 UIG zu den §§ 7 und 8 UIG bildet das strukturelle Kernproblem des Rechts auf Information. Der umfassende Anspruch und die Gründe für Ausschluss und Beschränkung dieses Anspruchs müssen zueinander in Beziehung gesetzt werden. An dieser Problematik entscheidet sich die Tragweite des Rechts auf Umweltinformationen aus § 4 Abs. 1 UIG.[326] Das Ziel von Richtlinie und Gesetz bildet die Einräumung eines weitgehenden Rechtes auf Information, um den Umweltschutz zu fördern.[327] Information ist die Regel, ihre Verweigerung die Ausnahme.[328] Dementsprechend sind die Ausnahmetatbestände eng auszulegen.[329] Im Rahmen der Auslegung gilt es zu beachten, dass die Ausnahmegründe teilweise grundrechtlich, insbesondere durch Art. 2 Abs. 1, Art. 12 Abs. 1 und Art. 14 Abs. 1 GG, abgesichert sind und daher starke Gegenpositionen darstellen.[330] Dieser Umstand schließt eine enge Auslegung der Ausnahmetatbestände nicht aus.[331] Denn die gesetzliche Regelung wirkt zunächst aus sich selbst heraus, bevor verfassungsrechtliche Argumentationen notwendig werden. Grundrechtliche Einflüsse schlagen erst durch, wenn die gesetzlichen Spielräume ausgereizt sind. Außerdem findet auch das Recht auf Information seine Grundlagen in der Verfassung, nämlich insbesondere im Rechtsstaatsprinzip und in verfahrensrechtlichen Wirkungen einzelner Grundrechte.

Stehen Gründe der §§ 7 und 8 UIG der vollständigen Gewährung des Informationszugangs entgegen, muss dem Antrag so weit als möglich stattgegeben werden. Der Informationssuchende verfügt dann über ein Recht darauf, dass ihm die gewünschten Informationen zumindest teilweise zugänglich gemacht werden.[332] Den Grundsatz der weitestmöglichen auszugsweisen Übermittlung legt Art. 3 Abs. 2 Satz 2 der Umweltinformationsrichtlinie fest. Ihm tragen § 7 Abs. 1 Nr. 1 und § 8 Abs. 1 Satz 1 UIG zwar Rechnung, indem sie den Anspruch nur ausschließen, „soweit" ihm die dortigen Gründe entgegenstehen. Dem Europäischen Gerichtshof reichen die Vorschriften des UIG zur Umsetzung der Richtlinie nicht aus.[333] Er hält eine ausdrückliche Regelung für notwendig, welche die Verpflichtung zur auszugsweisen Übermittlung festschreiben soll. Das UIG schaffe keine hinreichend klare und bestimmte Rechtslage. Diese Beurteilung des Gerichtshofes ist nicht zwingend.[334] Denn die Vorschriften des UIG

---

[326] *A. Epiney*, Umweltrecht, S. 161; *A. Theuer*, NVwZ 1996, S. 330.
[327] Vgl. BVerwGE 102, 282 (287).
[328] *A. Scherzberg*, DVBl. 1994, S. 737.
[329] *A. Epiney*, Umweltrecht, S. 161.
[330] *A. Turiaux*, UIG, Vor §§ 7, 8, Rn. 3; *J. Fluck/A. Theuer*, UIG, vor § 7, Rn. 11.
[331] So aber *J. Fluck/A. Theuer*, UIG, vor § 7, Rn. 11
[332] *A. Turiaux*, UIG, Vor §§ 7, 8, Rn. 4; *A. Scherzberg*, DVBl. 1994, S. 744.
[333] EuGH, Urt.v.9. 9. 1999, Rs. C-217/97 (Kommission/Deutschland), NVwZ 1999, S. 1209, Rn. 34.
[334] *F. Becker*, NVwZ 1999, S. 1188.

hätten richtlinienkonform dahin ausgelegt werden können, dass der Informationszugang zumindest teilweise ermöglicht werden muss.[335] Für diese Auslegung spricht auch das Prinzip der Verhältnismäßigkeit.[336] Aufgrund des Urteils des Europäischen Gerichtshofes ist nun aber die Aufnahme einer ausdrücklichen Regelung über das auszugsweise Erteilen von Informationen in das UIG notwendig.

Das Umweltinformationsgesetz unterscheidet in überzeugender Klarheit zwischen dem Schutz öffentlicher Belange in § 7 UIG und dem Schutz privater Belange in § 8 UIG.[337] Stehen dem Informationsersuchen öffentliche Interessen entgegen, ist in dem zweipoligen Verhältnis abzuwägen, welche Interessen vorgehen. Die Behörde hat das Recht auf Information zu achten, ohne Gemeinwohlinteressen zu vernachlässigen. Schützenswerte private Belange sind Belange Dritter.[338] Damit wird das Verhältnis dreipolig, die Abwägung regelmäßig komplizierter.[339] Die Verankerung dieser Interessen in der grundrechtlich garantierten Rechtssphäre gewinnt bei der Entscheidung über den Informationszugang erhebliche Bedeutung. Vor diesem Hintergrund treffen die §§ 7, 8 UIG differenzierende Regelungen.

2.2.2.1. Der Schutz öffentlicher Belange

Die Ausschlussgründe des § 7 Abs. 1 UIG stellen sicher, dass die staatliche Aufgabenerfüllung nicht durch individuelle Informationsersuchen übermäßig erschwert wird. Übergeordnete staatliche Interessen, welche die Bewahrung einer funktionsfähigen Verwaltung zum Ziel haben, schützt § 7 Abs. 1 Nr. 1 UIG.[340] Die unbefangene behördliche Willensbildung stellt ein wesentliches Schutzgut der Vorschrift dar.[341] So unterfallen Kabinettsvorlagen einer Regierung dem Begriff der vertraulichen Beratungen, da aus ihnen Rückschlüsse auf den interministeriellen Meinungsbildungsprozess gezogen werden können.[342] Der Innenbereich der Verwaltung ist allerdings nicht vollständig vom Informationszugang ausgenommen, nicht alle Beratungen sind vertraulich.[343] Einen strikten Gegensatz zwischen verwaltungsinternem Innenbereich und außen-

---

[335] *J. Fluck/A. Theuer*, UIG, vor § 7, Rn. 10.

[336] *Ch. Schrader*, in: Schomerus/Schrader/Wegener, UIG, § 7, Rn. 6.

[337] *R. Röger*, UIG, § 7, Rn. 2. Vgl. OVG S-H, Beschl.v.16. 6. 1998, NVwZ 1999, S. 670 (672) = DVBl. 1999, S. 250 (251).

[338] Vgl. *R. Engel*, Akteneinsicht, S. 229.

[339] *R. Engel*, Akteneinsicht, S. 236 und NVwZ 1992, S. 111; *F.-L. Knemeyer*, DB 1993, S. 722; *K. Schmidt*, Drittschutz, S. 23.

[340] *S. Lodde*, Informationsrechte, S. 143; *U. Repkewitz*, Bundeswehr und Umweltschutz, S. 215; vgl. *H.-U. Erichsen/A. Scherzberg*, Umsetzung, S. 62f., die aufgrund der inhaltlichen Parallelität der geschützten Interessen eine einheitliche Staatswohlklausel vorgeschlagen hatten.

[341] OVG S-H, Beschl.v.16. 6. 1998, NVwZ 1999, S. 670 (673) = DVBl. 1999, S. 250 (252).

[342] OVG S-H, Beschl.v.14. 12. 1999, NVwZ 2000, S. 341. Eingehend zum Begriff der Beratungen OVG S-H, Beschl.v.16. 6. 1998, NVwZ 1999, S. 670 (672) = DVBl. 1999, S. 250 (251f.).

[343] So aber *J. Fluck/A. Theuer*, UIG, § 7, Rn. 65.

wirksamen Entscheidungen baut das Umweltinformationsgesetz ohnehin nicht auf.[344] Schutz verdient der Beratungsprozess, nicht aber die Sachinformation, die in den Beratungsprozess eingespeist wird oder das Beratungsergebnis.[345] Ob die Verweigerung von Informationen zur Sicherung behördlicher Willensbildung erforderlich ist, richtet sich nach dem Zweck des Gesetzes, das vollzogen werden soll. Die Informationsgewährung muss konkret die Effektivität des Handelns der Behörde beeinträchtigen, um den Ausschluss des Informationsrechts begründen zu können.[346] Denn die Schaffung von Transparenz auch im Innenbereich der Verwaltung zählt zu den erklärten Zielen des Gesetzes, da nur so der freie Zugang zu Behördeninformationen im Sinne des § 1 UIG gewährleistet werden kann.[347] Insoweit besteht durchaus eine Parallele zu §29 Abs.2 VwVfG, der die Versagung der Akteneinsicht zulässt, falls deren Gewährung die Aufgabenerfüllung der Behörde beeinträchtigen würde.[348] Die Funktionsfähigkeit der Verwaltung verschafft sich als Gegengewicht zum Informationsinteresse Raum, indem sie auf der Ebene des einfachen Rechts ihre Konkretisierung findet. Damit wird eine gerichtliche Überprüfung ermöglicht.

Der Effizienz und Funktionsfähigkeit der Verwaltung trägt auch §7 Abs.2 UIG Rechnung, der nicht abgeschlossene Vorgänge vom Recht auf Information abschirmt und damit die interne Entscheidungsvorbereitung der Behörden schützt.[349] Dieser Ablehnungsgrund trägt fakultativen Charakter. Die Behörde soll das Informationsrecht beschränken, sie muss es aber nicht.[350]

Um die Aufgabenerfüllung durch die Behörden zu sichern, verhindert §7 Abs.1 Nr.3 UIG, dass der Gesetzeszweck beeinträchtigt wird. Die Vorschrift schließt das Informationsrecht aus, wenn es gerade nicht dem Umweltschutz dient, sondern dessen Verwirklichung gefährdet. Ein Bürger soll nicht durch Wahrnehmung seines Rechtes auf Akteneinsicht den Gesetzeszweck vereiteln. Allerdings sind die Voraussetzungen für das Vorliegen dieses Ausschlussgrundes hoch anzusetzen, da der Einzelne im UIG nicht nur zu Kontrollzwecken funktionalisiert wird, sondern vor allem als Rechtsträger auftritt. Den Ausgangspunkt markiert das individuelle Recht auf Information. Die Gründe für dessen Existenz spielen erst bei der Einschränkung des Rechts eine Rolle. Eine

---

344 *Ch. Schrader*, in: Schomerus/Schrader/Wegener, UIG, §7, Rn.25.

345 OVG S-H, Beschl.v.16.6. 1998, NVwZ 1999, S.670 (672) = DVBl. 1999, S.250 (251).

346 *H.-U. Erichsen/A. Scherzberg*, Umsetzung, S.59; *A. Scherzberg*, DVBl. 1994, S.738; *A. Turiaux*, UIG, §7, Rn.6.

347 *R. Röger*, UIG, §7, Rn.11.

348 *F. Kopp*, VwVfG, §29, Rn.19.

349 Näher VGH Ba-Wü, Urt.v.10.6. 1998, NVwZ 1998, S.987 (988). Siehe auch Gemeinsamer Runderlaß der Ministerpräsidentin – Landesplanungsbehörde – und aller Ministerien des Landes Schleswig-Holstein vom 12.5. 1999 – X 133 – über Hinweise zum Vollzug des Umweltinformationsgesetzes (UIG), ABl. S-H 1999, Nr.22, S.225 (228), Ziff.7.4.

350 Die Aufnahme einer Soll-Bestimmung im Gegensatz zur Kann-Bestimmung des Art.3 Abs.3 der Umweltinformationsrichtlinie halten für nicht richtlinienkonform *A. Scherzberg*, DVBl. 1994, S.739; *R. Röger*, UIG, §7, Rn.50; *Ch. Schrader*, in: Schomerus/Schrader/Wegener, UIG, §7, Rn.26; anders *A. Turiaux*, UIG, §7, Rn.41; *R. Kramer*, UIG, §7, Ziff. 17.

verhältnismäßige Einschränkung liegt nur dann vor, wenn das grundlegende subjektive Recht so weit als irgend möglich erhalten bleibt.

Den wichtigsten und zugleich umstrittensten Ausschlussgrund bildet §7 Abs. 1 Nr. 2 UIG, der das Informationsrecht während Gerichts- und strafrechtlichen Ermittlungsverfahren ausschließt, vor allem aber „während eines verwaltungsbehördlichen Verfahrens hinsichtlich derjenigen Daten, die der Behörde aufgrund des Verfahrens zugehen.“ Dieser Ausschlussgrund betrifft nur den Zugang zu Informationen, deren Bekanntwerden auch tatsächlich zu einer Verfahrensbehinderung führen könnte.[351] Die Verwaltung muss bis zum Abschluss des Verfahrens jedenfalls keine Informationen herausgeben, die Gegenstand laufender gerichtlicher oder strafrechtlicher Ermittlungsverfahren sind. Bis hierhin überzeugt die Regelung, zumal die Funktionsfähigkeit der Justiz sicherlich ein Schutzgut der entsprechenden Bestimmung der Umweltinformationsrichtlinie darstellt (Art. 3 Abs. 2 3. Spiegelstrich).[352] Insoweit kollidiert die Regelung nicht mit den Vorgaben der Richtlinie.[353] Einigkeit besteht weiter darüber, dass §7 Abs. 1 Nr. 2 UIG Verwaltungsverfahren nicht erfasst, die keine Rechtswirkung nach außen zeitigen wie etwa Raumordnungsverfahren.[354] Auch fiskalisches Handeln der Behörde umschließt der Anwendungsbereich der Vorschrift nicht.[355]

Dagegen hat der Europäische Gerichtshof festgestellt, dass in der Ausdehnung des Ausschlussgrundes auf jedes verwaltungsbehördliche Verfahren ein Verstoß gegen die Verpflichtung zur effektiven Umsetzung der Umweltinformationsrichtlinie liegt.[356] Die Regelung des §7 Abs. 1 Nr. 2 UIG ist unvereinbar mit den Maßgaben des Art. 3 Abs. 2 3. Spiegelstrich der Umweltinformationsrichtlinie, wonach Ablehnungsgründe des Antrags auf Information in Sachen vorgesehen werden können, „die Gegenstand von Vorverfahren sind.“ Ein derart weiter Anwendungsbereich des Ausschlussgrundes aus §7 Abs. 1 Nr. 2 UIG würde den Sinn der Richtlinie und des Gesetzes konterkarieren.[357] Der Grundsatz der beschränkten Aktenöffentlichkeit, der im Anwendungsbereich des UIG außer Kraft gesetzt werden sollte, würde durch die Hintertür wieder eingeführt. Die praktische Wirksamkeit der Richtlinie darf nicht dadurch ausgehebelt werden, dass die Ausnahme, nämlich die Ablehnung des Zugangsantrags, für eine Vielzahl von zentralen Fällen zur Regel gemacht wird. Der effet utile fordert eine Beschränkung des Anwendungsbereiches der fraglichen Vor-

---

351 *J. Fluck/A. Theuer*, UIG, §7, Rn. 86/88.

352 *H.-U. Erichsen/A. Scherzberg*, Umsetzung, S. 64.

353 EuGH, Urt.v.9.9. 1999, Rs. C-217/97 (Kommission/Deutschland), NVwZ 1999, S. 1209, Rn. 23. Dazu *F. Becker*, NVwZ 1999, S. 1188.

354 *A. Scherzberg*, DVBl. 1994, S. 739.

355 *Ch. Schrader*, in: Schomerus/Schrader/Wegener, UIG, §7, Rn. 15.

356 EuGH, Urt.v.9.9. 1999, Rs. C-217/97 (Kommission/Deutschland), NVwZ 1999, S. 1209, Rn. 28.

357 *A. Scherzberg*, DVBl. 1994, S. 739; *Ch. Schrader*, in: Schomerus/Schrader/Wegener, UIG, §7, Rn. 15; *A. Turiaux*, UIG, §7, Rn. 24; *F. Stollmann*, NVwZ 1995, S. 148; *R. Engel*, Akteneinsicht, S. 226.

schrift.[358] Denn die vollständige Umsetzung der Richtlinie durch klare und bestimmte Regelungen ist ein Grunderfordernis des Gemeinschaftsrechts.[359] Vor dem Europäischen Gerichtshof hatte bereits in der Rechtssache Mecklenburg die Auslegung des Ausschlussgrundes, die das Informationsrecht während laufender Verwaltungsverfahren zunichte macht, keinen Bestand.[360] Dies war abzusehen.[361] Der Europäische Gerichtshof hat klargestellt, dass mit „Vorverfahren" im Sinne der Richtlinie nur Verfahrensabschnitte gemeint sind, die einem gerichtlichen Verfahren oder einem Ermittlungsverfahren unmittelbar vorausgehen.[362] Er fügt an, dass unter Vorverfahren im Sinne der Richtlinie nicht notwendig sämtliche isoliert anfechtbaren Handlungen der Verwaltung zu verstehen sind.[363] Maßnahmen im Zuge des Verwaltungsverfahrens, die selbständige rechtliche Wirkungen entfalten, vermitteln deshalb nicht dem Verfahren insgesamt einen Charakter, der das Informationsrecht ausschließt. Damit setzt sich ein dem Gesetzeszweck angemessenes, enges Verständnis der Ausnahme vom Grundsatz der Mitteilung von Umweltinformationen durch. Dieses Verständnis hat der Gerichtshof im Rahmen eines Vertragsverletzungsverfahrens gegen die Bundesrepublik Deutschland erneut zum Ausdruck gebracht.[364] Die Vorschrift des §7 Abs. 1 Nr. 2 UIG muss geändert werden.[365]

Sie läuft auch dem in §1 UIG festgelegten Gesetzeszweck zuwider. Denn ein völliger Ausschluss des Anspruchs aus §4 Abs. 1 UIG während jedweden Verwaltungsverfahrens mit Außenwirkung würde diesen Anspruch erheblich entwerten.[366] Der Informationssuchende wäre bis zum Ende des Verfahrens auf die allgemeinen Vorschriften, insbesondere §29 VwVfG, mit den entsprechenden einschränkenden Voraussetzungen angewiesen.[367] Eine Information mittels §4 Abs. 1 UIG nach Verfahrensende erfüllt aber den Zweck, die Kontrolle der Verwaltung durch den Bürger zu erlauben, allenfalls in sehr viel geringerem Maße

358 Zum effet utile EuGH, Rs. 9/70 (Leberpfennig), Slg. 1970, S. 825, Rn. 5.

359 EuGH, Urt.v.9. 9. 1999, Rs. C-217/97 (Kommission/Deutschland), NVwZ 1999, S. 1209, Rn. 31 und 32. Ständige Rspr. des EuGH, zum Beispiel Rs. C-361/88 (TA-Luft), Slg. 1991, I-2567, Rn. 15; verb. Rs. C-178/94 u.a. (Dillenkofer u.a.). Slg. 1997, I-4845, Rn. 48.

360 EuGH, Rs. C-321/96 (Mecklenburg), Slg. 1998, I-3908, Rn. 27.

361 Der Gemeinsame Runderlaß der brandenburgischen Ministerien für Umwelt, Naturschutz und Raumordnung, für Ernährung, Landwirtschaft und Forsten, für Wirtschaft, Mittelstand und Technologie, für Arbeit, Soziales, Gesundheit und Frauen, für Wissenschaft, Forschung und Kultur, für Bildung, Jugend und Sport und des Ministeriums des Innern zum Vollzug des Umweltinformationsgesetzes vom 30. 6. 1997, ABl. Bbg Nr. 34 vom 28. 8. 1997, S. 713, Ziff. 5.1. riet dazu, auf freiwilliger Basis die Informationen herauszugeben, da es die Behörden nicht auf weitere Prozesse ankommen lassen sollten.

362 EuGH, Rs. C-321/96 (Mecklenburg), Slg. 1998, I-3908, Rn. 27.

363 EuGH, Rs. C-321/96 (Mecklenburg), Slg. 1998, I-3908, Rn. 29.

364 EuGH, Urt.v.9. 9. 1999, Rs. C-217/97 (Kommission/Deutschland), NVwZ 1999, S. 1209, Rn. 28.

365 *A. Hatje*, EuR 1998, S. 740.

366 *A. Epiney*, Umweltrecht, S. 163; *A. Faber*, DVBl. 1995, S. 727.

367 *A. Faber*, DVBl. 1995, S. 726; *Ch. Schrader*, in: Schomerus/Schrader/Wegener, UIG, §7, Rn. 12.

als eine Kontrolle vor der abschließenden Sachentscheidung, solange diese also noch beeinflusst werden kann.[368]

Zur konkretisierten Bestimmung des Gesetzeszwecks bedarf es des Rückgriffs auf die Systematik, in der das Recht auf Information über die Umwelt steht. Die Reduktion des Schutzzwecks auf die gerichtliche Entscheidungsfreiheit ist zu eng,[369] die Ausdehnung auf den behördlichen Entscheidungsprozess[370] ist zu weit. Der behördliche Entscheidungsprozess bildet zumindest nicht das vorrangige Rechtsgut des §7 Abs. 1 Nr. 2 UIG. Sein Funktionieren wird bereits von §7 Abs. 1 Nr. 1 und von §7 Abs. 2 UIG gewährleistet.[371] Einen Schutz gegen offensichtlich missbräuchlich gestellte Anträge bietet §7 Abs. 3 UIG.[372] Diese Regelungen ermöglichen eine punktuelle Geheimhaltung von Behördenvorgängen. Daneben kann nicht wegen der Willensbildung der Behörde flächendeckend das Verwaltungsverfahren vom Recht auf Information ausgenommen werden, dies wäre angesichts des Gesetzeszwecks unverhältnismäßig.[373]

Der Zweck des §7 Abs. 1 Nr. 2 UIG liegt nach seinem Zusammenhang im Schutz der Vertraulichkeit von Informationen, die in justitiellen oder justizähnlichen Verfahren eine Rolle spielen, um den geregelten Ablauf dieser Verfahren nicht zu beeinträchtigen.[374] Da die Anwendung des Ausschlussgrundes zur Unzugänglichkeit des gesamten Verfahrens für Informationssuchende führt, stellt sich als Schutzgut die Kommunikation im Verfahren heraus, nicht eine einzelne Information. Einzelne Informationen und Informationsinteressen sind bereits über andere Ausschlussgründe geschützt. Geschäftsgeheimnisse von Unternehmern, die gegen die Versagung einer Anlagengenehmigung gerichtlich vorgehen, können über § 8 Abs. 1 Satz 2 UIG ausreichend abgeschirmt werden. Der Ausschluss für die gesamte Dauer des Gerichtsverfahrens rechtfertigt sich daraus, dass die Kommunikation unter dem Vorzeichen besonderer Vertraulichkeit steht und das Ergebnis im Unterschied zu demjenigen eines Verwaltungsverfahrens nicht mehr gerichtlich anfechtbar ist. Die Vorschrift des §7 Abs. 1 Nr. 2 UIG findet demnach Anwendung auf Verfahren, in denen die gesamten Abläufe der Kommunikation mit Rücksicht auf die Objektivität der Entscheidung besondere Vertraulichkeit genießen müssen. Nach Auffassung des Europäischen Gerichtshofes sind das neben gerichtlichen auch gerichtsähnliche Verfahren.[375] Als gerichtsähnliche Verfahren kommen Verfahren mit Sanktionen für den Bür-

---

[368] *A. Scherzberg*, DVBl. 1994, S. 739.

[369] *D. Hegele*, in: Hegele/Röger (Hrsg.), Umweltschutz, S. 120; *R. Engel*, Akteneinsicht, S. 226.

[370] *H.-U. Erichsen/A. Scherzberg*, Umsetzung, S. 66.

[371] *R. Röger*, UIG, §7, Rn. 31; *A. Turiaux*, UIG, §7, Rn. 28.

[372] Dazu *Ch. Gusy*, JZ 1999, S. 1170.

[373] *F. Stollmann*, NVwZ 1995, S. 147; a. A. *H.-U. Erichsen/A. Scherzberg*, Umsetzung, S. 66.

[374] Ähnlich *A. Scherzberg*, DVBl. 1994, S. 739; *R. Röger*, UIG, §7, Rn. 29.

[375] EuGH, Rs. C-321/96 (Mecklenburg), Slg. 1998, I-3908, Rn. 27; siehe schon *A. Epiney*, Umweltrecht, S. 163.

ger wie Bußgeld- oder Ordnungswidrigkeitenverfahren in Frage.[376] Sie richten sich auf die Klärung der Rechtswidrigkeit eines Verhaltens mit der möglichen Folge einer Sanktion. Daher bedarf die Kommunikation der Verfahrensbeteiligten mit der Behörde hier besonderer Absicherung. Informationen, die der Behörde aufgrund eines solchen Verfahrens zugehen, sind gemäß §7 Abs. 1 Nr. 2 UIG vom Recht auf Information ausgenommen.[377] Das Widerspruchsverfahren gemäß §§68ff. VwGO zielt auf Klärung der Recht- und Zweckmäßigkeit eines Verwaltungsakts (§68 Abs. 1 Satz 1 VwGO). Da seine Durchführung eine Sachentscheidungsvoraussetzung darstellt, weist das Widerspruchsverfahren eine unmittelbare Nähe zum Gerichtsverfahren auf. Die Vertraulichkeit des Kommunikationsflusses im Verfahren ist in ähnlicher Weise schutzbedürftig.[378] Das Recht auf Information im vorausgehenden Verwaltungsverfahren bleibt ungeschmälert. Zur Gewährleistung eines geregelten und objektiven Ablauf des Rechtsschutzes führt die Einlegung des Widerspruchs nach §69 VwGO zur Anwendung des §7 Abs. 1 Nr. 2 UIG.[379]

Nach der Rechtsprechung des Bundesverwaltungsgerichts nimmt §7 Abs. 1 Nr. 2 UIG alle Informationen vom freien Informationszugang aus, die Gegenstand eines anhängigen Gerichtsverfahrens oder strafrechtlichen Ermittlungsverfahrens sind, ohne dass es darauf ankäme, ob die Informationen der Behörde aufgrund des Verfahrens zugegangen sind.[380] Der letzte Satzteil der Regelung betrifft danach nur die verwaltungsbehördlichen Verfahren. Zur Sicherung des ungestörten Ablaufs von Gerichtsverfahren und strafrechtlichen Ermittlungsverfahren sollen Informationen, welche in diesen Verfahren nach dem einschlägigen Verfahrensrecht nicht herausgegeben werden, auch nicht auf dem Umweg über das UIG an die Öffentlichkeit dringen können.[381] In Umweltstrafsachen werden die Umweltbehörden oft zur Informationsgewinnung einbezogen, so dass eine Kommunikation mit den Strafverfolgungsbehörden und den Gerichten bestehen kann. Dem Grunde nach überzeugt daher die Argumentation des Bundesverwaltungsgerichts. Allerdings zieht es zu weitgehende Schlüsse aus seiner Auslegung des §7 Abs. 1 Nr. 2 UIG. Die Funktionsfähigkeit der Rechtspflege wird nicht immer bereits dann beeinträchtigt, wenn Informationen, die

---

[376] BVerwG, Urt.v.28. 10. 1999, NVwZ 2000, S. 436 (439). In einer Protokollerklärung vom 5. 6. 1990 zu Art. 2 Abs. 2 3. Spiegelstrich Umweltinformationsrichtlinie haben Rat und Kommission erklärt, „daß diese Bestimmung auch für Sachen gilt, die vor der Befassung eines Gerichts auf dem Verwaltungswege geregelt werden, beispielsweise durch ein Bußgeld." Dazu *R. Röger*, UIG, §7, Rn. 33; *A. Turiaux*, UIG, §7, Rn. 31; mit anderer Bewertung *J. Fluck/A. Theuer*, UIG, §7, Rn. 103.

[377] *R. Röger*, UIG, §7, Rn. 34, 38; *Ch. Schrader*, in: Schomerus/Schrader/Wegener, UIG, §7, Rn. 15; *A. Turiaux*, UIG, §7, Rn. 31; *A. Faber*, DVBl. 1995, S. 726; dagegen *A. Scherzberg*, DVBl. 1994, S. 739.

[378] *R. Röger*, UIG, §7, Rn. 36; *A. Faber*, DVBl. 1995, S. 726.

[379] *R. Röger*, UIG, §7, Rn. 36; enger *Ch. Schrader*, in: Schomerus/Schrader/Wegener, UIG, §7, Rn. 15.

[380] BVerwG, Urt.v.28. 10. 1999, NVwZ 2000, S. 436 (438).

[381] BVerwG, Urt.v.28. 10. 1999, NVwZ 2000, S. 436 (438).

Gegenstand des anhängigen Gerichts- oder Ermittlungsverfahrens sind, aufgrund des §4 UIG erstmals außerhalb dieses Verfahrens bekannt werden.[382] Dies gilt nur für Informationen, die der Behörde aufgrund des Verfahrens zugehen oder die sie aufgrund des Verfahrens sammelt oder zusammenstellt. Auch während eines Gerichts-oder Ermittlungsverfahrens steht §7 Abs. 1 Nr. 2 UIG der Erteilung von solchen Informationen durch die Behörde nicht entgegen, die ihr vorliegen, ohne mit dem Verfahren unmittelbar verknüpft zu sein. Ein solches Verfahren kann die Aufmerksamkeit eines Informationssuchenden auf Umstände lenken, die ihm zuvor entgangen waren. Die Behörde hat gemäß §4 Abs. 1 UIG die Informationen dann zu übermitteln, wenn sie damit das Verfahren nicht beeinträchtigt. Dies ist der Fall, wenn die Informationen mit dem Verfahren nicht in unmittelbarem Zusammenhang stehen. Das Verfahren stellt dann den Anlass für das Informationsersuchen dar, ohne dass sein Ablauf durch die Offenbarung der Informationen beeinträchtigt würde. Diese Auslegung des §7 Abs. 1 Nr. 2 UIG entspricht Sinn und Zweck des UIG, weil die Durchsetzung des Informationsrechts in derartigen Konstellationen keinen nachteiligen Einfluss auf den Schutz der Rechtspflege nimmt. Zudem entspricht dieses Verständnis des §7 Abs. 1 Nr. 2 UIG den Anforderungen des Gemeinschaftsrechts.[383] Nach Art. 3 Abs. 2 3. Spiegelstrich der Umweltinformationsrichtlinie kann ein Antrag auf Informationszugang abgelehnt werden, wenn er Sachen berührt, die bei Gericht anhängig oder Gegenstand von Ermittlungsverfahren sind. Ein solches „Berühren" erfordert einen unmittelbaren Zusammenhang zwischen der gewünschten Information und dem Verfahren. Dieser Zusammenhang ist bei Informationen nicht gegeben, die der Behörde zur Verfügung stehen, ohne speziell für das Verfahren gesammelt oder aufgrund des Verfahrens bei ihr eingegangen zu sein.

Eine einschränkende Auslegung des Ausschlusstatbestandes in §7 Abs. 1 Nr. 2 UIG gewährleistet, dass das Recht auf Information seinem Zweck gerecht wird. Die Kontrolle der Verwaltung und die Bekämpfung von Vollzugsdefiziten erfolgt besser vor als nach der Entscheidung, die das Verfahren abschließt.[384] Die Mobilisierung des Bürgers kann dann ihre Funktion erfüllen, wenn er in der Lage ist, gerade auch während des Verwaltungsverfahrens in Kommunikation mit der Verwaltung zu treten.[385]

2.2.2.2. Der Schutz privater Belange

Das Umweltinformationsgesetz berücksichtigt in den Ausschlussgründen des §8 UIG individuelle Belange, die den Zugang zu Informationen der Behörden verhindern können. Aufgrund ihrer Verankerung in den Grundrechten er-

---

382 So aber BVerwG, Urt.v.28.10.1999, NVwZ 2000, S. 436 (439).

383 Das Bundesverwaltungsgericht sieht seine weitergehende Auffassung vom Gemeinschaftsrecht als gedeckt an, BVerwG, Urt.v.28.10.1999, NVwZ 2000, S. 436 (439).

384 *A. Turiaux*, UIG, §7, Rn. 24; anders *J. Fluck/A. Theuer*, UIG, §7, Rn. 109.

385 Vgl. *J. Masing*, Mobilisierung, S. 33 mit Fn. 58.

weist sich die Normierung des Betriebs-und Geschäftsgeheimnisses sowie des Rechts auf informationelle Selbstbestimmung als zwingend.[386] Der Gesetzgeber hat den Spielraum, den ihm die Richtlinie einräumt, dazu genutzt, die Voraussetzungen der Ablehnung des Informationsrechts auch verfahrensmäßig auszugestalten.

In den Fällen des § 8 UIG bedarf es der Prüfung im Einzelfall, welche Informationen vom Zugangsrecht ausgeschlossen werden können. Die Behörde hat das Interesse an der Information mit dem entgegenstehenden Interesse jeweils in Ausgleich zu bringen. Der Anspruch des § 4 Abs. 1 UIG kann deshalb gemäß § 8 Abs. 1 UIG auch nur teilweise ausgeschlossen sein, eben nur „soweit" die privaten Belange entgegenstehen.[387] Auf der anderen Seite sind die Betroffenen aufgrund des § 8 Abs. 2 Satz 1 UIG zu hören, bevor die Behörde über den Zugang zu Informationen im Sinne des Absatz 1 entscheidet.[388] Diese Möglichkeiten schonenden Interessenausgleichs beachten die Konfliktpotentiale im dreipoligen Verhältnis. Der Informationssuchende will Zugang zu Informationen, die im Besitz der Behörde sind. Diese Informationen sind aber auf Dritte bezogen oder von diesen der Behörde zur Verfügung gestellt worden, so dass subjektive Interessen an Geheimhaltung bestehen.

Schon der Ausschlussgrund des § 8 Abs. 1 Satz 1 Nr. 1 UIG verdeutlicht den einzelfallbezogenen Ansatz. Das Recht auf informationelle Selbstbestimmung aus Art. 2 Abs. 1 i.V.m. Art. 1 Abs. 1 GG erfordert den Schutz personenbezogener Daten. Im Gegensatz zum allgemeinen Datenschutzrecht betrifft das UIG nicht die Erhebung der Daten. Bei der Behörde bereits vorhandene und verarbeitete Daten sollen gegen eine nicht erforderliche Weitergabe an die Öffentlichkeit geschützt werden.[389] Der Ausschluss des Informationsrechts setzt die Beeinträchtigung schutzwürdiger Interessen durch die Offenbarung voraus. Ebenso wie das UIG spricht die Umweltinformationsrichtlinie nicht vom Schutz personenbezogener Daten als solcher, sondern gibt in Art. 3 Abs. 2 5. Spiegelstrich den Schutz der Vertraulichkeit personenbezogener Daten vor. Allein das Vorliegen personenbezogener Daten reicht angesichts der Zwecke von Richtlinie und UIG für die Verweigerung der Information nicht aus. Zum Vorliegen personenbezogener Daten muss ein besonderes Schutzinteresse im Hinblick auf die Vertraulichkeit hinzukommen.[390] Damit ist im Einzelfall eine Interessenabwägung zwischen dem Interesse an der Information und dem Interesse am Schutz eigener Daten unter Beachtung des Verhältnismäßigkeitsprinzips vorzunehmen.[391] Die gleiche Konzeption trägt den § 16 BDSG, der die

---

386 *H.-U. Erichsen/A. Scherzberg*, Umsetzung, S. 76, 97.

387 *J. Fluck/A. Theuer*, UIG, § 8, Rn. 51/53.

388 Dazu *J. Fluck*, NVwZ 1994, S. 1056.

389 *A. Turiaux*, UIG, § 8, Rn. 8.

390 *A. Scherzberg*, DVBl. 1994, S. 740; vgl. VGH Ba-Wü, Urt.v.10. 6. 1998, NVwZ 1998, S. 987 (988).

391 *J. Fluck/A. Theuer*, UIG, § 8, Rn. 98; *Ch. Schrader*, in: Schomerus/Schrader/Wegener, UIG, § 8, Rn. 7.

Übermittlung von Daten an nicht-öffentliche Stellen regelt.[392] Nur der engste Bereich privater Lebensgestaltung verdient absoluten Schutz.[393] Aufgrund des starken Sozialbezugs vieler Umweltinformationen dürfte in der Mehrzahl der Fälle das Interesse an effektivem Umweltschutz überwiegen.[394] Stehen dem Zugang zu den Informationen schutzwürdige Interessen nicht entgegen, greifen keine weiteren Einschränkungen. Eine analoge Anwendung des §16 Abs.4 BDSG, wonach der Empfänger die Daten nur zu dem von ihm angegebenen Zweck verwenden darf, widerspricht dem Konzept des UIG.[395] Denn der Anspruch aus §4 Abs.1 UIG setzt keineswegs voraus, dass der Informationssuchende den Zweck darlegt, für den er die Informationen benötigt. Zwar erschwert dies die Abwägung nach §8 Abs.1 Satz 1 Nr.1 UIG und die Behörde kann aufgrund des §24 VwVfG den Antragsteller auf die Situation der Interessenabwägung hinweisen. Ihn trifft aber keinerlei Darlegungslast.[396] Eine solche darf auch nicht über die Zweckbindung bei der Datenübermittlung eingeführt werden.

Der Schutz geistigen Eigentums in §8 Abs.1 Satz 1 Nr.2 UIG gewinnt neben dem Schutz von Betriebs- und Geschäftsgeheimnissen nur geringe eigene Bedeutung.[397] Die Umweltinformationsrichtlinie erlaubt die Einführung von Ablehnungsgründen zu Gunsten der „Geschäfts- und Betriebsgeheimnisse einschließlich des geistigen Eigentums." Die Aufnahme des geistigen Eigentums als besonderem Ausschlussgrund trug den Bedenken Rechnung, ob das Know-how der Unternehmen ausreichend geschützt sei.[398] Darunter wird das nicht allgemein zugängliche, nicht durch ein Schutzrecht geschützte technische oder betriebswirtschaftliche Wissen eines anderen verstanden. Dieses auf die unternehmerische Tätigkeit bezogene Wissen fällt aber unter das Betriebs- und Geschäftsgeheimnis.[399] Nur insoweit verdient es Schutz, da ansonsten im Vorfeld rechtlicher Schutzwürdigkeit betriebliche Informationen abgeschirmt würden.[400] Der Ausschlussgrund findet auf Patent- oder Markenrechte und ähnliche gewerbliche Schutzrechte keine Anwendung, da deren Schutz nach den einschlägigen Vorschriften mit der Eintragung und Veröffentlichung verbunden ist.[401] Letztlich bleibt nur der Schutz des Urheberrechts, wobei es meist darum gehen wird, ob der Antragsteller Kopien von Unterlagen machen darf, die ein

---

[392] Siehe *P. Gola/R. Schomerus*, BDSG, §16, Rn.3.4.

[393] *H.-U. Erichsen/A. Scherzberg*, Umsetzung, S.92; *H.-U. Erichsen*, NVwZ 1992, S.416.

[394] *H.-U. Erichsen*, NVwZ 1992, S.416; *A. Scherzberg*, DVBl. 1994, S.740.

[395] Dafür aber *J. Fluck/A. Theuer*, UIG, §8, Rn.64/68.

[396] *Ch. Schrader*, in: Schomerus/Schrader/Wegener, UIG, §8, Rn.7.

[397] *R. Röger*, UIG, §8, Rn.25; *H.-U. Erichsen/A. Scherzberg*, Umsetzung, S.69, bezeichnen ihn als Teilaspekt des Betriebs- und Geschäftsgeheimnisses.

[398] *R. Kramer*, UIG, §8, Ziff. 4; *V. Müller/J.-U. Heuer*, NVwZ 1997, S.333.

[399] *J. Fluck*, NVwZ 1994, S.1050.

[400] *Ch. Schrader*, in: Schomerus/Schrader/Wegener, UIG, §8, Rn.13; *J. Fluck/A. Theuer*, UIG, §8, Rn.114/119; a.A. *V. Müller/J.-U. Heuer*, NVwZ 1997, S.333.

[401] *R. Röger*, UIG, §8, Rn.22; *A. Turiaux*, UIG, §8, Rn.26.

Dritter angefertigt hat.[402] Denn die Akteneinsicht oder die Auskunft über den Inhalt bedeutet noch keine Verletzung des Urheberrechts.[403] Sofern in Behördenakten wissenschaftliche Gutachten enthalten sind, deren Verfasser Wert auf Geheimhaltung legt, oder Baupläne für Anlagen, die nicht nach DIN-Vorschriften angefertigt wurden, kommt der Ausschlussgrund des § 8 Abs. 1 Satz 1 Nr. 2 UIG in Betracht.[404] Wurde das Werk für einen Verwaltungsträger erstellt, stehen diesem Nutzungsrechte zu, so dass eine Verletzung des Urheberrechts durch die Weitergabe an Dritte ausscheidet.[405]

Der grundrechtliche Schutz von Betriebs- und Geschäftsgeheimnissen wird durch die insoweit zwingend erforderliche Vorschrift des § 8 Abs. 1 Satz 2 UIG konkretisiert.[406] Mit Rücksicht auf die wettbewerbsrechtliche Herkunft des Begriffs stellt sich die Frage, ob im Verhältnis des informationssuchenden Bürgers zur informationsbesitzenden staatlichen Stelle nicht ein eigenständiges Begriffsverständnis angebracht ist.[407] Soweit der Gesetzgeber den Schutzumfang modifizieren will, normiert er dies jedoch ausdrücklich wie in § 22 Abs. 3 ChemG[408] oder § 17a Abs. 1 und 2 GenTG, die gemeinschaftsrechtliche Richtlinien umsetzen.[409] Dem UIG liegt demnach das allgemeine Begriffsverständnis zugrunde, zumal auch ein Wettbewerber das Recht auf Information vorbringen kann, so dass im dreipoligen Verhältnis die Konkurrenzsituation aufscheint.[410] Der Unternehmer muss folglich ein berechtigtes wirtschaftliches Interesse an der Geheimhaltung geltend machen.[411] Dieses Merkmal kennzeichnet jedes Betriebs- und Geschäftsgeheimnis.[412] An die Sicht des Geschäftsinhabers legt die Behörde einen objektiven Maßstab an.[413] Das Interesse am Informationszugang bleibt aus dem Spiel, das Geheimhaltungsinteresse ist zunächst ohne Güterabwägung isoliert zu untersuchen.[414]

---

[402] *J. Fluck*, NVwZ 1994, S. 1050.

[403] *A. Turiaux*, UIG, § 8, Rn. 33.

[404] Einzelheiten bei *J. Fluck*, NVwZ 1994, S. 1050f.; *Ch. Schrader*, in: Schomerus/Schrader/Wegener, UIG, § 8, Rn. 15ff.; *J. Fluck/A. Theuer*, UIG, § 8, Rn. 135ff.

[405] *A. Scherzberg*, DVBl. 1994, S. 741; *R. Röger*, UIG, § 8, Rn. 24.

[406] *Ch. Schrader*, in: Schomerus/Schrader/Wegener, UIG, § 8, Rn. 20; *D. Hegele*, in: Hegele/Röger (Hrsg.), Umweltschutz, S. 121.

[407] *E. Gurlit*, Verwaltungsöffentlichkeit, S. 172; *A. Scherzberg*, DVBl. 1994, S. 741.

[408] Chemikaliengesetz i.d.F. vom 25.7. 1994, BGBl. I, S. 1703.

[409] Vgl. *Ch. Schrader*, in: Schomerus/Schrader/Wegener, UIG, § 8, Rn. 22; *M. Schröder*, Stichwort „Geheimhaltungsschutz“, in: Kimminich/von Lersner/Storm (Hrsg.), Handwörterbuch des Umweltrechts, Sp. 824; zu den Vorschlägen einer Negativliste für das UIG *M. Schröder*, ZHR 155 (1991), S. 476f.

[410] *A. Turiaux*, UIG, § 8, Rn. 45.

[411] *R. Röger*, UIG, § 8, Rn. 32.

[412] Vgl. 2. Kapitel, 3.4.

[413] *J. Fluck*, NVwZ 1994, S. 1054; *Ch. Schrader*, in: Schomerus/Schrader/Wegener, UIG, § 8, Rn. 29.

[414] *R. Breuer*, NVwZ 1986, S. 172; *T. Cosack/S. Tomerius*, NVwZ 1993, S. 842; *J. Fluck/A. Theuer*, UIG, § 8, Rn. 280; *A. Roßnagel/J. Bizer*, GewArch 1992, S. 125f.

Den Besonderheiten der Konfliktlage trägt die Einzelfallentscheidung Rechnung.[415] Die notwendigen Spielräume eröffnet der Umstand, dass nur ein „unbefugter" Zugang zu den Informationen ausgeschlossen wird. Denn der Schutz unternehmerischer Geheimnisse darf nicht als Vorwand benutzt werden, um Informationen über die Umwelt zurückzuhalten.[416] Aus § 8 Abs. 1 Satz 2 UIG folgt ebensowenig wie aus den anderen Ausnahmegründen eine absolute, sondern nur eine relative Schranke.[417] Der Schutz der Betriebs-und Geschäftsgeheimnisse kann hinter dem Interesse an der Offenbarung der Information zurückstehen.[418] Die Entscheidung darüber, wann eine befugte Offenbarung von Betriebs- oder Geschäftsgeheimnissen in Frage kommt, soll sich nach der Begründung des Regierungsentwurfes an den Kriterien des § 30 VwVfG orientieren, dem § 8 Abs. 1 Satz 2 UIG insoweit nachgebildet ist.[419]Gegen den Verweis auf § 30 VwVfG lässt sich allerdings vorbringen, dass das Merkmal der Unbefugtheit allein keine ausreichend konkreten Maßstäbe für die Beschränkung des grundrechtlich geschützten Betriebs- und Geschäftsgeheimnisses bereit hält.[420]Die Regelung des § 8 Abs. 1 Satz 2 UIG begegnet daher Bedenken im Hinblick auf den Gesetzesvorbehalt und die verfassungsrechtlich notwendige Bestimmtheit.[421]Da das UIG keine Konkretisierung vorgenommen hat, bleibt nur der Rückgriff auf die allgemeinen Grundsätze des Geheimnisschutzes, die an die Gegebenheiten im Bereich des Zugangs zu Umweltinformationen anzupassen sind.[422] Maßgebend ist Sinn und Zweck des Umweltinformationsgesetzes.[423]

Die Befugnis zur Offenbarung von Betriebs- und Geschäftsgeheimnissen kann aus einer ausdrücklichen gesetzlichen Anordnung erwachsen oder auf der Zustimmung des Geheimnisträgers beruhen. Sie besteht insbesondere auch dann, wenn im Zuge einer einzelfallbezogenen Abwägung unter Beachtung des Verhältnismäßigkeitsgrundsatzes das Informationsinteresse schwerer wiegt als das Interesse an der Wahrung der Betriebs- und Geschäftsgeheimnisse.[424] Dabei fallen auf Seiten des Unternehmers insbesondere der Vermögenswert des Geheimnisses, der erbrachte Investitionsaufwand und der Amortisationsstand so-

---

[415] *Ch. Schrader*, in: Schomerus/Schrader/Wegener, UIG, § 8, Rn. 32; a. A. *R. Kramer*, UIG, § 8, Ziff. 8.

[416] *W. Berg*, GewArch 1996, S. 182.

[417] *A. Scherzberg*, DVBl. 1994, S. 744; *F.-L. Knemeyer*, DB 1993, S. 724.

[418] *A. Turiaux*, UIG, § 8, Rn. 93.

[419] BT-Drs. 12/7138. Die einschlägige Passage ist abgedruckt bei *J. Fluck/A. Theuer*, UIG, § 8, Rn. 6 und *A. Turiaux*, UIG, B 1c, S. 373.

[420] *A. Roßnagel/J. Bizer*, GewArch 1992, S. 126; *J. Fluck*, NVwZ 1994, S. 1055; *J. Fluck/A. Theuer*, UIG, § 8, Rn. 360.

[421] Erhebliche Zweifel an der verfassungsrechtlich notwendigen Bestimmtheit bei *A. Scherzberg*, DVBl. 1994, S. 743 und *R. Röger*, UIG, § 8, Rn. 33f.

[422] *A. Turiaux*, UIG, § 8, Rn. 87; *Ch. Schrader*, in: Schomerus/Schrader/Wegener, UIG, § 8, Rn. 32.

[423] *W. Berg*, GewArch 1996, S. 182.

[424] *F.-L. Knemeyer*, DB 1993, S. 722; *S. Lodde*, Informationsrechte, S. 183.

wie die Markt- und Wettbewerbslage insgesamt ins Gewicht.[425] Im Zuge der Abwägung spielen das umweltrelevante Gefährdungspotential der Anlagen, Tätigkeiten oder Stoffe ebenso eine Rolle wie der Umfang und die Eintrittswahrscheinlichkeit einer eventuellen Umweltschädigung und die Zurechenbarkeit eines aufgetretenen Gefahrenverdachts.[426] Die Abwägung betrifft nicht die Zulässigkeit ordnungsrechtlicher Maßnahmen von Behörden, die Eingriffe in das Betriebs- und Geschäftsgeheimnis mit sich bringen. Für das Informationsrecht streitet die subjektiv-rechtliche Verbürgung zu Gunsten des Umweltschutzes.[427] Die Grundsätze des §30 VwVfG sind nur begrenzt übertragbar, weil diese Vorschrift im Zusammenhang des in §29 VwVfG niedergelegten Grundsatzes der beschränkten Aktenöffentlichkeit steht, der für den Anwendungsbereich des UIG aufgegeben wurde. Durch die Anwendung des §8 Abs. 1 Satz 2 UIG wird verhindert, dass das Recht auf Information nach §4 Abs. 1 UIG greift. Damit wird das subjektive Recht eines Bürgers vereitelt. Genau dieses voraussetzungslose und umfassende Recht bildet aber den Regelfall; Beschränkungen des Rechts sind die rechtfertigungsbedürftige Ausnahme.[428] Der Umstand, dass die Ausschlussgründe des §8 UIG grundrechtliche Absicherung aufweisen, ändert daran nichts.[429] Denn das Recht auf Information des §4 Abs. 1 UIG ruht ebenfalls auf verfassungsrechtlichem Boden, den das Demokratie- und Rechtsstaatsprinzips sowie der Art. 20a GG bilden. Die verfahrensrechtliche Funktion etwa von Art. 2 Abs. 1 oder Art. 14 Abs. 1 GG kann auch dazu führen, dass sich zu Gunsten von Grundrechtsträgern Informationsrechte dem Grunde nach als notwendig erweisen. Soweit §4 Abs. 1 UIG Ausdruck einer solchen Notwendigkeit ist, weist der Anspruch grundrechtliche Fundierung auf, zumindest wenn nicht andere spezialgesetzliche Vorschriften in dem jeweiligen Regelungsfeld Informationsrechte gewährleisten. Ihre angemessene Bedeutung erlangt die verfassungsrechtliche Verankerung des Betriebs- und Geschäftsgeheimnisses wie auch diejenige des Rechts auf informationelle Selbstbestimmung in der Abwägung.

Parallel zur Situation beim Ausnahmegrund des §8 Abs. 1 Satz 1 Nr. 1 UIG hinsichtlich des Schutzes personenbezogener Daten stellt sich das Problem, dass der Informationssuchende seinen Antrag nicht begründen muss, die Behörde aber Abwägungsmaterial benötigt. Ein rechtlicher Zwang zur Begründung des Antrags besteht nicht.[430] Das grundlegende Recht auf Information aus §4 Abs. 1 UIG als solches entfaltet bereits Gewicht zu Gunsten des Informa-

[425] *R. Breuer*, NVwZ 1986, S. 178; *J. Fluck*, NVwZ 1994, S. 1055.

[426] *F.-L. Knemeyer*, DB 1993, S. 722; *H.-U. Erichsen*, NVwZ 1992, S. 416.

[427] *W. Berg*, GewArch 1996, S. 182.

[428] *A. Scherzberg*, DVBl. 1994, S. 737; *Ch. Schrader*, in: Schomerus/Schrader/Wegener, UIG, §8, Rn. 34; a.A. *A. Turiaux*, UIG, §8, Rn. 95.

[429] So aber *J. Fluck*, NVwZ 1994, S. 1055; *J. Fluck/A. Theuer*, UIG, §8, Rn. 374.

[430] Zumindest missverständlich *J. Fluck/A. Theuer*, UIG, §8, Rn. 377.

tionssuchenden.[431] Selbstverständlich kann der Antragsteller freiwillig nähere Angaben zu Zwecksetzung oder beabsichtigter Verwendung der Informationen machen, um die Abwägungsentscheidung der Behörde zu seinen Gunsten zu beeinflussen. Im Rahmen der Sachverhaltsaufklärung nach § 24 VwVfG besteht auch die Möglichkeit der Anhörung des Informationssuchenden durch die Behörde.[432] Eine Ablehnung des Antrages muss die Behörde begründen.[433] Sie hat darzulegen, welche Gründe gegen die Gewährung des Zugangs sprechen.[434] Die Begründungspflicht des § 39 Abs. 1 VwVfG und die Gewährleistung effektiven Rechtsschutzes nach Art. 19 Abs. 4 GG führen dazu, dass ein bloßer Hinweis auf das Vorliegen eines Ausschlusstatbestandes nicht ausreicht. Die Begründung muss vielmehr die triftigen Gründe erkennen lassen, welche die Verwaltung bestimmt haben, den Zugang zu den Informationen zu verweigern.[435] Diese Notwendigkeit fundierter Begründung gilt wegen Art. 19 Abs. 4 GG für alle Ausschlusstatbestände.

Die Geheimhaltung von Betriebs- und Geschäftsgeheimnissen bedarf der Beschränkung auf das zwingend erforderliche Maß.[436] Informationen, die das Betriebs- und Geschäftsgeheimnis nicht betreffen, sind zugänglich zu machen. Eine auszugsweise Übermittlung von Informationen bedeutet eine mildere Einschränkung des Informationsrechts im Verhältnis zu seiner völligen Verweigerung. Gleiches kann für eine Auskunft der Behörde gelten, die anstatt der Akteneinsicht dem Informationsersuchen Rechnung zu tragen vermag.[437] Eine zulässige Beschränkung des Rechts auf Information liegt jedenfalls dann vor, wenn durch die Offenbarung die Existenz des Unternehmens in Gefahr gerät, weil der wirtschaftliche Wert des Geheimnisses einen beträchtlichen Teil des Unternehmenswertes ausmacht.[438] Der Zugang zu den Informationen ist unbefugt, wenn dadurch dem Unternehmen eine erhebliche wirtschaftliche Einbuße droht.[439]

2.2.2.3. Verfahrenspositionen

Die Inhaber der privaten Belange des § 8 Abs. 1 UIG werden durch das Anhörungsrecht des § 8 Abs. 2 UIG geschützt. Diese Regelung modifiziert und ergänzt § 28 VwVfG. Die Gründe des § 28 Abs. 2 VwVfG, die ein Absehen von der

---

[431] *Ch. Schrader*, in: Schomerus/Schrader/Wegener, UIG, § 8, Rn. 34; *A. Turiaux*, UIG, § 8, Rn. 93.

[432] *A. Turiaux*, UIG, § 8, Rn. 94.

[433] *R. Engel*, NVwZ 1992, S. 111.

[434] BVerwGE 102, 282 (288).

[435] VG München, Urt.v.26. 9. 1995, NVwZ 1996, S. 411.

[436] Vgl. mit anderer Gewichtung *J. Fluck/A. Theuer*, UIG, § 8, Rn. 378.

[437] *A. Scherzberg*, DVBl. 1994, S. 744; *Ch. Schrader*, in: Schomerus/Schrader/Wegener, UIG, § 8, Rn. 35.

[438] *H.-U. Erichsen/A. Scherzberg*, Umsetzung, S. 78; *F.-L. Knemeyer*, DB 1993, S. 724; vgl. *J. Fluck/A. Theuer*, UIG, § 8, Rn. 379.

[439] *A. Turiaux*, UIG, § 8, Rn. 92.

Anhörung erlauben, bleiben grundsätzlich anwendbar.[440] Sonderregeln sehen die Sätze 2 bis 4 des § 8 Abs. 2 UIG vor. Die Vorschrift ist eine Ausprägung der verfahrensrechtlichen Wirkungen, die Art. 12 und 14 GG zum Schutz des Betriebs- und Geschäftsgeheimnisses und Art. 2 Abs. 1 GG zu Gunsten des Datenschutzes äußern.[441] Diese Wirkungen bestehen insbesondere darin, dass der Rechtsträger vor der Entscheidung über die Geheimhaltungsbedürftigkeit zu hören ist, der Behörde die Beweislast für die mangelnde Geheimhaltungsbedürftigkeit einschließlich einer entsprechenden Begründung obliegt und dem Grundrechtsträger Mittel des Rechtsschutzes zur Verfügung stehen müssen.[442] Ob personenbezogene Daten vorliegen, vermag die Behörde ohne größeren Aufwand zu erkennen, während die Beurteilung des Bestehens von Betriebs- und Geschäftsgeheimnissen wesentlich schwieriger ist. Daher stellt § 8 Abs. 2 Satz 2 UIG die widerlegbare Regelvermutung auf, dass als Betriebs- und Geschäftsgeheimnisse gekennzeichnete Informationen auch tatsächlich Betriebs- und Geschäftsgeheimnisse sind.[443] Bevor sie über die Anhörungspflicht entscheidet, kann die Behörde gemäß § 8 Abs. 2 Satz 3 UIG von dem Dritten verlangen, dass er die behauptete Eigenschaft der Informationen als Betriebs-und Geschäftsgeheimnisse darlegt. Die Behörde wird ihr Ermessen in dieser Richtung ausüben, wenn Zweifel an der Notwendigkeit bestehen, die gekennzeichneten Informationen geheim zu halten.[444] Die Darlegung erfüllt gleichzeitig den Zweck einer Anhörung und bietet dem Dritten Gelegenheit, den Nachweis der Geheimhaltungsbedürftigkeit zu erbringen, um die Behörde zur Ablehnung des auf Zugang gerichteten Antrags zu bewegen.

Die Pflicht zur Anhörung besteht gegenüber Betroffenen im Sinn des § 8 Abs. 2 Satz 1 UIG. Dieser weite Begriff der Betroffenen umfasst alle Personen, deren Interessen durch § 8 Abs. 1 UIG geschützt werden.[445] Die Sicherung des Schutzes von Betriebs- und Geschäftsgeheimnissen führt zur regelmäßigen Vermutung der Betroffenheit, falls eine Person Informationen als Betriebs- und Geschäftsgeheimnisse gekennzeichnet hat. Der Kreis der Betroffenen nach § 8 Abs. 2 Satz 1 UIG geht damit über den der Beteiligten nach § 13 Abs. 1 VwVfG zunächst hinaus, indem er die in § 8 Abs. 2 Satz 2 und 3 UIG angesprochenen Dritten umschließt. Erst die Hinzuziehung nach § 13 Abs. 1 Nr. 4, Abs. 2 VwVfG stellt weitgehende Deckungsgleichheit der Personengruppen her. Denn

---

[440] *Ch. Schrader*, in: Schomerus/Schrader/Wegener, UIG, § 8, Rn. 39; *A. Turiaux*, UIG, § 8, Rn. 119; a.A. *J. Fluck/A. Theuer*, UIG, § 8, Rn. 456; *J. Fluck*, NVwZ 1994, S. 1056; *A. Theuer*, NVwZ 1996, S. 331.

[441] Vgl. *H.-U. Erichsen/A. Scherzberg*, Umsetzung, S. 104, 111; *R. Kramer*, UIG, § 8, Ziff. 12.

[442] So für das Betriebs- und Geschäftsgeheimnis *M. Schröder*, UPR 1985, S. 399f.; *E. Gurlit*, Verwaltungsöffentlichkeit, S. 124; vgl. auch *M. Schröder*, Stichwort „Geheimhaltungsschutz", in: Kimminich/von Lersner/Storm (Hrsg.), Handwörterbuch des Umweltrechts, Sp. 825.

[443] *R. Röger*, UIG, § 8, Rn. 44; *A. Turiaux*, UIG, § 8, Rn. 123; vgl. schon *R. Engel*, NVwZ 1992, S. 112.

[444] *Ch. Schrader*, in: Schomerus/Schrader/Wegener, UIG, § 8, Rn. 44.

[445] *R. Kramer*, UIG § 8, Ziff. 13; *R. Röger*, UIG, § 8, Rn. 43.

eine Anhörungspflicht führt infolge der Regelung des § 13 Abs. 3 VwVfG nicht automatisch zur Erlangung der Position eines Beteiligten.[446] Allerdings kann ein spezielleres Gesetz die Eigenschaft als Beteiligter verleihen, wie dies etwa § 29 Abs. 1 Nr. 4 BNatSchG zu Gunsten der anerkannten Naturschutzverbände verwirklicht.[447]

Ob § 8 Abs. 2 Satz 1 UIG den Betroffenen eine umfassende Beteiligtenstellung verschafft oder nur eine partielle Verfahrensposition mit punktuellen Rechten, richtet sich nach Sinn und Zweck von § 13 VwVfG und § 8 UIG. Mit der Regelung des § 13 Abs. 3 VwVfG soll vorrangig verhindert werden, dass Behörden, Vereinigungen oder Sachverständige, deren Anhörung spezialgesetzlich vorgeschrieben ist, eine vollständige Beteiligtenstellung erhalten. Derartige Anhörungen haben den Zweck, der Behörde Informationsmaterial für ihre Entscheidung zur Verfügung zu stellen.[448] Zwar dient die Anhörung nach § 8 Abs. 2 Satz 1 UIG neben der Information der Verwaltung dem Schutz der Rechte Dritter. Trotz dieses auch individualgerichteten Zwecks vermittelt die Vorschrift jedoch keine Beteiligtenposition nach § 13 VwVfG.[449] Diese kann nur nach Maßgabe des § 13 Abs. 1 VwVfG eingeräumt werden, auf den § 13 Abs. 3 VwVfG insoweit ausdrücklich hinweist.[450] Die Anhörung im Sinne der letzteren Vorschrift unterscheidet sich von der Anhörung gemäß § 28 VwVfG, weil diese Regelung die Eigenschaft als Beteiligter bereits voraussetzt.[451] Gerade die Anhörung Beteiligter nach § 28 VwVfG wird durch § 8 Abs. 2 UIG modifiziert. Demnach gewährt § 8 Abs. 2 Satz 2 UIG das punktuelle Verfahrensrecht auf Anhörung. Die verfahrensrechtlichen Dimensionen der hinter § 8 Abs. 1 UIG stehenden Grundrechte werden damit ausreichend gewährleistet. Rechtliches Gehör und Rechtsschutz sind sichergestellt. Weiter gehende Verfahrensrechte garantiert § 13 Abs. 2 und Abs. 1 Nr. 4 VwVfG. Ein Betroffener im Sinne des § 8 Abs. 2 Satz 1 UIG kann durch Hinzuziehung nach § 13 Abs. 2 VwVfG Beteiligter werden.[452] Wird ein Anhörungsrecht deshalb verliehen, weil die rechtlichen Interessen des Anzuhörenden durch den Ausgang des Verfahrens berührt werden oder die Entscheidung für ihn rechtsgestaltende Wirkung hat, greift § 13 Abs. 2 VwVfG.[453] Da die Informationsträger in grundrechtlich geschützten Rechtspositionen nach § 8 Abs. 1 UIG betroffen sind, besteht eine Pflicht zur Hinzuziehung.[454] Soweit man nicht von einer Ermessensreduktion auf Null bei der Entscheidung von Amts wegen ausgeht, ist zumindest einem Antrag auf Beiladung

[446] *W. Clausen*, in: Knack (Hrsg.), VwVfG, § 13, Rn. 6.
[447] *H.J. Bonk*, in: Stelkens/Bonk/Sachs, VwVfG, § 13, Rn. 9.
[448] *F. Kopp*, VwVfG, § 13, Rn. 44.
[449] So aber *R. Kramer*, UIG § 8, Ziff. 15; *A. Turiaux*, UIG, § 8, Rn. 113.
[450] *H.J. Bonk*, in: Stelkens/Bonk/Sachs, VwVfG, § 13, Rn. 44.
[451] *C.H. Ule/H.-W. Laubinger*, Verwaltungsverfahrensrecht, § 15, Rn. 12.
[452] *Ch. Schrader*, in: Schomerus/Schrader/Wegener, UIG, § 8, Rn. 39.
[453] *C.H. Ule/H.-W. Laubinger*, Verwaltungsverfahrensrecht, § 15, Rn. 12.
[454] *H.-U. Erichsen/A. Scherzberg*, Umsetzung, S. 111.

zu entsprechen.[455] Unabhängig davon, ob § 13 Abs. 2 Satz 1 oder Satz 2 VwVfG Anwendung findet, liegt ein Fall notwendiger Beiladung vor.[456]

Durch den Antrag auf Zugang zu Informationen nach § 5 UIG wird ein Verwaltungsverfahren im Sinne des § 9 VwVfG eröffnet. Den Verfahrensbeteiligten steht unter anderem das Recht auf Akteneinsicht nach § 29 VwVfG zu, zudem ist ihnen gemäß § 41 Abs. 1 Satz 1 VwVfG der Verwaltungsakt bekannt zu geben.[457] Aus der Eigenschaft des Informationsträgers als Beteiligter folgt aber nicht ohne weiteres, dass ihm Name und Adresse des Informationssuchenden mitzuteilen wären.[458] Eine solche Mitteilung erzwingt § 28 Abs. 1 VwVfG nur dann, wenn diese Angaben entscheidungserhebliche Tatsachen darstellen. Dies kommt bei Anträgen von Privatpersonen regelmäßig nicht in Betracht, außer wenn es sich um einen Konkurrenten des Informationsträgers handelt.[459] Name und Adresse sind als personenbezogene Daten vom Recht auf informationelle Selbstbestimmung des Informationssuchenden geschützt. Ihre Offenbarung gegenüber dem dritten Informationsträger ist vor diesem verfassungsrechtlichen Hintergrund an § 30 VwVfG zu messen und daher nicht unbefugt zulässig.[460]

2.2.3. Die Kostenregelung

Ein treffendes Beispiel dafür, wie Rechtspositionen durch Ausführungsmodalitäten ausgehebelt werden können, bietet die Kostenregelung des § 10 UIG. Die Umweltinformationsrichtlinie normiert in Art. 5, dass für die Übermittlung der Informationen eine angemessene Gebühr erhoben werden darf. Nach § 10 Abs. 1 UIG werden für Amtshandlungen aufgrund dieses Gesetzes Gebühren und Auslagen erhoben, wobei die Gebühren die voraussichtlichen Kosten dekken sollen. In Schleswig-Holstein zum Beispiel werden für einfache Auskünfte Gebühren bis zu 50 DM, für umfangreiche schriftliche Auskünfte Gebühren bis zu 1.000 DM erhoben, während für das Zurverfügungstellen von Akten oder sonstigen Informationsträgern in einfachen Fällen bis zu 200 DM, bei umfangreichen Maßnahmen bis zu 2.000 DM und bei außergewöhnlich aufwendigen Maßnahmen zwischen 2.000 und 4.000 DM erhoben werden.[461] Die Vorschrift

---

[455] Für eine Pflicht nur bei Antrag *C.H. Ule/H.-W. Laubinger*, Verwaltungsverfahrensrecht, § 15, Rn. 18 mit Fn. 40; für eine Ermessensreduktion auf Null *F. Kopp*, VwVfG, § 13, Rn. 33 jeweils m.w.N.

[456] *J. Fluck/A. Theuer*, UIG, § 8, Rn. 457/459; *J. Fluck*, NVwZ 1994, S. 1056; zu den vertretenen Positionen *H.-U. Erichsen/A. Scherzberg*, Umsetzung, S. 110f.

[457] *Ch. Schrader*, in: Schomerus/Schrader/Wegener, UIG, § 8, Rn. 39.

[458] So aber *J. Fluck*, NVwZ 1994, S. 1056; *J. Fluck/A. Theuer*, UIG, § 8, Rn. 457/459.

[459] *A. Turiaux*, UIG, § 8, Rn. 117.

[460] *Ch. Schrader*, in: Schomerus/Schrader/Wegener, UIG, § 8, Rn. 39.

[461] Gemeinsamer Runderlaß der Ministerpräsidentin – Landesplanungsbehörde – und aller Ministerien des Landes Schleswig-Holstein vom 12. 5. 1999 – X 133 – über Hinweise zum Vollzug des Umweltinformationsgesetzes (UIG), ABl. S-H 1999, Nr. 22, S. 225 (230), Ziff. 10 unter Verweis auf das Verwaltungskostengesetz.

des § 10 Abs. 1 UIG erlaubt nach ihrem Wortlaut die Erhebung von Gebühren für den Fall der Gestattung des Informationszugangs ebenso wie für den Fall der Ablehnung des Antrags. Die konkreten Auswirkungen zeigen sich in den Gebührenverzeichnissen einiger Länder. So konnte in Nordrhein-Westfalen für die Ablehnung eines Informationsgesuchs eine Gebühr von 20 bis 2000 DM, in Mecklenburg-Vorpommern von 20 bis 700 DM und im Saarland von 20 bis 500 DM erhoben werden.[462] Gebühren von weit über 1000,- DM sind in der Praxis durchaus vorgekommen.[463] Im deutschen Gebührenrecht richtet sich die Angemessenheit der Gebühr nach dem Äquivalenzprinzip, das als gebührenrechtliche Ausprägung des Verhältnismäßigkeitsprinzips auch ohne besondere Anordnung gilt.[464] Da das Äquivalenzprinzip zu hohe Gebühren ausschließt, ging der Gesetzgeber des UIG davon aus, dass abschreckend hohe Gebühren verhindert seien.[465]

Die Richtlinie steht einer Regelung entgegen, die durch eine hohe Gebühr davon abschreckt, von dem Recht auf Informationszugang Gebrauch zu machen. Ein Mitgliedstaat darf nicht sämtliche, auch nur mittelbare Kosten, die durch ein Informationsersuchen entstehen, auf den Informationssuchenden abwälzen. Eine solche prohibitive Gebühr beinhaltet das UIG nach Feststellung des Europäischen Gerichtshofes nicht.[466] Der Gerichtshof hält jedoch die Erhebung einer Gebühr im Fall der Ablehnung des Informationsantrages für mit den Vorgaben der Richtlinie nicht vereinbar.[467] Unter „Übermittlung" im Sinne des Art. 5 der Umweltinformationsrichtlinie fällt jeder zugangsgewährende Akt.[468] Dagegen kann die Nichtübermittlung, also die Ablehnung des Antrags, als dessen Gegenteil nicht zur Übermittlung der Information gezählt werden.[469] Dementsprechend ist § 10 Abs. 1 Satz 1 UIG auf diejenigen Fälle zu beschränken, in denen tatsächlich eine Übermittlung von Informationen stattgefunden hat. Die Befürchtung, Gebühren ohne eine Gegenleistung der Behörde zahlen zu müssen, hätte sicherlich abschreckende Wirkung auf potentielle Informationssu-

---

[462] Verordnung zur Änderung der Allgemeinen Verwaltungsgebührenordnung Nordrhein-Westfalen vom 15. 6. 1993, GVBl., S. 360; Gebührenverordnung für Amtshandlungen beim Vollzug der Richtlinie des Rates vom 7. Juni 1990 über den freien Zugang zu Informationen über die Umwelt (90/313/EWG) des Landes Mecklenburg-Vorpommern mit Gebührenverzeichnis vom 15. 12. 1992, GVBl., S. 755; Verordnung über den Erlaß eines Allgemeinen Gebührenverzeichnisses des Saarlandes vom 2. 3. 1993, i.d.F. vom 29. 3. 1993, ABl., S. 214.

[463] *A. Theuer*, NVwZ 1996, S. 332f.

[464] *F. Becker*, NVwZ 1999, S. 1189; *J. Fluck/A. Theuer*, UIG, § 10, Rn. 19 m.w.N.

[465] Regierungsentwurf bei *J. Fluck/A. Theuer*, UIG, § 10, Rn. 2; ebenso *R. Kramer*, UIG, § 10, Ziff. 2.

[466] EuGH, Urt.v.9. 9. 1999, Rs. C-217/97 (Kommission/Deutschland), NVwZ 1999, S. 1209, Rn. 48, 52 und 54. Einzelheiten bei *F. Becker*, NVwZ 1999, S. 1189.

[467] EuGH, Urt.v.9. 9. 1999, Rs. C-217/97 (Kommission/Deutschland), NVwZ 1999, S. 1209, Rn. 59. Vgl. *H.-U. Erichsen/A. Scherzberg*, Umsetzung, S. 103; *A. Scherzberg*, DVBl. 1994, S. 744; *D. Hegele*, in: Hegele/Röger (Hrsg.), Umweltschutz, S. 137.

[468] *A. Turiaux*, UIG, § 10, Rn. 10.

[469] EuGH, Urt.v.9. 9. 1999, Rs. C-217/97 (Kommission/Deutschland), NVwZ 1999, S. 1209, Rn. 59. Ebenso *A. Faber*, DVBl. 1995, S. 729; a.A. *F. Becker*, NVwZ 1999, S. 1189.

chende.[470] An dieser Stelle verfügen die Mitgliedstaaten nicht über einen Spielraum bei der Umsetzung.[471] Die Kostenregelung soll übermäßige finanzielle Belastungen der Behörde bei der Informationsgewährung vermeiden helfen, nicht aber den Informationszugang „über Gebühr" erschweren.[472] Eine richtlinienkonforme Auslegung der bestehenden Regelung scheidet nach dem Urteil des Europäischen Gerichtshofes aus.[473] Es besteht Regelungsbedarf.

Unter die Kosten des Antrags zählt nicht der Aufwand für die allgemeine Sichtung, Strukturierung und Systematisierung der Daten durch die Behörde. Denn einen Informationsbeschaffungsanspruch gewährt §4 Abs.1 UIG gerade nicht, dann darf dem Anspruchsberechtigten auch nicht zugemutet werden, entsprechende Kosten zu tragen.[474] Ohnehin müssen sich die Verwaltungsbehörden bei ihrer Aktenführung auf das Bestehen des Rechts auf Information aus §4 Abs.1 UIG einstellen. Generelle Versäumnisse gehen nicht zu Lasten des einzelnen Informationssuchenden.[475] Die Beschaffung der Information im Einzelfall kann aber Bearbeitungen, zum Beispiel Schwärzungen geheimhaltungsbedürftiger Daten, oder Bewertungen vorhandener Datenbestände erfordern. Diese auf das konkrete Informationsersuchen bezogenen Tätigkeiten gehören zur Übermittlung im Sinne der Richtlinie und fallen unter die Gebührenvorschrift des §10 UIG.[476]

2.3. Europarechtlich veranlasste Vorschriften: Das Umwelthaftungsgesetz

Nach §9 des Umwelthaftungsgesetzes hat der Geschädigte einen Auskunftsanspruch gegen Behörden, um seine Schadensersatzansprüche zu verfolgen.[477] Unter gewissen Voraussetzungen begründet §8 UmweltHG zudem Auskunfts- und Akteneinsichtsrechte Privater untereinander.[478] Diese Rechte auf Information dienen zur Durchsetzung privatrechtlicher Ansprüche. Eine parallele Regelung findet sich in §35 GenTG, der dem Geschädigten Auskunftsansprüche sowohl gegen den Betreiber der gentechnischen Anlage als auch gegen die zuständigen Behörden gewährt. Zweck des §9 UmweltHG ist es, dem Geschädig-

---

[470] *Th. Schomerus*, in: Schomerus/Schrader/Wegener, UIG, §10, Rn.9; a.A. *F. Becker*, NVwZ 1999, S.1189.

[471] *A. Turiaux*, UIG, §10, Rn.9; a.A. *R. Kramer*, UIG, §10, Ziff. 2; *F. Becker*, NVwZ 1999, S.1189.

[472] *A. Epiney*, Umweltrecht, S.169.

[473] Eine richtlinienkonforme Beschränkung des §10 Abs.1 UIG vertraten *R. Röger*, UIG, §10, Rn.16; *Th. Schomerus*, in: Schomerus/Schrader/Wegener, UIG, §10, Rn.9.

[474] *A. Faber*, DVBl. 1995, S.728; *A. Epiney*, Umweltrecht, S.169 mit Fn.114.

[475] *A. Theuer*, NVwZ 1996, S.333.

[476] *R. Röger*, UIG, §10, Rn.12ff., der auf den englischen Wortlaut der Richtlinie „for supplying the information" verweist.

[477] Umwelthaftungsgesetz vom 10.12. 1990, BGBl. I, S.2634.

[478] Siehe *J. Fluck*, in: Breuer u.a. (Hrsg.), Zugang, S.33ff.

ten zur Durchsetzung des Schadensersatzanspruches Zugang zu den im Besitz der zuständigen Behörde befindlichen Informationen zu verschaffen. Damit wird der in § 8 UmweltHG gewährte Informationsanspruch gegen den Inhaber der Anlage ergänzt.[479] Das Gesetz will dem Geschädigten die Möglichkeit einräumen, alle für die Verfolgung des Haftungsanspruchs notwendigen Informationen einzuholen, damit er die Erfolgsaussichten eines Schadensersatzprozesses abschätzen kann. Folgerichtig weisen § 8 Abs. 1 Satz 1 und § 9 Satz 1 UmweltHG einen parallelen Aufbau auf.[480] Voraussetzungen sind in beiden Fällen der Eintritt eines Schadens, das Vorliegen von Tatsachen, welche die Annahme einer Schadensverursachung durch die Anlage begründen und die Erforderlichkeit der Auskunft zur Feststellung eines Anspruchs nach dem Umwelthaftungsgesetz.

Das Recht auf Information des § 9 UmweltHG trägt öffentlich-rechtlichen Charakter.[481] Liegen die Voraussetzungen vor, besteht ein subjektives öffentliches Recht des Geschädigten auf Auskunft.[482] Die Beschränkung auf die Informationsform der Auskunft soll ebenso wie die Beschränkung auf haftungsrelevante Informationen durch § 9 Satz 3 UmweltHG eine zu weitgehende Ausforschung der Behörde verhindern.[483] Der Behörde bleibt es aber unbenommen, dem Geschädigten Akteneinsicht zu gewähren und dergestalt ihre Verpflichtung überzuerfüllen.[484]

Die Auskunftsverweigerungsgründe des § 9 Satz 2 UmweltHG zeichnen die Regelung des § 29 Abs. 2 VwVfG nach. Bei der Heranziehung der zu § 29 Abs. 2 VwVfG entwickelten Grundsätze ist aber zu beachten, dass das dortige Informationsrecht ein verfahrensabhängiges Recht ist, während § 9 UmweltHG einen verfahrensunabhängigen Anspruch fixiert.[485] Die Feststellung, ob die Notwendigkeit der Geheimhaltung von Vorgängen besteht, erfordert eine Abwägung der gegenläufigen Interessen.[486] Personenbezogene Interessen an Geheimhaltung kommen im Anwendungsbereich des § 9 UmweltHG kaum in Betracht, zumal § 9 Satz 3 UmweltHG klarstellt, dass von der Behörde auch Name und Anschrift des Inhabers der Anlage verlangt werden dürfen.[487] Im Vordergrund steht der Schutz von Betriebs- und Geschäftsgeheimnissen des Inhabers der Anlage. Als gesetzliche Vorschrift, die zur Verweigerung der Information führen kann, tritt insbesondere § 30 VwVfG hervor. Diese Regelung verbietet das unbefugte Offenbaren von Informationen, § 9 UmweltHG räumt eine Be-

---

[479] *G. Hager*, in: Landmann/Rohmer (Hrsg.), UmweltHG, § 9, Rn. 2.

[480] *J. Peter*, in: Salje, UmweltHG, § 9, Rn. 4.

[481] *J. Fluck*, in: Breuer u.a. (Hrsg.), Zugang, S. 33; *J. Peter*, in: Salje, UmweltHG, § 9, Rn. 2.

[482] *Ch. Reuter*, in: Paschke (Hrsg.), UmweltHG, § 9, Rn. 6.

[483] *J. Fluck*, in: Breuer u.a. (Hrsg.), Zugang, S. 33.

[484] *G. Hager*, in: Landmann/Rohmer (Hrsg.), UmweltHG, § 9, Rn. 6; *J. Fluck/A. Theuer*, UIG, § 4, Rn. 166; differenzierend *Ch. Reuter*, in: Paschke (Hrsg.), UmweltHG, § 9, Rn. 52.

[485] *J. Peter*, in: Salje, UmweltHG, § 9, Rn. 10.

[486] *Ch. Reuter*, in: Paschke (Hrsg.), UmweltHG, § 9, Rn. 41.

[487] *J. Fluck*, in: Breuer u.a. (Hrsg.), Zugang, S. 33; *Ch. Reuter*, in: Paschke (Hrsg.), UmweltHG, § 9, Rn. 41.

fugnis zur Information gerade ein. Die Auflösung dieses Spannungsverhältnisses wird durch eine Güterabwägung herbeigeführt.[488] Auf einer Interessenabwägung basiert auch die Auskunftsverweigerung, die sich auf die Geheimhaltungsbedürftigkeit der Vorgänge ihrem Wesen nach stützt. Liegt ein Grund zur Auskunftsverweigerung vor, trifft die Behörde eine Ermessensentscheidung darüber, ob sie die Informationen herausgibt.[489] Die Entscheidung über Gewährung oder Verweigerung der Information erfüllt alle Voraussetzungen des Verwaltungsaktbegriffes.[490] Der Inhaber der Anlage ist regelmäßig nach § 13 Abs. 2 Satz 2 VwVfG hinzuzuziehen und gemäß § 28 VwVfG anzuhören.[491] Als Beteiligtem steht ihm dann ein Recht auf Akteneinsicht nach § 29 VwVfG zu.

2.4. Die Rechte auf Information von Presse und Rundfunk

Die Kontrolle der Verwaltung durch die Herstellung von Öffentlichkeit ist auch eine Aufgabe von Presse und Rundfunk. Aufgrund ihrer grundrechtlich besonders ausgestalteten Stellung fallen Presse und Rundfunk jedoch aus dem Rahmen der sonstigen Wege zur Herstellung von Öffentlichkeit im Verwaltungsverfahren. Sie verfügen über subjektive Rechte auf Information, die ihren Ursprung in der Presse- und Rundfunkfreiheit des Art. 5 Abs. 1 Satz 2 GG haben. Den Medien steht ein grundsätzliches Recht auf Information gegenüber der Verwaltung zu.[492] Adressaten der Informationen sind konzeptionell letztlich die Bürger. Sie müssen über die Sachfragen und Entscheidungsvorgänge bei staatlichen Stellen informiert sein, damit eine verantwortliche Teilhabe an der politischen Willensbildung des Volkes möglich wird.[493] Damit nimmt das Presserecht die aus Art. 20 Abs. 2 GG abgeleitete Motivation konkret auf, die dem Streben nach Transparenz der Verwaltung und Herstellung von Öffentlichkeit allgemein zugrunde liegt.

Der Auskunftsanspruch der Presse folgt nach der Rechtsprechung des Bundesverwaltungsgerichts nicht unmittelbar aus Art. 5 Abs. 1 Satz 2 GG.[494] Auch ohne das Recht auf Information sei die Presse in der Lage ihre öffentliche Aufgabe zu erfüllen.[495] Die gegenteilige Ansicht versteht den Auskunftsanspruch

488 *G. Hager*, in: Landmann/Rohmer (Hrsg.), UmweltHG, § 9, Rn. 13; *J. Peter*, in: Salje, UmweltHG, § 9, Rn. 15.

489 *G. Hager*, in: Landmann/Rohmer (Hrsg.), UmweltHG, § 9, Rn. 21.

490 *Ch. Reuter*, in: Paschke (Hrsg.), UmweltHG, § 9, Rn. 54; vgl. parallel *H.-U. Erichsen/A. Scherzberg*, Umsetzung, S. 31 f.; skeptisch *J. Fluck/A. Theuer*, UIG, § 4, Rn. 173.

491 *Ch. Reuter*, in: Paschke (Hrsg.), UmweltHG, § 9, Rn. 56 ff.; *J. Peter*, in: Salje, UmweltHG, § 9, Rn. 3.

492 Vgl. *K.E. Wenzel*, Festschrift für Löffler, S. 393; *S. Lodde*, Informationsrechte, S. 113; *G. Trantas*, Akteneinsicht, S. 384 ff.; *W. Rudolf*, Informationsfreiheit, S. 144.

493 BVerfGE 44, 125 (147); BVerwGE 70, 310 (314).

494 BVerwGE 70, 310 (311, 313 ff.).

495 Zum Diskussionsstand *K.E. Wenzel*, in: Löffler/Wenzel/Sedelmeier (Hrsg.), Presserecht, § 4 LPG, Rn. 16 ff. m.w.N.

als unabdingbare Voraussetzung für die Verwirklichung der demokratischen Funktion der Presse.[496] Selbst wenn das Informationsrecht nicht unmittelbar in Art. 5 Abs. 1 Satz 2 GG festgemacht wird, äußert die Verfassung doch Wirkungen insbesondere auf den Gesetzgeber, der ohnehin für die Sicherung der Pressefreiheit im Einzelnen zuständig ist.[497] Grundlage für das Informationsrecht gegenüber Behörden ist der § 4 des jeweiligen Landespressegesetzes. Die Vorschriften der Länder lauten zumeist in § 4 Abs. 1: „Die Behörden sind verpflichtet, den Vertretern der Presse die der Erfüllung ihrer öffentlichen Aufgabe dienenden Auskünfte zu erteilen."[498] Damit verfügen die Pressevertreter nicht über das Recht, unmittelbaren Zugang zu Informationen zu verlangen. Der Auskunftsanspruch beinhaltet kein Recht auf Akteneinsicht.[499] Die Landespressegesetze halten einen unmittelbaren Zugang der Presse zu den gewünschten Informationen nicht für notwendig.[500] Ihr wird ein Auskunftsanspruch eingeräumt, dessen Verpflichteter die zuständige Behörde ist.[501]

Das presserechtliche Informationsrecht trägt *funktionalen Charakter*. Der Presse soll die Erfüllung ihrer öffentlichen Aufgabe ermöglicht werden.[502] Einige Landespressegesetze bestimmen, dass die Presse dann eine öffentliche Aufgabe erfüllt, „wenn sie in Angelegenheiten von öffentlichem Interesse Nachrichten beschafft und verbreitet, Stellung nimmt, Kritik übt oder auf andere Weise an der Meinungsbildung mitwirkt" (so § 3 Landespressegesetz Rh-Pf).[503] Dabei handelt es sich angesichts der weiten Begrifflichkeit nur begrenzt um ein einengendes Merkmal, eher um eine Funktionsbeschreibung.[504] Die Presse vermittelt Informationen an die Bürger, um diese in den Stand zu versetzen, Rechte wie etwa das Wahlrecht ausüben zu können.[505] Damit dient das Informationsrecht der Presse zum einen der Kontrolle der staatlichen Stellen und zum anderen schafft es die Voraussetzungen für die Wahrnehmung subjektiver Rechte durch die Bürger. Diese Funktionen gleichen denen, die bereits für die generelle Herstellung von Öffentlichkeit herausgearbeitet wurden.[506] Das subjektive öffentliche Recht auf Information bezweckt nicht vorrangig eine Verbesserung der Stellung, welche die Presse selbst inne hat. Vielmehr dominieren die indirekten Zwecke, nämlich die Auswirkungen zu Gunsten des Bürgers.

---

[496] *R. Groß*, DÖV 1996, S. 134f. m.w.N.

[497] BVerwGE 70, 310 (315).

[498] Die §§ 4 der Landespressegesetze sind abgedruckt bei *K.E. Wenzel*, in: Löffler/Wenzel/Sedelmeier (Hrsg.), Presserecht, § 4 LPG.

[499] *R. Groß*, DÖV 1996, S. 143.

[500] Daher kritisch *J. Scherer*, Verwaltung und Öffentlichkeit, S. 24.

[501] VGH Ba-Wü, Urt.v. 10. 6. 1998, NVwZ 1998, S. 987 (989); vgl. *M. Schröder*, NVwZ 1990, S. 905.

[502] BVerfGE 20, 162 (175); BVerwGE 70, 310 (314); *K.E. Wenzel*, in: Löffler/Wenzel/Sedelmeier (Hrsg.), Presserecht, § 4 LPG, Rn. 37; vgl. *P. Schneider*, Pressefreiheit, S. 40ff.

[503] Landesgesetz über die Presse vom 14. 6. 1965, GVBl., S. 107.

[504] *K.E. Wenzel*, Festschrift für Löffler, S. 399.

[505] *R. Groß*, DÖV 1996, S. 134.

[506] Siehe oben 3. Kapitel, 1.1.; ähnlich *E. Gurlit*, Verwaltungsöffentlichkeit, S. 20.

Die Pflicht zur Auskunft findet ihre Grenzen in den Gründen, die der § 4 des jeweiligen Landespressegesetzes nennt und in weiteren allgemeinen Gesetzen im Sinne des Art. 5 Abs. 2 GG.[507] Danach kann die Behörde Informationen unter anderem dann verweigern, wenn die Durchführung schwebender Verfahren gefährdet würde oder wenn überwiegende öffentliche oder private Interessen verletzt würden.[508] Im Zusammenhang des Verwaltungsverfahrens stellt insbesondere § 30 VwVfG eine gesetzlich verankerte Schranke dar.[509] Die Informationsinteressen der Öffentlichkeit können dabei eine Stärke gewinnen, die trotz entgegenstehender privater Rechte einen faktischen Informationsdruck auf die Behörde bewirkt, der eine unbefangene Interessenabwägung erschwert.[510]

Vertretern des Rundfunks steht ein paralleles Informationsrecht in vielen Ländern der Bundesrepublik dadurch zu, dass das jeweilige Landespressegesetz den § 4 für auf sie anwendbar erklärt. Das Mediengesetz in Baden-Württemberg enthält eine eigenständige Regelung. Dagegen gibt es in den Ländern Bayern, Hessen, Mecklenburg-Vorpommern, Saarland und Thüringen keinen gesetzlich verbrieften Auskunftsanspruch des Rundfunks gegenüber den Behörden.[511] Infolge einer offensichtlich großzügigen Gewährung von Informationen durch die Behörden sind bisher keine einschlägigen Rechtsstreitigkeiten entstanden. Diese Regelungslücke kann mit Rücksicht auf die verfassungsrechtliche Ausgangslage geschlossen werden. Denn die Rundfunkfreiheit umfasst die Beschaffung von Informationen in gleicher Weise wie die Pressefreiheit.[512] Im Staatsvertrag über Mediendienste ist dieser Sachlage durch § 11 Abs. 1 Rechnung getragen, der den Anbietern von Mediendiensten ein Recht auf Auskunft gewährt.[513] Soweit keine ausdrückliche gesetzliche Regelung greift, entfaltet die Schutzpflichtenlehre in Verbindung mit der verfahrensrechtlichen Funktion des Art. 5 Abs. 1 Satz 2 GG verstärkte Wirkung. Die Kommunikation zwischen Behörde und Rundfunk gebietet Regelungen des Zugangs zu Informationen zumindest dem Grunde nach, weil sich ansonsten die demokratische Funktion des Rundfunks als nicht ausreichend gesichert zeigt. Dem Rundfunk steht ein verfassungsunmittelbarer Auskunftsanspruch auch in laufenden Verwaltungsverfahren zu.[514] Aus der objektiv-rechtlichen Seite der Rezipienten- und Infor-

---

507 Allgemein dazu *J. Lücke*, Die „allgemeinen" Gesetze, passim.

508 Im Einzelnen *K.E. Wenzel*, in: Löffler/Wenzel/Sedelmeier (Hrsg.), Presserecht, § 4 LPG, Rn. 89ff.; *R. Groß*, DÖV 1996, S. 139f.; *G. Trantas*, Akteneinsicht, S. 391ff.; sehr kritisch *E. Schwan*, Amtsgeheimnis, S. 158ff.

509 *W. Clausen*, in: Knack (Hrsg.), VwVfG, § 30, Rn. 3.4.2.

510 *H.J. Bonk*, in: Stelkens/Bonk/Sachs, VwVfG, § 30, Rn. 19; zu den „Vorschriften über die Geheimhaltung" *E. Schwan*, Amtsgeheimnis, S. 160f.

511 *K.E. Wenzel*, in: Löffler/Wenzel/Sedelmeier (Hrsg.), Presserecht, § 4 LPG, Rn. 13.

512 BVerfGE 20, 162 (176) zur Pressefreiheit; 77, 65 (74) zur Rundfunkfreiheit; *H.D. Jarass*, in: Jarass/Pieroth, Grundgesetz, Art. 5, Rn. 22, 32; *M. Antoni*, in: Seifert/Hömig (Hrsg.), GG, Art. 5, Rn. 13, 16.

513 Staatsvertrag über Mediendienste vom 20.1./12.2. 1997, Landtag Rheinland-Pfalz, Drs. 13 /1603; auch abgedruckt in: Media Perspektiven I/97, S. 17ff.

514 Vgl. allgemein *E. Denninger*, in: Isensee/Kirchhof (Hrsg.), HdBStR, § 113, Rn. 26.

mationsfreiheit in Verbindung mit dem Demokratieprinzip ist ein Minimalstandard an Rechten auf Information herzuleiten.[515] Aufgrund der gesetzlichen Lücke kommt die grundgesetzliche Rundfunkfreiheit direkt zum Zuge. Sie führt zur Anerkennung eines grundsätzlichen Informationsrecht des Rundfunks gegenüber Behörden, das inhaltlich demjenigen der Presse entspricht.[516]

Die spezifischen Informationsrechte der Medien unterscheiden sich von den unmittelbaren Rechten auf Information des Bürgers.[517] Der Grund dafür liegt in der verfassungsrechtlich direkteren Absicherung durch Presse- und Rundfunkfreiheit. Dagegen sind die sonstigen strukturellen Unterschiede gradueller Natur. Ungeachtet ihrer Voraussetzungen, die dann differieren können, dienen Rechte auf Information gegenüber der Verwaltung nicht nur egoistischen, sondern auch altruistischen Zielen. Im Fall der Medien ist das im Grundsatz nicht anders. Das Interesse an Gestaltung und Verkauf des Medienerzeugnisses geht eine Verbindung mit dem Interesse am Informieren der Öffentlichkeit ein. Wirtschaftliche Zwänge führen allerdings zu einer Auswahl der Informationen nach Kriterien der Verkaufbarkeit und Resonanz beim Publikum, die nicht notwendig mit den Kriterien für die Erfüllung der demokratischen Aufgabe der Presse korrespondieren.[518] Bei den Rechten auf Information von Presse und Rundfunk ist deshalb das egoistische Element rechtlich schwächer ausgeprägt. Der Bürger hat eine Vielzahl von Rechtspositionen inne, zu deren Verteidigung er Rechte auf Information benötigt. Die Medien können neben wirtschaftlichen Eigeninteressen nur die Sicherung ihrer öffentliche Aufgabe zur Begründung von Informationsrechten geltend machen. Individuellen Rechten auf Information liegen ähnliche Funktionen zugrunde wie medienrechtlichen Ansprüchen auf Information. Im Hinblick auf die demokratische Kontrolle der Verwaltung zeigen die presserechtlichen Regelungen durch ihre Ausrichtung an öffentlichkeitswirksamen Informationen und mit den weiten Auskunftsverweigerungsgründen Defizite auf, die durch eine Aktivierung des Bürgers aufgefangen werden können.[519]

2.5. Informationsrechte nach dem Stasi-Unterlagen-Gesetz

Ein ganzes Bündel von subjektiven Rechten auf Information enthält das Stasi-Unterlagen-Gesetz (StUG). Ungeachtet des speziellen historischen Hintergrundes spiegeln sich in den Informationsrechten kollidierende Interessen wider, die sich auf allgemeine Grundpositionen zurückführen lassen. Das Regelungsmodell des Stasi-Unterlagen-Gesetzes verdient daher Beachtung. In dem verflochtenen Gewebe von Interessen steht der Schutz der Betroffenen und

[515] *W. Hoffmann-Riem*, in: AK-GG, Art. 5, Rn. 99.
[516] *K.E. Wenzel*, in: Löffler/Wenzel/Sedelmeier (Hrsg.), Presserecht, § 4 LPG, Rn. 20.
[517] *A. Podlech*, Datenschutz, S. 44.
[518] Vgl. *E. Schwan*, Amtsgeheimnis, S. 150.
[519] *E. Gurlit*, Verwaltungsöffentlichkeit, S. 21.

Dritten im Vordergrund. Neben deren subjektive Rechtspositionen treten diejenigen der Mitarbeiter der Staatssicherheit und der Begünstigten, die von der Staatssicherheit gefördert wurden.[520] Rechte auf informationelle Selbstbestimmung unterschiedlicher Rechtsträger bedurften der Konkretisierung.[521] Nicht zuletzt finden die Interessen der Öffentlichkeit an der Aufarbeitung der Tätigkeit des Staatssicherheitsdienstes und der diesbezüglichen Strafverfolgung Berücksichtigung. Der Ausgleich dieser Interessen ist das zentrale Problem des Gesetzes.

Nach § 3 Abs. 1 StUG hat jedermann das Recht, vom Bundesbeauftragten für die Stasi-Unterlagen Auskunft darüber zu verlangen, ob in den erschlossenen Unterlagen Informationen zu seiner Person enthalten sind. Auf dieser ersten Stufe geht es um die Feststellung der individuellen Betroffenheit und um die Einteilung in Betroffene, Dritte, Mitarbeiter oder Begünstigte, von der die weiteren Berechtigungen abhängen. Der Anspruch darauf, über die Existenz von Informationen über die eigene Person informiert zu werden, besteht voraussetzungslos und verfahrensunabhängig zu Gunsten jedes Einzelnen. Falls derartige Informationen tatsächlich existieren, räumt das Stasi-Unterlagen-Gesetz auf einer zweiten Stufe unterschiedlichen Personengruppen Rechte unterschiedlicher Intensität ein.[522] Betroffene, also laut § 6 Abs. 3 StUG Personen, zu denen der Staatssicherheitsdienst gezielt Informationen gesammelt hat, verfügen über ein umfassendes Auskunftsrecht. Rechte der Stasi-Mitarbeiter stehen zurück. Denn nach § 13 Abs. 5 StUG umfasst das Auskunftsrecht auch die Klar-Namen der Stasi-Mitarbeiter und Denunzianten, die Informationen über den Betroffenen gesammelt haben. Ihr Recht auf informationelle Selbstbestimmung wird beschränkt.[523]

In der Abwägung der involvierten Interessen hat der Gesetzgeber dem Auskunftsinteresse der Betroffenen den Vorrang gegenüber dem Geheimhaltungsinteresse der Mitarbeiter eingeräumt. Aus Akten gegen die Opfer werden durch die Neubestimmung des Zwecks Akten gegen die Täter.[524] Der Betroffene hat dann das Recht auf Auskunft, das Recht auf Einsicht in die Unterlagen, auf Herausgabe von Duplikaten und auf Bekanntgabe der Namen von Stasi-Mitarbeitern (§ 13 StUG). Die Ansprüche auf Auskunft und Akteneinsicht betreffend die erschlossenen Unterlagen sind nicht an Voraussetzungen gebunden.[525] Personenbezogene Informationen in den Duplikaten über andere Betroffene und Dritte sind gemäß § 13 Abs. 4 Satz 2 StUG zu anonymisieren. Dritte, die nicht gezielt ausgespäht wurden, über die aber dennoch Informationen vorliegen, sind nach § 13 Abs. 7 StUG den Betroffenen weitgehend gleichgestellt.[526] Für

[520] Begriffsbestimmungen in § 6 StUG; vgl. *D. Schmidt/E. Dörr*, StUG, § 6, Rn. 14ff.

[521] *H.-U. Gallwas*, NJW 1992, S. 2789 mit Fn. 37.

[522] *K. Stoltenberg*, StUG, § 3, Rn. 4; *G. Trantas*, Akteneinsicht, S. 419f.

[523] *A. Engel*, Aufarbeitung, S. 231ff.

[524] *K. Stoltenberg*, StUG, § 13, Rn. 9; *S. Lodde*, Informationsrechte, S. 55 mit Fn. 279.

[525] *D. Schmidt/E. Dörr*, StUG, § 13, Rn. 3 und 9.

[526] *J. Weberling*, StUG, § 13, Rn. 8; kritisch zu der Unterscheidung zwischen Betroffenen und Dritten *A. Engel*, Aufarbeitung, S. 219f.

die Informationssuchenden reicht die Auskunft selten aus, sie begehren zumeist Akteneinsicht, die nach § 13 Abs. 2 StUG den Regelfall darstellt.[527]

Demgegenüber sind die Informationsrechte der Mitarbeiter und Begünstigten schwächer ausgestaltet. Unter Begünstigten versteht § 6 Abs. 6 StUG Personen, die vom Staatssicherheitsdienst wesentlich gefördert oder bei der Strafverfolgung verschont wurden, also von dessen Tätigkeit profitiert haben.[528] Mitarbeitern des Staatssicherheitsdienstes steht gemäß § 16 StUG das Recht auf Auskunft über ihre personenbezogenen Informationen und insoweit das Recht auf Akteneinsicht zu. Sie können Einsicht in ihre Kader- oder Mitarbeiterakte nehmen.[529] Als Gegenstand dieser Berechtigungen kommen auch die von dem Mitarbeiter erstellten Berichte in Betracht. Wenn das berechtigte Interesse Betroffener oder Dritter an der Geheimhaltung überwiegt, entfallen aber aufgrund des § 16 Abs. 4 Satz 2 StUG die auf seine Berichte bezogenen Informationsrechte des Mitarbeiters. Das Persönlichkeitsrecht der Betroffenen und Dritten setzt sich durch.[530] Bis auf die Bestimmungen hinsichtlich der Berichte gilt § 16 StUG auch für Begünstigte (§ 17 Abs. 1 StUG).

Dem besonderen Interesse an Forschung über die Tätigkeit der Staatssicherheit und der Verwendung von Unterlagen durch Presse und Rundfunk tragen die §§ 32 bis 34 StUG Rechnung.[531] Der Bundesbeauftragte ist verpflichtet, bestimmte Unterlagen zur Verfügung zu stellen. Dieser Pflicht entspricht bei Vorliegen der entsprechenden Voraussetzungen ein grundsätzlicher Anspruch auf Herausgabe.[532] Angesichts der Freiheit der Forschung und der Pressefreiheit schafft die Regelung Reibungsflächen, deren Problematik teils durch Auslegung entschärft werden soll.[533] Der presserechtliche Auskunftsanspruch wird durch § 34 StUG zwar statuiert, aber zugleich modifiziert, um den Schutz der Betroffenen ausreichend zu gewährleisten.[534]

Verfahren nach dem Stasi-Unterlagen-Gesetz sind Verwaltungsverfahren im Sinne des § 9 VwVfG jedenfalls dann, wenn sie zu einer förmlichen Ablehnungsentscheidung, also einem Verwaltungsakt führen. Sofern die Auskunft oder die Herausgabe reales Verwaltungshandeln oder Wissenserklärungen darstellen, soll kein Verwaltungsverfahren nach dem Verwaltungsverfahrensgesetz vorliegen.[535] Die Rechte auf Information nach dem Stasi-Unterlagen-Gesetz wären demnach nicht notwendig an ein Verwaltungsverfahren gekoppelt. Jedoch stellt auch die positive Entscheidung über den Antrag auf Gewährung von Informationen einen Verwaltungsakt dar, da Vorschriften über die Erteilung

527 *A. Engel*, Aufarbeitung, S. 200.

528 Einzelheiten bei *K. Stoltenberg*, StUG, § 6, Rn. 26ff.

529 *D. Schmidt/E. Dörr*, StUG, § 16, Rn. 2; *S. Lodde*, Informationsrechte, S. 55.

530 *G. Trantas*, Akteneinsicht, S. 418f.; *K. Stoltenberg*, StUG, § 16, Rn. 9.

531 *M. Kloepfer*, Das Stasi-Unterlagen-Gesetz, S. 57f.

532 *K. Stoltenberg*, StUG, § 32, Rn. 2.

533 *J. Weberling*, StUG, § 32, Rn. 7 und 9; *K. Stoltenberg*, StUG, § 32, Rn. 2 und 7ff.; *M. Kloepfer*, Das Stasi-Unterlagen-Gesetz, S. 60ff., 76.

534 Vgl. *A. Engel*, Aufarbeitung, S. 271.

535 *H.J. Bonk*, in: Stelkens/Bonk/Sachs, VwVfG, § 29, Rn. 91.

oder Verweigerung von Informationen angewendet werden.[536] Ein Antrag nach dem Stasi-Unterlagen-Gesetz bringt daher immer ein Verwaltungsverfahren in Gang.

Durch die Unterrichtung des Einzelnen darüber, dass Informationen über ihn in den Stasi-Unterlagen enthalten sind, entsteht ein Verwaltungsrechtsverhältnis. Diese verdichtete Form der Kommunikation zwischen Bürger und Verwaltung bildet den Rahmen für die Informationsrechte des Stasi-Unterlagen-Gesetzes. Bei der Beurteilung der Informationsrechte des Stasi-Unterlagen-Gesetzes ist zu beachten, dass die Sachverhalte, auf die sich die Unterlagen beziehen, formell sämtlich abgeschlossen sind. Durch die Wahrnehmung seiner Rechte auf Information kann der Bürger keinerlei Einfluss auf eine Entscheidung der Verwaltung nehmen. Vor diesem Hintergrund hat der Gesetzgeber weitreichende Informationsrechte gewährt. Das gestufte System berücksichtigt die unterschiedlichen Ausgangspositionen der Informationssuchenden und die jeweils der Mitteilung von Informationen entgegenstehenden Interessen. Derart entsteht eine differenzierte Struktur informatorischer Rechtspositionen.

2.6. *Zusammenfassung*

Eine große Anzahl gerade auch europäischer Rechtsordnungen weist eine Tendenz zur Sicherung oder Erweiterung von Rechten auf Information des Bürgers gegenüber der Verwaltung auf. Über den Umweltbereich hinaus sollen Informationen der Behörden für den Einzelnen zugänglich sein. Teilweise wird auf die Bedeutung der Öffentlichkeit für die Demokratie abgehoben. Diese Konzeptionen sehen Zugangsrechte im Zusammenhang mit der Partizipation des Bürgers an der Tätigkeit der Verwaltung oder zumindest mit der Herstellung von mehr Transparenz. Andere Rechtsordnungen stellen einen Zusammenhang der Rechte auf Information mit der Meinungs- und Informationsfreiheit her. Das Recht auf Zugang zu Informationen erhält ein grundrechtliches Fundament.[537] Die konkrete Regelung basiert auf der jeweiligen innerstaatlichen Tradition, dementsprechend unterscheiden sich die Begründungen. Im Ergebnis wird das Recht des Einzelnen auf Zugang zu Behördeninformationen vielfach gewährleistet. Die Rechtsentwicklung in Europa läuft hin zu einer Betonung des Rechts auf Information gegenüber den Behörden.[538]

In der Bundesrepublik Deutschland schlägt sich diese Entwicklung bisher vor allem auf dem Gebiet des Umweltrechts nieder. Nicht nur im Zuge der Umsetzung der Umweltinformationsrichtlinie, sondern auch durch die generelle Bedeutung der Ökologie als Legitimationsfaktor für Rechtsnormen kommt es

---

[536] Siehe dazu unten 5. Kapitel, 8.3.

[537] Vgl. insoweit für ein Grundrecht auf Information de lege ferenda in der Bundesrepublik Deutschland *O. Baller*, in: Haratsch/Kugelmann/Repkewitz (Hrsg.), Herausforderungen, S. 55.

[538] So auch die Beurteilung des EuGH, Rs. C-58/94 (Königreich der Niederlande gegen Rat der Europäischen Union), Slg. 1996, I-2169, Rn. 36.

zu Vorschriften, die subjektive Rechte auf Informationen über die Umwelt verbriefen. Eine Reihe von Informationsrechten des Bürgers sind allerdings an einschränkende Voraussetzungen gebunden. Der Grundsatz der beschränkten Aktenöffentlichkeit verschafft sich nach wie vor Geltung.

Das Gegenbeispiel und damit das Modell für ein verfahrensunabhängiges und voraussetzungsloses Recht auf Information bildet der Anspruch auf Zugang zu Informationen über die Umwelt nach dem Umweltinformationsgesetz. Der Grund für die Einräumung dieses weitgehenden Rechts an den Einzelnen liegt darin, dass er die Interessen einer Vielzahl von Personen verteidigen soll, um letztlich den Umweltschutz zu verbessern. Damit ist eine zuvörderst der Verwaltung zustehende Aufgabe angesprochen, denn dieser obliegt die Verwirklichung der Gesetze. Die Steigerung der Transparenz der Verwaltungstätigkeit dient der behördlichen Aufgabenerfüllung. Diese wird dezentralisiert, nämlich auch dem Bürger übertragen.[539] Das subjektive Recht fördert von seiner Zwecksetzung her nicht vorrangig das Individualinteresse, sondern gerade Gemeinwohlinteressen.[540] Diese Grundstruktur verschafft sich im Rahmen der Auslegung des Umweltinformationsgesetzes nach seinem Sinn und Zweck immer wieder Raum.

Die Ausschlussgründe im Umweltinformationsgesetz zur Verteidigung öffentlicher Interessen verdeutlichen, dass dem Recht auf Information die Effizienz und Funktionsfähigkeit von Staat und Verwaltung entgegenstehen. Solche öffentlichen Interessen wiegen aber nicht schwerer als der vom Gesetzgeber eingeräumte Anspruch auf Zugang zu Behördeninformationen. Deshalb ist nach dem Gesetzeszweck der Anspruch die Regel, sein Ausschluss die begründungsbedürftige Ausnahme. Der Schutz des Betriebs- und Geschäftsgeheimnisses und der Schutz des Rechts auf informationelle Selbstbestimmung sind grundrechtlich abgesichert. Das Recht auf Information kann bei der Abwägung in einem Konfliktfall dieser Art eher und weiter eingeschränkt werden. So weit die verfahrensrechtliche Funktion der Grundrechte reicht, erweist sich allerdings auch das Recht auf Information als grundrechtlich abgesichert. Verwaltungsrechtliche Regelungen können deswegen dem Grunde nach erforderlich sein, die Ausgestaltung nimmt der Gesetzgeber vor.

Die Regelungsstrukturen des Umweltinformationsgesetzes sind von tragender Bedeutung für das Verständnis und die Gestaltung von Rechten auf Information. Der besondere Charakter des Umweltinformationsrechts als verfahrensunabhängiger Anspruch darf nicht vernachlässigt werden. Er markiert Grenzen der Parallelisierungsfähigkeit. Die Ausnahmetatbestände dagegen können als typische gesetzliche Regelungen der Gegengründe zum Informationsrecht gelten. In der Zusammenschau mit den entsprechenden Vorschriften des Verwaltungsverfahrensgesetzes, an die sie teilweise angelehnt sind, gestatten

---

539 *J. Masing*, Mobilisierung, S. 231 und passim.

540 *A. Hatje*, EuR 1998, S. 742.

sie verallgemeinerungsfähige Aussagen zu den Grenzen von Rechten auf Information.

Parallelen der europarechtlich veranlassten Rechte auf Information bestehen zum presserechtlichen Auskunftsanspruch. Zwar unterscheidet sich die verfassungsrechtliche Verankerung. Die Funktionen, welche die Informationsrechte erfüllen, sind aber teils gleichgelagert. Auch das Stasi-Unterlagen-Gesetz stellt auf die jeweilige Funktion der vielfältig gewährten Informationsrechte ab und setzt sie in Beziehung zu der informatorischen Rechtsstellung des Informationsbegehrenden. Je stärker er im eigenen Rechtskreis betroffen ist, desto weiter reichen seine Rechte auf Information. Die Begrenzung der Reichweite markiert das Gewicht des Gegengrundes. Dies bestärkt eine funktional orientierte Sichtweise, die Rechte auf Information gegen die Verwaltung grundsätzlich gewährt und die gegenläufigen Interessen in den Voraussetzungen des Rechts und vor allem den Gründen zur Verweigerung der Information auszugleichen versucht.

3. Informationsrechte im Kontext des Verwaltungsverfahrens

3.1. Beratung und Auskunft

3.1.1. Behördliche Betreuungspflichten in der Kommunikation mit dem Bürger

Die Verwaltungsbehörden stehen ständig in Kommunikation mit Bürgern. Mit der Aufnahme des Kontakts zwischen Bürger und Verwaltung entsteht ein Verwaltungsrechtsverhältnis, in dessen Rahmen die Behörde bestimmten Verhaltensregeln unterliegt.[541] Dazu gehört die Unterstützung in einzelnen Sach- oder Rechtsfragen.[542] Der Bürger soll über notwendige Maßnahmen, die wesentlichen Verfahrensaspekte und seine Beteiligungsrechte Bescheid wissen.[543] Die Informationen müssen für ihn verständlich sein.[544] Allgemeine Betreuungs- oder Fürsorgepflichten der Behörden führen zur Verteilung von Kommunikationschancen und setzen Informationsflüsse in Gang.[545] Ihren Hintergrund bilden die Entwicklung, den Bürger als Kommunikationspartner der Verwaltung zu sehen, und verfassungsrechtliche Richtungsentscheidungen.[546] Das Rechtsstaats- und das Sozialstaatsprinzip tragen ebenso dazu bei, die Notwendigkeit

---

541 *H.-W. Laubinger*, Die Verwaltung als Helfer des Bürgers, S. 452 und 457 für die Entstehung von Belehrungspflichten.

542 *H.-W. Laubinger*, Die Verwaltung als Helfer des Bürgers, S. 452; *H.P. Bull*, Allgemeines Verwaltungsrecht, Rn. 450.

543 *F. Hufen*, Fehler im Verwaltungsverfahren, Rn. 207.

544 *F.-J. Peine*, Allgemeines Verwaltungsrecht, Rn. 195.

545 Vgl. *J. Oebbecke*, DVBl. 1994, S. 150.

546 *F. Hufen*, Fehler im Verwaltungsverfahren, Rn. 208; *P. Stelkens/D. Kallerhoff*, in: Stelkens/Bonk/Sachs, VwVfG, § 25, Rn. 1.

von Betreuungspflichten zu begründen, wie das Menschenwürdeprinzip und die Grundrechte.[547] Eine eindeutige verfassungsrechtliche Verankerung von Betreuungspflichten scheitert an der Vielfalt der Erscheinungsformen. Denn unter diesem Oberbegriff werden unterschiedliche Maßnahmen zusammengefasst, die den Regelungen des Grundgesetzes mit unterschiedlicher Gewichtung zuzuordnen sind.

Belehrung, Beratung oder Auskunft sind Informationshandlungen der Behörden.[548] Unterstützende Maßnahmen der Verwaltung können über die Information des Bürgers hinausgehen, wenn etwa Anträge vorformuliert oder Formulare mitausgefüllt werden. In der Regel stellen Betreuungspflichten jedoch Informationspflichten dar. Eine generelle Auskunfts- und Beratungspflicht der Behörden besteht nicht.[549] Aus dem Blickwinkel der Informationsrechte geht es darum, ob und inwieweit individuelle Ansprüche aus den allgemeinen Grundsätzen über die Betreuung des Bürgers und insbesondere aus § 25 VwVfG abgeleitet werden können.

3.1.2. Die Beratung

Die Abgrenzung der Begriffe Belehrung, Beratung und Auskunft bereitet Schwierigkeiten, weil die Gesetze keinen einheitlichen Sprachgebrauch aufweisen und zudem die Vielgestaltigkeit von Verfahrenssituationen unterschiedliche Anforderungen an die handelnde Behörde stellt. Die Beratung allgemein meint die Vornahme dialogoffener, handlungsorientierter Informationshandlungen der Behörde bei offenem Informationsbedarf des Beratenen.[550] Versteht man unter Belehrung die Information über die Sach- und Rechtslage von Amts wegen, unter Beratung die Information auf Ersuchen des Bürgers, erfasst die Vorschrift des § 25 Satz 1 VwVfG in der Tat nur die Belehrung.[551] Zumeist wird Beratung als Informieren des Bürgers im Allgemeinen aufgefasst.[552] Die *Beratung im Sinne des § 25 Satz 1 VwVfG* ist dadurch gekennzeichnet, dass die Behörde unter gewissen Voraussetzungen Anregungen zu Verfahrenshandlungen geben soll. Das Informieren durch Beratung oder Belehrung hat Verfahrenshandlungen zum Gegenstand, während die Auskunft sich auf Rechte und Pflichten bezieht.[553] Damit unterscheidet sich die Information nach § 25 Satz 1 VwVfG faktisch von der Information mittels Auskunft nach § 25 Satz 2 VwVfG, die zudem

[547] Vgl. *H.P. Bull*, Allgemeines Verwaltungsrecht, Rn. 451; *F. Kopp*, VwVfG, § 25, Rn. 1a; *F. Hufen*, Fehler im Verwaltungsverfahren, Rn. 209 m.N.

[548] Vgl. *J. Oebbecke*, DVBl. 1994, S. 149; *P. Kothe*, DÖV 1998, S. 578.

[549] *P. Stelkens/D. Kallerhoff*, in: Stelkens/Bonk/Sachs, VwVfG, § 25, Rn. 10; *F. Kopp*, VwVfG, § 25, Rn. 14; *W. Clausen*, in: Knack (Hrsg.), VwVfG, § 25, Rn. 2.4; *P. Badura*, in: Erichsen (Hrsg.), Allgemeines Verwaltungsrecht, § 37, Rn. 24 jeweils m.w.N.

[550] *J. Oebbecke*, DVBl. 1994, S. 150.

[551] *C.H. Ule/H.-W. Laubinger*, Verwaltungsverfahrensrecht, § 26, Rn. 18f.; *W. Clausen*, in: Knack (Hrsg.), VwVfG, § 25, Rn. 3; *J. Oebbecke*, DVBl. 1994, S. 150.

[552] *J. Oebbecke*, DVBl. 1994, S. 148ff.; *E. Czerwick*, DÖV 1997, S. 981.

[553] *F. Hufen*, Fehler im Verwaltungsverfahren, Rn. 228; *A. Turiaux*, UIG, Einl., Rn. 24.

regelmäßig auf Verlangen gegeben wird.[554] Die Beratung nach § 25 VwVfG steht im Kontext eines Verwaltungsverfahrens gemäß § 9 VwVfG. Deshalb entsteht die Beratungspflicht unter den Voraussetzungen des § 25 VwVfG zumindest gegenüber Beteiligten.[555] Insbesondere rechtsunkundige Beteiligte sollen vor vermeidbaren Rechtseinbußen bewahrt werden.[556] Aus dem Wortlaut des § 25 Satz 1 VwVfG ist allerdings keine Beschränkung auf die Beratung von Beteiligten abzuleiten.[557] Im Gegensatz zu den §§ 28, 29 VwVfG erfolgt keine ausdrückliche Anordnung, dass die Vorschrift nur zu Gunsten der Beteiligten anzuwenden wäre, und im Gegensatz zu § 25 Satz 2 VwVfG werden sie nicht einmal erwähnt. Die Pflicht der Behörde betrifft unter anderem die Anregung zum Stellen von Anträgen. Sie greift damit der Antragstellung zeitlich vor, die nach § 13 Abs. 1 Nr. 1 VwVfG die Beteiligtenstellung erst begründet. Die Beteiligtenstellung beginnt mit den ernsthaften Erwägungen der Behörde, das Verwaltungsverfahren zu eröffnen.[558] Wird für die Behörde ein Wille des Bürgers erkennbar, dessen Verwirklichung und Durchsetzung einen Antrag voraussetzt, obliegen ihr Informationspflichten aus § 25 Satz 1 VwVfG.[559] Die Beratungspflicht besteht wie andere verfahrensbezogene behördliche Pflichten auch vor der Eröffnung des Verwaltungsverfahrens nach § 9 VwVfG.[560] Sie knüpft demnach nicht an die Stellung als Beteiligter an. Auch der potentielle Beteiligte eines zukünftigen Verwaltungsverfahrens soll informiert werden.[561] Potentielle Beteiligte sind Bürger, mit denen die Verwaltung Informationen im Hinblick auf ein aktuelles oder künftiges Verwaltungsverfahren austauschen will, kann oder muss. Damit begünstigt die Beratungspflicht auch Dritte, die nach § 13 Abs. 2 VwVfG hinzugezogen werden können.[562] Für eine Ausweitung der Beratung auf Dritte spricht § 13 Abs. 2 Satz 2 VwVfG, der eine Benachrichtigung der Dritten vor Einleitung des Verfahrens selbst dann vorschreibt, wenn sie noch nicht hinzugezogen sind.[563] Anzuhörende Dritte im Sinne des § 13 Abs. 3 VwVfG sind ebenso zu beraten wie Träger von spezialgesetzlichen Beteiligungsrechten, insbesondere Verbände nach § 29 BNatSchG.[564] Auch Zeugen und Sachverständige fallen unter die Beratungspflicht der Behörde, da sie in den Kommunikationszusam-

[554] *P. Stelkens/D. Kallerhoff*, in: Stelkens/Bonk/Sachs, VwVfG, § 25, Rn. 39.

[555] *P. Badura*, in: Erichsen (Hrsg.), Allgemeines Verwaltungsrecht, § 37, Rn. 24.

[556] *W. Clausen*, in: Knack (Hrsg.), VwVfG, § 25, Rn. 2.3.5.

[557] So aber *C. H. Ule/H.-W. Laubinger*, Verwaltungsverfahrensrecht, § 26, Rn. 19; *W. Clausen*, in: Knack (Hrsg.), VwVfG, § 25, Rn. 3.

[558] *C. H. Ule/H.-W. Laubinger*, Verwaltungsverfahrensrecht, § 15, Rn. 8ff. m.w.N. zu den im Einzelnen unterschiedlichen Ansichten; enger zum Beispiel *F. Kopp*, VwVfG, § 13, Rn. 13, 16, der auf die Mitteilung über die Eröffnung des Verwaltungsverfahrens und die Eröffnung der Vertragsverhandlungen abstellt.

[559] *Ch. Gusy*, BayVBl. 1985, S. 487.

[560] *Ch. Gusy*, BayVBl. 1985, S. 487; *F. Hufen*, Fehler im Verwaltungsverfahren, Rn. 224.

[561] *P. Stelkens/D. Kallerhoff*, in: Stelkens/Bonk/Sachs, VwVfG, § 25, Rn. 24.

[562] *F. Kopp/U. Ramsauer*, VwVfG, § 25, Rn. 5.

[563] *P. Stelkens/D. Kallerhoff*, in: Stelkens/Bonk/Sachs, VwVfG, § 25, Rn. 25.

[564] *F. Kopp*, VwVfG, § 25, Rn. 2, der teilweise für eine analoge Anwendung der Vorschrift eintritt.

menhang eintreten und damit Kommunikationschancen zu verlieren haben.[565] Der Adressatenkreis des §25 Satz 1 VwVfG ist weit auszulegen, um die geregelte Kommunikation im Kontext von Verwaltungsverfahren zu gewährleisten. Aus dem gleichen Grund sind unter Erklärungen oder Anträgen nicht nur förmliche Willenserklärungen, sondern alle Willens- und Wissensbekundungen, Verfahrens- oder Sachanträge zu verstehen.[566] Die Sollvorschrift erweist sich zudem in der Regel als Mussvorschrift, da sie eine bindende Verfahrensanweisung gibt, die nur im Ausnahmefall nicht greift.[567] Die Vorschrift des §25 Satz 1 VwVfG weist hohe Flexibilität auf. Sie erlaubt ein Eingehen auf die konkreten Verfahrensverhältnisse, nach denen sich der Umfang der Beratungspflicht im Einzelfall richtet.[568]

Die Auslegung des §25 Satz 1 VwVfG, nach der die Behörde im Kontext des Verwaltungsverfahrens eine Beratungspflicht gegenüber tatsächlichen wie potentiellen Beteiligten, einschließlich der Einwender im Planfeststellungsverfahren und der Antragsteller in Genehmigungsverfahren trifft, bestätigen die parallelen, spezielleren Vorschriften des §5 UVPG und des §2 Abs. 2 Satz 1 der 9. BImSchV. Die letztere Vorschrift hebt hervor, dass es auch um Information vor der Antragstellung geht, denn die Behörde soll den Bürger „im Hinblick auf die Antragstellung beraten" und nach §2 Abs. 2 Satz 3 der 9. BImSchV klären, welche Unterlagen bei Antragstellung vorgelegt werden müssen. In die gleiche Richtung zielt §2 der Gentechnik-Verfahrensverordnung.[569] Ab dem Beginn der Kommunikation soll die Behörde den Betreiber beraten und zwar nicht nur im Hinblick auf die Antragstellung, sondern auch im Hinblick auf die Notwendigkeit einer Anmeldung. Folge der Beratung kann demnach der Antrag auf Einleitung eines Genehmigungsverfahrens nach § 11 GenTG oder eines Anmeldeverfahrens gemäß § 12 GenTG sein. Die Beratung kann aber auch zu dem Ergebnis führen, dass nicht einmal eine Anmeldung notwendig ist, sich also ein Verwaltungsverfahren als überflüssig erweist. Im Stadium der Beratung geht es für den Betreiber um eine Aufklärung über die von ihm zu erbringenden Handlungen gegenüber der Behörde, die zum Erreichen seines konkreten Handlungsziels erforderlich sind. Ein Individualrecht verleiht § 14 Satz 1 SGB I, wonach jeder einen Anspruch auf Beratung hat. Dieser richtet sich auf die Aufklärung über Rechte und Pflichten. Gegenstand der Auskunftspflicht nach § 16 Abs. 1 SGB I sind die sozialen Angelegenheiten.[570] Beratung und Auskunft dürften damit in der Praxis kaum voneinander zu trennen sein. Mit Blick auf Anträge und Erklä-

565 *P. Stelkens/D. Kallerhoff*, in: Stelkens/Bonk/Sachs, VwVfG, §25, Rn. 25; *F. Kopp*, VwVfG, §25, Rn. 2.

566 *F. Hufen*, Fehler im Verwaltungsverfahren, Rn. 225; *F. Kopp*, VwVfG, §25, Rn. 5; *W. Clausen*, in: Knack (Hrsg.), VwVfG, §25, Rn. 3.2.

567 *H. Hill*, NVwZ 1985, S. 455; *C.H. Ule/H.-W. Laubinger*, Verwaltungsverfahrensrecht, §26, Rn. 20.

568 *W. Clausen*, in: Knack (Hrsg.), VwVfG, §25, Rn. 3.1.

569 Verordnung über Antrags- und Anmeldeunterlagen und über Genehmigungs- und Anmeldeverfahren nach dem Gentechnikgesetz i.d.F. der Bek. vom 4. 11. 1996, BGBl. I, S. 1658.

570 Siehe *H.P. Bull*, Allgemeines Verwaltungsrecht, Rn. 451.

rungen begründet § 16 Abs. 3 SGB I eine Einwirkungspflicht der Behörde, die § 25 Satz 1 VwVfG und noch stärker § 68 Abs. 2 Satz 2 VwVfG ähnelt.[571]

Für das *förmliche Verwaltungsverfahren* enthält § 68 Abs. 2 Satz 2 VwVfG eine Pflicht des Leiters der mündlichen Verhandlung darauf hinzuwirken, dass unklare Anträge erläutert, sachdienliche Anträge gestellt, ungenügende Angaben ergänzt sowie alle für die Feststellung des Sachverhalts wesentlichen Erklärungen abgegeben werden. Damit werden die Aufgaben des Verhandlungsleiters bei der Erörterung der Sache nach § 68 Abs. 2 Satz 1 VwVfG beispielhaft konkretisiert.[572] Zweck der Erörterung ist neben der Aufklärung des Sachverhalts die Gewährung rechtlichen Gehörs.[573] Die Einwirkungspflichten des Verhandlungsleiters bestehen nur zu Gunsten der Beteiligten. Dies erklärt sich daraus, dass die mündliche Verhandlung des förmlichen Verwaltungsverfahrens parallel zu einem gerichtlichen Verfahren geregelt ist. Die Regelung des § 68 Abs. 2 Satz 2 VwVfG entspricht der verwaltungsprozessualen Hinweispflicht nach § 86 Abs. 3 VwGO und die Erörterung in § 68 Abs. 2 Satz 1 VwVfG dem § 104 Abs. 1 VwGO.[574] Damit zieht das Gesetz die Konsequenz aus der Zielsetzung des förmlichen Verwaltungsverfahrens, die Rechtsstellung der Beteiligten zu stärken und die Verwaltung in einen gerichtsförmigen Verfahrensablauf einzubinden. Der Verhandlungsleiter hat dem unkundigen Beteiligten dabei zu helfen, alle Möglichkeiten wahrzunehmen, um das erstrebte Ziel am besten und zweckmäßigsten zu erreichen.[575] Der Kreis der Beteiligten umschließt, wie § 66 VwVfG beweist, auch die Adressaten begünstigender Verwaltungsakte und damit letztlich alle von § 13 VwVfG erfassten Personen.[576] Zudem gelten die Ausnahmen von der Anhörung, die § 28 Abs. 2 und 3 VwVfG vorsieht, im förmlichen Verwaltungsverfahren nicht.[577] Zur mündlichen Verhandlung müssen gemäß § 67 Abs. 1 Satz 2 VwVfG alle Beteiligten geladen werden. Die mündliche Verhandlung selbst ist nicht öffentlich (§ 68 Abs. 1 Satz 1 VwVfG). Der Ausschluss der Öffentlichkeit soll den Interessen der Beteiligten dienen und ihre persönliche Sphäre schützen, zumal die Entscheidung öffentlicher gerichtlicher Kontrolle unterliegt.[578] Da nur Beteiligte in der mündlichen Verhandlung anwesend sind, können die Pflichten des Verhandlungsleiters zu Anregung und Information nach § 68 Abs. 2 Satz 2 VwVfG nur ihnen gegenüber bestehen. Auf dem Feld der Beteiligung erweist sich das nicht förmliche Verfahren nach § 10 VwVfG als bedeutend elastischer.[579]

---

[571] *C.H. Ule/H.-W. Laubinger*, Verwaltungsverfahrensrecht, § 26, Rn. 5.

[572] *M. Sachs*, in: Stelkens/Bonk/Sachs, VwVfG, § 68, Rn. 20.

[573] *C.H. Ule/H.-W. Laubinger*, Verwaltungsverfahrensrecht, § 36, Rn. 9.

[574] *F. Kopp*, VwVfG, § 68, Rn. 8; *C.H. Ule/H.-W. Laubinger*, Verwaltungsverfahrensrecht, § 36, Rn. 9

[575] BVerwGE 86, 94 (98) zu § 86 Abs. 3 VwGO.

[576] *J.-D. Busch*, in: Knack (Hrsg.), VwVfG, § 66, Rn. 3.1.

[577] *C.H. Ule/H.-W. Laubinger*, Verwaltungsverfahrensrecht, § 35, Rn. 1; *P. Badura*, in: Erichsen (Hrsg.), Allgemeines Verwaltungsrecht, § 37, Rn. 15.

[578] *F. Kopp*, VwVfG, § 68, Rn. 2; *J.-D. Busch*, in: Knack (Hrsg.), VwVfG, § 68, Rn. 3.

[579] *J.-D. Busch*, in: Knack (Hrsg.), VwVfG, § 68, Rn. 3.

Auf die Regelung des §68 Abs. 2 Satz 2 verweist §73 Abs. 6 Satz 6 VwVfG und erklärt sie – neben anderen – für anwendbar auf den Erörterungstermin des Planfeststellungsverfahrens. Die Erfordernisse eines sachgerechten Verfahrensablaufes können die Beratung und Information des Vorhabenträgers durch die Behörde gebieten, ohne dass deren Unparteilichkeit berührt würde.[580] Im Erörterungstermin gilt das Gebot des fairen Verfahrens, aus dem eventuell Informationspflichten der Behörde resultieren.[581] Erneut ist der besonderen Verfahrenssituation Rechnung zu tragen.

Mit dem Ziel der Beschleunigung von Verwaltungsverfahren normiert *§71c Abs. 2 VwVfG* die Pflicht der Behörde zur Erörterung von Verfahrensfragen mit dem zukünftigen Antragsteller. Durch den Verweis auf die „zukünftige" Antragstellung betont die Regelung, dass ihr Anwendungsbereich im Vorfeld des formalisierten Kontakts zwischen Behörde und Bürger liegt.[582] Sie präzisiert die behördlichen Erörterungspflichten für eine bestimmte Verfahrensart und ergänzt insoweit den parallelen §25 VwVfG.[583] Vor dem eigentlichen Genehmigungsverfahren soll dem potentiellen Antragsteller die Gelegenheit gegeben werden, alles Seinige zur Beschleunigung des Verfahrens beizutragen.[584] Damit bildet die Vorschrift das Gegenstück zu §71b VwVfG, der die Genehmigungsbehörde auf Verfahrensbeschleunigung festlegt. Andere Behörden und mit Zustimmung des zukünftigen Antragstellers auch Dritte können nach §71c Abs. 2 Satz 2 VwVfG hinzugezogen werden, wie dies vielfach bereits gängige Praxis ist.[585] Dadurch wird ein Unternehmer, der ein genehmigungsbedürftiges Vorhaben im Rahmen einer wirtschaftlichen Unternehmung gemäß §71a VwVfG beabsichtigt, in die Lage versetzt, vor der Stellung des Antrags auf ohnehin zu erwartende Einwände Rücksicht zu nehmen.[586] Nur der Anspruch auf Mitteilung über die Vollständigkeit der Angaben und die Verfahrensdauer nach §71c Abs. 3 VwVfG kann aufgrund seines Inhalts erst nach Eingang des Antrags entstehen.[587] Die frühzeitige Partizipation von Bürgern fördert Kommunikation und schafft Akzeptanz. In diesem Zusammenhang weist §71c Abs. 2 Nr. 3 VwVfG auf Möglichkeiten hin, die Beteiligung Dritter oder der Öffentlichkeit vorzuziehen, um das Genehmigungsverfahren zu entlasten. Nutznießer können nur die potentiellen Beteiligten des späteren Genehmigungsverfahrens sein.[588] Maßgeblich ist insoweit das einschlägige Fachrecht, soweit es entsprechende Optionen eröffnet, wie etwa im Fall des Genehmigungsverfahrens nach

---

580 BVerwGE 74, 215 (231).

581 *H.J. Bonk*, in: Stelkens/Bonk/Sachs, VwVfG, §73, Rn. 108.

582 *H. Schmitz/F. Wessendorf*, NVwZ 1996, S. 959; *W. Clausen*, in: Knack (Hrsg.), VwVfG, §71c, Rn. 3.1; *F. Kopp/U. Ramsauer*, VwVfG, §71c, Rn. 1.

583 *H.J. Bonk*, in: Stelkens/Bonk/Sachs, VwVfG, §71c, Rn. 4.

584 *U. Ramsauer*, Nachtrag zu Kopp, VwVfG, §71c, Rn. 61.

585 *W. Clausen*, in: Knack (Hrsg.), VwVfG, §71c, Rn. 3.3.

586 *U. Ramsauer*, Nachtrag zu Kopp, VwVfG, §71c, Rn. 69; *F. Kopp/U. Ramsauer*, VwVfG, §71c, Rn. 4f.

587 *W. Clausen*, in: Knack (Hrsg.), VwVfG, §71c, Rn. 4.2.

588 *H.J. Bonk*, in: Stelkens/Bonk/Sachs, VwVfG, §71c, Rn. 27.

§§4, 10 BImSchG i.V.m. der 9. BImSchV.[589] Die spezialgesetzlichen Möglichkeiten frühzeitiger Partizipation werden durch §71c Abs.2 Nr.3 VwVfG nicht erweitert.[590] Für die Behörden ergibt sich ein gesteigerter Personal- und Zeitaufwand, der aber durch die Vermeidung überflüssiger und die Verkürzung erforderlicher Verfahren wieder ausgeglichen werden könnte.[591] Die Verwaltung schlüpft in die Rolle eines Dienstleistungsunternehmens, das im Vorfeld der Antragstellung mit den Bürgern kommuniziert und die Interessenlage einschätzt.

Die §§71aff. VwVfG sind Ausprägungen eines dialogischen, kooperativen Verwaltungsrechts und dies insbesondere deshalb, weil die Informationspflichten der Behörden verstärkt werden. Wenn die Vorschriften auch mit dem einseitigen Etikett der Verfahrensbeschleunigung versehen sind, drückt sich in ihnen doch ein systematischer Wandel aus.[592] Mehr Information und mehr Kooperation sollen die Entscheidungsverfahren beschleunigen.[593] Die Bedeutung von Informationsflüssen für den Gesetzesvollzug und die Notwendigkeit, rechtliche Positionen des Bürgers in diesem Zusammenhang zu verankern, werden vom Gesetzgeber anerkannt. In diesem Kontext steht eine wesentliche Funktion der Beratung im Verwaltungsrecht generell: Da die Behörde die Chancen auf Kommunikation im Verfahren verteilt, muss sie die Teilnehmer der Kommunikation vor dem Verlust wesentlicher Chancen auf Einbringen und Empfang von Informationen schützen.

3.1.3. Die Auskunft

Die Erteilung einer Auskunft über die Rechte und Pflichten der Beteiligten im Verwaltungsverfahren gemäß §25 Satz 2 VwVfG steht in einem inneren Zusammenhang zum allgemeinen Informieren der Öffentlichkeit.[594] Mit ihr reagiert die Behörde auf eine sich konkretisierende Verfahrenssituation.[595] Dabei muss der Bürger kein bestimmtes Informationsinteresse geäußert haben. Stellt er einen Antrag oder erhebt er Ansprüche, trifft die zuständige Behörde eine Verpflichtung, ihm seine Rechtsposition zu erklären, wenn sich dies als erforderlich erweist. Erforderlich nach §25 Satz 2 VwVfG ist eine Auskunft dann, wenn der Informationsbedürftige sich entschuldbar im Ungewissen befindet.[596] Er muss in die Lage versetzt werden, seine Rechte effektiv wahrnehmen und sei-

[589] *W. Clausen*, in: Knack (Hrsg.), VwVfG, §71c, Rn.3.2.3.

[590] *U. Ramsauer*, Nachtrag zu Kopp, VwVfG, §71c, Rn.68.

[591] *H.J. Bonk*, NVwZ 1997, S.327.

[592] Vgl. *H.J. Bonk*, in: Stelkens/Bonk/Sachs, VwVfG, §71a, Rn.5; *W. Clausen*, in: Knack (Hrsg.), VwVfG, Vor §§71a-71e, Rn.3.

[593] *H.J. Bonk*, NVwZ 1997, S.326; *F. Kopp/U. Ramsauer*, VwVfG, §71a, Rn.4.

[594] Vgl. *C.H. Ule/H.-W. Laubinger*, Verwaltungsverfahrensrecht, §26, Rn.6.

[595] Vgl. allgemein *E. Czerwick*, DÖV 1997, S.980f.

[596] Siehe BVerwG, Urt.v.31.1. 1974, NJW 1974, S.1440 (1444); *P. Stelkens/D. Kallerhoff*, in: Stelkens/Bonk/Sachs, VwVfG, §25, Rn.40.

ne Pflichten ordnungsgemäß erfüllen zu können.[597] Der weite Maßstab der Erforderlichkeit lässt der Behörde erhebliche Spielräume, um in Kommunikation mit Informationsbedürftigen zu treten oder bestimmte Informationsbeziehungen zu gestalten.[598]

Nach der Rechtsprechung des Bundesverwaltungsgerichts regelt §25 VwVfG die Auskunftsansprüche der Beteiligten eines Verwaltungsverfahrens.[599] Auskünfte dienen der Rechtswahrung.[600] Dritten gegenüber soll keine Auskunftspflicht der Behörde bestehen.[601] Die Vorschrift des §25 Satz 2 VwVfG ermöglicht jedoch ihrem Wortlaut nach die Auskunft über die Rechtsstellung der Beteiligten im Verwaltungsverfahren, sie beschränkt sich nicht auf die Information der Beteiligten im Sinne des §13 VwVfG selbst.[602] Vielmehr kommen auch potentielle Beteiligte als Informationsbedürftige in Betracht, insbesondere im Vorfeld ihrer Einbeziehung in das Verwaltungsverfahren.[603] Parallel zum Anwendungsbereich des §25 Satz 1 VwVfG werden auch Einwender, Zeugen und Sachverständige begünstigt.[604] Wenn ein Dritter nach §13 Abs. 2 VwVfG hinzugezogen werden kann oder muss, obliegt der Behörde auch ihm gegenüber eine Auskunftspflicht. Gegenstand können zum Beispiel die Rechte als Beteiligter nach einer Hinzuziehung sein.[605] Denn die Regelung über die Hinzuziehung betrifft die Verfahrensrechte und Verfahrenspflichten und löst damit Informationsbedarf aus. Da die Erteilung von Auskünften der Rechtswahrung dient, steht dem Berechtigten ein Anspruch auf fehlerfreie Ermessensentscheidung über die Auskunft zu.[606] Eine Ermessensreduktion auf Null kommt insbesondere dann in Betracht, wenn ohne die Auskunft die Rechtsstellung des Bürgers mit hoher Wahrscheinlichkeit schwerwiegenden Gefährdungen ausgesetzt wäre.[607] Das Informationsrecht entsteht, um drohende Rechtsnachteile zu verhindern.

Zu Gunsten eines (potentiellen) Antragstellers, der eine wirtschaftliche Unternehmung im Sinne des §71a VwVfG beabsichtigt, normiert §71c Abs. 1 VwVfG eine Auskunftspflicht der Behörde. Sie ist gegenständlich auf die Möglichkeiten beschränkt, die zur Beschleunigung des Verfahrens offen stehen.[608] Derartige Auskünfte werden regelmäßig auf Verlangen nach Antragstellung

---

597 *C.H. Ule/H.-W. Laubinger*, Verwaltungsverfahrensrecht, §26, Rn. 10.

598 Vgl. *F. Hufen*, Fehler im Verwaltungsverfahren, Rn. 229.

599 BVerwGE 61, 15 (24); 84, 375 (376).

600 Vgl. *J. Scherer*, Verwaltung und Öffentlichkeit, S. 22.

601 *P. Stelkens/D. Kallerhoff*, in: Stelkens/Bonk/Sachs, VwVfG, §25, Rn. 41.

602 So aber *C.H. Ule/H.-W. Laubinger*, Verwaltungsverfahrensrecht, §26, Rn. 10; *W. Clausen*, in: Knack (Hrsg.), VwVfG, §25, Rn. 4.2.

603 *F. Hufen*, Fehler im Verwaltungsverfahren, Rn. 224.

604 *F. Kopp/U. Ramsauer*, VwVfG, §25, Rn. 5.

605 Enger *F. Kopp/U. Ramsauer*, VwVfG, §25, Rn. 13.

606 *F. Kopp*, VwVfG, §25, Rn. 16.

607 *W. Clausen*, in: Knack (Hrsg.), VwVfG, §25, Rn. 2.4.

608 *H.J. Bonk*, in: Stelkens/Bonk/Sachs, VwVfG, §71c, Rn. 5; *W. Clausen*, in: Knack (Hrsg.), VwVfG, §71c, Rn. 2.3.

von Bedeutung sein. Eine begriffliche Beschränkung nimmt §71c Abs. 1 VwVfG jedoch nicht vor. Dem Zweck der Vorschrift entspricht die Lesart, Auskunftspflichten schon vor dem Antrag und auch ohne ausdrückliches Ersuchen anzunehmen, wenn es einem zügigen Verfahren dient. Die Korrektur erlaubt das Begriffsmerkmal der Erforderlichkeit.[609] Denn eine Auskunft ist nur dann erforderlich, wenn nicht zu erwarten steht, dass der Unternehmer seine Möglichkeiten ohnehin kennt.[610] Dies wird insbesondere bei kleineren Betrieben der Fall sein, wenn der Unternehmer nicht über den erforderlichen Sachverstand verfügt.[611]

Die Auskunft erfolgt in der Regel auf Verlangen des Bürgers, das Ersuchen ist aber kein begriffsnotwendiges Merkmal.[612] Ein erkennbares Interesse des (potentiellen) Beteiligten an einer Auskunft reicht aus, um die Informationspflicht der Behörde entstehen zu lassen. Der Bürger macht aber in aller Regel sein Interesse schon deshalb deutlich, damit die Behörde ihn qualifiziert und interessengeleitet informieren kann. Das Interesse an der Auskunft kann sich auch aus prozessualen Erwägungen speisen. Denn insbesondere die Verfolgung einstweiligen Rechtsschutzes ergibt nur dann Sinn, wenn der Bürger Gewissheit über den Standpunkt der Behörde hat. Im Zusammenhang von Feststellungsklagen, welche die Rechtmäßigkeit geplanter Vorhaben betreffen, vermag der Bürger diese Gewissheit nur den Auskünften der Behörde zu entnehmen.[613] Die Auskunft benötigt er, bevor er selbst handelt.[614] Ein Anspruch auf Auskunft als Vorwirkung prozessualer Aspekte bezweckt, Zweifel des Bürgers über geplante Maßnahmen auszuräumen.[615] Dieser Interessenlage tragen besondere Rechtsnormen, insbesondere im Zuge von Genehmigungsverfahren, Rechnung.[616] Ein Auskunftsanspruch losgelöst von den speziellen Vorschriften besteht nicht, da die prozessualen Regelungen als rechtliche Grundlage nicht ausreichen.

3.2. Spielräume aus § 10 VwVfG

Die Vorschrift des §10 Satz 1 VwVfG formuliert den Grundsatz der Nicht-Förmlichkeit als übergeordnetes Prinzip des gesamten Verwaltungsverfahrensrechts.[617] Vor dem Hintergrund umfassenden verwaltungsgerichtlichen Schut-

---

609 *H.J. Bonk*, NVwZ 1997, S. 327.

610 *F. Kopp/U. Ramsauer*, VwVfG, §71c, Rn. 8.

611 *H. Schmitz/F. Wessendorf*, NVwZ 1996, S. 959; *U. Ramsauer*, Nachtrag zu Kopp, VwVfG, §71c, Rn. 64; *W. Clausen*, in: Knack (Hrsg.), VwVfG, §71c, Rn. 2.5.

612 *P. Stelkens/D. Kallerhoff*, in: Stelkens/Bonk/Sachs, VwVfG, §25, Rn. 39; a.A. *C.H. Ule/H.-W. Laubinger*, Verwaltungsverfahrensrecht, §26, Rn. 7; *W. Clausen*, in: Knack (Hrsg.), VwVfG, §25, Rn. 4.6.

613 Für einen Auskunftsanspruch insoweit *Ch. Trzaskalik*, Rechtsschutzzone, S. 109ff.

614 *Ch. Trzaskalik*, Rechtsschutzzone, S. 114.

615 *Ch. Trzaskalik*, Rechtsschutzzone, S. 118.

616 *Ch. Trzaskalik*, Rechtsschutzzone, S. 116f.

617 *F. Kopp*, VwVfG, §10, Rn. 1.

zes soll die Verwaltung möglichst einfach und wirksam arbeiten können.[618] Das Verwaltungshandeln ist grundsätzlich keinen besonderen verfahrensmäßigen Formalien unterworfen, wenn keine entsprechende gesetzliche Anordnung vorliegt.[619] Einfachheit, Zweckmäßigkeit und Zügigkeit stehen allerdings in einem Spannungsverhältnis zu Anforderungen eines rechtsstaatlichen Verwaltungsverfahrens.[620] Verfassungsrechtlich verankerte Rechtspositionen vertragen keine Vernachlässigung.[621] Die Vorgaben des Grundgesetzes weisen aber eine Allgemeinheit auf, die in aller Regel die Harmonisierung mit den Bedürfnissen des nichtförmlichen Verfahrens erlaubt. Zudem wenden sich die verfassungsrechtlichen Minimalstandards an den Gesetzgeber und schlagen nur ausnahmsweise auf die Ebene des einfachen Rechts durch.[622]

Durchgängige Grundsätze für die Ausgestaltung des Verwaltungsverfahrens folgen aus § 10 Satz 2 VwVfG, wonach das Verfahren einfach, zweckmäßig und zügig durchzuführen ist. Die Gebote der Verfahrensökonomie, Effektivität und Beschleunigung sind für die Verwaltung bindend.[623] Bei der Auslegung des § 10 VwVfG gilt es, die im jeweiligen Verwaltungsverfahren berührten Rechtsgüter im Blick zu behalten.[624] Denn die Verwaltung hat sich bei der Ausgestaltung des Verfahrens an dessen Zwecken zu orientieren, zu denen neben der Herbeiführung einer optimierten Entscheidung immer auch Wahrung und Schutz der Rechte des Bürgers gehören.[625]

Im Zuge der Durchführung und Ausgestaltung des Verfahrens steht der zuständigen Behörde ein gewisser Spielraum zu.[626] Sie verfügt über ein Verfahrensermessen.[627] Als Grundlage für die Entscheidungen der Behörde über die Gestaltung des Verwaltungsverfahrens dienen die einschlägigen Bestimmungen spezieller Gesetze oder des Verwaltungsverfahrensgesetzes.[628] Auf dem Gebiet des Informationsverwaltungsrechts kommen etwa § 28 Abs. 2 und § 29 Abs. 2 VwVfG in Betracht, die ein Ermessen der Verwaltung bei der Verweigerung von Anhörung und Akteneinsicht gewähren. Die kommunikationsleitenden Vorschriften des Verwaltungsverfahrensgesetzes werden von § 10 VwVfG beeinflusst, der eine allgemeine Auslegungsmaxime enthält.[629] Die Kommunikation

---

618 *W. Clausen*, in: Knack (Hrsg.), VwVfG, § 10, Rn. 2.

619 *P. Badura*, in: Erichsen (Hrsg.), Allgemeines Verwaltungsrecht, § 34, Rn. 4.

620 *W. Clausen*, in: Knack (Hrsg.), VwVfG, § 10, Rn. 3.1; *F. Kopp/U. Ramsauer*, VwVfG, § 10, Rn. 2; siehe auch *F. Hufen*, Fehler im Verwaltungsverfahren, Rn. 57.

621 *F. Kopp*, VwVfG, § 10, Rn. 13.

622 Siehe oben 2. Kapitel, insbesondere 2.4.2.

623 *C.H. Ule/H.-W. Laubinger*, Verwaltungsverfahrensrecht, § 19, Rn. 13; *W. Clausen*, in: Knack (Hrsg.), VwVfG, § 10, Rn. 2; *P. Stelkens/H. Schmitz*, in: Stelkens/Bonk/Sachs, VwVfG, § 10, Rn. 21.

624 *F. Hufen*, Fehler im Verwaltungsverfahren, Rn. 57.

625 *H. Hill*, NVwZ 1985, S. 451; *F. Kopp/U. Ramsauer*, VwVfG, § 10, Rn. 15.

626 *F. Kopp*, VwVfG, § 10, Rn. 12.

627 *H. Hill*, NVwZ 1985, S. 450.

628 *P. Stelkens/H. Schmitz*, in: Stelkens/Bonk/Sachs, VwVfG, § 10, Rn. 16.

629 *F. Kopp*, VwVfG, § 10, Rn. 4.

der Verwaltung mit den Bürgern ist demnach möglichst unkompliziert umzusetzen. Informationen sollen im Dienste der Verfahrenszwecke ausgetauscht werden. Die schnelle Übermittlung von Informationen sichert den geradlinigen Weg hin zum Verfahrensabschluss. Einen Anspruch auf eine bestimmte Verfahrensdurchführung gewährt § 10 Satz 2 VwVfG nicht.[630] Den Behörden soll gerade Flexibilität ermöglicht werden. Deshalb eignet sich die Vorschrift wenig als Grundlage isoliert einklagbarer Verpflichtungen. Ein Verstoß gegen § 10 VwVfG begründet auch nicht die Fehlerhaftigkeit der Entscheidung.[631] Die Verletzung der Gebote des § 10 Satz 2 VwVfG macht den nachfolgenden Verwaltungsakt grundsätzlich nicht rechtswidrig. Den Beteiligten dürfen jedoch keine Kosten aufgebürdet werden, die durch Verstöße gegen die Grundsätze der Zweckmäßigkeit, Einfachheit oder Zügigkeit verursacht werden.[632]

Allerdings folgt eine subjektive Berechtigung ausnahmsweise dann aus § 10 VwVfG, wenn das Ermessen der Behörde auf Null reduziert ist. Die Beteiligten des Verwaltungsverfahrens haben einen Anspruch auf fehlerfreie Ermessensentscheidung bei der Ausübung des Verfahrensermessens.[633] Neben den allgemeinen Ermessensgrenzen des § 40 VwVfG wirkt die Zwecksetzung der Verfahrensvorschrift auf die Ermessensausübung ein. Eine Rolle kann auch das durchzusetzende materielle Recht spielen.[634] Als ermessensleitende Normen kommen selbstverständlich auch die Grundrechte in Betracht. Darin liegt eine zentrale Bedeutung ihrer verfahrensrechtlichen Funktion wie sich etwa bei den Wirkungen des Art. 12 Abs. 1 GG auf die Ausgestaltung von Prüfungsverfahren gezeigt hat.[635] Da § 10 Satz 2 VwVfG unmittelbar anwendbare Regelungen enthält, kann seine Verletzung zu Schadensersatzansprüchen führen. Aus der Rechtspflicht der Behörde, das Verfahren zügig durchzuführen, folgt ein subjektives Recht der Beteiligten auf zügige Erledigung, dessen Verletzung unter Umständen Amtshaftungsansprüche auslösen kann.[636] Im Hinblick auf das Beschleunigungsgebot kommt die Untätigkeitsklage in Betracht.[637]

---

630 *C.H. Ule/H.-W. Laubinger*, Verwaltungsverfahrensrecht, § 19, Rn. 13; *W. Clausen*, in: Knack (Hrsg.), VwVfG, § 10, Rn. 4.1.

631 *F. Hufen*, Fehler im Verwaltungsverfahren, Rn. 58; *F. Kopp*, VwVfG, § 10, Rn. 11.

632 *C.H. Ule/H.-W. Laubinger*, Verwaltungsverfahrensrecht, § 19, Rn. 13; *F. Kopp*, VwVfG, § 10, Rn. 11.

633 *H. Hill*, NVwZ 1985, S. 452; *P. Stelkens/H. Schmitz*, in: Stelkens/Bonk/Sachs, VwVfG, § 10, Rn. 18.

634 *P. Stelkens/H. Schmitz*, in: Stelkens/Bonk/Sachs, VwVfG, § 10, Rn. 17.

635 Siehe oben 2. Kapitel, 2.3.2. und 3.1.2.

636 *H.J. Bonk*, NVwZ 1997, S. 323.

637 *C.H. Ule/H.-W. Laubinger*, Verwaltungsverfahrensrecht, § 19, Rn. 13; *F. Hufen*, Fehler im Verwaltungsverfahren, Rn. 58; *F. Kopp*, VwVfG, § 10, Rn. 11.

3.3. Rechte auf Information aus § 28 VwVfG

Die Anhörung nach § 28 VwVfG dient zuvörderst der Gewährleistung rechtlichen Gehörs im Verwaltungsverfahren, die das Rechtsstaatsprinzip fordert.[638] Daneben gehört die Anhörung zu dem Bestand an verfahrensrechtlichen Mechanismen zur Sicherung von Grundrechten.[639] Dem Beteiligten am Verwaltungsverfahren ist gemäß § 28 Abs. 1 VwVfG Gelegenheit zur Stellungnahme zu geben, bevor ein Verwaltungsakt erlassen wird, der in seine Rechte eingreift. Die Voraussetzung für eine Stellungnahme bildet die Kenntnis der Umstände, die für die Entscheidung der Behörde erheblich sind. Daher beinhaltet § 28 Abs. 1 VwVfG ein Recht auf Information. Denn der Beteiligte muss die entscheidungserheblichen Tatsachen von der Behörde in Erfahrung bringen können.[640] Soweit das Recht auf Akteneinsicht aus § 29 VwVfG reicht, existiert ein unmittelbares Informationsrecht, das den Erfordernissen des § 28 VwVfG Genüge tut.[641] Tatsachen, die nicht in den Akten enthalten sind, hat die Behörde im Rahmen der Anhörung mitzuteilen.[642] Gleiches gilt, wenn ein Grund zur Verweigerung der Akteneinsicht nach § 29 Abs. 2, § 30 VwVfG vorliegt.[643]

Das Informationsrecht aus § 28 Abs. 1 VwVfG verfügt über eine nur begrenzte Tragweite. Es ähnelt einer Auskunft über Tatsachen, die rechtliche Nachteile des Beteiligten verhindern soll. Zu dem Zweck, die Voraussetzungen für die Anhörung zu schaffen, reichen die Mitteilung der entscheidungserheblichen Tatsachen und der von der Behörde grundsätzlich vertretenen Rechtsauffassung aus.[644] Die Informationspflicht der Behörde endet bei ihrer Pflicht zur Geheimhaltung.[645] Dann ist der Grund der Geheimhaltung anzugeben.[646] Den Beteiligten steht nach diesen Maßgaben ein subjektives Recht auf Information zu. Dessen Zielrichtung entspricht derjenigen des § 28 VwVfG insgesamt. Regelmäßig handelt es sich um ein Auskunftsrecht, das die eigene Rechtsverfolgung des Beteiligten ermöglichen soll, um Einfluss auf die Entscheidung der Behörde nehmen zu können. Gegenstand sind alle Informationen, deren Herausgabe erforderlich ist, um den Grundsatz rechtlichen Gehörs effektiv zu verwirklichen.

---

638 *P. Badura*, in: Erichsen (Hrsg.), Allgemeines Verwaltungsrecht, § 37, Rn. 13; *H.J. Bonk*, in: Stelkens/Bonk/Sachs, VwVfG, § 28, Rn. 2f. m.w.N.

639 *F. Kopp*, VwVfG, § 28, Rn. 1; *F. Kopp/U. Ramsauer*, VwVfG, § 28, Rn. 25; siehe auch BVerwG 74, 109 (112); dagegen *W. Clausen*, in: Knack (Hrsg.), VwVfG, § 28, Rn. 2.1.

640 *F. Kopp*, VwVfG, § 28, Rn. 21; siehe auch *W. Clausen*, in: Knack (Hrsg.), VwVfG, § 28, Rn. 3.4.

641 *C.H. Ule/H.-W. Laubinger*, Verwaltungsverfahrensrecht, § 24, Rn. 3.

642 *F. Kopp/U. Ramsauer*, VwVfG, § 28, Rn. 17.

643 *M. Preussner*, VBlBW 1982, S. 4; *F. Kopp*, VwVfG, § 28, Rn. 23.

644 *C.H. Ule/H.-W. Laubinger*, Verwaltungsverfahrensrecht, § 24, Rn. 4; enger *W. Clausen*, in: Knack (Hrsg.), VwVfG, § 28, Rn. 3.5.

645 *F. Kopp/U. Ramsauer*, VwVfG, § 28, Rn. 17.

646 *F. Kopp*, VwVfG, § 28, Rn. 23.

3.4. Das Akteneinsichtsrecht der Beteiligten nach §§ 29, 30 VwVfG

Grundlegend für die Herausarbeitung der Strukturen von Informationsrechten ist das Recht auf Akteneinsicht nach §§ 29 und 30 VwVfG. An diesem Modell richten sich speziellere Vorschriften aus, die nach § 1 Abs. 1 und 2 VwVfG der allgemeinen Regelung vorgehen.[647] Bei Zweifelsfragen sind ältere, spezialgesetzliche Rechte auf Akteneinsicht im Einklang mit § 29 VwVfG auszulegen.[648] Auf das Verwaltungsverfahrensgesetz wirken andererseits jüngere gesetzliche Bestimmungen ein, die ein verändertes Licht auf die Auslegung der §§ 29, 30 VwVfG werfen.[649] Denn die §§ 29, 30 VwVfG werden nicht als unantastbares Idealbild verstanden, sondern als wichtige und prototypische Ausprägungen eines Informationsrechts, die aber in einem strukturellen Gesamtzusammenhang zu sehen sind, der Verständnis und Anwendung von Rechten auf Information leitet.[650]

3.4.1. Die Funktion des Akteneinsichtsrechts nach § 29 VwVfG

Die Gewährung des Rechts auf Akteneinsicht in § 29 VwVfG und den entsprechenden Verwaltungsverfahrensgesetzen der Länder bezweckt die Verwirklichung eines fairen rechtsstaatlichen Verfahrens.[651] Sie stellt eine besondere Form des rechtlichen Gehörs dar.[652] Durch die Akteneinsicht soll die „Waffengleichheit" zwischen Bürger und Behörde hergestellt, die Transparenz der Entscheidungsgrundlagen gewährleistet werden.[653] Indirekt bewirkt die Akteneinsicht eine Kontrolle der Verwaltung, indem sie den Entscheidungsprozess nachvollziehbar und damit transparent macht.[654] Diese Kontrolle trägt deshalb indirekten Charakter, weil sie sich, jenseits präventiver Wirkungen auf das Verwaltungshandeln, erst durch die Wahrnehmung individueller Rechtsbehelfe realisiert. Damit ist die Akteneinsicht ein wesentliches Element der Kontrolle von Verwaltung durch die Öffentlichkeit und trägt damit zur Förderung des Vertrauensverhältnisses ziwschen Bürger und Behörde bei.[655] Nach ihrer Kon-

---

[647] *W. Clausen*, in: Knack (Hrsg.), VwVfG, § 29, Rn. 10; *F. Kopp/U. Ramsauer*, VwVfG, § 29, Rn. 6.

[648] *F. Kopp*, VwVfG, § 29, Rn. 37; missverständlich *M. Preussner*, VBlBW 1982, S. 2, der die speziellen Vorschriften als Ergänzungen der Akteneinsicht bezeichnet.

[649] Vgl. *F. Hufen*, Fehler im Verwaltungsverfahren, Rn. 234, der von Verständniswandel bei § 29 VwVfG spricht.

[650] Vgl. den Ansatz von *D. König*, DÖV 2000, S. 46f.

[651] *H.J. Bonk*, in: Stelkens/Bonk/Sachs, VwVfG, § 29, Rn. 1; vgl. allgemein *D. Dörr*, Faires Verfahren, S. 141.

[652] *P. Badura*, in: Erichsen (Hrsg.), Allgemeines Verwaltungsrecht, § 37, Rn. 17; *F. Kopp/U. Ramsauer*, VwVfG, § 29, Rn. 3.

[653] BayVGH, Urt.v. 17. 2. 1998, NVwZ 1999, S. 889 (890); *H.J. Bonk*, in: Stelkens/Bonk/Sachs, VwVfG, § 29, Rn. 4.

[654] *G. Trantas*, Akteneinsicht, S. 442; *F. Kopp*, VwVfG, § 29, Rn. 2; *H.J. Bonk*, in: Stelkens/Bonk/Sachs, VwVfG, § 29, Rn. 4.

[655] BayVGH, Urt.v. 17. 2. 1998, NVwZ 1999, S. 889 (890).

struktion zielt die Bestimmung des § 29 VwVfG nur nachrangig auf die Ermöglichung demokratischer Kontrolle durch die Öffentlichkeit.[656] Das Informationsrecht dient zuvörderst dem Individualschutz.[657] Denn der Bürger wird in die Lage versetzt, sich ausreichende Informationen zu verschaffen, um seine materiellen Rechte durchzusetzen. Neben dem Rechtsstaatsprinzip und Art. 1 GG drängen Vorgaben der Grundrechte auf Beachtung, die etwa aus der durch Art. 2 Abs. 1 GG garantierten Selbstbestimmung des Bürgers erwachsen.[658] Das Recht auf Akteneinsicht in § 29 VwVfG ist Ausdruck des Schutzes der Grundrechte durch Verfahren.[659] Seine grundsätzliche Existenz gebieten die Grundrechte, seine Auslegung erfolgt vor verfassungsrechtlichem Hintergrund.[660]

Da § 29 VwVfG als Rechtsfolge die Herausgabe von Informationen der Behörde bewirkt, gehört die Regelung zu dem Bestand an Vorschriften, die den Informationsfluss im Verwaltungsverfahren leiten. Der Bürger kann Informationen verlangen, während bei der Mitteilung von Informationen aufgrund des § 25 VwVfG zunächst die Verwaltung am Zug ist. Dem Berechtigten ermöglicht es § 29 VwVfG, Akten unmittelbar einzusehen und damit sein folgendes Verhalten an den Akteninhalten auszurichten.[661] Das Recht auf Akteneinsicht steht neben dem Anhörungsrecht des § 28 VwVfG, mit dem die Behörde dazu gezwungen wird, Informationen der Beteiligten zur Kenntnis zu nehmen.[662] Nachgeschaltet ist die Pflicht zur Begründung des Verwaltungsaktes in § 39 VwVfG, die Akzeptanz herbeiführen, aber auch die Kontrolle der Entscheidung bis hin zum Rechtsschutz sicherstellen und erleichtern soll.[663] Akteneinsicht dient aber nicht nur dem Bürger, sondern auch den Informationsinteressen der Verwaltung, indem mehr Informationen von Seiten der Informationssuchenden ins Verfahren eingebracht werden. Dadurch werden Rückfragen entbehrlich und die Konsensfindung wird erleichtert.[664] Im Akteneinsichtsrecht des § 29 VwVfG findet dem Grunde nach das Prinzip der beschränkten Aktenöffentlichkeit Ausdruck.[665] Bei der Auslegung gewinnen Transparenz und Partizipation jedoch an Gewicht. Das Prinzip der beschränkten Aktenöffentlichkeit erweist sich als Teil einer Rechtskonzeption über den Zugang zu Infor-

---

[656] *R. Bieber*, DÖV 1991, S. 860.

[657] *J. Masing*, Mobilisierung, S. 135; *P. Badura*, in: Erichsen (Hrsg.), Allgemeines Verwaltungsrecht, § 37, Rn. 17.

[658] BayVGH, Urt.v.5. 9. 1989, NVwZ 1990, S. 775 (777); BayVGH, Urt.v.17. 2. 1998, NVwZ 1999, S. 889; *F. Kopp*, VwVfG, § 29, Rn. 2; *W. Clausen*, in: Knack (Hrsg.), VwVfG, § 29, Rn. 3.

[659] BayVGH, Urt.v.5. 9. 1989, NVwZ 1990, S. 775 (777); BayVGH, Beschl.v.8. 12. 1987, NJW 1988, S. 1614.

[660] *G. Trantas*, Akteneinsicht, S. 365.

[661] *W. Clausen*, in: Knack (Hrsg.), VwVfG, § 29, Rn. 3.

[662] Vgl. *F. Hufen*, Fehler im Verwaltungsverfahren, Rn. 235.

[663] *H.-G. Henneke*, in: Knack (Hrsg.), VwVfG, § 39, Rn. 2.2 m.w.N.

[664] *F. Hufen*, Fehler im Verwaltungsverfahren, Rn. 235.

[665] *P. Badura*, in: Erichsen (Hrsg.), Allgemeines Verwaltungsrecht, § 37, Rn. 18; *H.-U. Erichsen/A. Scherzberg*, Umsetzung, S. 24; *M. Preussner*, VBlBW 1982, S. 2; *H.J. Bonk*, in: Stelkens/Bonk/Sachs, VwVfG, § 29, Rn. 3; *W. Clausen*, in: Knack (Hrsg.), VwVfG, § 29, Rn. 2.3; *J. Fluck/A. Theuer*, UIG, § 4, Rn. 98; vgl. *J. Scherer*, Verwaltung und Öffentlichkeit, S. 18.

mationen der Verwaltung, die hinsichtlich der Beschränkungen mit den Geheimhaltungsinteressen der Verwaltung und der Privaten in Einklang gebracht werden muss.[666] Insoweit geht es weniger um die Begrenzung als um die Begrenzbarkeit der Aktenöffentlichkeit.[667] Ein modifiziertes Verständnis der §§29, 30 VwVfG stellt die Vorschriften in den Zusammenhang der Kommunikation im Verwaltungsverfahren.

3.4.2. Voraussetzungen und Inhalt des Akteneinsichtsrechts nach § 29 Abs. 1 VwVfG

3.4.2.1. Die Anspruchsberechtigten

Die Bestimmung des §29 VwVfG regelt das Recht auf Akteneinsicht der Beteiligten im Sinne des §13 VwVfG. Ihnen steht ein ermessensunabhängiges Informationsrecht zu.[668] Durch Akteneinsicht erhalten die Berechtigten ungefilterten Zugang zu Informationen der Behörde. Damit normiert §29 VwVfG das weitgehendste und wichtigste Recht auf Information. Da die Vorschrift nur Beteiligte berechtigt, setzt sie die eigene Betroffenheit des Einsichtsbegehrenden voraus.[669] Ein legitimes Interesse an Akteneinsicht können aber auch am Verfahren (noch) nicht beteiligte Personen haben. Der am Verfahren Interessierte vermag oft erst durch Einsicht in die Akten festzustellen, ob eine formelle Beteiligung in Betracht kommt.[670] Nach der Konstruktion des §29 VwVfG muss er zunächst die Hinzuziehung nach §13 Abs.1 Nr.4, Abs.2 VwVfG beantragen, um dann als Beteiligter das Recht auf Akteneinsicht geltend zu machen.[671] Wer als Dritter zur Antragstellung in einer laufenden Bausache Einsicht in die Bauakten des Voreigentümers benötigt, die zu den Verfahrensakten zählen, kann nicht auf §29 Abs.1 VwVfG zurückgreifen, ohne zuvor beteiligt zu werden. Das Interesse des potentiell Betroffenen an Information wird durch §29 VwVfG nicht immer unmittelbar befriedigt. Infolge der ausdrücklichen gesetzlichen Beschränkung auf Beteiligte liegt jedoch keine planwidrige Regelungslücke vor, weshalb eine analoge Anwendung von §29 VwVfG auf Dritte mit Informationsinteressen ausscheidet.[672] Das Bestehen eines Rechts auf Information des vom Verfahren potentiell oder mittelbar Betroffenen kommt aber den-

---

[666] *E. Schwan*, Amtsgeheimnis, S.215.

[667] *F. Hufen*, Fehler im Verwaltungsverfahren, Rn.234.

[668] BVerwGE 67, 300 (304); BVerwG, Urt.v.30.6. 1983, DVBl. 1984, S.53 (54); BayVGH, Urt.v.17.2. 1998, NVwZ 1999, S.889 (890); *F. Kopp*, VwVfG, §29, Rn.1; *G. Trantas*, Akteneinsicht, S.449f.; *D. König*, DÖV 2000, S.47.

[669] *H.P. Bull*, Allgemeines Verwaltungsrecht, Rn.447; *E. Gurlit*, Verwaltungsöffentlichkeit, S.137.

[670] *F. Hufen*, Fehler im Verwaltungsverfahren, Rn.236.

[671] *M. Preussner*, VBlBW 1982, S.2; *H.-U. Erichsen/A. Scherzberg*, Umsetzung, S.25; *E. Gurlit*, Verwaltungsöffentlichkeit, S.138; *R. Engel*, Akteneinsicht, S.21; *G. Trantas*, Akteneinsicht, S.451;*H.J. Bonk*, in: Stelkens/Bonk/Sachs, VwVfG, §29, Rn.32; *W. Clausen*, in: Knack (Hrsg.), VwVfG, §29, Rn.4.

[672] Anders *F. Kopp*, VwVfG, §29, Rn.10; *A. Turiaux*, UIG, Einl., Rn.28.

noch in Betracht. Denn die Gewährung von Akteneinsicht über den Anwendungsbereich des §29 VwVfG hinaus steht im Ermessen der aktenführenden Behörde. Der potentiell Betroffene hat einen Anspruch auf fehlerfreie Ermessensentscheidung.[673] Voraussetzung ist eine Bewertung der Interessenlage, die zu Gunsten des Informationssuchenden ausschlägt.[674] Dementsprechend kann eine Ermessensreduktion auf Null zu einer zwingenden Gewährung des Rechts auf Akteneinsicht an den potentiell Betroffenen führen, auch wenn er keine Beteiligtenstellung einnimmt.[675]

3.4.2.2. Der Gegenstand des Rechts – Akten und Dateien

Gegenstand des Rechts auf Akteneinsicht sind Akten im Sinne des Gesetzes, also Datenbestände. Auf Art und Ort der Speicherung kommt es nicht an.[676] Der weite Begriff der Akte in §29 VwVfG bedarf des Abgleichs mit dem Begriff der Datei in §3 Abs. 2 BDSG. In §3 Abs. 2 Satz 2 BDSG wird eine Akte von einer Datei im Sinne einer Sammlung personenbezogener Daten unterschieden. Die Unterscheidung bezieht sich also auf den Gesetzeszweck, personenbezogene Daten besonders zu schützen, und stellt keine allgemeingültige Definition dar. Das Bundesdatenschutzgesetz misst der Art und Weise, wie die Daten gespeichert sind, keine besondere Bedeutung bei. Auch im Rahmen des Verwaltungsverfahrensgesetzes ist auf den Gesetzeszweck abzuheben. Nach dem Zweck des §29 VwVfG müssen dem Berechtigten alle das Verwaltungsverfahren betreffenden Informationen zugänglich sein. Die Vorschrift beinhaltet deshalb ein materielles ebenso wie ein formelles Verständnis von Akten.[677]

Digitalisierte Daten, die auf elektronischen Speichermedien wie Computerdisketten oder CD-ROM gesammelt und aufbewahrt werden, unterfallen dem Aktenbegriff des §29 VwVfG.[678] Angesichts moderner Verwaltungstechniken und des Einsatzes automatisierter Verfahren können gerade digitalisierte Datenbestände im Zuge des Verwaltungsverfahrens für die Beteiligten von besonderer Wichtigkeit sein. Eine Begrenzung des Aktenbegriffs auf nicht digitalisierte, zumeist papiergebundene Daten und Mikrofiches würde dazu führen, dass für Dateien der Auskunftsanspruch des § 19 BDSG oder die entsprechenden Bestimmungen des Landesrechts zum Zuge kämen.[679] Für die Einsicht in die Diskette gälte eine andere Rechtsgrundlage als für die Einsicht in den Aus-

---

[673] BVerwGE 30, 154 (160); 61, 15 (22); Urt.v.30. 6. 1983, DVBl. 1984, S. 53 (55).

[674] *C.H. Ule/H.-W. Laubinger*, Verwaltungsverfahrensrecht, §25, Rn. 1; *H.J. Bonk*, in: Stelkens/Bonk/Sachs, VwVfG, §29, Rn. 32; *W. Clausen*, in: Knack (Hrsg.), VwVfG, §29, Rn. 4.

[675] *F. Hufen*, Fehler im Verwaltungsverfahren, Rn. 236; *F. Kopp/U. Ramsauer*, VwVfG, §29, Rn. 19.

[676] *J. Scherer*, Verwaltung und Öffentlichkeit, S. 48.

[677] *W. Clausen*, in: Knack (Hrsg.), VwVfG, §29, Rn. 4.2.

[678] *F. Kopp*, VwVfG, §29, Rn. 5; *H. Borgs*, in: Meyer/Borgs, VwVfG, §29, Rn. 9; *J.H. Burmeister/G. Winter*, in: Winter (Hrsg.), Öffentlichkeit, S. 106; *E. Gurlit*, Verwaltungsöffentlichkeit, S. 144; *G. Trantas*, Akteneinsicht, S. 454.

[679] So *H.J. Bonk*, in: Stelkens/Bonk/Sachs, VwVfG, §29, Rn. 9.

druck aus der Diskette. Dagegen spricht, dass sich das Informationsrecht der Beteiligten für das Verwaltungsverfahren in §29 VwVfG konzentriert. Akten im Sinne des Verwaltungsverfahrensgesetzes können Datenbestände sein, die vom Bundesdatenschutzgesetz als Dateien bezeichnet würden. Soweit die Reichweite des §29 Abs. 1 VwVfG trägt, enthält er das vorrangige einschlägige Informationsrecht für Akten und Dateien im Verwaltungsverfahren.[680]

Der verfahrensunabhängige Auskunftsanspruch des Betroffenen aus §19 Abs. 1 BDSG besteht daneben.[681] Denn das Datenschutzgesetz geht nach §1 Abs. 5 BDSG dem Verwaltungsverfahrensgesetz nur insoweit vor, als bei der Ermittlung des Sachverhalts personenbezogene Daten verarbeitet werden, andere Daten erfasst §19 BDSG nicht.[682] Der Vorrang des Bundesdatenschutzgesetzes nach §1 Abs. 5 BDSG betrifft zudem nur die Sachverhaltsermittlung, also das Verhältnis zu den §§24, 26 VwVfG.[683] Der Begriff des Verarbeitens meint gemäß §3 Abs. 5 Nr. 3 BDSG auch das Übermitteln von Daten, die durch Datenverarbeitung in Akten oder Dateien gewonnen wurden, an einen Dritten, der aber laut §3 Abs. 9 Satz 2 BDSG nicht der Betroffene sein kann.[684] Ein Recht des Betroffenen, über seine personenbezogenen Daten innerhalb des Verwaltungsverfahrens informiert zu werden, bildet demnach nicht den primären Gegenstand des Auskunftsrechts aus §19 Abs. 1 BDSG. Angesichts ihrer Zielrichtung soll die Vorschrift ein umfassendes Auskunftsrecht des Betroffenen über seine personenbezogenen Daten gewährleisten. Sie stellt eine Auffangregelung zur Verfügung, falls das Informationsinteresse des Berechtigten durch die Akteneinsicht nach §29 Abs. 1 VwVfG nicht befriedigt wird.

Im Rahmen dieser Anspruchskonkurrenz geht §29 VwVfG als speziellere Vorschrift gemäß §1 Abs. 4 Satz 1 BDSG vor, das Auskunftsrecht aus §19 BDSG kann der Berechtigte jedoch im Rahmen seines Anwendungsbereichs ebenfalls geltend machen.[685] Auf der einen Seite geht §19 BDSG als umfassende Gewährleistung sowohl personell wie zeitlich über §29 Abs. 1 VwVfG hinaus.[686] Auch eine schlüssige Darlegung des Auskunftsinteresses ist nicht notwendig.[687] Auf der anderen Seite richtet sich §19 BDSG nur auf Auskunft über personenbezogene Daten, nicht auf unmittelbare Einsichtnahme. Der Zugang zu Akten wird durch §19 Abs. 1 Satz 3 BDSG erschwert, wonach der Betroffene Angaben zum Auffinden der Akten machen muss, in denen die personenbezogenen Daten enthalten sind. Diese Vorschrift zeigt, dass sich der Auskunftsanspruch auch auf Akten bezieht. Die Unterschiede in Zielrichtung und An-

---

680 *P. Gola/R. Schomerus*, BDSG, §19, Rn. 4.2.

681 *E. Dörr/D. Schmidt*, Neues Bundesdatenschutzgesetz, Anm. zu §19.

682 *P. Gola/R. Schomerus*, BDSG, §19, Rn. 2.1.

683 *P. Gola/R. Schomerus*, BDSG, §1, Rn. 8.

684 *M.-Th. Tinnefeld/E. Ehmann*, Datenschutzrecht, II. Teil, Ziff. 3.3.2.3.

685 *P. Gola/R. Schomerus*, BDSG, §19, Rn. 4.2.; *C.H. Ule/H.-W. Laubinger*, Verwaltungsverfahrensrecht, §8, Rn. 41 und §25, Rn. 7; vgl. *F. Kopp/U. Ramsauer*, VwVfG, §29, Rn. 13.

686 Siehe *F.-L. Knemeyer*, JZ 1992, S. 351.

687 BVerwGE 89, 14 (17).

wendungsbereich rechtfertigen eine parallele Anwendbarkeit von § 19 BDSG neben § 29 VwVfG.[688] Dagegen spielt die Unterscheidung zwischen Akten und Dateien für beide Vorschriften kaum eine Rolle.[689]

Das Recht auf Akteneinsicht des § 29 VwVfG richtet sich auf die das Verfahren betreffenden Akten. Dies sind solche Akten, die im Verlauf des Verfahrens entstanden, angelegt oder beigezogen wurden.[690] Der materielle Inhalt muss sie als dem Verfahren zugehörig ausweisen, auf die formelle Bezeichnung kommt es nicht an.[691] Einen Anspruch auf Beiziehung gewährt § 29 Abs. 1 Satz 1 VwVfG nicht.[692] Allerdings wird die Behörde einem entsprechenden Antrag regelmäßig stattgeben, um ihrer Pflicht zur Sachaufklärung aus § 24 Abs. 2, § 26 Abs. 1 Nr. 3 VwVfG nachzukommen.[693] Unterlagen der Behörde, aus denen beispielsweise hervorgeht, aufgrund welcher Erwägungen die informationsleitenden Entscheidungen getroffen wurden, gehören zu den Akten mit Bezug zum Verwaltungsverfahren. Letztlich betreffen alle diejenigen Akten den Beteiligten, die der Behörde zur Verfügung stehen und für die Sachentscheidung Bedeutung entfalten, weil sie in einem hinreichend konkreten Zusammenhang zum Verfahren stehen.[694]

3.4.2.3. Entscheidungsentwürfe

Eine gegenständliche Beschränkung des Rechts auf Akteneinsicht enthält § 29 Abs. 1 Satz 2 VwVfG. Entwürfe zu Entscheidungen sowie Arbeiten zu ihrer unmittelbaren Vorbereitung sind danach vom Einsichtsrecht ausgenommen. Diese Ausnahme entspringt dem Gedanken, dass die Funktionsfähigkeit der Verwaltung durch das Geltendmachen von Informationsrechten nicht unangemessen beeinträchtigt werden soll. Das Recht auf Akteneinsicht ist lediglich für die Dauer des Verwaltungsverfahrens derart eingegrenzt. Nach dessen Abschluss entfällt die Beschränkung.[695] Allerdings entfällt auch der auf dieses Verfahren bezogene § 29 Abs. 1 VwVfG als Grundlage eines Informationsrechts.[696] Sofern ein Informationsrecht auf anderer Rechtsgrundlage besteht, umfasst es dann die Entscheidungsentwürfe.[697] Dies kann insbesondere in einem anschließenden

---

688 *F. Kopp/U. Ramsauer*, VwVfG, § 29, Rn. 13.

689 Ebenso für das Grundrecht auf informationelle Selbstbestimmung *F. Hufen*, JZ 1984, S. 1076 und *E. Höfelmann*, Das Grundrecht auf informationelle Selbstbestimmung, S. 187.

690 *H.J. Bonk*, in: Stelkens/Bonk/Sachs, VwVfG, § 29, Rn. 36; *W. Clausen*, in: Knack (Hrsg.), VwVfG, § 29, Rn. 4.2; *M. Preussner*, VBlBW 1982, S. 2.

691 *J.H. Burmeister/G. Winter*, in: Winter (Hrsg.), Öffentlichkeit, S. 106.

692 *F. Kopp*, VwVfG, § 29, Rn. 5; *W. Clausen*, in: Knack (Hrsg.), VwVfG, § 29, Rn. 4.2.

693 *M. Preussner*, VBlBW 1982, S. 2; *H.J. Bonk*, in: Stelkens/Bonk/Sachs, VwVfG, § 29, Rn. 38.

694 *M. Preussner*, VBlBW 1982, S. 2; *F. Kopp*, VwVfG, § 29, Rn. 5.

695 *C.H. Ule/H.-W. Laubinger*, Verwaltungsverfahrensrecht, § 25, Rn. 2; *F. Kopp/U. Ramsauer*, VwVfG, § 29, Rn. 28.

696 *H. Borgs*, in: Meyer/Borgs, VwVfG, § 29, Rn. 11.

697 *F. Hufen*, Fehler im Verwaltungsverfahren, Rn. 245; enger *H. Borgs*, in: Meyer/Borgs, VwVfG, § 29, Rn. 11.

Widerspruchsverfahren der Fall sein.[698] Für den Widerspruchsführer können Entscheidungsentwürfe und Vorarbeiten wichtige Einblicke in den Meinungsbildungsprozess der Behörde liefern, die etwa die Beurteilung von Ermessensentscheidungen erleichtern.[699] Falls § 29 Abs. 1 VwVfG in Folgeverfahren greift, betrifft das Einsichtsrecht auch die Entscheidungsentwürfe des abgeschlossenen vorangegangenen Verfahrens. Im Rahmen eines Verwaltungsrechtsstreits gilt die parallele Regelung des § 100 Abs. 3 VwGO.

3.4.2.4. Der Zeitraum der Rechtsgewährung

Das Recht aus § 29 VwVfG greift nach der Rechtsprechung des Bundesverwaltungsgerichts nur im laufenden Verwaltungsverfahren, kann also frühestens mit der Einleitung des Verfahrens nach § 22 VwVfG beginnen und endet mit dessen Abschluss gemäß § 9 VwVfG.[700] Der auf die Gewährung der Akteneinsicht gerichtete Antrag als solcher soll noch kein Verwaltungsverfahren in Gang setzen.[701] Soweit aber die Entscheidung über den Zugang zu den Informationen der Behörde einen Verwaltungsakt darstellt, kommt sehr wohl ein Verwaltungsverfahren nach § 9 VwVfG in Gang. Dann besteht ein Anspruch auf Einsicht in die dieses Verfahren betreffenden Akten nach § 29 Abs. 1 Satz 1 VwVfG.

Aus § 29 Abs. 1 Satz 2 VwVfG wird teilweise der Umkehrschluss gezogen, dass ein Recht auf Akteneinsicht aus § 29 Abs. 1 Satz 1 VwVfG auch nach Abschluss des Verwaltungsverfahrens bestehe.[702] Denn die Beschränkung auf die Dauer des Verfahrens sei nur auf die Entwürfe und Vorarbeiten bezogen, nicht auf die Geltung des Rechts.[703] Nach Ende des Verfahrens seien daher sämtliche Akten zugänglich zu machen, das Akteneinsichtsrecht bestehe nunmehr gegenständlich unbeschränkt.[704] Gegen diese Argumentation spricht die Begrenzung des Anwendungsbereichs von § 29 VwVfG durch § 9 VwVfG.[705] Mit dem Abschluss des Verwaltungsverfahrens gemäß § 9 VwVfG endet auch die Reichweite des Rechts auf Akteneinsicht aus § 29 VwVfG.[706] Besteht ein Informationsrecht mit anderem rechtlichen Ursprung, erstreckt es sich auf die gesamten Akten, auch auf die Entwürfe.[707] Zumindest das von der Rechtsprechung aner-

---

698 Vgl. BVerwGE 67, 300 (304); *G. Trantas*, Akteneinsicht, S. 467; *H.J. Bonk*, in: Stelkens/Bonk/Sachs, VwVfG, § 29, Rn. 46.

699 *M. Preussner*, VBlBW 1982, S. 4; skeptisch hinsichtlich des Bestehens von Einsichtsrechten in Vorentwürfe *W. Clausen*, in: Knack (Hrsg.), VwVfG, § 29, Rn. 4.3.

700 BVerwGE 67, 300 (304); *W. Clausen*, in: Knack (Hrsg.), VwVfG, § 29, Rn. 2; *H. Borgs*, in: Meyer/Borgs, VwVfG, § 29, Rn. 11.

701 BayVGH, Beschl. v. 10. 3. 1988, NJW 1989, S. 2643.

702 BayVGH, Urt. v. 5. 9. 1989, NVwZ 1990, S. 775 (777).

703 *E. Gurlit*, Verwaltungsöffentlichkeit, S. 146; *A. Turiaux*, UIG, Einl., Rn. 31.

704 *F. Hufen*, Fehler im Verwaltungsverfahren, Rn. 239; *C.H. Ule/H.-W. Laubinger*, Verwaltungsverfahrensrecht, § 25, Rn. 2.

705 *H.-U. Erichsen/A. Scherzberg*, Umsetzung, S. 25; *R. Engel*, Akteneinsicht, S. 16.

706 BVerwGE 67, 300 (304).

707 *C.H. Ule/H.-W. Laubinger*, Verwaltungsverfahrensrecht, § 25, Rn. 2; *H.J. Bonk*, in: Stelkens/Bonk/Sachs, VwVfG, § 29, Rn. 48; *F. Kopp*, VwVfG, § 29, Rn. 18.

kannte Recht auf Akteneinsicht nach dem Ermessen der Behörde kommt als Verankerung eines entsprechenden Anspruchs in Betracht. Da der Zugang zu Informationen verfassungsrechtlichen Einflüssen unterliegt, kann die Einsicht in Akten sich als zwingend zum Schutz der individuellen Rechtsstellung des Bürgers erweisen.[708] Aus diesem Grund ist in derartigen Konstellationen eine Reduzierung des behördlichen Ermessens auf Null zu prüfen. Dadurch kann dem Informationssuchenden nach Abschluss des Verfahrens ein gegenständlich weiter reichendes Zugangsrecht zu Informationen der Behörde zustehen als während des Verfahrens.

3.4.2.5. Die Erforderlichkeit der Einsichtnahme

Akteneinsicht muss gewährt werden, soweit die Kenntnis der Akten zur Rechtswahrung der Beteiligten erforderlich ist. Die Beurteilung der Erforderlichkeit obliegt der aktenführenden Behörde, die insoweit eine Interessenbewertung vorzunehmen hat.[709] Es reicht aus, dass ohne die Akteneinsicht möglicherweise rechtliche Interessen des Informationssuchenden beeinträchtigt werden könnten.[710] Der Einsichtsbegehrende nimmt dann rechtliche Interessen wahr, wenn er die Akten einsehen muss, um die tatsächlichen oder rechtlichen Umstände für ein ihn betreffendes Rechtsverhältnis zu klären und sein Verhalten nach dem Ergebnis der Einsichtnahme auszurichten.[711] Rechtliche Interessen im Sinne des § 29 Abs. 1 Satz 1 VwVfG bezeichnen eine Teilmenge des Begriffs der berechtigten Interessen. Wirtschaftliche und rechtliche Interessen können allerdings eng miteinander verflochten sein.[712] Voraussetzung ist jedenfalls, dass die Rechtsordnung eine entsprechende Rechtsposition anerkennt.[713] Das Recht reicht so weit wie die Erforderlichkeit. Damit kann die Gewährung der Einsichtnahme auf Aktenteile beschränkt werden.[714] Zweifel bei der Bewertung der Erforderlichkeit und ihrer Reichweite gehen zu Gunsten des Informationssuchenden.[715] Die Erforderlichkeit der Akteneinsicht stellt für die Beteiligten den Regelfall dar.[716] Lediglich für die Entscheidung offensichtlich bedeutungslose Akten, die in keiner Hinsicht die rechtlichen Interessen der Beteiligten berühren können, unterfallen nicht dem Recht auf Akteneinsicht.[717]

---

[708] Insoweit treffend BayVGH, Urt.v.5.9.1989, NVwZ 1990, S. 775 (777).

[709] *H.P. Bull*, Allgemeines Verwaltungsrecht, Rn. 446.

[710] *H.J. Bonk*, in: Stelkens/Bonk/Sachs, VwVfG, § 29, Rn. 43.

[711] *C.H. Ule/H.-W. Laubinger*, Verwaltungsverfahrensrecht, § 25, Rn. 1; *R. Engel*, Akteneinsicht, S. 24; *W. Clausen*, in: Knack (Hrsg.), VwVfG, § 29, Rn. 4.4.

[712] *F. Kopp*, VwVfG, § 29, Rn. 7; *W. Clausen*, in: Knack (Hrsg.), VwVfG, § 29, Rn. 4.4; *M. Preussner*, VBlBW 1982, S. 3.

[713] *H.J. Bonk*, in: Stelkens/Bonk/Sachs, VwVfG, § 29, Rn. 42; vgl. BayVGH, Beschl.v.10.3.1988, NJW 1989, S. 2643.

[714] *F. Kopp*, VwVfG, § 29, Rn. 7.

[715] *H.J. Bonk*, in: Stelkens/Bonk/Sachs, VwVfG, § 29, Rn. 41.

[716] *F. Hufen*, Fehler im Verwaltungsverfahren, Rn. 244.

[717] *F. Kopp*, VwVfG, § 29, Rn. 9; *W. Clausen*, in: Knack (Hrsg.), VwVfG, § 29, Rn. 4.4; *P. Schoenemann*, DVBl. 1988, S. 523.

Die Erforderlichkeit unterliegt besonderen Anforderungen, falls der Beteiligte Einsicht in Akten begehrt, die personenbezogene Daten über ihn enthalten. Aufgrund seines Rechts auf informationelle Selbstbestimmung hat der Betroffene Anspruch auf Zugang zu Informationen, die bei einer Behörde über ihn vorliegen.[718] Dieses Recht auf Information gewährt § 19 Abs. 1 BDSG.[719] Daneben gilt das im Verwaltungsverfahren speziellere Akteneinsichtsrecht des § 29 Abs. 1 VwVfG.[720] Das Merkmal der Erforderlichkeit darf im Rahmen der eigenständigen Interpretation dieser Vorschrift keine Beschränkung der informationellen Selbstbestimmung bewirken. Schon der Wunsch des Betroffenen, zu wissen, was die Verwaltung über ihn weiß, genügt als Grund für das Informationsrecht.[721] Der Zugang zu personenbezogenen Daten des Betroffenen kennzeichnet immer das Vorliegen eines rechtlichen Interesses, das die Akteneinsicht erforderlich macht. Eine anders lautende Entscheidung der Behörde wäre rechtsfehlerhaft. Das Recht auf informationelle Selbstbestimmung führt zu einer tatbestandlichen Reduktion des § 29 Abs. 1 Satz 1 VwVfG zu Gunsten des Schutzes personenbezogener Daten des Betroffenen.

3.4.3. Die Beschränkungen des Akteneinsichtsrechts nach § 29 Abs. 2 und § 30 VwVfG

3.4.3.1. Rechtsverweigerung als Ausnahme im Ermessen der Behörde

Beschränkungen des Rechts auf Akteneinsicht folgen aus § 29 Abs. 2 und § 30 VwVfG. Sie können zur Gewährung einer nur teilweisen Akteneinsicht oder zu deren völliger Versagung führen. Die Aufzählung der Ablehnungsgründe trägt abschließenden Charakter.[722] An dem grundsätzlichen Bestehen des Rechts auf Information ändern sie nichts. Dieses zeigt sich im jeweiligen konkreten Fall deshalb nur begrenzt oder gar nicht durchsetzbar, weil gewichtige gegenläufige Gründe überwiegen. Die Verweigerung des Zugangs zu den Informationen ist die Ausnahme von der Regel der Akteneinsicht, die Ausnahmetatbestände des § 29 Abs. 2 VwVfG sind daher eng auszulegen.[723] Der Grund für dieses Regel-Ausnahme-Verhältnis liegt darin, dass das Recht auf Akteneinsicht verfassungsrechtliche Absicherungen aufweist, wobei seine rechtsstaatliche Bedeutung für den Individualschutz betont wird.[724] Hinzu tritt die verfahrensrechtliche Funktion der Grundrechte. Aus diesen Vorgaben im Zusammenspiel mit dem Demokratieprinzip folgt die prinzipielle Notwendigkeit einer Rechtseinräumung im Verwaltungsverfahren, wie sie § 29 Abs. 1 Satz 1 VwVfG gewährt. Daher stellt

---

718 *H.-U. Gallwas*, NJW 1992, S. 2789.

719 Vgl. BVerwGE 89, 14 (17).

720 Siehe oben 4. Kapitel, 3.4.2.2.

721 *H.-U. Gallwas*, NJW 1992, S. 2789.

722 *H.J. Bonk*, in: Stelkens/Bonk/Sachs, VwVfG, § 29, Rn. 52.

723 BayVGH, Urt.v.5. 9. 1989, NVwZ 1990, S. 775 (778); *G. Trantas*, Akteneinsicht, S. 470.

724 *F. Hufen*, Fehler im Verwaltungsverfahren, Rn. 246; *F. Kopp*, VwVfG, § 29, Rn. 13; *A. Turiaux*, UIG, Einl., Rn. 36.

die Vorschrift die Entscheidung über das Recht nicht ins Ermessen der Behörde, vielmehr hat diese Akteneinsicht zu gestatten. Die Verweigerung des Anspruchs muss strukturell die nach § 39 VwVfG begründungsbedürftige Ausnahme bleiben, wenn nicht verfassungsrechtliche Erwägungen eine andere Systematik erfordern. Diese Grundannahme gilt es, bei der Beleuchtung der einzelnen Fallgruppen des § 29 Abs. 2 VwVfG und dann auch des § 30 VwVfG im Auge zu behalten. Denn hinsichtlich der Verweigerung der Akteneinsicht verfügt die Behörde im Gegensatz zur Gestattung des Rechts über ein Ermessen. Eine Verpflichtung zur Ablehnung des Informationsersuchens besteht bei § 29 Abs. 2 VwVfG nicht.[725] Wird die Akteneinsicht verweigert, greift zu Gunsten des Informationssuchenden immer noch § 28 VwVfG, aufgrund dessen ein Auskunftsrecht bestehen kann

3.4.3.2. Die Beeinträchtigung der Aufgabenerfüllung

Die materiellen Interessen, die einer Gewährung von Akteneinsicht entgegenstehen können, sind in den drei Fallgruppen des § 29 Abs. 2 und in § 30 VwVfG aufgeführt. Schutzgut des § 29 Abs. 2 1. Alt. VwVfG ist die Funktionsfähigkeit der Verwaltung.[726] Das Recht auf Akteneinsicht besteht nicht, soweit durch seine Geltendmachung die ordnungsgemäße Erfüllung der Aufgaben der Behörde beeinträchtigt würde. Im Gegensatz zu den anderen Einschränkungen des § 29 Abs. 2 VwVfG hat dieses Kriterium keine Entsprechung in § 99 VwGO. Die Ausnahme bedarf einer besonders restriktiven Auslegung.[727] Denn die Effizienz und Funktionsfähigkeit der Verwaltung ist nur eines der Ziele, das der Gesetzgeber im Rahmen des Verwaltungsverfahrens verwirklichen will und muss. Daneben treten insbesondere der Schutz von Rechten der Bürger, aber auch die Effizienz anderer Verfahren.[728] Bei der Anwendung des § 29 Abs. 2 1. Alt. VwVfG finden deshalb unterschiedliche gesetzgeberische Regelungszwecke Berücksichtigung. Behördliche Aufgabenerfüllung und individuelle Verfahrensrechte bedingen einander.[729] Schon in der Beurteilung der Funktionsfähigkeit der Verwaltung selbst bündeln sich unterschiedliche Interessen. Die Behörde hat zudem durch ihre Organisationsgewalt die Sicherung der eigenen Funktionsfähigkeit teilweise in der Hand. Organisationsfehler können deshalb nicht zu Lasten des Informationssuchenden gehen. Zur Beschränkung des Informationsrechts reichen bloße Gefährdungen der Aufgabenerfüllung keinesfalls aus, es muss sich vielmehr um unzumutbare Beeinträchtigungen des Geschäftsgangs

[725] *M. Preussner*, VBlBW 1982, S. 4; *W. Clausen*, in: Knack (Hrsg.), VwVfG, § 29, Rn. 5; *F. Kopp*, VwVfG, § 29, Rn. 14; *H.J. Bonk*, in: Stelkens/Bonk/Sachs, VwVfG, § 29, Rn. 52.

[726] *F. Kopp/U. Ramsauer*, VwVfG, § 29, Rn. 29.

[727] *W. Hirschberger*, Zugang, S. 141; *M. Preussner*, VBlBW 1982, S. 4; *G. Trantas*, Akteneinsicht, S. 471; *W. Clausen*, in: Knack (Hrsg.), VwVfG, § 29, Rn. 5.1.

[728] Siehe oben 2. Kapitel, 3.5.

[729] *F. Hufen*, Fehler im Verwaltungsverfahren, Rn. 246.

handeln.[730] Eine nicht mehr kompensierbare Beanspruchung der Diensträume oder des Personals kommt als gewichtiger Grund in Betracht.[731]

Bedeutung könnten solche Gründe erlangen bei der Belastung in Massenverfahren oder bei polizei- bzw. ordnungsrechtlichen Verfahren, deren Anlass zunächst verborgen bleiben soll.[732] In Massenverfahren nimmt allerdings § 29 Abs. 1 Satz 3 VwVfG dem Einwand, die Funktionsfähigkeit sei gefährdet, die Spitze. Denn in Fällen der Vertretung nach §§ 17, 18 VwVfG können nur die Vertreter das Recht auf Akteneinsicht geltend machen. Die Bestellung eines Vertreters wird fingiert oder kann von der Behörde durch entsprechende Aufforderung herbeigeführt werden. Liegen mehr als 50 gleichförmige Eingaben nach § 17 Abs. 1 VwVfG vor oder sind mehr als 50 Personen im gleichen Interesse an einem Verwaltungsverfahren beteiligt, kann auf § 29 Abs. 2 1. Alt. VwVfG nicht zurückgegriffen werden. Dann stehen nämlich andere organisatorische Wege offen, um eine Beeinträchtigung der behördlichen Funktionsfähigkeit abzuwenden. Weniger als 50 Anträge auf Akteneinsicht können aber noch nicht als unzumutbare Beeinträchtigung, allenfalls als zumutbare Gefährdung gesehen werden. Denn in gerichtlichen Massenverfahren fehlt ein paralleler Grund der Einsichtsverweigerung und die Gerichte werden dennoch mit solchen Konstellationen fertig.[733] Als Anwendungsbereich bleiben Verfahren des Sicherheits- und Ordnungsrechts. Allerdings sind insoweit die Geheimhaltungsinteressen des § 29 Abs. 2 3. Alt i. V. m. § 30 VwVfG vorrangig zu prüfen, weil in ihnen Individualinteressen gewährleistet werden, die zwingend zur Verweigerung der Akteneinsicht führen können. Die Ausnahme des § 29 Abs. 2 1. Alt. VwVfG läuft in der Mehrzahl der Fälle leer.

3.4.3.3. Das Wohl des Bundes oder eines Landes

Die Funktionsfähigkeit staatlicher Einrichtungen wird durch die zweite Alternative des § 29 Abs. 2 VwVfG geschützt. Wie in den parallelen Regelungen der § 99 Abs. 1 Satz 2 VwGO und § 5 Abs. 2 Nr. 2 VwVfG geht es vorrangig um die innere und äußere Sicherheit und um die Beziehungen zu anderen Staaten.[734] Gemeinhin werden Fragen der Verteidigung und des Verfassungsschutzes hierzu gezählt.[735] Das Bundesverfassungsgericht hat bekräftigt, dass es sich insoweit um legitime Gemeinwohlinteressen handelt, in der Regelung des § 99 Abs. 1 Satz 2 VwGO aber einen Verstoß gegen Art. 19 Abs. 4 GG gesehen.[736] Hilfestel-

---

[730] BayVGH, Urt.v.5. 9. 1989, NVwZ 1990, S. 775 (778).

[731] *W. Clausen*, in: Knack (Hrsg.), VwVfG, § 29, Rn. 5.1.

[732] *C.H. Ule/H.-W. Laubinger*, Verwaltungsverfahrensrecht, § 25, Rn. 5; *F. Kopp*, VwVfG, § 29, Rn. 19; *H.J. Bonk*, in: Stelkens/Bonk/Sachs, VwVfG, § 29, Rn. 55.

[733] Vgl. *M. Preussner*, VBlBW 1982, S. 4.

[734] *H.J. Bonk*, in: Stelkens/Bonk/Sachs, VwVfG, § 29, Rn. 58.

[735] *M. Preussner*, VBlBW 1982, S. 5; *A. Turiaux*, UIG, Einl., Rn. 36; *W. Clausen*, in: Knack (Hrsg.), VwVfG, § 29, Rn. 5.2; *F. Kopp/U. Ramsauer*, VwVfG, § 29, Rn. 34.

[736] BVerfG, Beschl.v.27. 10. 1999, EuGRZ 2000, S. 167 (173); näher dazu unten 5. Kapitel, 8.3.

lung bei der Entscheidung eines Einzelfalles vermag zudem ein Blick auf § 7 Abs. 1 Nr. 1 UIG zu geben. Die Ablehnung des Rechts auf Akteneinsicht kommt ausnahmsweise auch dann in Betracht, wenn dadurch ein Beteiligter an der Verfolgung legitimer Ansprüche gegen den Staat gehindert wird.[737] Selbstverständlich darf dies nicht die alleinige Motivation der Ablehnung des Informationsersuchens sein.[738] Besonderes Gewicht liegt dann auf der Begründung des Nachteils. Denn macht der Bürger legitime Rechte geltend, bedarf es zur Verweigerung des Informationsrechts hinreichend konkreter und gewichtiger Gründe.[739] Die Behörde trifft auch bei § 29 Abs. 2 2. Alt. VwVfG eine gerichtlich voll überprüfbare Abwägungsentscheidung.[740]

3.4.3.4. Individuelle Interessen an Geheimhaltung

3.4.3.4.1. Generalisierte Individualinteressen

Die Akteneinsicht kann aufgrund des § 29 Abs. 2 3. Alt. VwVfG verweigert werden, soweit die Vorgänge nach einem Gesetz oder ihrem Wesen nach, namentlich wegen der berechtigten Interessen der Beteiligten oder dritter Personen, geheim gehalten werden müssen. Ziel der Vorschrift ist die Sicherung von Individualinteressen. Dabei findet eine Typisierung nach dem Charakter der Vorgänge statt, die an die abstrakte Typisierung eines Gesetzes anknüpft. Diese Generalisierung darf nicht den Blick darauf verstellen, dass letztlich individuelle Interessen geschützt werden sollen, die der Akteneinsicht entgegenstehen. Die gebündelten Individualinteressen müssen keine rechtlichen sein, es kann sich auch um wirtschaftliche, soziale oder sonstige berechtigte Interessen handeln. Bestimmte Gruppen von Interessenkonstellationen eignen sich dafür, generelle Ausnahmen vom Informationsrecht zu begründen. Verallgemeinerungen geben Hilfestellung für die Beurteilung, ob ein Ablehnungsgrund vorliegt. Eine Prüfung des Einzelfalls ist aber unabdingbar, denn die Entscheidung über das Bestehen des Verweigerungsgrundes erfordert eine Abwägung durch die Behörde.[741] Gesetzlich festgelegte Verpflichtungen zur Geheimhaltung ergeben sich zum Beispiel aus dem Steuergeheimnis des § 30 AO, dem Post- und Fernmeldegeheimnis des Art. 10 GG oder dem Datengeheimnis des § 5 BDSG.[742]

Ob Vorgänge ihrem Wesen nach geheimhaltungsbedürftig sind, müsste die Behörde im Wege einer abstrakten Bewertung entscheiden. Damit könnte sie im Vorhinein bestimmte Arten von Informationen grundsätzlich unzugänglich machen. Wenn diese Entscheidung auch gerichtlich überprüfbar wäre, ent-

---

737 *F. Kopp*, VwVfG, § 29, Rn. 24; a. A. *M. Preussner*, VBlBW 1982, S. 5.
738 *W. Clausen*, in: Knack (Hrsg.), VwVfG, § 29, Rn. 5.2.
739 *F. Hufen*, Fehler im Verwaltungsverfahren, Rn. 248.
740 *F. Kopp*, VwVfG, § 29, Rn. 23 f.; *A. Turiaux*, UIG, Einl., Rn. 36.
741 Vgl. auch *W.-R. Schenke*, VBlBW 1982, S. 322.
742 *W. Clausen*, in: Knack (Hrsg.), VwVfG, § 29, Rn. 5.3; *M. Preussner*, VBlBW 1982, S. 6; *G. Trantas*, Akteneinsicht, S. 480.

spricht sie doch einem Verständnis von Verwaltung, das mit dem Grundgesetz schwer vereinbar ist. Akten haben kein Wesen, sondern Inhalte.[743] Im demokratischen Rechtsstaat, wie ihn Art. 20 GG konstituiert, nimmt der Zugang zu Informationen der Behörde hohen Rang ein. Subjektive Rechte auf Information beanspruchen Geltung. Behörden entscheiden im Einzelfall auf der Basis der jeweiligen Rechtsgrundlage. Dagegen bleibt es grundsätzlich dem Gesetzgeber vorbehalten, durch Typisierung Ausnahmen vorzusehen. Verfassungsrechtliche Rechtsgüter erzwingen eine gesetzliche Festlegung bestimmter Gründe, die gegen die Gewährung von Information sprechen. Verfassungsrechtliche Gehalte wie das Rechtsstaatsprinzip und die verfahrensrechtliche Funktion der Grundrechte führen aber ebenso dazu, dass ein gesetzlich normiertes Recht auf Information nicht durch abstrakte Festlegungen einer Verwaltungsbehörde beschränkt werden darf. Als Grundlage für die Verweigerung der Akteneinsicht ist daher regelmäßig ein Gesetz notwendig.

Die Fallgruppen, die in diesem Zusammenhang bisher unter die dritte Alternative des § 29 Abs. 2 VwVfG gezählt wurden, bestätigen die Reduktion auf gesetzliche Geheimhaltungspflichten. Als ihrem Wesen nach geheimhaltungsbedürftig wurden lange Zeit Prüfungsakten angesehen. Aufgrund der verfahrensrechtlichen Wirkungen des Art. 12 Abs. 1 GG musste diese Einschätzung zu Gunsten der Informationsrechte des Prüflings aufgegeben werden.[744] Akten des Verfassungsschutzes und der Sicherheitsbehörden sind nicht ihrem Wesen nach geheim, sondern nur nach Maßgabe der einschlägigen Gesetze.[745] Zwar verdient die Geheimhaltungsbedürftigkeit der Arbeitsweise und der Erkenntnismittel jener Behörden Schutz.[746] Diesen Schutz gewährleisten aber nach heutiger Rechtslage die speziellen Gesetze.

Die Verfassungsschutzgesetze von Bund und Ländern, das Gesetz über den Bundesnachrichtendienst sowie das Gesetz über den Militärischen Abschirmdienst regeln die Einsichtnahme in Akten dieser Behörden. So führt § 15 Abs. 2 BVerfSchG als Gegengründe gegen den durch Absatz 1 verbrieften Auskunftsanspruch in Nummer 1 die Gefährdung der Aufgabenerfüllung und in Nummer 2 die Gefährdung von Quellen oder die Ausforschung von Erkenntnisstand und Arbeitsweise auf; Nummer 3 normiert die Gemeinwohlklausel und Nummer 4 verweist auf die Geheimhaltung nach besonderen Rechtsvorschriften insbesondere wegen berechtigter Interessen Dritter. Damit gleicht die Vorschrift insgesamt § 29 Abs. 2 VwVfG mit der Erweiterung um den von der Rechtsprechung vorformulierten Schutz der Informanten und der Arbeitsweise. Die speziellen Gesetze können auf die konkreten Bedürfnisse im Bereich des Verfassungsschutzes und der Sicherheitsdienste eingehen, und sie tun das detailliert. Einer

---

743 *F. Hufen*, Fehler im Verwaltungsverfahren, Rn. 249.

744 *S. Lodde*, Informationsrechte, S. 167ff.; *W. Clausen*, in: Knack (Hrsg.), VwVfG, § 29, Rn. 5.3, jeweils m.w.N.

745 *H.J. Bonk*, in: Stelkens/Bonk/Sachs, VwVfG, § 29, Rn. 67; a.A. *F. Kopp*, VwVfG, § 29, Rn. 26; *F. Kopp/U. Ramsauer*, VwVfG, § 29, Rn. 37.

746 BVerwGE 74, 115 (120).

darüber hinausgehenden Geheimhaltung von Akten ihrem Wesen nach bedarf es nicht.[747] Gleiches trifft auf die Ermittlungsakten der Kriminalpolizei und die Strafakten der Strafverfolgungsbehörden zu. Fragen der Akteneinsicht sind insbesondere in § 147 StPO geregelt.[748] Auch auf dem Gebiet der Personalakten bestehen gesetzlich normierte Geheimhaltungspflichten, insbesondere in den §§ 90ff. BBG und §§ 56ff. BRRG. Damit sind Personalakten ebenfalls nicht mehr ihrem Wesen nach geheimhaltungsbedürftig.[749] Die gesetzgeberischen Entscheidungen gehen vor. Gerade bei Personalakten können individuelle Interessen des Beamten zur Geheimhaltung der Akten führen, zumal falls sein Recht auf informationelle Selbstbestimmung betroffen ist. Ausgangspunkt für die Entscheidung über die Einsicht in diese Akten bleiben aber die Regelungen der einschlägigen Gesetze.

Subjektive Interessen an Geheimhaltung führen nicht zur Abschottung bestimmter, ihrem Wesen nach geheimhaltungsbedürftiger Akten, sondern führen zur Verweigerung des Zugangs im Einzelfall aufgrund des § 30 VwVfG. Denn § 30 VwVfG ist ebenso wie § 5 VwVfG ein Gesetz im Sinne der dritten Alternative des § 29 Abs. 2 VwVfG, das die Geheimhaltung von Vorgängen zur Folge haben kann.[750] Die Regelung verwirklicht die Vereinbarkeit des individuellen Informationsanspruches der Beteiligten im Verwaltungsverfahren mit den individuellen Interessen, die der Herausgabe bestimmter Informationen entgegenstehen. Sie konkretisiert die Reichweite des § 29 Abs. 2 VwVfG.[751] Der Schutz subjektiver Individualpositionen gegen das Recht auf Akteneinsicht aus § 29 Abs. 1 Satz 1 VwVfG erfolgt nach Maßgabe des § 30 VwVfG, der insoweit auf Beteiligte ebenso wie auf Dritte Anwendung findet.

3.4.3.4.2. Subjektive Individualinteressen

Der Regelungszweck des § 30 VwVfG äußert sich darin, die unbefugte Offenbarung privater Geheimnisse durch die Behörde zu verhindern. Daneben dient die Vorschrift der Herstellung und Wahrung eines Vertrauensverhältnisses zwischen Bürger und Behörde, welches die reibungslose Kommunikation fördert und damit zur effektiven Erreichung eines akzeptablen Verfahrensergebnisses beiträgt.[752] Dem subjektiven Recht auf Information entspricht ein

---

[747] *C.H. Ule/H.-W. Laubinger*, Verwaltungsverfahrensrecht, § 25, Rn. 7.

[748] Näher *S. Lodde*, Informationsrechte, S. 17ff., 21; vgl. aus verwaltungsverfahrensrechtlicher Sicht *H.J. Bonk*, in: Stelkens/Bonk/Sachs, VwVfG, § 29, Rn. 67, jeweils m.w.N.

[749] *C.H. Ule/H.-W. Laubinger*, Verwaltungsverfahrensrecht, § 25, Rn. 7; *F. Kopp*, VwVfG, § 29, Rn. 26.

[750] *H.J. Bonk*, in: Stelkens/Bonk/Sachs, VwVfG, § 29, Rn. 61; *F. Kopp*, VwVfG, § 29, Rn. 25; einschränkend *W. Clausen*, in: Knack (Hrsg.), VwVfG, § 29, Rn. 5.3.

[751] *F. Hufen*, Fehler im Verwaltungsverfahren, Rn. 249f.

[752] *F. Kopp*, VwVfG, § 30, Rn. 1; *C.H. Ule/H.-W. Laubinger*, Verwaltungsverfahrensrecht, § 23, Rn. 8; *H.J. Bonk*, in: Stelkens/Bonk/Sachs, VwVfG, § 30, Rn. 2; *W. Clausen*, in: Knack (Hrsg.), VwVfG, § 30, Rn. 2.

subjektives Recht auf Wahrung von Geheimnissen, das in § 30 VwVfG unter Offenbarungsvorbehalt gestellt ist.[753]

Die Vorgaben des § 30 VwVfG erlauben im Rahmen des § 29 Abs. 2 VwVfG eine präzisere Bestimmung der Gründe, die einer Gewährung von Akteneinsicht widersprechen können. Im Vergleich zu § 5 Abs. 2 Satz 2 VwVfG und § 99 Abs. 1 Satz 2 VwGO konkretisiert die dritte Alternative des § 29 Abs. 2 VwVfG, welche Vorgänge gemeint sind, indem sie auf berechtigte Individualinteressen an Geheimhaltung abhebt. Dadurch betont die Vorschrift den Schutz der Privatsphäre.[754] Berechtigte individuelle Interessen der Beteiligten oder Dritter werden berührt, wenn es um den Schutz von Geheimnissen geht, die gemäß § 30 VwVfG zum persönlichen Lebensbereich gehören oder wenn ein Betriebs- und Geschäftsgeheimnis auf dem Spiel steht.[755] Die grundrechtlich verankerten Geheimhaltungsinteressen des Betriebs- und Geschäftsgeheimnisses sowie des Rechts auf informationelle Selbstbestimmung werden durch § 29 Abs. 2 i. V. m. § 30 VwVfG gesichert.[756] Dem Recht auf Akteneinsicht kann die Achtung der Privatsphäre entgegenstehen.[757] Infolge des § 30 VwVfG ist die Offenbarung von Geheimnissen verboten, wenn sie nicht im Einzelfall besonders erlaubt ist. Damit wird das Verhältnis von Regel und Ausnahme im Vergleich zu den sonstigen Fällen des § 29 VwVfG umgedreht.[758] Zum Schutz der Funktionsfähigkeit staatlicher Einrichtungen genügt es, dem regelmäßigen Zugang des Beteiligten zu Informationen ausnahmsweise die Möglichkeit der Verweigerung des Zugangs zuzuordnen. Dagegen besteht der Schutz von informationeller Selbstbestimmung und Betriebs- und Geschäftsgeheimnis als Regel. Der Eingriff in diese Rechte bedarf einer besonderen Befugnis, die eine intensive Prüfung der Verhältnismäßigkeit mit sich bringt.[759] Individuelle Rechtspositionen, die dem Informationsrecht entgegenstehen, erfahren eine stärkere Gewichtung als Positionen öffentlichen Interesses.

Über § 29 Abs. 2 VwVfG hinaus sichert § 30 VwVfG in eigenständiger Wirkung den Geheimnisschutz im Verwaltungsverfahren. Trotz des Wortlautes sind nicht nur Beteiligte, sondern auch dritte Personen begünstigt.[760] Dritte, deren Geheimnisse im Zusammenhang mit einem Verwaltungsverfahren zur Kenntnis der Behörde gelangen, haben ein Recht darauf, dass ihre Geheimnisse von der Verwaltung nicht offenbart werden. Denn die verfassungsrechtlich ab-

---

[753] *F.-L. Knemeyer*, NJW 1984, S. 2243; *H.J. Bonk*, in: Stelkens/Bonk/Sachs, VwVfG, § 30, Rn. 2.

[754] *H.J. Bonk*, in: Stelkens/Bonk/Sachs, VwVfG, § 29, Rn. 62.

[755] *C.H. Ule/H.-W. Laubinger*, Verwaltungsverfahrensrecht, § 25, Rn. 7.

[756] Ähnlich *A. Turiaux*, UIG, Einl., Rn. 37; vgl. *F. Kopp/U. Ramsauer*, VwVfG, § 29, Rn. 38.

[757] BVerwGE 50, 255 (264).

[758] *W. Clausen*, in: Knack (Hrsg.), VwVfG, § 30, Rn. 3; *A. Turiaux*, UIG, Einl., Rn. 38.

[759] *F.-L. Knemeyer*, NJW 1984, S. 2245; *H.J. Bonk*, in: Stelkens/Bonk/Sachs, VwVfG, § 30, Rn. 20.

[760] *C.H. Ule/H.-W. Laubinger*, Verwaltungsverfahrensrecht, § 23, Rn. 8; *F. Kopp*, VwVfG, § 30, Rn. 2; *H.J. Bonk*, in: Stelkens/Bonk/Sachs, VwVfG, § 30, Rn. 24; *W. Clausen*, in: Knack (Hrsg.), VwVfG, § 30, Rn. 3.1.

gesicherten Rechtspositionen, die § 30 VwVfG schützt, vertragen keine Relativierung nach ihrem Rechtsträger. Das Recht auf Schutz der Persönlichkeit (Art. 1 Abs. 1 i.V.m. Art. 2 Abs. 1 GG), das Recht auf informationelle Selbstbestimmung und der Schutz des Betriebs- und Geschäftsgeheimnisses (Art. 14 GG) erfordern eine Auslegung des § 30 VwVfG, die seinem umfassenden Schutzzweck gerecht wird.[761] Als Hindernis erweist sich der Begriff des Beteiligten, der im Sinne des § 13 VwVfG zu verstehen ist, da er im Verwaltungsverfahrensgesetz einheitlich verwendet wird.[762] Der persönliche Lebensbereich Dritter bedarf jedoch ebenso des Schutzes wie derjenige der Beteiligten. Diese Regelungslücke füllt eine Analogie, die von den Grundrechten erzwungen wird.[763] Auswirkungen zeitigt diese Analogie beispielsweise zu Gunsten von Zeugen, Sachverständigen, Familienangehörigen der Beteiligten, aber auch von Informanten.[764] Die Vorschrift des § 30 VwVfG gewährleistet damit den Informantenschutz. Denn die Sicherheitsbehörden sind zur effektiven Wahrnehmung ihrer Aufgaben auf den Schutz ihrer Quellen angewiesen. Setzen sie Informanten ein, muss deren Identität geheim bleiben.[765] Die Geheimhaltung beruht auf dem Schutz der subjektiven Rechte des Informanten. In Ausnahmefällen, zum Beispiel wenn der Informant der Offenbarung zustimmt, die Behörde ihn aber dadurch für gefährdet hält, kann auf das Ermöglichen einer ordnungsgemäßen Aufgabenerfüllung gemäß § 29 Abs. 2 1. Alt. VwVfG zurückgegriffen werden, falls dies zum Schutz des Informanten erforderlich sein sollte.[766]

Der Schutz von Geheimnissen gilt nicht absolut, da subjektive Informationsrechte auf Zugang zu geheimen Informationen drängen können. Diesen Zielkonflikt löst § 30 VwVfG auf, indem er nur ein unbefugtes Offenbaren von Geheimnissen verbietet. Eine Befugnis zur Offenbarung nach § 30 VwVfG besteht dann, wenn die Betroffenen einverstanden sind, gesetzliche Mitteilungspflichten vorliegen oder das Interesse an Geheimhaltung aufgrund einer Güterabwägung hinter dem Interesse an Offenbarung zurücksteht.[767] Die Eigenschaft der Verzichtbarkeit gründet auf dem Charakter als subjektives öffentliches Recht, der den Rechten auf Geheimhaltung eigen ist.[768] Infolge ihrer verfassungsrechtlichen Verankerung setzen sie den ebenfalls subjektiven öffentlichen Rechten auf Information Widerstand entgegen. Die kollidierenden Rechte und Interessen sind im Einzelfall gegeneinander abzuwägen.[769] Bei der Ver-

---

[761] *F. Kopp/U. Ramsauer*, VwVfG, § 30, Rn. 1 und 4.

[762] Für eine Erweiterung des Begriffs in § 30 VwVfG dagegen *H.J. Bonk*, in: Stelkens/Bonk/Sachs, VwVfG, § 30, Rn. 5.

[763] *F. Kopp*, VwVfG, § 30, Rn. 2.

[764] *W. Clausen*, in: Knack (Hrsg.), VwVfG, § 30, Rn. 3.1.

[765] Zum Schutz von Informanten der Finanzverwaltung RhPfVerfGH, Entsch.v.4. 11. 1998, NJW 1999, S. 2264 (2265) = CR 1999, S. 354 (356).

[766] BVerwGE 89, 14 (19) zu § 19 Abs. 4 Nr. 1 BDSG.

[767] *C.H. Ule/H.-W. Laubinger*, Verwaltungsverfahrensrecht, § 23, Rn. 10; *F. Kopp/U. Ramsauer*, VwVfG, § 30, Rn. 12ff.

[768] *W. Clausen*, in: Knack (Hrsg.), VwVfG, § 30, Rn. 3.4.1.

[769] *H.J. Bonk*, in: Stelkens/Bonk/Sachs, VwVfG, § 30, Rn. 16.

hältnismäßigkeitsprüfung fordern grundrechtlich fundierte Rechte besondere Beachtung.[770]

Den Kern des Geheimnisbegriffs in § 30 VwVfG bilden gerade Tatsachen, deren Geheimhaltung dem grundrechtlichen Schutz des allgemeinen Persönlichkeitsrechts, des Rechts auf informationelle Selbstbestimmung und des Betriebs- und Geschäftsgeheimnisses unterfällt.[771] Gesundheitliche, familiäre oder wirtschaftliche Verhältnisse von Personen können ebenso Geheimnisse in diesem Sinne sein wie Ertragslage oder Produktionsverfahren eines Unternehmens.[772] Als Konsequenz aus dem Recht auf informationelle Selbstbestimmung zählen personenbezogene Daten zu den Geheimnissen im Sinne des § 30 VwVfG.[773] Ihre Offenbarung kann nicht aufgrund einer ungeschriebenen Befugnis erfolgen, selbst dann nicht wenn diese Offenbarung die einzige Möglichkeit zur Erledigung der Verwaltungsaufgabe darstellt.[774] Denn eine Beschränkung des Rechts auf informationelle Selbstbestimmung bedarf einer gesetzlichen Grundlage.[775] Insbesondere die §§ 15 bis 17 BDSG und die entsprechenden Vorschriften der Landesdatenschutzgesetze bilden hinreichend flexible Regelungen für die Weitergabe personenbezogener Daten und erlauben der Verwaltung, ihre Aufgaben zu erfüllen (vgl. § 15 Abs. 1 Nr. 1 BDSG).

Der sonstige Schutz der Privatsphäre tritt neben dem Datenschutz kaum in Erscheinung, soweit es um die Herausgabe und Verarbeitung von Informationen durch eine Behörde geht.[776] Im Verhältnis zu Betriebs- und Geschäftsgeheimnissen fällt die Abwägungsentscheidung aufgrund ihres stärkeren Sozialbezugs weit weniger eindeutig aus, da insbesondere der Umweltschutz im Sinne des Art. 20a GG zu Einschränkungen der Geheimnissphäre des Unternehmers führen kann.[777] Die Offenbarung aufgrund einer Güterabwägung entfaltet nur für Geheimnisse Bedeutung, die keine personenbezogenen Daten darstellen. Im Rahmen der eigenständigen Wirkung des § 30 VwVfG zu Gunsten des Geheimnisschutzes setzen sich grundrechtlich verankerte Offenbarungsverbote zumeist durch. Soweit dagegen dem Offenbarungsverbot im Fall des § 29 Abs. 2 i.V.m. § 30 VwVfG ein subjektives Recht auf Information gegenüber steht, ist

---

770 Vgl. BVerwGE 74, 115 (119),

771 Vgl. BVerwGE 74, 115 (119).

772 *C.H. Ule/H.-W. Laubinger*, Verwaltungsverfahrensrecht, § 23, Rn. 9; *H.J. Bonk*, in: Stelkens/Bonk/Sachs, VwVfG, § 30, Rn. 7ff. m.w.N.; *F. Kopp/U. Ramsauer*, VwVfG, § 30, Rn. 9; weiter gehend *F.-L. Knemeyer*, NJW 1984, S. 2244.

773 *B.-O. Bryde*, VVDStRL 46 (1988), S. 203; *P. Schoenemann*, DVBl. 1988, S. 523; *H.-U. Erichsen*, Stichwort „Informationszugang", in: Kimminich/von Lersner/Storm (Hrsg.), Handwörterbuch des Umweltrechts, Sp. 1093; *A. Roßnagel/J. Bizer*, GewArch 1992, S. 126; parallel für das FGG-Verfahren *K.-D. Pardey*, NJW 1989, S. 1652.

774 So aber eine vielfach geäußerte Ansicht, zum Beispiel *F.-L. Knemeyer*, NJW 1984, S. 2245; *H.J. Bonk*, in: Stelkens/Bonk/Sachs, VwVfG, § 30, Rn. 20; *W. Clausen*, in: Knack (Hrsg.), VwVfG, § 30, Rn. 3.4.3; vgl. auch *F. Kopp/U. Ramsauer*, VwVfG, § 30, Rn. 16.

775 *S. Lodde*, Informationsrechte, S. 183; *A. Roßnagel/J. Bizer*, GewArch 1992, S. 126; *P. Schoenemann*, DVBl. 1988, S. 520.

776 Vgl. *F.-L. Knemeyer*, NJW 1984, S. 2245.

777 *G. Winter*, in: Winter (Hrsg.), Öffentlichkeit, S. 48.

das Ergebnis der Verhältnismäßigkeitsprüfung offener. Spielräume bestehen bei der Entscheidung über den zeitlichen Aufschub, die teilweise Herausgabe oder Anonymisierung von Informationen.[778]

Eine Offenbarung von Geheimnissen im Verhältnis zwischen Behörden ist nur im Fall gesetzlicher Erlaubnis gestattet oder wenn im Rahmen des § 30 VwVfG das Bedürfnis nach Geheimnisschutz hinter das Informationsbedürfnis zurücktritt. Die Behörde verfügt über eine Befugnis zur Weitergabe der Informationen an eine andere Behörde unter den gleichen Voraussetzungen, die für jedwede Offenbarung nach § 30 VwVfG gelten. Denn § 30 VwVfG stellt ein Gesetz im Sinne des § 5 Abs. 2 Satz 2 VwVfG dar und begründet die Geheimhaltungsbedürftigkeit.[779] Diese Konstruktion stößt zwar auf Widerspruch.[780] An dem Schutz personenbezogener Daten im Anwendungsbereich der Datenschutzgesetze führt aber ohnehin kein Weg vorbei.[781] Auch darüber hinaus trifft die Behörden eine Verpflichtung zum Geheimnisschutz gegenüber jedermann, die von Vorschriften über die Kooperation staatlicher Stellen nicht ausgehebelt werden kann. Die Vorschriften der §§ 5 ff. VwVfG über die Amtshilfe regeln Hilfeleistungen unter Verwaltungsbehörden und stoßen an die Grenzen des in § 30 VwVfG festgelegten Schutzes individueller Rechtspositionen.[782] Der Geheimnisschutz geht der Amtshilfe vor.[783] Angesichts der Ausdifferenzierung der Verwaltung, in der unterschiedliche Teilbereiche durchaus unterschiedliche öffentliche Interessen wahrnehmen, erscheint eine teilweise informatorische Abschottung konsequent. Falls ein Zusammenwirken mehrerer Behörde für den Verfahrenserfolg notwendig ist, findet die Kooperation auf der Basis gesetzlicher Anordnung statt. Dann sind die erforderlichen Informationen auch zugänglich zu machen. Kooperation erfordert zwischenbehördliche Kommunikation, wie sie etwa § 73 Abs. 2 VwVfG für das Planfeststellungsverfahren oder § 10 Abs. 5 BImSchG für das immissionsschutzrechtliche Genehmigungsverfahren verlangen. Behörden können Stellungnahmen nur dann abgeben, wenn sie im Besitz der erforderlichen Informationen sind. Als Folge der gesetzlichen Anordnung gilt für die beteiligten Behörden der gleiche Standard an Geheimnisschutz, und sie verfolgen den identischen Verfahrenszweck. Das Erfordernis einer gesetzlichen Grundlage trägt dem verfassungsrechtlichen Ursprung von Offenbarungsverboten ebenso Rechnung wie der Zweckbindung bei der Verarbeitung personenbezogener Daten. Diese Zweckbindung begrenzt die Möglichkeiten der Amtshilfe.

---

778 *F. Hufen*, Fehler im Verwaltungsverfahren, Rn. 252.

779 *H.J. Bonk*, in: Stelkens/Bonk/Sachs, VwVfG, § 30, Rn. 23; *F. Kopp*, VwVfG, § 5, Rn. 18; *F. Kopp/U. Ramsauer*, VwVfG, § 30, Rn. 14.

780 *H. Borgs*, in: Meyer/Borgs, VwVfG § 30, Rn. 15–22; *C.H. Ule/H.-W. Laubinger*, Verwaltungsverfahrensrecht, § 23, Rn. 10; *W. Clausen*, in: Knack (Hrsg.), VwVfG, § 30, Rn. 3.4.2.

781 So auch *W. Clausen*, in: Knack (Hrsg.), VwVfG, § 30, Rn. 3.4.2; *C.H. Ule/H.-W. Laubinger*, Verwaltungsverfahrensrecht, § 23, Rn. 13.

782 *H.J. Bonk*, in: Stelkens/Bonk/Sachs, VwVfG, § 30, Rn. 23.

783 Siehe *B. Schlink*, Amtshilfe, S. 243 f.

3.4.3.5. Zusammenfassung

Das Verhältnis des Rechts auf Akteneinsicht zu seinen Ausnahmen bedarf angesichts der nicht eindeutigen Fassung der §§29, 30 VwVfG einer Strukturierung vor dem Hintergrund des Verfassungsrechts und der aus ihm abgeleiteten Schutzgüter. Denn das Recht auf Akteneinsicht als Prototyp eines Rechtes auf Information gegenüber der Verwaltung ist dem Grunde nach selbst verfassungsrechtlich garantiert.

Die in §29 Abs.2 VwVfG abschließend aufgezählten Gründe, die eine Verweigerung der Akteneinsicht erlauben, können in zwei Gruppen eingeteilt werden. Die Effizienz und Funktionsfähigkeit staatlicher Organe und Einrichtungen wird durch die ersten beiden Fallgruppen des §29 Abs.2 VwVfG gesichert. Dabei ist die erste Alternative praktisch gegenstandslos. Eine unzumutbare Beeinträchtigung der Aufgabenerfüllung durch Einsichtsbegehren in Massenverfahren kann kaum nachgewiesen werden und die sonstigen in Frage kommenden Konstellationen werden regelmäßig durch andere Ausnahmegründe erfasst. Zu Gunsten des Gemeinwohls kommt aber die Ablehnung eines Informationsersuchens aufgrund des §29 Abs.2 2. Alt. VwVfG in Betracht. Der Schutz von individuellen Geheimhaltungsinteressen bildet den Gegenstand von §29 Abs.2 3. Alt. VwVfG. Das Recht auf Akteneinsicht dringt durch, wenn nicht gegenläufige berechtigte Interessen anderer ins Verfahren involvierter Personen den Vorzug verdienen. Die Identifizierung dieser Interessen obliegt dem Gesetzgeber, der die gesetzliche Typisierung geheimhaltungsbedürftiger Vorgänge vornimmt. Als Gesetz im Sinne des §29 Abs.2 VwVfG begründet die Vorschrift des §30 VwVfG ein Verbot der Gewährung von Akteneinsicht, wenn das Recht auf informationelle Selbstbestimmung und das Betriebs- und Geschäftsgeheimnis nicht anders gewährleistet werden können. Diese grundrechtlich verankerten Schutzgüter treten nur dann gegenüber dem Zugang zu Informationen der Behörde zurück, wenn eine Befugnis zur Offenbarung vorliegt und das Ergebnis einer Verhältnismäßigkeitsprüfung die Herausgabe der Informationen gestattet. Im Rahmen des §29 Abs.2 i.V.m. §30 VwVfG ist eine individuelle Betrachtung der involvierten rechtlichen Interessen notwendig. Bei §29 Abs.2 VwVfG insgesamt stellt die Gewährung der Akteneinsicht die Regel, ihre Verweigerung die Ausnahme dar. Nur im Wirkungsfeld des §30 VwVfG kehrt sich dieses Verhältnis um. Da die Ablehnung der Akteneinsicht im Ermessen der Behörde steht, ist diese Entscheidung insoweit gerichtlich überprüfbar.

Der subjektiv ausgerichtete Geheimnisschutz durch §30 VwVfG ist das notwendige Gegenstück zur Öffnung der Verwaltung im Wege der Akteneinsicht. Die Vorschrift gewinnt im Fall der Lösung des Rechts auf Akteneinsicht von individueller Betroffenheit noch an Bedeutung.[784] Dies trifft bereits zu, soweit das Recht auf Information nach §4 Abs.1 UIG reicht, da der Ausschlussgrund des §8 UIG mit dem Begriff der unbefugten Offenbarung bewusst an §30 VwVfG

[784] *H.P. Bull*, Allgemeines Verwaltungsrecht, Rn.448.

anknüpft.[785] Die Auslegung des § 30 VwVfG beeinflusst die Reichweite des subjektiven Rechts auf Umweltinformationen. Ein harmonisierendes Verständnis der sich ähnelnden Vorschriften über das Informationsrecht und seine Ausnahmen liegt nahe, soweit sich die Grundstrukturen decken. Vor diesem Hintergrund bildet § 30 VwVfG den Hauptfall einer Vorschrift zum Schutz individueller Geheimnisse. Reichweite und Auslegung unterliegen starken verfassungsrechtlichen Einflüssen, weil insbesondere das Betriebs- und Geschäftsgeheimnis und das Recht auf informationelle Selbstbestimmung im Verwaltungsverfahren abgesichert werden. Der subjektive Geheimnisschutz geht insoweit grundsätzlich der Herausgabe von Informationen vor. Kollidiert der Geheimnisschutz mit einem subjektiven Recht auf Information wie demjenigen aus § 29 Abs. 1 VwVfG, erlangt dessen verfassungsrechtliche Verankerung erhebliches Gewicht. Die Abwägung durch die Behörde erfolgt anhand der Maßgaben, die aus dieser Systematik erwachsen. Durch das Verfassungsrecht werden dem Verwaltungsverfahren Maßstäbe vorgegeben, die Hilfestellung und zwingende Orientierung bei den verfahrensleitenden Entscheidungen der Behörde geben. Eine Systematisierung des § 29 Abs. 2 und des § 30 VwVfG, die dem konstruktiv Rechnung trägt, erlaubt der Behörde eine praktikable Handhabung der Verwaltung von Informationen.

3.5. Verwaltungsverfahren mit Akteneinsicht der Beteiligten

Die Gestaltung einer Reihe von verfahrensrechtlichen Rechten auf Akteneinsicht folgt dem Vorbild des § 29 VwVfG. Dementsprechend kommt die Rechtseinräumung nur den Beteiligten im Sinne des § 13 VwVfG zugute. Damit wird die Inhaberschaft des Informationsrechts an die Nähe zum Verfahren geknüpft. Der Beteiligtenbegriff nach § 13 VwVfG umschließt den Kreis der Bürger, deren Interessen in das Verwaltungsverfahren integriert werden müssen, weil sie unmittelbare und notwendige Partner der Behörde im Kommunikationsprozess sind. Antragsteller oder Antragsgegner, der Adressat des Verwaltungsaktes oder die Partei des öffentlich-rechtlichen Vertrages stellen Beteiligte dar, weil ohne sie das Verwaltungsverfahren nicht ablaufen würde und könnte. Sie erfahren eine weitgehende Ausstattung mit Verfahrensrechten, die im Zusammenhang mit ihren materiellen Rechten steht.

3.5.1. Beteiligteneigenschaft und Hinzuziehung nach § 13 VwVfG

Die Konturen des gesetzlich festgelegten Beteiligtenbegriffs in § 13 Abs. 1 VwVfG bedürfen der Präzisierung, auch im Lichte verfassungsrechtlicher Wertungen.[786] Aus der Beteiligteneigenschaft folgt die Entstehung des Beteiligten-

---

[785] *A. Turiaux*, UIG, § 8, Rn. 74.

[786] *F. Kopp*, Beteiligung, S. 392; *H. Raeschke=Kessler/S. Eilers*, NVwZ 1988, S. 37; *F. Hufen*, Fehler im Verwaltungsverfahren, Rn. 173f.

verhältnisses mit Rechten und Pflichten für Verwaltung wie Beteiligte.[787] In diesem Verwaltungsverfahrensrechtsverhältnis leiten die rechtlichen Positionen den Austausch von Information. Nutznießer können nicht nur die aufgrund der gesetzlichen Regelung des § 13 Abs. 1 Nr. 1 bis 3 VwVfG feststehenden Beteiligten sein, sondern auch die nach § 13 Abs. 1 Nr. 4 i.V.m. Abs. 2 VwVfG hinzugezogenen Beteiligten.

Eine Ausweitung des Kreises der Beteiligten und damit die formalisierte Integration weiterer Interessen ins Verwaltungsverfahren erlaubt die Hinzuziehung nach § 13 Abs. 1 Nr. 4, Abs. 2 VwVfG, die sich abhängig von den materiellen Rechten der in Frage kommenden Person als zwingend erweisen kann. Die Behörde kann Personen, deren rechtliche Interessen durch den Ausgang des Verfahrens berührt werden, als Beteiligte hinzuziehen. Werden lediglich die rechtlich nicht geschützten wirtschaftlichen, ideellen oder sozialen Interessen einer Person oder Personengruppe tangiert, ist deren Hinzuziehung unzulässig.[788] An dieser Stelle bleibt kein Raum für eine Verbandsbeteiligung.[789] Rechtliche Interessen können bereits dann berührt sein, wenn die Möglichkeit besteht, dass sie durch den Ausgang des Verfahrens beeinflusst werden.[790] Im Rahmen der einfachen Hinzuziehung des § 13 Abs. 2 Satz 1 VwVfG trifft die Behörde eine Ermessensentscheidung. Der Anspruch des Bürgers auf fehlerfreie Ermessensentscheidung wird immer dann infolge einer Reduzierung des Ermessens auf Null durchsetzbar sein, wenn er in eigenen Rechten betroffen ist.[791] Dies gilt auch für Drittbetroffene, sofern für sie nicht ohnehin Satz 2 greift.[792] Dritte müssen nach § 13 Abs. 2 Satz 2 VwVfG notwendig hinzugezogen werden, falls der Ausgang des Verfahrens rechtsgestaltende Wirkung für sie hat. Auch wenn es an einer solchen rechtsgestaltenden Wirkung fehlt, sind vom Verfahren potentiell Betroffene hinzuzuziehen, wenn sie sich auf geschützte rechtliche Interessen berufen können. Da grundrechtliche Positionen Einfluss auf die Hinzuziehung nehmen, verengen sich Ermessensspielräume der Behörde unter Umständen bis hin zur verfassungsrechtlich gebotenen Beteiligung.[793] Nach diesen Vorgaben kann § 13 Abs. 2 VwVfG in der Tat als Anknüpfungspunkt für die Beteiligung Dritter im Verwaltungsverfahren dienen.[794] Konsequenz der Hinzuziehung nach § 13 Abs. 2 VwVfG ist die Stellung als Beteiligter und damit die Trägerschaft des Rechts auf Akteneinsicht gemäß §§ 29, 30 VwVfG. Die Rege-

---

787 *H. Hill*, Verfahren, S. 269 und 280; *H.J. Bonk*, in: Stelkens/Bonk/Sachs, VwVfG, § 13, Rn. 2.

788 *C.H. Ule/H.-W. Laubinger*, Gutachten B, S. 47; *F. Kopp*, Beteiligung, S. 393; *W. Clausen*, in: Knack (Hrsg.), VwVfG, § 13, Rn. 4.1.

789 *C.H. Ule/H.-W. Laubinger*, Gutachten B, S. 47.

790 *F. Kopp*, VwVfG, § 13, Rn. 37; *C.H. Ule/H.-W. Laubinger*, Verwaltungsverfahrensrecht, § 15, Rn. 15.

791 *F. Hufen*, Fehler im Verwaltungsverfahren, Rn. 172; vgl. auch *F. Kopp*, Beteiligung, S. 395.

792 *H.-U. Erichsen/A. Scherzberg*, Umsetzung, S. 110.

793 *H. Raeschke=Kessler/S. Eilers*, NVwZ 1988, S. 37, 39; *F. Hufen*, Fehler im Verwaltungsverfahren, Rn. 173f.

794 Vgl. *W. Clausen*, in: Knack (Hrsg.), VwVfG, § 13, Rn. 9.

lung über das Hinzuziehen als Beteiligter erweist sich als Schlüssel zu einem Recht auf Information.

3.5.2. Akteneinsicht in wirtschaftsrechtlichen Verfahren, insbesondere nach deutschem und europäischem Kartellrecht

Die strukturelle Bezogenheit von Informationsrechten auf die Interessenlage in der konkreten Verfahrenssituation lässt sich am Kartellverfahren nach dem Gesetz gegen Wettbewerbsbeschränkungen (GWB) verdeutlichen.[795] Denn im Rahmen der Wirtschaftsaufsicht nimmt die Behörde zunächst eine vergleichsweise distanzierte Position ein, Fragen der Information und Informationsverweigerung stellen sich dafür verstärkt im Hinblick auf marktbeteiligte Dritte.[796] Da im Regelfall gewichtige Gründe für den Schutz der Betriebs- und Geschäftsgeheimnisse Dritter sprechen, hat sich der Gesetzgeber für das Modell der Akteneinsicht zu Gunsten der am Verfahren Beteiligten entschieden. Dies geschieht durch die Anwendung der §§29, 30 VwVfG im Kartellverwaltungsverfahren.[797] Beschränkungen folgen insbesondere aus dem Schutz des Betriebs- und Geschäftsgeheimnisses.[798] Auf die Informationsinteressen der Wettbewerber wird im Verfahren vor der Kartellbehörde durch die Möglichkeit ihrer Beteiligung mittels Beiladung nach §54 Abs. 2 Nr. 3 GWB und die Öffentlichkeit der mündlichen Verhandlung gemäß §56 Abs. 3 Satz 1 GWB Rücksicht genommen.[799] Die Öffentlichkeit des Verfahrens führt zur Offenlegung kartellrechtlich relevanter Sachverhalte.[800] Allerdings kann die Öffentlichkeit gemäß §56 Abs. 3 Satz 2 GWB ausgeschlossen werden. Spezielle Regelungen gelten im Beschwerdeverfahren gegen Verfügungen der Kartellbehörde.[801] Nach §72 Abs. 1 i.V.m. §67 Abs. 1 Nr. 1 GWB steht dem Beschwerdeführer das Recht auf Akteneinsicht zu.[802] Den Beigeladenen, also etwa Konkurrenten, kann das Beschwerdegericht gemäß §72 Abs. 3 GWB Akteneinsicht gewähren. Im ursprünglichen Verfahren Beteiligte erlangen durch den formalen Akt der Beschwerdeeinlegung das Informationsrecht, ohne dass dem eine materielle Rechtsposition zugrunde liegen muss. Die einmal erlangte verfahrensrechtliche Rechtsstellung

[795] Gesetz gegen Wettbewerbsbeschränkungen i.d.F. der Bekanntmachung vom 26. 8. 1998, BGBl. I, S. 2546.

[796] *K. Schmidt*, Drittschutz, S. 25.

[797] *K. Schmidt*, in: Immenga/Mestmäcker (Hrsg.), GWB, §71, Rn. 1; *ders.*, Drittschutz, S. 86f.; *R. Werner*, in: Wiedemann (Hrsg.), Handbuch des Kartellrechts, §53, Rn. 75.

[798] *K. Schmidt*, in: Immenga/Mestmäcker (Hrsg.), GWB, §53, Rn. 12; *R. Werner*, in: Wiedemann (Hrsg.), Handbuch des Kartellrechts, §53, Rn. 76.

[799] Zum Verfahren *F. Rittner*, Wettbewerbs- und Kartellrecht, §14, Rn. 72ff.; *V. Emmerich*, Kartellrecht, §35, Ziff. 1.

[800] *W. Martens*, Öffentlich als Rechtsbegriff, S. 58; vgl. auch *F. Rittner*, Wettbewerbs- und Kartellrecht, §14, Rn. 81.

[801] Allgemein zum Beschwerdeverfahren *F. Rittner*, Wettbewerbs- und Kartellrecht, §14, Rn. 96ff.

[802] *K. Schmidt*, in: Immenga/Mestmäcker (Hrsg.), GWB, §71, Rn. 2.

setzt sich fort. Bei der Ermessensentscheidung über die Beiladung im Beschwerdeverfahren gilt es zu beachten, dass damit auch ein Anspruch des Beigeladenen auf fehlerfreie Ermessensentscheidung über sein Recht auf Akteneinsicht verbunden ist.[803] Die Problematik der Informationsrechte intensiviert sich, je stärker die Behörden eingreifen. Im Verwaltungsprozess steht das Akteneinsichtsrecht nach § 100 VwGO ebenfalls den gemäß § 65 VwGO Beigeladenen zu.[804] Der Zusammenhang zwischen Beiladung und Akteneinsicht erinnert an die verwaltungsverfahrensrechtliche Problematik des § 13 VwVfG, denn die Hinzuziehung ermöglicht es, das Informationsrecht des § 29 Abs. 1 VwVfG in Anspruch zu nehmen. Im kartellrechtlichen Beschwerdeverfahren ist die Gefahr der Verletzung des Geheimnisschutzes hoch, weil die Informationssuchenden regelmäßig Wettbewerber des Informationsinhabers sind. Daher hat das Gesetz eine Konstruktion gewählt, welche die Zahl der Informationsberechtigten eher klein hält. Eine einmal erworbene verfahrensrechtliche Rechtsstellung beinhaltet aber auf Dauer Rechte auf Information.

Die Notwendigkeit, bei Vorliegen bestimmter Interessenkonstellationen bestimmte Rechte auf Information zu gewähren, findet auch Ausdruck in der Rechtslage im europäischen Wirtschaftsverfahrensrecht. Auf diesem Gebiet verfügt die Gemeinschaft über unmittelbare Verwaltungskompetenzen.[805] Im Rahmen dieser Verfahren stehen den Betroffenen Rechte auf Information zu.[806] Ein Vergleich zeigt auf, dass die Gemeinschaft in der Verbürgung von Informationsrechten insoweit nicht weiter geht als die deutsche Rechtsordnung.[807] Nach Art. 18 Abs. 3 Satz 3 der Fusionskontrollverordnung[808] haben zumindest die unmittelbar Betroffenen das Recht auf Akteneinsicht.[809] Zugänglich ist die Verfahrensakte in ihrer Gesamtheit.[810] Auch im Antidumping-Verfahren genießen gemäß Art. 6 Abs. 7 VO Nr. 384/96[811] nur die Betroffenen ein Recht auf Akteneinsicht.[812] Die Gewährung von Akteneinsicht an interessierte Dritte steht im Ermessen der Kommission.[813] Eine parallele Regelung trifft die gegen Drittstaaten gerichtete Anti-Subventionsverordnung in Art. 11 Abs. 7, wobei sie dem Schutz der Vertraulichkeit mit Art. 29 eine ausdrückliche Vorschrift widmet.[814]

---

803 Zum Ganzen *K. Schmidt*, Drittschutz, S. 75ff.

804 *F. Kopp/W.-R. Schenke*, VwGO, § 100, Rn. 2.

805 *A. Hatje*, Die gemeinschaftsrechtliche Steuerung, S. 43f.

806 *R. Arnold*, EuR-Beiheft 1/1995, S. 25 mit Nachweisen der Rechtsprechung.

807 *Th. v. Danwitz*, System, S. 277.

808 Verordnung (EWG) Nr. 4064/89 des Rates vom 21. 12. 1989 über die Kontrolle von Unternehmenszusammenschlüssen, ABl. L 257 vom 21. 9. 1990, S. 13 (berichtigte Neuveröffentlichung).

809 *W. Weiß*, Verteidigungsrechte, S. 250.

810 *J.-P. Hix*, Recht auf Akteneinsicht, S. 72.

811 Verordnung (EG) Nr. 384/96 des Rates vom 22. 12. 1995 über den Schutz gegen gedumpte Einfuhren aus nicht zur Europäischen Gemeinschaft gehörenden Ländern, ABl. L 56 vom 6. 3. 1996, S. 1.

812 *W. Weiß*, Verteidigungsrechte, S. 217; vgl. *R. Arnold*, EuR-Beiheft 1/1995, S. 27.

813 *J.-P. Hix*, Recht auf Akteneinsicht, S. 146; *R. Arnold*, EuR-Beiheft 1/1995, S. 28.

814 Verordnung (EG) Nr. 2026/97 des Rates vom 6. 10. 1997 über den Schutz gegen subventio-

Immerhin ist diese Rechtslage vor dem Hintergrund des Art. 230 Abs. 4 EGV zu bewerten, der die Klagerechte von Individuen gegen Maßnahmen der Gemeinschaft vergleichsweise eng fasst und damit die Vergleichbarkeit mit der innerstaatlichen Rechtslage erschwert.[815]

Die Besonderheit im Kartellrecht liegt darin, dass auf europäischer Ebene ein Recht auf Akteneinsicht nicht ausdrücklich gewährleistet ist.[816] Die einschlägige Kartell-Verordnung Nr. 17 sichert in Art. 19 Abs. 1 den beteiligten Unternehmen zu, dass ihnen Gelegenheit gegeben werden muss, sich zu den Beschwerdepunkten der Kommission zu äußern, und gemäß Art. 19 Abs. 2 können auch Dritte angehört werden.[817] Als Dritte kommen vor allem die Antragsberechtigten im Sinne des Art. 3 Abs. 2 Kartell-Verordnung Nr. 17 in Betracht.[818] Das Recht auf Akteneinsicht der betroffenen Unternehmen basiert auf der Selbstbindung der Kommission, die erklärt hat, den beteiligten Unternehmen Akteneinsicht gewähren zu wollen.[819] An dieser Selbstbindung hält das Gericht erster Instanz die Kommission fest.[820] Die Hauptbeteiligten haben einen Anspruch auf Einsicht in die Dokumente, auf welche die Kommission ihre Beschwerdepunkte stützt.[821] Von der Rechtsprechung wird das Informationsrecht als Ausprägung des Grundsatzes rechtlichen Gehörs verstanden und damit als Verteidigungsrecht der beteiligten Unternehmen.[822] Dritte können allenfalls einen Anspruch auf fehlerfreie Ermessensentscheidung über ihren Antrag auf Akteneinsicht geltend machen.[823] Das Gericht erster Instanz der Europäischen Gemeinschaft hebt hervor, dass die Beteiligten ihre Gelegenheit zur Äußerung nur

---

nierte Einfuhren aus nicht zur Europäischen Gemeinschaft gehörenden Ländern, ABl. L 288 vom 21. 10. 1997, S. 1.

815 *C. D. Classen*, Die Verwaltung 31 (1998), S. 311; siehe EuGH, Rs. C-49/88 (Al-Jubail Fertilizer), Slg. 1991, I-3187, Rn. 17.

816 Eingehend *W. Weiß*, Verteidigungsrechte, S. 192ff.; Überblick über das europäische Kartellverfahren bei *F. Rittner*, Wettbewerbs- und Kartellrecht, § 14, Rn. 115ff. und *V. Emmerich*, Kartellrecht, § 39.

817 Verordnung Nr. 17 des Rates vom 6. 2. 1962, ABl. vom 21. 2. 1962, S. 204.

818 *I. Pernice*, in: Grabitz/Hilf (Hrsg.), EU, nach Art. 87, Rn. 7; *W. Weiß*, Verteidigungsrechte, S. 191.

819 *R. Arnold*, EuR-Beiheft 1/1995, S. 26; *J.-P. Hix*, Recht auf Akteneinsicht, S. 61; *M. Levitt*, CMLRev. 34 (1998), S. 1416; die Kommission erkennt eine Selbstbindung gegenüber den Beschwerdeführern im Sinne des Art. 3 Abs. 2 VO Nr. 17 an, während sie insoweit gegenüber den betroffenen Unternehmen zurückhaltend ist, dazu *W. Weiß*, Verteidigungsrechte, S. 203 mit Fn. 94 sowie S. 211.

820 EuG, Rs. T-7/89 (Hercules Chemicals), Slg. 1991, II-1711, Rn. 53.

821 *C.-O. Lenz/G. Grill*, Festschrift für Deringer, S. 315; *C. D. Classen*, Die Verwaltung 31 (1998), S. 319.

822 Ständige Rechtsprechung, zum Beispiel EuGH, Rs. 85/76 (Hoffmann-La Roche), Slg. 1979, S. 416, Rn. 9; EuGH, Rs. 322/81 (Michelin), Slg. 1983, S. 3461, Rn. 7; EuGH, verb. Rs. 142 und 156/84 (BAT und Reynolds), Slg. 1987, S. 4487, Rn. 19; EuG, Rs. T-7/89 (Hercules Chemicals), Slg. 1991, II-1711, Rn. 47.

823 EuGH, verb. Rs. 142 und 156/84 (BAT und Reynolds), Slg. 1987, S. 4487, Rn. 20, näher *J.-P. Hix*, Recht auf Akteneinsicht, S. 70; *H. Dieckmann*, in: G. Wiedemann (Hrsg.), Handbuch des Kartellrechts, § 44, Rn. 33; vgl. *I. Pernice*, in: Grabitz/Hilf (Hrsg.), EU, nach Art. 87, Rn. 9.

dann effektiv wahrnehmen können, wenn sie zuvor Zugang zu Informationen der Kommission hatten.[824] Die Reichweite der Akteneinsicht hängt von der Praxis der Kommission ab, die dementsprechend im Kreuzfeuer der Kritik steht.[825] Im Hinblick auf die vertraulichen Dokumente Dritter hat die Kommission deren Geheimhaltungsinteressen mit dem Informationsrecht abzuwägen und in Einklang zu bringen.[826] Dabei kann auf prozedurale Vorkehrungen wie die Anonymisierung von Daten zurückgegriffen werden.[827] Der Schutz von Berufsgeheimnissen basiert auf Art. 287 EGV, den Art. 20 Abs. 2 der Verordnung Nr. 17 wiederholt, dabei aber sogleich Art. 19 VO Nr. 17 für unberührt erklärt.[828] Die Rechtsprechung hat das Verhältnis der Akteneinsicht zum Betriebs- und Geschäftsgeheimnis in differenzierender Weise entwickelt.[829] Einen weiteren wichtigen Streitpunkt bilden die internen Unterlagen der Kommission, die sie grundsätzlich nicht zugänglich machen muss.[830] Zu Gunsten eines weiter gehenden Informationszugangs wird die informationsfreundliche Position des Gerichts erster Instanz vorgebracht.[831] In jüngeren Entscheidungen hat es die Rechte auf Information der Unternehmen aufgewertet.[832] Die Kommission gewährt ebenfalls weitgehende Akteneinsicht. Im europäischen Wirtschaftsverfahrensrecht ist eine Entwicklung festzustellen, die dem Verfahren als Instrument der Rechtssicherung und damit den Informationsrechten gesteigerte Bedeutung beimisst.[833] Da die Interessenlage im Kartellrecht Rechte auf Information zwingend erfordert, gleicht die Anwendungspraxis durch Kommission und Gerichte Lücken der Rechtslage aus.

3.5.3. Spezielle Rechte auf Akteneinsicht

Im Gegensatz zum Kartellverfahren sind die Behörden auf Gebieten wie dem Sozial-, Beamten- oder Steuerrecht in die Kommunikationsbeziehungen, die sich im Rahmen des Verwaltungsverfahrens vollziehen, von vornherein stärker involviert. Die Verwaltung beaufsichtigt nicht nur, sie regelt. Das zentrale

[824] EuG, Rs. T-36/91 (ICI), Slg. 1995, II-1847, Rn. 69.

[825] Zur Handhabung der Gewährung von Akteneinsicht durch die Kommission *W. Weiß*, Verteidigungsrechte, S. 193ff.

[826] *M. Levitt*, CMLRev. 34 (1998), S. 1425.

[827] EuG, Rs. T-36/91 (ICI), Slg. 1995, II-1847, Rn. 100ff.

[828] *C.-O. Lenz/G. Grill*, Festschrift für Deringer, S. 319.

[829] EuGH, Rs. 85/76 (Hoffmann-La Roche), Slg. 1979, S. 416, Rn. 12, 14; EuGH, Rs. 53/85 (Akzo Chemie), Slg. 1986, S. 1965, Rn. 27ff.; EuGH, verb. Rs. 142 und 156/84 (BAT und Reynolds), Slg. 1987, S. 4487, Rn. 21f.; inhaltliche Zusammenfassung der Rechtsprechung in Stichpunkten bei *J.-P. Hix*, Recht auf Akteneinsicht, S. 90f. und bei *W. Weiß*, Verteidigungsrechte, S. 207.

[830] *C.-O. Lenz/G. Grill*, Festschrift für Deringer, S. 318; *R. Arnold*, EuR-Beiheft 1/1995, S. 31; *I. Pernice*, in: Grabitz/Hilf (Hrsg.), EU, nach Art. 87, Rn. 25.

[831] *M. Levitt*, CMLRev. 34 (1998), S. 1430, 1437.

[832] EuG, Rs. T-36/91 (ICI), Slg. 1995, II-1847, Rn. 69; Rs. T-353/94 (Postbank), Slg. 1996, II-921, Rn. 92f.

[833] *J.-P. Hix*, Recht auf Akteneinsicht, S. 187.

Rechtsverhältnis besteht zwischen Verwaltung und Antragsteller, Dritte spielen in aller Regel eine geringere Rolle. Einer derartigen Interessenlage begegnet der Gesetzgeber nicht notwendig mit der Einräumung stärkerer Informationsrechte. Die Regelung des §25 Abs. 1 SGB X entspricht §29 Abs. 1 VwVfG.[834] Als Gründe für die Verweigerung der Akteneinsicht nennt §25 Abs. 3 SGB X lediglich die berechtigten Interessen der Beteiligten oder Dritter. Damit macht sich die Vorschrift eine individual ausgerichtete Sichtweise zu Eigen, welche dem Charakter der Sozialdaten entspricht. Dritten versperrt das Sozialgeheimnis des §35 SGB I regelmäßig den Zugang zu den Informationen der Sozialbehörden.[835] Aufgrund einer ähnlichen Interessenlage gewähren §56c Abs. 1 BRRG und §90c Abs. 1 BBG dem Beamten das Recht auf Einsicht in seine Personalakte.[836] Der jeweilige Absatz 4 enthält weitere Informationsrechte.[837] Dem Beamten steht danach ein Recht auf Einsicht auch in andere Akten zu, wenn sie personenbezogene Daten über ihn enthalten. Falls seine Daten mit Daten Dritter oder anderen geheimhaltungsbedürftigen Daten verbunden sind, und die Trennung der Daten unverhältnismäßig aufwendig wäre, verfügt der Beamte zumindest über ein Recht auf Auskunft. Rechte auf Information werden so weit wie möglich gewährleistet. Im Steuerrecht stehen die Informationsrechte der Beteiligten stark unter dem Vorzeichen des Steuergeheimnisses nach §30 AO.[838] Soweit ausdrückliche Regelungen fehlen, bedarf es zur Begründung von Informationsrechten eines Rückgriffs auf den Grundsatz des rechtlichen Gehörs, der in der Vorschrift über die Anhörung des §91 AO zum Ausdruck gelangt, wonach den Beteiligten im Regelfall Gelegenheit zur Stellungnahme gegeben werden soll.[839] Akteneinsicht kann die Verwaltung den Beteiligten nach Ermessen gewähren.[840] Ein Recht auf Akteneinsicht besteht während des Verwaltungsverfahrens nicht, sondern erst im gerichtlichen Verfahren.[841] Die Möglichkeit einer analogen Anwendung des §29 VwVfG wird überwiegend verneint.[842]

Der höchstpersönliche Charakter von Informationen setzt Informationsrechten Dritter im Sozial- und Steuerrecht Widerstand entgegen.[843] Schon die informatorische Rechtsstellung der Betroffenen und Beteiligten geht nicht über die Regelungen des Verwaltungsverfahrensgesetzes hinaus. Die Funktionsfä-

---

[834] *A. Erlenkämper/W. Fichte*, Sozialrecht, S. 730; *W. Gitter*, Sozialrecht, S. 388; *B. Schulin*, Sozialrecht, Rn. 927.

[835] Zum Sozialgeheimnis *G. Borchert*, in: Borchert/Hase/Walz, GK-SGB X2, §25 SGB I, Rn. 8ff.

[836] Vgl. BVerwGE 36, 134 (142); 38, 94 (98).

[837] Diese Regelungen wurden auf Vorschlag des Bundesbeauftragten für den Datenschutz eingeführt, dazu *U. Battis*, Bundesbeamtengesetz, §90c, Rn. 6.

[838] Dazu *K. Tipke/J. Lang*, Steuerrecht, §4, Rn. 205ff.; *D. Birk*, Steuerrecht I, §35, Rn. 32ff.

[839] *H. Helsper*, in: Koch/Scholz, AO, §91, Rn. 4; *K. Tipke/J. Lang*, Steuerrecht, §22, Rn. 9.

[840] BFHE 143, 503 (505); siehe auch *F. Klein/G. Orlopp/B. Brockmeyer*, AO, §89, Anm. 4.

[841] *U.-Ch. Dißars*, NJW 1997, S. 485f.; dazu kritisch aus datenschutzrechtlichen Gründen *F. Hüttemann*, NJW 1997, S. 2020.

[842] *U.-Ch. Dißars*, NJW 1997, S. 482 m.N.

[843] Vgl. *F.-L. Knemeyer*, NJW 1984, S. 2242.

higkeit der Finanzverwaltung führt im Steuerrecht zu einer vergleichsweise engen Begrenzung von Informationsrechten.[844] Angesichts der Rolle von Art. 12 und Art. 14 GG in ihrer verfahrensrechtlichen Entfaltung erscheint das Fehlen einer ausdrücklichen Vorschrift über das Recht auf Information der Beteiligten als Mangel. Zumindest sind die Regelungen über das Gewähren rechtlichen Gehörs, insbesondere § 91 AO, informationsfreundlich auszulegen. Im prozessualen Zusammenhang erhalten die Verfahrensbeteiligten dann doch das Recht auf Akteneinsicht nach § 78 FGO, welches ihnen im Verwaltungsverfahren verwehrt wird, allerdings mit den Gerichtsakten und den dem Gericht vorgelegten Akten, nicht den Verfahrensakten als Gegenstand.[845] Die Funktion vorgezogenen Rechtsschutzes kann das steuerrechtliche Verwaltungsverfahren folglich nicht erfüllen.

Die gerichtlichen Verfahrensordnungen enthalten prozessuale Rechte auf Akteneinsicht zu dem Zweck, den Grundsatz rechtlichen Gehörs zu verwirklichen.[846] Neben Regelungen wie § 100 Abs. 1 VwGO und § 299 ZPO treten Spezialvorschriften, die auf die Situation im jeweiligen Verfahren Rücksicht nehmen. Konkretisierungen des berechtigten Personenkreises nehmen zum Beispiel § 147 StPO zu Gunsten des Verteidigers und § 69 Abs. 3 JGG zu Gunsten des Beistandes vor. Gemäß § 34 Abs. 1 FGG hat jeder nach Ermessen des Gerichts Anspruch auf Akteneinsicht, der ein berechtigtes Interesse glaubhaft macht. Die Abgrenzung der Verfahrensbeteiligten zu Dritten kann dabei Probleme bereiten.[847] Beteiligte, deren Interessen am Verfahrensausgang gleiche Intensität aufweisen, verfügen grundsätzlich über gleiche Informationsrechte.

Die Ausgestaltung der prozessual fundierten Rechte auf Information erscheint konsequent. Dagegen entsprechen die Rechtseinräumungen in den unterschiedlichen Verwaltungsverfahren nicht immer den zugrunde liegenden Interessen an Information. An manchen Stellen überwiegt die Bedeutung des Prinzips der beschränkten Aktenöffentlichkeit und die in ihren Grundzügen immerhin verfassungsrechtlich abgesicherte informatorische Rechtsstellung der Betroffenen steht übermäßig zurück. Eine Einflussnahme grundgesetzlicher Gewährleistungen, vorrangig auf dem Wege verfassungskonformer Auslegung, kann im Einzelfall nicht ausgeschlossen werden. Insbesondere in manchen zweipoligen Verwaltungsverfahren ist die Chance Dritter auf Zugang zu Informationen der Behörde schwach ausgeprägt. Ob dies gerechtfertigt werden kann oder die Aufforderung zu Änderungen an den Gesetzgeber ergeht, hängt von den im Verfahren involvierten Interessen ab. Diese Interessen bedürfen der Verfestigung in verfahrensrechtlichen Positionen.

---

[844] Zum Sonderfall des Rechts auf Akteneinsicht einer Minderheit im Gemeinderat, die dem Steuergeheimnis vorgehen kann OVG NRW, Beschl.v.28. 8. 1997, NVwZ 1999, S. 1252 (1253f.) m.w.N.

[845] *H.-R. Koch*, in: Gräber, FGO, § 78, Rn. 3.

[846] *S. Lodde*, Informationsrechte, S. 13; *H.-R. Koch*, in: Gräber, FGO, § 78, Rn. 1.

[847] *K.-D. Pardey*, NJW 1989, S. 1650.

Aus dem Rahmen fällt das Recht des § 5 Abs. 1 Bundesarchivgesetz,[848] wonach jedermann Archivgut des Bundes aus einer mehr als 30 Jahre zurückliegenden Zeit nutzen darf. Denn dieses subjektive Informationsrecht gründet nicht auf individuellen Interessen, sondern dem Interesse einer unbestimmten Öffentlichkeit an den historischen Grundlagen der Gegenwart.[849] Die Einräumung des Rechts wird von dem Interesse der Kenntnismehrung motiviert. Allerdings betrifft es lange abgeschlossene Vorgänge, weshalb entgegenstehende Gründe selten sind. Dennoch trifft § 5 Abs. 6 Bundesarchivgesetz eine Regelung, in welchen Fällen eine Benutzung nicht zulässig ist. Die Vorschriften der Landesarchivgesetze entsprechen der Regelung auf Bundesebene.

3.6. Verfahrensbezogene Informationsrechte in komplexen Genehmigungs- und in Planfeststellungsverfahren

Wenn die Verwaltung Entscheidungen über anlagen- bzw. umweltbezogene Vorhaben zu treffen hat, sind vielfältige Interessen in das Verwaltungsverfahren zu integrieren und zu optimalem Ausgleich zu bringen.[850] Diese Notwendigkeit führt zu einer zeitlichen Streckung des Verfahrens und einer Aufgliederung in einzelne Schritte. Andererseits entfaltet die endgültige behördliche Entscheidung oftmals Konzentrationswirkung. Sie soll befrieden und Rechtssicherheit herstellen. Die gesetzliche Gestaltung des Verfahrens muss eine grundrechtskonforme Zuordnung von Zielen der Verwaltung, privaten Interessen und Rechtswahrung durch vorverlagerten Rechtsschutz gewährleisten.[851] Daher wird eine potentiell große Zahl der am Verfahren Interessierten einbezogen. Im Rahmen solch komplexer Verfahren kommen Rechte der Beteiligten, Betroffenen oder Interessierten zum Tragen, die zu ihrer informatorischen Rechtsstellung zählen.

3.6.1. Rechte auf Information

Die Pflicht der Behörden, Bürger in komplexen Verfahren zu beteiligen, soll sich nach den Regelungskonzepten des Gesetzgebers nur ausnahmsweise zu einem subjektiven Recht auf Information verdichten. Ob die Verwaltung insoweit Zugang zu Informationen gewährt, steht in ihrem Ermessen.

Im *Planfeststellungsverfahren* gewährt § 72 Abs. 1 VwVfG Akteneinsicht nach pflichtgemäßem Ermessen. Die weiter gehende allgemeine Regel des § 29

[848] Gesetz über die Sicherung und Nutzung von Archivgut des Bundes vom 6. 1. 1988, BGBl. 1988 I, S. 62.

[849] *R. Bieber*, DÖV 1991, S. 861.

[850] *H. Maurer*, Allgemeines Verwaltungsrecht, § 8, Rn. 22.

[851] Vgl. *H. Goerlich*, Grundrechte als Verfahrensgarantien, S. 352; *E. Kutscheidt*, in: Landmann/Rohmer (Hrsg.), BImSchG, § 10, Rn. 10.

VwVfG soll verdrängt werden.[852] Der Gesetzgeber ging davon aus, die Gleichbehandlung der zahlreichen Beteiligten bei der Planfeststellung anders nicht sichern zu können. Angesichts der Regelung von Massenverfahren in § 29 Abs. 1 Satz 3 VwVfG trägt diese Erwägung nicht mehr.[853] Die Vorschrift des § 72 Abs. 1 VwVfG erweist sich auf Dauer als unhaltbar.[854] Eine generelle Gleichbehandlung ist jedoch nicht erforderlich, weil zwischen den unterschiedlichen Beteiligten sachgemäß differenziert werden kann. Nach § 72 Abs. 1 VwVfG wird selbst unmittelbar Betroffenen ein Recht auf Akteneinsicht vorenthalten, eine Konstruktion, die auf verfassungsrechtliche Bedenken stößt.[855] Denn hier entfalten die Grundrechte ihre verfahrensleitende Funktion.

Die verfahrensrechtliche Wirkung vor allem der Art. 2 Abs. 1, Art. 12 Abs. 1 und Art. 14 GG erzwingt zumindest eine Reduktion des Ermessens auf Null, falls der Informationsbegehrende von einer entsprechenden Grundrechtsposition aus seinen Antrag auf Akteneinsicht stellt. Hinzu tritt die Funktion der Rechtsdurchsetzung, die dem Verfahrensrecht zukommt. Vorgezogener Rechtsschutz zu Gunsten der Betroffenen drängt auf die Einräumung eines gebundenen Rechts auf Information. Nur dann können die verfahrensrechtlichen Rahmenbedingungen für die Sicherung materieller Rechtspositionen als gesichert gelten. Das Rechtsstaatsprinzip und insbesondere Art. 19 Abs. 4 GG erhärten die Notwendigkeit, § 72 Abs. 1 VwVfG als Recht auf Akteneinsicht zu verstehen, soweit die Informationsbegehrenden eine unmittelbare Betroffenheit in ihren Rechten geltend machen können. Berechtigte des § 72 Abs. 1 VwVfG sind Einwender und Betroffene, deren individuelle Belange gemäß § 73 Abs. 4 Satz 1 VwVfG berührt sind. Im Falle dieser unmittelbaren Rechtsbetroffenheit setzen sich die verfassungsrechtlichen Zwänge durch. Entgegen seinem Wortlaut bedarf es eines Verständnisses des § 72 Abs. 1 VwVfG als eines die Behörde bindenden Anspruches.[856] Die Versagung der Information bleibt die Ausnahme.[857] Sie kommt nur in Betracht, wenn und soweit gewichtige Gegengründe aus § 29 Abs. 2 i.V.m. § 30 VwVfG vorliegen. Die Regelung des § 72 Abs. 1 VwVfG ist verfassungskonform dahin auszulegen, dass eine grundsätzliche Verpflichtung zur Gewährung der Einsichtnahme besteht, weil deren Verweigerung ermessensfehlerhaft wäre.[858] Die unmittelbar Betroffenen im Plan-

---

[852] So *J.-D. Busch*, in: Knack (Hrsg.), VwVfG, § 72, Rn. 6.2.

[853] *C.H. Ule/H.-W. Laubinger*, Verwaltungsverfahrensrecht, § 25, Rn. 3; *S. Lodde*, Informationsrechte, S. 29.

[854] *C.H. Ule/H.-W. Laubinger*, Verwaltungsverfahrensrecht, § 39, Rn. 29.

[855] *W. Blümel*, Grundrechtsschutz, S. 54, hält diese Vorschrift und die gleichgearteten Vorschriften in anderen Verfahren aufgrund der Erfordernisse des Rechtsstaatsprinzips für verfassungswidrig.

[856] *R. Breuer*, Festschrift für Sendler, S. 357; *S. Lodde*, Informationsrechte, S. 29.

[857] *M. Preussner*, VBlBW 1982, S. 2.

[858] *F. Kopp*, VwVfG, § 72, Rn. 17; *P. Schoenemann*, DVBl. 1988, S. 522; zurückhaltender auf eine Ermessenreduktion im Einzelfall heben ab *H.J. Bonk*, in: Stelkens/Bonk/Sachs, VwVfG, § 72, Rn. 115 und *R. Steinberg*, Fachplanung, § 3, Ziff. 70.

feststellungsverfahren haben im Ergebnis ein subjektives Recht auf Information.

In der Regelung des *immissionsschutzrechtlichen Genehmigungsverfahrens* nach § 10a der 9. BImSchV wird der Behörde ein Ermessen eingeräumt, Akteneinsicht zu gewähren. Die Vorschrift ordnet für die Akteneinsicht eine entsprechende Anwendung des § 29 Abs. 1 Satz 3, Abs. 2 und 3 VwVfG an. Damit nimmt sie die Gegengründe zum Recht auf Akteneinsicht und die Modalitäten der Durchführung in Bezug. Die Rechtseinräumung des § 29 Abs. 1 Satz 1 VwVfG soll nicht greifen.[859] Statt des Rechts auf Akteneinsicht legt § 10a der 9. BImSchV ein schwächeres Recht auf fehlerfreie Ermessensentscheidung fest. Die Norm nimmt keine Begrenzung auf Beteiligte vor. Im immissionsschutzrechtlichen Genehmigungsverfahren steht jedermann die Berechtigung zu, Einsicht zu nehmen.[860] Auch über die Befugnis zur Erhebung von Einwendungen nach § 10 Abs. 3 Satz 2 BImSchG verfügt jedermann. Dies schließt Verbände und juristische Personen des öffentlichen Rechts ein.[861]

Damit kommen im Rahmen des § 10a der 9. BImSchV gleichzeitig eine Verengung und eine Erweiterung des Rechts auf Akteneinsicht zum Tragen.[862] Der schwächere Anspruch wird einer größeren Zahl von Berechtigten eingeräumt. Umfang und Modalitäten der Verwirklichung des Informationsrechts berücksichtigen die typischen Interessenkonstellationen des immissionsschutzrechtlichen Genehmigungsverfahrens. Die Öffentlichkeitsbeteiligung nach § 10 BImSchG bezweckt zum einen, der Behörde die für ihre Entscheidung über die Genehmigung erforderlichen Informationen zu verschaffen. Zum anderen sollen die materiellen, auch grundrechtlich abgestützten Rechte Dritter gesichert und Betreiber von Anlagen vor nachträglichen Einwendungen geschützt werden.[863] Dem Charakter des Genehmigungsverfahrens entsprechend bedarf der Schutz des Betriebs- und Geschäftsgeheimnisses besonderer Vorkehrungen. Nach § 10 Abs. 2 BImSchG sind Unterlagen, die solche Geheimnisse enthalten, getrennt vorzulegen, und es muss eine Inhaltsdarstellung beigefügt werden.[864] Die Genehmigungsbehörde prüft den Geheimnischarakter, wobei auch das Informationsinteresse der Öffentlichkeit in die Beurteilung einfließt.[865] Die Prüfung geschieht im Vorfeld der Auslegung von Antrag und Unterlagen. Denn falls der Schutz von Betriebs- und Geschäftsgeheimnissen dies erfordert, braucht laut § 10 Abs. 3 Satz 1 der 9. BImSchV nur die Inhaltsdarstellung ausge-

---

[859] *P. Badura*, in: Erichsen (Hrsg.), Allgemeines Verwaltungsrecht, § 37, Rn. 21; kritisch *S. Wachs*, Akteneinsicht, S. 169.

[860] *C.H. Ule/H.-W. Laubinger*, Gutachten B, S. 38; *H.-U. Erichsen/A. Scherzberg*, Umsetzung, S. 26.

[861] *U. Storost*, in: Ule/Laubinger (Hrsg.), BImSchG, § 10, Rn. D 40; *H.D. Jarass*, BImSchG, § 10, Rn. 54.

[862] *R. Bieber*, DÖV 1991, S. 862.

[863] *E. Kutscheidt*, in: Landmann/Rohmer (Hrsg.), BImSchG, § 10, Rn. 10.

[864] Zu Mängeln in der praktischen Umsetzung *J. Burmeister/G. Winter*, in: Winter (Hrsg.), Öffentlichkeit, S. 96.

[865] *S. Wachs*, Akteneinsicht, S. 66.

legt zu werden. Gegenstand des Rechts auf Akteneinsicht ist dann zumindest die Inhaltsdarstellung.[866] Ansonsten kann Einsicht in die im Lauf des Verfahrens angelegten oder von der Genehmigungsbehörde in dessen Kontext beigezogenen Akten begehrt werden.[867]

Im *atomrechtlichen Genehmigungsverfahren* gewährt die Genehmigungsbehörde gemäß §7 Abs. 4 Satz 3 AtG i.V.m. §6 Abs. 4 Satz 1 AtVfV während der Dauer des Zulassungsverfahrens Akteneinsicht nach pflichtgemäßem Ermessen. Sonstige Rechte auf Information bleiben nach §6 Abs. 4 Satz 2 AtVfV unberührt. Damit trägt §6 Abs. 4 AtVfV dem Umweltinformationsgesetz Rechnung. Auch §6 Abs. 4 Satz 1 der AtVfV erklärt wie §10a der 9. BImSchV die Beschränkungen des Rechts auf Akteneinsicht aus §29 Abs. 1 Satz 3, Abs. 2 und 3 VwVfG für anwendbar.

Die dem Planfeststellungsverfahren vergleichbaren Genehmigungsverfahren sehen sich ebenfalls Bedenken hinsichtlich der Beschneidung von Informationsrechten der unmittelbar Betroffenen ausgesetzt. Im atomrechtlichen oder immissionsschutzrechtlichen Genehmigungsverfahren wirken ebenfalls die Grundrechte in ihrer verfahrensrechtlichen Funktion. Hinzu tritt der Schutz der Durchsetzung subjektiver Rechte durch das Rechtsstaatsprinzip und Art. 19 Abs. 4 GG. Auch in den komplexen Genehmigungsverfahren schlägt das Verfassungsrecht durch. Unmittelbar Betroffene haben ein Recht auf Information, weil das Ermessen der Verwaltung insoweit auf Null reduziert ist.[868] Da die in §29 Abs. 2 i.V.m. §30 VwVfG normierten gegenläufigen Rechtspositionen ausdrücklich zu beachten sind, beeinträchtigen die Informationsrechte nicht über Gebühr widerstreitende Rechtspositionen. Probleme in Massenverfahren sind mittels des §29 Abs. 1 Satz 3 VwVfG lösbar, auf den die speziellen Regelungen verweisen. Für andere Informationssuchende als unmittelbar Betroffene bleibt es beim Recht auf Akteneinsicht nach Ermessen.

3.6.2. Einwendungsberechtigte als Informationsbegehrende

3.6.2.1. Planfeststellungsverfahren und komplexe Genehmigungsverfahren

Als Träger eines Rechts auf Akteneinsicht im Planfeststellungsverfahren nach §72 Abs. 1 VwVfG kommen die Einwender in Betracht. Der Kreis der Einsichtsberechtigten beschränkt sich nicht auf die in §13 VwVfG beschriebenen Beteiligten.[869] Da die bloße Vornahme von Verfahrenshandlungen noch keine Beteiligtenstellung begründet, wird der begriffliche Unterschied nicht eingeeb-

---

866 *M. Preussner*, VBlBW 1982, S. 6.

867 *S. Wachs*, Akteneinsicht, S. 170.

868 Im Ergebnis ebenso *W. Blümel*, Grundrechtsschutz, S. 54; *R. Engel*, Akteneinsicht, S. 32f.; *S. Lodde*, Informationsrechte, S. 29; *S. Wachs*, Akteneinsicht, S. 135.

869 BVerwG, Urt.v.21.3. 1997, NVwZ-RR 1997, S. 663 (664); *C.H. Ule/H.-W. Laubinger*, Gutachten B, S. 37.

net. In der Ladung oder in der Zulassung zum Erörterungstermin kann keine Hinzuziehung im Sinne des § 13 Abs. 2 VwVfG erblickt und die Beteiligteneigenschaft kann auch nicht jedem zugesprochen werden, der Einwendungen erhebt.[870] Die Einwender stehen aber hinsichtlich ihrer verfahrensrechtlichen Stellung den Beteiligten grundsätzlich gleich.[871] Alle Einwendungsbefugten im Sinne des § 73 Abs. 4 VwVfG verfügen über die Rechte eines Beteiligten einschließlich der Akteneinsicht.[872] Der Grund liegt in der gleichgelagerten Funktion von Einwendung und Hinzuziehung nach § 13 VwVfG. Beide bezwecken eine Einbindung von Personen in das Verwaltungsverfahren und beabsichtigen, diesen Personen Gelegenheit zu geben, ihre Interessen ins Verfahren einzubringen.[873] Die das Verfahren abschließende Entscheidung der Verwaltung wirkt dementsprechend gleichermaßen für Einwender wie für Hinzugezogene. Das Verwaltungsverfahren wird für Rechtssubjekte geöffnet, die über konkretisierte Interessen verfügen. Dies dient dem Schutz der individuellen Rechtsposition ebenso wie dem Informationsbedürfnis der Verwaltung und der Herbeiführung einer sachgerechten Entscheidung.[874] Die gesamte Konzeption betrifft gleichermaßen die parallelen Regelungen der komplexen Genehmigungsverfahren, etwa im Immissionsschutzrecht.

Im Planfeststellungsverfahren stehen allen Einwendungsbefugten Rechte auf Information zu.[875] Da § 72 Abs. 1 VwVfG in verfassungskonformer Auslegung ein subjektives Recht auf Information der unmittelbar Betroffenen gewährleistet, kann jeder Einwendungsberechtigte, der in eigenen Rechten berührt ist, einen Anspruch auf Akteneinsicht geltend machen.[876] Sonstige Einwendungsberechtigte haben das Recht auf fehlerfreie Ermessensentscheidung. Die Abgrenzung des Kreises der Informationsberechtigten in Planfeststellungsverfahren und komplexen Genehmigungsverfahren hängt auf einer ersten Stufe von der Bestimmung der Einwendungsbefugnis ab. Zur Erhebung von Einwendungen sind gemäß § 73 Abs. 4 Satz 1 VwVfG all diejenigen befugt, deren Belange berührt werden.[877] Der unscharfe Begriff der „Belange" in § 73 Abs. 4 Satz 1 VwVfG führt zu einer Weite des Kreises der Einwendungsbefugten, die einer

---

[870] Für Letzteres aber *F. Kopp*, VwVfG, § 73, Rn. 45 und 46.

[871] *J.-D. Busch*, in: Knack (Hrsg.), VwVfG, § 73, Rn. 7.1.3; *C.H. Ule/H.-W. Laubinger*, Verwaltungsverfahrensrecht, § 40, Rn. 36; *H.J. Bonk*, in: Stelkens/Bonk/Sachs, VwVfG, § 73, Rn. 60.

[872] *C.H. Ule/H.-W. Laubinger*, Gutachten B, S. 36f.; *R. Engel*, Akteneinsicht, S. 29; *H.-U. Erichsen*, Stichwort „Informationszugang", in: Kimminich/von Lersner/Storm (Hrsg.), Handwörterbuch des Umweltrechts, Sp. 1091; *E. Gurlit*, Verwaltungsöffentlichkeit, S. 141; vgl. *J. Fluck/A. Theuer*, UIG, § 4, Rn. 101 und BVerwG, Urt.v.21.3. 1997, NVwZ-RR 1997, S. 663 (664).

[873] *C.H. Ule/H.-W. Laubinger*, Gutachten B, S. 37.

[874] Vgl. BVerwGE 60, 297 (300); *R. Engel*, Akteneinsicht, S. 30 mit Fn. 12; *A. Hatje*, EuR 1998, S. 737.

[875] *H.-U. Erichsen*, Jura 1993, S. 181.

[876] Zu anderen Rechten im Planfeststellungsverfahren, die speziell den Betroffenen zustehen, *C.H. Ule/H.-W. Laubinger*, Verwaltungsverfahrensrecht, § 40, Rn. 37.

[877] Zu den Belangen in der Abwägung BVerwG, Urt.v.20.5. 1999, NVwZ 2000, S. 555 (558).

Beteiligung der Öffentlichkeit nahe kommt.[878] Denn in seinen Belangen berührt ist jeder, dessen rechtliche oder berechtigte Interessen berührt sind, wozu auch eigene wirtschaftliche, ideelle oder ökologische Interessen zählen.[879] Als einzige Begrenzung gilt, dass eigene Belange tangiert sein müssen. Ausschließliche Belange Dritter oder der Allgemeinheit können nicht geltend gemacht werden.[880] Verbänden, die lediglich Interessen ihrer Mitglieder zu fördern beabsichtigen, kommt ebensowenig eine Einwendungsbefugnis zu wie Gemeinden, die Interessen ihrer Bürger durchsetzen wollen.[881] Diese Beschränkung kann allerdings durch einen eigenen Belang überspielt werden, den ein Bürger als Teil der Öffentlichkeit vorträgt. Individuen vermögen nahezu immer eigene berechtigte Interessen vorzubringen, zum Beispiel ideelle, soziale oder ökologische, die ihre Einwendungsbefugnis begründen.[882] Die Chance auf Akteneinsicht nach § 72 Abs. 1 i.V.m. § 29 VwVfG steht folglich im Grunde jedermann offen.

Als ausschlaggebend für die Wirkkraft des Rechts auf Information erweist sich die auf einer zweiten Stufe erfolgende Prüfung, ob der Einwendungsbefugte in eigenen rechtlichen Interessen berührt sein könnte. Nur dann verdichtet sich die Akteneinsicht nach Ermessen zu einem subjektiven Recht auf Information. Rechtsträger ist jeder unmittelbar oder potentiell in seinen Rechten Betroffene. Wer keine tatsächliche oder potentielle Beeinträchtigung seiner subjektiven Rechtsstellung vorzutragen in der Lage ist, verfügt über eine schwächere Berechtigung, die in dem Anspruch auf fehlerfreie Ermessensentscheidung über die Gewährung der Information besteht.

3.6.2.2. Umweltverträglichkeitsprüfung

Die Vorschriften über komplexe Verfahren werden durch die Regelungen zur Umweltverträglichkeitsprüfung verfahrensrechtlich verklammert. Da § 9 Abs. 1 Satz 2 UVPG für das Anhörungsverfahren auf § 73 Abs. 3 bis 7 VwVfG verweist, verfügt der Kreis der Einwendungsbefugten über die Rechte aus § 73 Abs. 4 VwVfG. Das Recht der Einsichtnahme in die ausgelegten Vorhaben- oder Planunterlagen steht jedermann zu.[883] Diese Regelungen erzielen den Effekt einer Verbreiterung der Informationsgrundlage und der Ermöglichung von Kontrolle durch die Öffentlichkeit, weil auch die nur in ihren Interessen Be-

---

[878] *J.-D. Busch*, in: Knack (Hrsg.), VwVfG, § 73, Rn. 7.1.1; vgl. *E. Schmidt-Aßmann*, AöR 116 (1991), S. 372.

[879] *R. Steinberg*, Fachplanung, § 3, Ziff. 81; *F. Kopp*, VwVfG, § 73, Rn. 32a und 33.

[880] *H.J. Bonk*, in: Stelkens/Bonk/Sachs, VwVfG, § 73, Rn. 67; *R. Steinberg*, Fachplanung, § 3, Ziff. 82.

[881] *F. Kopp*, VwVfG, § 73, Rn. 40; *C.H. Ule/H.-W. Laubinger*, Verwaltungsverfahrensrecht, § 40, Rn. 30.

[882] *J.-D. Busch*, in: Knack (Hrsg.), VwVfG, § 73, Rn. 7.1.1; *H.J. Bonk*, in: Stelkens/Bonk/Sachs, VwVfG, § 73, Rn. 67.

[883] BVerwGE 98, 339 (360); *W. Erbguth/A. Schink*, UVPG, § 9, Rn. 4; siehe oben 3. Kapitel, 3.4.3.

rührten in das Verfahren einbezogen werden.[884] Die Möglichkeit zur Erhebung von Einwendungen nach § 73 Abs. 4 Satz 1 VwVfG oder gleichgerichteten Vorschriften erlaubt eine umfassende Interessenintegration.[885]

Zum Zwecke der Rechtsverfolgung und zur Förderung einer umweltgerechten Sachentscheidung räumt § 9 Abs. 2 UVPG nach Abschluss des Verfahrens über die Zulässigkeit des Vorhabens den bekannten Betroffenen und denjenigen, über deren Einwendungen entschieden worden ist, ein Recht auf Information über das Ergebnis ein.[886] Sie müssen Zugang zu der Entscheidung über die Zulässigkeit des Vorhabens einschließlich der Entscheidungsgründe erhalten. Aus § 9 Abs. 2 Satz 1 UVPG folgt ein subjektives Recht auf Information. Anspruchsberechtigt sind die in ihren individuellen Rechten unmittelbar oder potentiell Betroffenen, also auch Drittbetroffene.[887] Eine andere Formulierung gebraucht die UVP-Richtlinie selbst, denn Art. 6 Abs. 2 und Art. 9 der UVP-Richtlinie verlangen die Beteiligung der betroffenen Öffentlichkeit. Dieser unscharfe Begriff bedarf der Konkretisierung durch den innerstaatlichen Gesetzgeber. In der Bestimmung des § 9 Abs. 2 UVPG kann daher trotz einiger Zweifel kein Umsetzungsdefizit festgestellt werden.[888] Das Recht auf Information über das Verfahrensergebnis steht allen in ihren subjektiven Rechten Betroffenen und denjenigen Einwendungsbefugten zu, die von ihrem Beteiligungsrecht Gebrauch gemacht haben. Sofern andere Rechtsvorschriften über die Zulässigkeit von Vorhaben ein solches Recht nicht einräumen, entsprechen sie nicht den Anforderungen des UVP-Gesetzes, weshalb dieses nach § 4 Satz 1 UVPG vorgeht. Zu Gunsten der Verteilung von Informationen durch die Verwaltung errichtet § 9 UVPG einen Mindeststandard.[889] Nach § 9 Abs. 2 UVPG steht der Verwaltung kein Ermessen zu, sie hat zu informieren. Im Fall der Ablehnung des Vorhabens sind die bekannten Betroffenen und die Personen, die Einwendungen erhoben haben, gemäß § 9 Abs. 2 Satz 2 VwVfG von der Ablehnung zu benachrichtigen. Auf diese Benachrichtigung besteht ein Rechtsanspruch. Der Ausschluss von Rechtsansprüchen in § 9 Abs. 3 Satz 2 UVPG bezieht sich nur auf das vorgelagerte Verfahren.[890] Nachdem die Entscheidung über die Zulässigkeit des Vorhabens gefallen ist, stehen den Betroffenen und den aktiv gewordenen Einwendungsbefugten die Informationsrechte aus § 9 Abs. 2 UVPG zu.

---

[884] *U. Hellmann*, Öffentlichkeitsbeteiligung, S. 156.

[885] *W. Erbguth/A. Schink*, UVPG, § 9, Rn. 12; *U. Hellmann*, Öffentlichkeitsbeteiligung, S. 257, 339.

[886] *J. Wagner*, in: Hoppe (Hrsg.), UVPG, § 9, Rn. 29.

[887] *N. Kollmer*, NVwZ 1994, S. 1058; *I. Pernice/S. Kadelbach*, DVBl. 1996, S. 1108.

[888] Ähnlich *R. Steinberg*, Fachplanung, § 3, Ziff. 104; *I. Pernice/S. Kadelbach*, DVBl. 1996, S. 1108; a.A. *W. Erbguth/A. Schink*, UVPG, § 9, Rn. 18.

[889] *J. Wagner*, in: Hoppe (Hrsg.), UVPG, § 9, Rn. 29.

[890] *W. Erbguth/A. Schink*, UVPG, § 9, Rn. 20.

4. Zusammenfassung

Grundzüge von Rechten auf Information können im Wege der Interpretation erarbeitet werden. Einflüsse des europäischen Rechts und ein verändertes Grundverständnis der Bedeutung von Informationsrechten bewirken eine Modifikation der Auslegung gesetzlicher Vorschriften, die sich an Vorbildern in anderen Rechtsordnungen orientieren kann.[891] Parallele Vorschriften in unterschiedlichen Gesetzen, die parallele Interessenlagen widerspiegeln, stehen in einem systematischen Zusammenhang, weil sie Anknüpfungspunkte und Produkte eines dauerhaften, insbesondere gesetzgeberischen Prozesses sind. Sie fügen sich zur informatorischen Rechtsstellung des Bürgers zusammen, die zu einem harmonisierenden Verständnis der Rechtseinräumungen führt. Als Folge der europäischen Rechtsentwicklung entfaltete der deutsche Gesetzgeber insbesondere mit dem Umweltinformationsgesetz, dem Gesetz über die Umweltverträglichkeitsprüfung und dem Umwelthaftungsgesetz Tätigkeiten auf dem Gebiet des Informationsrechts. Im Kontext der Gestaltung einer modernen Verwaltung strebt er damit die Ausweitung von Transparenz und Kontrollierbarkeit der Verwaltungstätigkeit an. Bürger und Verwaltung intensivieren ihre Kommunikation, zumal der Bürger in seiner Verantwortung gestärkt und in die Erfüllung von Verwaltungsaufgaben vermehrt einbezogen wird. Diese Kommunikation spielt sich oft in Verwaltungsverfahren ab. Rechte des Bürgers auf Information gegenüber der Verwaltung bilden einen wesentlichen Grundzug der rechtlichen Seite von Kommunikation.

Die Europäische Gemeinschaft hat mit dem Anspruch auf Informationen über die Umwelt das im geltenden Recht mit Blick auf den Anwendungsbereich am weitesten gehende Modell eines Informationsrechts geschaffen (Art. 3 Abs. 1 Umweltinformationsrichtlinie; § 4 Abs. 1 UIG). Die Betroffenheit subjektiver Rechtspositionen verliert ihre anspruchsbegründende Bedeutung, die Rechte Dritter oder Interessierter gewinnen gleichwertiges Gewicht. Dieses Recht auf Information verwirklichen die Verwaltungen der Mitgliedstaaten. Auf den Sachgebieten, in denen die Gemeinschaft über eigene Verwaltungskompetenzen verfügt, insbesondere im Kartellrecht, lehnen sich die Rechte auf Akteneinsicht dagegen stark an die Betroffenheit in eigenen Rechten an. Ein Informationsrecht, das dem Anspruch auf Umweltinformation gliche, würde hier ebenso systemverändernd wirken wie im deutschen Verwaltungsrecht.[892]

Mit der Aktivierung der Bürger im Dienste des Umweltrechts versucht die Gemeinschaft, ihre begrenzten eigenen Möglichkeiten des Vollzuges auszugleichen. Denn der Vollzug des Gemeinschaftsrechts ist Sache der Mitgliedstaaten.

---

[891] *F. Schoch*, VVDStRL 57 (1997), S. 187, befürwortet, dass die deutsche Rechtsordnung allgemein im Hinblick auf die Transparenz im Exekutivbereich den Anschluss an die europäische Entwicklung finden solle; auch *H.-H. Trute*, VVDStRL 57 (1997), S. 251 mit Fn. 152, hebt den Druck der europäischen Rechtsentwicklung hin zu einer stärkeren Öffentlichkeit der Verwaltung hervor.

[892] *Th. v. Danwitz*, System, S. 277f.

Die Begründung individueller Rechte dient deshalb der Kontrolle von Behörden, die von der Gemeinschaft selbst nur in geringem Maße kontrollierbar sind. Wäre dies der einzige Pfeiler des Konzepts der Informationsrechte, würde sich die Frage stellen, ob es auf eine voll durchgestaltete innerstaatliche Rechtsordnung mit einer ausgebauten Fach- und Rechtsaufsicht überhaupt übertragbar ist. Die Mobilisierung der Einzelnen zur Durchsetzung des Gemeinschaftsrechts geht jedoch weiter. Sie bezweckt die staatsbürgerliche Einbindung des Bürgers in die Europäische Union.[893] Er wird zu Gunsten der Union oder zumindest der Gemeinschaft aktiviert, seine Mitverantwortung für das Gemeinwesen materialisiert sich.[894] Die Möglichkeiten dezentraler Kontrolle sind noch keineswegs ausgeschöpft.[895] Das Konzept erweist sich als funktional notwendig zur Gestaltung eines pluralisierten und fragmentierten Gemeinwesens. Diese Beschreibung trifft zum Teil auch auf die Rechtsordnung der Bundesrepublik Deutschland zu, die zum einen in die Union eingebunden ist und sich zum anderen angesichts steigender Komplexität immer stärker ausdifferenziert. Die innerstaatliche Rechtsordnung muss sich Herausforderungen stellen, die Modifikationen der Konzeptionen von Verwaltungsvollzug erfordern.[896] Das gesetzliche Steuerungsprogramm insgesamt, aus seinen Komponenten Organisation, Verfahren, Programm und Programmanwendung,[897] soll die Verwirklichung des Gesetzeszwecks gewährleisten. Schwächen der einen können durch Verstärkung einer anderen Komponente ausgeglichen werden. Eine Vergrößerung der Chance für den Bürger, Verantwortung im Rahmen des Verwaltungsvollzugs wahrzunehmen, entspricht der fortschreitenden Entwicklung von Recht und Gesellschaft. Rechte auf Information sind nicht zuletzt Ausdruck dieser Verantwortung.

Informationsrechte, die in ihrer Schlagkraft dem § 4 UIG nahe kommen, räumt der deutsche Gesetzgeber bereits in speziellen Konstellationen ein, wie das Stasi-Unterlagengesetz zeigt. Die Auskunftsrechte der Presse gründen auf ihrer verfassungsrechtlichen Verankerung in der Presse- und Rundfunkfreiheit. Als Konsequenz des Rechts auf informationelle Selbstbestimmung und damit ebenfalls grundrechtlich geprägt erweist sich der gebundene Anspruch des Betroffenen auf Auskunft nach § 19 BDSG.

Die Umweltverträglichkeitsprüfung führt eine Prozeduralisierung der Umweltbelange herbei.[898] Da die Beteiligung der Öffentlichkeit im Verfahren eines der Hauptanliegen der Umweltverträglichkeitsprüfung darstellt, wird der potentielle Kreis der Inhaber von Informationsrechten erweitert und deren informatorische Stellung gestärkt. Die Einbeziehung der Öffentlichkeit resultiert zum einen in einer weitgehenden Öffnung des Anhörungsverfahrens, die ein

[893] *J. Masing*, Mobilisierung, S. 52.
[894] *I. Pernice*, NVwZ 1990, S. 424.
[895] *M. Hilf*, EuR 1993, S. 17 (Rn. 27).
[896] *M. Schmidt-Preuß*, VVDStRL 56 (1996), S. 170.
[897] *G.F. Schuppert*, in: Hoffmann-Riem/Schmidt-Aßmann (Hrsg.), Reform, Band 1, S. 83.
[898] BayVGH, Urt.v.5.7. 1994, DVBl. 1994, S. 1198 (1201).

Recht auf Einsichtnahme in die ausgelegten Unterlagen für jedermann einschließt. Zum anderen verfügen Betroffene und aktiv gewordene Einwendungsbefugte aufgrund des § 9 Abs. 2 UVPG über individuelle Rechte auf Information nach Abschluss des Verfahrens über die Zulässigkeit des Vorhabens. Ihnen ist Zugang zur Entscheidung und zur Begründung zu gewähren. Das UVP-Gesetz kennzeichnet den Mindestbestand an Informationsrechten in Verfahren über die Zulässigkeit von Vorhaben. Die Prozeduralisierung der Interessen durch die Umweltverträglichkeitsprüfung schlägt sich in einer Reihe von Verwaltungsverfahren nieder, die damit verstärkt Interessen integrieren. Als Ausdruck paralleler Strukturen bedürfen die einschlägigen Vorschriften des jeweiligen Verwaltungsverfahrensrechts einer harmonisierenden Interpretation.

Bereits im Vorfeld des Verwaltungsverfahrens wirkt § 25 VwVfG auf die Kommunikationsbeziehungen ein. Beratung und Auskunft können auch von nur potentiell Beteiligten in Anspruch genommen werden. Spielräume für die Gestaltung des Verfahrens sichert § 10 VwVfG, der damit auch für die Aufnahme von Kommunikationsbeziehungen und die Mitteilung von Informationen in einem bestimmten Verwaltungsverfahren ausreichend Raum lässt. Ein subjektives Recht auf Information, das sich regelmäßig zu einem Auskunftsrecht zwecks eigener Rechtsverfolgung konkretisiert, gewährt § 28 VwVfG.

Die speziellste und detaillierteste Regelung eines Informationsrechts im Verwaltungsverfahren stellen die §§ 29, 30 VwVfG dar. Das Recht auf Akteneinsicht nach § 29 Abs. 1 VwVfG besteht während des Verwaltungsverfahrens und ist für seinen Anwendungsbereich gegenüber § 19 BDSG spezieller. Allerdings bleibt § 19 BDSG darüber hinaus aufgrund seiner Zielrichtung auch während eines Verwaltungsverfahrens anwendbar, soweit das Informationsinteresse mittels des § 29 VwVfG nicht befriedigt werden kann. Die Beteiligten verfügen mit dem Recht auf Akteneinsicht über ein umfassendes Recht auf Information. Gründe für die Geheimhaltung von Informationen bilden nach § 29 Abs. 2 VwVfG die Funktionsfähigkeit staatlicher Stellen, generalisierte Individualinteressen oder subjektive Individualinteressen. Angesichts der Zwecke des Verwaltungsverfahrens trägt die Funktionsfähigkeit staatlicher Stellen am wenigsten weit, da behördliche Aufgabenerfüllung und individuelle Informationsrechte einander bedingen und der Verwaltung zumeist organisatorische Wege offen stehen, die häufig die Wahl milderer Mittel als einer vollständigen Verweigerung des Zugangs zu Informationen erlauben. Generalisierte Individualinteressen müssen gesetzlich bestimmt sein, da eine Generalisierung gerade Aufgabe des Gesetzgebers und nicht der Verwaltung ist. Im Zuge einer Abwägung stehen sie dem Informationsinteresse gegenüber. Der Schutz individueller konkreter Interessen im Verfahren obliegt der Verwaltung. Den Schutz subjektiver Rechte auf Geheimhaltung im Verwaltungsverfahren bewirkt § 30 VwVfG. Bedeutung entfaltet die Vorschrift sowohl als prototypische Regelung der Rechte Dritter, die der Gewährung von Informationen widerstreiten können, als auch speziell im Zusammenhang mit § 29 Abs. 2 3. Alt. VwVfG für die Gewährung von Akteneinsicht. Im Vordergrund des Schutzes geheimhaltungsbedürftiger Informationen stehen das Recht auf informationelle Selbstbestimmung und das Betriebs- und Geschäftsgeheimnis. Subjektive Individualinteressen Dritter können auf der Grundlage des §29 Abs. 2 3. Alt. VwVfG i.V.m. §30 VwVfG am ehesten die Gewährung der Akteneinsicht verhindern, sie bilden die gewichtigsten Gründe gegen das Informationsbegehren. Die schonende Ausgestaltung, zum Beispiel durch Anonymisierung oder teilweise Abspaltung, folgt aus der Verfahrensherrschaft der Behörde.

Die Regelung über die Hinzuziehung nach §13 Abs. 1 Nr. 4, Abs. 2 VwVfG enthält einen Schlüssel zu Rechten auf Information. Denn rückt ein Dritter in die Beteiligtenstellung ein, steht ihm im Anwendungsbereich des §29 VwVfG das Recht auf Akteneinsicht zu. Das Ermessen der Behörde nach §13 Abs. 2 Satz 1 VwVfG schrumpft immer dann auf Null, wenn eigene subjektive Rechte der für die Hinzuziehung in Frage kommenden Person berührt sein können. Eine Ausweitung des Kreises der Anspruchsberechtigten hat die Anwendung des §13 Abs. 2 Satz 2 VwVfG deshalb zur Folge, weil potentiell betroffene Dritte hinzugezogen werden müssen.

Im Rahmen komplexer Genehmigungs- und Planfeststellungsverfahren bahnt §13 VwVfG dagegen nicht den Weg zu einem Recht auf Information. Denn nach den gesetzlichen Regelungen hätten selbst die Beteiligten nur einen Anspruch auf fehlerfreie Ermessensentscheidung über ihren Zugang zu Behördeninformationen. Eine Gleichbehandlung von unmittelbar und mittelbar Betroffenen, die erstere auf ein bloßes Informationsrecht nach Ermessen verweist, erweist sich als verfassungsrechtlich unhaltbar. Die Gründe liegen in der verfahrensrechtlichen Funktion der Grundrechte und der Gewährung vorgezogenen Rechtsschutzes aus Art. 19 Abs. 4 GG und dem Rechtsstaatsprinzip. Unmittelbar in ihren Rechten Betroffene haben ein subjektives Recht auf Information, weil das Ermessen der Behörde insoweit auf Null reduziert ist. Daher gewährt ihnen §72 Abs. 1 VwVfG im Planfeststellungsverfahren einen gebundenen Anspruch. Gleiches gilt in immissionsschutzrechtlichen und atomrechtlichen Genehmigungsverfahren (§10a der 9. BImSchV; §7 Abs. 4 Satz 3 AtG i.V.m. §6 Abs. 4 Satz 1 AtVfV). Träger des Rechts auf Akteneinsicht können Einwendungsbefugte sein, wenn sie eine Betroffenheit in eigenen Rechten geltend machen können. Sonstigen Einwendungsberechtigten kommt ein Recht auf Akteneinsicht nach Ermessen im Sinne des Wortlauts der einschlägigen Vorschriften zu. Die Erweiterung des Kreises der Berechtigten geht mit einer Abschwächung der Durchsetzbarkeit des Anspruchs einher.[899] Das Recht auf Information der nicht in eigenen Rechten tatsächlich oder potentiell betroffenen Einwendungsbefugten konkretisiert sich in einem Anspruch auf fehlerfreie Ermessensentscheidung über die Gewährung von Akteneinsicht.

[899] Vgl. *M. Kaufmann*, in: Bertschi u.a. (Hrsg.), Demokratie und Freiheit, S. 45f.; *D. König*, DÖV 2000, S. 49f.

5. Kapitel:
Übergreifende Strukturen von subjektiven öffentlichen Rechten auf Information

Auf der Grundlage der existierenden Rechte auf Information können gemeinsame Strukturen für solche Rechte herausgearbeitet werden, die dem Gesetzgeber sachbezogenes Tätigwerden de lege ferenda erleichtern. Aber auch de lege lata gewinnen übergreifende Grundzüge von Informationsrechten Bedeutung. Die Erkenntnis, dass bestimmte Konstellationen im Recht der Informationsverwaltung typischerweise mittels bestimmter normativer Konzepte geregelt sind, nimmt Einfluss auf die Interpretation. Da Informationsrechte typischerweise eine bestimmte Systematik aufweisen, hilft der Vergleich mit parallel gelagerten Vorschriften dabei, die Interpretation unter Rückgriff auf Zweck und Systematik der Rechtsgrundlage zu strukturieren. Typische Strukturen der Abwägung geben Hilfestellung bei der Rechtsanwendung. Den Ausgangspunkt bilden die geltenden Regelungen, die nunmehr auf ihre konkreten Gehalte zu den Strukturelementen der Rechte auf Information untersucht werden. Auf dieser Grundlage können verallgemeinernde Aussagen über Aufbau und Inhalt des jeweiligen Strukturelements getroffen werden. Als Folge der Sachgesetzmäßigkeiten und der gleichgelagerten Interessen schält sich die Struktur eines Systems von Rechten auf Information heraus. Sie kann variieren und abhängig vom Sachbereich Modifikationen unterliegen. Aber auf ihre zentralen Aussagen können die unterschiedlichen Informationsrechte im Verwaltungsrecht zurückgeführt werden.

1. Die Informationen

Als Gegenstand eines subjektiven Informationsrechts des Bürgers kommen alle der Behörde zur Verfügung stehenden Informationen in Betracht. Nach dem hier zugrunde gelegten Verständnis von Information als wissens- oder erkenntnismehrendem Grundelement sozialer Interaktion, wird sie erst vom Empfänger hergestellt.[1] Als Sender sollte die Verwaltung im Ansatz die Signale so unbearbeitet wie möglich übermitteln. Die theoretische Konstituierung des tauglichen Gegenstandes eines Rechts auf Information vermögen Individuen

[1] Siehe oben 1. Kapitel, 4., sowie insbesondere O. *Baller*, in: Haratsch/Kugelmann/Repkewitz (Hrsg.), Herausforderungen, S. 34f. m.w.N.

ebenso zu leisten wie Gruppen von Individuen, die sich als Teilöffentlichkeiten darstellen oder potentiell die Öffentlichkeit repräsentieren. Ohnehin ändert sich die Zusammensetzung der interessierten Öffentlichkeit abhängig vom konkreten Kontext. In Kommunikationsbeziehungen mit der Verwaltung kann sowohl ein einzelner Bürger Informationen empfangen als auch eine Vielheit von Bürgern, die Öffentlichkeit.

Informationen werden von der Verwaltung aufgrund unterschiedlicher Zielrichtungen benötigt und erhoben, gelangen aber auch zufällig in ihren Verfügungsbereich. Die Behörde kann Informationen bereits mit Blick auf ihre tatsächliche oder potentielle Veröffentlichung sammeln und aufbereiten. Die Einsicht in öffentlich geführte Informationsbestände, die gerade zu diesem Zweck bestehen, bereitet keine Probleme. Der Zugang zu Wasserbüchern oder Altlastenkatastern steht nach der Maßgabe des einschlägigen Bundes- oder Landesrechts allen Bürgern offen. Allenfalls wird die Hürde eines berechtigten Interesses errichtet, deren Überwindung jedoch nicht allzu viele Schwierigkeiten bereitet. Auf Eintragungen wird nicht speziell hingewiesen, der einfache Zugang besteht unabhängig von konkreten Anlässen.[2]

Die Frage der Zugangsberechtigung stellt sich vorrangig bei solchen Informationen der Behörde, die nicht mit dem Ziel der Veröffentlichung gesammelt werden. Dann tauchen Konflikte auf zwischen dem Interesse am Zugang zu den Informationen und den widerstreitenden Interessen des Datenschutzes, des Geschäfts- und Betriebsgeheimnisses sowie der Funktionsfähigkeit der Verwaltung. Regelungen von Rechten auf Information in unterschiedlichen Sachbereichen haben diesen Interessenkonflikt zum Ausgleich zu bringen.

Die Regelungen richten sich am Charakter der Informationen aus, insbesondere an deren Sensibilität und Sozialbezug.[3] Informationen über die Umwelt stehen regelmäßig in engerer Verbindung zum Gemeinwohl als Daten über den Gesundheitszustand einer Person. Handelt es sich jedoch um eine meldepflichtige Erkrankung im Sinne des §3 Bundes-Seuchengesetz besteht ein Interesse der Öffentlichkeit an der Information, dem durch die Meldung an das Gesundheitsamt gemäß §5 Bundes-Seuchengesetz Rechnung getragen wird, so dass der Schutz der Privatsphäre des Erkrankten gesichert ist. Besonders schutzwürdige Kategorien personenbezogener Daten nennt Art. 8 Abs. 1 der EG-Richtlinie zum Datenschutz.[4] Informationen sollen danach besonders geschützt werden, wenn aus ihnen die rassische und ethnische Herkunft, politische Meinungen, religiöse und philosophische Überzeugungen oder die Gewerkschaftszugehörigkeit hervorgehen oder wenn sie die Gesundheit oder das Sexualleben betreffen. Das Verbot automatisierter Einzelentscheidungen in Art. 15 der Richtlinie führt

---

[2] *G. Winter/E. Gurlit*, in: Winter (Hrsg.), Öffentlichkeit, S. 34.

[3] *S. Lodde*, Informationsrechte, S. 185f.; vgl. BVerfGE 65, 1 (43f.); *S. Simitis*, NJW 1998, S. 2477; *R. Pitschas*, Die Verwaltung 33 (2000), S. 118; *Ch. Starck*, in: v.Mangoldt/Klein/Starck (Hrsg.), GG, Art. 2, Rn. 109.

[4] Richtlinie 95/46/EG zum Schutz natürlicher Personen bei der Verarbeitung personenbezogener Daten und zum freien Datenverkehr vom 24. 10. 1995, ABl. Nr. L 281, S. 40.

als besonders schützenswerte Informationen über eine Person insbesondere die berufliche Leistungsfähigkeit, die Kreditwürdigkeit, die Zuverlässigkeit oder das Verhalten auf. Die Bewertung der Sensibilität von Informationen hängt von der Nähe zur Privatsphäre ab.[5] Der Grad des Sozialbezugs korreliert mit der Nähe zum Gemeinwohl. Die Intensität des Gemeinwohlbezugs nimmt erheblichen Einfluss auf die potentielle Öffentlichkeit von Informationen.

Gegenstand der geltenden Rechte auf Zugang zu Behördeninformationen sind die der Verwaltung bereits zur Verfügung stehenden Informationen. Der Einzelne kann nicht verlangen, dass die Verwaltung neue Informationsquellen schafft, neue Informationen sammelt.[6] Wenn aber die Verwaltung im Besitz der Informationen ist, hat die ursprüngliche Quelle der Information keinen unmittelbaren Einfluss auf den Zugang. Differenzierungen nach gezielt erhobenen oder aufgedrängten Informationen mögen Bedeutung im Zusammenhang der Verarbeitung durch die Behörden erlangen. Dies ist etwa beim Datenschutz der Fall, weil nach § 3 Abs. 4 BDSG das Erheben von Daten als gezieltes Beschaffen von Wissen definiert wird.[7] In dem Zeitpunkt, in dem die Behörde die Daten aber speichert, unterliegen sie dem Auskunftsanspruch des § 19 Abs. 1 BDSG.[8] Sobald die Verwaltung Herrschaft über Informationen ausübt, übernimmt sie die Verantwortung für deren Offenbaren und Verteilen. An diese Verantwortung knüpfen Informationsrechte an.

Die Art und Weise, wie die Informationen aggregiert sind, lässt das Bestehen von Rechten auf Information unberührt. Bei der formalen Verarbeitung der Informationen verfügt die Behörde über weitgehende Freiheiten. Das Anlegen von Akten, die Nutzung von Speichermedien und entsprechenden Programmen oder die Aufbewahrung von Informationen unterliegen den Grundsätzen effektiver Verwaltungsarbeit. Grenzen ergeben sich aus der Notwendigkeit von Transparenz und Nachvollziehbarkeit der Entscheidung. Voraussetzung für das Recht auf Akteneinsicht nach § 29 VwVfG ist, dass überhaupt Akten ordnungsgemäß geführt werden, daher besteht eine diesbezügliche Verpflichtung der Behörden.[9] Auf die technische Form der Akte kommt es nicht an.[10] Jedes Recht auf Information richtet sich auf die inhaltlich verstandene Information unabhängig vom formal-technischen Informationsträger.[11] Die Verwaltung kann nicht durch eine bestimmte Art der Informationsverarbeitung die Reichweite individueller Rechte der Bürger beeinflussen. Potentielles Zugangsobjekt sind alle Informationen im Besitz der Behörde.[12]

---

[5] *M. Kloepfer*, Gutachten D, S. 117.

[6] *B. Pieroth*, JuS 1981, S. 628.

[7] *M.-Th. Tinnefeld/E. Ehmann*, Datenschutzrecht, II. Teil, Ziff. 3.3.1.

[8] *P. Gola/R. Schomerus*, BDSG, § 19, Rn. 2.1.

[9] *F. Kopp*, VwVfG, § 29, Rn. 4.

[10] Siehe oben 4. Kapitel, 3.4.2.2.

[11] *G. Winter/E. Gurlit*, in: Winter (Hrsg.), Öffentlichkeit, S. 43; vgl. grundsätzlich *U. Sieber*, NJW 1989, S. 2573.

[12] *J. Schlachter*, Öffentlichkeit, S. 153.

Eine Einschränkung der Zugänglichkeit von Informationen folgt aus der Unbefangenheit behördlichen Arbeitens. Dem trägt § 29 Abs. 1 Satz 2 VwVfG Rechnung, wonach sich das Recht auf Akteneinsicht nicht auf Entwürfe zu Entscheidungen sowie Entwürfe zu ihrer unmittelbaren Vorbereitung erstreckt.[13] Der verwaltungsinterne Vorgang der Entscheidungsfindung verdient Schutz. Dieser Schutz muss aber keinen absoluten Charakter tragen. Nach § 7 Abs. 2 UIG soll ein Informationsbegehren abgelehnt werden, wenn es auf die Übermittlung noch nicht abgeschlossener Schriftstücke, noch nicht aufbereiteter Daten oder verwaltungsinterner Mitteilungen zielt. Zudem besteht gemäß § 7 Abs. 1 Nr. 1 UIG der Zugangsanspruch nicht, wenn die Vertraulichkeit der Beratungen von Behörden berührt würde.[14] Bei jedem Antrag auf Zugang zu in ihrem Besitz befindlichen Informationen prüft die Verwaltung, ob ein Informationsrecht besteht und wie weit es reicht. Eine Ausgestaltung als Ausschlussgrund genügt den Erfordernissen unbefangener Informationsverarbeitung innerhalb der Verwaltung. Die Behörde entscheidet nach pflichtmäßigem Ermessen über den Umfang der Herausgabe von Informationen, wobei deren Verweigerung die begründungsbedürftige Ausnahme bleibt.[15] Informationen, die lediglich das Vorbereitungsstadium von Entscheidungen betreffen, sollten von vornherein gekennzeichnet werden, so dass ihre Identifizierung als bloße Notiz oder unfertiger Beitrag zu einem Entscheidungsentwurf leicht fällt.[16] Geschützt ist der behördeninterne Kommunikationsprozess.[17] Entwürfe zu Entscheidungen verfügen als Zwischenschritte durchaus über eigenes Gewicht, so dass sie nicht notwendig einem Informationsanspruch entzogen sind. Eigenständige behördliche Stellungnahmen oder abgeschlossene Gutachten stellen sich als taugliche Gegenstände von Informationsrechten dar.[18] Einzelheiten hängen vom konkreten gesetzlichen Zusammenhang ab.

Aufgrund des sozialen Kontextes, in dem die Information steht, beinhaltet sie vielfältige Bedeutungselemente. Eine Eingrenzung des Informationsbegriffs ergibt der Zweck des Rechts auf Information. Er reduziert die Komplexität der Informationsmenge. Dementsprechend hat der Europäische Gerichtshof den Begriff der Informationen über die Umwelt im Sinne der Umweltinformationsrichtlinie weit verstanden und auf alle Angaben und Tätigkeiten erstreckt, die den Zustand der in der Richtlinie erwähnten Umweltbereiche betreffen.[19] Nach dieser Rechtsprechung ist eine Umweltinformation auch in der Stellungnahme einer Landschaftspflegebehörde innerhalb eines Planfeststellungsverfahrens zu

---

[13] Siehe oben 4. Kapitel, 3.4.2.3.

[14] Dazu eingehend OVG S-H, Beschl.v.16. 6. 1998, NVwZ 1999, S. 670 (672f.) = DVBl. 1999, S. 250 (251f.).

[15] Vgl. zur Umweltinformationsrichtlinie *H.-U. Erichsen/A. Scherzberg*, Umsetzung, S. 101.

[16] Vgl. *W. Clausen*, in: Knack (Hrsg.), VwVfG, § 29, Rn. 4.3; *J. Fluck/A. Theuer*, UIG, § 7, Rn. 148.

[17] Siehe *A. Turiaux*, UIG, § 7, Rn. 43; *J. Fluck/A. Theuer*, UIG, § 7, Rn. 138.

[18] OVG S-H, Beschl.v.16. 6. 1998, NVwZ 1999, S. 670 (672, 674) = DVBl. 1999, S. 250 (253); *Ch. Schrader*, in: Schomerus/Schrader/Wegener, UIG, § 7, Rn. 27.

[19] EuGH, Rs. C-321/96 (Mecklenburg), Slg. 1998, I-3908, Rn. 19.

sehen, denn diese Handlung eignet sich dazu, den Zustand eines von der Richtlinie erfassten Umweltbereiches zu beeinträchtigen oder zu schützen.[20] Ebenso können Informationen über die staatliche finanzielle Förderung von umweltverbessernden Produktionsverfahren Umweltinformationen gemäß §4 Abs. 1 UIG darstellen.[21] Da sich die Information erst beim Empfänger konstituiert, kommt es für deren Qualifikation auch auf den Zweck der Information an.[22] Einschlägige Vorschriften über den Zugang zu Informationen von Behörden verfügen über einen potentiell weiten Gegenstandsbereich.

Diese Aussage erweist sich nicht nur im Fall subjektiver Individualrechte als tragfähig, sondern auch dann, wenn sich die Informationen an eine breite Öffentlichkeit richten wie bei der Auslegung von Vorhaben- oder Planunterlagen.[23] Auf der Grundlage des §13 Abs.2 Satz 1 der 9. BImSchV gehören vom Antragsteller eingeholte Sachverständigengutachten und nach Satz 2 auch im Einvernehmen mit der Genehmigungsbehörde eingeholte Sachverständigengutachten zu den Unterlagen nach §10 Abs. 1 Satz 2 BImSchG. Sie sind gemäß §10 Abs.3 Satz 2 BImSchG auszulegen.[24] Gutachten, die von der Genehmigungsbehörde in Auftrag gegeben worden sind, und sonstige Behördenunterlagen unterfallen grundsätzlich nicht der Auslegungspflicht. Ihre Auslegung ist aber dann geboten, wenn sie neue und bedeutsame Tatsachen für die Nachbarn der Anlage enthalten, weil dann die verfahrensrechtliche Funktion der Grundrechte zur Geltung kommt.[25] Aus Art.2 Abs.2 GG und Art. 14 Abs. 1 GG resultiert die Forderung, dass potentiell Betroffene über Auswirkungen auf ihre Gesundheit und ihr Eigentum informiert werden müssen. Die Umgrenzung des Gegenstandes von Informationsrechten erfolgt letztlich nach dem Gesetzeszweck. Ausschlaggebend ist nicht die ursprüngliche Zweckbestimmung für das Sammeln der Informationen durch die Behörde, sondern vorrangig die Zweckbestimmung der Vorschrift, die den Zugang zu den Informationen eröffnet.

2. Die Funktionen von Rechten auf Information und die Rechtsträgerschaft

2.1. Die Änderung der Rahmenbedingungen für Informationsrechte

Die Beteiligung von Bürgern im Verwaltungsverfahren, die Rolle der Öffentlichkeit bei der Kontrolle der Verwaltung oder der Zugang des Einzelnen zu In-

[20] EuGH, Rs. C-321/96 (Mecklenburg), Slg. 1998, I-3908, Rn.21.
[21] BVerwG, Urt.v.25.3. 1999, DÖV 1999, S.778 (780) = NVwZ 1999, S.1220 (1221).
[22] Vgl. *Ch. Gusy*, JZ 1999, S.1170.
[23] Siehe oben 3. Kapitel, 3.4.2.
[24] *H.D. Jarass*, BImSchG, §10, Rn.48.
[25] *U. Storost*, in: Ule/Laubinger (Hrsg.), BImSchG, §10, Rn. D 19; *H.D. Jarass*, BImSchG, §10, Rn.48; vgl. BVerwGE 74, 214 (226).

formationen der Verwaltung sind Ausprägungen des Informationsverwaltungsrecht. Der Bürger verfügt als Teil der Wohnbevölkerung in diesem Zusammenhang über Rechtspositionen, die sich in seiner informatorischen Rechtsstellung bündeln. Seine Staatsangehörigkeit spielt für die Rechtsträgerschaft keine Rolle. Die Gestaltung der informatorischen Rechtsstellung des Bürgers erfolgt in einem auf Dauer angelegten *Prozess*. Interpretationen können der Modifikation bedürfen, wenn man sich systematische Verbindungen und Verknüpfungen mit ähnlichen Vorschriften vergegenwärtigt und wenn Sinn und Zweck von Regelungen neu formuliert werden müssen.[26] Denn soweit Auslegungen auf einem bestimmten Vorverständnis beruhen, wirken Änderungen des Vorverständnisses auf sie zurück. Aus modifizierten Strukturen des Gesamtzusammenhangs, die verfassungs- oder europarechtlichen Einwirkungen und verwaltungsrechtlichen Entwicklungen Rechnung tragen, kann eine Änderung des Regelungsgehalts bestimmter Vorschriften folgen.[27] Die europarechtliche und verfassungsrechtliche Dynamik schlägt sich in der Weiterentwicklung von Systematik und Teleologie verwaltungsrechtlicher Vorschriften nieder.[28] Als Folge der Normenhierarchie haben sich verwaltungsrechtliche Positionen am Vorrang der Verfassung und des Gemeinschaftsrechts zu orientieren, soweit diese reichen.

Rechtlich zwingende Vorgaben ergeben sich aus dem Grundgesetz. Die stärkere Betonung bestimmter Aspekte der Prinzipien von Demokratie und Rechtsstaat und die gezielte Entfaltung der Grundrechte in ihrer verfahrensrechtlichen Funktion vermitteln geänderten Verständnissen des Verhältnisses von Verwaltung und Bürger eine verfassungsrechtliche Basis. Es gilt der Grundsatz der informations- und kommunikationsfreundlichen Auslegung gesetzlicher Regelungen.[29] Da Informationsrechte dem Grunde nach verfassungsrechtlich verankert sind, müssen sie auch im Verwaltungsrecht verwirklicht werden. Voraussetzungen, Umstände und Ausmaß dieser Gewährleistungen formuliert der Gesetzgeber.

Aus dem Europarecht folgt der Zwang zur richtlinienkonformen Auslegung der innerstaatlichen, europarechtlich veranlassten Rechtsnormen. Die Rechtsprechung des Europäischen Gerichtshofes wirkt über die verbindliche Auslegung der Rechtsinstrumente des Gemeinschaftsrechts auf den Verwaltungsvollzug in den innerstaatlichen Rechtsordnungen und damit auf das Verständnis der einschlägigen Rechtsnormen.[30] Eine weitere Wirkung entfaltet das Gemeinschaftsrecht, indem es verbindliche Neuregelungen vorschreibt, die dem deut-

---

[26] Vgl. *F. Müller*, Methodik, Rn. 298 (Ziff. 315.4).

[27] Vgl. *W. Kahl*, in: Haratsch/Kugelmann/Repkewitz (Hrsg.), Herausforderungen, S. 26, der von europarechtsorientierter Auslegung spricht, und *J. Masing*, Mobilisierung, S. 195, nach dem europäische Impulse die Revision der Lehre vom subjektiv-öffentlichen Recht verlangen. Siehe allgemein *S. Kadelbach*, Allgemeines Verwaltungsrecht, S. 32ff.

[28] Mit Bezug zur wirtschaftsrechtlichen Ordnung spricht *M. Brenner*, Gestaltungsauftrag, S. 367, von „gemeinschaftsrechtlich bedingten Neuakzentuierungen."

[29] Siehe oben 2. Kapitel, 2.3.2.

[30] *D. Scheuing*, in: Hoffmann-Riem/Schmidt-Aßmann (Hrsg.), Reform, Band 2, S. 297; *J. Schwarze*, in: ders. (Hrsg.), Verwaltungsrecht, S. 824.

schen Recht in Inhalt oder Reichweite fremd sind und es dadurch gestaltend beeinflussen.[31] Die Neuregelungen führen unter Umständen zur Notwendigkeit der punktuellen oder generellen Reform eines Sachbereiches, die eine Einpassung anders gearteter Strukturen in das deutsche Verwaltungsrecht zur Folge hat.[32] Das Europarecht entfaltet systemverändernde Kraft.[33] Europarechtliche Impulse wirken in der Rechtsanwendung als Leitlinien, die ein Überdenken und Neustrukturieren vorhandener Regelungsgeflechte anstoßen.[34] Im Einflussbereich der Richtlinie über die Umweltverträglichkeitsprüfung müssen Sinn und Zweck der gesetzlichen Vorschriften neu betrachtet werden. Durch die Änderungen einer Reihe von Regelungen und die Schaffung des UVP-Gesetzes hat der Gesetzgeber eine geänderte Lage geschaffen. Eine modifizierte Systematik führt zu einer modifizierten systematischen Auslegung. Neben das UVP-Gesetz tritt das ebenfalls von einer Richtlinie der Europäischen Gemeinschaft veranlasste Umweltinformationsgesetz als ein Normkomplex, der gesetzgeberische Zielsetzungen verdeutlicht, die auch andere Gesetze und die Ordnung staatlicher Funktionen insgesamt beeinflussen können.[35] Vor diesem Hintergrund gewinnt die richtlinienkonforme Auslegung von Vorschriften des Informationsverwaltungsrechts an Bedeutung.[36] Die Impulse des Europarechts wirken ansteckend auf innerstaatliche Rechtsbereiche.[37] Dabei können Spielräume der Interpretation, die de lege lata bestehen, ausgenutzt werden, um rechtliche Gewährleistungen von Informationsrechten auf geänderte Rahmenbedingungen auszurichten.

Daneben beeinflusst ein gewandeltes Verständnis der Rolle des Bürgers gegenüber der Verwaltung die Konzeption und Anwendung des Verwaltungsrechts.[38] Der Bedeutungszuwachs gesetzgeberischer Finalprogramme gegenüber Konditionalprogrammen verdient dabei besondere Beachtung. Denn die infolge dieser Entwicklung sinnvoll erscheinende Aufwertung des Verfahrens wird von einer Aufwertung der verfahrensrechtlichen Positionen des Bürgers begleitet. Damit schließt sich der Kreis zu den Vorgaben der Verfassung, die insbesondere aus der verfahrensrechtlichen Funktion der Grundrechte abzuleiten sind. Eine Neustrukturierung verwaltungsrechtlicher Systeme und Gewährleistungen vollzieht sich auf dem Boden der Verfassung. So erweist sich die

---

[31] *D. Scheuing*, in: Hoffmann-Riem/Schmidt-Aßmann (Hrsg.), Reform, Band 2, S. 293.

[32] *M. Chiti*, in: Schwarze (Hrsg.), Verwaltungsrecht, S. 234; Beispiele aus verschiedenen europäischen Staaten bei *J. Schwarze*, in: ders. (Hrsg.), Verwaltungsrecht, S. 799f.

[33] *H.-U. Erichsen*, NVwZ 1992, S. 419.

[34] Siehe auch die Richtlinie 97/66/EG vom 15.12. 1997 über die Verarbeitung personenbezogener Daten und den Schutz der Privatsphäre im Bereich der Telekommunikation, ABl. Nr. L 24 vom 30.1. 1998, S. 1.

[35] *H.-U. Erichsen*, NVwZ 1992, S. 419; *D. König*, DÖV 2000, S. 56; dagegen *M. Kaufmann*, in: Bertschi u.a. (Hrsg.), Demokratie und Freiheit, S. 62.

[36] Vgl. *W. Kahl*, in: Haratsch/Kugelmann/Repkewitz (Hrsg.), Herausforderungen, S. 29.

[37] *J.F. Flauss*, in: Schwarze (Hrsg.), Verwaltungsrecht, S. 96.

[38] *W. Kahl*, in: Haratsch/Kugelmann/Repkewitz (Hrsg.), Herausforderungen, S. 15, 21ff.; *R. Pitschas*, Verwaltungsverantwortung, S. 90ff.

Rechtsordnung als dynamisch und kann auf geänderte Herausforderungen reagieren, soweit das Interpretationspotential der einschlägigen Vorschriften reicht. Die informatorische Rechtsstellung des Bürgers bildet sich verstärkt heraus. Ihre Grundstrukturen wirken nach Maßgabe der einzelnen Rechtsvorschriften im gesamten Verwaltungsrecht.

2.2. *Rechte auf Information der unmittelbar Betroffenen*

Informationsrechte sind subjektive öffentliche Rechte.[39] Sie gestalten die Kommunikation zwischen Bürger und Verwaltung mit aus und prägen in wesentlichem Umfang die informatorische Rechtsstellung des Einzelnen.[40] Juristische Personen des Privatrechts kommen als Rechtsträger ebenso in Betracht wie das Individuum. Sofern eine Beeinträchtigung seiner individuellen Rechtsstellung droht oder eingetreten ist, gehören die Informationsrechte des Betroffenen zu den Abwehrrechten gegen Eingriffe staatlicher Stellen. Die Funktion der Informationsrechte liegt dann in der Verteidigung der individuellen Rechtsposition. Sie vermitteln im Zusammenhang staatlichen Tätigwerdens Wissen über Ausmaß und Zeitpunkt des Eingriffs. Damit sind sie Voraussetzung für die Wahrnehmung anderer Rechte einschließlich der Möglichkeiten, gerichtlichen Rechtsschutz in Anspruch zu nehmen.[41]

Durch ein Recht auf Information kann die Behörde überdies unabhängig von einem Eingriff zu einem Verhalten gezwungen werden, nämlich Zugang zu Informationen zu gewähren. In dieser eigenständigen Funktion steuert das Informationsrecht nicht nur die vorhandene Kommunikation, sondern bringt die Behörde dazu, in Kommunikation mit dem Rechtsträger einzutreten. Die Normierungen von Informationsrechten gewähren zu Gunsten des Betroffenen unmittelbare Ansprüche.

Während des rechtlich gebändigten Kommunikationsprozesses des Verwaltungsverfahrens findet wechselseitige Information statt.[42] Dem Betroffenen dienen Informationsrechte als Gegengewicht gegenüber der Herrschaft der Behörde über die Informationen. Subjektive öffentliche Informationsrechte folgen aus §§25, 28, 29 VwVfG.[43] Weitgehende verfahrensrechtliche Positionen werden auch im Planfeststellungsverfahren eingeräumt. Die Einwendungsbefugnis nach §73 Abs.4 S.1 VwVfG steht einem schwer begrenzbaren Kreis von

---

[39] Allgemein zur Diskussion um die subjektiven öffentlichen Rechte *R. Wahl*, DVBl. 1996, S.641; *M. Ruffert*, DVBl. 1998, S.69; *S. König*, Drittschutz, S.29ff.; *J. Masing*, Mobilisierung, S.106ff. Jeweils m.w.N. Zum Einfluss des Gemeinschaftsrechts auch *F. Schoch*, NVwZ 1999, S.459f.; *G. Winter*, NVwZ 1999, S.466f.

[40] *R. Pitschas*, in: Hoffmann-Riem/Schmidt-Aßmann (Hrsg.), Reform, Band 1, S.279.

[41] *W. Blümel*, Grundrechtsschutz, S.61.

[42] *F. Hufen*, Fehler im Verwaltungsverfahren, Rn.207; *R. Pitschas*, Verwaltungsverantwortung, S.660.

[43] *F. Hufen*, Fehler im Verwaltungsverfahren, Rn.540.

Personen zu, der weiter als der Kreis der nach § 42 Abs. 2 VwGO Klagebefugten ist.[44] Zu Gunsten der Rechtsbetroffenen folgt daraus ein Informationsrecht. Alle auch klagebefugten Einwender haben das Recht auf Akteneinsicht nach § 72 Abs. 1 i.V.m. § 29 VwVfG. Denn für Einwender, die in ihren subjektiven Rechten betroffen sind, reduziert sich das Ermessen der Verwaltung über die Gewährung des Informationsrechts auf einen individuellen Anspruch. Dies gilt gleichermaßen für Einwendungen in parallel gelagerten komplexen Genehmigungsverfahren. Im Dienste der Beschleunigung von Genehmigungsverfahren gewährt § 71c VwVfG Ansprüche auf Auskunft, Beratung und Mitteilung.[45] Die in § 71c Abs. 1 und 2 VwVfG niedergelegten Rechte auf Information gegen die Behörde greifen ab dem Beginn des Kommunikationsprozesses zwischen ihr und dem potentiellen Antragsteller. Sobald ein Vorhabenträger seine Absicht, eine Genehmigung zu beantragen, der Behörde mitteilt, stehen ihm Informationsrechte zu.

Unabhängig von einem Verwaltungsverfahren billigt § 19 BDSG dem Betroffenen ein Recht auf Auskunft darüber zu, welche personenbezogenen Daten über ihn gespeichert sind und welcher Zweck der Speicherung zugrunde liegt. Die Auskunft ist Voraussetzung für die in § 20 BDSG festgeschriebenen Rechte der Berichtigung, Löschung und Sperrung. Einschlägige Ansprüche gewähren auch die beamtenrechtlichen Regelungen über Einsicht in die vollständige Personalakte (§ 76c Abs. 1 BRRG, § 90c Abs. 1 BBG).[46] Die Vollständigkeit der Akte erweist sich als wichtig, um den Beamten in die Lage zu versetzen, sich ein umfassendes Bild zu verschaffen. Eine Besonderheit zeichnet die Informationsrechte nach dem Stasi-Unterlagen-Gesetz insoweit aus, als sie nur formal abgeschlossene Vorgänge betreffen. Hier besteht eine Parallele zu § 5 Bundesarchivgesetz, der ein Beispiel für ein Recht auf Information darstellt, das lediglich durch das Interesse an der Mehrung von Kenntnissen motiviert ist.

Informationsrechte der Betroffenen verfügen aufgrund ihres Zwecks und ihrer Struktur tendenziell über einen weiten Anwendungsbereich und hohe Durchschlagskraft. Sie zielen auf eine große Menge an Informationen, die von der Behörde zugänglich gemacht werden muss. Sie sind nur an die Bedingung der Betroffenheit selbst geknüpft. Und sie verbürgen gebundene Ansprüche, die hohe Anforderungen an die Ablehnung des Informationsbegehrens stellen. Auf einer Stufenleiter von Informationsrechten, die auf deren Intensität, Durchsetzungskraft und Reichweite abhebt, stehen diejenigen der Betroffenen ganz oben.

Das Europarecht implementiert mit § 4 Abs. 1 UIG eine weitere Dimension von Informationsrechten ins deutsche Recht. Ihre Grundlage besteht nicht in der Betroffenheit in eigenen Rechten, sondern in der Funktionalisierung des

---

[44] *C.H. Ule/H.-W. Laubinger*, Verwaltungsverfahrensrecht, § 40, Rn. 30; *J.-D. Busch*, in: Knack (Hrsg.), VwVfG, § 73, Rn. 7.2.

[45] *U. Ramsauer*, Nachtrag zu Kopp, VwVfG, § 71c, Rn. 62.

[46] *U. Battis*, Bundesbeamtengesetz, § 90c, Rn. 1, 5.

Bürgers für die Kontrolle der Rechtsanwendung.[47] Das Recht auf Information wird von der individuellen Rechtsbetroffenheit gelöst.[48] Aus der Sicht des Rechtsbetroffenen stellt sich das Recht auf Umweltinformation nach §4 Abs. 1 UIG zudem als weiteres Mittel zur Verteidigung seiner subjektiven Rechte dar. Der Zugang zu den Behördeninformationen gewinnt für ihn einmal mehr Bedeutung als Vorfeldrecht, um aufgrund des erworbenen Wissens weitere Verteidigungsrechte, insbesondere in komplexen Verfahren, aktivieren zu können.[49] Darüber hinaus entfaltet das Recht auf Umweltinformation eine strukturell eigenständige Wirkdimension zu Gunsten der Nicht-Betroffenen.

2.3. Rechte auf Information der tatsächlich oder potentiell Drittbetroffenen

Die Kommunikation zwischen einem Bürger und der Verwaltung berührt oft Interessen Dritter. Mögliche Verhaltensweisen der Behörden gegenüber den Dritten können vorgeformt werden, wenn sich die Verwaltung zu bestimmten Sach- oder Rechtsfragen bereits eine Meinung bildet. Durch die Kommunikationsbeziehungen werden eventuell auch Informationen bekannt, die an Interessen Dritter anknüpfen oder deren Geheimhaltung im Interesse der Dritten liegt. Voraussetzung ist die Kommunikation der Verwaltung mit dem Betroffenen, die überhaupt erst einen identifizierbaren Dritten zu konstituieren vermag. Daher geht es in aller Regel um Informationsrechte Dritter in Verwaltungsverfahren. Gerade durch die Notwendigkeit des Drittschutzes ist die Bezogenheit des Rechtsschutzes auf subjektive öffentliche Rechte vielfach abgeschwächt und durchbrochen. Nichtsdestoweniger geht es der gängigen Konzeption zufolge im Ausgangspunkt nach wie vor um individuelle Interessen, nicht um den Schutz des Rechts als solchem.[50]

In Betracht kommt eine tatsächliche, bestehende Betroffenheit Dritter infolge der rechtlich geleiteten Kommunikation, wenn beispielsweise im Verwaltungsverfahren ein Verwaltungsakt mit Drittwirkung erlassen werden soll. Eine potentielle Betroffenheit Dritter liegt vor, wenn die mit dem Verwaltungsverfahren angestrebte Entscheidung mit hoher Wahrscheinlichkeit die Interessen Dritter in Mitleidenschaft zieht, etwa eine Anlagengenehmigung die Interessen der Nachbarn.[51] Ihre Interessen können latent öffentliche Interessen sein. Infolge dieser Motivationslagen stehen den Dritten nach Maßgabe der einschlägigen Vorschriften Rechte auf Information zu. Dritte können Inhaber von Informationsrechten sein. Sie können aber auch durch die Einräumung von Informa-

---

47 Vgl. *J.N. Druey*, Information, S. 406.

48 *Th. v. Danwitz*, System, S. 274.

49 *A. Hatje*, EuR 1998, S. 746.

50 *J. Masing*, Mobilisierung, S. 101ff.

51 Überblick zum Drittschutz bei Verfahrensvorschriften bei *W. Cloosters*, Rechtsschutz, S. 30ff. m.w.N.

tionsrechten belastet werden, etwa als Träger von Betriebs- und Geschäftsgeheimnissen, falls die Behörde beabsichtigt, insoweit relevante Informationen an Informationssuchende zu übermitteln.

Aufgrund gesetzlicher Anordnung kann dem Dritten ein Informationsrecht selbst dann zustehen, wenn er keine Verletzung einer eigenen Rechtsposition nachzuweisen in der Lage ist. Ein derart eigenständiges Recht begründet § 4 Abs. 1 UIG unabhängig von einem Verfahren.

Im Rahmen eines Verwaltungsverfahrens folgen Rechte Dritter auf Information insbesondere aus Normen über Beteiligung und Einflussnahme. Ein verfahrensabhängiges Informationsrecht gewährt neben den §§ 25 und 28 VwVfG insbesondere § 29 Abs. 1 VwVfG. Für Dritte kann diese Rechtseinräumung dann fruchtbar gemacht werden, wenn sie gemäß § 13 Abs. 2 VwVfG hinzugezogen werden können oder müssen. Eine analoge Anwendung des § 29 Abs. 1 VwVfG auf Dritte scheidet in diesem Kontext aus.[52] Im Fall der Hinzuziehung stellt der Nachweis einer erfolgten Verletzung der Rechte des Dritten keine Voraussetzung für das Recht auf Information dar. Vermag eine am Verwaltungsverfahren (noch) nicht beteiligte Person glaubhaft zu machen, dass der Ausgang des Verfahrens sie in ihren Rechten betrifft, muss sie nach § 13 Abs. 2 Satz 2 VwVfG hinzugezogen werden, ihrem entsprechenden Antrag ist stattzugeben.[53] Die Möglichkeit der rechtsgestaltenden Wirkung reicht aus.[54] Insbesondere die verfahrensrechtliche Funktion der Grundrechte kann eine derartige potentielle Rechtsbeeinträchtigung begründen. Bei der Untersuchung von Verfahrensvorschriften auf ihren subjektiv-rechtlichen Gehalt gilt es, den Einfluss der Grundrechte zu beachten.[55] Konsequenz ist eine Ausdehnung des Kreises der Beteiligten in Verwaltungsverfahren, die sich im Rahmen mehrpoliger Verwaltungsrechtsverhältnisse abspielen. Selbst wenn der Dritte seine Hinzuziehung nicht beantragt, muss die Behörde ihn dennoch hinzuziehen, falls sich das Ermessen aus § 13 Abs. 2 Satz 1 VwVfG auf Null reduziert. Auch dazu können die Grundrechte führen.[56] In ihren Rechten betroffene Dritte haben Anspruch auf eine Hinzuziehung.[57]

Die hinzugezogenen Dritten verfügen über das Recht auf Akteneinsicht nach § 29 Abs. 1 VwVfG. Zu Gunsten unmittelbar Betroffener gewährleisten Informationsrechte die Sicherung materieller Rechte. Auch potentiell Betroffene können im Anwendungsbereich des § 13 Abs. 2 VwVfG das Recht auf Akteneinsicht im Verwaltungsverfahren geltend machen. Ihre Beteiligung sichert Akzeptanz und Gestaltungskraft der Entscheidung. Die Hinzuziehung erschließt unmittelbar und potentiell Drittbetroffenen ein Recht auf Information.

---

[52] Siehe oben 4. Kapitel 3.4.2.1.

[53] *F. Kopp*, VwVfG, § 13, Rn. 32; siehe oben 4. Kapitel, 3.5.1.

[54] *C.H. Ule/H.-W. Laubinger*, Verwaltungsverfahrensrecht, § 15, Rn. 17.

[55] *H.-U. Erichsen*, in: ders. (Hrsg.), Allgemeines Verwaltungsrecht, § 11, Rn. 42.

[56] *H. Raeschke=Kessler/S. Eilers*, NVwZ 1988, S. 37, 39; *F. Hufen*, Fehler im Verwaltungsverfahren, Rn. 173f.

[57] *F. Kopp*, VwVfG, § 13, Rn. 33; vgl. *H.-U. Erichsen/A. Scherzberg*, Umsetzung, S. 111.

Die Vorschrift des §13 Abs. 2 Satz 1 VwVfG bietet der Verwaltung eine Handhabe zur Öffnung des Verwaltungsverfahrens. Über den Kreis der Drittbetroffenen hinaus kann die Behörde alle rechtlich Interessierten beteiligen, deren Interessen auch nur berührt sind.[58] Diese verfügen über einen Anspruch auf fehlerfreie Ermessensentscheidung über die Hinzuziehung. Andere Behörden und Dritte können mit Zustimmung des Antragstellers auch nach §71c Abs. 2 Satz 2 VwVfG zur Erörterung hinzugezogen werden.[59] Falls es der Zweckmäßigkeit und Zügigkeit des Verfahrens dient, drängt § 10 VwVfG auf eine Beteiligung von Personen, die nicht in ihren Rechten betroffen sind. Wenn die Verwaltung von der Option des §13 Abs. 2 VwVfG in weitgehender Weise Gebrauch macht, steht einem Personenkreis beträchtlichen Umfangs das Informationsrecht des §29 Abs. 1 VwVfG zu.

2.4. Rechte auf Information der rechtlich oder faktisch Interessierten

Rechtliche oder faktische Interessen an Informationen im Besitz der Behörde können vorrangig aus der Sorge um das Gemeinwohl, etwa um den Schutz der Umwelt gespeist werden. Rechtliche Interessen sind wirtschaftliche, ideelle, soziale oder sonstige Interessen, die durch eine Rechtsnorm geschützt sind.[60] Faktische Interessen zeichnen sich dadurch aus, dass die Rechtsordnung ihnen keinen besonderen Schutz gewährt.[61]

Die Rechtsposition Interessierter unterscheidet sich von der potentiellen Betroffenheit Dritter dadurch, dass Letztere eine Berührung und eventuelle Beeinträchtigung in eigenen Rechten voraussetzt. Potentiell Drittbetroffene machen Informationsrechte aufgrund ihrer behaupteten oder befürchteten Betroffenheit geltend. Ihre Interessen können sich bei genauer Betrachtung als latent öffentliche Interessen darstellen.[62] Der Unterschied zu Interessierten, bei denen sich im Lauf des Verfahrens eine Betroffenheit in eigenen Rechten herausstellt, ist allerdings ein gradueller. Denn sind die potentiell Betroffenen letztlich nicht in materiellen Rechten betroffen, wurde das vorherige Informationsrecht doch funktional zu Gunsten des Gemeinwohls und der Kontrolle der Verwaltung vorgebracht. Es zeigt sich eine Nähe der Rechte auf Information, die potentiell Betroffenen zustehen, zur Verfolgung von Gemeinwohlinteressen.

Subjektive Rechte der Interessierten stehen an der Schnittstelle zwischen den Funktionen der informatorischen Rechtsposition des Bürgers. Zum einen können sie in Betroffenenrechte umschlagen, wenn die Information nämlich dazu

---

[58] Vgl. *C.H. Ule/H.-W. Laubinger*, Verwaltungsverfahrensrecht, §15, Rn. 15.

[59] *W. Clausen*, in: Knack (Hrsg.), VwVfG, §71c, Rn. 3.3; *U. Ramsauer*, Nachtrag zu Kopp, VwVfG, §71c, Rn. 69.

[60] *C.H. Ule/H.-W. Laubinger*, Verwaltungsverfahrensrecht, §15, Rn. 15.

[61] *H.J. Bonk*, in: Stelkens/Bonk/Sachs, VwVfG, §13, Rn. 32.

[62] *R. Steinberg*, DÖV 1982, S. 619f.

führt, dass sich eine tatsächliche oder potentielle subjektive Rechtsbetroffenheit herausschält. Zum anderen fungieren die Interessierten als Sachwalter der Öffentlichkeit. Sie verfügen über individuelle Informationsrechte im Dienste des Gemeinwohls. Diese subjektiven öffentlichen Informationsrechte sind wiederum abzugrenzen von Rechtsreflexen, die aus der Verpflichtung der Verwaltung zur Herstellung von Öffentlichkeit resultieren. Die Abschichtung der Rechtsreflexe leistet die Qualifizierung als subjektives öffentliches Recht. Wenn Informationspflichten der Behörde, wie etwa der Pflicht zur Ermöglichung der Einsicht in ausgelegte Unterlagen, eine individuelle Berechtigung des interessierten Bürgers gegenüber steht, gehört das Recht zu seiner informatorischen Rechtsstellung.

Die Einordnung von gesetzlichen Verpflichtungen der Behörde als nicht individualschützend verliert demnach ihre Bedeutung nicht. Auch die Ausrichtung von Normen auf eine mögliche Wandlung des lediglich Interessierten zum Betroffenen ist nicht neu, sondern zum Beispiel aus dem Planungsrecht bekannt. Als besonders interessante Kategorie erweisen sich die subjektiven Rechte auf Information, die den Interessierten zuerkannt werden, damit diese funktional öffentliche Interessen wahrnehmen können.[63] Als Träger derartiger Rechte kommt ein großer Kreis von Personen in Betracht. Dennoch handelt es sich um effektive, gerichtlich durchsetzbare Rechte. Im Rahmen künftiger gesetzgeberischer Tätigkeit könnte diese Gruppe von Informationsrechten weiter ausgebaut und näher ausgeformt werden. Die Ausgestaltung der individuellen Rechte im Einzelnen sollte in differenzierter Weise erfolgen.[64]

Der wachsenden Bedeutung, die der rechtlichen Stellung Interessierter zukommt, tragen andere Rechtsordnungen bereits Rechnung. Im portugiesischen Verwaltungsverfahrensgesetz wird hinsichtlich der Einräumung von Partizipationsrechten zwischen den Beteiligten anhand ihrer Interessen unterschieden.[65] Über die am weitesten gehenden Rechte verfügen Personen, die von einer Entscheidung der Verwaltung in ihren subjektiven Rechten oder rechtlich geschützten Interessen betroffen sind. Gruppen oder Verbände, die kollektive Interessen wahrnehmen, bilden eine weitere Kategorie. Rechtlichen Schutz genießen aber auch die Interessen von Bürgern, gegenüber denen das Verwaltungshandeln Schädigungen an grundlegenden Bedürfnissen verursacht oder verursachen könnte. Als solche Bedürfnisse werden im Verwaltungsverfahrensgesetz die öffentliche Gesundheit, Obdach, Bildung, Kulturerbe, Umwelt, geographische Grenzen und der Lebensstandard ausdrücklich aufgeführt.[66] In ähnlicher Weise regelt das auf alle öffentlichen Verwaltungen Anwendung findende Gesetz Nr. 241/1990 in Italien die Beteiligung im Verwaltungsverfahren. Die Befugnis, im Verfahren zu intervenieren, wird allen Personen zugestanden, die ein

[63] Vgl. den von *J. Masing*, Mobilisierung, S. 225f., vorgeschlagenen „status procuratoris."
[64] *J. Masing*, Mobilisierung, S. 224.
[65] *A. Lopes/J. C. Sendim*, in: Hallo (ed.), Access, S. 217.
[66] *C. B. Moniz/P. M. Pinheiro*, European Public Law 2 (1996), S. 504.

Interesse am Verfahren haben (Art. 7).[67] Ziel ist die Verwirklichung rechtlich qualifizierter Interessen. Nach Art. 9 des italienischen Prinzipiengesetzes stehen auch den Trägern sogenannter „diffuser Interessen" Beteiligungsrechte zu. Diffuse Interessen sind gemeinsame Interessen einer unbestimmten Vielzahl von Individuen, die nicht als individuelle Eigeninteressen angesehen werden können, wie etwa das Interesse an der Gesundheit in einer bestimmten Örtlichkeit oder am Schutz einer Landschaft.[68]

Der deutsche Gesetzgeber verfügt gleichfalls über die Befugnis, dem Einzelnen Rechte zu verleihen, die nicht ausschließlich privatnützig sind. Die aus dem Europarecht in das deutsche Verwaltungsrecht einfließende Konzeption des Bürgers als Anwalt oder Sachwalter des Gemeinwohls ist mit den Grundstrukturen des Verwaltungsrechts vereinbar. Ihre Umsetzung und Weiterführung bedarf allerdings der dogmatischen Durchdringung.[69] Mit Blick auf die Informationsrechte gibt das Recht auf Akteneinsicht der nach § 73 Abs. 4 Satz 1 VwVfG oder ähnlichen Vorschriften Einwendungsbefugten einen Anhaltspunkt. Denn hier hat der Gesetzgeber eine weitgehende Rechtseinräumung geschaffen. Nach § 72 Abs. 1 VwVfG in verfassungskonformer Auslegung verfügen die Einwendungsberechtigten über ein individuelles und durchsetzbares Akteneinsichtsrecht.[70] Im Fall multipolarer Rechtsverhältnisse stärkt der Gesetzgeber die informatorische Rechtsposition des Bürgers. Die Schwelle zur Erlangung der Rechtsträgerschaft liegt niedrig. In die gleiche Richtung zielt die Beteiligung nach § 9 UVPG. Die Rechtsstellung der rechtlich oder sachlich Interessierten erfährt dann eine Stärkung, wenn ein Verfahren vielfältige Interessen integriert. Denn in einer solchen Konstellation steigt der Informationsbedarf der Behörde ebenso wie die Wahrscheinlichkeit ungewollter Rechtsbeeinträchtigung. Sowohl in ihrer Funktion des Schutzes von Rechten wie als Instrumente der Sicherung von Interessen der Öffentlichkeit gewinnen Rechte auf Information dann erhebliche Bedeutung. Dagegen erweist sich die informatorische Rechtsstellung von Interessierten als schwächer, wenn das Verwaltungsverfahren bipolar geprägt ist, weil eine ausgewogene Sachentscheidung nicht notwendig über den Rechtskreis der Beteiligten hinauswirkt. Die Intensität der verfahrensrechtlichen Informationsrechte von Interessierten hängt von der Komplexität des Verfahrens ab.

---

[67] *M. Albrizio/P. Fantilli*, in: Hallo (ed.), Access, S. 177.
[68] *A. Masucci*, AöR 121 (1996), S. 265; vgl. *W. Hoffmann-Riem*, DVBl. 1994, S. 1381.
[69] Eindringlich *J. Masing*, Mobilisierung, S. 221f.
[70] Siehe oben 4. Kapitel, 3.6.1.

3. Gewährleistungen von Rechten auf Information

3.1. Rechte auf Information im Zusammenhang des Verwaltungsverfahrens

Das Verwaltungsverfahren nimmt für die Gewährung von Informationsrechten eine zentrale Stellung ein. Sein Zweck, Interessen zu integrieren und eine vertretbare Entscheidung der Verwaltung herbeizuführen, beinhaltet auch die Integration der Informationsinteressen. Selbst materielle Informationsrechte stehen häufig im Kontext eines parallelen Verwaltungsverfahrens, wenn sie geltend gemacht werden, um die Informationen innerhalb jenes Verwaltungsverfahrens zu nutzen.

3.1.1. Rechte auf Information vor und nach dem Verwaltungsverfahren

3.1.1.1. Das Verfahrensrechtsverhältnis als Rahmen des Kommunikationsprozesses

Rechtlich geregelte Beziehungen zwischen Behörden und Bürgern bestehen auch außerhalb von Verwaltungsverfahren im Sinne des §9 VwVfG. Neben oder nach faktischen Kontakten kann sich ein Kommunikationsprozess entfalten, der von rechtlich fundierten Positionen mitgeleitet wird. Der Begriff des Verwaltungsrechtsverhältnisses erfasst diese interessengeleitete Kommunikation, indem er öffentlich-rechtliche Rechtsbeziehungen zwischen mindestens zwei Rechtssubjekten umschreibt, die über das allgemeine Staat-Bürger-Verhältnis hinaus eine besondere Verdichtung erfahren haben.[71] Er erlaubt eine stärker prozedurale Sicht der Beziehungen zwischen Bürger und Verwaltung.[72] Das Verwaltungsrechtsverhältnis besteht aus dem Verfahrensrechtsverhältnis und dem materiellen Rechtsverhältnis.[73] Beratungs-, Koordinierungs- und Beschleunigungspflichten als Nebenpflichten aus dem Verwaltungsrechtsverhältnis können sich etwa aus baurechtlichen Vorschriften im Rahmen der Erteilung einer Bauerlaubnis ergeben.[74] Spätestens mit der Antragstellung beginnt das Verfahrensrechtsverhältnis der Behörde mit dem Antragsteller.[75]

---

[71] *H.-U. Erichsen*, in: ders. (Hrsg.), Allgemeines Verwaltungsrecht, §11, Rn.4; ähnlich *H. Maurer*, Allgemeines Verwaltungsrecht, §8, Rn.16; vgl. *R. Pitschas*, Verwaltungsverantwortung, S.663; *U. Beyerlin*, NJW 1987, S.2718; *M. Schulte*, Schlichtes Verwaltungshandeln, S.217f.

[72] *W. Schmitt Glaeser*, in: Lerche/Schmitt Glaeser/Schmidt-Aßmann, Verfahren, S.85.

[73] *C.H. Ule/H.-W. Laubinger*, Verwaltungsverfahrensrecht, §19, Rn.23.

[74] BVerwG, Urt.v.18.10. 1985, NJW 1986, S.1826 (1828) – insoweit nicht abgedruckt in BVerwGE 72, 172.

[75] BVerwG, Urt.v.18.10. 1985, NJW 1986, S.1826 (1828) – insoweit nicht abgedruckt in BVerwGE 72, 172; *Ch. Gusy*, BayVBl. 1985, S.487.

In Verfahrensrechtsverhältnissen bestehen Rechte und Pflichten, die sowohl materiellen wie verfahrensrechtlichen Charakter tragen können.[76] Die Behörde darf jedoch nicht ohne weiteres vom Bürger jedes verfahrensfördernde Verhalten verlangen. Der Vorbehalt des Gesetzes führt dazu, dass Pflichten des Einzelnen grundsätzlich nur durch Gesetz geschaffen werden können.[77] Auch durchsetzbare rechtliche Ansprüche bedürfen einer soliden rechtlichen Grundlage. Informationsrechte des Bürgers folgen also nicht schon aus dem bloßen Bestehen eines Verfahrensrechtsverhältnisses. Zunächst beschreibt dessen Existenz nur, dass Informationen übermittelt werden. Vorschriften, die diese Informationsflüsse leiten, sind aber einer Auslegung zugänglich, die Rechte auf Information des Bürgers begründet.

Eine Reihe von Nebenpflichten der Behörde sind im Verwaltungsverfahrensgesetz enthalten. Der § 24 Abs. 3 und § 25 VwVfG normieren Pflichten, die bereits vor Beginn des Verwaltungsverfahrens von der Behörde zu erfüllen sind.[78] Rechte auf Information gewährleistet § 71c VwVfG schon vor der Antragstellung.[79] Zum Schutz persönlicher Geheimnisse gemäß § 30 VwVfG ist die Behörde neben dem Verwaltungsverfahren und nach dessen Abschluss verpflichtet.[80] Das Verfahrensrechtsverhältnis deckt sich nicht mit der Dauer des Verwaltungsverfahrens, zumindest gibt es Vor- und Nachwirkungen.[81] Denn gerade Vorschriften des Verwaltungsverfahrensgesetzes, die Rechte und Pflichten im Verfahrensrechtsverhältnis regeln, gehen in ihrer Reichweite über das Verwaltungsverfahren im Sinne des § 9 VwVfG hinaus. Allerdings hängt das zentrale Informationsrecht des § 29 Abs. 1 VwVfG von der Dauer des Verwaltungsverfahrens ab. Das Recht auf Akteneinsicht entsteht mit der Einleitung des Verfahrens nach § 22 VwVfG und endet mit dessen Abschluss nach § 9 VwVfG.[82]

3.1.1.2. Beginn und Ende des Verwaltungsverfahrens, informelle Vorverhandlungen und Verfahrensrechte

Die Entscheidung, ob und wann sie ein Verwaltungsverfahren durchführt, steht gemäß § 22 Satz 1 VwVfG im Ermessen der Behörde. Wenn die Behörde nicht nach § 22 Satz 2 VwVfG zu einem bestimmten Verhalten gezwungen ist, hat sie es weitgehend in der Hand, die Verfahrensrechte zur Entstehung zu brin-

---

[76] *P. Stelkens/H. Schmitz*, in: Stelkens/Bonk/Sachs, VwVfG, § 9, Rn. 30; *Ch. Gusy*, BayVBl. 1985, S. 487.

[77] *C.H. Ule/H.-W. Laubinger*, Verwaltungsverfahrensrecht, § 19, Rn. 24; *F.-J. Peine*, Allgemeines Verwaltungsrecht, Rn. 86; *P. Stelkens/H. Schmitz*, in: Stelkens/Bonk/Sachs, VwVfG, § 9, Rn. 32.

[78] *P. Stelkens/H. Schmitz*, in: Stelkens/Bonk/Sachs, VwVfG, § 9, Rn. 33.

[79] Vgl. *U. Ramsauer*, Nachtrag zu Kopp, VwVfG, § 71c, Rn. 67.

[80] *P. Stelkens/H. Schmitz*, in: Stelkens/Bonk/Sachs, VwVfG, § 9, Rn. 33.

[81] *W. Schmitt Glaeser*, in: Lerche/Schmitt Glaeser/Schmidt-Aßmann, Verfahren, S. 86; *U. Beyerlin*, NJW 1987, S. 2718; für Deckungsgleichheit *C.H. Ule/H.-W. Laubinger*, Verwaltungsverfahrensrecht, § 19, Rn. 24.

[82] Siehe oben 4. Kapitel, 3.4.2.4.

gen. Führt sie aber ein Verwaltungsverfahren durch, muss sie die Beteiligten i.S.d. §13 VwVfG verständigen.[83] Bereits vor dem formellen Beginn des Verwaltungsverfahrens nach §§9, 22 VwVfG setzt aber in manchen Fällen ein Prozess der Kommunikation zwischen Verwaltung und Bürger ein.[84] Im Rahmen von Vorverhandlungen über ein zu genehmigendes Projekt finden wichtige Abklärungen statt, bei deren Diskussion gerade ein allzu formaler Ablauf vermieden werden soll.[85] Zum Schutz Dritter vor informellen Vereinbarungen zu ihren Lasten erscheint allerdings eine Minimalausstattung mit Rechten erforderlich, zu denen auch Rechte auf Information zählen.[86] Diese können im Einzelfall verfassungsrechtlich geboten sein.[87] Wenn die Bürger über keine Informationen verfügen und die einschlägigen Interessen nicht berücksichtigt werden, ist weder der Verfahrenszweck erreichbar, noch der Rechtsschutz gesichert.[88] Werden nämlich durch informelle Vorabsprachen Rechte verletzt und Interessen selektiert, begründet dies Verfahrensfehler.[89] Um rationale Kommunikation herbeizuführen, deren Ergebnis verwendungsfähigen Charakter trägt, können die Grundrechte in ihrer verfahrensrechtlichen Funktion einen Mindestbestand an Informationsrechten bereits vor dem Beginn des Verwaltungsverfahrens bewirken. Aufgrund grundrechtlicher Schutzpflichten werden Interpretationen bestehender Vorschriften notwendig, die zu einem Grundstandard an Informationsrechten derjenigen führen, die in ihrer informatorischen Rechtsposition durch die Vorverhandlungen betroffen sind. Als Anknüpfungspunkt dienen dabei die Vorwirkungen verfahrensrechtlicher Vorschriften.

Mit der Einleitung des Verwaltungsverfahrens durch die Behörde nach §22 VwVfG greifen die Verfahrensrechte des Verwaltungsverfahrensgesetzes in vollem Umfang. Informelle Vorprüfungen können ins Verwaltungsverfahren übergehen, ohne dass ein klarer Einschnitt erkennbar ist.[90] Den rechtlichen Einschnitt, den die Entscheidung der Verwaltung über die Einleitung des Verfahrens mit sich bringt, verdeutlicht hinsichtlich der Kommunikation die Anwendbarkeit des §29 VwVfG.[91] Allerdings entfalten die §§24, 25 oder 71c VwVfG Vorwirkungen. Das Recht auf Information aus §71c Abs.1 VwVfG kommt dem Vorhabenträger bereits frühzeitig zu, um die Möglichkeiten der Verfahrensbeschleunigung ausloten zu können. Auch die Vorschrift des §2 Abs.2 Satz

83 *C.H. Ule/H.-W. Laubinger*, Verwaltungsverfahrensrecht, §20, Rn.1.

84 *F. Hufen*, Fehler im Verwaltungsverfahren, Rn.103 m.w.N.; zu den Streitfragen im Zusammenhang mit dem Beginn des Verwaltungsverfahrens und den §§9, 22 VwVfG siehe *W. Clausen*, in: Knack (Hrsg.), VwVfG, §22, Rn.2 m.N.

85 *C.H. Ule/H.-W. Laubinger*, Gutachten B, S.28, 75f.; vgl. *H.P. Bull*, Allgemeines Verwaltungsrecht, Rn.444, 460.

86 Allgemein *H.-U. Erichsen*, in: ders. (Hrsg.), Allgemeines Verwaltungsrecht, §32, Rn.5 m.w.N.

87 *U. Beyerlin*, NJW 1987, S.2720.

88 Siehen oben 2. Kapitel, 2.4.2.

89 *F. Hufen*, Fehler im Verwaltungsverfahren, Rn.106.

90 *W. Clausen*, in: Knack (Hrsg.), VwVfG, §22, Rn.3.

91 BVerwGE 67, 300 (304).

1 der 9. BImSchV verdeutlicht, dass Informationen vor der Antragstellung übermittelt werden sollen, denn die Behörde soll den Vorhabenträger „im Hinblick auf die Antragstellung beraten" und nach §2 Abs. 2 Satz 3 der 9. BImSchV klären, welche Unterlagen bei Antragstellung vorgelegt werden müssen. Die Verteilung von Chancen der Kommunikation durch die Verwaltung unterliegt, wie diese Beispiele verdeutlichen, regelmäßig rechtlichen Bindungen.

Begrenzte Einbindungen bleiben auch nach Abschluss des Verfahrens erhalten. Das Verwaltungsverfahren endet gemäß § 9 VwVfG in jedem Fall mit dem Erlaß des Verwaltungsaktes oder dem Abschluss des öffentlich-rechtlichen Vertrages.[92] Ein formeller Beendigungsakt ist nicht erforderlich.[93] Kommunikation zwischen Bürger und Verwaltung nach Ende des Verwaltungsverfahrens liegt im Bereich des Möglichen. Eine Fortwirkung von §25 Satz 2 VwVfG kann sich aus den Erfordernissen des vorangegangenen Verwaltungsverfahrens ergeben. Nach dem Verfahren besteht unter Umständen aufgrund des Verfahrensergebnisses ein Bedürfnis, Auskünfte über Rechte und Pflichten in einem Folgeverfahren einzuholen.

3.1.2. Rechte auf Information während des Verwaltungsverfahrens

Innerhalb des Verwaltungsverfahrens tritt das Recht auf Akteneinsicht des §29 Abs. 1 VwVfG in den Vordergrund.[94] Die Regelung bezweckt den Schutz subjektiver Rechte.[95] Zu Gunsten der Beteiligten äußert sie effektive Rechtswirkungen, soweit die Voraussetzungen der Erforderlichkeit erfüllt sind. Als Instrument zur Kontrolle der Verwaltung eignet sie sich nur insofern, als die Verfolgung individueller Rechtspositionen indirekt auf die Verhaltensweisen der Verwaltung im Allgemeinen einwirkt. Das Recht auf Akteneinsicht erweist sich einer interpretativen Öffnung in Richtung auf die Stärkung der informatorischen Rechtsposition des Bürgers dennoch als zugänglich.[96] Auf dem Umweg über § 13 Abs. 2 VwVfG kann der Kreis der Rechtsträger ausgeweitet werden.[97] Das Recht auf Hinzuziehung hat das Recht auf Akteneinsicht zur Folge. Eine Neustrukturierung der §§29, 30 VwVfG hebt die Gewährung der Informationen als Regel und deren Verweigerung als Ausnahme hervor. Dementsprechend kann die Verweigerung der Information nur mit der Sicherung einer funktionsfähigen Verwaltung oder dem Schutz individueller Rechtsgüter Dritter begründet werden. Diese Rechtsgüter sind entweder dem Recht auf informationelle Selbstbestimmung oder dem Betriebs- und Geschäftsgeheimnis zuzuordnen.[98]

[92] Zu Einzelheiten und weiteren Beendigungsgründen *C.H. Ule/H.-W. Laubinger*, Verwaltungsverfahrensrecht, §20, Rn. 7; *W. Clausen*, in: Knack (Hrsg.), VwVfG, §9, Rn. 5.5.
[93] BayVGH, Beschl.v.8.12. 1987, NJW 1988, S. 1615.
[94] Zum Verfahrensbezug BVerwGE 84, 375 (376).
[95] Siehe oben 4. Kapitel, 3.4.1.
[96] Skeptisch *R. Bieber*, DÖV 1991, S. 866.
[97] Siehe oben 4. Kapitel, 3.5.1.
[98] Siehe oben 4. Kapitel, 3.4.3.

Mit dieser Konzeption werden für das Recht auf Akteneinsicht nach § 29 Abs. 1 VwVfG deutliche Akzentverschiebungen vorgenommen, ohne dass der Rahmen des Individualrechts gesprengt würde.

Eine Aufwertung der Rolle, die den Bürgern im Verwaltungsverfahren zugemessen wird, bewirkt das Gesetz über die Umweltverträglichkeitsprüfung. Die Einbeziehung der Öffentlichkeit nach § 9 Abs. 1 UVPG betrifft die Herstellung von Öffentlichkeit im Rahmen eines Anhörungsverfahrens.[99] Aus der Vorschrift kann insoweit, ebenso wie aus Parallelregelungen wie dem § 73 Abs. 3 VwVfG, ein Recht auf Einsichtnahme in ausgelegte Unterlagen für jedermann abgeleitet werden.[100] Einen stärkeren Individualbezug stellt § 9 Abs. 2 Satz 1 UVPG her, der die Behörde dazu verpflichtet, die Entscheidung über die Zulässigkeit des Vorhabens und die Entscheidungsgründe denjenigen zugänglich zu machen, die betroffen sind oder über deren Einwendungen entschieden wurde.[101] Die Prozeduralisierung der Interessen durch das UVP-Gesetz führt in dessen Anwendungsbereich zur Gewährung von Informationsrechten. Allerdings engt § 9 Abs. 2 UVPG den Kreis der Anspruchsberechtigten ein und sichert die Rechte auf Information erst am Ende des Verfahrens mit der abschließenden Entscheidung als Gegenstand der Rechtsgewährleistung. Dennoch wird die informatorische Rechtsposition des Bürgers im Verfahren gestärkt. Denn die Gewährleistungen des § 9 UVPG treten zur Rechtsmasse an Verfahrensrechten hinzu, die im jeweiligen Fachrecht verankert sind, und sie bewirken eine Funktionalisierung der Verfahrensbeteiligung im Dienste der Sachentscheidung. Informationsrechte der Betroffenen nach § 9 Abs. 2 Satz 1 UVPG basieren auf der tatsächlichen oder potentiellen Verletzung ihrer subjektiven Rechtsstellung. Drittbetroffene sind eingeschlossen. Sie können der Behörde auch aus anderen Quellen als dem Verfahren selbst bekannt sein.[102] Informationsrechte der Einwendungsbefugten dienen vorrangig ihrer individuellen Rechtsverfolgung, aber daneben auch der Kontrolle der Verwaltung durch eine interessierte Öffentlichkeit. Da der weite Kreis der Einwendungsbefugten als Inhaber der Rechte auf Information in Betracht kommt, können sich Interessierte ins Verfahren einbringen und dort durchsetzbare Informationsrechte erringen. Das Verwaltungsverfahren integriert nicht nur die Interessen, es stattet die Interessierten auch mit Informationsrechten aus. Das vertretbare Ergebnis und die Kontrolle der Verwaltung beim Finden dieses Ergebnisses motivieren die Einräumung von Rechtspositionen im Verfahren. Gleichzeitig findet eine Erweiterung der informatorischen Rechtsstellung des Einzelnen statt, die den Schutz seiner Rechtssphäre stärkt.

Die Tendenzen der Prozeduralisierung und der stärkeren Transparenz spiegeln sich in einer Vielzahl weiterer verfahrensrechtlicher Regelungen wider. Im

---

[99] Siehe oben 3. Kapitel, 3.4.2.

[100] Siehe oben 3. Kapitel, 3.4.3. und *W. Erbguth/A. Schink*, UVPG, § 9, Rn. 4.

[101] Siehe oben 4. Kapitel, 3.6.2.2.

[102] *J. Wagner*, in: Hoppe (Hrsg.), UVPG, § 9, Rn. 29.

immissionsschutzrechtlichen und im atomrechtlichen Genehmigungsverfahren werden umfassende Rechte auf Information gewährt.[103] Die Gewährung der Informationen soll im Ermessen der Behörde stehen. Das Ermessen über die Mitteilung von Information schrumpft aber auf Null, wenn der Informationsbegehrende in subjektiven Rechten betroffen ist. Gleiches gilt im Planfeststellungsverfahren nach §72 Abs. 1 VwVfG. In Verfahren, die vielfältige Interessen zu verarbeiten haben, erweist sich die informatorische Rechtsposition des Bürgers als gewährleistet. Multipolare Verfahrenssituationen verlangen nach rechtlichen Sicherungen für die Beteiligten und Interessierten. Je weniger Personen mit der Verwaltung in einem Verwaltungsverfahren kommunizieren, desto stärker orientieren sich die Informationsrechte am individuellen Rechtsschutz. Bipolare Verfahrenssituationen haben den Drittschutz zu berücksichtigen. Die Ausgestaltung der §§29, 30 VwVfG ist dann konsequent. Ihr struktureller Nachteil liegt darin, dass sie für die Kategorie der subjektiven Informationsrechte zur Verfolgung von Gemeinwohlinteressen zu wenig Raum lassen. Dies wird für den Umweltbereich durch §4 Abs. 1 UIG ausgeglichen. Ansonsten obliegt eine Ausrichtung an dieser Kategorie dem Gesetzgeber. Der Rechtsklarheit und Rechtssicherheit würde eine durchgehende Strukturierung von Rechten auf Information dienen, die sich an deren Funktion und den zu verfolgenden Interessen orientiert.[104]

3.1.3. Die Rechtsgedanken der §§29, 30 VwVfG jenseits von Verwaltungsverfahren

In den §§29, 30 VwVfG finden allgemeine Rechtsgedanken Ausdruck. Betroffene bedürfen der Information, um ihre Rechte verteidigen zu können. Der Bürger soll jedenfalls dann Informationsrechte gegenüber der Verwaltung haben, wenn diese auf seine Rechtsstellung Einfluss nimmt. Die §§29, 30 VwVfG könnten daher in Analogie auch auf Verfahren anwendbar sein, die nicht im Anwendungsbereich des Verwaltungsverfahrensgesetzes anzusiedeln sind.[105] Nach Auffassung der Bundesregierung in der Begründung zum Entwurf eines Verwaltungsverfahrensgesetzes von 1973 haben die Regelungen über die Akteneinsicht ein so starkes Eigengewicht, dass sie über den Anwendungsbereich des Verwaltungsverfahrensgesetzes hinaus „allgemeine Bedeutung für alle vom Entwurf nicht erfassten Verfahrensarten erlangen" würden.[106] Rechte auf Akteneinsicht könnten demnach analog den §§29, 30 VwVfG im Zusammenhang von Verwaltungshandeln anzuerkennen sein, das sich nicht auf den Erlaß eines

---

[103] Siehe oben 4. Kapitel, 3.6.1.

[104] Vgl. ähnlich zur Gewährung der Einwendungsbefugnis an jedermann *H.-W. Laubinger*, Stichwort „Öffentlichkeitsbeteiligung", in: Kimminich/von Lersner/Storm (Hrsg.), Handwörterbuch des Umweltrechts, Sp. 1496.

[105] *F. Kopp*, VwVfG, §29, Rn. 3a, 38; *F. Kopp/U. Ramsauer*, VwVfG, §29, Rn. 5; *W.-R. Schenke*, VBlBW 1982, S. 322.

[106] BT-Drs. 7/910, S. 42; *C.H. Ule/H.-W. Laubinger*, Verwaltungsverfahrensrecht, §19, Rn. 9.

Verwaltungsaktes oder den Abschluss eines öffentlich-rechtlich Vertrag richtet. Voraussetzung ist jeweils eine planwidrige Regelungslücke, die aufgrund der Interessenwertung der §§29, 30 VwVfG geschlossen werden kann. Das Vorliegen einer planwidrigen Regelungslücke begegnet aber Zweifeln, weil der Gesetzgeber den Anwendungsbereich der Regelungen auf das Verwaltungsverfahren im Sinne des §9 VwVfG beschränkt hat.

Auf schlichtes Verwaltungshandeln ist §29 VwVfG nicht analog anzuwenden.[107] Denn es fehlt an der planwidrigen Unvollständigkeit des Gesetzes, weil die Einleitung eines Verwaltungsverfahrens und damit die Bestimmung der Beteiligten gerade Voraussetzung für die Inanspruchnahme dieses Informationsrechts sein sollte.[108] Die Kopplung der verfahrensbezogenen Informationsrechte an das Verwaltungsverfahren steht einer Übertragung auf andere Arten von Verfahren entgegen. Gleiches gilt für verwaltungsprivatrechtliches, fiskalisches oder normatives Handeln der Verwaltung.[109]

Ein Verwaltungsverfahren gemäß §9 VwVfG kann mit dem ausdrücklichen Ziel durchgeführt werden, um zu einer Entscheidung darüber zu gelangen, ob eine Information durch die Behörde erteilt wird. Während des Verwaltungsverfahrens verfügen die Beteiligten nun wieder über das Recht auf Akteneinsicht nach §29 VwVfG. Dieser Umweg kann den Beteiligten den Zugang zu den Akten in der Sache verschaffen. Allerdings gehören große Teile der Akten, die sich zum Beispiel auf die beabsichtigte verwaltungsprivatrechtliche Maßnahme beziehen, nicht zwingend zu den Akten, die betreffend des Informationsrechts angelegt werden. Dennoch verfügen die Betroffenen dergestalt über ein Instrumentarium, um sich den Weg zu bestimmten Behördeninformationen zu bahnen, die der Behörde zunächst nicht im Kontext eines Verwaltungsverfahrens i.S.d. §9 VwVfG zugingen. Voraussetzung ist, dass das Verfahren die Vorbereitung eines Verwaltungsaktes zum Gegenstand hat, die Entscheidung der Behörde über das Recht auf Information also einen Verwaltungsakt darstellt.[110] Eine Regelung liegt zum einen dann vor, wenn die Behörde das Bestehen eines Zugangsrechts verneint, also das Informationsbegehren ablehnt.[111] Eine verbindliche Feststellung über die Rechtsposition des Bürgers bildet zum anderen eine positive Entscheidung über das Informationsrecht vor der tatsächlichen Gewährung der Information.[112] Wenn also ein Antrag auf Mitteilung von Informationen an die Behörde gerichtet wird, löste dies nur dann kein Verwaltungsverfahren im Sinne des §9 VwVfG aus, falls die Behörde die Informationen als Realhandlung ohne weiteres übermitteln würde. Sie hat aber in jedem Fall eine Beurteilung und Interessenabwägung nach §29 Abs. 2, §30 VwVfG vorzuneh-

---

107 *H.J. Bonk*, in: Stelkens/Bonk/Sachs, VwVfG, §29, Rn. 13.

108 *M. Schulte*, Schlichtes Verwaltungshandeln, S. 136f.

109 *H.J. Bonk*, in: Stelkens/Bonk/Sachs, VwVfG, §29, Rn. 14.

110 Siehe unten 5. Kapitel, 8.2.

111 A.A. BayVGH, Urt.v.5.9. 1989, NVwZ 1990, S. 775 (776).

112 *H.-U. Erichsen*, Stichwort „Informationszugang“, in: Kimminich/von Lersner/Storm (Hrsg.), Handwörterbuch des Umweltrechts, Sp. 1095.

men und trifft damit eine Regelung, weil die konkrete Ausprägung der informatorischen Rechtsposition des Bürgers festgestellt wird.[113]

Der allgemeine, in §§ 29, 30 VwVfG niedergelegte Rechtsgedanke, dass Rechte auf Information zur Verteidigung subjektiver Rechte erforderlich sein können, gelangt unabhängig von § 9 VwVfG lediglich im Zuge der Gewährung von Akteneinsicht nach Ermessen zur Geltung. Im Rahmen der Vorbereitung und Durchführung privatrechtlicher oder innerdienstlicher Maßnahmen oder von Realakten kommen auf dieser Grundlage Informationsrechte der Betroffenen in Betracht.[114] Dabei handelt es sich der Sache nach um materielle Informationsrechte, denn die Abhängigkeit von einem Verwaltungsverfahren besteht gerade nicht.

3.2. Materielle Rechte auf Information im Verwaltungsrecht

3.2.1. Gesetzliche Informationsrechte

Informationsrechte sind in speziellen Gesetzen als Teil der Rechtsposition des Bürgers im jeweiligen Sachbereich ausgestaltet. Solche Rechte, die unabhängig von einem Verwaltungsverfahren gewährt werden und individuellen Interessen dienen, tragen materiellen Charakter und zählen nicht zum Verwaltungsverfahrensrecht.[115] Sie stellen wichtige Pfeiler der informatorischen Rechtsstellung des Einzelnen dar.

Ungeachtet der Parallelen zu den verfahrensbezogenen Informationsrechten weisen doch die verfahrensunabhängigen Rechte auf Information eine etwas andere Struktur auf. Der Unterschied liegt darin, dass sie keine Integration von Interessen in das Verwaltungsverfahren durch Kommunikation leisten müssen. Ihre Funktion gründet nicht im Verfahrensrechtsverhältnis, sondern im materiellen Recht. Verfahrensunabhängige Rechte sind dabei kein Selbstzweck, sondern zielen auf den Schutz von Rechten und Interessen.

Das Recht des Betroffenen auf Auskunft über seine personenbezogenen Daten nach § 19 BDSG wurzelt in der Absicherung des Rechts auf informationelle Selbstbestimmung.[116] Im Zuge der als Verfahren verstandenen Datenverarbeitung bildet die Information des Betroffenen die Basis für den Individualschutz. Die Folgerechte auf Berichtigung, Sperrung oder Löschung von Daten bedingen das Auskunftsrecht.[117] Daher erzwingt die Verfassung ein grundsätzliches Informationsrecht über eigene Daten, das dem Bürger die Sicherung seiner Privatsphäre erlaubt.[118] Die Ausgestaltung dieses Informationsrechts obliegt dem

---

[113] Vgl. BVerwGE 31, 301 (307).
[114] *W. Clausen*, in: Knack (Hrsg.), VwVfG, § 29, Rn. 2.
[115] *P. Badura*, in: Erichsen (Hrsg.), Allgemeines Verwaltungsrecht, § 37, Rn. 23.
[116] BVerfGE 65, 1 (46).
[117] *M.-Th. Tinnefeld/E. Ehmann*, Datenschutzrecht, I. Teil, Ziff. 4.1.2 (S. 89).
[118] Siehe oben 2. Kapitel, 3.3.

Gesetzgeber.[119] Vorrangiges Ziel ist der Schutz der individuellen Rechtsstellung. Dieses Ziel kann aber nicht von der Einwirkung auf die Verwaltung getrennt werden. Denn das Informationsrecht als Schutzvorkehrung steht im Zusammenhang mit der Zweckbindung, der die Verwendung personenbezogener Daten unterliegt.[120] Die Behörden sollen zu gesetzmäßigem und verhältnismäßigem Umgang mit den Daten der Bürger angehalten werden. Dem Auskunftsrecht des § 19 BDSG ist eine nachrangige objektive Komponente immanent.[121] Es bezweckt neben dem Individualschutz auch die Kontrolle der staatlichen Informationsverarbeitung.[122] Der deutsche Gesetzgeber hat hier ein Informationsrecht multifunktional ausgeformt.

Im Beamtenrecht gewähren § 90c Abs. 1 BBG, § 56c Abs. 1 BRRG und die entsprechenden Vorschriften der Landesbeamtengesetze dem Beamten das Recht auf Einsicht in seine vollständige Personalakte.[123] Hintergrund ist das Beamtenverhältnis als Dauerrechtsverhältnis, in dem es die individuelle Rechtsstellung des Beamten und insbesondere sein Recht auf informationelle Selbstbestimmung zu schützen gilt.[124] Zur Wahrung der eigenen Rechtsposition soll der Beamte jederzeit Zugang zu einschlägigen Informationen haben.[125] Ein konkretes Verwaltungsverfahren muss nicht anhängig sein. Da das Beamtenverhältnis bipolaren Charakter trägt, muss auf die Interessen Dritter weniger Rücksicht genommen werden. Informationsrechte Dritter, insbesondere von Konkurrenten, stoßen auf Geheimhaltungsgründe aufgrund des Charakters der Personalakte.[126] Personenbezogene Daten in anderen Akten kann der Beamte ebenfalls einsehen. Dann stehen Interessen Dritter seinem Informationszugang sehr viel eher entgegen, weshalb er sich gemäß § 90c Abs. 4 BBG, § 56c Abs. 4 BRRG mit einer Auskunft zufrieden geben muss, falls seine Daten nicht von anderen Daten zu trennen sind.[127] Das Recht auf Information des Beamten resultiert aus seiner subjektiven Rechtsstellung. Es bezweckt den Schutz vor Rechtsverletzung. Rückwirkungen auf die Führung von Personalakten und damit die Beeinflussung von Tätigkeiten der Verwaltung sind gewollt.

---

[119] *P. Gola/R. Schomerus*, BDSG, § 19, Rn. 1.2.; *F.-L. Knemeyer*, JZ 1992, S. 349.

[120] BVerfGE 65, 1 (46); vgl. in anderem Zusammenhang BVerfG (3. Kammer des Zweiten Senats), Beschl.v.24. 3. 1987, NJW 1988, S. 405, wonach weder Art. 14 Abs. 1 noch Art. 103 Abs. 1 GG einen Anspruch des Verletzten darauf gewährleisten, dass ihn der Staat durch Überlassung von Informationen, die im Rahmen eines strafrechtlichen Ermittlungsverfahren beschafft wurden, bei der Durchsetzung zivilrechtlicher Schadensersatzansprüche unterstützt.

[121] Vgl. *P. Gola/R. Schomerus*, BDSG, § 19, Rn. 1.2.

[122] *S. Lodde*, Informationsrechte, S. 49 m.w.N.

[123] Zur Neuregelung *Ph. Kunig*, in: Schmidt-Aßmann (Hrsg.), Besonderes Verwaltungsrecht, 6. Abschn., Rn. 165; *K. Köpp*, in: Steiner (Hrsg.), Besonderes Verwaltungsrecht, Teil III, Rn. 123.

[124] *S. Lodde*, Informationsrechte, S. 51.

[125] *U. Battis*, Bundesbeamtengesetz, § 90c, Rn. 1 und 5; *G. Trantas*, Akteneinsicht, S. 378 m.w.N.

[126] *Ph. Kunig*, in: Schmidt-Aßmann (Hrsg.), Besonderes Verwaltungsrecht, 6. Abschn., Rn. 164.

[127] *K. Köpp*, in: Steiner (Hrsg.), Besonderes Verwaltungsrecht, Teil III, Rn. 125.

Das Informationsrecht nach §3 Abs. 1 Stasi-Unterlagen-Gesetz verfolgt primär das Ziel, zur individuellen Aufarbeitung der Vergangenheit beizutragen.[128] Erlittene Rechtsverletzungen sollen geklärt und ihre Folgen gemildert werden. Die Subjektbezogenheit des Rechts weist also zunächst in die Vergangenheit. Allerdings ist auch eine Befriedung der Gesellschaft und eine Einbindung von Personen in den demokratischen Staat beabsichtigt. Moralische Wiedergutmachung geht eine Verbindung mit der Vermittlung von Vertrauen in die Rechtsordnung ein. Auf diesem indirekten, mittelbaren Weg verfügt das Informationsrecht über eine Komponente, die nicht individualbezogen, sondern gesellschaftsbezogen ist. Darin begegnet es dem Recht auf Information des §5 Abs. 1 Bundesarchivgesetz, das auf die Offenbarung historischer Vorgänge zielt.[129]

Auf dem Gebiet des Umweltrechts weisen Informationsrechte unterschiedliche Ausrichtungen auf. Die Vorschrift des §9 UmweltHG gewährt einen Anspruch öffentlich-rechtlicher Natur, der sich auf die Auskunft über im Besitz der Behörde befindliche Informationen richtet und unabhängig von einem Verwaltungsverfahren eingeräumt wird. Sie bezweckt, die Verfolgung von Schadensersatzansprüchen zu ermöglichen.[130] Die Landeswassergesetze gestatten jedermann die Einsicht ins Wasserbuch, teils nach Darlegung eines weit verstandenen berechtigten Interesses.[131] Das Informationsrecht entspringt der aus den Grundrechten resultierenden Schutzpflicht zur Gewährleistung individuellen Gesundheitsschutzes. In den Wasserbüchern sind keine auf Individuen bezogenen Daten zu finden. Da auch die Funktionsfähigkeit der Verwaltung keine Gründe gegen die Erteilung der Informationen liefert, sollte auf die Darlegung eines berechtigten Interesses insgesamt verzichtet werden. Das Recht auf Information über das Wasser hat einen Kontrollaspekt, weil damit indirekter Druck auf die Verwaltung erzeugt wird, den gesetzlichen Anforderungen an die Überwachung der Wasserqualität besondere Aufmerksamkeit zu schenken.

Die Vorschrift des §4 Abs. 1 UIG gewährt ein subjektives öffentliches Recht.[132] Dieses Recht auf Information gehört nicht dem Verfahrensrecht an, sondern trägt materiellen Charakter.[133] Es ist multifunktional. Jede Inanspruchnahme dient dem Zweck, immer zumindest *auch* den Umweltschutz zu fördern. Das Recht auf Umweltinformation des §4 Abs. 1 UIG entfaltet eine Ausstrahlungswirkung auf das gesamte Verwaltungsrecht, denn sein Gegenstand ist angesichts der Vielfältigkeit des Umweltbereichs schwer abzugrenzen.[134] Zwar

---

[128] *G. Trantas*, Akteneinsicht, S. 417f. und oben 4. Kapitel, 2.5.

[129] *R. Bieber*, DÖV 1991, S. 861.

[130] Siehe oben 4. Kapitel, 2.3.

[131] Siehe oben 4. Kapitel, 2.1.; Nachweise der landesrechtlichen Regelungen bei *J. Fluck/A. Theuer*, UIG, §4, Rn. 115.

[132] *B. Wegener*, in: Schomerus/Schrader/Wegener, UIG, §4, Rn. 1; *W. Berg*, GewArch 1996, S. 181; siehe *H.-U. Erichsen/A. Scherzberg*, Umsetzung, S. 4; *H.-U. Erichsen*, Jura 1993, S. 184.

[133] *H.-U. Erichsen*, Stichwort „Informationszugang", in: Kimminich/von Lersner/Storm (Hrsg.), Handwörterbuch des Umweltrechts, Sp. 1102; *R. Breuer*, NVwZ 1997, S. 839; *F.-J. Moormann*, in: Landmann/Rohmer, UIG, Vorb., Rn. 7; *A. Turiaux*, UIG, §4, Rn. 1.

[134] *R. Bieber*, DÖV 1991, S. 864.

ist die unmittelbare Impulswirkung des Umweltinformationsgesetzes nach seinem Inkrafttreten begrenzt geblieben.[135] Der grundlegende Wandel in der Funktion der Öffentlichkeit äußert aber strukturelle Auswirkungen.[136] Das Recht auf Umweltinformation zeitigt Folgen für das Verständnis paralleler Vorschriften.

Individualrechte können für das Gemeinwohl instrumentalisiert werden, denn subjektive Rechte erfüllen unterschiedliche Funktionen. Die Verknüpfung der Gewährung subjektiver Rechte mit dem Individualrechtsschutz erfährt eine Lockerung, die eine Ausdifferenzierung zulässt. Rechte auf Information führen zu einer Kontrolle konkreter Verwaltungsentscheidungen, die sich auf die Tätigkeit der Verwaltung insgesamt auswirken kann.[137] Da der Bürger in den Dienst des Gemeinwohls gestellt wird, muss hinter seiner Berechtigung nicht notwendig ein individuelles Interesse stehen. Auch ein öffentliches Interesse vermag ein Informationsrecht zu begründen. Konsequenz ist dann eine Ausweitung der Rechtsträgerschaft. Bürger können Rechte zu Gunsten des Gemeinwohls geltend machen. Auch der Zweck von Informationsrechten, die Informationsgrundlage der Behörde zu verbreitern, dient dem Gemeinwohl, das sich insoweit in den Interessen an rechtmäßiger Verwaltungsarbeit und vertretbaren Entscheidungen konkretisiert. Ein Recht auf Information zur Förderung öffentlicher Interessen bezweckt gleichzeitig auch den Schutz des Einzelnen. Solche Rechte auf Information vereinigen unterschiedliche Funktionen und verfügen deshalb über eine Normstruktur, die sich von derjenigen vorrangig individuell ausgerichteter Rechte insbesondere durch den Wegfall einengender Voraussetzungen unterscheidet. Multifunktionale Informationsrechte sind dem deutschen Recht nicht fremd, wie insbesondere ein Blick auf § 19 BDSG beweist. Eine Ausgestaltung als materielles Recht ist ebenso möglich wie eine Gewährleistung im Verwaltungsverfahren.

3.2.2. Recht auf Akteneinsicht nach Ermessen

Die hinter dem Informationsrecht stehenden Interessen an der Information können sich als rechtlich derart fundiert erweisen, dass sie auf Verwirklichung in einem subjektiven Recht drängen. Fehlen gesetzliche Gewährleistungen, müssen andere Rechtsgrundlagen gefunden werden. Diese Konstellation ist im Kontext des Rechts auf Akteneinsicht praktisch geworden.

Die Rechtsprechung geht bei der Untersuchung von Einsichtsrechten von dem Regelfall des § 29 VwVfG aus, wonach ein Verfahrensbeteiligter Akteneinsicht begehrt. Sie steht aber Erweiterungen des Zugangs zu Informationen über den Anwendungsbereich des § 29 VwVfG hinaus aufgeschlossen gegenüber.

---

135 *J. Schwarze*, in: ders. (Hrsg.), Verwaltungsrecht, S. 172; *A. Hatje*, EuR 1998, S. 745.

136 *E. Schmidt-Aßmann*, DVBl. 1993, S. 933; *H.-U. Erichsen*, NVwZ 1992, S. 419; *D. Scheuing*, in: Hoffmann-Riem/Schmidt-Aßmann (Hrsg.), Reform, Band 2, S. 348.

137 *J. Masing*, Mobilisierung, S. 229.

Das Bundesverwaltungsgericht hat mit Rücksicht auf die soziale Rechtsstaatlichkeit des Art. 20 Abs. 1 GG eigene Interessen der Betroffenen an Akteneinsicht als derart gewichtig bewertet, dass zur Rechtsverfolgung ein Recht auf eine Entscheidung über die Akteneinsicht auch dann möglich sein müsse, wenn es nicht ausdrücklich gesetzlich gewährt sei.[138] Die Gerichte erkennen an, dass eine Berechtigung zur Akteneinsicht vor Beginn und nach Abschluss des Verwaltungsverfahrens sinnvoll ist. Insbesondere im Hinblick auf die Gewährleistung vorgezogenen Rechtsschutzes gebiete das Rechtsstaatsprinzip die Möglichkeit der Kenntnisnahme von Informationen der Behörde.[139] Da das Bundesverwaltungsgericht die Reichweite des § 29 VwVfG auf das noch nicht abgeschlossene Verwaltungsverfahren begrenzt,[140] ziehen einige Oberverwaltungsgerichte den in § 242 BGB verankerten allgemeinen Rechtsgrundsatz von Treu und Glauben als Rechtsgrundlage heran.[141]

Diese im Ansatz überzeugende Rechtsprechung bedarf der Konturierung. Ein Recht auf eine Entscheidung der Behörde über die Akteneinsicht kann unabhängig von einem Verwaltungsverfahren gemäß § 9 VwVfG bestehen.[142] Außerhalb eines laufenden Verwaltungsverfahrens steht die Gewährung von Akteneinsicht im Ermessen der Behörde.[143] Ein Anspruch auf fehlerfreie Ermessensentscheidung steht nach der Rechtsprechung nur demjenigen zu, der ein berechtigtes Interesse an der Einsichtnahme hat.[144] Auch ein im Verfahren nicht formell beteiligter Dritter kommt insoweit in Betracht.[145] Sein berechtigtes Interesse an der Akteneinsicht kann insbesondere daher rühren, dass er ein bestimmtes Recht durchsetzen will und deshalb ein anderweitig nicht zu befriedigendes Informationsbedürfnis hat. Ist die Kenntnis des Akteninhalts notwendige Voraussetzung für eine wirksame Rechtsverfolgung, greift der Anspruch auf fehlerfreie Ermessensentscheidung durch.[146] Weitere in der Rechtsprechung herausgearbeitete Fallgestaltungen betreffen die Kommunikation zwischen Antragsteller und Behörde. Hat sich dieses Kommunikationsgeflecht derart verdichtet, dass eine konkrete Rechtsbeziehung vorliegt, auf die sich die fraglichen Akten beziehen, ist der Anspruch auf fehlerfreie Ermessensentscheidung

---

138 BVerwGE 30, 154 (160); Überblicke bei *S. Lodde*, Informationsrechte, S. 72f. und *G. Trantas*, Akteneinsicht, S. 261.

139 OVG S-H, Urt.v.13.12. 1994, NVwZ 1996, S. 408; BayVGH, Urt.v.17.2. 1998, NVwZ 1999, S. 889 (890).

140 BVerwGE 84, 375 (376); BVerwG, Urt.v.30.6. 1983, DVBl. 1984, S. 53 (54, 55).

141 OVG Rh-Pf, Urt.v.2.10. 1991, DVBl. 1991, S. 1367; VGH Ba-Wü, Urt.v.31.10. 1995, NJW 1996, S. 613; auch VG Potsdam, Beschl.v.16.11. 1998, LKV 1999, S. 155 (156). Die ältere Rechtsprechung zu dieser Frage wurde nicht beanstandet in BVerwGE 50, 255 (261ff.) und BVerwG, Urt.v.30.6. 1983, DVBl. 1984, S. 53 (55).

142 *F. Kopp/U. Ramsauer*, VwVfG, § 29, Rn. 8.

143 OVG NRW, Beschl.v.23.4. 1979, DÖV 1980, S. 222 (223).

144 BVerwGE 69, 278 (279f.); OVG Rh-Pf, Urt.v.2.10. 1991, DVBl. 1991, S. 1367; OVG NRW, Urt.v.22.7. 1988, NJW 1989, S. 544; vgl. *W. Clausen*, in: Knack (Hrsg.), VwVfG, § 29, Rn. 2; *J. Fluck/A. Theuer*, UIG, § 4, Rn. 98.

145 BVerwGE 69, 278 (280).

146 BVerwGE 30, 154 (160); OVG NRW, Urt.v.22.7. 1988, NJW 1989, S. 544f.

ebenfalls gegeben.[147] Der Zugang zu den begehrten Informationen folgt aus dem Verfahrensrechtsverhältnis. Erwägungen, die im Rahmen der Ermessensentscheidung gegen die Gewährung von Akteneinsicht sprechen, stellen der Verwaltungsaufwand, der Geheimnisschutz und ungerechtfertigte Vertraulichkeitszusagen Dritten gegenüber dar.[148] Als Verpflichtete des Informationsrechts kommen neben Trägern unmittelbarer Verwaltung auch in diesem Kontext juristische Personen des öffentlichen Rechts in Betracht.[149] Das Recht auf Entscheidung über die Akteneinsicht bildet eine Nebenpflicht des Verwaltungsrechtsverhältnisses.[150] Es dient insbesondere dazu, die Inanspruchnahme möglicher anderer Rechte des Berechtigten vorzubereiten. Regelungen wie § 4 Abs. 1 UIG oder § 9 UmweltHG verdrängen die ungeschriebene Erteilung von Informationen nach Ermessen.[151] Die Konzeption als solche steht aber nach wie vor im Raum.

Informationsbegehrenden steht ein Anspruch auf fehlerfreie Ermessensentscheidung über die Gewährung von Information zu.[152] Denn die Entscheidung darüber, ob ihm der Zugang zu von ihm begehrten Informationen zusteht, liegt im ureigensten Interesse des Bürgers und erfüllt damit die Voraussetzung der Subjektbezogenheit.[153] Auch wenn die Ermessensentscheidung der Verwaltung ohne gesetzliche Grundlage ergeht, kann ein Bürger berechtigt sein, von der Behörde zu verlangen, das Ermessen ohne Fehler auszuüben.[154] Begeht sie mit der Ablehnung der Informationserteilung einen Fehler, hat der Informationsbegehrende das Recht auf Aufhebung der Entscheidung und erneute fehlerfreie Entscheidung.[155] Drittbetroffene kommen ebenfalls als Begünstigte in Betracht. Selbstverständlich hat die Behörde Rechtspositionen zu beachten, die der Gewährung der Information entgegenstehen. Sofern personenbezogene Daten Dritter herausgegeben werden sollen, greift der Gesetzesvorbehalt des Datenschutzrechts, dem die Anwendung des § 16 Abs. 1 Nr. 2 BDSG Rechnung trägt.[156] Eine Übermittlung der Daten an nicht-öffentliche Stellen ist danach als Folge einer Interessenabwägung zulässig. Die Regelung ähnelt den Grundsätzen der Rechtsprechung zum ungeschriebenen Informationsrecht. Da § 16

---

[147] BVerwGE 69, 278 (280).

[148] OVG Rh-Pf, Urt.v.2.10.1991, DVBl. 1991, S. 1367; VGH Ba-Wü, Urt.v.31.10.1995, NJW 1996, S. 613.

[149] VGH Ba-Wü, Urt.v.31.10. 1995, NJW 1996, S. 613.

[150] OVG Rh-Pf, Urt.v.2.10.1991, DVBl. 1991, S. 1367; VGH Ba-Wü, Urt.v.31.10.1995, NJW 1996, S. 613.

[151] *J. Peter*, in: Salje, UmweltHG, Vor §§ 8–10, Rn. 24.

[152] Mit anderer Begründung im Ergebnis ebenso *G. Nolte*, DÖV 1999, S. 371 f. Kritisch zum Begriff *H. Faber*, Verwaltungsrecht, § 28 I und III b.

[153] Zu dieser Voraussetzung BVerfGE 27, 297 (307); *H.-U. Erichsen*, in: ders. (Hrsg.), Allgemeines Verwaltungsrecht, § 10, Rn. 22; *H. Maurer*, Allgemeines Verwaltungsrecht, § 8, Rn. 15; *F.-J. Peine*, Allgemeines Verwaltungsrecht, Rn. 85; *J. Pietzcker*, JuS 1982, S. 108 f.

[154] BVerfGE 27, 297 (305, 307); *H. Faber*, Verwaltungsrecht, § 28 III b.

[155] *J. Pietzcker*, JuS 1982, S. 108; *C.H. Ule/H.-W. Laubinger*, Verwaltungsverfahrensrecht, § 55, Rn. 7.

[156] *S. Lodde*, Informationsrechte, S. 75.

BDSG kein Recht auf Information enthält, sondern nur die Maßgaben für dessen Verwirklichung, bleibt die Einräumung eines Anspruchs auf fehlerfreie Ermessensentscheidung als solche unberührt. Der Anspruch des Informationssuchenden auf fehlerfreie Ermessensentscheidung schließt die Möglichkeit ein, dass sich das Ermessen der Behörde auf Null reduziert.[157] Der Zwang zu einer bestimmten Entscheidung, die als einzige rechtsfehlerfrei ist, kann insbesondere vom Zweck der gesetzlichen Ermächtigung oder von verfassungsrechtlichen Erfordernissen ausgelöst werden.[158] Die ungeschriebene Informationserteilung nach Ermessen erweist sich mangels gesetzlicher Zweckbeschreibung verfassungsrechtlichen Einflüssen als besonders zugänglich.[159] Da der Zweck dann darin liegt, wirksame Rechtsverfolgung durch Information zu ermöglichen, ist im Regelfall die Information zu übermitteln. Die Informationsverweigerung stellt die Ausnahme dar.

Bestehen in einem Sachbereich, in dem rechtlich gebundene Kommunikation zwischen Bürger und Verwaltung stattfindet, keine Rechte auf Information, müssen solche Rechte dem Grunde nach gewährt werden.[160] Das Ermessen der Verwaltung reduziert sich deshalb im Regelfall auf Null, weil die grundsätzliche Existenz von Informationsrechten des Bürgers gegen die Verwaltung zum Mindeststandard gehört, mit dem seine informatorische Rechtsposition ausgestattet sein muss.[161] Ansonsten ist rational geleitete Kommunikation nicht möglich.[162] Liegen keine anderen rechtlichen Anknüpfungspunkte vor, erweist sich der Rückgriff auf ungeschriebene Informationsrechte aufgrund reduzierten Ermessens als unausweichlich. Die Ausgestaltung des Informationsrechts orientiert sich dann an den verfassungsrechtlichen Vorgaben, so dass dem grundsätzlich bestehenden Informationsrecht die einschlägigen Gegengründe widerstreiten. Infolge der Unbestimmtheit dieser Vorgaben erscheint eine Normierung als sinnvoll. Das behördliche Ermessen ist verwaltungsgeschichtlich die ursprüngliche Form des Zugangs zu Informationen von Behörden.[163] Eine Ablösung durch eine Normierung läge in der Logik der Rechtsentwicklung.[164] Vor dem Hintergrund von Rechtssicherheit und Rechtsklarheit wäre eine gesetzliche Regelung zu begrüßen, welche die Rechtsprechung aufgreift und konturiert. Hier ist das Feld für ein Gesetz über ein allgemeines Recht auf Information gegenüber der Verwaltung bereitet. Der Gesetzgeber hat bereits bereichsspezifische Regelungen erlassen, die allerdings durch ihre Vielgestaltigkeit, die sich nicht

---

157 *H.-U. Erichsen*, in: ders. (Hrsg.), Allgemeines Verwaltungsrecht, § 10, Rn. 21; *J. Pietzcker*, JuS 1982, S. 108.

158 *H. Maurer*, Allgemeines Verwaltungsrecht, § 7, Rn. 25; *F.-J. Peine*, Allgemeines Verwaltungsrecht, Rn. 71.

159 *G. Nolte*, DÖV 1999, S. 371.

160 BVerwGE 50, 255 (263).

161 Siehe oben 2. Kapitel, 2.4.2. Vgl. *F. Kopp/U. Ramsauer*, VwVfG, § 29, Rn. 8, 19 und 21.

162 Vgl. *E. Denninger*, in: Isensee/Kirchhof (Hrsg.), HdBStR, § 113, Rn. 26.

163 *G. Winter*, in: Winter (Hrsg.), Öffentlichkeit, S. 38.

164 Eine Regelung durch Verwaltungsvorschrift hält für zunächst ausreichend *G. Nolte*, DÖV 1999, S. 373.

immer als konsistent darstellt, im Einzelfall Probleme hinsichtlich der Sicherung informatorischer Rechtspositionen aufwerfen können. Regelungslücken dürften innerhalb von Verwaltungsverfahren selten aufzufinden sein. Soweit keine Regelung vorliegt, kommt es für den Informationssuchenden außerhalb von Verwaltungsverfahren darauf an, ob er einen Anspruch auf fehlerfreie Ermessensentscheidung durchsetzen kann und ob hinsichtlich der Rechtsgewährung, wie in aller Regel, das Ermessen der Behörde auf Null reduziert ist.

3.3. Rechte auf Information im Verwaltungsprozess

Die Beteiligten eines verwaltungsgerichtlichen Verfahrens können aufgrund des § 100 Abs. 1 VwGO die Gerichtsakten und die dem Gericht vorgelegten Akten einsehen.[165] Als Element der Parteiöffentlichkeit dient dieses Informationsrecht dem rechtlichen Gehör, der „Waffengleichheit" und einer effektiven Mitwirkung der Beteiligten beim Erreichen einer vertretbaren und angemessenen Gerichtsentscheidung.[166] Diese Normzwecke ähneln denen der Rechte auf Information im Verwaltungsverfahren, insbesondere dem Fall des § 29 VwVfG. Unter den Beteiligten nach § 63 VwGO können diejenigen nach § 13 VwVfG sein. Aus diesem Grund stellt sich die Frage, ob eine gewisse Harmonisierung der Auslegung von Informationsrechten in Verwaltungsverfahren und Verwaltungsprozess erreichbar ist. Denn die Verweigerung von Informationen im Verwaltungsverfahren ergibt in den Fällen wenig Sinn, in denen der Informationssuchende die Informationen im Verwaltungsprozess ohnehin erhielte. In manchen Konstellationen wäre der Verwaltungsprozess vielleicht vermeidbar, wenn der Informationssuchende anhand der Informationen seine Erfolgsaussichten besser einschätzen könnte oder ihre Übermittlung gar seine Interessen bereits befriedigen würde. Die präventive Rechtsschutzfunktion des Verwaltungsverfahrens vermag Konflikte aufzulösen, falls die notwendigen verfahrensrechtlichen Instrumentarien zur Verfügung stehen.

Gegenstand des prozessualen Informationsrechts nach § 100 Abs. 1 VwGO sind die gesamten Akten, die dem Gericht im Zusammenhang mit dem Rechtsstreit vorgelegt wurden oder von ihm selbst geführt werden.[167] Dadurch sind die Akten im Zusammenhang des § 100 Abs. 1 VwGO allerdings nicht identisch mit den Informationen, die Gegenstand von materiellen oder verfahrensbezogenen Rechten auf Information sind. Parallelen zwischen Prozess und Verwaltungsverfahren bestehen bei der Verleihung der Berechtigung an Beteiligte nach

[165] *H. Lang*, in: Sodan/Ziekow (Hrsg.), VwGO, § 100, Rn. 6; *R. Rudisile*, in: Schoch/Schmidt-Aßmann/Pietzner (Hrsg.), VwGO, § 100, Rn. 4.

[166] BVerfGE 63, 45 (59); BVerwGE 30, 154 (157); *F. Kopp/W.-R. Schenke*, VwGO, § 100, Rn. 1; *S. Lodde*, Informationsrechte, S. 13; *G. Trantas*, Akteneinsicht, S. 423; *T. Cosack/S. Tomerius*, NVwZ 1993, S. 844.

[167] *F. Kopp/W.-R. Schenke*, VwGO, § 100, Rn. 3; *H. Lang*, in: Sodan/Ziekow (Hrsg.), VwGO, § 100, Rn. 17.

§ 13 VwVfG bzw. nach § 63 VwGO, die ein besonders starkes Interesse an den Informationen haben. Hintergrund ist der Gesetzeszweck. Da mit dem Recht auf Akteneinsicht nach § 100 VwGO der Grundsatz des rechtlichen Gehörs aus Art. 103 Abs. 1 GG konkretisiert wird, steht es den Beteiligten, nicht aber notwendig Dritten zu. Deren Informationsrecht kann nach Ermessen des Gerichtsvorstandes entsprechend § 299 Abs. 2 ZPO gewährt werden (§ 173 Satz 1 VwGO), soweit sie ein rechtliches Interesse an der Einsichtnahme glaubhaft machen.[168] Gelingt die Glaubhaftmachung, schrumpft das Ermessen auf Null, wenn nicht die der Informationsgewährung entgegenstehenden Gründe überwiegen.[169] In ähnlicher Weise wie § 13 Abs. 2 VwVfG die Hinzuziehung regelt § 65 VwGO die Beiladung Dritter, denen dann als nach § 63 Nr. 3 VwGO Beteiligten das Recht auf Akteneinsicht des § 100 Abs. 1 VwGO zusteht. Im Fall der notwendigen Beiladung des § 65 Abs. 2 VwGO gleicht die informatorische Rechtsstellung des Dritten im Gerichtsverfahren derjenigen von Kläger und Beklagtem.

Der konzeptionelle Gleichklang der Informationsrechte setzt sich bei den Ausnahmen von der Akteneinsicht fort. Obwohl § 100 Abs. 1 VwGO ausdrücklich das Informationsrecht nicht beschränkt, widerstreiten doch im Einzelfall gewichtige Rechtsgüter der Akteneinsicht. Das Gericht kann dann die Einsicht verweigern.[170] Da der Gesetzgeber davon ausging, geheimhaltungsbedürftige Unterlagen würden wegen § 99 VwGO schon nicht zu den Gerichtsakten gelangen, liegt eine planwidrige Regelungslücke vor. Denn insbesondere schutzwürdige personenbezogene Daten können sehr wohl Eingang in die Gerichtsakten finden.[171] Die Lücke ist durch analoge Anwendung der Nachfolgeregelung des § 99 Abs. 1 Satz 2 VwGO zu schließen.[172] Der Gesetzgeber muss deshalb eine Nachfolgeregelung schaffen, weil das Bundesverfassungsgericht die Unvereinbarkeit der Regelung des § 99 Abs. 1 Satz 2 VwGO mit Art. 19 Abs. 4 GG festgestellt hat.[173] Als der Gewährung von Informationen entgegenstehende Gründe werden auch im prozessualen Zusammenhang solche zu sehen sein, die denen der § 29 Abs. 2, § 30 VwVfG entsprechen. Zumal in den Fällen, in denen gerade um die Zulässigkeit der Offenbarung personenbezogener Daten oder von Betriebs- und Geschäftsgeheimnissen gestritten wird, darf der Informationssuchende nicht in die Lage versetzt werden, durch Inanspruchnahme seiner prozessualen Rechte den Streit selbst gegenstandslos zu machen, indem er in die Prozessakten Einsicht nimmt und damit Zugang zu den Informationen erhält. Gesetzliche Geheimhaltungsvorschriften und Vorschriften,

---

168 *G. Trantas*, Akteneinsicht, S. 433.

169 *S. Lodde*, Informationsrechte, S. 61.

170 *K. Redeker/H.-J. v. Oertzen*, VwGO, § 100, Rn. 2; *G. Trantas*, Akteneinsicht, S. 428; a. A. *P. Schoenemann*, DVBl. 1988, S. 524.

171 *R. Rudisile*, in: Schoch/Schmidt-Aßmann/Pietzner (Hrsg.), VwGO, § 99, Rn. 19.

172 Vgl. zur alten Rechtslage *F. Kopp/W.-R. Schenke*, VwGO, § 100, Rn. 3a; *A. Theuer*, NVwZ 1996, S. 332.

173 BVerfG, Beschl. v. 27. 10. 1999, EuGRZ 2000, S. 167 (173); näher dazu unten 5. Kapitel, 8.3.

welche die Funktionsfähigkeit der staatlichen Verwaltung garantieren, sind geeignet, die Herausgabe von Informationen im Verwaltungsprozess zu verhindern. Dem Grunde nach tragen die Erwägungen zu §29 Abs. 2 Satz 2 und §30 VwVfG auch hier. Soweit das Recht auf Akteneinsicht analog §99 Abs. 1 Satz 2 VwGO ausgeschlossen ist, muss den Beteiligten zumindest der wesentliche Inhalt der Akten bekannt gegeben werden.[174] Damit wird im Verwaltungsprozess grundsätzlich nicht mehr und nicht weniger an Informationen herausgegeben als im Verwaltungsverfahren.

4. Die Verpflichteten des Informationsrechts

Rechte des Bürgers auf Information bestehen gegenüber Trägern öffentlicher Verwaltung. Privatrechtssubjekten kann die Herausgabe von Informationen durch ausdrückliche Anordnung auferlegt werden, primäre Verpflichtete sind aber staatliche Stellen.

4.1. Die Verwaltung

Verpflichteter des Rechts auf Information ist die staatliche Stelle, die im Besitz der Informationen ist. Bei den staatlichen Stellen handelt es sich um die Verwaltung im organisatorischen Sinne, also die Gesamtheit der Verwaltungsträger und ihrer Untergliederungen.[175] Rechte auf Information werden gegenüber Behörden als deren Organen geltend gemacht.[176] Da das Informationsrecht nicht auf die noch zu leistende Beschaffung von Informationen zielt, sondern lediglich auf die bei der Behörde vorhandenen Informationen, kann auch nur der Zugang zu diesen Informationen begehrt werden. Der Schutz der Vertraulichkeit von Beratungen und der innerbehördlichen Willensbildung wird mittels entsprechender Ausnahmegründe gewährleistet. Teil des Auskunftsrechts nach §25 Satz 2 VwVfG ist es, von der Behörde über Existenz und Grundlagen von Informationsrechten unterrichtet zu werden.

Die Privatisierung der Aufgabenerfüllung beseitigt nicht ohne weiteres bestehende Informationsrechte des Bürgers. Grenzen für einen Rückzug der Verwaltung folgen insbesondere aus den Grundrechten, und auch die Verantwortung für das Gemeinwohl gilt es zu berücksichtigen.[177] In Frankreich sind diejenigen Gesellschaften dem Informationsrecht unterworfen, die öffentliche Aufgaben

---

[174] *F. Kopp/W.-R. Schenke*, VwGO, §100, Rn. 3a; *G. Trantas*, Akteneinsicht, S. 429; *A. Theuer*, NVwZ 1996, S. 332.

[175] *D. Ehlers*, in: Erichsen (Hrsg.), Allgemeines Verwaltungsrecht, §1, Rn. 4; Überblick über die Verwaltungsträger bei *W. Rudolf*, in: Erichsen (Hrsg.), Allgemeines Verwaltungsrecht, §52, Rn. 6ff.

[176] Zu den Begriffen *C.H. Ule/H.-W. Laubinger*, Verwaltungsverfahrensrecht, §9, Rn. 1.

[177] *W. Rudolf*, in: Erichsen (Hrsg.), Allgemeines Verwaltungsrecht, §51, Rn. 2.

erfüllen.[178] Wird eine öffentliche Aufgabe in privatrechtlicher Form wahrgenommen, verfügt das neu geschaffene Rechtssubjekt des Privatrechts über die einschlägigen Informationen. Konsequenz aus der Schutzpflicht, die der verfahrensrechtlichen Funktion der Grundrechte entspringt, ist die Verankerung der vorher existierenden Rechte auf Information in der privatrechtlichen Rechtsgrundlage, soweit diese verfassungsrechtlich zwingend sind. Dies kann für einen Minimalstandard je nach Sachbereich und Auslegung der einschlägigen Vorschriften anzunehmen sein. Die grundrechtlich gebotenen Elemente von Informationsrechten haben auf diesem Weg teil an der Grundrechtsbindung im Verwaltungsprivatrecht.[179]

Diesen Grundsätzen hat § 2 Nr. 2 UIG Rechnung getragen. Danach besteht der Anspruch des § 4 UIG auf Zugang zu Informationen über die Umwelt auch gegenüber natürlichen oder juristischen Personen des privaten Rechts, die öffentlich-rechtliche Aufgaben des Umweltschutzes wahrnehmen und behördlicher Aufsicht unterstellt sind. Gerade weil sich die Verwaltung auf dem Gebiet des Umweltrechts vermehrt der Handlungsformen des Privatrechts bedient, wird der Anwendungsbereich des Informationsrechts aus § 4 Abs. 1 UIG auf privatrechtlich organisierte Rechtssubjekte erstreckt.[180] Jede umweltbezogene Tätigkeit, die in Erfüllung öffentlicher Aufgaben erfolgt, soll erfasst werden.[181] Dazu gehören die Wasserversorgung oder die Abfallentsorgung.[182] Sicherlich geht dieses konkrete Regelungsgeflecht über den verfassungsrechtlich gebotenen Minimalstandard hinaus. Angesichts des Schutzes von Leben und Gesundheit im Grundgesetz entspricht aber die Geltung des Informationsrechts nicht nur gegenüber Behörden, sondern auch gegenüber bestimmten Privatrechtssubjekten der Zielrichtung, die den Schutzpflichten, insbesondere aus Art. 2 Abs. 2 Satz 1 GG, entstammt. Die gesetzliche Gesamtregelung greift Einzelfällen vor, in denen ein Recht auf Information unmittelbar aus den Grundrechten abgeleitet werden müsste, indem sie punktuelle Rechte in ein schlüssiges System fasst. Damit schließt die zur Umsetzung der europarechtlichen Vorgaben notwendige Regelung im Vorhinein mögliche verfassungsrechtliche Schutzlücken.

Die Struktur von Rechten auf Information lässt Verallgemeinerungen der Konzeption zu. In Vorschriften wie § 2 Abs. 1 und 2 BDSG, welche die Verpflichteten von Informationsrechten bestimmen, werden juristische Personen des öffentlichen Rechts regelmäßig mitgenannt. Soweit öffentliche Verwaltung durch ausgegliederte rechtsfähige Verwaltungsträger des öffentlichen Rechts oder des Privatrechts ausgeübt wird, können Informationsrechte gegen diese

---

178 *G. Winter*, in: Winter (Hrsg.), Öffentlichkeit, S. 46.

179 Allgemein *D. Ehlers*, in: Erichsen (Hrsg.), Allgemeines Verwaltungsrecht, § 2, Rn. 78; *H. Maurer*, Allgemeines Verwaltungsrecht, § 3, Rn. 9, jeweils m.w.N.

180 *Th. Schomerus*, in: Schomerus/Schrader/Wegener, UIG, § 2, Rn. 20.

181 *A. Turiaux*, UIG, § 2, 3, Rn. 102.

182 *Th. Schomerus*, in: Schomerus/Schrader/Wegener, UIG, § 2, Rn. 35, 49; *A. Turiaux*, UIG, § 2, 3, Rn. 110f.; a.A. *J. Fluck/A. Theuer*, UIG, § 2, Rn. 42.

geltend gemacht werden.[183] Organe der Körperschaften, Anstalten und Stiftungen des öffentlichen Rechts sind Behörden, weshalb auf ihre Tätigkeit auch § 29 Abs. 1 VwVfG Anwendung findet.[184] Auch der Behördenbegriff des § 2 Nr. 1 UIG umfasst die unmittelbare ebenso wie die mittelbare staatliche Verwaltung.[185] Stellen, die nicht ans Verwaltungsverfahrensgesetz gebunden sind, kommen als Verpflichtete von Rechten auf Information nach den jeweils ihre Kommunikation mit dem Bürger leitenden Rechtsvorschriften in Betracht. Gegenüber den Trägern mittelbarer staatlicher Verwaltung verfügt der Bürger ebenfalls über den ungeschriebenen Anspruch auf fehlerfreie Ermessensentscheidung hinsichtlich des Zugangs zu Informationen.

4.2. Privatrechtssubjekte

Auf der Grundlage eines Gesetzes können Private zur Übermittlung von Informationen an Private veranlasst werden. Bedeutung erlangt die gesetzliche Regelung der Kommunikation zwischen Subjekten des Privatrechts dadurch, dass Private immer öfter Inhaber von Informationen sind, deren Kenntnis im Interesse anderer Privater liegt. Dies ist eine Konsequenz aus der Verlagerung von Verantwortung für öffentliche Aufgaben auf private Rechtssubjekte. Die Verantwortung privater Rechtssubjekte kann gerade den Umgang mit Rechtsgütern anderer Privater betreffen. Im Falle von Betreibern chemischer oder gentechnischer Anlagen ist dies ebenso evident wie bei Betreibern von Kraftwerken. Das System des freiwilligen Umweltaudit verdeutlicht, wie der Zugang zu Informationen von Privaten positiv gewendet werden kann, indem er als Wettbewerbsfaktor genutzt wird.[186] Auch die Sammlung und Verarbeitung personenbezogener Informationen liegt häufig in den Händen privatrechtlich organisierter Unternehmen. Dem trägt § 34 BDSG Rechnung, der ein Auskunftsrecht des Betroffenen gegenüber nicht-öffentlichen Stellen verbrieft. Der Datenschutz im nicht-öffentlichen Bereich wirft allerdings strukturelle Probleme auf, die durch die Datenschutz-Richtlinie der Europäischen Gemeinschaft verstärkt auf die Tagesordnung gesetzt werden.[187] Denn die strikte Unterscheidung des deutschen Datenschutzrechts zwischen öffentlichem und nicht-öffentlichem Bereich gerät unter Druck.[188]

---

[183] Allgemein *W. Rudolf*, in: Erichsen (Hrsg.), Allgemeines Verwaltungsrecht, § 52, Rn. 7.

[184] *P. Stelkens/H. Schmitz*, in: Stelkens/Bonk/Sachs, VwVfG, § 1, Rn. 217.

[185] *Th. Schomerus*, in: Schomerus/Schrader/Wegener, UIG, § 2, Rn. 3; *A. Turiaux*, UIG, § 2, 3, Rn. 73.

[186] Siehe oben 3. Kapitel, 2.2.4.

[187] Richtlinie 95/46/EG zum Schutz natürlicher Personen bei der Verarbeitung personenbezogener Daten und zum freien Datenverkehr vom 24. 10. 1995, ABl. Nr. L 281, S. 31.

[188] *M. Kloepfer*, Gutachten D, S. 112; *H.-H. Trute*, JZ 1998, S. 826; Enquête-Kommission Zukunft der Medien, Schlussbericht vom 22. 6. 1998, BT-Drs. 13/11004, Ziff. 2.4.

Unmittelbare Rechte Privater gegen Private tragen Ausnahmecharakter. Denn ein weniger intensiver Eingriff liegt darin, eine Stelle der öffentlichen Verwaltung zwischenzuschalten, der dann die Verantwortung für die Verteilung der Kommunikationschancen und damit für die Herausgabe von Informationen obliegt. Die genannten Fälle von chemischen oder gentechnischen Anlagen verdeutlichen, dass die Information der Öffentlichkeit häufig im Rahmen von Genehmigungs- oder Planfeststellungsverfahren stattfindet. Das Anhörungsverfahren des § 18 GenTG zum Beispiel integriert die bestehenden Interessen an Information. Gemäß § 17a GenTG werden in ihm der Schutz von Betriebs- und Geschäftsgeheimnissen und der Datenschutz gewährleistet. Allerdings besteht zur Durchsetzung von Schadensersatzansprüchen nach § 35 Abs. 1 GenTG ein Auskunftsrecht des Geschädigten gegen den Betreiber. Eine ähnliche Regelung trifft § 8 UmweltHG.[189]

Dergestalt scheiden Private als unmittelbare Verpflichtete von Informationsrechten in der Regel aus, wenn und solange ein Verwaltungsverfahren durchgeführt wird, weil dann die Informationsinteressen im Verfahren integriert sind. Erst eine besonders starke Betroffenheit, nämlich der eingetretene Schaden, rechtfertigt ein Recht auf Information gegen Private. Im Rahmen der Einräumung von Informationsrechten gegenüber Privaten genießen deren Rechte zur Verweigerung von Informationen hohen Rang. Dies gilt zumal für Betriebs- und Geschäftsgeheimnisse. Im Streitfall obliegt die notwendige Interessenabwägung letztlich den Gerichten.

5. Die Konstruktion des Tatbestandes und die Grenzen von Informationsrechten

5.1. Interessen an Information und gegen deren Übermittlung

Über Gewährung und Tragweite eines Rechts auf Information entscheidet die Verwaltung. Sie hat regelmäßig eine mehr oder minder umfangreiche Interessenabwägung vorzunehmen.[190] Dabei gilt der verfassungsrechtlich untermauerte Grundsatz der informations-und kommunikationsfreundlichen Auslegung gesetzlicher Regelungen. Auf der einen Seite steht das Informationsrecht. Auf der anderen Seite streiten entgegenstehende Rechtsgüter, die sich letztlich auf die Gegengründe der Funktionsfähigkeit der Verwaltung, des Rechts auf informationelle Selbstbestimmung und des Schutzes von Betriebs- und Geschäftsgeheimnissen zurückführen lassen.[191] Das Recht auf informationelle Selbstbe-

[189] Siehe oben 4. Kapitel, 2.3.

[190] RhPfVerfGH, Entsch.v.4. 11. 1998, NJW 1999, S. 2264 = CR 1999, S. 354.

[191] Siehe oben 2. Kapitel, 3. und Enquête-Kommission Zukunft der Medien, Schlussbericht vom 22.6. 1998, BT-Drs. 13/11004, Ziff. 7.1.; vgl. *S. Lodde*, Informationsrechte, S. 143, 174; *S. Wachs*, Akteneinsicht, S. 60ff.

stimmung kann andererseits ebenso wie das Betriebs- und Geschäftsgeheimnis ein Informationsrecht notwendig machen.

Dieses Interessengeflecht steht unabhängig vom Geltungsgrund des Informationsrechts im Raum. Die Befugnisse von parlamentarischen Untersuchungsausschüssen zur Erlangung von Behördeninformationen gehören zum Bereich der Kontrollrechte des Parlaments und nicht zur Problematik individueller Informationsrechte der Bürger. Die Mitglieder eines Untersuchungsausschusses unterliegen Pflichten der Verschwiegenheit. Dennoch können auch in diesem Fall Kollisionen von verfassungsrechtlich abgesicherten Informationsinteressen mit entgegenstehenden Grundrechtspositionen auftauchen. Das Bundesverfassungsgericht löst die Kollision von verfassungsrechtlichen Beweiserhebungsrechten mit dem Recht auf informationelle Selbstbestimmung durch praktische Konkordanz. Der Untersuchungsauftrag eines parlamentarischen Untersuchungsausschusses und der Datenschutz stehen sich danach gleichberechtigt gegenüber. Ihr Verhältnis im Einzelfall ist durch Abwägung festzustellen. Auch geheimhaltungsbedürftige Unterlagen müssen in aller Regel zugänglich gemacht werden, wenn ansonsten eine wirksame Kontrolle nicht möglich wäre und den Belangen des Geheimnisschutzes durch Schutzvorkehrungen gegen eine zweckwidrige Weitergabe der Information Rechnung getragen werden kann.[192] Diese Rechtsprechung wird vom Bundesverfassungsgericht für verallgemeinerungsfähig gehalten. Es hat sie auf die Befugnisse von Rechnungshöfen erstreckt, Einsicht in Patientenakten zu nehmen, um das Abrechnungsverhalten der Ärzte zu kontrollieren.[193] In ähnlichen Bahnen verläuft die Bestimmung der informatorischen Rechtsposition des Bürgers in der Schweiz, wo ein Anspruch auf Akteneinsicht unmittelbar aus der Verfassung abgeleitet wird. Die dortige Rechtsprechung hat auch den gegenläufigen Gründen, die auf den öffentlichen Interessen oder den Interessen Dritter basieren, Verfassungsrang zugemessen und verlangt eine Interessenabwägung im Einzelfall.[194] Die vom Bundesverfassungsgericht vorgenommene Herstellung praktischer Konkordanz bei der Ausübung parlamentarischer Kontrollrechte vermittelt Anstöße für die Interessenabwägung der Verwaltung bei der Entscheidung über Rechte auf Information des Bürgers. Zwar entspringen diese Rechte einem anderen Geltungsgrund, aber sie stoßen an gleiche Gegengründe.[195]

---

[192] BVerfGE 67, 100 (143f.); 77, 1 (47); vgl. HbgVerfG, Urt.v.19.7. 1995, NVwZ 1996, S.1201 (1203f.).

[193] BVerfG (2. Kammer des Ersten Senats), Beschl.v.29.4. 1996, EuGRZ 1996, S.480f.

[194] BGer, Urt.v.19.6. 1996, EuGRZ 1996, S.399 (402) m.N.

[195] Vgl. auch BVerfG, Beschl.v.11.6. 1991, NJW 1991, S.2411 (2412) zum schutzwürdigen Interesse des Vermieters an der Offenbarung einer Entmündigung des Mieters.

5.2. Elemente des Tatbestandsaufbaus und das Verhältnis zu den Beschränkungen

Die Prüfung, ob ein Informationsrecht besteht, erfolgt regelmäßig auf Ersuchen des Informationsbegehrenden. Im Tatbestand können bereits begrenzende Merkmale angelegt sein, indem etwa der Gegenstand des Rechts bestimmt wird, wie in § 4 Abs. 1 UIG als Informationen (nur) über die Umwelt.[196] Liegen die Voraussetzungen vor, besteht das Informationsrecht. Erst dann kommt eine Abwägung mit den gegenläufigen Interessen zum Tragen.[197]

Die Interessenabwägung kann durch den Gesetzgeber vorweggenommen werden, wenn er nämlich absolute Verweigerungsgründe normiert. So ist nach § 4 Abs. 1 und § 5 Abs. 1 BbgAIG oder nach §§ 9ff. IFG S-H der Antrag auf Akteneinsicht abzulehnen, wenn einer der dort aufgezählten Ausnahmetatbestände vorliegt.[198] Spielräume ergeben sich dann lediglich noch aus der Untersuchung der tatbestandlichen Merkmale in den Verweigerungsgründen. Diese Spielräume können erheblich sein, wenn etwa wie in § 7 Abs. 1 Nr. 1 UIG oder in § 4 Abs. 1 Nr. 4 BbgAIG die Verursachung einer Gefahr für die öffentliche Sicherheit zu untersuchen ist oder wenn wie in § 9 Abs. 1 IFG-B der Erfolg bevorstehender behördlicher Maßnahmen geschützt werden soll. Die Ausnahmetatbestände selbst verweisen gelegentlich auf eine behördliche Interessenbewertung, die vorgenommen werden muss, um das Vorliegen des Verweigerungsgrundes selbst festzustellen, bevor er also überhaupt ins Verhältnis zu der bestehenden Rechtseinräumung gesetzt werden kann. Das Recht auf Umweltinformation wird gemäß § 8 Abs. 1 Satz 1 Nr. 1 UIG verwehrt, falls durch seine Gewährung personenbezogene Daten offenbart und dadurch schutzwürdige Interessen der Betroffenen beeinträchtigt würden. Trotz solcher Prüfungserfordernisse konkretisiert eine generalisierte Interessenabwägung in Form von normierten absoluten Verweigerungsgründen die Prüfungsmaßstäbe und erleichtert der Verwaltung die Untersuchung des Informationsrechts. Dem trägt die Aufzählung von Regelbeispielen in § 6 Abs. 2 IFG-B Rechnung. Allerdings verliert die Verwaltung Räume für flexible Entscheidungen.

Die Behörden verfügen insgesamt über erhebliche Spielräume in der Entscheidung über die Gewährung eines Rechts auf Information. Denn die Mehrzahl der Verweigerungsgründe eröffnet die Möglichkeit einer Abwägung, die vom Gesetzgeber bewusst der Verwaltung überlassen wird, um dem Einzelfall gerecht werden zu können. Nach § 19 Abs. 4 BDSG greifen die dortigen Verweigerungsgründe nur, wenn wegen ihres Gewichts das Interesse des Betroffenen an der Auskunftserteilung zurücktreten muss. Die Schraube der Abwägung wird angezogen, wenn auf konkretisierende Merkmale wie die Befugnis zur Of-

[196] Vgl. *G. Winter*, in: Winter (Hrsg.), Öffentlichkeit, S. 47.
[197] *W.-R. Schenke*, VBlBW 1982, S. 322.
[198] Vgl. *Th. Weichert*, DuD 2000, S. 265.

fenbarung abgestellt wird.[199] Wird diese Voraussetzung errichtet, wie etwa in § 30 VwVfG oder § 8 Abs. 1 Satz 2 UIG, bringt sie die Möglichkeit einer Abwägung zwischen dem Informationsrecht und dem Befugnisgrund mit sich.[200] Das Erfordernis einer Offenbarungsbefugnis gibt der Interessenabwägung jedoch nur einen groben Rahmen vor. Inhaltliche Anforderungen in Form der Nennung und damit Gewichtung bestimmter Rechtsgüter erweisen sich als für die Verwaltung hilfreicher.

Wenn das Vorliegen des Verweigerungsgrundes festgestellt und die Spielräume zur Abwägung mit der Rechtsgewährung eröffnet sind, kommt es nicht zuletzt auf die Intensität dieser rechtlichen Verbürgung an. Im Zuge der Abwägung fällt auf der Seite des Informationszugangs die Ausgestaltung des Rechts ins Gewicht, denn in ihr findet der Gesetzeszweck seinen Ausdruck, und sie beeinflusst damit das *Regel-Ausnahme-Verhältnis*.[201] Die Verweigerung der Gewährung von Informationen ist die Ausnahme von der Regel des Zugangs.[202] Dies entspricht der Stoßrichtung des Demokratieprinzips zur weitgehenden Herstellung von Transparenz staatlichen Handelns.[203] Trifft die Behörde eine Verpflichtung, das Recht zu gewähren, zielt die Norm auf eine umfassende Durchsetzung des Rechts. Gegenläufige Rechtsgüter, welche die Ausnahme begründen, müssen dann starkes Gewicht haben, um die Realisierung des Rechts auf Information beschränken oder verhindern zu können. Ein umfassendes, weitgehend voraussetzungsloses Informationsrecht setzt sich potentiell eher durch als ein schon aufgrund seiner Zwecksetzung beschränkteres Recht. Diese Vorgaben nehmen im Verwaltungsverfahren Gestalt an, denn angesichts des Rahmens für die Integration von Interessen gestaltet der Gesetzgeber die Kommunikationsbeziehungen. Ein Verständnis insbesondere der §§ 13, 29, 30, 72 VwVfG, das dem Recht auf Akteneinsicht Regelcharakter zuweist und die Verweigerung der Akteneinsicht als Ausnahme begreift, führt zu weitgehenden Informationsrechten auch etwa für Dritte.[204] Das grundlegende Recht auf Information im Verwaltungsverfahren erfährt damit konzeptionelle Modifikationen, weil sich die Gruppe der Rechtsträger erweitert und die Ausnahmegründe beschränkt werden. Hintergrund ist die Zielrichtung des gebundenen Rechts in § 29 Abs. 1 VwVfG, das auf weitgehende Durchsetzung drängt, seinen engen Verfahrensbezug jedoch nie verleugnet. Das verfahrensunabhängige und voraussetzungslose Informationsrecht des § 4 Abs. 1 UIG führt gleichermaßen zu einem engen Verständnis der Verweigerungsgründe in §§ 7 und 8 UIG.[205]

---

199 *G. Winter*, in: Winter (Hrsg.), Öffentlichkeit, S. 49.

200 Siehe oben 4. Kapitel, 2.2.2.2. und 3.4.3.4.2.

201 Vgl. *A. Turiaux*, UIG, § 8, Rn. 95.

202 *E. Schmidt-Aßmann*, Das Allgemeine Verwaltungsrecht, 2/115. Ebenso zum UIG OVG S-H, Beschl.v.16.6. 1998, NVwZ 1999, S. 670 (673) = DVBl. 1999, S. 250 (253).

203 *W. Schmidt*, VVDStRL 33 (1975), S. 207; *F.E. Schnapp*, in: v. Münch/Kunig (Hrsg.), Grundgesetz-Kommentar, Art. 20, Rn. 11; *A. Engelbert/M. Kutscha*, NJW 1993, S. 1256.

204 Siehe oben 4. Kapitel, 3.4.2.1. und 3.5.1.

205 Siehe oben 4. Kapitel, 2.2.1.

Rechte auf Information, die ein berechtigtes Interesse voraussetzen, verlagern die Interessenabwägung bereits in die Prüfung der Existenz des Rechts. Als Anknüpfungspunkt für ein allgemeines Akteneinsichtsrecht eignet sich der Begriff des berechtigten Interesses daher nicht.[206] Eine Einzelauskunft aus der Handwerksrolle setzt gemäß § 6 Abs. 3 Satz 1 HandwO die Glaubhaftmachung eines berechtigten Interesses voraus. Nach § 90a Abs. 2 Satz 2 BBG können Hinterbliebene des Beamten nur dann Einsicht in seine Personalakten nehmen, wenn sie ein berechtigtes Interesse glaubhaft machen. Die Übermittlung personenbezogener Daten an nicht-öffentliche Stellen setzt laut § 16 Abs. 1 Nr. 2 BDSG voraus, dass der Empfänger ein berechtigtes Interesse an der Kenntnis glaubhaft darlegt. Einige Landeswassergesetze, wie § 117 Abs. 1 WG Ba-Wü oder § 102 Abs. 1 BerlWG, verlangen ein berechtigtes Interesse an der Einsicht in das Wasserbuch.[207] Gründe für das Erfordernis des berechtigten Interesses sind der Schutz von Interessen Dritter und die Vermeidung des Rechtsmissbrauchs. Ein Missbrauch kommt aber lediglich in Betracht, wenn die Informationen nicht dem allgemeinen Zugang offenstehen. Deshalb sollte die Einsicht ins Wasserbuch nicht mit einer einschränkenden Voraussetzung verbunden werden. In vielen Landesgesetzen findet sich bereits eine entsprechende Ausgestaltung.[208] Die Notwendigkeit, ein berechtigtes Interesse vorzutragen, führt dazu, dass Gründe für die Verweigerung von Informationen in die Entscheidung über den Bestand des Informationsrechts miteinfließen. Dies verkompliziert die Entscheidung. Systematisch überzeugt dagegen die Konstruktion, das Recht zunächst ohne Einschränkung zu gewähren, dann aber mögliche Gegengründe zu prüfen. Dort finden die entgegenstehenden Interessen Dritter Berücksichtigung.[209] Jeder hätte dann ein Auskunftsrecht aus der Handwerksrolle, das nur ausnahmsweise entfiele, wenn im Einzelfall beispielsweise das Recht auf informationelle Selbstbestimmung entgegenstünde. Dem wird bereits durch das Widerspruchsrecht des Gewerbetreibenden nach § 6 Abs. 2 Satz 4 HandwO Rechnung getragen. Die Voraussetzung eines berechtigten Interesses sollte für gesetzlich geregelte Rechte auf Information generell entfallen.[210] Der Schutz von Rechtsgütern, die der Gewährung von Informationen widerstreiten, kann über Ausnahmegründe ausreichend gewährleistet werden.

In das System von Regel und Ausnahme passt dagegen die umgekehrte Konstellation, dass nämlich ein berechtigtes Interesse Beteiligter oder Dritter die Durchsetzung eines Informationsrechts verhindert. Eine Geheimhaltung aufgrund berechtigter Interessen erlauben etwa § 29 Abs. 2 VwVfG und § 25 Abs. 3 SGB X, die dieses Erfordernis auch präzisieren. Da der Rahmen der Abwägung damit hinreichend bestimmt ist, bestehen gegen den Verweis auf berechtigte In-

---

[206] So aber *G. Nolte*, DÖV 1999, S. 371. Für eine Harmonisierung mit dem Begriff des rechtlichen Interesses *H.-H. Schild*, RDV 2000, S. 100.

[207] Weitere Beispiele bei *S. Lodde*, Informationsrechte, S. 197 mit Fn. 16.

[208] Zum Beispiel § 125 saarlWG, vgl. *J. Fluck/A. Theuer*, UIG, § 4, Rn. 115 m.w.N.

[209] Anders *S. Lodde*, Informationsrechte, S. 197.

[210] Für das UIG ebenso *M. Schröder*, NVwZ 1990, S. 908.

teressen, die zur Verweigerung des Informationsrechts führen können, keine Einwände.[211]

Das Problem der Bestimmtheit stellt sich, wenn die Mitteilung einer Information im Ermessen der Verwaltung steht. Rechtsgrundlage kann eine ausdrücklich Ermessen einräumende Vorschrift sein oder die allgemeine Informationsgewährung nach Ermessen. Als Ermessensbindungen wirken die Verweigerungsgründe, die von der Verwaltung durchgängig zu beachten sind und zuvörderst in § 30 VwVfG Ausdruck gefunden haben.[212]

Ausschlaggebend für die Ausgestaltung des jeweiligen Rechts auf Information ist seine Funktion. Diese kann nur durch ein dem Gesetzeszweck entsprechendes Verständnis der rechtlichen Gewährleistung verwirklicht werden. Die Entscheidung im Einzelfall wird zunächst von der Intensität der Gewährleistung des Rechts geprägt. Für das Ergebnis kommt es dann auf die Intensität der Gründe an, die für eine Verweigerung der Informationen sprechen.

5.3. Der Einfluss der Gegengründe auf die Abwägungen

Die Ausnahmetatbestände enthalten interpretationsbedürftige Merkmale, deren Beurteilung der Verwaltung Spielräume eröffnet. In der konkreten Auswirkung des Ausnahmegrundes drückt sich letztlich das Gewicht des Rechtsgutes aus, das ihm zugrunde liegt.

5.3.1. Das Recht auf informationelle Selbstbestimmung

Bei der Entscheidung der Behörde über Informationsrechte nimmt das Recht auf informationelle Selbstbestimmung eine herausgehobene Stellung ein.[213] Als Grundrecht unterliegt es nur verhältnismäßigen Einschränkungen, und diese bedürfen einer gesetzlichen Grundlage. Infolge des Gesetzesvorbehalts verhindert das Recht auf informationelle Selbstbestimmung, dass die Verwaltung Informationen nach Ermessen ohne gesetzliche Grundlage weitergeben darf. Soweit die Informationen personenbezogenen Charakter haben, scheidet ihre Übermittlung an dritte Personen aus. Die Betroffenen müssen absolut geschützt werden. Wenn der Behörde auf der Grundlage einer Rechtsvorschrift Spielräume bei der Mitteilung von Information zustehen, hat sie nicht nur die Belange des Informationssuchenden, sondern auch die Belange der von der Weitergabe der Information Betroffenen zu berücksichtigen. Maßstab ist § 16 Abs. 1 Nr. 2 BDSG, der ebenso wie § 8 Abs. 1 Satz 1 Nr. 1 UIG eine Interessenabwägung anordnet. Eine Befugnis zur Offenbarung verlangt § 30 VwVfG. Der Schutz privater Belange kann auch hier letztlich zur Verweigerung der Informa-

[211] Vgl. VG Schleswig, Urt.v.23.1.1997, NJW 1997, S. 1798 (1799).
[212] *G. Winter*, in: Winter (Hrsg.), Öffentlichkeit, S. 49 mit Fn. 184.
[213] BVerwGE 74, 115 (119).

tion führen.[214] Denn die Preisgabe von personenbezogenen Informationen durch die Behörde berührt die grundrechtlich geschützte Rechtssphäre des Betroffenen.

Jedes Recht auf Information bedarf eines Einfallstores, um den Schutz personenbezogener Daten Dritter zu gewährleisten. In den Fällen des Schutzes der Privatsphäre erweist sich auch nach dem Freedom of Information Act der Vereinigten Staaten eine Interessenabwägung im Einzelfall als unumgänglich.[215] Selbst ein striktes Informationsrecht kann nur mit der Option gewährt werden, dass eine Abwägung mit dem entgegenstehenden Recht auf informationelle Selbstbestimmung stattfindet, die zu einer Beschränkung des Informationsrechts oder zur Verweigerung der Informationen zu führen vermag.[216] Das Recht auf informationelle Selbstbestimmung kann als Teil einer übergreifenden informationsrechtlichen Ordnung verstanden werden.[217] Jedenfalls wirkt es auf die Kommunikation zwischen Bürger und Verwaltung ein. Subjektive öffentliche Rechte auf Information bedürfen des Abgleichs mit Interessen an der Geheimhaltung persönlicher Informationen, der nur durch eine Interessenabwägung geleistet werden kann.

Die wichtigste der Vorschriften für den Schutz persönlicher Geheimnisse ist §30 VwVfG. Als Ausdruck eines allgemeinen Rechtsgrundsatzes und infolge seines verfassungsrechtlichen Hintergrundes gilt §30 VwVfG für jedes öffentlich-rechtliche Handeln, auch außerhalb eines Verwaltungsverfahrens.[218] Dies bestätigt §56 KrW-/AbfG, der die Rechtsvorschriften über Geheimhaltung und Datenschutz für unberührt erklärt und damit ebenso insbesondere auf §30 VwVfG verweist wie der gleichlautende §10 UVPG.[219]

Innerhalb von Verwaltungsverfahren leisten den Schutz des Rechts auf informationelle Selbstbestimmung ebenfalls §30 VwVfG und weitere parallele Vorschriften. Besonders geschützt sind zum Beispiel das Steuergeheimnis in §30 AO, das Bankgeheimnis in §30a AO, das Statistikgeheimnis in §16 BStatG, das Sozialgeheimnis in §35 SGB I, §§67 bis 78 SGB X sowie das Datengeheimnis in §5 BDSG.[220] Werden diese und ähnliche Regelungen als Teil eines übergreifenden Rechts der Informationsverwaltung aufgefasst, tritt ihr Zusammenhang zu den verfassungsrechtlich abgesicherten Rechtsgütern deutlich hervor. Das Steu-

---

[214] BVerwGE 74, 115 (119).

[215] *G. O. Robinson*, 14 Federal Law Review (1983), S. 44, 46; Note, 74 Columbia Law Review (1974), S. 954; *J. Michael*, Privacy, S. 84; vgl. *G. Tolley*, 1990 Ann.Surv.Am.L., S. 509, zur entsprechenden Rechtsprechung des Supreme Court.

[216] Vgl. VG Schleswig, Urt.v.23.1. 1997, NJW 1997, S. 1798 (1799); *S. Wachs*, Akteneinsicht, S. 70; *D. Bleyl*, DuD 1998, S. 33.

[217] *M. Kloepfer*, Gutachten D, S. 86.

[218] *H.J. Bonk*, in: Stelkens/Bonk/Sachs, VwVfG, §30, Rn. 6; *F. Kopp*, VwVfG, §30, Rn. 2; *D. Ehlers*, in: Erichsen (Hrsg.), Allgemeines Verwaltungsrecht, §2, Rn. 81; *J. Wagner*, in: Hoppe (Hrsg.), UVPG, §10, Rn. 10f.; *W. Erbguth/A. Schink*, UVPG, §10, Rn. 3.

[219] Dazu *J. Wagner*, in: Hoppe (Hrsg.), UVPG, §10, Rn. 8.

[220] *C.H. Ule/H.-W. Laubinger*, Verwaltungsverfahrensrecht, §23, Rn. 9; *J. Fluck/A. Theuer*, UIG, §8, Rn. 390ff.

ergeheimnis des § 30 AO etwa findet seine verfassungsrechtliche Grundlage insbesondere in Art. 2 Abs. 1 i.V.m. Art. 1 Abs. 1 und Art. 14 Abs. 1 GG, gegebenenfalls in Verbindung mit Art. 19 Abs. 3 GG.[221] Die Steuerdaten vermitteln ein Wissen erheblichen Ausmaßes über den Einzelnen, das in Macht über ihn umschlagen kann.[222] Letztlich konkretisiert das Steuergeheimnis den Schutz der informationellen Selbstbestimmung und des Betriebs- und Geschäftsgeheimnisses.[223] Unter dem Dach des Informationsverwaltungsrechts lassen sich auch die Verschwiegenheitspflichten des Verwaltungspersonals einordnen, die zur Geheimhaltung von Behördeninformationen beitragen.[224] Die Amtsverschwiegenheit als Verpflichtung gegenüber dem Dienstherrn ist Teil der Regelungen über die Verteilung von Informationschancen durch die Behörden.[225] Diese setzen im Zusammenhang mit Rechten auf Information voraus, dass die Voraussetzungen des Geheimnisschutzes vorliegen, eine Information also nicht weitergegeben werden darf. Erst dann greifen die Anforderungen an die Verschwiegenheit des Personals hinsichtlich bestimmter Informationen. Aus der Amtsverschwiegenheit selbst folgt keine Berechtigung, die Information zu verweigern.[226] Letztlich geht es um die Bewertung der Schutzwürdigkeit von Informationen im Verhältnis zu bestehenden Informationsrechten.

Sofern bereichsspezifische Regelungen Ausdruck des Rechts auf informationelle Selbstbestimmung sind, erfordert die Gewährung des Informationsrechts eine besonders sorgfältige Prüfung durch die Behörde. Denn der Schutz personenbezogener Daten wiegt schwer als Grund gegen die Erteilung von Informationen durch die Behörde.[227] Das Recht auf Information muss gesetzlich ausdrücklich verankert sein.[228] Für die Abwägung lässt sich die Regel aufstellen, dass immer dann, wenn das Recht Dritter auf informationelle Selbstbestimmung beeinträchtigt wird, das Informationsrecht mit hoher Wahrscheinlichkeit Einschränkungen bis hin zur Versagung hinnehmen muss. Als Ausprägung des Grundsatzes der Verhältnismäßigkeit kommt in vielen Fällen eine Anonymisierung der schutzwürdigen Daten des Dritten in Betracht. Nach § 12 Abs. 2 Satz 3 der 9. BImSchV ist auf Verlangen des Einwenders dessen Name und Anschrift vor der Bekanntmachung unkenntlich zu machen. Durch Anonymisierung wird der Einzelne vor der Preisgabe seiner Daten geschützt, ohne dass Informationen anderen Informationssuchenden vollständig vorenthalten werden müssten. Auch die Erstellung von Zusammenfassungen der begehrten Informationen durch die Behörde oder die Erteilung von Auskünften spielt in derartigen

---

221 BVerfGE 67, 100 (142).

222 BVerfGE 67, 100 (142f.).

223 *K. Tipke/J. Lang*, Steuerrecht, § 4, Rn. 205f.; *J. Fluck/A. Theuer*, UIG, § 8, Rn. 410ff.

224 *G. Trantas*, Akteneinsicht, S. 268ff. m.w.N.

225 *G. Trantas*, Akteneinsicht, S. 283.

226 *M. Preussner*, VBlBW 1982, S. 6.

227 *B.-O. Bryde*, VVDStRL 46 (1988), S. 203; *P. Schoenemann*, DVBl. 1988, S. 523.

228 Noch enger *A. Roßnagel/J. Bizer*, GewArch 1992, S. 126; für verfassungsimmanente Schranken dagegen *F.-L. Knemeyer*, NJW 1984, S. 2245.

Konstellationen eine besonders hervorgehobene Rolle. Letztes Mittel zum Schutz des Rechts auf informationelle Selbstbestimmung ist die Verweigerung des Informationsrechts.

5.3.2. Das Betriebs- und Geschäftsgeheimnis

Betriebs- und Geschäftsgeheimnisse treten eher hinter ein Informationsrecht zurück als private Geheimnisse. Der Grund liegt in ihrem stärkeren Sozialbezug, der dazu führt, dass die Schutzwürdigkeit der Informationen gemindert ist.[229] Da sie als Hemmnis gegenüber der vollständigen Durchsetzung bestehender Informationsrechte wirken, kommt es auf den Charakter der Informationen an. Ihre grundrechtliche Verankerung bleibt davon unberührt. Denn im Rahmen des Art. 14 Abs. 1 Satz 2 und Abs. 2 GG verträgt der Schutz von Betriebs- und Geschäftsgeheimnissen Beschränkungen, deren gesetzliche Festlegung den Ausgleich mit anderen Rechtsgütern herstellt.[230] Informationen über die Tätigkeit von Unternehmen, deren Geheimhaltung der Unternehmer anstrebt, können von erheblichem Interesse für die Öffentlichkeit sein.[231] Dies hat Niederschlag in einschlägigen Regelungen gefunden.[232]

Gegen den Anspruch auf Informationen über die Umwelt dringt das Betriebs- und Geschäftsgeheimnis gemäß § 8 Abs. 1 Satz 2 UIG nur dann durch, wenn keine Befugnis zur Offenbarung besteht. Eine verfahrensmäßige Absicherung bringt § 8 Abs. 2 UIG.[233] Der Unternehmer kann Informationen als Betriebs- und Geschäftsgeheimnisse bezeichnen und ist vor ihrer Übermittlung an den Informationsbegehrenden anzuhören. Als Konsequenz aus dem Gesetzeszweck dürfte allerdings häufig das Recht auf Information aus § 4 Abs. 1 UIG durchdringen. Den Informationen über die Umwelt wohnt ein intensiver Sozialbezug inne,[234] der aufgrund des Art. 20a GG verfassungsrechtlich anerkannt ist.[235] Das Informationsrecht des UIG dient gerade dem Schutz der natürlichen Lebensgrundlagen. Daher müssen sich die Unternehmer Einschränkungen gefallen lassen, indem auch gegen ihren Willen innerbetriebliche Informationen an Informationssuchende weitergegeben werden müssen. Ein Anwendungsfall ist die Information über die chemische Zusammensetzung eines schädlichen Stoffs, der ins Oberflächenwasser eingedrungen ist.[236]

---

[229] *A. Turiaux*, UIG, § 8, Rn. 91.

[230] Vgl. *H.D. Jarass*, in: Jarass/Pieroth, Grundgesetz, Art. 14, Rn. 27ff.

[231] *R. Breuer*, NVwZ 1986, S. 172; *G. Winter*, in: Winter (Hrsg.), Öffentlichkeit, S. 62f.; siehe auch oben 2. Kapitel, 3.4.

[232] *H.-U. Erichsen/A. Scherzberg*, Umsetzung, S. 78; zur Notwendigkeit einer gesetzlichen Regelung *A. Roßnagel/J. Bizer*, GewArch 1992, S. 125.

[233] Siehe oben 4. Kapitel, 2.2.2.3.

[234] VGH Ba-Wü, Urt.v.10.6.1998, NVwZ 1998, S. 987 (988); *S. Lodde*, Informationsrechte, S. 191.

[235] Vgl. *M. Kloepfer*, in: Dolzer (Hrsg.), Bonner Kommentar, Art. 20a, Rn. 10.

[236] *H.-U. Erichsen/A. Scherzberg*, Umsetzung, S. 79.

Die Befugnis zur Offenbarung in § 8 Abs. 1 Satz 2 UIG deckt sich nicht mit der des § 30 VwVfG. Denn die Konkretisierung des Begriffs erfolgt vor dem Hintergrund der Teleologie des Gesetzes.[237] Nach dem Wortlaut des § 30 VwVfG steht im Verwaltungsverfahren das Betriebs- und Geschäftsgeheimnis dem Recht auf informationelle Selbstbestimmung gleich. Unterschiede folgen aus der Interessenabwägung und der Verhältnismäßigkeit im Einzelfall. In diesem Spannungsfeld geht dann der Schutz persönlicher Geheimnisse weiter als im Umweltrecht.[238]

Das Verhalten des Geheimnisträgers zählt zu den Faktoren, die in die Bewertung der Schutzwürdigkeit einfließen. Gibt er die Informationen freiwillig weiter, besteht kein Grund, ihn gegen seinen Willen zu schützen. In die Bewertung gehen vor allem die involvierten Interessen ein. Der Sozialbezug von Betriebs- und Geschäftsgeheimnissen steht häufig in Zusammenhang mit dem Umweltschutz. Die Motivation für ein Informationsbegehren können aber neben ökologischen auch ökonomische Gründe darstellen. In manchen Fällen prallen wirtschaftliche Interessen aufeinander. Dann kann der Schutz des Betriebs- und Geschäftsgeheimnisses überwiegen. Orientierung für die Entscheidung im Einzelfall geben die bereichsspezifischen Regelungen. Denn bestimmte Verfahren sind gerade dadurch geprägt, dass die Beteiligung der Öffentlichkeit, insbesondere in Anhörungsverfahren, typischerweise auf Betriebs- und Geschäftsgeheimnisse von Unternehmern trifft. Erforderlich sind dann verfahrensrechtliche Vorkehrungen, um der Verwaltung die Verteilung der Informationschancen im Verfahren zu erleichtern.

Die Weichen für die Schutzbedürftigkeit von Betriebs- und Geschäftsgeheimnissen werden in komplexen Genehmigungs- und Planfeststellungsverfahren bereits früh in Zusammenwirken mit dem Unternehmer gestellt. Denn die entsprechende Qualifikation von Informationen muss vor der Herstellung von Öffentlichkeit, insbesondere durch Auslegung von Unterlagen, geklärt sein. Anschauungsmaterial vermitteln die Regelungen, die den Ausgleich von Interessen an Information bei der Erteilung einer immissionsschutzrechtlichen Genehmigung bewirken sollen. Dem Interesse an den Informationen des Antragstellers wird durch die Regelung des § 10 Abs. 3 Satz 1 der 9. BImSchV Rechnung getragen.[239] Anstelle der geheimhaltungsbedürftigen Unterlagen erfolgt die Auslegung der Inhaltsdarstellung nach § 10 Abs. 2 BImSchG, die der Antragsteller vorzulegen hat. Er kennzeichnet die Daten, die er als Betriebs- und Geschäftsgeheimnisse ansieht und reicht sie getrennt ein (§ 10 Abs. 2 Satz 1 BImSchG).[240] Jedoch ist die Behörde an die Beurteilung des Antragstellers, die er glaubhaft zu machen hat, nicht gebunden. Da die Veröffentlichung den Regelfall bildet, muss die Behörde vielmehr gemäß § 10 Abs. 3 Satz 2 der 9.

---

[237] Zum UIG *A. Turiaux*, UIG, § 8, Rn. 85ff.

[238] Siehe oben 4. Kapitel, 3.4.3.4.2.

[239] *W. Vallendar*, in: Feldhaus (Hrsg.), 9. BImSchV, § 10, Ziff. 5.

[240] *U. Storost*, in: Ule/Laubinger (Hrsg.), BImSchG, § 10, Rn. C 33; *J. Wagner*, in: Hoppe (Hrsg.), UVPG, § 10, Rn. 17.

BImSchV nach Anhörung des Antragstellers auslegen, falls sie der Auffassung ist, die Unterlagen seien zu Unrecht als Betriebs- und Geschäftsgeheimnisse eingestuft worden.[241] Letztlich soll den Bürgern die Beurteilung ermöglicht werden, ob sie von den Auswirkungen der Anlage betroffen werden können (vgl. § 10 Abs. 2 Satz 2 BImSchG). Die Auslegung der Unterlagen schafft die Voraussetzungen für das Erheben von Einwendungen.[242] Gegenstand des Rechts auf Akteneinsicht ist zumindest die Inhaltsdarstellung nach § 10 Abs. 2 Satz 2 BImSchG. Diese Vorschrift kann inhaltlich auf andere Bereiche übertragen werden, soweit es um den Schutz von Betriebs- und Geschäftsgeheimnissen geht.[243] Davon hat beispielsweise § 7 Abs. 4 Satz 3 AtG durch Verweis auf die Vorschrift des Bundes-Immissionsschutzgesetzes Gebrauch gemacht.

Das Gentechnikrecht lehnt sich ebenfalls an das Vorbild des Immissionsschutzrechts an und versucht in Umsetzung von Richtlinien der Europäischen Gemeinschaft eine Auflösung der Konfliktlage in zwei Stufen. Zunächst ist bereits die Qualifikation einer Information als schutzwürdig prozeduralisiert. Betriebs- und Geschäftsgeheimnisse sind nach § 17a Abs. 1 Satz 1 und 2 GenTG als solche vom Betreiber zu kennzeichnen, das Bedürfnis nach Geheimhaltung hat er zu begründen. Mittels eines Negativkatalogs schließt § 17a Abs. 2 GenTG bestimmte Informationen aus dem potentiellen Kreis der Geheimnisse aus. Die Verantwortung für das Verfahren obliegt zunächst dem Betreiber und wird insoweit privatisiert. Im Rahmen ihrer Überprüfung der Antragsunterlagen geht die Verantwortung für die Einordnung von Informationen als Betriebs- und Geschäftsgeheimnisse auf die Genehmigungsbehörde über. Wenn sie beabsichtigt, die Qualifikation durch den Antragsteller zu verwerfen, muss dieser dazu angehört werden. Im Anhörungsverfahren gewährleistet § 17a Abs. 3 GenTG Dritten die Möglichkeit der Prüfung, ob und wie sie das Vorhaben betrifft. Denn Betriebs- und Geschäftsgeheimnisse sind danach ebenso wie personenbezogene Daten so ausführlich darzustellen, wie es ihre Geheimhaltungsbedürftigkeit erlaubt. Legt die Genehmigungsbehörde die Unterlagen aus, müssen die Geheimnisse nach § 4 Abs. 3 GenTAnhV[244] unkenntlich gemacht werden und sollte dies nicht ausreichen, ist wenigstens die Inhaltsdarstellung nach § 17a Abs. 3 GenTG auszulegen. Aufgrund des § 4 Abs. 1 Nr. 2 GenTAnhV wird auch die Kurzbeschreibung der gentechnischen Anlage ausgelegt, die einen allgemein verständlichen Überblick über die Anlage, ihren Betrieb, die Arbeiten und die Auswirkungen auf die Rechtsgüter Dritter enthält (§ 4 Abs. 3 GenTVfV[245]). Die Öffentlichkeit und damit auch potentiell Betroffene werden in die Lage ver-

---

[241] *E. Kutscheidt*, in: Landmann/Rohmer, 9. BImSchV, § 10, Rn. 9; *W. Vallendar*, in: Feldhaus (Hrsg.), 9. BImSchV, § 10, Ziff. 5; *S. Wachs*, Akteneinsicht, S. 66.

[242] *U. Storost*, in: Ule/Laubinger (Hrsg.), BImSchG, § 10, Rn. D 13.

[243] *M. Preussner*, VBlBW 1982, S. 6; *S. Lodde*, Informationsrechte, S. 181.

[244] Verordnung über Anhörungsverfahren nach dem Gentechnikgesetz i.d.F. vom 4. 11. 1996, BGBl. I, S. 1650.

[245] Verordnung über Antrags- und Anmeldeunterlagen und über Genehmigungs- und Anmeldeverfahren nach dem Gentechnikgesetz i.d.F. der Bek. vom 4. 11. 1996, BGBl. I, S. 1658.

setzt, sich über die Anlage zu informieren. Der Schutz geheimhaltungsbedürftiger Informationen erfolgt mit verfahrensrechtlichen Mitteln. Eine absolute Verweigerung erweist sich als letzter Schritt, über den die Behörde nach Maßgabe der Verhältnismäßigkeit zu befinden hat. Über das Immissionsschutzrecht geht § 17a Abs. 2 GenTG hinaus, indem ein Negativkatalog aufgestellt wird, mit dem die nicht geheimhaltungsbedürftigen Informationen konkretisiert werden. Diese Regelungstechnik, die etwa § 22 Abs. 3 ChemG verwendet, entstammt dem Gemeinschaftsrecht.[246]

Das Konzept des Schutzes von Betriebs- und Geschäftsgeheimnissen setzt bereits in einem frühen Stadium der Kommunikation von Behörde und Geheimnisinhaber an. Betriebs- und Geschäftsgeheimnisse dürfen der Öffentlichkeit nicht ohne weiteres vorenthalten werden, ihr Schutz ist mit kollidierenden Informationsinteressen in Einklang zu bringen. Um dem Informationsinteresse zu genügen, muss zumindest eine Inhaltsdarstellung vorgelegt werden.[247] Dies entspricht dem Grundsatz der Erforderlichkeit, da ansonsten die Behörde aufgrund einer eigenen Bewertung die herauszugebenden Informationen auswählen muss.[248] Deshalb ist der Geheimnisinhaber verpflichtet, geheimhaltungsbedürftige Informationen zu kennzeichnen. Darin liegt eine Konsequenz der Privatisierung von Verfahrensverantwortung. Die zuständige Behörde entscheidet, ob es sich tatsächlich um Betriebs- und Geschäftsgeheimnisse handelt und wieweit sie gegebenenfalls zugänglich gemacht werden können.[249] Mit der Veröffentlichung der Inhaltsdarstellung steht ein gangbarer Weg des schonenden Ausgleichs zur Verfügung.[250] Dieser Ausgleich betrifft nicht nur die Auslegung, also die Herstellung genereller Öffentlichkeit. Auch wenn ein subjektives Informationsrecht zum Beispiel nach § 72 Abs. 1 VwVfG geltend gemacht wird, bildet die Inhaltsdarstellung eine Informationsreserve, falls der Schutz von Betriebs- und Geschäftsgeheimnissen der völligen Öffnung der Akten entgegensteht. Dem Informationsbegehrenden ist neben den vom Geheimnisschutz unberührten Informationen zumindest die Inhaltsdarstellung zu übermitteln.

Bereichsspezifische Negativkataloge stellen eine weitere wichtige Hilfestellung dar. Diese Regelungstechnik eignet sich zur Anwendung in Rechtsgebieten wie dem Immissionsschutzrecht und in Planfeststellungsverfahren. Denn sie erleichtert der Verwaltung die Interessenabwägung, indem sie diese inhaltlich beschränkt. Allerdings bleibt bei der Aufstellung solcher Kataloge zu beachten, dass sie grundrechtlich garantierte Bereiche berühren.[251] Jedenfalls über das Vorliegen eines Betriebs- und Geschäftsgeheimnisses bedarf es einer Entschei-

---

[246] *A. Turiaux*, UIG, § 8, Rn. 80 m.N.

[247] *A. Scherzberg*, DVBl. 1994, S. 743; *W. Erbguth/A. Schink*, UVPG, § 10, Rn. 7b; *S. Wachs*, Akteneinsicht, S. 66.

[248] *H.-U. Erichsen/A. Scherzberg*, Umsetzung, S. 79.

[249] *A. Turiaux*, UIG, § 8, Rn. 78.

[250] *R. Breuer*, NVwZ 1986, S. 177; *H.-U. Erichsen/A. Scherzberg*, Umsetzung, S. 79.

[251] *M. Schröder*, UPR 1985, S. 398f.; *R. Breuer*, NVwZ 1986, S. 171; daher ablehnend *F.-L. Knemeyer*, DB 1993, S. 725, der Regelbeispiele vorzieht.

dung im Einzelfall, denn mit einer entsprechenden Qualifikation wird die Handhabung einer möglichen Weitergabe der Informationen vorbestimmt.

Die Behörde als Verteilerin der Chancen auf Kommunikation filtert die Informationen. Zur Befriedigung der Informationsinteressen kann sie auf die Inhaltsdarstellung zurückgreifen und sich damit eine umfassende Interessenabwägung ersparen.[252] Die vollständige Verweigerung der Information stellt die Ausnahme von der Regel und das letzte zu ergreifende Mittel dar.[253] Diese Konzeption funktioniert in Verwaltungsverfahren, die vielfältige Interessen integrieren und daher komplexen Charakter aufweisen. Den Schutz des Betriebs- und Geschäftsgeheimnisses gewährleistet ansonsten insbesondere §30 VwVfG.[254]

5.3.3. Die Funktionsfähigkeit der Verwaltung

Die Funktionsfähigkeit der Verwaltung steht im Dienste des Gemeinwohls, also letztlich der Bürger. Das Gemeinwohl ist in Gesetzen konkretisiert, deren Zweck auch den Schutz der Rechtspositionen Einzelner umfasst. Es beinhaltet unterschiedliche, gelegentlich gegenläufige Interessen und wirkt nicht notwendig auf Geheimhaltung hin. Zur Beseitigung einer Gefahr für die öffentliche Sicherheit kann eine Verweigerung von Informationen und gleichzeitig oder sukzessiv ein gezieltes Informieren erforderlich sein. Im Zuge einer Bewertung sind daher schon bei der Bestimmung des öffentlichen Interesses, das gegen die Weitergabe von Informationen spricht, vielfältige Aspekte zu berücksichtigen, um im Einzelfall einen Ausnahmetatbestand zu begründen. Die auf der Funktionsfähigkeit der Verwaltung beruhenden Gründe der Informationsverweigerung entfalten daher gegenüber einem Informationsrecht nicht die Durchschlagskraft individueller Rechtspositionen.[255]

Der Bedeutung einer funktionsfähigen Verwaltung für die Durchsetzung des Rechts wird etwa in §29 Abs.1 Satz 2 VwVfG bei der Bestimmung des Gegenstands von Rechten auf Information Rechnung getragen. Die innerbehördliche Willensbildung und die Vertraulichkeit der Beratungen sollen dadurch geschützt werden, dass die betreffenden Informationen von der Herausgabe ausgeschlossen sind.[256] Die Nachprüfbarkeit dieser Qualifikation wird erleichtert, wenn schon während der Bearbeitung interne Informationen als solche gekennzeichnet werden. Allerdings ist keine Information automatisch vom Anwendungsbereich eines Informationsrechts ausgenommen. Schlüssiger erscheint daher eine Parallelisierung mit den anderen Aspekten, welche die Funktionsfähigkeit der Verwaltung sichern. Gegenüber einer gegenständlichen Begrenzung des Informationsrechts verdient eine Konstruktion von Regel und Ausnahme

---

[252] *A. Scherzberg*, DVBl. 1994, S.743.

[253] *S. Wachs*, Akteneinsicht, S.138; andere Tendenz bei *A. Turiaux*, UIG, §8, Rn.95.

[254] Zu Einzelheiten siehe oben 4. Kapitel, 3.4.3.4.2.

[255] Ähnliche Tendenz bei *F. Hufen*, Fehler im Verwaltungsverfahren, Rn.251.

[256] Siehe oben 5. Kapitel, 1.

den Vorzug, weil sie den Zweck der Ausnahme deutlicher hervortreten lässt.[257] Denn weder zeitlich noch gegenständlich unterscheiden sich interne Vermerke im Rahmen der vertraulichen Willensbildung von internen Informationen mit Bezug zur Landesverteidigung oder zu einem Ermittlungsverfahren. Vielmehr handelt es sich um öffentliche Belange, die einem Informationsrecht entgegenstehen können und die daraufhin in ihrer Eigenschaft als Verweigerungsgründe nach Maßgabe der einzelnen gesetzlichen Regelungen zu untersuchen sind.[258]

Die Sorge der Gesetzgeber in Bund und Ländern, Informationsrechte könnten die Funktionsfähigkeit der Verwaltung beeinträchtigen, äußert sich in ausführlichen Katalogen öffentlicher Belange, welche bewirken sollen, die Übermittlung von Informationen zu verhindern. Der umfängliche Gebrauch von Generalklauseln birgt die Gefahr, die Rechte auf Information übermäßig einzuschränken. So ist der Schutz von Quellen des Bundesamtes für Verfassungsschutz gemäß § 15 Abs. 2 Nr. 2 BVerfSchG sicher geeignet, die Herausgabe von Informationen zu beschränken. Eine Auskunft an den Betroffenen kann jedoch nach § 15 Abs. 2 Nr. 3 BVerfSchG auch verweigert werden, wenn sie die öffentliche Sicherheit gefährden oder sonst dem Wohl des Bundes oder eines Landes Nachteile bereiten würde. Der Hinweis auf das Gemeinwohl, der sich auch in § 29 Abs. 2 VwVfG findet, ist äußerst unbestimmt. Korrekturen müssen über eine enge Auslegung erfolgen.[259] Präzisere Beschreibungen weisen § 7 Abs. 1 und 2 UIG sowie § 4 BbgAIG auf. Ein höheres Maß an Bestimmtheit schafft mehr Rechtssicherheit. Beide Regelungen errichten zudem höhere Hürden, um eine Übermittlung von Informationen ablehnen zu können. Sie fordern beispielsweise eine qualifizierte, nämlich erhebliche Gefahr für die öffentliche Sicherheit.

Bei allem Bemühen um begriffliche Schärfe müssen der Verwaltung letztlich Spielräume für ihre Entscheidung über die Gewährung des Zugangs zu Informationen eingeräumt werden. Schutzvorschriften zu Gunsten des Ablaufs von Gerichtsverfahren oder von strafrechtlichen Ermittlungsverfahren lassen sich präzise formulieren, die Notwendigkeit des Schutzes der Landesverteidigung bedarf der Konkretisierung im Einzelfall.[260] Wenn die Verwaltung die einschlägigen gesetzlichen Ausnahmegründe anwendet, hat sie sich bei der Beurteilung an die Vorgaben zu halten, die aus dem Gesetzeszweck folgen. Die Ausprägungen des Gegengrundes, den die Funktionsfähigkeit der Verwaltung bildet, stellen Ausnahmen von der Regel der Mitteilung von Informationen dar. Sie bedürfen einer engen Auslegung. Diese Regelungskonzeption wirkt bereits bei der Subsumtion. Die Konzeption beeinflusst insbesondere die Interessenabwägung, wie sie gemäß § 4 Abs. 2 BbgAIG erforderlich ist. Als Folge des Grundsatzes der Erforderlichkeit beansprucht jedes Recht auf Information so weit wie möglich Geltung.

---

[257] *G. Winter*, in: Winter (Hrsg.), Öffentlichkeit, S. 51.

[258] Zur Vertraulichkeit von Beratungen OVG S-H, Beschl. v. 16. 6. 1998, NVwZ 1999, S. 670 (672) = DVBl. 1999, S. 250 (251).

[259] Siehe oben 4. Kapitel, 3.4.3.3.

[260] Vgl. VGH Ba-Wü, Urt. v. 10. 6. 1998, NVwZ 1998, S. 987 (988).

5.4. Zusammenfassung

Der vollständigen oder teilweisen Herausgabe von Informationen durch die Behörde kann der Schutz individueller Rechtsgüter entgegenstehen. Letztlich sind die entsprechenden Verweigerungsgründe auf den Schutz des Rechts auf informationelle Selbstbestimmung und des Betriebs- und Geschäftsgeheimnisses rückführbar. Bestehende Schutzvorschriften bieten kein einheitliches Bild. Die Eignung des § 30 VwVfG als Vorbild für eine kohärente Regelung steht deshalb in Frage, weil das Merkmal der Unbefugtheit recht unbestimmt ist.[261] Jedoch bedürfen die verfassungsrechtlich fundierten Rechtsgüter eines effektiven und hinreichenden Schutzes. Dieser findet in § 30 VwVfG und auch in § 8 Abs. 1 Satz 2 UIG durch eine am Grundgesetz orientierte Abwägung des Bestehens einer Befugnis zur Offenbarung statt.[262] Da verfassungsrechtlich verankerte Interessen für und gegen die Mitteilung von Informationen miteinander in Einklang zu bringen sind, führt an einer Abwägung einschließlich Verhältnismäßigkeitsprüfung kein Weg vorbei.[263] Der Vorgang der Abwägung kann aber prozeduralisiert werden. Den Inhabern der Geheimnisse muss die Möglichkeit eröffnet werden, auf die Qualifikation der Informationen als geheimhaltungsbedürftig ebenso Einfluss zu nehmen wie auf die konkrete Herausgabe an den Informationssuchenden. Dies geschieht bereits in § 17a Abs. 1 GenTG oder § 8 Abs. 2 UIG, die nicht zufällig Ergebnisse der Umsetzung von EG-Richtlinien sind, aber auch etwa in § 6 Abs. 3 Satz 4 und 5 HandwO und in § 6 des BbgAIG. Den Informationssuchenden sollten frühestens dann Pflichten auferlegt werden, wenn sie in einem Vorgang der Kommunikation mit der Behörde stehen. Denn am Anfang steht das Begehren von Informationen, über deren Vorliegen, Aggregation oder Zusammensetzung der Informationssuchende nicht Bescheid wissen kann. Das Erfordernis eines hinreichend bestimmten Antrags etwa in § 6 Abs. 1 Satz 1 BbgAIG überfordert den Antragsteller. Den Vorzug verdient eine Regelung wie in § 7 Abs. 3 UIG, wonach offensichtlich missbräuchlich gestellte Anträge abzulehnen sind. Der zunächst höhere Aufwand für die Verwaltung im Verwaltungsverfahren kann durch eine Verlagerung von Verfahrensverantwortung auf den Inhaber der Information gemildert werden, sofern dies zumutbar ist. Das Vorhandensein von Kurzbeschreibungen oder zusammenfassenden Inhaltsdarstellungen, deren Erstellung gegebenenfalls verpflichtend sein kann, erlaubt eine zügige Bearbeitung des Informationsersuchens. Zudem zahlt sich der höhere Aufwand bei der Konkretisierung der Informationen dadurch aus, dass der Verwaltung die Entscheidung über die Verteilung der Informationschancen selbst erleichtert und auch beschleunigt wird, da sie eine Sichtung bereits vorgenommen hat. Der Behörde könnten zudem engere inhaltliche Leitlinien an die Hand gegeben werden. Einen wichtigen Anknüpfungspunkt für Präzisierun-

[261] *J. Fluck/A. Theuer*, UIG, § 8, Rn. 360.

[262] Siehe oben 4. Kapitel, 2.2.2.2. und 3.4.3.4.2.

[263] RhPfVerfGH, Entsch.v.4. 11. 1998, NJW 1999, S. 2264 = CR 1999, S. 354 (355).

gen der gesetzlichen Vorgaben bildet der Charakter der Informationen, insbesondere ihr Sozialbezug.[264] Objektiv beeinflusst der Inhalt der Informationen ihre Eignung zur Veröffentlichung. Als subjektiver Faktor geht das Verhalten des über die Information grundsätzlich Verfügungsberechtigten in die Bewertung ihres Öffentlichkeitsbezuges ein.[265]

Soweit Regelungen von Rechten auf Information nicht hinreichend konkretisiert sind, bedarf es eines Rückgriffs auf die verfassungsrechtlichen Rechtsgüter, die einer Gewährung von Informationen entgegenstehen können. Das Recht auf informationelle Selbstbestimmung erzwingt immer eine Interessenabwägung.[266] Denn grundrechtlich abgesicherte Rechtsgüter müssen im Wege praktischer Konkordanz miteinander in Einklang gebracht werden. Der Schutz personenbezogener Daten stellt damit die stärkste Gegenposition gegen die Übermittlung von Informationen dar. Das Betriebs- und Geschäftsgeheimnis ist zwar ebenfalls grundrechtlich geschützt, aber durch Art. 14 GG mit starkem Gemeinwohlbezug versehen. Dadurch hat es in der Abwägung dem Recht auf Information weniger Gewicht entgegenzusetzen als das Recht auf informationelle Selbstbestimmung. Die Rechtsträger können allerdings intensiver in die Bestimmung von Betriebs- und Geschäftsgeheimnissen einbezogen werden. In einer Reihe von Verwaltungsverfahren führt dies dazu, dass zumindest eine Inhaltsdarstellung an die Öffentlichkeit und damit auch an Informationsbegehrende gegeben werden kann.[267] Die Funktionsfähigkeit der Verwaltung steht in einem Geflecht von Gemeinwohlinteressen. Einem individuellen Informationsrecht kann sie nur dann mit Erfolg entgegengehalten werden, wenn sie gesetzlich hinreichend konkretisiert oder zumindest konkretisierbar ist. Die einzelnen Verweigerungsgründe zu Gunsten der Funktionsfähigkeit der Verwaltung müssen eng ausgelegt werden, um die Vereitelung der Informationsrechte durch allgemein gehaltene Zweckmäßigkeitserwägungen zu verhindern.

6. Die Art und Weise des Informationszugangs

Der Effektivierung von Informationsrechten und Erfordernissen der Verhältnismäßigkeit kann durch die Art und Weise Rechnung getragen werden, in welcher der Zugang zu den Informationen gewährt wird.[268]

---

[264] BVerfGE 65, 1 (43f.); *H.-U. Erichsen*, NVwZ 1992, S. 416; siehe oben 5. Kapitel, 1.
[265] *S. Lodde*, Informationsrechte, S. 185f.
[266] Vgl. BVerwGE 84, 375 (381).
[267] *S. Wachs*, Akteneinsicht, S. 138.
[268] *S. Lodde*, Informationsrechte, S. 193; *S. Wachs*, Akteneinsicht, S. 138.

6.1. Form und Intensität

Die Informationen der Behörde werden in unterschiedlicher Form mit unterschiedlicher Intensität zugänglich gemacht. Die Formen des Zugangs unterscheiden sich nicht nur faktisch, sondern die Rechte auf Information können auch an differenzierende Voraussetzungen gebunden sein, die an die Zugangsform anknüpfen. Im Hinblick auf die Intensität des Zugangs geht es insbesondere um den Einfluss, den die Behörde auf die zu übermittelnden Informationen nehmen darf.

Falls keine spezielle gesetzliche Anordnung besteht, unterliegt die Kommunikation zwischen Bürger und Verwaltung keinen formalen Anforderungen. Die Behörde kann Informationsrechten in jeder Form, also schriftlich wie mündlich, Genüge tun.[269] Ist allerdings die Form vorgeschrieben, etwa beim mündlichen Erörterungstermin nach § 67 Abs. 1 Satz 1 VwVfG und im Planfeststellungsverfahren nach § 73 Abs. 6 Satz 6 VwVfG, begründen die entsprechenden Vorschriften Berechtigungen auf Einhaltung der Form.[270]

Wenn ein Recht auf Auskunft besteht, hat die Behörde die Weitergabe von Informationen weitgehend in der Hand. In der schriftlichen oder mündlichen Auskunft gewährt sie die Informationen, bestimmt aber über den genauen Inhalt und die Grenzen der Übermittlung. Der Informationssuchende kann nur begrenzt durch Rückschlüsse oder aufgrund von Informationen aus anderen Quellen beurteilen, ob die Informationen vollständig oder unvollständig, nach engen oder weiten Maßstäben ausgewählt sind. Parallel beurteilen sich Mitteilungen, die dem Bürger ohne entsprechendes Ersuchen über bestimmte Sachverhalte gemacht werden. Auch ohne entsprechende Verpflichtungen gehört die Erteilung von Auskünften zum Alltagsgeschäft von Behörden. Im Rahmen von informeller Kommunikation zwischen Verwaltung und Bürger kommen Auskünfte und Mitteilungen häufig vor. Zu einem frühen Zeitpunkt der Kommunikationsbeziehung nutzen sie dem Bürger zu dem Zweck, sich punktuell kundig zu machen, um eventuell weitere Rechte vorzubringen. Während eines Verfahrens können Auskunftsrechte als weniger intensive Informationsrechte dem Schutz gegenläufiger Interessen dienen. Denn die Behörde ist sicher, dass der Bürger nur erfährt, was er aus ihrer Sicht erfahren darf.

Das Recht auf Akteneinsicht erlaubt dem Bürger die Auswahl der für ihn relevanten Informationen. Da die Akten vollständig zugänglich gemacht werden, kann die Verwaltung den Informationsfluss insoweit nicht steuern. Ihre Herrschaft über die Informationen wird gebrochen. Einfluss nimmt sie vorher, indem sie zum Beispiel personenbezogene Daten in den Akten anonymisiert. Die Entscheidung über den vollständigen oder teilweisen Zugang trifft die Behörde. Ist die Entscheidung getroffen, liegt es beim Bürger, sich zu informieren. Erst wenn er weiter gehende Handlungen vorzunehmen beabsichtigt, kommt die

[269] Vgl. *W.-R. Schenke*, VBlBW 1982, S. 321.
[270] *W.-R. Schenke*, VBlBW 1982, S. 322.

Behörde wieder ins Spiel. Will der Einsicht nehmende Bürger Kopien oder Abschriften anfertigen, greift die Verfahrensherrschaft der Verwaltung erneut, indem sie über die Art und Weise der weiteren Gewährung von Informationen entscheidet.

Ein umfassendes Recht auf Information überlässt die Auswahl der relevanten Informationen grundsätzlich dem Zugang begehrenden Antragsteller und nimmt damit der Behörde die alleinige Herrschaft über die Verteilung der Information.[271] Rechte auf Information wie § 4 Abs. 1 UIG oder § 1 BbgAIG richten sich auf unmittelbaren Zugang zu den begehrten Informationen. Die Behörde entscheidet über das Recht und seine Grenzen im Einzelfall. Sie bestimmt über die Art und Weise der Übermittlung von Informationen nach pflichtgemäßem Ermessen. Falls ein Bürger eine bestimmte Art des Informationszugangs begehrt, muss die Behörde die Wahl eines anderen Informationsmittels auf gewichtige Gründe stützen können.[272] Das Auswahlermessen steht ihr aber nur zwischen Informationsmitteln zu, die zur Erfüllung des Anspruchs gleich geeignet sind.[273] Nach § 7 BbgAIG wird Einsicht in die Originaldokumente gewährt. Andere Zugangsformen wie die Übermittlung von Vervielfältigungen oder elektronische Post bedürfen der Zustimmung des Antragstellers.

6.2. *Modalitäten und Verfahrensgestaltung*

Ein Recht auf Information darf nicht dadurch in seiner Effektivität beschnitten werden, dass seine Verwirklichung übermäßig beschränkenden Modalitäten unterworfen wird.[274] Die Behörde hat ihre grundsätzliche Herrschaft über das Verfahren und dessen Ausgestaltung in einer Weise auszuüben, die dem Gesetzeszweck nicht zuwider läuft. Die Modalitäten der Gewährung von Einsichtnahme im immissionsschutzrechtlichen Genehmigungsverfahren verdeutlichen, dass umfassende Befugnisse durch ausfüllende Einzelregelungen wieder eingeschränkt werden können. Da gemäß § 10 Abs. 3 Satz 2 BImSchG jedermann befugt ist, Einwendungen gegen das Vorhaben zu erheben, steht auch jedermann das Recht zu, die ausgelegten Unterlagen einzusehen.[275] Vielfach wird jedoch ein Anspruch des Informationsbegehrenden darauf verneint, auf eigene Kosten Ablichtungen der ausgelegten Unterlagen anfertigen zu dürfen.[276] Teilweise wird sogar die eigene Anfertigung von Abschriften für unzulässig gehalten.[277] Im Falle komplizierter Genehmigungsunterlagen dürfte aber eine Aus-

---

[271] *G. Winter/E. Gurlit*, in: Winter (Hrsg.), Öffentlichkeit, S. 35.

[272] BVerwG, Urt.v.25.3. 1999, DÖV 1999, S. 778 (781) = NVwZ 1999, S. 1220 (1222).

[273] BVerwGE 102, 282 (287).

[274] Vgl. BVerwGE 102, 282 (287).

[275] *H.D. Jarass*, BImSchG, § 10, Rn. 50; *W. Vallendar*, in: Feldhaus (Hrsg.), 9. BImSchV, § 10, Ziff. 6.

[276] *W. Vallendar*, in: Feldhaus (Hrsg.), 9. BImSchV, § 10, Ziff. 6.

[277] *E. Kutscheidt*, in: Landmann/Rohmer, 9. BImSchV, § 10, Rn. 6, der die eigene Anfertigung

wertung an Ort und Stelle zumindest für einen Laien schwierig sein. Immerhin verpflichtet § 10 Abs. 2 der 9. BImSchV die Behörde dazu, dem Informationssuchenden eine Abschrift oder Vervielfältigung der Kurzbeschreibung des Antragstellers nach § 4 Abs. 3 Satz 1 der 9. BImSchV zu überlassen. Darüber hinaus gewinnt das Recht auf Einsichtnahme seine volle Durchschlagskraft nur dann, wenn es auch eine effektive Kenntnisnahme beinhaltet.[278]

Das Recht auf Einsichtnahme umfasst daher die Befugnis, auf eigene Kosten *Ablichtungen oder Abschriften* anzufertigen.[279] Diese Aussage ist der Verallgemeinerung mit Blick auf sämtliche Informationsrechte fähig. Denn insbesondere bei umfangreichen Informationssammlungen oder schwierigen technischen Sachverhalten erfüllt nur die Ermöglichung der Anfertigung von Kopien den Zweck, dem Recht auf Information zur Durchsetzung zu verhelfen.[280] Ein Anspruch auf Kopien aus den Akten besteht auf der Grundlage von § 29 Abs. 1 VwVfG nicht ausdrücklich.[281] Die Behörde soll darüber nach pflichtgemäßem Ermessen entscheiden.[282] Diese Beschränkung der Verwirklichung des Rechts auf Akteneinsicht erscheint nicht erforderlich. Ein Rechtsverständnis, das die Effektivität des Informationsrechts berücksichtigt, führt zu einer Ablehnung der Einschränkung in den Modalitäten. Das Recht auf Akteneinsicht beinhaltet das Recht, auf eigene Kosten Kopien zu fertigen.[283] Soweit die Behörde im Zuge eines fairen, bürgerfreundlichen Verwaltungsverfahrens die Wahrnehmung der Verfahrensrechte erleichtert, können sowohl übermäßiger Verwaltungsaufwand wie Konflikte mit den Informationssuchenden vermieden werden.[284] Sie kann etwa vorkopierte Überstücke oft nachgefragter Akten bereit halten oder auf andere Weise den Aktenzugang vereinfachen. Das Recht auf die Anfertigung von Ablichtungen wird ausdrücklich gewährt in § 25 Abs. 5 SGB X, der aufgrund der sozialrechtlichen Gegebenheiten den Anspruch zusätzlich auf die Erteilung von Ablichtungen durch die Behörde erweitert.[285] Die Verwirklichung des Rechts auf Information durch gegenständliches Fixieren der Information gehört zur Gewährleistung des Rechts, soweit der Informationssuchende die Verwirklichung auf eigene Kosten vornimmt.

---

von Aufzeichnungen über den Inhalt der Unterlagen noch zu dem Recht auf Einsicht zählen will, nicht aber die Anfertigung von Abschriften, ohne dass der Unterschied klar würde.

[278] *S. Wachs*, Akteneinsicht, S. 143; *Ch. Mecking*, NVwZ 1992, S. 319.

[279] *U. Storost*, in: Ule/Laubinger (Hrsg.), BImSchG, § 10, Rn. D 26; *H.D. Jarass*, BImSchG, § 10, Rn. 6.

[280] *M. Preussner*, VBlBW 1982, S. 7; für die Einsicht in ausgelegte Unterlagen *Ch. Mecking*, NVwZ 1992, S. 319.

[281] *J.H. Burmeister/G. Winter*, in: Winter (Hrsg.), Öffentlichkeit, S. 107.

[282] *W. Clausen*, in: Knack (Hrsg.), VwVfG, § 29, Rn. 7; *H.J. Bonk*, in: Stelkens/Bonk/Sachs, VwVfG, § 29, Rn. 80; *G. Trantas*, Akteneinsicht, S. 505.

[283] *P. Badura*, in: Erichsen (Hrsg.), Allgemeines Verwaltungsrecht, § 37, Rn. 18; ähnlich *C.H. Ule/H.-W. Laubinger*, Verwaltungsverfahrensrecht, § 25, Rn. 8.

[284] *H.J. Bonk*, in: Stelkens/Bonk/Sachs, VwVfG, § 29, Rn. 80.

[285] *Ch. Mecking*, NVwZ 1992, S. 319, zu weiteren parallelen Regelungen ebd. Fn. 37.

Auch die Kostenregelung steht vor dem Hintergrund einer effektiven Durchsetzung des Rechts. Die Diskussionen um die Kostenvorschrift des § 10 UIG verdeutlichen das Problem.[286] Durch die Regelung des § 10 Abs. 1 Satz 2 BbgAIG wird die Verhältnismäßigkeit der Kosten mit Blick auf den Verwaltungsaufwand besonders hervorgehoben. Die anwendbaren Regelungen des jeweils einschlägigen Kostenrechts des Bundes oder der Länder dürfen nicht durch unverhältnismäßig hohe Gebühren das Geltendmachen des Informationsrechts verhindern.

Hinsichtlich von Ort und Zeit der Verwirklichung von Informationsrechten lassen sich moderne Techniken nutzbringend einsetzen, um Lösungen zu erreichen, die weder erheblichen Aufwand für die Verwaltung mit sich bringen, noch den Informationszugang für den Bürger über Gebühr erschweren. Die Informations- und Kommunikationstechniken eröffnen Möglichkeiten vereinfachter Kommunikation zwischen staatlichen Stellen und den Bürgern.[287] Der Auslegung von Planunterlagen auch im Internet steht nichts entgegen.[288] Die Behörden können Datenpools bereit stellen, in denen die Informationen zugänglich gemacht werden, deren Veröffentlichung im allgemeinen Interesse liegt. Diese Daten wären über Daten-Netzwerke abrufbar. Außerhalb der Behördenzeiten kann etwa abends bis zur Schließung des Gebäudes Zugang zu einem im Eingangsbereich der Behörde befindlichen Computer eröffnet werden, der einschlägige Informationen anzeigt. Zur Gewährleistung allgemeiner Zugänglichkeit trägt die Bereitstellung von Terminals bei, deren Bedienung über einfache Bildschirmberührung erfolgt.[289] Zu Gunsten von Informationsbegehrenden, die in größerer Entfernung von der Behörde ansässig sind, kommt das Modell des § 29 Abs. 3 Satz 2 VwVfG in Frage.[290] Akten können an eine Behörde am Wohnort des Informationssuchenden zur dortigen Einsichtnahme versandt werden, falls modernere technische Optionen nicht realisierbar sind. Grundsatz und Regelfall bleibt wie in § 29 Abs. 3 Satz 1 VwVfG die Einsichtnahme in den Amtsräumen der Behörde, die über die Informationen verfügt.[291] Denn Informationen, die in konventioneller Form aggregiert sind, eignen sich zunächst für konventionelle Arten der Kenntnisnahme. Akten in Papierform werden mittels Einsicht in die Originaldokumente zugänglich gemacht (§ 7 Satz 2 BbgAIG).

Die Nutzung moderner Speichermedien trägt zur Minimierung von Aufwand und Kosten bei. Anfragen können auf dem Wege elektronischer Post beantwortet werden. Das Kopieren auf eine CD-ROM oder eine Diskette und deren Versendung erweisen sich als vergleichsweise unaufwendig.[292] Auf solche

---

[286] Siehe oben 4. Kapitel, 2.2.3.

[287] *O. Baller*, in: Haratsch/Kugelmann/Repkewitz (Hrsg.), Herausforderungen, S. 57.

[288] Enquête-Kommission Zukunft der Medien, Schlussbericht vom 22.6. 1998, BT-Drs. 13/11004, Ziff. 7.2.

[289] *H.J. Wolff/O. Bachof/R. Stober*, Verwaltungsrecht, Band 1, § 3, Rn. 26d.

[290] *M. Preussner*, VBlBW 1982, S. 7.

[291] *G. Trantas*, Akteneinsicht, S. 500.

[292] *S. Lodde*, Informationsrechte, S. 195.

Optionen nimmt §7 Satz 3 Nr. 3 und 5 BbgAIG Bezug. Den eigentlich maßgeblichen Zeitaufwand begründet die vorherige Auswahl der Informationen. Wenn zur Information des Bürgers Kurzbeschreibungen oder Zusammenfassungen ausreichen, können diese auf Speichermedien vervielfältigt werden. In den geschilderten Genehmigungsverfahren, zum Beispiel des Immissionsschutz- oder Gentechnikrechts, sind moderne Techniken besonders geeignet, überkommene Problematiken besser zu bewältigen. Der Wunsch des Informationssuchenden nach einem lesbaren Ausdruck sollte Berücksichtigung finden.[293] Da auf absehbare Zeit viele Bürger nicht in der Lage sein werden, moderne Techniken dieser Art zu nutzen, können die aufgezeigten Möglichkeiten nur neben hergebrachte Praktiken treten. Für Bürger, denen moderne Techniken verschlossen sind, kommen die schriftliche Antwort der Behörde auf eine entsprechende Anfrage und die Zusendung von Akten in Betracht. Da die Behörde während des Verwaltungsverfahrens die Akten benötigt, erscheint nur eine Versendung von Kopien auf Kosten des Antragstellers realisierbar. Die Anfertigung von Papierkopien oder Abschriften in der Behörde selbst dürfte zunächst der Regelfall bleiben, wovon auch §7 Satz 2 BbgAIG ausgeht. Da mit dieser Modalität der Behörde die wenigsten Einflussmöglichkeiten auf den Umfang der herauszugebenden Informationen offenstehen, bringt sie das Recht auf Information am sichersten zur Geltung.

Wenn die Verwaltung beabsichtigt, Informationen zugänglich zu machen, kommt die *Beteiligung der betroffenen Dritten* in Betracht, über die die Informationen Aussagen treffen. Dritte sind aus der Sicht des Informationsbegehrenden die Rechtsträger des Betriebs- und Geschäftsgeheimnisses und des Rechts auf informationelle Selbstbestimmung. Ihnen gegenüber wirkt die Gewährung der Information an den Informationssuchenden als Beeinträchtigung ihrer Rechtsposition. Insbesondere die verfahrensrechtlichen Funktionen der betroffenen Grundrechte führen grundsätzlich zu der Notwendigkeit, die Grundrechtsträger vor der Entscheidung über die Offenbarung zu hören. Zudem obliegt der Behörde die Beweislast für die mangelnde Geheimhaltungsbedürftigkeit einschließlich einer entsprechenden Begründung, und den Grundrechtsträgern müssen Möglichkeiten des Rechtsschutzes zur Verfügung stehen.[294] Gesetzlichen Ausdruck finden diese Notwendigkeiten in §8 Abs. 2 UIG.[295] Nach §6 Abs. 3 BbgAIG ist vor der Eröffnung des Zugangs zu personenbezogenen Daten und Unternehmensdaten eine Anhörung durchzuführen, außer die Offenbarung erfolgt mit Zustimmung des Betroffenen. Weitere Anhaltspunkte dafür, wann auf die Anhörung verzichtet werden kann, gibt §28 Abs. 2 VwVfG. Falls die Entscheidung über die Mitteilung der Informationen

---

293 *S. Wachs*, Akteneinsicht, S. 145.

294 So für das Betriebs- und Geschäftsgeheimnis *M. Schröder*, UPR 1985, S. 399f.; *E. Gurlit*, Verwaltungsöffentlichkeit, S. 124; vgl. auch *M. Schröder*, Stichwort „Geheimhaltungsschutz", in: Kimminich/von Lersner/Storm (Hrsg.), Handwörterbuch des Umweltrechts, Sp. 825.

295 Siehe oben 4. Kapitel, 2.2.2.3.

einen Verwaltungsakt darstellt,[296] ist § 28 VwVfG unmittelbar anwendbar, soweit nicht spezielle oder ergänzende Regelungen wie § 8 Abs. 2 UIG greifen. Die Anwendbarkeit des § 28 VwVfG betrifft Gewährung wie Verweigerung der Information, da es um die Einflussnahme auf die Bewertung von Informationen als geheimhaltungsbedürftig geht.[297] Aufgrund des § 13 Abs. 2 und Abs. 1 Nr. 4 VwVfG sind die Drittbetroffenen als Beteiligte hinzuzuziehen, das Ermessen der Behörde ist infolge der möglichen Grundrechtsbeeinträchtigung auf Null reduziert, § 13 Abs. 3 VwVfG greift nicht.[298] Im Rahmen von Verwaltungsverfahren kommt über den Erlass von Verwaltungsakten hinaus eine analoge Anwendung des § 28 VwVfG in Frage.[299] Handelt es sich bei der Gewährung der Information um schlichtes Verwaltungshandeln, gründen mögliche Beteiligungsrechte der Drittbetroffenen auf dem Rechtsstaatsprinzip und den verfahrensrechtlichen Wirkungen der Grundrechte. Konsequenz ist für jede Regelung eines Informationsrechts, dass der Gesetzgeber zu Gunsten der Dritten verfahrensrechtliche Schutzvorkehrungen dem Grunde nach vorsehen muss, die er in Ausnutzung seiner Handlungsspielräume ausgestalten kann. Rücksicht sollte darauf genommen werden, den Verwaltungsaufwand infolge einer eventuellen Anhörung in Grenzen zu halten. Die Effizienz der Verwaltungstätigkeit wirkt hier nicht als Beschränkung des Rechts auf Information, sondern als Beschränkung seiner Beschränkung. Will oder muss die Verwaltung dem Informationsersuchen entsprechen, sollte die Beteiligung Dritter nicht übermäßig die Übermittlung der Informationen verzögern. Eine Anhörung ist zumindest dann zwingend erforderlich, wenn der Eingriff in die Grundrechtssphäre des Dritten erheblich oder aufgrund des Vorliegens einer ungewöhnlichen Konstellation nicht voraussehbar war.[300] Liegt etwa eine Inhaltsdarstellung über ein Vorhaben vor, kann diese öffentlich gemacht werden, weil der Inhaber der Betriebs- und Geschäftsgeheimnisse dem zumindest konkludent zugestimmt hat. Handelt es sich um Informationen, die auf Weitergabe angelegt sind oder gerade zu diesem Zweck erhoben wurden, bedarf es keiner weiteren Beteiligung des Informationsträgers. Eine nachträgliche Unterrichtung wie in § 16 Abs. 3 BDSG reicht aus. Dagegen muss den Betroffenen dann Gelegenheit zur Stellungnahme gegeben werden, wenn die Informationen der Verwaltung in anderem inhaltlichen Zusammenhang als dem des Informationsersuchens zugegangen sind. Hat die Behörde in einem baurechtlichen Verfahren von Tatsachen erfahren, die nunmehr den Gegenstand eines umweltrechtlichen Informationsrechts darstellen, liegt ein veränderter Kontext vor. Im Fall einer Änderung des Zwecks spricht eine Vermutung für die Anhörung der Drittbetroffenen. Die Schwere des Eingriffs in die schützenswerten Positionen Dritter richtet sich insbesondere nach

---

[296] Dazu unten 5. Kapitel, 8.2.

[297] *P. Badura*, in: Erichsen (Hrsg.), Allgemeines Verwaltungsrecht, § 37, Rn. 15; a.A. für begünstigende Verwaltungsakte *W. Clausen*, in: Knack (Hrsg.), VwVfG, § 28, Rn. 3 m.w.N.

[298] Siehe oben 4. Kapitel, 3.5.1. und *A. Turiaux*, UIG, § 5, Rn. 49.

[299] Zu den Einzelfragen *F. Kopp*, VwVfG, § 28, Rn. 3 m.N.

[300] *S. Lodde*, Informationsrechte, S. 201.

Inhalt und Qualität der Informationen. Eine Beurteilung der Schutzwürdigkeit dieser Informationen nimmt die Verwaltung regelmäßig ohnehin vor, weil sie die Gegengründe zu beurteilen hat, die gegen eine Informationsgewährung sprechen. Beabsichtigt sie, Informationen herauszugeben, die aufgrund ihrer verfassungsrechtlichen Verankerung besonderen Schutz genießen, erscheint eine Anhörung der Drittbetroffenen erforderlich. Nach diesen Grundsätzen kann die spezialgesetzliche Ausgestaltung und die Handhabung der informationsrechtlichen Vorschriften erfolgen.

6.3. Vermittelter Informationszugang

Der Zugang zu Informationen kann dem Informationssuchenden unmittelbar gewährt werden, es können aber auch Mittlerinstanzen zwischen die Behörde und den Inhaber des Informationsrechts geschaltet sein. Sinn eines vermittelten Informationszugangs ist es, einen schonenden Ausgleich der für und gegen die Informationserteilung sprechenden Interessen zu erreichen.

Die Kenntnisnahme kann ein Beauftragter oder Vertreter des Informationsbegehrenden vornehmen. Dann steht der Mittler auf der Seite des Bürgers und hat grundsätzlich nicht mehr Rechte als der Rechtsträger selbst. Der Rechtsanwalt des Informationssuchenden verfügt mangels Regelung in § 29 Abs. 3 VwVfG ebensowenig über einen Anspruch auf Übersendung von Akten in die eigenen Geschäftsräume wie der Einsichtsberechtigte.[301] Eine andere Regelung trifft § 100 Abs. 2 Satz 3 VwGO, der ein Übersenden an den Anwalt in das Ermessen des Gerichts stellt, weil die Akten nicht notwendig jederzeit von diesem benötigt werden.[302] Die Vorschriften des Beamtenrechts ordnen an, dass auch Bevollmächtigten des Beamten Einsicht in dessen Personalakte zu gewähren ist (§ 90c Abs. 2 Satz 1 BBG und § 56c Abs. 2 Satz 1 BRRG). Derartige Regelungen stehen im Dienst des Informationsinteresses des Berechtigten, das effektiver Verwirklichung bedarf. Sie werden zudem der Verwaltungseffizienz gerecht, denn die eingeschalteten Mittler fördern den Verfahrensablauf. Sie vermitteln allerdings nicht inhaltlich, sondern vertreten die Interessen des Informationssuchenden. Den Fall eines vermittelten Zugangs zu Informationen der Verwaltung stellt auch die Vertretung nach §§ 17, 18 VwVfG dar.[303] Sie dient dem Schutz der in den Akten enthaltenen geheimhaltungsbedürftigen Informationen und gleichzeitig der Bewältigung einer Vielzahl paralleler Informationsgesuche.[304] Zwar ist der gemeinsame Vertreter gemäß § 19 Abs. 1 Satz 3 VwVfG weisungsfrei, aber dennoch dem Grunde nach Interessenvertreter.[305] Seine Aufgabe liegt in der Beschleunigung und Vereinfachung von Informationsflüssen.

301 *W. Clausen*, in: Knack (Hrsg.), VwVfG, § 29, Rn. 6.
302 *H.J. Bonk*, in: Stelkens/Bonk/Sachs, VwVfG, § 29, Rn. 76.
303 Siehe oben 3. Kapitel, 6.1.
304 *S. Lodde*, Informationsrechte, S. 194.
305 *F. Kopp*, VwVfG, § 19, Rn. 7; *W. Clausen*, in: Knack (Hrsg.), VwVfG, § 19, Rn. 3.5.

Der Vertreter kann zwar ausgleichend wirken, ist aber nicht primär zur inhaltlichen Vermittlung berufen. Er bündelt Informationsinteressen. In ähnlicher Weise wirken Mediatoren oder Verfahrensmittler, die zur Effektivierung des Verfahrens beitragen sollen. Da die Letztentscheidung bei der Verwaltung verbleibt, unterstützen sie den Informationsaustausch vorrangig auf der Ebene des Verfahrens.

Der vermittelnden Instanz kommt eine auch inhaltlich auf Lösungen orientierte Funktion zu, wenn sie mit Unabhängigkeit ausgestattet ist. Falls dem Mediator oder Projektmanager in einem Verfahren eine unabhängige Position zukommt, nimmt er für den Einzelfall auch die Rolle eines Informationsmittlers zur Konfliktvermeidung wahr. Ein öffentlich-rechtlicher Beauftragter oder eine entsprechende Kommission vermögen als auf Dauer angelegte Institutionen Interessenkollisionen zu vermeiden oder aufzulösen.[306] Auf der einen Seite verhelfen solche Einrichtungen dem Informationsbegehren zur weitgehenden Entfaltung. Auf der anderen Seite verfügen die Informationsmittler über Einblicke in Verwaltungsabläufe, die entsprechende Rücksichten möglich machen. Eine öffentlich-rechtlich organisierte Einrichtung des vermittelten Informationszugangs kann nicht nur den Ausgleich von Informationsrecht und Verwaltungseffizienz bewirken, sondern auch für den Schutz der informationellen Selbstbestimmung und des Betriebs- und Geschäftsgeheimnisses sorgen. Ihr müssen alle Informationen zugänglich gemacht werden, damit sie entscheiden kann, inwieweit eine Verweigerung der Information gerechtfertigt ist. Damit kommt der Einrichtung streitschlichtende Funktion zu. Durch eine gesetzliche Regelung kann die Inanspruchnahme dieser Schlichtungsinstanz als Vorverfahren einem gerichtlichen Verfahren über die Gewährung der Information vorgeschaltet werden. Dies ist etwa in Kanada oder Frankreich der Fall.[307] Die Entscheidungen der jeweiligen Einrichtung sind nicht verbindlich, werden aber fast immer befolgt.[308] Auch in Brandenburg erfährt das Recht auf Informationen eine institutionelle Abfederung. Durch § 11 BbgAIG wird ein Beauftragter für das Recht auf Akteneinsicht eingesetzt. Er soll das in der Landesverfassung gewährte Recht sichern helfen. Seine Tätigkeit wird nach § 11 Abs. 1 Satz 2 BbgAIG mit der des Landesbeauftragten für den Datenschutz unmittelbar verbunden.[309] In Brandenburg soll demnach dieselbe Einrichtung sowohl den Schutz der informationellen Selbstbestimmung wie der individuellen Informationsrechte leisten. Sie wird laut § 11 Abs. 1 Satz 4 BbgAIG als Landesbeauftragter für den Datenschutz und für das Recht auf Akteneinsicht bezeichnet. Zielkonflikte werden beim Landesbeauftragten intern ausgetragen. Diese Regelung basiert auf der verfassungsrechtlichen Verankerung des Informationsrechts und hat daher nur begrenzte Vorbildfunktion für andere Länder oder den Bund. Sie erinnert

---

306 Siehe oben 3. Kapitel, 6.2.

307 Siehe oben 4. Kapitel, 1.1.

308 *G. Winter/E. Gurlit*, in: Winter (Hrsg.), Öffentlichkeit, S. 77f.

309 *R. Breidenbach/B. Palenda*, LKV 1998, S. 258.

an Konzepte in Kanada.[310] Dort arbeiten der Privacy Commissioner und der Information Commissioner allerdings nebeneinander. Eine solche personelle und organisatorische Trennung bildet die klarere Konstruktion. Die Befugnisse sind dann einer Aufgliederung zugänglich. Denn der Datenschutzbeauftragte ist dem Schutz des Rechts auf informationelle Selbstbestimmung verpflichtet. Dieses Recht stellt aber im Kontext der Verwirklichung von Informationsrechten nur eine von mehreren involvierten Rechtspositionen dar. Da das Interesse an Behördeninformationen und das Interesse am Schutz personenbezogener Daten oft kollidieren, besteht die Gefahr einer Schwächung des Schutzes individueller Rechte, wenn eine Institution zur Wahrung beider Rechtspositionen berufen ist. Eine Trennung der Einrichtung zur Sicherung der Rechte auf Information von den Datenschutzbeauftragten des Bundes und der Länder ist daher die vorzugswürdige Lösung.

7. Rechtsfolgen der Verweigerung von Information

Die rechtswidrige Verweigerung von Informationen verletzt in aller Regel das Informationsrecht. Eine völlige oder teilweise Ablehnung des Zugangs zu den Informationen oder eine einschränkende Modalität wirkt belastend. Der Informationsbegehrende wird in seiner informatorischen Rechtsstellung beeinträchtigt. Wenn das Recht auf Information ein materielles Recht ist, bildet es den eigentlichen Streitgegenstand. Im Rahmen des Verwaltungsverfahrens stellt die Wahrnehmung des Informationsrechts eine Verfahrenshandlung dar, die mit Blick auf das Endergebnis des Verfahrens vorgenommen wird.

7.1. Verletzung eines materiellen Informationsrechts

Rechtsfolge der Verletzung eines materiellen Rechts auf Information ist die Aufhebbarkeit der behördlichen Entscheidung.[311] Die Motivation des Rechts spielt keine Rolle. Subjektive Rechte auf Information, die (auch) funktional öffentlichen Interessen zu dienen bestimmt sind, können ebenso durchgesetzt werden wie privatnützige Rechte. Der Grund für die Rechtsverletzung liegt regelmäßig darin, dass die Verwaltung die Vorschriften über die gegenläufigen Interessen unzutreffend ausgelegt und damit das Informationsrecht übermäßig beschränkt hat. Ein Verwaltungsakt diesen Inhalts kann vom Informationssuchenden mittels Widerspruchs nach §§ 68ff. VwGO angegriffen werden. Nichtigkeitsgründe im Sinne des § 44 VwVfG dürften nur selten vorliegen. Abhängig von den gesetzlichen Optionen kommt die Einschaltung einer unabhängigen

---

310 Siehe 4. Kapitel, 1.1.1.

311 *H.-U. Erichsen*, in: ders. (Hrsg.), Allgemeines Verwaltungsrecht, § 15, Rn. 28; *H. Maurer*, Allgemeines Verwaltungsrecht, § 10, Rn. 26; *F.-J. Peine*, Allgemeines Verwaltungsrecht, Rn. 233.

Instanz in Betracht, die dazu berufen ist, den Interessen an Information zur Durchsetzung zu verhelfen. Dem Informationssuchenden steht letztlich der Klageweg offen.

7.2. Verletzung eines verfahrensrechtlichen Informationsrechts

Die rechtswidrige Verweigerung eines verfahrensrechtlichen Informationsrechts stellt einen Verfahrensfehler dar.[312] Denn jeder Träger eines Rechts auf Information verfügt über das Recht auf ein rechtmäßiges Verfahren.[313] Unter Verfahrensmängeln versteht das Bundesverwaltungsgericht Verstösse gegen Vorschriften, die den Verfahrensablauf regeln.[314] Informationsrechte sind Teil der Regelungen über die Kommunikation zwischen Bürger und Verwaltung, die zu einem vertretbaren und akzeptablen Ergebnis führen sollen. Die rechtswidrige Verweigerung oder auch Offenlegung von Informationen beeinflusst die Kommunikationschancen der Bürger und damit den Verfahrensablauf. Im Gegensatz zu Fehlern bei der Sachentscheidung führen aber Verfahrensfehler schon infolge der §§45, 46 VwVfG nicht notwendig zur Angreifbarkeit von Entscheidungen der Behörde.[315] Gegenstand eines Rechtsbehelfs können die Entscheidung über die Mitteilung der Information und die Entscheidung zum Verfahrensabschluss sein. Damit stellt sich die Frage, ob gegen die Entscheidung über die Herausgabe der Information isoliert vorgegangen werden kann. Prozessual handelt es sich um ein Problem des §44a VwGO. Zunächst bedarf es der Erörterung, welchen Einfluss eine rechtswidrige Verweigerung des Informationsrechts im Verwaltungsverfahren auf die endgültige Sachentscheidung nimmt. Soweit Rechte auf Information verfassungsrechtlich abgesichert sind, kann ein Grundrechtseingriff vorliegen.[316] Angesichts des weiten Spielraums, den der Gesetzgeber jenseits der grundsätzlichen Gewährleistung des Rechts hat, stellt die rechtswidrige Ablehnung eines Informationsersuchens nur im Ausnahmefall einen nicht zu rechtfertigenden Eingriff in Grundrechte dar. Regelmäßig spielen sich die Zweifelsfragen auf der Ebene des einfachen Rechts ab.

7.2.1. Das Verhältnis von Verfahrensfehler und Sachentscheidung

Klärungsbedarf besteht hinsichtlich des Zusammenhangs zwischen der rechtswidrigen Verweigerung des Informationsrechts und der letztlich von der Behörde zu treffenden Sachentscheidung. Angesichts der Bedeutung des Ver-

---

312 *F. Hufen*, Fehler im Verwaltungsverfahren, Rn.256; *W. Clausen*, in: Knack (Hrsg.), VwVfG, §29, Rn.8.

313 *F. Hufen*, Fehler im Verwaltungsverfahren, Rn.562.

314 BVerwG, Beschl.v.2.11. 1995, DVBl. 1996, S.108.

315 Einzelheiten bei *F. Hufen*, Fehler im Verwaltungsverfahren, Rn.492ff.; *H. Faber*, Allgemeines Verwaltungsrecht, §21 I.

316 *F. Hufen*, Fehler im Verwaltungsverfahren, Rn.510.

fahrens als Verwirklichungsmodus des Rechts darf dieses Verhältnis nicht allein vom Ergebnis her betrachtet werden.[317] Durch Prozeduralisierung können Defizite in der Rechtssicherheit und im Rechtsschutz ausgeglichen werden, die unter anderem aus gesetzgeberischen Finalprogrammen resultieren.[318] Das Verfahren entfaltet selbständige Funktionen auch des Schutzes individueller Rechtspositionen.[319] Jedes Ergebnis hängt vom durchgeführten Verfahren ab. Verfahrensfehler schlagen regelmäßig auf die Sachentscheidung der Verwaltung durch. Die rechtswidrige Verweigerung des Rechts auf Information hat die Rechtswidrigkeit der Sachentscheidung zur Folge.[320] An der fortbestehenden Rechtswidrigkeit ändert auch §46 VwVfG nichts. Infolge des §46 VwVfG verliert der Betroffene nur seinen materiellen Anspruch auf Aufhebung des rechtswidrigen Verwaltungsakts.[321] Die Entscheidung als solche bleibt rechtswidrig.[322]

Schwerwiegende Verfahrensfehler können gemäß §44 Abs.1 VwVfG die Nichtigkeit der Sachentscheidung herbeiführen.[323] Gerade wenn die Verfahrensvorschrift grundrechtlich geboten oder geprägt ist, kommt ein derart gewichtiger Fehler in Betracht.[324] Missachtet die Behörde grundrechtlich fundierte Beteiligungsrechte des Bürgers wie §13 Abs.2 Satz 2 VwVfG und schneidet ihn damit von Informationen ab, die für seine Rechtsdurchsetzung erforderlich sind, rückt die Nichtigkeit des Verwaltungsaktes in den Bereich des Möglichen.[325] Gleiches gilt für die Ablehnung eines Informationsrechts. Der schwerwiegende Mangel muss nach §44 Abs.1 VwVfG offenkundig sein. Die Möglichkeit eines Eingriffs in Grundrechte spricht für die Offenkundigkeit, da die grundlegenden Wertungen der Verfassung umfassende Geltung beanspruchen und ohne weiteres erkennbar sind.[326] Andererseits erweisen sich die Wirkungen der Grundrechte auf das Verfahren als vielfältig und nicht im Einzelnen evident. Den Charakter der Offenkundigkeit trägt insbesondere das völlige Unterlassen der Prüfung, ob einem tatsächlichen oder potentiellen Verfahrensbeteiligten ein Informationsrecht zusteht. Die Ergebnisse der Abwägung zwischen Rechten und Gegenrechten dagegen sind offen. Damit bleibt die Nichtigkeit der Entscheidung, ein Recht auf Information abzulehnen, die seltene Ausnahme.

---

[317] Vgl. *E. Schmidt-Aßmann*, Das Allgemeine Verwaltungsrecht, 6/99ff.

[318] *N. Luhmann*, Legitimation durch Verfahren, S.210.

[319] Siehe oben 1. Kapitel, 8.1.

[320] *F. Hufen*, Fehler im Verwaltungsverfahren, Rn.509; vgl. schon *W. Brohm*, VVDStRL 30 (1972), S.272.

[321] *C.H. Ule/H.-W. Laubinger*, Verwaltungsverfahrensrecht, §58, Rn.25; *F. Kopp/W.-R. Schenke*, VwGO, §113, Rn.56; *W. Klappstein*, in: Knack (Hrsg.), VwVfG, §46, Rn.6.

[322] *F. Hufen*, Fehler im Verwaltungsverfahren, Rn.499, 501; *F. Kopp*, VwVfG, §46, Rn.14.

[323] *F. Kopp*, VwVfG, §44, Rn.14.

[324] *H.-W. Laubinger*, VerwArch 73 (1982), S.78; *W. Klappstein*, in: Knack (Hrsg.), VwVfG, §44, Rn.4.1.2.

[325] *H. Raeschke=Kessler/S. Eilers*, NVwZ 1988, S.40.

[326] Zur Offenkundigkeit *C.H. Ule/H.-W. Laubinger*, Verwaltungsverfahrensrecht, §57, Rn.9; *F. Kopp*, VwVfG, §44, Rn.9, jeweils m.w.N.

Eine Heilung nach §45 VwVfG scheidet grundsätzlich aus.[327] Der Katalog des §45 Abs. 1 VwVfG ist abschließend, die Versagung der Akteneinsicht wird dort nicht genannt.[328] Eine mittelbare Chance der Heilung folgt allenfalls aus §45 Abs. 1 Nr. 3 VwVfG. Denn die nachträgliche Anhörung eignet sich dazu, auch andere Verstöße gegen Mitwirkungsrechte der Beteiligten zu heilen.[329] Allerdings greift die Möglichkeit der Heilung nur, soweit §28 VwVfG informationsrechtliche Gehalte in sich trägt.[330] Dies ist der Fall, wenn die Informationen der eigenen Rechtsverfolgung durch die Beteiligten dienen. Verstöße gegen weitergehende Informationsrechte sind nicht heilbar. Die Heilung setzt voraus, dass der Zweck der Vorschriften noch erreicht werden kann. Die nachgeholte Beteiligung hat also so rechtzeitig zu erfolgen, dass der Bürger in die Lage versetzt wird, seine Rechte effektiv wahrzunehmen.[331] Bei rechtswidriger Versagung des Informationsrechts, insbesondere der Akteneinsicht, erscheint dieses Ziel regelmäßig nicht erreichbar.[332] Der Zustand, der bei korrekter Verfahrensgestaltung bestanden hätte, muss noch herstellbar sein.[333] Ansonsten gibt es für den rechtswidrigen Verwaltungsakt lediglich noch den Rettungsanker des §46 VwVfG.

Die wichtigste Regelung über den Grad des Einflusses, den ein Verfahrensfehler erreichen muss, um für eine Aufhebung der Sachentscheidung erheblich zu sein, ist in der Tat §46 VwVfG. Diese Vorschrift ordnet an, dass die Aufhebung eines Verwaltungsakts wegen Verfahrens- oder Formfehlern sowie Fehlern hinsichtlich der örtlichen Zuständigkeit dann nicht beansprucht werden kann, wenn offensichtlich ist, dass die Verletzung die Entscheidung in der Sache nicht beeinflusst hat. Durch das Genehmigungsverfahrensbeschleunigungsgesetz vom 12. 9. 1996 erhielt der letzte Halbsatz seine jetzige Fassung.[334] Damit fand eine Erweiterung des Anwendungsbereichs von gebundenen auf im Grundsatz alle Entscheidungen der Verwaltung statt.[335] Nach wie vor bedarf es bei der Auslegung des §46 VwVfG der Berücksichtigung, ob eine Verfahrensvorschrift grundrechtsrelevanten Charakter trägt.[336] Dies erweist sich bei der Gewährleistung von Informationsrechten als der Regelfall. Konsequenz ist eine

[327] Zu §45 VwVfG *F. Hufen*, JuS 1999, S. 315ff.

[328] *R. Steinberg*, Fachplanung, §3, Ziff. 164.

[329] *F. Kopp*, VwVfG, §45, Rn. 12, 25; *M. Preussner*, VBlBW 1982, S. 9; *G. Trantas*, Akteneinsicht, S. 507 m.w.N. auch zur Gegenauffassung.

[330] Siehe oben 4. Kapitel, 3.3.

[331] *F. Hufen*, Fehler im Verwaltungsverfahren, Rn. 256.

[332] Andere Tendenz bei *F. Kopp/U. Ramsauer*, VwVfG, §45, Rn. 24.

[333] *F.-J. Peine*, Allgemeines Verwaltungsrecht, Rn. 238; *F. Hufen*, JuS 1999, S. 316.

[334] BGBl. 1996 I, S. 1354. Zur Kritik an der alten wie der neuen Fassung *F. Hufen*, Fehler im Verwaltungsverfahren, Rn. 625ff. und *ders.*, JuS 1999, S. 318; siehe auch bereits *H.H. Rupp*, Festschrift für Bachof, S. 159ff.

[335] *F. Kopp/W.-R. Schenke*, VwGO, §113, Rn. 56; *W. Klappstein*, in: Knack (Hrsg.), VwVfG, §46, Rn. 5.1; *P. Badura*, in: Erichsen (Hrsg.), Allgemeines Verwaltungsrecht, §38, Rn. 34; *F.-J. Peine*, Allgemeines Verwaltungsrecht, Rn. 243.

[336] *W. Klappstein*, in: Knack (Hrsg.), VwVfG, §46, Rn. 2.2; *F. Kopp*, VwVfG, §46, Rn. 10; *F. Kopp/U. Ramsauer*, VwVfG, §46, Rn. 5.

einschränkende Interpretation des §46 VwVfG dahin, dass der Verfahrensfehler nur dann nicht zur Aufhebung des Verwaltungsakts führt, wenn der Informationssuchende keinerlei Nachteile in seiner Rechtsstellung erlitten hat.[337] Die gebotene restriktive Auslegung der Vorschrift knüpft insbesondere am Merkmal der Offensichtlichkeit an.[338]

Das Bundesverwaltungsgericht fordert die Ergebniskausalität von Verfahrensmängeln.[339] Der Verfahrensfehler führe nur dann zur Rechtswidrigkeit des Verwaltungsaktes, wenn sich der Fehler auf die Entscheidung ausgewirkt haben könne.[340] Darin wird ein allgemeiner Rechtsgrundsatz des Verwaltungsrechts gesehen, der sich auch in konkreten Vorschriften wie §46 VwVfG ausdrücke.[341] Diese Rechtsprechung dehnt das Bundesverwaltungsgericht auf zahlreiche Sachbereiche aus. Es hält an seiner Linie auch mit Blick auf das UVP-Gesetz fest.[342] Dieses gewähre einem Betroffenen keine selbständig durchsetzbaren Verfahrenspositionen. Vielmehr dienten die besonderen verfahrensmäßigen Anforderungen der besseren Durchsetzung von Umweltbelangen und seien kein Selbstzweck. Verletzungen der Verfahrensregeln des UVP-Gesetzes führten daher nicht notwendig zur Aufhebung der Entscheidung. Nur im Falle einer konkreten Kausalität des Verfahrensfehlers für das den Betroffenen belastende Ergebnis könne eine Rechtsverletzung angenommen werden.[343] Dergestalt sollen „bloße" Verfahrensfehler nicht die Ergebnisse langer Arbeit der Planungsbehörde beseitigen können.[344] Zum einen betont also das Bundesverwaltungsgericht, dass der Umweltverträglichkeitsprüfung ausschließlich verfahrensrechtlicher Charakter zukomme.[345] Damit soll der Nachweis eines kausalen Einflusses der Umweltverträglichkeitsprüfung auf die Zulassungsentscheidung erschwert werden.[346] Zum anderen beschränkt es den Einfluss, den Verfahrensfehler auf die Rechtmäßigkeit der Entscheidung äußern, auf Ausnahmefälle.[347] Durch diese Konzeption wird die Bedeutung der Vorschriften über die Umweltverträglichkeitsprüfung erheblich beschnitten.[348]

---

337 *W. Klappstein*, in: Knack (Hrsg.), VwVfG, §46, Rn. 4.1.2; ähnliche Tendenz bei *Ch. Trzaskalik*, Diskussionsbeitrag, VVDStRL 41 (1983), S. 251.

338 *C.H. Ule/H.-W. Laubinger*, Verwaltungsverfahrensrecht, Nachtrag, Rn. 66; *F. Hufen*, JuS 1999, S. 318f. Vgl. *E. Schmidt-Aßmann*, Das Allgemeine Verwaltungsrecht, 6/106.

339 BVerwGE 98, 339 (361f.) m.w.N.

340 BVerwGE 74, 215 (228); OVG Nds, Beschl.v.17.12. 1980, DVBl. 1981, S. 644 (647); *M. Schmidt-Preuß*, Privatinteressen, S. 526 m.w.N.

341 *P. Badura*, in: Erichsen (Hrsg.), Allgemeines Verwaltungsrecht, §38, Rn. 36; *H.-J. Papier*, in: Maunz/Dürig, Art. 14, Rn. 51.

342 BVerwGE 100, 370 (382).

343 BVerwGE 98, 339 (361f.).

344 *E. Hien*, NVwZ 1997, S. 424.

345 BVerwGE 100, 238 (243).

346 *J. Schwab*, NVwZ 1997, S. 434.

347 *W. Erbguth*, NuR 1997, S. 264.

348 Kritik bei *W. Erbguth*, NuR 1997, S. 265f. und *E. Schmidt-Aßmann*, Das Allgemeine Verwaltungsrecht, 6/113; siehe auch *D. Scheuing*, NVwZ 1999, S. 480.

Diese Rechtsprechung verdeutlicht die Geringschätzung, der verfahrensrechtliche Vorkehrungen begegnen.[349] Gerade im Rahmen der Umweltverträglichkeitsprüfung kommt aber dem Verfahren und insbesondere der Beteiligung der Öffentlichkeit ein hoher Stellenwert zu.[350] Die UVP-Richtlinie der Europäischen Gemeinschaft bezweckt die Eröffnung von Kommunikation.[351] Nach der Rechtsprechung des Europäischen Gerichtshofes kann die Richtlinie unmittelbare Wirkung für die innerstaatlichen Rechtsanwender entfalten, auch für die Gerichte, die den innerstaatlichen Umsetzungsakt auf seine Konformität mit der Richtlinie zu untersuchen haben.[352] Allerdings dürfte die gesetzliche Umsetzung in der Bundesrepublik Deutschland den recht unpräzisen Vorgaben der UVP-Richtlinie über die Beteiligung der Öffentlichkeit gerecht werden.[353] Verständnis und Anwendung der innerstaatlichen gesetzlichen Regelungen müssen allerdings dem Zweck der Richtlinie Rechnung tragen, eine effektive Beteiligung der Öffentlichkeit im Verfahren zu gewährleisten. Die Regelung des § 9 UVPG prozeduralisiert die Gewinnung und Einschätzung von Umweltinformationen mit der Folge, dass eine gerichtliche Bewertung ex post das Gewicht einzelner Verfahrensschritte nur schwer einzuordnen vermag.[354] Die Funktion des Verfahrens, vertretbare Ergebnisse herzustellen, wird bei der Umweltverträglichkeitsprüfung überaus deutlich, weshalb Fehler in der behördlichen Abwägung zu einer Fehlerhaftigkeit des Ergebnisses führen können.[355] Dem widerspricht eine umfassende Anwendung des § 46 VwVfG auf Verfahren mit Umweltverträglichkeitsprüfung. In derartigen Abwägungsentscheidungen sind Einflüsse von Verfahrensfehlern kaum eindeutig auszuschließen.[356] Der Regelungszweck erfordert vielmehr eine selbständige Einklagbarkeit der Umweltverträglichkeitsprüfung.[357] Zumindest schwerwiegende Fehler wie das Unterlassen des von § 9 UVPG vorgeschriebenen Anhörungsverfahrens oder von Teilen der Auslegung führen zu Rechtswidrigkeit und Aufhebbarkeit der späteren Genehmigung des Vorhabens.[358]

---

[349] Dazu *W. Klappstein*, in: Knack (Hrsg.), VwVfG, § 46, Rn. 2.2 m.w.N.

[350] Siehe oben 3. Kapitel, 2.2.1.

[351] Vgl. EuGH, Rs. C-431/92 (Großkrotzenburg), Slg. 1995, I-2189, Rn. 43.

[352] EuGH, Rs. C-72/95 (Aannemersbedrijf P.K. Kraaijeveld BV u.a.), Slg. 1996, I-5403, Rn. 56, 60.

[353] Zu Umsetzungsfehlern in anderen Bereichen EuGH, Rs. C-301/95 (Kommission/Bundesrepublik Deutschland), Slg. 1998, I-6135, Rn. 54. Europarechtliche Bedenken gegen die Rechtsprechung des Bundesverwaltungsgerichts zur rechtswidrig unterlassenen UVP bei *D. Scheuing*, NVwZ 1999, S. 480 und *O. Dörr*, in: Sodan/Ziekow (Hrsg.), VwGO, Europäischer Verwaltungsrechtsschutz, Rn. 459 m.w.N. Gemeinschaftsrechtlich motivierte Bedenken über die UVP hinaus bei *F. Schoch*, NVwZ 1999, S. 458.

[354] BayVGH, Urt.v.5.7. 1994, DVBl. 1994, S. 1198 (1200).

[355] OVG Rh-Pf, Urt.v.29. 12. 1994, NVwZ 1995, S. 1025, LS 1 und 4.

[356] Vgl. BayVGH, Urt.v.5.7. 1994, DVBl. 1994, S. 1198 (1202) zu einem offensichtlichen Abwägungsmangel.

[357] *I. Pernice/S. Kadelbach*, DVBl. 1996, S. 1108; *R. Steinberg*, Fachplanung, § 3, Ziff. 163 und § 7, Ziff. 5.

[358] *N. Kollmer*, NVwZ 1994, S. 1059.

Aus der Rechtsprechung des Bundesverwaltungsgerichts zur Ergebniskausalität von Verfahrensfehlern und der entsprechenden Tendenz des Gesetzgebers spricht die unzutreffende Auffassung von der einzig richtigen und gerechten Entscheidung, welche die Frage nach Weg und Verfahren, in welchen die Entscheidung Gestalt gewinnt, weitgehend vernachlässigt.[359] Die Beurteilung durch die Gerichte ersetzt die Einflussmöglichkeiten des Beteiligten.[360] Der Blick wird lediglich auf das Ergebnis gerichtet, nicht aber auf die möglicherweise komplexen Kommunikationsprozesse, die zu dem Ergebnis geführt haben.[361] Mit den Funktionen des Verwaltungsverfahrens ist die Konzeption einer bloßen Ergebniskausalität nicht vereinbar.[362] Denn das Verfahren selbst schützt durch seine Gestaltung subjektive Rechte des Bürgers.[363] Es soll zu einem vertretbaren und akzeptablen Ergebnis führen, dafür bildet das Einbeziehen des Bürgers oft eine unerlässliche Voraussetzung. Kooperation und Kommunikation zwischen Bürger und Verwaltung entfalten sich in prozeduralisierten Formen.[364] Der Große Senat des Bundessozialgerichts hat hervorgehoben, dass Rechtsverstöße im Verfahren, nämlich auf dem Weg zu einem Verwaltungsakt, größeres Gewicht entfalten können als Verstöße gegen inhaltliche Vorschriften.[365] Die isolierte Betrachtung, ob das Ergebnis „richtig" ist, konterkariert diese vielgestaltigen Wirkungsweisen des Verwaltungsverfahrens. Die verwaltungsgerichtliche Rechtsprechung verkennt zudem die Bedeutung des Aufhebungsanspruchs bei rechtswidrigem Verwaltungshandeln in § 113 Abs. 1 VwGO. Aufgrund des Art. 19 Abs. 4 GG und der Gesetzesbindung der Verwaltung kann das Recht auf Aufhebung nur eingeschränkt werden, wenn die Entscheidung wegen rechtlicher Alternativlosigkeit sogleich wieder ergehen müsste.[366] Im Fall lediglich faktischer Alternativen zum Ergebnis kommt dagegen eine offensichtliche Einflussnahme des Verfahrensfehlers auf die Sachentscheidung allenfalls ausnahmsweise in Betracht.[367] In komplexen Entscheidungssituationen dürfte die Offensichtlichkeit ausgeschlossen sein.

Die Prüfung, ob ein Recht auf Information besteht und wie weit es trägt, schließt Abwägungen mit ein, da die Gegengründe ins Verhältnis zur Rechtsein-

---

[359] *H.H. Rupp*, Festschrift für Bachof, S. 163; *W. Krebs*, DVBl. 1984, S. 111; *W.-R. Schenke*, VBlBW 1982, S. 325; *E. Schmidt-Aßmann*, Das Allgemeine Verwaltungsrecht, 6/113.

[360] *W. Krebs*, DVBl. 1984, S. 113; *H. Hill*, NVwZ 1985, S. 452; *F. Hufen*, JuS 1999, S. 314.

[361] Vgl. die Tendenz bei *P. Badura*, in: Erichsen (Hrsg.), Allgemeines Verwaltungsrecht, § 38, Rn. 35.

[362] *R. Pitschas*, Verwaltungsverantwortung, S. 161 f.

[363] A.A. BVerwGE 85, 368 (375). Siehe oben 1. Kapitel, 8.1.

[364] *W. Klappstein*, in: Knack (Hrsg.), VwVfG, § 46, Rn. 2.1 m.w.N.

[365] BSGE 70, 133 (136) (GrS).

[366] *F. Hufen*, Fehler im Verwaltungsverfahren, Rn. 626, 628; ebenfalls auf rechtliche Alternativlosigkeit abstellend (zur alten Rechtslage) *R. Breuer*, Festschrift für Sendler, S. 381 ff.; *C.H. Ule/H.-W. Laubinger*, Verwaltungsverfahrensrecht, Nachtrag, Rn. 66 und § 58, Rn. 23 m.w.N.

[367] *F. Hufen*, Fehler im Verwaltungsverfahren, Rn. 628; vgl. *F. Kopp/U. Ramsauer*, VwVfG, § 46, Rn. 27; für eine weitergehende Berücksichtigung der tatsächlichen Alternativlosigkeit im multipolaren Verfahrensverhältnis *M. Schmidt-Preuß*, Privatinteressen, S. 530 f.

räumung zu setzen sind. In Parallele zu anderen Situationen von Ermessens-, Abwägungs- und Beurteilungsentscheidungen greift §46 VwVfG mangels offensichtlicher Einflusslosigkeit nicht.[368] Einen Parallelfall bilden die Mitwirkungs- und Einsichtsrechte der anerkannten Naturschutzverbände. Denn die abschließende Entscheidung beruht im Planfeststellungsverfahren auf einer Abwägung, weshalb nicht im Sinne des §46 VwVfG offensichtlich ist, dass der Fehler bei der Beteiligung die behördliche Entscheidung nicht beeinflusst hat.[369] Der Aufhebungsanspruch der anerkannten Naturschutzverbände auf der Basis des §29 Abs. 1 Nr. 4 BNatSchG beansprucht Geltung.[370] Die Verbandsbeteiligung muss ernst genommen werden. Diesem Zweck dient die Sanktionierung von Verletzungen der Beteiligungsrechte durch Aufhebung der Entscheidung. Während des Verwaltungsverfahrens gewährt das Bundesverwaltungsgericht eine Leistungsklage auf Beteiligung. Nach Abschluss des Verfahrens ist eine Anfechtungsklage mit der Begründung zulässig, die Verbände seien nicht nach den Vorgaben des §29 Abs. 1 BNatSchG beteiligt worden. Die Umgehung eines an sich gebotenen Planfeststellungsverfahrens, indem die Behörde ein Plangenehmigungsverfahren ohne Verbandsbeteiligung durchführt, kann die Beteiligungsrechte der Naturschutzverbände verletzen.[371] Wird ein Vorhaben ohne Planfeststellung verwirklicht, können die Naturschutzverbände ihr subjektiv-öffentliches Beteiligungsrecht dennoch durchsetzen.[372] Aufgrund des Schutzzwecks der Norm führt ein entsprechender Verfahrensfehler zur Aufhebung des Planfeststellungsbeschlusses.[373] Mit der Instrumentalisierung der Verbände geht eine Rechtsverfolgungschance einher.[374] Diese erfährt keinerlei Relativierungen.[375]

Eine Einflusslosigkeit des Verfahrensfehlers der rechtswidrigen Verteilung von Kommunikationschancen scheidet bei der Planfeststellung regelmäßig aus, da angesichts der vielfältigen zu berücksichtigenden Interessen ein Einfluss auf den letztlichen Beschluss nicht offensichtlich ausgeschlossen werden kann.[376] Wenn die Behörde vortragen würde, die Beteiligung des Bürgers hätte offensichtlich keinerlei Einfluss auf das Ergebnis genommen, liefe sie Gefahr, dass

---

368 Vgl. *F. Kopp/U. Ramsauer*, VwVfG, §46, Rn. 33 m.w.N.

369 *W. Klappstein*, in: Knack (Hrsg.), VwVfG, §46, Rn. 3.6; *W. Blümel*, Grundrechtsschutz, S. 68.

370 BVerwGE 87, 62 (71); OVG Sachs.-Anh., Urt.v.29.3. 1995, DÖV 1995, S. 780 (781); vgl. *I. Rudolph*, JuS 2000, S. 479.

371 BVerwG, Urt.v.14.7. 1997, DVBl. 1997, S. 1123 (1125); HessVGH, Urt.v.1.9. 1998, NuR 2000, S. 226.

372 OVG Sachs-Anh, Urt.v.29.3. 1995, DÖV 1995, S. 780 (781); HessVGH, Urt.v.1.9. 1998, NuR 2000, S. 226 (226f.) m.w.N.

373 *K. Balleis*, Mitwirkungs- und Klagerechte, S. 242; Einzelheiten bei *I. Rudolph*, JuS 2000, S. 479ff.

374 *Ph. Kunig*, Jura 1996, S. 496.

375 *F. Kopp/W.-R. Schenke*, VwGO, §113, Rn. 58.

376 *R. Steinberg*, Fachplanung, §3, Ziff. 171.

man ihr Abwägungsfehler vorwerfen könnte.[377] Wird Akteneinsicht im Planfeststellungsverfahren unter Verletzung der §§72, 29 VwVfG nicht gewährt, liegt ein Verfahrensfehler vor, der zu einem Aufhebungsanspruch führt. Für Informationsrechte in parallel gelagerten komplexen Genehmigungsverfahren, etwa aus §10a der 9. BImSchV oder §6 Abs. 4 Satz 1 AtVfV, gilt gleichermaßen die Regel, dass von einer offensichtlichen Einflusslosigkeit im Hinblick auf das Ergebnis nicht auszugehen ist. Die Bedeutung der Bürgerbeteiligung kommt auch in §214 Abs. 1 Nr. 1 BauGB zum Ausdruck, da dort die Verletzung der Vorschriften über die Beteiligung von Individuen nur ausnahmsweise als unbeachtlich gewertet wird. Im Sozialrecht schließt §42 Satz 2 SGB X die Unbeachtlichkeit eines Verfahrensfehlers dann aus, wenn das Beteiligungsrecht der Anhörung verletzt wurde.[378]

Rechte auf Information fungieren als Hebel für den Informationssuchenden, um an der Kommunikation teilzuhaben. Die Eröffnung oder Verhinderung derartiger Kommunikationsabläufe wirkt sich mit einiger Wahrscheinlichkeit auf das Verfahrensergebnis aus. Die Regelungen der §§45, 46 VwVfG gelten unmittelbar für Verwaltungsakte. Erfolgt die Übermittlung von Informationen durch schlichtes Verwaltungshandeln, greifen parallele Grundsätze. In der Regel ist der Realakt rechtswidrig, wenn ein bestehendes Recht auf Information unzutreffend ausgelegt oder angewendet wurde. Die rechtswidrige Verweigerung eines Informationsrechts stellt einen Verfahrensfehler dar, der die Rechtswidrigkeit der das Verfahren abschließenden Entscheidung begründet.[379] Ein Fehler bei der Beurteilung eines Informationsrechts schlägt auf die abschließende Entscheidung durch.

7.2.2. Isolierte Aufhebbarkeit der rechtswidrigen Entscheidung über das Informationsrecht

Nachdem der erhebliche Einfluss des Verfahrensfehlers auf das Verfahrensergebnis klar geworden ist, gerät die Frage in den Blick, ob der Verfahrensfehler selbständig angegriffen werden kann. Die rechtswidrige Verweigerung des Rechts auf Information hat eigenes Gewicht, weil sie die Verletzung eines subjektiven öffentlichen Rechts bedeutet. Handelt es sich um ein materielles Informationsrecht, ist die ablehnende Entscheidung selbständig anfechtbar. Entscheidungen der Verwaltung über das Auskunftsrecht im Datenschutz (§19 Abs. 1 BDSG), den Umweltinformationsanspruch (§4 Abs. 1 UIG) oder das Einsichtsrecht in Stasi-Unterlagen (§3 Abs. 1 StUG) können Gegenstand von Widerspruchs- und Klagerechten sein.

Hinsichtlich der Entscheidung über verfahrensrechtliche Informationsrechte, wie das Recht auf Akteneinsicht nach §§29, 30 VwVfG oder §72 VwVfG,

---

[377] *F. Hufen*, Fehler im Verwaltungsverfahren, Rn. 389, 629.

[378] Vgl. BSGE 70, 133 (136) (GrS).

[379] *F. Hufen*, Fehler im Verwaltungsverfahren, Rn. 567; vgl. BSGE 70, 133 (136) (GrS).

besteht allerdings noch die Möglichkeit für den Informationssuchenden, im Falle einer Verweigerung der Informationen gegen die abschließende Entscheidung des Verfahrens vorzugehen. Verstöße gegen Verfahrensrecht haben die Rechtswidrigkeit der abschließenden Entscheidung insbesondere dann zur Folge, wenn das Verfahren verfassungsrechtlichen Anforderungen nicht genügt.[380] Ginge man davon aus, dass erst die Sachentscheidung in der Lage sei, Grundrechte zu verletzen, könnte wirksamer Grundrechtsschutz erst nach Abschluss des Verfahrens einsetzen.[381] Dann kann es aber für eine effektive Schutzwirkung zu spät sein. Grundrechtsschutz wird nicht nur im Verfahren, sondern auch durch das Verfahren gewährleistet.[382] Regelungen des Verfahrens haben grundrechtssichernden Charakter. Die Verletzung solch grundrechtssichernder Vorschriften stellt einen Eingriff in den Schutzbereich des Grundrechts dar und damit eine Beeinträchtigung materiellen Rechts.[383] Unabhängig von verfassungsrechtlichen Erfordernissen bewirkt jeder Verstoß gegen die Gewährleistung eines Informationsrechts die Aufhebbarkeit der rechtswidrigen Entscheidung. Der Grund liegt im subjektiven Charakter auch des verfahrensbezogenen Rechts auf Information.[384] Denn jedes subjektive Recht auf Information begründet eine wehrfähige Rechtsposition des Rechtsträgers. Die rechtswidrige Verweigerung des Rechts auf Information verletzt den betroffenen Rechtsträger in seiner eigenen Rechtsposition (§ 113 Abs. 1 Satz 1 VwGO).

Das Bundesverwaltungsgericht steht der Einräumung selbständiger wehrfähiger Rechtspositionen im Verwaltungsverfahren eher restriktiv gegenüber.[385] Auch das Bundesverfassungsgericht hat für die Öffentlichkeitsbeteiligung nach der Atomrechtlichen Verfahrensverordnung entschieden, dass dem Einzelnen eine eigenständige und durchsetzbare Rechtsstellung nicht eingeräumt werde.[386] Dementsprechend kam Art 19 Abs. 4 GG nicht zum Zuge. Die Fallgestaltungen betreffen den Drittschutz. Wird aber ein Informationsrecht eingeschränkt oder vereitelt, ist der Rechtsträger in eigenen subjektiven Rechten verletzt. Mit der Entscheidung greift die Behörde in die informatorische Rechtsstellung des Berechtigten ein und gestaltet derart das zwischen ihr und dem Berechtigten bestehende Verfahrensrechtsverhältnis. Handelt es sich bei dem Rechtsträger um einen Dritten, steht ihm dennoch das Informationsrecht als solches zur eigenen Wahrnehmung zu, denn es bezweckt auch den Drittschutz. Der Charakter des Rechts auf Information ist gegenüber unmittelbar Betroffenen wie tatsächlich oder potentiell Betroffenen einschließlich Dritten gleich. Ein Fehler der Verwaltung in diesem Zusammenhang führt nicht nur zur Aufhebbarkeit der endgültigen Sachentscheidung, der er anhaftet. Gegen die rechts-

---

380 BVerwGE 92, 132 (136); *F. Kopp/W.-R. Schenke*, VwGO, § 113, Rn. 25.

381 *W. Krebs*, DVBl. 1984, S. 115.

382 Siehe oben 2. Kapitel, 2.2.2.

383 A.A. *W. Krebs*, DVBl. 1984, S. 115.

384 *F. Hufen*, Fehler im Verwaltungsverfahren, Rn. 565f.

385 BVerwGE 85, 368 (375); BVerwG, Beschl. v. 15. 10. 1991, DÖV 1992, S. 533.

386 BVerfG (3. Kammer des Ersten Senats), Beschl. v. 29. 7. 1988, NVwZ 1988, S. 1017.

widrige Verweigerung eines Informationsrechts kann, vorbehaltlich der prozessualen Durchsetzbarkeit (§ 44a VwGO),[387] unmittelbar isoliert vorgegangen werden. Damit wird der Rechtsträger in die Lage versetzt, die spätere Sachentscheidung noch zu beeinflussen. Die informatorische Rechtsstellung des Bürgers erweist sich als wehrfähig. Entscheidungen, die in sie eingreifen, sind selbständig aufhebbar.

7.2.3. Verfahrensfehler gegenüber Dritten

Die Aufhebbarkeit von informationsrechtlichen Entscheidungen der Verwaltung, die nicht gegenüber dem Adressaten der Sachentscheidung, sondern gegenüber einem Dritten ergehen, kann aus dessen informatorischer Rechtsstellung folgen. Denn diese schließt Informationsrechte im Verwaltungsverfahren mit drittschützendem Charakter ein. Rechte auf Information stehen auf jeden Fall den am Verwaltungsverfahren Beteiligten zu. Die Eigenschaft als Beteiligter kann auch Dritten zukommen, die dann berechtigt sind, verfahrensgebundene Informationsrechte geltend zu machen.[388] Werden die Interessen eines tatsächlich oder potentiell Drittbetroffenen berührt, ist dieser oftmals nach § 13 Abs. 1 Nr. 4, Abs. 2 VwVfG zu beteiligen und verfügt dann über das Recht auf Akteneinsicht aus den §§ 29, 30 VwVfG und über das Informationsrecht aus § 28 VwVfG.[389] Selbst lediglich am Verfahren Interessierte, die zur Wahrung von Belangen des Gemeinwohls etwa auf der Grundlage des § 72 Abs. 1 VwVfG Informationen begehren, haben eine informatorische Rechtsstellung.[390] Außer Betracht bleiben in diesem Zusammenhang materielle Informationsrechte, wie insbesondere § 4 Abs. 1 UIG, die auch während des Verwaltungsverfahrens Wirkung entfalten und zur informatorischen Rechtsstellung Dritter zählen. Die Verwaltung verletzt verfahrensrechtliche Informationsrechte, wenn sie einem Drittbetroffenen oder Interessierten zu Unrecht den Zugang zu Informationen verweigert.[391] Dann liegt objektiv eine Rechtsverletzung vor.

Jede Nichteinhaltung von Verfahrensvorschriften vermag Dritte in ihren Rechten zu verletzen.[392] Die Möglichkeit der Rüge von Verfahrensfehlern hat ein von der Sachentscheidung nicht unmittelbar betroffener Bürger nach der Rechtsprechung dann, wenn ihm als Drittem in spezifischer Weise und unabhängig vom materiellen Recht eine eigene, selbständig durchsetzbare verfahrensrechtliche Rechtsposition eingeräumt ist.[393] Die Verfahrensregel muss gera-

[387] Siehe dazu unten 5. Kapitel, 8.2.

[388] Vgl. BVerwG, Beschl.v.15.10. 1991, DÖV 1992, S. 533; *H.J. Bonk*, in: Stelkens/Bonk/Sachs, VwVfG, § 29, Rn. 81.

[389] Siehe oben 4. Kapitel, 3.4.2.1. und 3.5.1.

[390] Siehe oben 5. Kapitel, 2.4.

[391] Vgl. *F. Kopp*, Beteiligung, S. 401; zu den Fehlerquellen bei der Akteneinsicht *F. Hufen*, Fehler im Verwaltungsverfahren, Rn. 255; *F.-J. Peine*, Allgemeines Verwaltungsrecht, Rn. 218.

[392] *W. Brohm*, VVDStRL 30 (1972), S. 273; *W. Blümel*, Grundrechtsschutz, S. 66; *H.H. Rupp*, Festschrift für Bachof, S. 166.

[393] BVerwG, Beschl.v.15.10. 1991, NJW 1992, S. 256 (257) m.w.N.

de dem Schutz materiellrechtlicher Positionen des Dritten dienen.[394] Weist man Vorschriften über die Beteiligung des Bürgers eine bloße Unterrichtungsfunktion für die Behörde zu, haben sie keinen individualschützenden Charakter.[395] Dieses Verständnis vernachlässigt jedoch weitere Funktionen derartiger Regelungen.[396] Sie erlauben individuellen Rechtsschutz bereits im Verfahren und bieten Ansätze für eine Kontrolle der Verwaltung durch den Bürger. Sie ermöglichen die Akzeptanz der Entscheidung und haben dergestalt eine Entlastung der Gerichte zur Folge.[397] Da Rechte auf Information im Verwaltungsverfahren individualschützende Wirkung äußern, vermitteln sie Dritten eigenständige Rechte im Verfahren.[398] Selbst nach der Konzeption der Rechtsprechung erweisen sich Informationsrechte als geeignet, Dritten klagefähige Rechtspositionen einzuräumen.[399] Denn der Schutzzweck verfahrensabhängiger Rechte auf Information liegt nicht nur in der Information der Behörde, sondern immer auch darin, Rechte und Interessen der tatsächlichen oder potentiellen Rechtsträger zu verwirklichen. Drittschutz kann zudem aus den staatlichen Schutzpflichten zu Gunsten von Grundrechten folgen.[400] Informationsrechte sind dem Grunde nach Ausprägungen der Grundrechte in ihrer verfahrensrechtlichen Funktion und schützen je nach Ausgestaltung Drittbetroffene auch aus diesem Grund. Die rechtswidrige Verweigerung der Informationen gegenüber einem Dritten verletzt dessen Rechtsposition und löst ein selbständiges Recht auf Aufhebung der rechtswidrigen Sachentscheidung aus.[401]

Informationsrechte werden auch eingeräumt, um die Verteidigung von Interessen des Gemeinwohls zu ermöglichen, die Kontrollfunktion des Bürgers tritt ergänzend neben die parlamentarische Kontrolle.[402] Dieser Zweck steht neben individualschützenden Zielsetzungen des Informationsrechts. Er ist eigenständig in der Lage, die gesetzliche Einräumung eines solchen Rechts zu motivieren. Die Rechtsgewährleistung bedarf der Durchsetzbarkeit, um ihren Zweck erfüllen zu können. Da jedem Informationsrecht auch individualschützende Ziele innewohnen, richtet sich die Annahme der Berechtigung Dritter zur Rechtsdurchsetzung im Widerspruchs- oder Gerichtsverfahren nach den erörterten Grundsätzen. Für die Rügefähigkeit einer Rechtsverletzung genügt die potentielle Drittbetroffenheit, weil das Recht auf Information immer auch Dritte be-

---

394 BVerwGE 85, 368 (373, 375); 88, 286 (288).

395 *P. Badura*, in: Erichsen (Hrsg.), Allgemeines Verwaltungsrecht, §38, Rn.37.

396 Vgl. die Darstellung bei *J. Masing*, Mobilisierung, S.99f.

397 Siehe oben 1. Kapitel, 3.

398 Für die drittschützende Funktion aller Verfahrensrechte im immissionsschutzrechtlichen Genehmigungsverfahren *W. Cloosters*, Rechtsschutz, S.39.

399 BVerwGE 85, 368 (375); 88, 286 (288); BVerwG, Beschl.v.15.10. 1991, NJW 1992, S.256 (257).

400 BVerwGE 60, 297 (301).

401 *W. Blümel*, Grundrechtsschutz, S.65f.; *F. Kopp*, Beteiligung, S.401; a.A. OVG Nds und S-H, Beschl.v.17.12. 1980, DVBl. 1981, S.644 (647); *M. Schmidt-Preuß*, Privatinteressen, S.523.

402 Siehe oben 5. Kapitel, 2.4.

rechtigen will, um eine bevorstehende Verletzung in materiellen Rechten oder Interessen abzuwenden.

Das subjektiv-rechtliche Konzept würde erst gesprengt, wenn ein Informationsrecht ausschließlich zur Wahrung funktional öffentlicher Interessen konzipiert wäre. Zur Sicherung der Durchsetzbarkeit des Rechts müsste jedem Rechtsträger die Befugnis zur Einlegung eines Rechtsbehelfs zugestanden werden. Würde das Informationsrecht rechtswidrig verweigert, könnte der Rechtsträger letztlich den Rechtsweg beschreiten. Diese Konstellation ähnelt der Verbandsklage.[403] Ausschlaggebendes Kriterium wäre der Zweck der Vorschrift.[404] Diese Revolutionierung des Rechtsschutzsystems erweist sich nicht als notwendig. Hinter der Einräumung von Rechten auf Information stehen vielfältige Gründe. Gerade im Zusammenhang eines Verfahrens beinhaltet ein Informationsrecht immer auch Aspekte, die auf Individuen, nämlich die Rechtsträger, bezogen sind. Die Funktion des Rechts umfasst den Schutz potentiell Betroffener ebenso wie den gemeinwohlorientierten Rechtsgüterschutz, in dessen Dienst der Informationsberechtigte gestellt wird. Rechte auf Information der Interessierten sind multifunktional. Die schützenswerten öffentlichen Interessen können in Interessen von Teilöffentlichkeiten und letztlich von Einzelnen umgemünzt werden. Damit enthält das Informationsrecht immer zumindest auch die Zielrichtung des Individualschutzes und seine Durchsetzung bleibt im Rahmen eines erweiterten Konzeptes subjektiven Rechtsschutzes.

Die Rechte auf die Einsichtnahme in ausgelegte Unterlagen aus §73 Abs. 3 Satz 1 VwVfG und aus parallelen Vorschriften stehen beispielhaft für die Möglichkeit der Individualisierung von Interessen.[405] Der Pflicht zur Auslegung im Planfeststellungsverfahren korreliert noch kein subjektives Recht. Die Auslegung bezweckt die Herstellung von Öffentlichkeit. Sie hat unter anderem die Funktion, potentiell von der Planfeststellung Betroffene mittels Information zu schützen, indem sie auf mögliche Beeinträchtigungen ihrer Rechtssphäre aufmerksam gemacht werden. Adressat der Auslegung ist die Öffentlichkeit, die sich für die Einsichtnahme zur interessierten Teilöffentlichkeit verkleinert und letztlich der Behörde als Einsicht begehrende Person gegenüber steht. Wenn ein Bürger in die Unterlagen Einsicht nehmen will, findet eine Konkretisierung der Rechtsbeziehung statt. Ein Individuum begehrt Zugang zu Informationen im Besitz der Verwaltung. Dem konkretisierten Schutz der potentiellen Betroffenen dient die Möglichkeit der Einsichtnahme in §73 Abs. 3 Satz 1 VwVfG und in parallelen Vorschriften. Verweigert die Behörde die Einsicht, beschränkt sie das Recht auf Information des Informationssuchenden.[406] Gegen eine derartige rechtswidrige und aufhebbare Entscheidung kann sich der berechtigte Bürger wehren.

---

[403] Siehe oben 3. Kapitel, 4.3.

[404] *Ph. Kunig*, Jura 1996, S. 496.

[405] Siehe oben 3. Kapitel, 3.4.3.

[406] Dagegen sehr einschränkend zum immissionsschutzrechtlichen Genehmigungsverfahren BayVGH, Urt.v.8. 6. 1988, NVwZ 1989, S. 266.

Dritte kommen nicht nur als Träger eines Rechts auf Information in Betracht. Die Begünstigung des Informationssuchenden kann eine Belastung Dritter mit sich bringen. Gegenüber den Inhabern von Betriebs- und Geschäftsgeheimnissen oder Berechtigten des Rechts auf informationelle Selbstbestimmung wirkt die Gewährung von Informationen aufgrund eines verfahrensrechtlichen Informationsrechts als Beeinträchtigung ihrer Rechtsstellung. Aus ihrer Sicht stellt die rechtswidrige Offenbarung einen Verfahrensfehler dar, weil die Verwaltung insbesondere die Gegengründe unzutreffend bewertet hat.[407] Wenn die Behörde rechtswidrig Informationen über Dritte herausgibt, verletzt sie damit regelmäßig deren grundrechtlich geschützte Rechte auf Geheimhaltung. Der Dritte hat ein Recht auf Aufhebung der ihn belastenden Entscheidung und auf die Feststellung ihrer Rechtswidrigkeit.[408]

Der vom Verfahren als Dritter mittelbar oder potentiell Betroffene oder Verfahrensinteressierte verfügt über die Berechtigung, die Aufhebung der rechtswidrigen Ablehnung oder Gewährung eines Rechts auf Information zu begehren. Denn er ist selbständiger Rechtsträger. Durch die rechtswidrige Entscheidung wird er in einem ihm selbst zustehenden Recht verletzt (§ 113 Abs. 1 Satz 1 VwGO). Die Sachentscheidung kann der Dritte unter Rückgriff auf den Verfahrensfehler ihm gegenüber dann angreifen, wenn sie ihn belastet und der Verfahrensfehler ein Änderungspotential hinsichtlich der Sachentscheidung beinhaltet.[409] Der unmittelbar durch das Verfahren Betroffene kann die rechtswidrige Verweigerung oder Gewährung eines Informationsrechts gegenüber einem Dritten im Widerspruchsverfahren und vor Gericht ebenfalls geltend machen. Die Wirkung der Aufhebbarkeit tritt hinsichtlich der Sachentscheidung grundsätzlich auch im Verhältnis zu ihm ein, selbst wenn er rechtswidrig Informationen erhielt, also begünstigt wurde. Denn die Sachentscheidung beruht auf dem Informationsstand der Beteiligten, der aus der fehlerhaften Verfahrensweise resultiert. Da das Recht des Dritten nicht den Betroffenen als Kläger schützt, setzt die Zulässigkeit eines Rechtsbehelfs voraus, dass der rechtmäßige Ablauf des Verfahrens Änderungen im Verhältnis des Betroffenen zur Verwaltung und damit Auswirkungen auf die Entscheidungen der Behörde in diesem Rechtsverhältnis hätte haben können.[410] Der subjektive Rechtsschutz wird mit objektiven Elementen im Hinblick auf die Rechtmäßigkeit des Verfahrens angereichert. Im Fall der Gewährung von Informationen an den Betroffenen zu Lasten des Dritten dürften Rechtsbehelfe des Betroffenen gegen den Verfahrensfehler allerdings häufig am Fehlen des Rechtsschutzinteresses scheitern.[411]

---

407 Enger *F.-L. Knemeyer*, NJW 1984, S. 2247.

408 Vgl. *W. Blümel*, Grundrechtsschutz, S. 66.

409 Vgl. *J. Masing*, Mobilisierung, S. 100; *E. Schmidt-Aßmann*, Das Allgemeine Verwaltungsrecht, 4/58 spricht von einem Rechtswidrigkeitszusammenhang.

410 *F. Hufen*, Fehler im Verwaltungsverfahren, Rn. 564.

411 Vgl. *F. Hufen*, Verwaltungsprozeßrecht, § 23, Rn. 10f.

7.3. Zusammenfassung

Die rechtswidrige Verweigerung eines Rechts auf Information hat die Aufhebbarkeit der ablehnenden Entscheidung zur Folge. Materielle Informationsrechte sind immer durchsetzbar. Verfahrensrechtlich eingebundene Informationsrechte bedürfen ebenfalls funktionierender Sanktionsmechanismen für den Fall ihrer Missachtung. Die Verletzung verfahrensrechtlicher Informationsrechte kann die Rechtswidrigkeit der Sachentscheidung bewirken. Ein Einfluss auf die Sachentscheidung ist nur selten offensichtlich ausgeschlossen, weswegen § 46 VwVfG und eventuell gleichlautende allgemeine Rechtsgrundsätze die Aufhebbarkeit der Entscheidung regelmäßig nicht verhindern. Das Erfordernis einer Kausalität des Fehlers für das Ergebnis verkennt die Funktionen des Verwaltungsverfahrens. Insbesondere in komplexen Verfahren reagiert der Verfahrensablauf sensibel auf die in die Kommunikation eingespeisten Informationen. Die Ausgestaltung der Kommunikation prägt das Ergebnis. Die Entscheidung der Verwaltung darüber, ob und inwieweit ein Recht auf Information besteht, ist eigenständig aufhebbar. Denn mit ihr wird die informatorische Rechtsstellung des Bürgers berührt. Dies gilt für materielle wie verfahrensrechtliche Informationsrechte. Aufgrund des subjektiven Charakters auch der verfahrensbezogenen Informationsrechte gewinnen diese erhebliches Gewicht für die Sicherung der Rechte des Bürgers. Dieses Gewicht begründet eine Selbständigkeit, die zu einem entsprechenden Aufhebungsanspruch führt.

Tatsächlich und potentiell Drittbetroffene verfügen über Durchsetzungsmacht hinsichtlich ihrer Informationsrechte. Diese Rechte dienen zumindest auch den Interessen der Dritten. Selbst wenn das konkrete Informationsrecht vorrangig die Kontrolle der Verwaltung und damit die Wahrung von Interessen des Gemeinwohls bezweckt, ist ihm doch regelmäßig eine individualschützende Komponente zu Eigen. Aus der Multifunktionalität der Informationsrechte folgt ihre Subjektivierbarkeit. Die Verweigerung eines Informationsrechts und die Gewährung von Informationen über den Dritten an andere Verfahrensbeteiligte beeinflussen in aller Regel den Verfahrensablauf und die Sachentscheidung. Eine rechtswidrige Entscheidung der Verwaltung über verfahrensbezogene Informationsrechte Dritter hat die Aufhebbarkeit der Sachentscheidung zur Folge. Wenn die Verwaltung ein Recht auf Information verletzt, bleibt dies nie ohne Rechtsfolge. Die Entscheidung über das Informationsrecht ist eigenständig aufhebbar und führt bei verfahrensbezogenen Rechten gleichzeitig zur Aufhebbarkeit der abschließenden Sachentscheidung. Der Rechtsträger verfügt über die Macht, das Informationsrecht durchzusetzen. Dieses vom Zweck der Rechte auf Information gegebene Versprechen wird in den Verfahren des Rechtsschutzes eingelöst.

8. Rechtsschutz gegen das Verweigern von Informationen

8.1. Interne Kontrolle und Verwaltungsrechtsschutz

In Rechtsordnungen, die ein umfassendes Recht auf Information kennen, sind sowohl Modelle interner wie externer Kontrolle des Informationszugangs anzutreffen. Eine Auslagerung der Kontrolle aus dem Bereich der Verwaltung liegt vor, wenn sie von unabhängigen Stellen oder Gerichten wahrgenommen wird. Die unabhängige Stelle kann empfehlend tätig werden und mehr intern auf die Verwaltung einwirken. Sie kann aber auch befugt sein, Untersuchungen einzuleiten und bindende Entscheidungen zu treffen.[412] Jedenfalls soll sie dem Information suchenden Bürger zur Seite stehen. Die Informationsinteressen werden mediatisiert, um den entgegenstehenden Interessen wie dem Geschäftsgeheimnis und dem Datenschutz Rechnung zu tragen. Dem Ombudsmann in Schweden, der wegen der Ablehnung eines Informationsersuchens angerufen werden kann, stehen Aufsichtsbefugnisse über Behörden zu, er kann aber Entscheidungen nicht aufheben.[413] In Frankreich nimmt die Commission d'accès aux documents administratifs (CADA) derartige Aufgaben wahr.[414] Sie soll sowohl die Behörden bei der Verwirklichung des Gesetzes No. 78–753 vom 17.7. 1978 über den Zugang zu Behördeninformationen unterstützen wie dem Informationssuchenden helfen.[415] Im Fall von Streitigkeiten über den Zugangsanspruch nimmt sie eine Schlichterfunktion ein mit dem Ziel, einen Rechtsstreit vor den Gerichten zu vermeiden.[416] Ihre Anrufung im Fall der Verweigerung des Informationszugangs trägt verpflichtenden Charakter.[417] Der kanadische Information Commissioner ist zuständig für die Behandlung von Beschwerden der Informationssuchenden und kann sich mit Zustimmung des Betroffenen an Gerichtsverfahren beteiligen.[418] Er gibt Empfehlungen ab, verfügt allerdings zudem über umfassende Befugnisse zur Untersuchung von Einzelfällen des Informationszugangs.[419] In der Provinz British Columbia kann der dortige Information Commissioner einen Mediator dazu ermächtigen, eine konkrete Problematik des Informationszugangs zu untersuchen und in ihr zu vermitteln.[420]

Die Kontrolle durch eine unabhängige Stelle tritt zur Selbstkontrolle der Verwaltung hinzu. Maßnahmen der Selbstkontrolle umfassen die Untersuchung von Zweckmäßigkeit und Rechtmäßigkeit einer Entscheidung, sie zielen damit

---

412 *R.S. Baxter*, European Public Law 2 (1996), S. 636.

413 *Th. Askelöf/R. Fernemann Heuergren*, in: Winter (Hrsg.), Öffentlichkeit, S. 499f.

414 *R.S. Baxter*, European Public Law 2 (1996), S. 638.

415 *G. Trantas*, Akteneinsicht, S. 235f.

416 *J. Lemasurier*, Revue du Droit Public 1980, S. 1261.

417 *J. Rivero*, droit administratif, Ziff. 95bis, 3°; *E. Riedel*, EuR-Beiheft 1/1995, S. 73; *J. Michael*, Privacy, S. 69.

418 *R.S. Baxter*, European Public Law 2 (1996), S. 646.

419 *H. Burkert*, in: Winter (Hrsg.), Öffentlichkeit, S. 307ff.

420 Abschnitt 55 des Freedom of Information and Protection of Privacy Act.

auch auf den Rechtsschutz des Einzelnen. Eine konkrete ablehnende Entscheidung der Verwaltung unterliegt nach deutschem Recht verwaltungsintern der Untersuchung im Widerspruchsverfahren gemäß §§68ff. VwGO, wenn sich der Antrag auf den Erlass eines den Informationszugang gestattenden Verwaltungsaktes richtet. In der Konstellation einer Leistungsklage kann unmittelbar der Weg zu den Verwaltungsgerichten beschritten werden.[421] Wenn interne Kontrollmechanismen nicht zur Befriedung führen, werden die Gerichte in Anspruch genommen. Die externe Kontrolle greift dann, um vor dem Hintergrund von Art. 19 Abs. 4 GG dem Einzelnen die Durchsetzung seines Informationsrechts zu erlauben.

Die Kontrolle der Informationsverwaltung kann mit der Mediatisierung des Informationszugangs gekoppelt sein. Wenn eine mit Unabhängigkeit ausgestattete Stelle für die Filterung und Weitergabe von Informationen an den Bürger zuständig ist, kommen ihr auch Kontroll- und Rechtsschutzfunktionen zu. Ein allgemeines Informationsrecht wahren der brandenburgische Landesbeauftragte für den Datenschutz und das Recht auf Akteneinsicht nach § 11 BbgAIG und der Berliner Datenschutzbeauftragte nach § 18 IFG-B.[422] Der Landesbeauftragte für den Datenschutz in Schleswig-Holstein kann gemäß § 16 IFG-SH von Personen angerufen werden, die mit der Bearbeitung ihres Ersuchens nach Information durch die Behörden unzufrieden sind. Die Handhabung von Informationszugang und Informationsverteilung durch die Behörden unterliegt der Kontrolle durch eine öffentlich-rechtliche Einrichtung. Der Vorteil besteht in der Möglichkeit informeller und präventiver Einwirkung auf das Gebaren der Verwaltung. Die Mitarbeiter der öffentlich-rechtlich organisierten Stelle, welche die Informationskontrolle wahrnimmt, treffen die allgemeinen Verschwiegenheitspflichten. Wenn dieser Stelle Informationen übermittelt werden, ist das Siegel der Geheimhaltung gegenüber der Öffentlichkeit nicht gebrochen. Daher können der Stelle von Behörden Informationen zugänglich gemacht werden, die dem Bürger verschlossen bleiben.[423] Als Vorbild für eine unabhängige Stelle, die das Recht auf Information mit sichern soll, könnte die Einrichtung des Datenschutzbeauftragten dienen. Mit dem Auskunftsrecht nach § 19 BDSG und den entsprechenden Vorschriften der Länder bestehen spezielle Informationsrechte, deren Verwirklichung die Datenschutzbeauftragten überwachen. Wird dem Betroffenen eine Auskunft über seine personenbezogenen Daten verwehrt, eröffnet ihm § 19 Abs. 6 BDSG die Möglichkeit, zumindest die Auskunftserteilung an den Bundesbeauftragten für den Datenschutz zu verlangen. In ähnlicher Weise schaltet § 15 Abs. 4 Satz 4 BVerfSchG den Datenschutzbeauftragten ein, um sicherzustellen, dass das Informationsrecht des Bürgers nicht zu Unrecht beschnitten wurde. Aus der Sicht des Informationssuchenden handelt es sich um die zweitbeste Lösung, aber immerhin wird seinem Ersuchen be-

---

[421] *F. Kopp/W.-R. Schenke*, VwGO, Vor § 68, Rn. 2b.

[422] Vgl. *D. Bleyl*, DuD 1998, S. 34.

[423] *S. Lodde*, Informationsrechte, S. 206.

grenzt Rechnung getragen, da ihm der Datenschutzbeauftragte Mitteilung über das Schicksal seines Informationsersuchens macht. Im Gegensatz zum Datenschutzbeauftragten oder dem Wehrbeauftragten nach Art. 45b Satz 1 GG wäre die unabhängige Stelle aber nicht zum unmittelbaren Schutz von Grundrechten berufen.[424] Sie würde ein als wichtig bewertetes Gemeinwohlinteresse verteidigen helfen, die Gewährleistung von Rechten auf Information.

De lege ferenda wäre es sinnvoll, zur Sicherung von Rechten auf Information eine derartige Institution zwischen die Verwaltung und den Informationssuchenden zu schalten, um Verwaltungsprozesse zu vermeiden und grundlegenden Zielsetzungen des Übermittelns von Informationen, nämlich der Herstellung von Transparenz und Akzeptanz gerecht zu werden. Eine Beschränkung auf die Anlasskontrolle sollte nicht vorgenommen werden.[425] Das brandenburgische Modell, dem Datenschutzbeauftragten auch den Schutz von Informationsrechten zu übertragen, erscheint konzeptionell verfehlt.[426] Zwischen Informationsrechten und dem Recht auf informationelle Selbstbestimmung besteht ein Spannungsverhältnis, das nicht intern ausgetragen werden sollte. Da Informationsrechte dem Grunde nach verfassungsrechtlich abgesichert sind, käme der Datenschutzbeauftragte in die Lage, verfassungsrechtlich geschützte Rechtsgüter abwägen und einen Ausgleich zwischen den Positionen herstellen zu müssen. Dabei würde sich abhängig vom Selbstverständnis eine Tendenz herausbilden, die der Durchsetzung einer der beiden Rechtspositionen von vornherein abträglich sein könnte. Denn die Verwaltung könnte sich auf diese Tendenz einstellen. Eine organisatorische Trennung dagegen führt zunächst zur weitgehenden Rechtsverwirklichung zu Gunsten des Bürgers und erst im Konfliktfall zur Herstellung praktischer Konkordanz. Dadurch würde die Sensibilität der Behörden beim alltäglichen Umgang mit Rechten auf Information geschärft. Die Sicherung von Informationsrechten könnte organisatorisch eher beim Bürgerbeauftragten angesiedelt werden, dessen Stellung damit insgesamt gestärkt würde. Soweit Informationsrechte ins Verwaltungsverfahren eingebettet sind, stehen sie in besonderer Abhängigkeit von der Vorgehensweise der Verwaltung. Gerade wegen der vielfältigen Möglichkeiten der Behörden, auf die Verwirklichung von Informationsrechten einzuwirken, erweist sich eine unabhängige Stelle als nützlich, die Informationsinteressen mediatisiert und gegenläufige Interessen berücksichtigt.

8.2. Eigenständige gerichtliche Durchsetzung

Die rechtswidrige Entscheidung der Behörde über die Gewährung oder Verweigerung von Informationen ist aufhebbar. Der Aufhebungsanspruch kann

---

424 Siehe oben 3. Kapitel, 5.1.1.

425 *S. Lodde*, Informationsrechte, S. 207.

426 Ähnlich *W. Rudolf*, Informationsfreiheit, S. 146.

aber nur dann eigenständig gerichtlich durchgesetzt werden, wenn § 44a VwGO dem nicht entgegensteht.[427] Die Vorschrift bestimmt als Voraussetzung der Zulässigkeit, dass die Verletzung von Verfahrensregelungen in der Regel nicht isoliert als Gegenstand einer Klage in Betracht kommt, sondern der Kläger gegen die Sachentscheidung als Ganzes vorgehen muss.[428] Zweck des § 44a VwGO ist es, zur Förderung der Verwaltungseffizienz die Sachentscheidung im Verwaltungsverfahren nicht durch Rechtsstreitigkeiten über Verfahrenshandlungen zu verzögern oder zu erschweren.[429] In der Anwendung der Regelung gilt es der Gefahr zu begegnen, dass die frühzeitige gerichtliche Klärung von Verfahrensfragen begrenzt wird und es dadurch zu einer Speicherung von Verfahrensfehlern kommt, die erst in einem Verwaltungsrechtsstreit über die Sachentscheidung abgearbeitet werden kann.[430] Die eigenständige gerichtliche Durchsetzung des Rechts auf Information kann gerade einen Beitrag zur Prozessökonomie leisten.[431] Wenn der Berechtigte aufgrund der erlangten Informationen davon Abstand nimmt, gegen die Sachentscheidung vorzugehen, werden unnötige Streitigkeiten vermieden.[432] Ein Warten auf die abschließende Sachentscheidung verkennt die Bedeutung der Information. Ohne den Zugang zu den relevanten Informationen kann der Betroffene, dem die Informationen verwehrt werden, die Erfolgsaussichten einer Klage gegen die abschließende Entscheidung der Behörde oft gar nicht abschätzen.[433] Dem Zweck des § 44a VwGO, Verzögerungen des Verwaltungsverfahrens zu verhindern, trägt eine eingrenzende, verfassungskonforme Auslegung der Vorschrift Rechnung. Durch § 44a VwGO wird der Rechtsschutz nur aufgeschoben.[434] Die infolge des Art. 19 Abs. 4 GG und der Grundrechte zwingende Gewährleistung effektiven Rechtsschutzes darf dadurch im Grunde nicht beeinträchtigt werden.[435] Auch deshalb bedarf die Regelung der verfassungskonformen Auslegung.[436] Als ausschlaggebend erweist sich der eigenständige Charakter der Gewährung von Informationen und die Möglichkeit, durch Kenntnismehrung den Betrof-

---

427 Zur Fortgeltung des § 44a VwGO trotz Aufhebung des § 97 VwVfG BVerwG, Urt.v.10. 2. 1999, NJW 1999, S. 1729 (1730).

428 *F. Hufen*, Verwaltungsprozeßrecht, § 23, Rn. 17.

429 BVerwG, Urt.v.12. 4. 1978, NJW 1979, S. 177; BVerwG, Beschl.v.21. 3. 1997, NVwZ-RR 1997, S. 663; *R. Schmidt-De Caluwe*, in: Sodan/Ziekow (Hrsg.), VwGO, § 44a, Rn. 22f.; zur Entstehungsgeschichte *M. Eichberger*, Einschränkung, S. 20ff.

430 *F. Hufen*, Verwaltungsprozeßrecht, § 23, Rn. 18.

431 So für das Recht auf Akteneinsicht *K. Redeker/H.-J. v. Oertzen*, VwGO, § 44a, Rn. 3a; *S. Wachs*, Akteneinsicht, S. 155; vgl. auch *J. Pietzcker*, VVDStRL 41 (1983), S. 226.

432 OVG S-H, Urt.v.13. 12. 1994, NVwZ 1996, S. 408.

433 *H.-J. Mengel*, Die Verwaltung 23 (1990), S. 388.

434 *H.-W. Laubinger*, VerwArch 73 (1982), S. 79.

435 BVerfG (2. Kammer des Ersten Senats), Beschl.v.24. 10. 1990, NJW 1991, S. 415 (416).

436 *J. Pietzcker*, VVDStRL 41 (1983), S. 227; *W.-R. Schenke*, VBlBW 1982, S. 325; *F. Hufen*, Fehler im Verwaltungsverfahren, Rn. 637; *P. Stelkens*, in: Schoch/Schmidt-Aßmann/Pietzner (Hrsg.), VwGO, § 44a, Rn. 5; speziell zur Akteneinsicht *K. Redeker/H.-J. v. Oertzen*, VwGO, § 44a, Rn. 3a.

fenen von einer Klage gegen die Sachentscheidung abzubringen.[437] In dieser Richtung sind die Spielräume des §44a VwGO zu nutzen.

Wenn um ein materielles Recht auf Information gestritten wird, bewirkt §44a VwGO ohnehin keine Sperre.[438] Denn es geht nicht um Verfahrenshandlungen, sondern um das Bestehen des Informationsrechts selbst als Gegenstand der behördlichen Sachentscheidung. Dementsprechend steht die Vorschrift der klageweisen Durchsetzung des Anspruchs auf Informationen über die Umwelt nach §4 UIG nicht entgegen.[439] Parallel ist die Durchsetzung des Auskunftsrechts aus §19 BDSG oder des Einsichtsrechts in Stasi-Unterlagen nach §3 Abs. 1 StUG zu beurteilen.[440] Zur Verteidigung subjektiver öffentlicher Rechte auf Information, die nicht Teil des Verfahrens auf dem Weg zu einer Sachentscheidung sind, muss schon wegen Art. 19 Abs. 4 GG der Rechtsweg eröffnet sein. Auch die Berechtigung von anerkannten Naturschutzverbänden, ihre Beteiligungsrechte nach §29 Abs. 1 Nr. 4 BNatSchG klageweise durchzusetzen, scheitert nicht an §44a VwGO.[441] Denn Gegenstand einer Anfechtungsklage ist nicht etwa eine Verfahrenshandlung, sondern die das Verfahren abschließende Sachentscheidung, die wegen eines Verfahrensfehlers angegriffen wird.[442] Grund für die Anfechtung kann die unterlassene Beteiligung als Verfahrensfehler sein.[443] Ein weiterer Rechtsbehelf steht den Naturschutzverbänden zur Verfügung, wenn sie ihre Partizipation isoliert erzwingen wollen. Die Beteiligungsrechte können nach der Rechtsprechung des Bundesverwaltungsgerichts mittels einer allgemeinen Leistungsklage noch während des Planfeststellungsverfahrens eingefordert werden.[444]

Wenn das Band der informationsrechtlichen Maßnahme zum Verwaltungsverfahren gelöst ist, widersteht §44a VwGO einem gerichtlichem Rechtsschutzbegehren des Informationssuchenden nicht. Deshalb folgt aus §44a VwGO keine Sperre gegen das gerichtliche Geltendmachen des Informationsrechts, wenn nach Abschluss des Verwaltungsverfahrens um die Gewährung von Akteneinsicht gestritten wird.[445] Eine Streitigkeit über die Reduktion des

---

[437] Vgl. insoweit zur UVP-Richtlinie *O. Dörr*, in: Sodan/Ziekow (Hrsg.), VwGO, EVR, Rn. 456.

[438] *K. Redeker/H.-J. v. Oertzen*, VwGO, §44a, Rn. 3a.

[439] *H.-U. Erichsen/A. Scherzberg*, Umsetzung, S. 118; *J. Fluck/A. Theuer*, UIG, §5, Rn. 79; *A. Turiaux*, UIG, §5, Rn. 35; *B. Wegener*, in: Schomerus/Schrader/Wegener, UIG, §4, Rn. 35; *N. Kollmer*, NVwZ 1995, S. 862; *H.-U. Erichsen*, NVwZ 1992, S. 417; *M. Schröder*, Stichwort „Geheimhaltungsschutz“, in: Kimminich/von Lersner/Storm (Hrsg.), Handwörterbuch des Umweltrechts, Sp. 825.

[440] *F. Kopp/W.-R. Schenke*, VwGO, §44a, Rn. 4a und *R. Schmidt-De Caluwe*, in: Sodan/Ziekow (Hrsg.), VwGO, §44a, Rn. 143, jeweils m.w.Bsp.

[441] *I. Rudolph*, JuS 2000, S. 479.

[442] BVerwGE 87, 62 (74); Bedenken dagegen bei *C.H. Ule/H.-W. Laubinger*, Verwaltungsverfahrensrecht, §40, Rn. 41.

[443] *Ph. Kunig*, Jura 1996, S. 496.

[444] BVerwGE 87, 62 (70f.); für eine Verpflichtungsklage *F. Kopp*, VwVfG, §73, Rn. 23; skeptisch wegen §44a VwGO *C.H. Ule/H.-W. Laubinger*, Verwaltungsverfahrensrecht, §40, Rn. 41.

[445] OVG S-H, Urt.v. 13. 12. 1994, NVwZ 1996, S. 408; *F. Hufen*, Fehler im Verwaltungsverfah-

Ermessens auf Null im Falle des unabhängig vom Verfahren bestehenden Rechts auf Information kann ohne weiteres vor den Gerichten ausgetragen werden.[446]

Im Fall verfahrensrechtlicher Informationsrechte spielt für die Anwendung des § 44a VwGO neben dem Charakter der Verfahrenshandlung die verfahrensrechtliche Stellung des Rechtsträgers eine Rolle. Einschränkungen des Anwendungsbereiches nimmt § 44a Satz 2 VwGO vor. Verfahrenshandlungen, die vollstreckbar sind oder gegen einen Nichtbeteiligten ergehen, eignen sich demnach als selbständiger Gegenstand einer verwaltungsgerichtlichen Klage. Der Grund liegt in der ansonsten bestehenden Gefahr der Rechtsschutzverkürzung, weil die Überprüfung von Verfahrensunrecht vor Eintritt der Beeinträchtigung des Rechts, insbesondere vor der Vollstreckung, möglich sein muss.[447] In der ersten Alternative beschränkt sich der Anwendungsbereich des § 44a Satz 2 VwGO nicht auf die Verwaltungsvollstreckung.[448] Vielmehr sind alle Verfahrenshandlungen im Sinne der Vorschrift vollstreckbar, die von der Behörde gegen den Willen des Betroffenen durchgesetzt werden sollen.[449] Die Rechtswidrigkeit selbständig vollstreckbarer Verfahrenshandlungen oder solcher mit selbständiger Beschwer kann infolge des § 44a Satz 2 VwGO gerichtlich isoliert geltend gemacht werden.[450] Einen Anwendungsfall bildet die Herausgabe von Informationen über Dritte durch die Behörde.[451] Denn die Dritten berufen sich auf den Schutz des Betriebs- und Geschäftsgeheimnisses oder das Recht auf informationelle Selbstbestimmung als Rechtsgüter, welche die Tragweite des Informationsrechts beschränken. Behauptet wird eine Beeinträchtigung der grundrechtlichen Sphäre.[452] Der Streit darüber kann von den Dritten unverzüglich vor Gericht ausgetragen werden, ohne dass § 44a VwGO dem entgegensteht.[453] Werden umgekehrt dem Informationsbegehrenden Informationen über Dritte verweigert, fehlt es an einer selbständig durchsetzbaren Maßnahme, so dass er insoweit § 44a VwGO nicht zu überwinden vermag. Begünstigt in der prozessualen Durchsetzung werden Dritte auch dann, wenn sie als Nichtbeteiligte eigene Informationsrechte geltend machen. An der Anwendbarkeit des § 44a Satz

---

ren, Rn. 637; *F. Kopp/W.-R. Schenke*, VwGO, § 44a, Rn. 4a.

[446] BayVGH, Urt.v.17.2. 1998, NVwZ 1999, S. 889; *H.J. Bonk*, in: Stelkens/Bonk/Sachs, VwVfG, § 29, Rn. 82; *P. Stelkens*, in: Schoch/Schmidt-Aßmann/Pietzner (Hrsg.), VwGO, § 44a, Rn. 18 m.w.N.

[447] *F. Kopp/W.-R. Schenke*, VwGO, § 44a, Rn. 8; *P. Stelkens*, in: Schoch/Schmidt-Aßmann/Pietzner (Hrsg.), VwGO, § 44a, Rn. 29.

[448] So aber *H. Geiger*, in: Eyermann/Fröhler (Hrsg.), VwGO, § 44a, Rn. 13.

[449] *P. Stelkens*, in: Schoch/Schmidt-Aßmann/Pietzner (Hrsg.), VwGO, § 44a, Rn. 26.

[450] *F. Hufen*, Fehler im Verwaltungsverfahren, Rn. 637.

[451] *H. Geiger*, in: Eyermann/Fröhler (Hrsg.), VwGO, § 44a, Rn. 16; *R. Schmidt-De Caluwe*, in: Sodan/Ziekow (Hrsg.), VwGO, § 44a, Rn. 233.

[452] *P. Schoenemann*, DVBl. 1988, S. 524.

[453] *P. Stelkens*, in: Schoch/Schmidt-Aßmann/Pietzner (Hrsg.), VwGO, § 44a, Rn. 17 und 29; *F. Kopp/W.-R. Schenke*, VwGO, § 44a, Rn. 10; *F. Hufen*, Fehler im Verwaltungsverfahren, Rn. 637; im Ergebnis auch *F. Kopp*, VwVfG, § 29, Rn. 35; *P. Schoenemann*, DVBl. 1988, S. 524.

1 VwGO fehlt es nämlich, wenn der Rechtsträger durch die abschließende Sachentscheidung nicht in seiner Rechtsstellung betroffen sein kann. Dann verfügt er nicht über einen Rechtsbehelf gegen die Sachentscheidung und kann isoliert die Verfahrenshandlung angreifen.[454] Dadurch wird das Verwaltungsverfahren nicht unangemessen behindert, weil es im Verhältnis zu den Beteiligten weitergeführt werden kann. Gemäß § 44a Satz 2 VwGO kann ein Nichtbeteiligter ihm gegenüber ergangene Verfahrenshandlungen angreifen oder unterbliebene erzwingen. Beteiligte Dritte jedoch sind von einer isolierten gerichtlichen Durchsetzung ausgeschlossen, wenn sie auch gegen die abschließende Entscheidung vorgehen können.[455] Falls ihm ein Recht auf Information zusteht, verfügt der beteiligte Dritte über eine subjektive Rechtsposition, die Teil seiner informatorischen Rechtsstellung ist. Die Verletzung dieser Rechtsposition durch eine Entscheidung der Behörde hat deren Aufhebbarkeit zur Folge.[456] Der Drittbetroffene kann mit dieser Begründung die Sachentscheidung angreifen. Eine Begrenzung der Ausschlusswirkung des § 44a VwGO folgt in diesem Fall nicht schon aus mangelnder Betroffenheit des Dritten durch die endgültige Sachentscheidung.

Die Sperrwirkung des § 44a VwGO könnte sich gegenüber der isolierten Durchsetzung verfahrensrechtlicher Informationsrechte von unmittelbar Betroffenen entfalten. Voraussetzung ist, dass es sich um unselbständige behördliche Verfahrenshandlungen in einem Verwaltungsverfahren handelt. Solche Verfahrenshandlungen stehen im Kontext der Sachentscheidung, sie verfügen nicht über erhebliches eigenes Gewicht.[457] Für die Anwendbarkeit des § 44a VwGO kommt es auf die Selbständigkeit der behördlichen Verfahrenshandlung an. Die Rechtsprechung erstreckt die Geltung von § 44a VwGO auf die Fälle der Verweigerung von Akteneinsicht.[458] Da die behördliche Entscheidung über die Akteneinsicht eine unselbständige Verfahrenshandlung darstelle, müsse der Antragsteller die Sachentscheidung abwarten, bevor er Widerspruch und Klage erheben könne.[459] Erst bei Vorliegen der Sachentscheidung sei die Beurteilung möglich, ob sich der Verstoß gegen das Recht auf Akteneinsicht kausal ausgewirkt habe.[460] Selbst wenn die Verweigerung der Information als Verwaltungsakt zu qualifizieren sei, schließe § 44a VwGO die selbständige Anfechtbarkeit weitgehend aus.[461] Davon werde insbesondere die Versagung der Akteneinsicht

---

[454] *F. Kopp/W.-R. Schenke*, VwGO, § 44a, Rn. 9.

[455] BVerwG, Urt.v.10.2. 1999, NJW 1999, S. 1729.

[456] Siehe oben 5. Kapitel, 7.2.3.

[457] *P. Stelkens*, in: Schoch/Schmidt-Aßmann/Pietzner (Hrsg.), VwGO, § 44a, Rn. 8 m.w.N.

[458] BVerwG, Urt.v.12.4. 1978, NJW 1979, S. 177; OVG NRW, Beschl.v.23.4. 1979, DÖV 1980, S. 222; BayVGH, Urt.v.29.10. 1986, NVwZ 1987, S. 613 (614); offen gelassen vom BVerfG (2. Kammer des Ersten Senats), Beschl.v.24.10. 1990, NJW 1991, S. 415 (416).

[459] OVG NRW, Beschl.v.23.4. 1979, DÖV 1980, S. 222.

[460] *H. Geiger*, in: Eyermann/Fröhler (Hrsg.), VwGO, § 44a, Rn. 8.

[461] *J. Martens*, NVwZ 1982, S. 483; *W. Clausen*, in: Knack (Hrsg.), VwVfG, § 97, Rn. 4.1; *R. Schmidt-De Caluwe*, in: Sodan/Ziekow (Hrsg.), VwGO, § 44a, Rn. 109 m.w.N.; in den Einzelheiten sehr weitgehend *M. Eichberger*, Einschränkung, S. 89ff.; dagegen abmildernd *P. Stelkens*,

nach §29 VwVfG erfasst.[462] Insbesondere das Begehren eines Beteiligten i.S.d. §13 VwVfG, innerhalb eines laufenden Verwaltungsverfahrens Akteneinsicht zu erhalten, könne nicht isoliert geltend gemacht werden.[463] Solange die Auswirkungen des Verfahrensfehlers auf die abschließende Entscheidung ungeklärt seien, sollten die Gerichte mit einschlägigen Streitfällen nicht befasst werden.[464] Den Hintergrund bildet der Ansatz, wonach nur ergebniskausale Verfahrensfehler zur Aufhebung der Sachentscheidung führen können.

Diese Konzeption unterschätzt die Eigenständigkeit der subjektiven Rechte auf Information.[465] Gerade bei der Entscheidung über die Akteneinsicht handelt es sich nicht um eine unselbständige Verfahrenshandlung, sondern um eine selbständige Maßnahme der Behörde im Rahmen eines Verwaltungsverfahrens, der regelmäßig die Qualität eines Verwaltungsakts zukommt.[466] Soweit das Informationsrecht Ausprägung der verfahrensrechtlichen Funktion der Grundrechte ist, stellt sich zusätzlich die Frage der effektiven Durchsetzung der Grundrechte. Ein Rechtsstreit über die Akteneinsicht kann unter Aspekten der Verfahrensökonomie sinnvoll sein, weil der Rechtsträger nicht auf die Sachentscheidung verwiesen wird, um die Chance zu haben, gegen die Verweigerung der Akteneinsicht vorzugehen. Mit den Informationen wird zudem die Kommunikation zwischen Informationsberechtigtem und Behörde befördert.[467] Die Verwehrung der Akteneinsicht kann zu unzumutbaren Nachteilen führen, die in einem späteren Prozess nicht mehr vollständig zu beseitigen sind.[468] Zumindest dann steht dem Einsichtsbegehrenden der Weg zum Verwaltungsgericht offen.[469] Das erfordert nach Ansicht des Bundesverfassungsgerichts der grundrechtlich verankerte effektive Rechtsschutz.[470] In Art.19 Abs.4 GG und auch den einzelnen Grundrechten erfährt die Effektivität der Rechtsdurchsetzung eine Betonung, die hinsichtlich der Verletzung von subjektiven öffentlichen Rechten auf Information zum Tragen kommt. Infolge der Eigenständigkeit verfahrensrechtlicher Informationsrechte erzwingt der effektive Rechtsschutz eine

---

in: Schoch/Schmidt-Aßmann/Pietzner (Hrsg.), VwGO, §44a, Rn.23, der allerdings im Ergebnis die Anwendbarkeit des §44a VwGO auf Verwaltungsakte bejaht.

462 *C.H. Ule/H.-W. Laubinger*, Verwaltungsverfahrensrecht, §25, Rn.10; *P. Badura*, in: Erichsen (Hrsg.), Allgemeines Verwaltungsrecht, §37, Rn.20 und §38, Rn.32 jeweils m.w.N.

463 OVG S-H, Urt.v.13.12.1994, NVwZ 1996, S.408; *R. Schmidt-De Caluwe*, in: Sodan/Ziekow (Hrsg.), VwGO, §44a, Rn.111 und 148.

464 OVG S-H, Urt.v.13.12.1994, NVwZ 1996, S.408.

465 *F. Kopp/U. Ramsauer*, VwVfG, §29, Rn.44; *R. Schmidt-De Caluwe*, in: Sodan/Ziekow (Hrsg.), VwGO, §44a, Rn.252, verneint wegen der zu schützenden Partizipationsfunktion subjektiver Verfahrensrechte die Anwendung von §44a VwGO auf verfahrensrechtliche Entscheidungen in komplexen Großverfahren.

466 *H.-J. Mengel*, Die Verwaltung 23 (1990), S.388.

467 *K. Redeker/H.-J. v. Oertzen*, VwGO, §44a, Rn.3a.

468 BVerfG (2. Kammer des Ersten Senats), Beschl.v.24.10.1990, NJW 1991, S.415 (416).

469 *H.J. Bonk*, in: Stelkens/Bonk/Sachs, VwVfG, §29, Rn.81; *W. Clausen*, in: Knack (Hrsg.), VwVfG, §97, Rn.4.3; *F. Kopp*, VwVfG, §97, Rn.7; *R. Schmidt-De Caluwe*, in: Sodan/Ziekow (Hrsg.), VwGO, §44a, Rn.236.

470 BVerfG (2. Kammer des Ersten Senats), Beschl.v.24.10.1990, NJW 1991, S.415 (416).

verfassungskonforme Reduktion des § 44a VwGO, die für den Regelfall dazu führt, dass das Informationsrecht isoliert gerichtlich durchgesetzt werden kann. Den Ausschlag gibt der Charakter des Rechts, nicht die Person des Rechtsträgers. Informationsrechte unmittelbar Betroffener überwinden die Sperre des § 44a VwGO ebenso wie Informationsrechte Dritter.[471] Voraussetzung ist die Erforderlichkeit des Rechtsschutzes zur Rechtsverwirklichung, die insbesondere aus der Notwendigkeit resultieren kann, auf die Sachentscheidung Einfluss zu nehmen.[472] Als Folge des Zeitfaktors gewinnt in solchen Situationen der einstweilige Rechtsschutz an Bedeutung.

Die prozessuale Sperre des § 44a VwGO wirkt gegen Widerspruch und sämtliche Klagearten.[473] Auch einstweiliger Rechtsschutz soll ausgeschlossen sein.[474] Angesichts des Zwecks der Vorschrift erscheint dies dann keineswegs selbstverständlich, wenn der Rechtsbehelf nach § 80 VwGO oder § 123 VwGO das auf die Sachentscheidung gerichtete Verwaltungsverfahren nicht verzögert. Für die Verwirklichung von Informationsrechten drängt zuvörderst § 123 VwGO ins Blickfeld. Entweder stellt der Informationssuchende einen Antrag darauf, die Behörde zum Erlass des die Information gewährenden Verwaltungsaktes zu verpflichten, oder er begehrt einen entsprechenden Realakt. Durch die summarische Prüfung im Rahmen des einstweiligen Rechtsschutzes tritt keine Verzögerung des Verwaltungsverfahrens ein.[475] Trotz § 44a VwGO verfügen unmittelbar Betroffene ebenso wie betroffene Dritte über die Option, ihre Informationsrechte im Wege einstweiligen Rechtsschutzes nach § 123 VwGO durchzusetzen.[476] Um den Prozess der Kommunikation zu beeinflussen, dürfte die Wahrnehmung dieser Option den Regelfall bilden. Denn der Informationssuchende strebt eine frühzeitige Erlangung der Informationen an, die aus seiner Sicht jedenfalls vor der Sachentscheidung liegen sollte. Das Recht auf Information unterstützt die Sicherung materieller Rechte und Interessen. Diesen Zweck erfüllt es nur, wenn eine Einflussnahme auf die abschließende Sachentscheidung noch möglich ist. Die einstweilige Anordnung dient dazu, die eigenständige Informationshandlung durchzusetzen.[477] Weil ein Abwarten auf eine weitere gerichtliche Entscheidung über das Vorliegen des Informationsrechts ungeachtet ihrer Zulässigkeit nach § 44a VwGO unzumutbar wäre, liegt ein Ausnahmefall

[471] *F. Kopp/U. Ramsauer*, VwVfG, § 29, Rn. 44.

[472] *R. Schmidt-De Caluwe*, in: Sodan/Ziekow (Hrsg.), VwGO, § 44a, Rn. 239.

[473] BayVGH, Urt.v.29. 10. 1986, NVwZ 1987, S. 613 (614).

[474] *H. Geiger*, in: Eyermann/Fröhler (Hrsg.), VwGO, § 44a, Rn. 12; *K. Redeker/H.-J. v. Oertzen*, VwGO, § 44a, Rn. 2; *M. Eichberger*, Einschränkung, S. 199; *P. Stelkens*, in: Schoch/Schmidt-Aßmann/Pietzner (Hrsg.), VwGO, § 44a, Rn. 20; *C.H. Ule/H.-W. Laubinger*, Verwaltungsverfahrensrecht, § 25, Rn. 10.

[475] *J.H. Burmeister/G. Winter*, in: Winter (Hrsg.), Öffentlichkeit, S. 107; *M. Preussner*, VBlBW 1982, S. 9; *F. Hufen*, Fehler im Verwaltungsverfahren, Rn. 635.

[476] Für den Fall der sonst eintretenden Rechtsvereitelung ebenso *W.-R. Schenke*, VBlBW 1982, S. 325; *F. Kopp/W.-R. Schenke*, VwGO, § 44a, Rn. 4; für den Rechtsschutz Dritter auch *F. Kopp*, VwVfG, § 29, Rn. 35.

[477] *F. Hufen*, Verwaltungsprozeßrecht, § 33, Rn. 12.

vor, in dem die Entscheidung in der Hauptsache vorweggenommen werden kann.[478] Solange über das Informationsrecht noch nicht gerichtlich entschieden ist, darf das Verwaltungsverfahren mit dem Ziel der Sachentscheidung nicht zu Ende geführt werden. Damit kann die Aussetzung des Verfahrens analog § 94 VwGO notwendig sein. Denn die zu treffende abschließende Entscheidung kann zumindest teilweise davon abhängen, ob und in welcher Weise der Informationsberechtigte noch kommunikativen Einfluss auf das Verfahren nimmt.

8.3. Gerichtlicher Rechtsschutz

Wenn und soweit die prozessuale Sperre des § 44a VwGO überwunden ist, stehen behördliche Entscheidungen über Informationsrechte der gerichtlichen Überprüfung offen. Der prozessuale Weg hängt davon ab, ob im Zusammenhang mit dem Zugang zu Informationen ein Verwaltungsakt vorliegt oder ob es sich um einen Realakt handelt.

Die Entscheidung über Bestand und Reichweite eines materiellen Informationsrechts ist ein Verwaltungsakt i.S.d. § 35 Satz 1 VwVfG.[479] Verfahrensrechtliche Informationsrechte nehmen eine ähnlich eigenständige Stellung ein. In Frage steht die Festlegung der informatorischen Rechtsstellung des Bürgers, zu deren Bestandteilen informatorische Positionen in Verwaltungsverfahren zählen. Gewährleistungen und Begrenzungen der Rechtssphäre des Bürgers tragen regelnden Charakter.[480] Das Bundesverwaltungsgericht hat entschieden, dass Auskünfte als Ausdruck der Entscheidung der Behörde über die Erteilung oder Verweigerung von Informationen Verwaltungsakte sein können.[481] Die Entscheidung der Behörde über Erteilung oder Verweigerung von Informationen erweist sich auch im Fall verfahrensbezogener Informationsrechte als Verwaltungsakt.[482] Besonders deutlich wird die Regelungswirkung der behördlichen Entscheidung dadurch, dass die Behörde regelmäßig das Informationsrecht mit möglichen entgegenstehenden Gründen abwägt.[483] Dies gilt insbesondere für die Verweigerung der Akteneinsicht nach § 29 Abs. 2 i.V.m. § 30 VwVfG, die gemeinhin als Verwaltungsakt qualifiziert wird.[484] Die Herausgabe der Informa-

---

[478] *S. Wachs*, Akteneinsicht, S. 156f.; *J. Burmeister/G. Winter*, in: Winter (Hrsg.), Öffentlichkeit, S. 120; enger *N. Kollmer*, NVwZ 1995, S. 863.

[479] So für § 5 Abs. 2 Satz 1 UIG OVG S-H, Beschl.v.16.6. 1998, NVwZ 1999, S. 670 (671) = DVBl. 1999, S. 250.

[480] Vgl. *H.-U. Erichsen/A. Scherzberg*, Umsetzung, S. 31.

[481] BVerwGE 31, 301 (306).

[482] Ebenso für die Akteneinsicht *H.-J. Mengel*, Die Verwaltung 23 (1990), S. 388; *J. Martens*, NVwZ 1982, S. 483; a.A. OVG NRW, Beschl.v.13.1. 1999, NVwZ 1999, S. 1252; *F. Hufen*, Fehler im Verwaltungsverfahren, Rn. 254.

[483] BVerwGE 31, 301 (306f.); OVG S-H, Beschl.v.16.6. 1998, NVwZ 1999, S. 670 (671) = DVBl. 1999, S. 250f.

[484] *W. Clausen*, in: Knack (Hrsg.), VwVfG, § 29, Rn. 8; *H.J. Bonk*, in: Stelkens/Bonk/Sachs, VwVfG, § 29, Rn. 81 jeweils m.w.N.

tion selbst, ihre faktische Übermittlung ist dagegen als Realakt zu qualifizieren.

Dem Informationsbegehrenden steht demzufolge hauptsächlich die Verpflichtungsklage zur Verfügung, um die begehrten Informationen von der Verwaltung zu erlangen.[485] Aus der Warte eines Dritten kann die Klage auf Information mit der Durchsetzung seiner Stellung als Beteiligter nach § 13 VwVfG verbunden werden.[486] Ein Recht des Dritten, die Mitteilung von Informationen zu verhindern, findet seine Verwirklichung nach Drittwiderspruch durch Anfechtungsklage oder im Wege der vorbeugenden Unterlassungsklage, sofern das Unterlassen des Realakts der Informationsübermittlung begehrt wird.[487] Besondere Bedeutung kommt dem einstweiligen Rechtsschutz nach § 123 VwGO deshalb zu, weil der Berechtigte die Informationen noch so rechtzeitig erhalten will, um die Sachentscheidung der Behörde beeinflussen zu können.[488] Falls die fehlerhafte Verteilung von Informationen durch die Behörde bereits geschehen ist, befindet sich das Verfahren in einer informatorischen Schieflage, die sich auch im Verfahrensergebnis niedergeschlagen haben kann. Den Ausgleich bewirken Maßnahmen der Folgenbeseitigung oder Schadensersatzansprüche. Voraussetzung ist die Feststellung, dass die Entscheidung über das Informationsrecht rechtswidrig war, weshalb insoweit die Fortsetzungsfeststellungsklage in Betracht kommt.

Rechte auf Information sind subjektive öffentliche Rechte. Die Möglichkeit ihrer Verletzung begründet für den Informationsbegehrenden die Klagebefugnis nach § 42 Abs. 2 VwGO. Sowohl für den unmittelbar wie für den mittelbar oder potentiell Betroffenen geht es um seine informatorische Rechtsstellung. Diese bündelt eigene Rechte und Berechtigungen. Ihre Verteidigung betrifft den Individualschutz. Drittbetroffene, welche die Geheimhaltungsbedürftigkeit von Informationen vortragen, gründen ihre Behauptungen auf gesetzliche Vorschriften, die Gegengründe zum Informationsrecht enthalten. Diese Vorschriften sind sicherlich drittschützend, soweit sie das Recht auf informationelle Selbstbestimmung und das Betriebs- und Geschäftsgeheimnis ausformen. Regelungen wie § 8 UIG oder § 5 BbgAIG, die den Schutz privater Interessen bezwecken, eignen sich als Grundlagen, auf die der Dritte seine Klagebefugnis nach § 42 Abs. 2 VwGO stützen kann. Verfahrensrechtliche Vorschriften über ein Recht auf Information wie § 29 Abs. 1 VwVfG oder § 10a der 9. BImSchV vermitteln im Streitfall gleichfalls die Klagebefugnis für unmittelbar wie mittelbar oder potentiell Betroffene.

Im Zuge der gerichtlichen Kontrolle fordern die weiten Spielräume der Verwaltung bei der Entscheidung über den Zugang zu Informationen Beachtung.

---

485 *J. Burmeister/G. Winter*, in: Winter (Hrsg.), Öffentlichkeit, S. 120; *J. Fluck/A. Theuer*, UIG, § 5, Rn. 80. Vgl. OVG S-H, Beschl.v.16. 6. 1998, NVwZ 1999, S. 670 (671) = DVBl. 1999, S. 250f.

486 *H.J. Bonk*, in: Stelkens/Bonk/Sachs, VwVfG, § 29, Rn. 82.

487 Zu Letzterem *F. Hufen*, Fehler im Verwaltungsverfahren, Rn. 254.

488 BVerfG (2. Kammer des Ersten Senats), Beschl.v.24. 10. 1990, NJW 1991, S. 415 (416); *J. Burmeister/G. Winter*, in: Winter (Hrsg.), Öffentlichkeit, S. 120.

Die Entscheidung über das Recht auf Information integriert die involvierten Interessen. Sie erweist sich als inhaltlich nur begrenzt richterlich nachprüfbar, da sie das Ergebnis von Abwägungen darstellt.[489] Zumal wenn die Entscheidung Produkt eines Verfahrens ist, erfüllt sie auch die Funktion, Komplexität zu reduzieren. Hinsichtlich der Gewährung oder Verweigerung des Informationsrechts stehen der Verwaltung Spielräume zu, die das Gericht zu beachten hat.[490] Mit der Aufwertung des Verfahrensrecht geht allerdings die gerichtliche Überprüfbarkeit der Einhaltung von Verfahrensregeln einher.

Im Rahmen der gerichtlichen Überprüfung müssen von Seiten der Verwaltung Gründe für die Verweigerung der Informationen angegeben werden. Diese Begründung der Verwaltung kann zur Aufdeckung geheim zu haltender Umstände führen.[491] Der Informationssuchende und Kläger darf jedoch nicht auf dem Weg über das Gerichtsverfahren an Informationen herankommen, die ihm im Verwaltungsverfahren aus berechtigten Gründen vorenthalten wurden.[492] Deswegen sind Sicherungsmechanismen erforderlich, die einerseits dem Gericht eine umfassende Würdigung erlauben und andererseits den Interessen daran, bestimmte Informationen nicht zu offenbaren, gerecht werden. Behörden sind gemäß § 99 Abs. 1 Satz 1 VwGO zur Vorlage von Akten an das Gericht verpflichtet. Die Gerichtsakten und die dem Gericht vorgelegten Akten können die Beteiligten nach § 100 Abs. 1 VwGO einsehen.[493] Die Verbindung in §§ 99, 100 VwGO zwischen der Pflicht zur Aktenvorlage und dem Recht auf Akteneinsicht resultiert aus dem Untersuchungsgrundsatz des Verwaltungsprozesses und dem rechtlichen Gehör der Beteiligten.[494]

Das Bundesverfassungsgericht hat festgestellt, dass § 99 Abs. 1 Satz 2 i.V.m. § 99 Abs. 2 Satz 1 VwGO mit Art. 19 Abs. 4 GG unvereinbar ist.[495] Effektiven Rechtsschutz könne das Verwaltungsgericht nur gewähren, wenn die notwendige Offenlegung der Verwaltungsvorgänge gesichert sei, derer das Gericht zur Beurteilung der Rechtmäßigkeit der behördlichen Entscheidung bedürfe. Da die oberste Aufsichtsbehörde, welche über die Erteilung der Informationen entscheide, regelmäßig besonderen Wert auf Geheimhaltung lege, garantiere ihre Einschaltung noch keinen effektiven Rechtsschutz.[496] Auch die Regelung des § 99 Abs. 2 Satz 1 VwGO, die ein Glaubhaftmachen der Weigerungsgründe verlange und diese der gerichtlichen Kontrolle unterwerfe, könne das Rechtsschutzdefizit nicht kompensieren.[497] Denn die Behörde werde für die Glaub-

---

489 *J. Masing*, DVBl. 1998, S. 552.

490 Grundsätzlich für eine Reduzierung der gerichtlichen Kontrolldichte *E. Schmidt-Aßmann*, Das Allgemeine Verwaltungsrecht, 4/73 und 6/113 m.w.N.

491 *S. Lodde*, Informationsrechte, S. 196; *S. Wachs*, Akteneinsicht, S. 157.

492 BVerwGE 74, 115 (120).

493 Siehe oben 5. Kapitel, 3.3.

494 BVerwGE 30, 154 (158).

495 BVerfG, Beschl.v.27.10. 1999, EuGRZ 2000, S. 167 (172).

496 BVerfG, Beschl.v.27.10. 1999, EuGRZ 2000, S. 167 (173).

497 In diese Richtung argumentiert aber das OVG NRW, Beschl.v.25.11. 1999, NVwZ 2000, S. 449 (450).

haftmachung ihrer Weigerungsründe regelmäßig diejenigen Argumente vortragen, mit denen sie auch die Ablehnung der Informationsgewährung an den Betroffenen begründet habe. An dieser Beurteilung änderten auch die gesteigerten Anforderungen der Rechtsprechung an das Glaubhaftmachen nichts.[498] Die Rechtsprechung verlangte von den Behörden, die der Verweigerung der Informationen zugrunde liegenden Erwägungen hinreichend glaubhaft zu machen (§ 99 Abs. 2 Satz 1 VwGO).[499] Dies birgt jedoch in der Tat die Gefahr, dass sich die Behörde auf allgemeine Begründungsformeln zurückzieht.[500] Dem Bundesverfassungsgericht ist daher darin zuzustimmen, dass die bisherige Systematik des § 99 VwGO einseitig die Behörden bevorteilte. Sie konnten an ihren einmal gemachten Erwägungen zur Verweigerung der Informationen gegenüber dem Informationssuchenden festhalten, ohne dass eine umfassende gerichtliche Überprüfung der Behördenentscheidung nach den Maßstäben des Art. 19 Abs. 4 GG gewährleistet war. Der Schutz der informatorischen Rechtsstellung des Bürgers erfordert, dass die Entscheidung der Behörde, die Herausgabe von Informationen zu verweigern, von einer unabhängigen Stelle überprüft werden kann. Die gerichtliche Kontrolle kann sich zum einen auf den rechtmäßigen Ablauf des Verfahrens beziehen, der für die Wahrscheinlichkeit einer sachgerechten Entscheidung steht; eine transparente und ordnungsgemäße Ausgestaltung des Verfahrens spricht für die Vertretbarkeit der behördlichen Entscheidung.[501] Zum anderen müssen dem Gericht die Verwaltungsvorgänge zur Verfügung stehen, welche die für das Verwaltungsverfahren und dessen Ergebnis maßgeblichen Umstände und behördlichen Erwägungen festhalten, soweit diese für die eigenständige Urteilsfindung des Gerichts erforderlich sind.[502]

Das Bundesverfassungsgericht hält die Einführung eines in camera-Verfahrens für zulässig.[503] Dessen Einleitung auf Antrag oder auf Gerichtsbeschluss hin würde im Vergleich zur bisherigen Rechtslage eine Intensivierung des Rechtsschutzes nach sich ziehen.[504] Das Gericht würde in diesem Verfahren das Recht auf Information und alle Gegengründe einer vollständigen Prüfung unterziehen, wobei die Öffentlichkeit und die Beteiligten ausgeschlossen wären.[505] Die Figur des in camera-Verfahrens dient der Abwägung zwischen Informations- und Geheimhaltungsinteresse. In den Vereinigten Staaten steht zur Durchsetzung des Informationsrechts ein derartiges besonderes gerichtliches Verfahren zur Verfügung.[506] Auch in Schweden führen die Verwaltungsgerichte

---

498 BVerfG, Beschl.v.27. 10. 1999, EuGRZ 2000, S. 167 (173).

499 BVerwGE 74, 115 (120); *H.-U. Erichsen/A. Scherzberg*, Umsetzung, S. 121; *H.-U. Erichsen*, NVwZ 1992, S. 417; *J. Fluck/A. Theuer*, UIG, § 5, Rn. 88 m.N.

500 *S. Lodde*, Informationsrechte, S. 203; *H.-J. Mengel*, Die Verwaltung 23 (1990), S. 388.

501 Vgl. *E. Schmidt-Aßmann*, Das Allgemeine Verwaltungsrecht, 4/81 zu einem prozeduralen Konzept der Kontrolldichte.

502 BVerfG, Beschl.v.27. 10. 1999, EuGRZ 2000, S. 167 (172).

503 BVerfG, Beschl.v.27. 10. 1999, EuGRZ 2000, S. 167 (174).

504 *J. Scherer*, Verwaltung und Öffentlichkeit, S. 82.

505 *S. Lodde*, Informationsrechte, S. 203.

506 *M. Rehbinder*, Informationspflicht, S. 47.

im Rahmen eines in camera-Verfahrens die Kontrolle ablehnender Verwaltungsentscheidungen durch.[507] Allerdings stehen den Vorteilen Bedenken entgegen, die aus Art. 103 Abs. 1 GG resultieren, da das rechtliche Gehör in dieser Verfahrensart ebenso Einschränkungen erfährt wie der Grundsatz der Öffentlichkeit von Gerichtsverfahren.[508] Immerhin resultiert aus der erweiterten Möglichkeit gerichtlicher Überprüfung ein gewisser rechtsstaatlicher Gewinn.[509] Diesen Gewinn hat das Bundesverfassungsgericht als so wesentlich erachtet, dass es in der Einführung eines in camera-Verfahrens vor den Verwaltungsgerichten keinen Verstoß gegen Art. 103 Abs. 1 GG sieht.[510] Da Art. 103 Abs. 1 GG in enger Verbindung mit Art. 19 Abs. 4 GG stehe, könne das rechtliche Gehör zu Gunsten des Rechtsschutzsuchenden eingeschränkt werden. Da im Gegensatz zum Strafverfahren der Grundsatz „in dubio pro reo" vor den Verwaltungsgerichten nicht gelte, benachteilige die Geheimhaltung entscheidungserheblicher Tatsachen regelmäßig den betroffenen Bürger. Die vollständige Gewährleistung rechtlichen Gehörs würde letztlich die Effektivität des Rechtsschutzes beeinträchtigen, weil dann dem Gericht nicht alle entscheidungserheblichen Tatsachen zugänglich gemacht werden könnten. Wenn das Gericht die vollständigen Akten kenne, diene dies dem Rechtsschutz des Betroffenen nach Art. 19 Abs. 4 GG. Daher sei ein in camera-Verfahren verfassungsrechtlich unbedenklich.[511] Zwar legt das Bundesverfassungsgericht den Gesetzgeber nicht auf diesen Weg fest, um die verfassungswidrige Rechtslage zu beseitigen. Es ist aber angesichts der umfangreichen Ausführungen des Bundesverfassungsgerichts davon auszugehen, dass der Gesetzgeber ein Modell des in camera-Verfahrens verwirklichen wird.[512] Darin liegt eine Stärkung der informatorischen Rechtsstellung des Bürgers.

Eine effektive Verbesserung der Kontrolle darüber, ob die Verwaltung bei der Entscheidung über das Informationsrecht zutreffend abgewogen hat, bringt auch die Einschaltung eines unabhängigen Informationsmittlers.[513] Ein Informationsbeauftragter oder eine entsprechende Kommission, die dem Schutz der informatorischen Rechtsstellung des Bürgers dienen, sind am besten geeignet, dem Informationsinteresse zur Entfaltung zu verhelfen, ohne die notwendige Geheimhaltung zu vernachlässigen.

---

507 *E. Schwan*, Amtsgeheimnis, S. 127.

508 *M. Schröder*, Stichwort „Geheimhaltungsschutz", in: Kimminich/von Lersner/Storm (Hrsg.), Handwörterbuch des Umweltrechts, Sp. 826; *N. Kollmer*, NVwZ 1995, S. 863; *T. Cosack/S. Tomerius*, NVwZ 1993, S. 845.

509 *S. Lodde*, Informationsrechte, S. 183; *H.-J. Mengel*, Die Verwaltung 23 (1990), S. 390.

510 BVerfG, Beschl. v. 27. 10. 1999, EuGRZ 2000, S. 167 (174).

511 BVerfG, Beschl. v. 27. 10. 1999, EuGRZ 2000, S. 167 (174).

512 Dafür *D. Bleyl*, DuD 1998, S. 35.

513 Vgl. *T. Cosack/S. Tomerius*, NVwZ 1993, S. 845, die einen Sachverständigen vorschlagen.

9. Zusammenfassung: Die informatorische Rechtsstellung des Bürgers

Rechte auf Information dienen der Wahrnehmung und Durchsetzung von Interessen. Dabei kann es sich um eigene Interessen des Rechtsträgers oder um Gemeinwohlinteressen handeln. Die Informationsrechte unterscheiden sich nach dem Zweck, den das Informationsbegehren verfolgt und insbesondere im Verwaltungsverfahren nach dem Grad der Betroffenheit ihres Trägers. In eigenen Rechten tatsächlich oder potentiell Betroffene verfügen über schlagkräftige Rechte auf Information, um ihre Rechtsgüter sowohl innerhalb wie außerhalb von Verwaltungsverfahren schützen zu können. Tatsächlich Drittbetroffene unterscheiden sich lediglich durch die mittelbare Wirkungsweise der behördlichen Maßnahmen von unmittelbar Betroffenen, denn sie werden in ihnen zustehenden eigenen Informationsrechten berührt. Potentiell Drittbetroffene bilden eine Gruppe von Rechtsträgern, die durch die noch nicht eingetretene Betroffenheit in die Nähe von Interessierten gerückt wird. Rechtlich Interessierte wiederum können im Hinblick auf Informationsrechte zu Betroffenen werden. Denn Pflichten der Verwaltung gegenüber rechtlich oder faktisch interessierten Bürgern schlagen in Rechte auf Information um, falls sich deren Betroffenheit herausstellt. Die Gewährung von Rechten auf Information an Interessierte kann von vornherein auf der Wahrung von Gemeinwohlinteressen beruhen.

Wenn ein gesetzlich verankertes Informationsrecht der Verteidigung von Interessen des Gemeinwohls dient, widerspricht dies seinem Charakter als subjektives Recht nicht.[514] Die Motivation der Rechtseinräumung nimmt keinen Einfluss auf Charakter und Vorliegen des Rechts, sondern nur auf die Rechtsdurchsetzung. Der Einzelne wird instrumentalisiert, die Geltendmachung des Rechts erfolgt vorrangig zu Gunsten öffentlicher Interessen, zum Beispiel des Gesundheits-, Umwelt- oder Nachweltschutzes. Zwecke individuellen Rechtsschutzes können daneben stehen. Rechte auf Information sind multifunktional, sie erfüllen unterschiedliche Funktionen zugleich. Ihre Voraussetzungen unterscheiden sich danach, wie die bereichsspezifische Gewichtung der Funktionen vorzunehmen ist.

Eine Reihe bestehender Normen bietet Ansatzpunkte, um Informationsrechte als eigenständige Positionen innerhalb und außerhalb des Verwaltungsverfahrens zu konzipieren. Für Inhalt und Voraussetzungen der Informationsrechte kommt es auf den Zweck des Gesetzes an.[515] Maßgebenden Einfluss auf die Struktur des Rechts hat die Einbettung der Informationsrechte in ein Verwaltungsverfahren, weil dieses der Integration einer Vielzahl von Interessen

[514] Bedenken gegenüber einer Generalisierung des Ansatzes bei *J. Masing*, Mobilisierung, S. 233.

[515] Auf den Zweck der Akteneinsicht stellt auch die damalige Bundesregierung in ihrer Antwort auf eine große Anfrage der SPD-Fraktion zu Informationszugangsrechten ab und bejaht die Möglichkeit einer sachbezogenen Gewährung von Akteneinsicht durch den Gesetzgeber, RDV 1992, S. 100.

dient. Informationsrechte sind in die Interessengeflechte eingebunden und werden vor, während und nach dem Verfahren gewährt, um den Interessen an Information gerecht zu werden. Im Vorfeld des Verfahrens bestehen im Zusammenhang des Verfahrensrechtsverhältnisses zwischen Bürger und Verwaltung Vorwirkungen verfahrensrechtlicher Vorschriften, die zu informatorischen Rechtspositionen Einzelner führen. Während des Verfahrens folgt aus dessen Bedeutung eine Aufwertung und interpretative Ausweitung der Regelungen, die Informationsrechte gewähren. Nach Abschluss des Verfahrens entfalten verfahrensbezogenen Rechte keine Wirkung. Neben gesetzlich geregelten materiellen Informationsrechten steht das Recht auf Information nach Ermessen der Behörde zur Verfügung. Das Ermessen bei der Rechtsgewährung ist als Folge verfassungsrechtlicher Einwirkungen in aller Regel auf Null reduziert. Allerdings kann insbesondere das Recht auf informationelle Selbstbestimmung zu Beschränkungen dieses Informationsrechts führen.

Gegenstand von Informationsrechten sind die bei der Behörde vorhandenen Informationen. Als Verpflichtete kommen die Träger öffentlicher Verwaltung und ausnahmsweise auch Privatrechtssubjekte in Betracht, wenn und soweit sie öffentliche Aufgaben wahrnehmen oder legitime Informationsinteressen nicht anders befriedigt werden können.

Die Reichweite und Durchsetzungskraft eines Informationsrechts hängen von seiner konkreten Ausgestaltung ab. Sofern das Erfordernis eines berechtigten Interesses im Tatbestand des Rechts besteht, sollte es als systemfremd fallen gelassen werden. Im Einzelfall hat die Behörde eine Interessenabwägung vorzunehmen, da zumindest die Rechtseinräumung in Beziehung zu Verweigerungsgründen gesetzt werden muss. Im Zuge der Interessenabwägung kommt es zunächst auf die Intensität der Gewährleistung des Rechts an. Eine wesentliche Vorgabe bildet das Regel-Ausnahme-Verhältnis von Rechtsgewährung und Rechtsverweigerung.[516] Für das Ergebnis entscheidend ist das Gewicht der Gründe, die für eine Verweigerung der Informationen sprechen. Ausgehend vom Sozialbezug setzt das Recht auf informationelle Selbstbestimmung dem Informationsrecht im Grundsatz mehr Widerstand entgegen als der Schutz des Betriebs- und Geschäftsgeheimnisses. Am wenigsten ist die Effizienz und Funktionsfähigkeit der Verwaltung in der Lage, die Durchsetzung eines Rechts auf Information zu verhindern.

Im Rahmen der Art und Weise des Zugangs zu Informationen bildet die Sicherung der Effektivität des Rechts einen zentralen Gesichtspunkt. Eine Verfahrensgestaltung, die dem Grundsatz der Verhältnismäßigkeit Rechnung trägt, kann Rückgriff auf moderne Techniken wie CD-ROM oder das Internet nehmen. Der Informationsberechtigte verfügt aber auch über einen Anspruch auf Kopien bzw. Ablichtungen aus Akten, Unterlagen oder Dateien.

Wenn die Verwaltung ein Recht auf Information verletzt, ist diese Entscheidung eigenständig aufhebbar. Sie führt bei verfahrensbezogenen Rechten auch

---

[516] *E. Schmidt-Aßmann*, Das Allgemeine Verwaltungsrecht, 2/115.

zur Aufhebbarkeit der abschließenden Entscheidung, weil ein Einfluss der Ausgestaltung von Kommunikation im Verfahren auf dessen Ergebnis regelmäßig nicht offensichtlich ausgeschlossen werden kann. Der Rechtsträger verfügt über die Macht, das Informationsrecht durchzusetzen. Rechtsträger sind die unmittelbar Betroffenen ebenso wie Dritte. Denn im Hinblick auf das Informationsrecht kommt Dritten eine eigene Rechtsposition als Teil ihrer informatorischen Rechtsstellung zu. Da § 44a VwGO teils das Geltendmachen von Informationsrechten nicht erfasst und teils verfassungskonform reduziert werden muss, kann die aufhebbare Entscheidung in der Mehrzahl der Fälle auch mittels Rechtsbehelfs angegriffen werden. Denn materielle Rechte auf Information fallen nicht unter § 44a VwGO, und im Hinblick auf verfahrensrechtliche Informationsrechte wiegt deren Eigenständigkeit so schwer, dass Informationsrechte sowohl isoliert wie in ihrer Auswirkung auf die Sachentscheidung durchsetzbar sind. Die Einschaltung einer unabhängigen Stelle auch in den Rechtsschutz erweist sich im Fall von Rechten auf Information als besonders geeignet, um den kollidierenden Interessen zur optimalen Geltung zu verhelfen. Nachdem das Bundesverfassungsgericht die Regelung des § 99 Abs. 1 Satz 2 i.V.m. § 99 Abs. 2 Satz 1 VwGO für verfassungswidrig erklärt hat, wird die erforderliche Neuregelung die umfassende gerichtliche Überprüfung der Verweigerung von Informationen durch die Behörde im Verwaltungsprozess gewährleisten und damit die informatorische Rechtsstellung des Bürger stärken.

6. Kapitel:

Zusammenfassung der wesentlichen Ergebnisse

Die informatorische Rechtsstellung des Bürgers umfasst die Rechte auf Information, die dem Bürger gegenüber der Verwaltung zustehen.[1] Berechtigungen und Verpflichtungen der Verwaltung zur Herstellung von Öffentlichkeit führen für den Bürger Folgen bis hin zur Ableitung individueller Rechte herbei. Die gemeinsamen Grundstrukturen, welche die subjektiven öffentlichen Rechte auf Information aufweisen, können Änderungen im Verständnis geltender Regelungen bewirken und gleichzeitig Einfluss auf Modifikationen und künftige Gestaltungen des Verwaltungsrechts nehmen.

1. Die Notwendigkeit einer Grundlegung für die informatorische Rechtsstellung des Bürgers

1.1. Die Notwendigkeit, Grundstrukturen einer informatorischen Rechtsstellung des Bürgers herauszuarbeiten, speist sich aus zwei Quellen. Zum einen erfordern die Einflüsse des europäischen Rechts eine Umorientierung an manchen Stellen des deutschen Verwaltungsrechts.[2] Darin drückt sich ein Aspekt der fortdauernden Rezeption von Prinzipien des Gemeinschaftsrechts im innerstaatlichen Recht aus.[3] Zum anderen führt ein gewandeltes Verständnis von Verwaltung, das sie als Partner des Bürgers sieht und damit in Richtung auf weitgehende Partizipation und Transparenz weist, zu einem Überdenken der Grundzüge von Rechten auf Information. Es gilt der verfassungsrechtlich verankerte Grundsatz der informations- und kommunikationsfreundlichen Auslegung gesetzlicher Vorschriften.[4] Im Hinblick auf Informationsrechte ändern sich die Rahmenbedingungen. Hergebrachte Systeme und Interpretationen stehen auf dem Prüfstand.[5]

---

[1] Vgl. den Ansatz von *R. Pitschas*, in: Hoffmann-Riem/Schmidt-Aßmann (Hrsg.), Reform, Band 1, S. 246 und 281.

[2] Vgl. *D. Scheuing*, in: Hoffmann-Riem/Schmidt-Aßmann (Hrsg.), Reform, Band 2, S. 331; *J. Masing*, Mobilisierung, S. 218; *M. Brenner*, Der Gestaltungsauftrag, S. 367.

[3] Dazu grundlegend *S. Kadelbach*, Allgemeines Verwaltungsrecht, S. 32ff., 291ff. und passim.

[4] Siehe oben 2. Kapitel, 2.3.2.

[5] Siehe oben 5. Kapitel, 2.1.; *M. Kloepfer*, Gutachten D, S. 76ff.; *G. Nolte*, DÖV 1999, S. 364; *I. Ebsen*, DVBl. 1998, S. 1039.

1.2. Diese Entwicklungen führen zur Formung und erfordern die Konzeption der informatorischen Rechtsstellung des Bürgers. Diese setzt sich aus einer Reihe von Rechtsgewährleistungen zusammen. Die Informationsrechte des Bürgers bilden den wesentlichen Teil seiner informatorischen Rechtsstellung, deren Ausgestaltung sich in einem dauerhaften Prozess mit hoher Dynamik vollzieht. Außer Acht bleiben im vorliegenden Zusammenhang Informationspflichten von Bürgern, die umgekehrt der Verwaltung geschuldet werden.[6] Sie bedürfen als Eingriff in die Rechtsstellung des Einzelnen einer gesetzlichen Grundlage. Deren Ausprägungen bestimmten die Tragweite der Informationspflicht.

1.3. Durch die Zusammenschau einer Reihe einschlägiger Vorschriften werden die Informationsrechte des Bürgers aus ihrer systematischen Isolation gelöst. Eine Grundlegung der Rechte auf Information durch Auslegung hat die Anpassung der einschlägigen Bestimmungen an die Herausforderungen des Rechts der Informationsverwaltung zur Folge. Regelungen des Verwaltungsverfahrensgesetzes wie insbesondere die §§29, 30 VwVfG, aber auch die §§13, 25, 72 oder 73 VwVfG können als Bausteine einer Systematik genutzt werden.[7] Parallel gelagerte Vorschriften des Besonderen Verwaltungsrechts, zum Beispiel aus dem Immissionsschutzrecht oder dem Datenschutzrecht, steuern weitere Mosaiksteine bei. Der Blick auf die Ausgestaltung geltender Regelungen gibt den Blick auf gemeinsame Grundzüge frei.

1.4. Zur Herausarbeitung von Grundstrukturen, die einem normativen System von Informationsrechten zugrunde liegen, werden im Hinblick auf das geltende Recht interpretative Spielräume genutzt. Aus modifizierten Strukturen des Gesamtzusammenhangs, die verfassungs-oder europarechtlichen Einwirkungen und verwaltungsrechtlichen Entwicklungen Rechnung tragen, kann auf dem Weg der systematischen und teleologischen Auslegung eine Änderung des Regelungsgehalts bestimmter Vorschriften folgen.[8] Die Grenze möglicher Interpretation markiert notwendigerweise die Grenze möglicher Systematisierung geltender Regelungen. Interpretationen können der Modifikation bedürfen, wenn man sich systematische Verbindungen und Verknüpfungen mit ähnlichen Vorschriften vergegenwärtigt und wenn Sinn und Zweck von Regelungen neu formuliert werden.[9] Auf diese Weise nehmen Strukturen von Informationsrechten Gestalt an.

1.5. Informationsrechte stehen im Kontext allgemeiner Partizipation des Bürgers an der Verwaltung und der Funktionen von Öffentlichkeit im Verhältnis zur Verwaltung. Die Partizipation der Öffentlichkeit speziell in Verwal-

---

[6] Dazu *S. Herrmann*, Informationspflichten, S. 100ff. und passim.

[7] Vgl. *D. König*, DÖV 2000, S. 47ff.

[8] Vgl. *W. Kahl*, in: Haratsch/Kugelmann/Repkewitz (Hrsg.), Herausforderungen, S. 26, der von europarechtsorientierter Auslegung spricht und *J. Masing*, Mobilisierung, S. 195, nach dem europäische Impulse die Revision der Lehre vom subjektiv-öffentlichen Recht verlangen; vgl. auch *M. Brenner*, Gestaltungsauftrag, S. 367.

[9] *F. Müller*, Methodik, Rn. 298 (Ziff. 315.4).

tungsverfahren umschreibt als Oberbegriff die Beteiligung von unterschiedlich stark interessierten Teilöffentlichkeiten.[10] Den Stufungen der Interessiertheit entsprechen Stufungen in der Gewährung von Chancen der Partizipation. Sie reichen von allgemeiner Öffentlichkeitsarbeit bis hin zu subjektiven Informationsrechten. Zwei Regelungskomplexe sind im Ausgangspunkt zu unterscheiden.[11] Die Herstellung von Öffentlichkeit geht von der Verwaltung aus. Adressat der Maßnahmen ist eine unbestimmte Öffentlichkeit. Dagegen übernehmen subjektive Rechte auf Information die Aufgabe, Kommunikation mit der Verwaltung herbeizuführen. Der individuell Berechtigte tritt an die Behörde mit seinem Informationsersuchen heran, das diese zu prüfen hat.

2. Die Herstellung von Öffentlichkeit

2.1. Im Rahmen der Herstellung von Öffentlichkeit werden drei Regelungsfelder unterschieden. Die Verwaltung kann Informationsvorsorge betreiben. Sie wird damit der staatlichen Kommunikationsverantwortung gerecht.[12] Das aktive Informationsmanagement staatlicher Stellen gestaltet sich nach verwaltungspolitischen Maßgaben. Informationsvorsorge wird weitgehend durch Öffentlichkeitsarbeit in die Tat umgesetzt.[13] Eine gezielte Öffentlichkeitsarbeit dient der Information des Bürgers und soll eine positive Grundstimmung gegenüber den Behörden herbeiführen.[14] Das engagierte freiwillige Informieren der Öffentlichkeit macht es überflüssig, individuelle Rechtsansprüche auf Information geltend zu machen. Der Bürger braucht kein Recht auf Information mehr durchzusetzen, wenn seine Informationsinteressen bereits befriedigt sind. Durchsetzbare Rechte zu Gunsten der Öffentlichkeit oder von Teilöffentlichkeiten wie Individuen im Bereich des Informationsmanagements bestehen nicht. Dagegen unterliegt die Herstellung von Öffentlichkeit auf einer zweiten Ebene engeren rechtlichen Anforderungen. Mit dem Gesetzesvollzug gehen oftmals Verpflichtungen der Verwaltung zur Herstellung von Öffentlichkeit einher, die sich insbesondere als Berichtspflichten äußern. Auf dem dritten Regelungsfeld kommen die Bürger stärker ins Spiel. Aufgrund gesetzlicher Anordnung können Rechte auf die Herstellung von Öffentlichkeit bestehen. Wichtige Fälle sind die komplexen Genehmigungs- und die Planfeststellungsverfahren, in denen Rechte auf Einsichtnahme in Unterlagen gewährt werden. Gerade in Verfahren zur Bewältigung komplexer Problemlagen gewinnt die informatorische Rechtsstellung des Einzelnen erhebliche Bedeutung.

---

[10] *E. Schmidt-Aßmann*, Das Allgemeine Verwaltungsrecht, 6/9; *R. Pitschas*, Verwaltungsverantwortung, S. 493.

[11] *G. Winter/E. Gurlit*, in: Winter (Hrsg.), Öffentlichkeit, S. 33f.

[12] Vgl. zu Kommunikationsverantwortung *R. Pitschas*, in: Hoffmann-Riem/Schmidt-Aßmann, Reform, Band 1, S. 228.

[13] *E. Czerwick*, DÖV 1997, S. 980 m.w.N.

[14] *Th. Würtenberger*, Akzeptanz, S. 83f.

2.2. Im Kontext der allgemeinen Herstellung von Öffentlichkeit eröffnet die Prüfung der Umweltverträglichkeit Perspektiven für die informatorische Rechtsstellung. Die verfahrensrechtliche Funktion des UVP-Gesetzes wird teilweise zum Bürger hin gewendet, weil das Verfahren prägenden Einfluss auf die Sachentscheidung nimmt. Infolge der Funktionalisierung von Öffentlichkeit in der Umweltverträglichkeitsprüfung erfahren die Rechte der Einzelnen als Teilen der Öffentlichkeit eine Stärkung. Die entsprechend modifizierten Regelungen der jeweiligen Verwaltungsverfahren beinhalten verfahrensrechtliche Positionen zu Gunsten einer informierten Öffentlichkeit und damit zu Gunsten der informatorischen Rechtsstellung des Bürgers.

2.3. Die Mitteilung von Informationen an die Öffentlichkeit als eine unbestimmte Vielzahl von Personen erfüllt aus der Sicht des Bürgers zwei Funktionen. Zum einen dient sie der Kontrolle der Verwaltung, zum anderen wird durch die Kenntnisgabe die Voraussetzung dafür geschaffen, dass die Inhaber subjektiver Rechte diese wahrnehmen können. Aus Sicht der Verwaltung tritt die Funktion hinzu, durch Informationen die Bürger wiederum zur Kommunikation mit der Verwaltung zu veranlassen und dergestalt die informatorische Grundlage für die Entscheidung zu verbreitern.

3. Subjektive öffentliche Rechte auf Information

3.1. Der Zweck von Rechten auf Information liegt in der Verwirklichung materieller Rechte und individueller ebenso wie gemeinwohlorientierter Interessen. Das Interesse kann in der Kenntnismehrung selbst liegen. Die Motivation des Rechts beschränkt nicht dessen Reichweite. Rechte auf Information haben materiellen oder verfahrensrechtlichen Charakter. Materielle Informationsrechte sind verfahrensunabhängig und an erleichterte Voraussetzungen für ihre Wahrnehmung geknüpft. Verfahrensrechtliche Informationsrechte integrieren Informationsinteressen ins Verwaltungsverfahren und bezwecken vorrangig die Sicherung der Rechte und Interessen des Berechtigten im Verfahren mit Schwerpunkt auf der Beeinflussung der Sachentscheidung.

3.2. Die subjektiven Informationsrechte unterteilen sich im Hinblick auf die Berechtigten in drei Gruppen. Den Rechten auf Herstellung von Öffentlichkeit stehen die Rechte der Interessierten am nächsten. Rechtlich und sachlich an einem Verfahren oder einer Sachfrage interessierte Bürger verfügen nach Maßgabe gesetzlicher Vorschriften über die Befugnis, Rechte auf Information gegenüber der Verwaltung geltend zu machen. Einerseits können diese Rechte die Durchsetzung von Gemeinwohlinteressen bezwecken. Die interessierten Informationssuchenden werden funktionalisiert, das Informationsrecht dient der Kontrolle der Verwaltung und einem vertretbaren Ergebnis. Andererseits erweisen sich Rechte auf Information der Interessierten als Vorfeldrechte, um die mögliche Berührung in materiellen Rechten abzuklären. Aufgrund der gewonnenen Informationen werden die Interessierten unter Umständen zu Betroffenen. Eine zweite Gruppe bilden die Rechte tatsächlich oder potentiell Drittbetroffener. Im Kontext der Kommunikation zwischen Verwaltung und Bürger erweisen sich Dritte als Rechtsträger, die insbesondere in komplexen Verfahren Interesse an Ablauf und Ergebnis des Verfahrens zeigen und denen dementsprechend Informationsrechte zukommen. Da auch potentiell Drittbetroffene berechtigt sein können, erweitert sich der Kreis der Rechtsträger und der verfolgbaren Interessen. Zur dritten Gruppe von Rechten auf Information zählen die subjektiven Rechte unmittelbar Betroffener. Derartige Rechtseinräumungen sind dem Schutz der Einzelnen vor Rechtsverletzungen verpflichtet.

3.3. Informationsrechten liegt eine parallele Interessenlage zugrunde, die sich in parallelen Regelungsstrukturen widerspiegelt.[15] Die Interpretation der einzelnen Vorschriften erfolgt vor dem Hintergrund der verfassungsrechtlichen Verankerung der involvierten Interessen und führt zu einer Stärkung der Rechte auf Information. Information ist die Regel, Informationsverweigerung die Ausnahme.[16] Gründe, die für die Geheimhaltung sprechen, sind in unterschiedlichen Sachbereichen unterschiedlich ausgeprägt. Letztlich basieren die Verweigerungsgründe auf dem Schutz der Funktionsfähigkeit der Verwaltung, dem Schutz des Betriebs- und Geschäftsgeheimnisses sowie dem Schutz des Rechts auf informationelle Selbstbestimmung. Dieses Recht bildet infolge seines geringeren Gemeinwohlbezugs den gewichtigsten Grund, um Informationen zu verweigern. Intensiveren Sozialbezug weisen Betriebs- und Geschäftsgeheimnisse auf und die Funktionsfähigkeit der Verwaltung entfaltet die schwächste Gegenwirkung.

3.4. Die vorliegende Konzeption von Rechten auf Information steht auf der Grundlage eines subjektiv-rechtlichen Konzepts. Dieses wird aber ergänzt, weil individuelle Informationsrechte auch zu Gunsten des Gemeinwohls garantiert werden können. Neben die Funktion des Schutzes sonstiger materieller Rechte und die Funktion der Informationssammlung für die Verwaltung tritt die Funktion der Kontrolle der Verwaltung. Diese konkretisiert sich in der Gewährleistung einer vertretbaren Entscheidung der Behörde, die letztlich dafür die Verantwortung trägt. Im Rahmen der Kommunikation zwischen Bürger und Verwaltung sind Informationsrechte multifunktional.

3.5. Rechte auf Information tragen rechtlich eigenständigen Charakter. Dies gilt nicht nur für materielle Informationsrechte, sondern gleichermaßen für verfahrensgebundene Rechte. Denn diese Rechte gehören zur informatorischen Rechtsstellung des Bürgers, die sie im Verfahren konkretisieren und ausgestalten. Ihre Voraussetzungen sind zwar verfahrensabhängig, ihre Durchsetzung vollzieht sich aber vor dem Hintergrund der verfassungsrechtlich geprägten Interessen für und gegen die Gewährung von Informationen. Auch verfahrensbezogene Informationsrechte verfügen deshalb über Eigenständigkeit in ihrer

---

[15] *G. Nolte*, DÖV 1999, S. 365.

[16] Vgl. *W. Schmidt*, VVDStRL 33 (1975), S. 207. Zum UIG OVG S-H, Beschl. v. 16. 6. 1998, NVwZ 1999, S. 670 (673) = DVBl. 1999, S. 250 (253).

Verwirklichung. Ausdruck findet der eigenständige Rechtscharakter von Rechten auf Information in den Rechtsfolgen ihrer Verletzung. Eine rechtswidrige Entscheidung über Bestand oder Umfang eines Informationsrechts ist aufhebbar. Sie schlägt in Verfahren auf die Sachentscheidung durch. Ein Anspruch auf Aufhebung besteht sowohl isoliert gegenüber der rechtswidrigen Verweigerung des Informationsrechts als auch gegenüber der abschließenden Entscheidung, in der sich die Verletzung des Informationsrechts regelmäßig auswirkt. Rechte auf Information sind inhaltlich funktional, aber rechtlich selbständig.

4. Fazit

Für die notwendige Orientierung des Verwaltungsrechts an den Erfordernissen der Informationsgesellschaft bedarf es eines strukturellen Grundgerüsts.[17] Ein wesentliches Element bildet die Ausstattung des Bürgers mit Rechten auf Information. Die konkrete Ausgestaltung solcher Rechte bleibt den erforderlichen Aktivitäten des Gesetzgebers, der Verwaltung und der Gerichte vorbehalten. Das Herausarbeiten von Grundstrukturen leistet in diesem Zusammenhang einen Beitrag zur Auslegung einzelner Vorschriften für die Rechtsanwendung wie zur Konzeption eines Informationsverwaltungsrechts. In Rahmen des Rechts der Informationsverwaltung verfügt der Bürger über eine informatorische Rechtsstellung. Innerhalb wie außerhalb des Verwaltungsverfahrens erweist sich die Stellung des Bürgers in der Kommunikation mit der Behörde als rechtlich gesichert. Informatorische Interessen, die positiv auf die Vornahme von Information gerichtet sind, haben für den Bürger grundsätzlich den gleichen Rang wie informationelle Interessen, die negativ auf die Verhinderung von Information zielen. Wie die Gesamtschau der einschlägigen Bestimmungen zeigt, sind die Interessen der Bürger an Informationen der Behörde als schützenswert anerkannt. Bei Entscheidungen über die Mitteilung oder Verweigerung von Informationen hat die Verwaltung rechtlich geschützte Interessen des Bürgers zu beachten. Die informatorische Rechtsstellung des Bürgers versetzt ihn in die Lage, sich in der Informationsgesellschaft gegenüber der Verwaltung zu behaupten.

---

[17] Vgl. *E. Schmidt-Aßmann*, Das Allgemeine Verwaltungsrecht, 6/3; *H.-H. Trute*, VVDStRL 57 (1997), S. 254.

Literaturverzeichnis

Albers, Marion, Zur Neukonzeption des grundrechtlichen „Daten"schutzes, in: Haratsch/ Kugelmann/Repkewitz (Hrsg.), Herausforderungen, S. 113.

Albrizio, Mauro/Fantilli, Patrizia, Italy, in: Hallo (ed.), Access, S. 175.

Alexy, Robert, Theorie der Grundrechte, Neuauflage, Frankfurt am Main 1997.

Arndt, Hans-Wolfgang, Praktikabilität und Effizienz, Köln 1983.

Arnim, Hans Herbert von, Gemeinwohl und Gruppeninteressen, Frankfurt am Main 1977.

–, Staatslehre der Bundesrepublik Deutschland, München 1984.

Arnold, Rainer, Vereinheitlichung des Verwaltungsverfahrensrechts in der EG, EuR, Beiheft 1, 1995, S. 7.

Askelöf, Thomas/Fernemann Heuergren, Ragna, Akteneinsicht in Schweden, in: Winter (Hrsg.), Öffentlichkeit, S. 473.

Aulehner, Josef, Wandel der Informationskompetenz bei der Erfüllung der staatlichen Kernaufgaben, in: Haratsch/Kugelmann/Repkewitz (Hrsg.), Herausforderungen, S. 195.

Badura, Peter, Auftrag und Grenzen der Verwaltung im sozialen Rechtsstaat, DÖV 1968, S. 446.

–, Das Verwaltungsverfahren, in: Erichsen (Hrsg.), Allgemeines Verwaltungsrecht.

Balleis, Kristina, Mitwirkungs- und Klagerechte anerkannter Naturschutzverbände, Frankfurt am Main u.a. 1996.

Baller, Oesten, Informationsgesellschaft – eine Mogelpackung? – Zur Notwendigkeit eines Grundrechts auf Information, in: Haratsch/Kugelmann/Repkewitz (Hrsg.), Herausforderungen, S. 33.

Battis, Ulrich, Partizipation im Städtebaurecht, Berlin 1976.

–, Bundesbeamtengesetz, 2. Auflage, München 1997.

Baxter, R. S., Freedom of Information: Dispute Resolution Procedures, European Public Law 2 (1996), S. 635.

Becker, Bernd, Einführung in Inhalt, Bedeutung und Probleme der Umsetzung der Richtlinie 96/61/EG des Rates der Europäischen Union vom 24. September 1996 über die integrierte Vermeidung und Verminderung der Umweltverschmutzung, DVBl. 1997, S. 588.

Becker, Florian, Das Urteil des Europäischen Gerichtshofes zum deutschen Umweltinformationsgesetz, NVwZ 1999, S. 1187.

Bender, Bernd, Von der Verbandsbeteiligung zur Verbandsklage?, in: Verwaltungsrecht zwischen Freiheit, Teilhabe und Bindung, Festgabe aus Anlaß des fünfundzwanzigjährigen Bestehens des Bundesverwaltungsgericht, München 1978, S. 37.

–, Stichwort „Verbandsbeteiligung", in: Kimminich/von Lersner/Storm (Hrsg.), Handwörterbuch des Umweltrechts, Sp. 2554.

Bender, Bernd/Sparwasser, Reinhard/Engel, Rüdiger, Umweltrecht, 3. Auflage, Heidelberg 1995.

Berg, Wilfried, Der Schutz von Betriebs- und Geschäftsgeheimnissen im öffentlichen Recht unter besonderer Berücksichtigung des Umweltinformationsgesetzes, GewArch 1996, S. 177.

Bethge, Herbert, Grundrechtsverwirklichung und Grundrechtssicherung durch Organisation und Verfahren, NJW 1982, S. 1.

Bettermann, Karl August, Das Verwaltungsverfahren, VVDStRL 17 (1959), S. 118.

Beyerlin, Ulrich, Schutzpflicht der Verwaltung gegenüber dem Bürger außerhalb des formellen Verwaltungsverfahrens?, NJW 1987, S. 2713.

Bieber, Roland, Informationsrechte Dritter im Verwaltungsverfahren, DÖV 1991, S. 857.

Birk, Dieter, Steuerrecht I, 2. Auflage, München 1994.
Bizer, Johann, Forschungsfreiheit und informationelle Selbstbestimmung, Baden-Baden 1992.
Bleyl, Dietmar, Allgemeines Informationszugangsrecht und informationelle Selbstbestimmung, DuD 1998, S. 32.
Blümel, Willi, Grundrechtsschutz durch Verfahrensgestaltung, in: Willi Blümel (Hrsg.), Frühzeitige Bürgerbeteiligung bei Planungen, Berlin 1982, S. 23.
Blümel, Willi/Pitschas, Rainer (Hrsg.), Reform des Verwaltungsverfahrensrechts, Berlin 1994.
Boc, Jan/Jendroska, Jerzy/Nowacki, Konrad, Akteneinsicht in Polen, in: Winter (Hrsg.), Öffentlichkeit, S. 419.
Böckel, Martin, Projektmanagement im Verwaltungsverfahren, DÖV 1995, S. 102.
Böckenförde, Ernst-Wolfgang, Staat, Verfassung, Demokratie, Frankfurt am Main 1991.
–, Grundrechte als Grundsatznormen, in: ders., Staat, Verfassung, Demokratie, S. 159.
–, Demokratie als Verfassungsprinzip, in: ders., Staat, Verfassung, Demokratie, S. 289.
–, Die politische Funktion wirtschaftlich-sozialer Verbände und Interessenträger in der sozialstaatlichen Demokratie, in: ders., Staat, Verfassung, Demokratie, S. 406.
–, Demokratie als Verfassungsprinzip, in: Isensee/Kirchhof (Hrsg.), HdBStR, Band I, § 22.
Bonk, Heinz Joachim, Strukturelle Änderungen des Verwaltungsverfahrens durch das Genehmigungsverfahrensbeschleunigungsgesetz, NVwZ 1997, S. 320.
Borchert, Günter/Hase, Friedhelm/Walz, Stefan, Gemeinschaftskommentar zum Sozialgesetzbuch – Schutz der Sozialdaten (GK-SGB X2), Neuwied und Frankfurt a.M. 1989.
Breidenbach, Rolf/Palenda, Bernd, Das neue Akteneinsichts- und Informationszugangsrecht des Landes Brandenburg, LKV 1998, S. 252.
Brenner, Michael, Der Gestaltungsauftrag der Verwaltung in der Europäischen Union, Tübingen 1996.
Breuer, Rüdiger, Schutz von Betriebs- und Geschäftsgeheimnissen im Umweltrecht, NVwZ 1986, S. 171.
–, Verfahrens- und Formfehler der Planfeststellung für raum- und umweltrelevante Großvorhaben, in: Festschrift für Horst Sendler, München 1991, S. 357.
–, Stichwort „Sachverständiger", in: Kimminich/von Lersner/Storm (Hrsg.), Handwörterbuch des Umweltrechts, Sp. 1760.
–, Zunehmende Vielgestaltigkeit der Instrumente im deutschen und europäischen Umweltrecht – Probleme der Stimmigkeit und des Zusammenwirkens, NVwZ 1997, S. 833.
Brockhaus Enzyklopädie, 20. Auflage, Band 10, Mannheim 1997; Band 12, Mannheim 1997.
Brohm, Winfried, Die Dogmatik des Verwaltungsrechts vor den Gegenwartsaufgaben der Verwaltung, VVDStRL 30 (1972), S. 245.
–, Alternativen zum einseitigen hoheitlichen Verwaltungshandeln, in: Hoffmann-Riem/Schmidt-Aßmann (Hrsg.), Konfliktbewältigung, Band 1, S. 253.
–, Beschleunigung der Verwaltungsverfahren – Straffung oder konsensuales Verwaltungshandeln?, NVwZ 1991, S. 1025.
–, Rechtsgrundsätze für normersetzende Absprachen, DÖV 1992, S. 1025.
Brunner, Georg, Kontrolle in Deutschland, Köln 1972.
Bryde, Brun-Otto, Die Einheit der Verwaltung als Rechtsproblem, VVDStRL 46 (1988), S. 181.
Bull, Hans Peter, Allgemeines Verwaltungsrecht, 6. Auflage, Heidelberg 2000.
Bullinger, Martin, Nationales Verwaltungsverfahren im Vorfeld europäischer Rechtsangleichung, EuR-Beih. 1/1995, S. 35.
–, Beschleunigte Genehmigungs- und Planungsverfahren für eilbedürftige Vorhaben, in: Blümel/Pitschas (Hrsg.), Reform, S. 127.
Bundesministerium für Umwelt, Naturschutz und Reaktorsicherheit (Hrsg.), Umweltgesetzbuch (UGB-KomE), Berlin 1998.
Bundesregierung, Antwort auf die große Anfrage der SPD-Fraktion „Informationszugangsrechte für Bürgerinnen und Bürger" (BT-Drs. 12/1273), in wesentlichen Teilen veröffentlicht in RDV 1992, S. 99.
Burkert, Herbert, Akteneinsicht und Datenschutz in Kanada, in: Winter (Hrsg.), Öffentlichkeit, S. 283.

Burmeister, Joachim H., Akteneinsicht in Großbritannien, in: Winter (Hrsg.), Öffentlichkeit, S. 211.
Burmeister, Joachim H./Winter, Gerd, Akteneinsicht in der Bundesrepublik, in: Winter (Hrsg.), Öffentlichkeit, S. 87.
Chandler, William M., Der Ombudsman in den kanadischen Provinzen, in: Kempf/Uppendahl (Hrsg.), Ombudsman, S. 180.
Chiti, Edoardo, The Right of Access to Community Information Under the Code of Practice: the Implications for Administrative Development, European Public Law 2 (1996), S. 363.
–, Further Developments of Access to Community Information: Kingdom of the Netherlands v. Council of the European Union, European Public Law 2 (1996), S. 563.
Chiti, Mario P., Italienischer Landesbericht, in: Schwarze (Hrsg.), Verwaltungsrecht, S. 229.
Classen, Claus Dieter, Das nationale Verwaltungsverfahren im Kraftfeld des Europäischen Gemeinschaftsrechts, Die Verwaltung 31 (1998), S. 307.
Cloosters, Wolfgang, Rechtsschutz Dritter gegen Verfahrensfehler im immissionsschutzrechtlichen Genehmigungsverfahren, Frankfurt am Main 1986.
Cosack, Tilman/Tomerius, Stephan, Betrieblicher Geheimnisschutz und Interesse des Bürgers an Umweltinformationen bei der Aktenvorlage im Verwaltungsprozeß, NVwZ 1993, S. 841.
Cupei, Jürgen, Umweltverträglichkeitsprüfung (UVP), DVBl. 1985, S. 813.
Czerwick, Edwin, Strukturen und Funktionen der Verwaltungskommunikation, DÖV 1997, S. 973.
Danwitz, Thomas von, Verwaltungsrechtliches System und Europäische Integration, Tübingen 1996.
–, Bürgerbegehren in der kommunalen Willensbildung, DVBl. 1996, S. 134.
Denninger, Erhard, Staatliche Hilfe zur Grundrechtsausübung durch Verfahren, Organisation und Finanzierung, in: Isensee/Kirchhof (Hrsg.), HdBStR, Band V, § 113.
Denninger, Erhard/Ridder, Helmut/Simon, Helmut/Stein, Ekkehart (Hrsg.), Reihe Alternativkommentare, Kommentar zum Grundgesetz für die Bundesrepublik Deutschland, Band 1, Art. 1–20, Neuwied, Darmstadt 1984.
Dietlein, Johannes, Die Lehre von den grundrechtlichen Schutzpflichten, Berlin 1992.
Dißars, Ulf-Christian, Das Recht auf Akteneinsicht der Beteiligten im Steurrecht, NJW 1997, S. 481.
Dörr, Dieter, Faires Verfahren, Kehl, Straßburg, Arlington 1984.
Dörr, Erwin/Schmidt, Dietmar, Neues Bundesdatenschutzgesetz, Köln 1991.
Dolde, Klaus-Peter, Grundrechtsschutz durch einfaches Verfahrensrecht?, NVwZ 1982, S. 65.
–, Zur Beteiligung der Naturschutzverbände im Planfeststellungsverfahren – § 29 I Nr. 4 BNatSchG ein „absolutes Verfahrensrecht"?, NVwZ 1991, S. 960.
–, Die EG-Richtlinie über die integrierte Vermeidung und Verminderung der Umweltverschmutzung (IVU-Richtlinie) – Auswirkungen auf das deutsche Umweltrecht, NVwZ 1997, S. 313.
Dolzer, Rudolf (Hrsg.), Bonner Kommentar zum Grundgesetz, Loseblatt, Heidelberg, Stand: 93. Lieferung, Dezember 1999.
Dorovinis, Vassilis, Greece, in: Hallo (ed.), Access, S. 111.
Dreher, Meinrad, Transparenz und Publizität bei Ratsentscheidungen, EuZW 1996, S. 487.
Dreier, Horst (Hrsg.), Grundgesetz, Kommentar, Band 1, 1. Auflage, Tübingen 1996; Band 2, 1. Auflage, Tübingen 1998.
Druey, Jean Nicolas, Information als Gegenstand des Rechts, Zürich, Baden-Baden 1995.
Ebsen, Ingwer, Öffentlich-rechtliche Rahmenbedingungen einer Informationsordnung, DVBl. 1997, S. 1039.
Ehlers, Dirk, Anhörung im Verwaltungsverfahren, Jura 1996, S. 617.
–, Verwaltung und Verwaltungsrecht im demokratischen und sozialen Rechtsstaat, in: Erichsen (Hrsg.), Allgemeines Verwaltungsrecht.
Eichberger, Michael, Die Einschränkung des Rechtsschutzes gegen behördliche Verfahrenshandlungen, Berlin 1986.

Eifert, Martin, Umweltinformation als Regelungsinstrument, DÖV 1994, S. 544.
Emmerich, Volker, Kartellrecht, 8. Auflage, München 1999.
Enders, Christoph, Die Privatisierung des Öffentlichen durch die grundrechtliche Schutzpflicht und seine Rekonstruktion aus der Lehre von den Staatszwecken, Der Staat 35 (1996), S. 351.
–, Die Beschränkung der Gerichtsöffentlichkeit durch § 169 S. 2 GVG – verfassungswidrig?, NJW 1996, S. 2712.
Engel, Albert, Die rechtliche Aufarbeitung der Stasi-Unterlagen auf der Grundlage des StUG, Berlin 1995.
Engel, Rüdiger, Akteneinsicht und Recht auf Information über umweltbezogene Daten, Pfaffenweiler 1993.
Engelbert, Anke/Kutscha, Martin, Staatliche Öffentlichkeitsarbeit und Demokratieprinzip, NJW 1993, S. 1233.
Enquête-Kommission Zukunft der Medien in Wirtschaft und Gesellschaft, Schlußbericht vom 22. 6. 1998, Deutscher Bundestag, Drucksache 13/11004.
Epiney, Astrid, Umweltrecht in der Europäischen Union, 1. Auflage, Köln, Berlin, Bonn, München 1997.
–, Gemeinschaftsrecht und Verbandsklage, NVwZ 1999, S. 485.
Erbguth, Wilfried, Das Bundesverwaltungsgericht und die Umweltverträglichkeitsprüfung, NuR 1997, S. 261.
Erbguth, Wilfried/Schink, Alexander, Gesetz über die Umweltverträglichkeitsprüfung, Kommentar, 2. Auflage, München 1996.
Erichsen, Hans-Uwe, Das Recht auf freien Zugang zu Informationen über die Umwelt, NVwZ 1992, S. 409.
–, Der Zugang des Bürgers zu staatlichen Informationen, Jura 1993, S 180.
–, Stichwort „Informationszugang", in: Kimminich/von Lersner/Storm (Hrsg.), Handwörterbuch des Umweltrechts, Sp. 1091.
–, Das Verwaltungshandeln, in: ders. (Hrsg.), Allgemeines Verwaltungsrecht.
Erichsen, Hans-Uwe (Hrsg.), Allgemeines Verwaltungsrecht, Berlin, New York, 11. Auflage 1998.
Erlenkämper, Arnold/Fichte, Wolfgang, Sozialrecht, 3. Auflage, Köln, Berlin, Bonn, München 1995.
Eyermann, Erich/Fröhler, Ludwig (Begründer-Herausgeber), Verwaltungsgerichtsordnung, Kommentar, 10. Auflage, München 1998.
Faber, Angela, Die Bedeutung des Umweltinformationsgesetzes für die Kommunalverwaltung, DVBl. 1995, S. 722.
Faber, Heiko, Verwaltungsrecht, 4. Auflage, Tübingen 1995.
Fabio, Udo Di, Risikoentscheidungen im Rechtsstaat, Tübingen 1994.
–, Verwaltung und Verwaltungsrecht zwischen gesellschaftlicher Selbstregulierung und staatlicher Steuerung, VVDStRL 56 (1996), S. 235.
–, Information als hoheitliches Gestaltungsmittel, JuS 1997, S. 1.
Feldhaus, Gerhard (Hrsg.), Bundesimmissionsschutzrecht, Band II, Loseblatt, Heidelberg, Stand: 91. Ergänzungslieferung, März 2000.
Filos, Atlanta, Die Errichtung der Institution des Ombudsmannes in Griechenland, EuGRZ 1997, S. 602.
Flauss, Jean François, Französischer Landesbericht, in: Schwarze (Hrsg.), Verwaltungsrecht, S. 31.
Fluck, Jürgen, Freier Zugang zu Umweltinformationen aus der Sicht der Industrie, in: Rüdiger Breuer, Michael Kloepfer, Peter Marburger, Meinhard Schröder (Hrsg.), Freier Zugang zu Umweltinformationen, UTR 22, Heidelberg 1993.
–, Der Schutz von Unternehmensdaten im Umweltinformationsgesetz, NVwZ 1994, S. 1048.
Fluck, Jürgen/Theuer, Andreas, Umweltinformationsrecht, UIG, Loseblatt, Heidelberg, Stand: 5. Ergänzungslieferung, September 1999.
Frowein, Jochen Abr./Peukert, Wolfgang, EuropäischeMenschenRechtskonvention, EMRK-Kommentar, 2. Auflage, Kehl, Straßburg, Arlington 1996.

Fuchs, Michael, „Beauftragte" in der öffentlichen Verwaltung, Berlin 1985.
Gallwas, Hans-Ulrich, Der allgemeine Konflikt zwischen dem Recht auf informationelle Selbstbestimmung und der Informationsfreiheit, NJW 1992, S. 2785.
Gern, Alfons, Deutsches Kommunalrecht, 2. Auflage, Baden-Baden 1997.
Gitter, Wolfgang, Sozialrecht, 4. Auflage, München 1996.
Glawischnig, Eva/Günsberg, Georg/Drumel, Bernhard, Austria, in: Hallo (ed.), Access, S. 277.
Gola, Peter/Schomerus, Rudolf, Bundesdatenschutzgesetz (BDSG), 6. Auflage, München 1997.
Grabitz, Eberhard/Hilf, Meinhard (Hrsg.), Kommentar zur Europäischen Union, Loseblatt, München, Stand: 15. Ergänzungslieferung, Januar 2000.
Gräber, Fritz (Begründer), Finanzgerichtsordnung, 4. Auflage, München 1997.
Grimm, Dieter, Verfahrensfehler als Grundrechtsverstöße, NVwZ 1985, S. 865.
–, Die Zukunft der Verfassung, 2. Auflage, Frankfurt am Main 1994.
–, Der Wandel der Staatsaufgaben und die Krise des Rechtsstaates, in: ders., Die Zukunft der Verfassung, S. 159.
–, Interessenwahrung und Rechtsdurchsetzung in der Gesellschaft von morgen, in: ders., Die Zukunft der Verfassung, S. 176.
–, Verbände und Verfassung, in: ders., Die Zukunft der Verfassung, S. 241.
Gröschner, Rolf, Öffentlichkeitsaufklärung als Behördenaufgabe, DVBl. 1990, S. 619.
–, Anmerkung zu BVerwG, Urt.v.18. 10. 1990, JZ 1991, S. 621.
–, Aufklärung der Öffentlichkeit in Umweltfragen – wirtschaftspolitisches Ziel und wirtschaftsverwaltungsrechtliche Aufgabe, WUR 1991, Heft 2, S. 71.
Gurlit, Elke, Die Verwaltungsöffentlichkeit im Umweltrecht, Düsseldorf 1989.
–, Akteneinsicht in den Vereinigten Staaten, in: Winter (Hrsg.), Öffentlichkeit, S. 511.
Gusy, Christoph, Die Pflicht zur Veröffentlichung von Verwaltungsvorschriften, DVBl. 1979, S. 720.
–, Der Antrag im Verwaltungsverfahren, BayVBl. 1985, S. 484.
–, Anmerkung zu BVerwG, Urt.v.23. 5. 1989, JZ 1989, S. 1005.
–, Das parlamentarische Regierungssystem und der Bundesrat, DVBl. 1998, S. 917.
–, Anmerkung zu BVerwG, Urt.v.25. 3. 1999, JZ 1999, S. 1169.
–, Informationelle Selbstbestimmung und Datenschutz: Fortführung oder Neuanfang?, KritV 2000, S. 59.
–, Verwaltung durch Information, NJW 2000, S. 977.
Habermas, Jürgen, Strukturwandel der Öffentlichkeit, Neuauflage, Frankfurt am Main 1990.
–, Faktizität und Geltung, 1. Auflage, Frankfurt am Main 1992.
Häberle, Peter, Öffentliches Interesse als juristisches Problem, Bad Homburg 1970.
–, Struktur und Funktion der Öffentlichkeit im demokratischen Staat, in: ders., Die Verfassung des Pluralismus, Königstein/Ts. 1980.
Haibach, Georg, Die Rechtsprechung des EuGH zu den Grundsätzen des Verwaltungsverfahrens, NVwZ 1998, S. 456.
Hallo, Ralph E. (ed.), Access to Environmental Information in Europe, The Hague, London, Boston 1996.
–, The Netherlands, in: ders. (ed.), Access, S. 195.
Haratsch, Andreas/Kugelmann, Dieter/Repkewitz, Ulrich (Hrsg.), Herausforderungen an das Recht der Informationsgesellschaft, Stuttgart u.a. 1996.
Hatje, Armin, Die gemeinschaftsrechtliche Steuerung der Wirtschaftsverwaltung, Baden-Baden 1998.
–, Verwaltungskontrolle durch die Öffentlichkeit – eine dogmatische Zwischenbilanz zum Umweltinformationsanspruch, EuR 1998, S. 734.
Hegel, Georg Wilhelm Friedrich, Grundlinien der Philosophie des Rechts, Ausgabe Berlin 1981.
Hegele, Dorothea, Der lange Weg der Umsetzung der Umweltinformationsrichtlinie in das deutsche Recht, in: Hegele/Röger (Hrsg.), Umweltschutz, S. 101.
Hegele, Dorothea/Röger, Ralf (Hrsg.), Umweltschutz durch Umweltinformation, Berlin 1993.
Held, Jürgen, Der Grundrechtsbezug des Verwaltungsverfahrens, Berlin 1984.

Heller, Herrmann, Staatslehre, 6. Auflage, Tübingen 1983.
Hellmann, Ulrich, Die Öffentlichkeitsbeteiligung in vertikal gestuften Zulassungsverfahren für umweltrelevante Großvorhaben nach deutschem und europäischem Recht, Frankfurt am Main, Bern, New York, Paris 1992.
Hermes, Georg, Das Grundrecht auf Schutz von Leben und Gesundheit, Heidelberg 1987.
Herrmann, Stephanie, Informationspflichten gegenüber der Verwaltung, Frankfurt am Main u.a. 1997.
Hesse, Konrad, Bestand und Bedeutung der Grundrechte in der Bundesrepublik Deutschland, EuGRZ 1978, S.427.
–, Bedeutung der Grundrechte, § 5, in: Ernst Benda/Werner Maihofer/Hans-Jochen Vogel (Hrsg.), Handbuch des Verfassungsrechts, 2. Auflage, Berlin 1995.
–, Grundzüge des Verfassungsrechts der Bundesrepublik Deutschland, 20. Auflage, Heidelberg 1999.
Hien, Eckart, Die Umweltverträglichkeitsprüfung in der gerichtlichen Praxis, NVwZ 1997, S.422.
Hilf, Meinhard, Die Richtlinie der EG – ohne Richtung, ohne Linie, EuR 1993, S. 1.
Hill, Hermann, Das fehlerhafte Verfahren und seine Folgen im Verwaltungsrecht, Heidelberg 1986.
–, Verfahrensermessen der Verwaltung, NVwZ 1985, S.449.
–, Integratives Verwaltungshandeln – Neue Formen von Kommunikation und Bürgermitwirkung, in: Blümel/Pitschas (Hrsg.), Reform, S.339.
Hirschberger, Winfried, Zugang des Bürgers zu staatlichen Informationen, Dissertation, Speyer 1983.
Hix, Jan-Peter, Das Recht auf Akteneinsicht im europäischen Wirtschaftsverwaltungsrecht, Baden-Baden 1992.
Höfelmann, Elke, Das Grundrecht auf informationelle Selbstbestimmung anhand der Ausgestaltung des Datenschutzrechts und Grundrechtsnormen der Landesverfassung, Frankfurt a.M. u.a. 1997.
Hoffmann-Riem, Wolfgang, – Verwaltungsrechtsreform – Ansätze am Beispiel des Umweltschutzes, in: ders./Eberhard Schmidt-Aßmann, Reform, Band I, S.115.
–, Von der Antragsbindung zum konsentierten Optionenermessen, DVBl. 1994, S.605.
–, Reform des Allgemeinen Verwaltungsrechts, DVBl. 1994, S.1381.
–, Ökologisch orientiertes Verwaltungsrecht – Vorklärungen, AöR 119 (1994), S.590.
Hoffmann-Riem, Wolfgang/Schmidt-Aßmann, Eberhard (Hrsg.), Konfliktbewältigung durch Verhandlungen, Informelle und mittlerunterstützte Verhandlungen im Verwaltungsverfahren, Band I, Baden-Baden 1990.
–, Konfliktbewältigung durch Verhandlungen, Konfliktmittlung in Verwaltungsverfahren, Band II, Baden-Baden 1990.
–, Reform des Allgemeinen Verwaltungsrechts, Grundfragen, Schriften zur Reform des Verwaltungsrechts, Band 1, Baden-Baden 1993.
–, Innovation und Flexibilität des Verwaltungshandelns, Schriften zur Reform des Verwaltungsrechts, Band 2, Baden-Baden 1995.
Holznagel, Bernd, Konfliktlösung durch Verhandlungen, Baden-Baden 1990.
–, Mittlerunterstützte Aushandlungsprozesse aus Anlaß abfallrechtlicher Planfeststellungsverfahren, in: Kathrin Becker-Schwarze/Wolfgang Köck/Thomas Kupka/Matthias von Schwanenflügel (Hrsg.), Wandel der Handlungsformen im öffentlichen Recht, Stuttgart u.a. 1991.
Hoppe, Werner (Hrsg.), UVPG-Kommentar, 1. Auflage, Köln, Berlin, Bonn, München 1995.
Horvath, Krisztina E., Hungary, in: Hallo (ed.), Access, S.359.
Hufen, Friedhelm, Heilung und Unbeachtlichkeit grundrechtsrelevanter Verfahrensfehler?, NJW 1982, S.2160.
–, Das Volkszählungsurteil des BVerfG und das Grundrecht auf informationelle Selbstbestimmung – eine juristische Antwort auf „1984“?, JZ 1984, S.1072.
–, Gesetzesgestaltung und Gesetzesanwendung im Leistungsrecht, VVDStRL 47 (1989), S.142.

–, Verwaltungsprozeßrecht, 3. Auflage, München 1998.
–, Fehler im Verwaltungsverfahren, 3. Auflage, Baden-Baden 1998.
–, Heilung und Unbeachtlichkeit von Verfahrensfehlern, JuS 1999, S. 313.
Huber, Peter-Michael, Grundrechtsschutz durch Organisation und Verfahren als Kompetenzproblem in der Gewaltenteilung und im Bundesstaat, München 1988.
Hüttemann, Frank, Nochmals: Das Recht auf Akteneinsicht der Beteiligten im Steuerrecht, NJW 1997, S. 2020.
Immenga, Ulrich/Mestmäcker, Ernst-Joachim (Hrsg.), GWB, Gesetz gegen Wettbewerbsbeschränkungen, Kommentar, 2. Auflage, München 1992.
Isensee, Josef, Das Grundrecht als Abwehrrecht und staatliche Schutzpflicht, in: Isensee/Kirchhof (Hrsg.), HdBStR, Band V, § 111.
Isensee, Josef/Kirchhof, Paul (Hrsg.), Handbuch des Staatsrechts der Bundesrepublik Deutschland, Heidelberg,
Band I, Grundlagen von Staat und Verfassung, 2. Auflage 1995;
Band II, Demokratische Willensbildung – Die Staatsorgane des Bundes, 2. Auflage 1999;
Band III, Das Handeln des Staates, 2. Auflage 1996;
Band V, Allgemeine Grundrechtslehren, 1992;
Band VI, Freiheitsrechte, 1989.
Jans, Jan, Akteneinsicht in den Niederlanden, in: Winter (Hrsg.), Öffentlichkeit, S. 357.
Jarass, Hans D., Das allgemeine Persönlichkeitsrecht im Grundgesetz, NJW 1989, S. 857.
–, Die Umsetzung der EG-Richtlinie zur Umweltverträglichkeitsprüfung in nationales Recht, KritV 1991, S. 7.
–, Die materiellen Voraussetzungen der Planfeststellung in neuerer Sicht, DVBl. 1998, S. 1202.
–, Bundes-Immissionsschutzgesetz, Kommentar, 4. Auflage, München 1999.
Jarass, Hans D./Pieroth, Bodo, Grundgesetz, 5. Auflage, München 2000.
Jowell, Jeffrey/Birkinshaw, Patrick, English Report, in: Schwarze (Hrsg.), Verwaltungsrecht, S. 273.
Kadelbach, Stefan, Der Einfluß des EG-Rechts auf das nationale Allgemeine Verwaltungsrecht, in: Thomas v. Danwitz/Markus Heintzen/Matthias Jestaedt/Stefan Korioth/Michael Reinhardt (Hrsg.), Auf dem Wege zu einer Europäischen Staatlichkeit, S. 131.
–, Allgemeines Verwaltungsrecht unter europäischem Einfluß, Tübingen 1999.
Kahl, Wolfgang, Der europarechtlich determinierte Verfassungswandel im Kommunikations- und Informationsstaat Bundesrepublik Deutschland, in: Haratsch/Kugelmann/ Repkewitz (Hrsg.), Herausforderungen, S. 9.
Karpen, Ulrich, Plebiszitäre Elemente in der repräsentativen Demokratie?, JA 1993, S. 110.
Kaufmann, Marcel, Grundrechtlicher Anspruch auf Akteneinsicht als Voraussetzung der Demokratie?, in: Martin Bertschi u. a. (Hrsg.), Demokratie und Freiheit, Stuttgart u. a. 1999, S. 41.
Kempf, Udo, Der Bürgerbeauftragte von Rheinland-Pfalz – Eine Bestandsaufnahme, in: Kempf/ Uppendahl (Hrsg.), Ombudsman, S. 13.
–, Der Ombudsman-Gedanke in Westeuropa, in: Kempf/Uppendahl (Hrsg.), Ombudsman, S. 130.
Kempf, Udo/Uppendahl, Herbert (Hrsg.), Ein deutscher Ombudsman, Opladen 1986.
Killingland, Tore, Norway, in: Hallo (ed.) Access, S. 309.
Kimmel, Adolf (Hrsg.), Die Verfassungen der EG-Mitgliedstaaten, 4. Auflage, München 1996.
Kimminich, Otto/Lersner, Heinrich Freiherr von/Storm, Peter-Christoph (Hrsg.), Handwörterbuch des Umweltrechts, 2. Auflage, Berlin 1994.
Kirchhof, Paul, Mittel staatlichen Handelns, in: Isensee/Kirchhof (Hrsg.), HdBStR, Band III, § 59.
Kisker, Gunter, Sicherung von „Wirtschaftlichkeit und Sparsamkeit" durch den Rechnungshof, NJW 1983, S. 2167.
Klein, Eckart, Die verfassungsrechtliche Problematik des ministerialfreien Raumes, Berlin 1974.
–, Die Kompetenz- und Rechtskompensation, DVBl. 1981, S. 662.
–, Grundrechtliche Schutzpflichten des Staates, NJW 1989, S. 1633.

Klein, Franz/Orlopp, Gerd/Brockmeyer, Bernhard, Abgabenordnung, 5. Auflage, München 1995.

Klein, Hans H., Die grundrechtliche Schutzpflicht, DVBl. 1994, S. 489.

Kloepfer, Michael, Öffentliche Meinung, Massenmedien, in: Isensee/Kirchhof (Hrsg.), Band II, HdBStR, § 35.

–, Das Stasi-Unterlagen-Gesetz und die Pressefreiheit, Berlin 1993.

–, Geben moderne Technologien und die europäische Integration Anlaß, Notwendigkeit und Grenzen des Schutzes personenbezogener Informationen neu zu bestimmen?, Gutachten D für den 62. Deutschen Juristentag, München 1998.

Kloepfer, Michael/Durner Wolfgang, Der Umweltgesetzbuch-Entwurf der Sachverständigenkommission (UGB-KomE), DVBl. 1997, S. 1081.

Kloepfer, Michael/Kunig, Philipp/Rehbinder, Eckard/Schmidt-Aßmann, Eberhard, Entwurf eines Allgemeinen Teils eines Umweltgesetzbuches, UGB AT, Berlin 1990.

Knack, Hans Joachim (Hrsg.), Verwaltungsverfahrensgesetz (VwVfG), Kommentar, 6. Auflage, Köln, Berlin, Bonn, München 1998.

Knemeyer, Franz-Ludwig, Geheimhaltungsanspruch und Offenbarungsbefugnis im Verwaltungsverfahren, NJW 1984, S. 2241.

–, Auskunftsanspruch und behördliche Auskunftsverweigerung, JZ 1992, S. 348.

–, Die Wahrung von Betriebs- und Geschäftsgeheimnissen bei behördlichen Umweltinformationen, DB 1993, S. 721.

Knill, Christoph/Héritier, Adrienne, Neue Instrumente in der europäischen Umweltpolitik: Strategien für eine effektivere Implementation, in: Lübbe-Wolf (Hrsg.), Vollzug, S. 209.

Koch, Karl/Scholz, Rolf-Detlev (Hrsg.), Abgabenordnung, 5. Auflage, Köln, Berlin, Bonn, München 1996.

Koenig, Christian, Internalisierung des Risikomanagements durch neues Umwelt- und Technikrecht?, NVwZ 1994, S. 937.

Koenig, Christian/Haratsch, Andreas, Europarecht, 3. Auflage, Tübingen 2000.

König, Doris, Das Umweltinformationsgesetz – ein Modell für mehr Aktenöffentlichkeit?, DÖV 2000, S. 45.

König, Sigurd, Drittschutz, Berlin 1993.

Köpp, Klaus, Öffentliches Dienstrecht, in: Udo Steiner (Hrsg.), Besonderes Verwaltungsrecht, Teil III, 6. Auflage, Heidelberg 1999.

Kollmer, Norbert, Die verfahrensrechtliche Stellung der Beteiligten nach dem UVP-Gesetz, NVwZ 1994, S. 1057.

–, Klage auf Umweltinformation nach dem neuen Umweltinformationsgesetz (UIG), NVwZ 1995, S. 858.

Kopp, Ferdinand, Verfassungsrecht und Verwaltungsrecht, München 1971.

–, Beteiligung, Rechts- und Rechtsschutzpositionen im Verwaltungsverfahren, in: Verwaltungsrecht zwischen Freiheit, Teilhabe und Bindung, Festgabe aus Anlaß des fünfundzwanzigjährigen Bestehens des Bundesverwaltungsgericht, München 1978, S. 387.

–, Verwaltungsverfahrensgesetz mit Erläuterungen, München, 6. Auflage 1996 (mit Nachtrag von Ulrich Ramsauer).

Kopp, Ferdinand/Ramsauer, Ulrich, Verwaltungsverfahrensgesetz mit Erläuterungen, München, 7. Auflage 2000.

Kopp, Ferdinand/Schenke, Wolf-Rüdiger, Verwaltungsgerichtsordnung mit Erläuterungen, München, 11. Auflage 1998.

Kothe, Peter, Beratungspflichten und Informationsbedarf im Umweltschutz, DÖV 1998, S. 577.

Krämer, Ludwig, Defizite im Vollzug des EG-Umweltrechts und ihre Ursachen, in: Lübbe-Wolf (Hrsg.), Vollzug, S. 7.

Kramer, Rainer, Umweltinformationsgesetz, Öko-Audit-Verordnung, Umweltzeichenverordnung, Stuttgart, Berlin, Köln 1994.

Krebs, Walter, Kontrolle in staatlichen Entscheidungsprozessen, Heidelberg 1984.

–, Kompensation von Verwaltungsverfahrensfehlern durch gerichtlichen Rechtsschutz, DVBl. 1984, S. 109.

Kriele, Martin, Das demokratische Prinzip im Grundgesetz, VVDStRL 29 (1971), S. 46.
Kruzíková, Eva, The Czech Republic, in: Hallo (ed.), Access, S. 349.
Kugelmann, Dieter, Zur Transparenz des Handelns in der Europäischen Union, EuR 1996, S. 207.
Kunig, Philip, Das Rechtsstaatsprinzip, Tübingen 1986.
–, Alternativen zum einseitig-hoheitlichen Verwaltungshandeln, in: Hoffmann-Riem/Schmidt-Aßmann, Konfliktbewältigung, Band 1, S. 43.
–, Verbandsklage im Naturschutz, Jura 1996, S. 493.
–, Das Recht des öffentlichen Dienstes, in: Eberhard Schmidt-Aßmann (Hrsg.), Besonderes Verwaltungsrecht, 6. Abschnitt, 11. Auflage, Berlin, New York 1999.
Ladeur, Karl-Heinz, Akteneinsicht in Italien, in: Winter (Hrsg.), Öffentlichkeit, S. 249.
Landmann, Robert von/Rohmer, Gustav, Umweltrecht, hrsg. von Klaus Hansmann, 3 Bände, Loseblatt, München, Stand: 32. Ergänzungslieferung, Oktober 1999.
Laubinger, Hans-Werner, Die Verwaltung als Helfer des Bürgers – Gedanken zur behördlichen Betreuungspflicht, in: Demokratie und Verwaltung, 25 Jahre Hochschule für Verwaltungswissenschaften, Speyer, Berlin 1972, S. 439.
–, Grundrechtsschutz durch Gestaltung des Verwaltungsverfahrens, VerwArch 73 (1982), S. 60.
–, Stichwort „Öffentlichkeitsbeteiligung", in: Kimminich/von Lersner/Storm (Hrsg.), Handwörterbuch des Umweltrechts, Sp. 1494.
Lemasurier, Jeanne, Vers une démocratie administrative: du refus d'informer au droit d'être informé, Revue Du Droit Public 1980, S. 1239.
Lenz, Carl-Otto/Grill, Gerhard, Zum Recht auf Akteneinsicht im EG-Kartellverfahrensrecht, in: Festschrift für Arved Deringer, Baden-Baden 1993, S. 310.
Lerche, Peter, Vorbereitung grundrechtlichen Ausgleichs durch gesetzgeberisches Verfahren, in: Lerche/Schmitt Glaeser/Schmidt-Aßmann, Verfahren, S. 101.
–, Aktuelle Grundfragen der Informationsfreiheit, Jura 1995, S. 561.
Lerche, Peter/Schmitt Glaeser, Walter/Schmidt-Aßmann, Eberhard, Verfahren als staats- und verwaltungsrechtliche Kategorie, Heidelberg 1984.
Levitt, Matthew, Access to the file: The Commission's administrative procedures in cases under Articles 85 and 86, CMLRev. 34 (1998), p. 1413.
Lodde, Stephan W.H., Informationsrechte des Bürgers gegen den Staat, Köln, Berlin, Bonn, München 1996.
Lopes, Adilia/Sendim, José Cunhal, Portugal, in: Hallo (ed.), Access, S. 215.
Lorenz, Dieter, Der grundrechtliche Anspruch auf effektiven Rechtsschutz, AöR 105 (1980), S. 623.
Lorz, Ralph Alexander, Der gemeineuropäische Bestand von Verfassungsprinzipien zur Begrenzung der Ausübung von Hoheitsgewalt – Gewaltenteilung, Föderalismus, Rechtsbindung –, in: Peter-Christian Müller-Graff/Eibe Riedel (Hrsg.), Gemeinsames Verfassungsrecht in der Europäischen Union, Baden-Baden 1998, S. 99.
Lübbe-Wolf, Gertrude, Modernisierung des Umweltordnungsrechts, Bonn 1996.
Lübbe-Wolf, Gertrude (Hrsg.), Der Vollzug des europäischen Umweltrechts, Berlin 1996.
Lücke, Jörg, Begründungszwang und Verfassung, Tübingen 1987.
–, Die „allgemeinen" Gesetze (Art. 5 Abs. 2 GG): Versuch einer Neuinterpretation, Heidelberg 1998.
Luhmann, Niklas, Legitimation durch Verfahren, Neuwied, Berlin 1969.
–, Soziale Systeme, Frankfurt am Main 1987.
–, Das Recht der Gesellschaft, Frankfurt am Main 1995.
Mahrenholz, Ernst Gottfried, „Die Kritik ist der Tod des Königs." Bemerkungen zur Öffentlichkeit, in: Festschrift für Helmut Simon, Baden-Baden 1987.
Mangoldt, Hermann v./Klein, Friedrich/Starck, Christian, Das Bonner Grundgesetz, Kommentar, Band 1, München 1999.
Martens, Joachim, Die Rechtsprechung zum Verwaltungsverfahrensrecht, NVwZ 1982, S. 480.
Martens, Wolfgang, Öffentlich als Rechtsbegriff, Bad Homburg v.d.H., Berlin, Zürich 1969.

Masing, Johannes, Die Mobilisierung des Bürgers für die Durchsetzung des Rechts, Berlin 1997.
–, Kritik des integrierten Umweltschutzes, DVBl. 1998, S. 549.
Masucci, Alfonso, Das Verwaltungsverfahren in Italien, AöR 121 (1996), S. 261.
Matthes, Hagen, Der Bürgerbeauftragte, Berlin 1981.
Maunz, Theodor/Dürig, Günter u.a., Kommentar zum Grundgesetz, Loseblatt, München, Stand: 35. Ergänzungslieferung, Februar 1999.
Maurer, Hartmut, Allgemeines Verwaltungsrecht, 12. Auflage, München 1999.
–, Staatsrecht, 1. Auflage, München 1999.
Mecking, Christoph, Zum Umfang des Rechts auf Einsichtnahme in ausgelegte Unterlagen, NVwZ 1992, S. 316.
Mengel, Hans-Joachim, Akteneinsicht in Verwaltungsverfahren, Die Verwaltung 23 (1990), S. 377.
Meyer, Hans/Borgs-Maciejewski, Hermann, Verwaltungsverfahrensgesetz, 2. Auflage, Frankfurt am Main 1982.
Michael, James, Privacy and Human Rights, An International and Comparative Study, with special Reference to Developments in Information Technology, Paris, Hampshire 1994.
Mittelstaedt, Hans Jürgen, Vollzugsverbesserung durch Steuerung zur Selbststeuerung? Das Beispiel der Öko-Audit-Verordnung, in: Lübbe-Wolf (Hrsg.), Vollzug, S. 235.
Moniz, Carlos Botelho/Pinheiro, Paulo Moura, The Principle of a Prior Hearing for Interested Parties in Portugese Administrative Law, European Public Law 2 (1996), S. 500.
Moreno, Fe Sanchis, Spain, in: Hallo (ed.), Access, S. 225.
Müller, Friedrich, Juristische Methodik, 7. Auflage, Berlin 1997.
Müller, Volker/Heuer, Jens-Uwe, Problemfälle des Anspruchs auf Umweltinformationen, NVwZ 1997, S. 330.
Münch, Ingo von/Kunig, Philip, Grundgesetz-Kommentar, Band 1, 4. Auflage, München 1992; Band 3, 3. Auflage, München 1996.
Murswiek, Dietrich, Staatliche Warnungen, Wertungen, Kritik als Grundrechtseingriffe, DVBl. 1997, S. 1021.
Mutius, Albert von, Grundrechtsschutz contra Verwaltungseffizienz im Verwaltungsverfahren?, NJW 1982, S. 2150.
Noelle-Neumann, Elisabeth, Artikel „Öffentliche Meinung", in: Elisabeth Noelle-Neumann/ Winfried Schulz/Dieter Wilke (Hrsg.), Fischer Lexikon Publizistik, Neuausgabe, Frankfurt 1994, S. 366.
Nolte, Georg, Die Herausforderung für das deutsche Recht der Akteneinsicht durch das europäische Verwaltungsrecht, DÖV 1999, S. 363.
Note, The Freedom Of Information Act: A Seven-Year Assessment, 74 Columbia Law Review (1974), S. 895.
Note, The Freedom Of Information Act In 1993–1994, 43 Duke Law Journal (1994), S. 1282.
Note, Revitalizing The Sanctions Provision Of The Freedom Of Information Act Amendments of 1974, 84 Georgetown Law Journal (1996). S. 617.
Note, Freedom Of Information Statutes: The Unfulfilled Legacy, 48 Federal Communications Law Journal (1996), S. 371.
Nowacki, Konrad, Poland, in: Hallo (ed.), Access, S. 371.
Oebbecke, Janbernd, Beratung durch Behörden, DVBl. 1994, S. 147.
Oeter, Stefan, „Drittwirkung" der Grundrechte und die Autonomie des Privatrechts, AöR 119 (1994), S. 529.
Ossenbühl, Fritz, Kernenergie im Spiegel des Verfassungsrechts, DÖV 1981, S. 1.
–, Grundrechtsschutz im und durch Verfahrensrecht, in: Festschrift für Kurt Eichenberger, Basel, Frankfurt am Main 1982, S. 183.
–, Verwaltungsverfahren zwischen Verwaltungseffizienz und Rechtsschutzauftrag, NVwZ 1982, S. 465.
–, Rechtsquellen und Rechtsbindungen der Verwaltung, in: Erichsen (Hrsg.), Allgemeines Verwaltungsrecht.

Pardey, Karl-Dieter, Informationelles Selbstbestimmungsrecht und Akteneinsicht, NJW 1989, S. 1647.

Partsch, Christoph J., Das Brandenburger Akteneinsichts- und Informationszugangsgesetz, NJ 1998, S. 346.

–, Brandenburgs Akteneinsichts- und Informationszugangsgesetz (AIG) – Vorbild für Deutschland?, NJW 1998, S. 2559.

Paschke, Marian (Hrsg.), Kommentar zum Umwelthaftungsgesetz, Berlin u.a. 1993.

Peine, Franz-Josef, Allgemeines Verwaltungsrecht, 5. Auflage, Heidelberg 2000.

Pernice, Ingolf, Gestaltung und Vollzug des Umweltrechts im europäischen Binnenmarkt – Europäische Impulse und Zwänge für das deutsche Umweltrecht, NVwZ 1990, S. 414.

Pernice, Ingolf/Kadelbach, Stefan, Verfahren und Sanktionen im Wirtschaftsverwaltungsrecht, DVBl. 1996, S. 1100

Peschel, Anna Marie, Akteneinsicht in Dänemark (Kurzbericht), in: Winter (Hrsg.), Öffentlichkeit, S. 159.

Peters, Heinz-Joachim, Das Recht der Umweltverträglichkeitsprüfung; Band 1, Vorschriftensammlung mit Einführung in das UVP-Recht, 1. Auflage, Baden-Baden 1995; Band 2, UVPG Kommentar, 1. Auflage, Baden-Baden 1996.

Pieroth, Bodo, Die planende Verwaltung zwischen Geheimhaltung und Öffentlichkeit, JuS 1981, S. 625.

Pieroth, Bodo/Schlink, Bernhard, Grundrechte, Staatsrecht II, 15. Auflage 1999.

Pietzcker, Jost, Der Anspruch auf fehlerfreie Ermessensentscheidung, JuS 1982, S. 106.

–, Verwaltungsverfahren zwischen Verwaltungeffizienz und Rechtsschutzauftrag, VVDStRL 41 (1983), S. 193.

Pitschas, Rainer, Verwaltungsverantwortung und Verwaltungsverfahren, München 1990.

–, Allgemeines Verwaltungsrecht als Teil der öffentlichen Informationsordnung, in: Hoffmann-Riem/Schmidt-Aßmann, Reform des Allgemeinen Verwaltungsrechts, Band 1, S. 219.

–, Entwicklung der Handlungsformen im Verwaltungsverfahrensrecht – Vom Formendualismus des Verwaltungsverfahrens zur Ausdifferenzierung der Handlungsformen, in: Blümel/Pitschas (Hrsg.), Reform, S. 229.

–, Informationelle Selbstbestimmung zwischen digitaler Ökonomie und Internet, DuD 1998, S. 139.

–, Geben moderne Technologien und die europäische Integration Anlaß, Notwendigkeit und Grenzen des Schutzes personenbezogener Informationen neu zu bestimmen?, Referat M für den 62. Deutschen Juristentag, Band II/1 (Sitzungsberichte), München 1998.

–, Das Informationsverwaltungsrecht im Spiegel der Rechtsprechung, Die Verwaltung 33 (2000), S. 111.

Podlech, Adalbert, Datenschutz im Bereich der öffentlichen Verwaltung, Berlin 1973.

Preussner, Mathias, Das Recht auf Akteneinsicht im Verwaltungsverfahren, VBlBW 1982, S. 1.

Püttner, Günther, Verwaltungslehre, 2. Auflage, München 1989.

Raeschke=Kessler, Hilmar/Eilers, Stephan, Die grundrechtliche Dimension des Beteiligungsgebots in § 13 II VwVfG – Zur Verfahrensbeteiligung als Grundrechtssicherung, NVwZ 1988, S. 37.

Redeker, Konrad, Grundgesetzliche Rechte auf Verfahrensteilhabe, NJW 1980, S. 1593.

Redeker, Konrad/von Oertzen, Hans-Joachim/Redeker, Martin, Verwaltungsgerichtsordnung, Kommentar, 12. Auflage, Stuttgart, Berlin, Köln 1997.

Rehbinder, Eckard, Stichwort „Verbandsklage“, in: Kimminich/von Lersner/Storm (Hrsg.), Handwörterbuch des Umweltrechts, Sp. 2559.

Rehbinder, Manfred, Die Informationspflicht der Behörden im Recht der Vereinigten Staaten, Berlin 1970.

Repkewitz, Ulrich, Beschleunigung der Verkehrswegeplanung, VerwArch 88 (1997), S. 137.

–, Bundeswehr und Umweltschutz, Berlin 1999.

Reinhardt, Michael, Umweltinformation als subjektives Recht, Die Verwaltung 30 (1997), S. 161.

Riedel, Eibe H., Europäische Verwaltungsverfahrenssysteme im Vergleich, EuR, Beiheft 1, 1995, S. 49.

Rittner, Fritz, Wettbewerbs- und Kartellrecht, 6. Auflage, Heidelberg 1999.
Rivero, Jean, droit administratif, 13. Auflage, Paris 1990.
Robinson, Glen O., Access To Government Information: The American Experience, 14 Federal Law Review (1983), S. 35.
Roderick, Peter, United Kingdom, in: Hallo (ed.), Access, S. 249.
Röger, Ralf, Die europarechtlichen Vorgaben der Umweltinformationsrichtlinie, in: Hegele/Röger (Hrsg.), Umweltschutz, S. 1.
–, Umweltinformationsgesetz, 1. Auflage, Köln, Berlin, Bonn, München 1995.
Ronellenfitsch, Michael, Die Planfeststellung, VerwArch 80 (1989), S. 92.
Roßnagel, Alexander/Bizer, Johann, Geheimnis- und Datenschutz der Gewerbeaufsichtsakten und die Aufgabe der Altlastenerhebung, GewArch 1992, S. 121.
Rotta, Christian, Nachrichtensperre und Recht auf Information, Stuttgart 1986.
Rudolf, Inge, Aufgaben und Stellung des betrieblichen Datenschutzbeauftragten, NZA 1996, S. 296.
Rudolf, Walter, Datenschutzkontrolle in Deutschland und die Europäische Datenschutzrichtlinie, in: Festschrift für Klaus Stern, München 1997, S. 1347.
–, Verwaltungsorganisation, in: Erichsen (Hrsg.), Allgemeines Verwaltungsrecht.
–, Informationsfreiheit und Persönlichkeitsschutz im Kontext des Völker- und Europarechts, in: Bitburger Gespräche, Jahrbuch 1999/I, München 1999, S. 135.
Rudolph, Inge, Mitwirkungsrecht der Naturschutzverbände nach § 29 I 1 Nr. 4 BNatSchG und Rechtsschutz, JuS 2000, S. 478.
Ruffert, Matthias, Dogmatik und Praxis des subjektiv-öffentlichen Rechts unter dem Einfluß des Gemeinschaftsrechts, DVBl. 1998, S. 96.
Rupp, Hans G., Akteneinsicht und Freedom of Information, AöR 108 (1983), S. 445.
Rupp, Hans Heinrich, Fusionskontrolle als Verfassungsauftrag, in: Egon Tuchtfeldt (Hrsg.), Soziale Marktwirtschaft im Wandel, 1973, S. 91.
–, Vom Wandel der Grundrechte, AöR 101 (1976), S. 161.
–, Bemerkungen zum verfahrensfehlerhaften Verwaltungsakt, in: Festschrift für Otto Bachof, München 1984, S. 151.
–, Grundfragen der heutigen Verwaltungsrechtslehre, 2. Auflage, Tübingen 1991.
Sachs, Michael (Hrsg.), Grundgesetz, 2. Auflage, München 1999.
Salje, Peter, Umwelthaftungsgesetz, Kommentar, unter Mitarbeit von Jörg Peter, München 1993.
Salzwedel, Jürgen, Stichwort „Rat von Sachverständigen für Umweltfragen", in: Kimminich/von Lersner/Storm (Hrsg.), Handwörterbuch des Umweltrechts, Sp. 1663.
Sands, Philipe/Werksman, Jacob, Procedural Aspects In The Field Of Sustainable Development, in: Konrad Ginther/Erik Denters/Paul J.I.M. de Waart (ed.), Sustainable Development And Good Governance, Dordrecht, Boston, London 1995, S. 178.
Schenke, Wolf-Rüdiger, Verwaltungsverfahren zwischen Verwaltungseffizienz und Rechtsschutzauftrag, VBlBW 1982, S. 313.
Scherer, Joachim, Verwaltung und Öffentlichkeit, Baden-Baden 1978.
Scherzberg, Arno, Risiko als Rechtsproblem, VerwArch 84 (1993), S. 484.
–, Freedom of Information – deutsch gewendet: Das neue Umweltinformationsgesetz, DVBl. 1994, S. 733.
Scheuing, Dieter H., Europarechtliche Impulse für innovative Ansätze im deutschen Verwaltungsrecht, in: Hoffmann-Riem/Schmidt-Aßmann, Reform, Band 2, S. 289.
–, Instrumente zur Durchführung des Europäischen Umweltrechts, NVwZ 1999, S. 475.
Scheuner, Ulrich, Die neuere Entwicklung des Rechtsstaats in Deutschland, in: Ernst v. Caemmerer u.a. (Hrsg.), Hundert Jahre deutsches Rechtsleben, Festschrift für den Deutschen Juristentag, Band II, Karlsruhe 1960, S. 229.
–, Verantwortung und Kontrolle in der demokratischen Verfassungsordnung, in: Festschrift für Gebhard Müller, Tübingen 1970, S. 379.
Schild, Hans-Hermann, Informationsfreiheitsgesetze – Eine Bestandsaufnahme derzeitiger Möglichkeiten des Informationszugangs mit einem Ausblick auf mögliche künftige Regelungen, RDV 2000, S. 96.

Schlachter, Jörg, Mehr Öffentlichkeit wagen, Heidelberg 1993.
Schlink, Bernhard, Die Amtshilfe, Berlin 1982.
–, Das Recht der informationellen Selbstbestimmung, Der Staat 25 (1986), S. 233.
Schmidt, Dietmar/Dörr, Erwin, Stasi-Unterlagengesetz, Kommentar für Betroffene, Wirtschaft und Verwaltung, Köln 1993.
Schmidt, Karsten, Drittschutz, Akteneinsicht und Geheimnisschutz im Kartellverfahren, Köln, Berlin, Bonn, München 1992.
Schmidt, Walter, Organisierte Einwirkungen auf die Verwaltung, VVDStRL 33 (1975), S. 183.
Schmidt-Aßmann, Eberhard, Das Allgemeine Verwaltungsrecht als Ordnungsidee und System, Heidelberg 1982.
–, Verfahren als staats- und verwaltungsrechtliche Kategorie, in: Lerche/Schmitt Glaeser/Schmidt-Aßmann, Verfahren, S. 3.
–, Der Rechtsstaat, in: Isensee/Kirchhof (Hrsg.), HdBStR, Band I, § 24.
–, Verwaltungsverfahren, in: Isensee/Kirchhof (Hrsg.), HdBStR, Band III, § 70.
–, Zur Reform des Allgemeinen Verwaltungsrechts – Reformbedarf und Reformansätze –, in: Hoffmann-Riem/Schmidt-Aßmann, Reform des Allgemeinen Verwaltungsrechts, Band 1, S. 11.
–, Die Umsetzung der EG-Richtlinie über die Umweltverträglichkeitsprüfung (UVP-RL) vom 27. Juni 1985 in das nationale Recht, in: Kay Hailbronner/Georg Ress/Torsten Stein (Hrsg.), Staat und Völkerrechtsordnung, Festschrift für Karl Doehring, Berlin u.a. 1989, S. 889.
–, Konfliktmittlung in der Dogmatik des deutschen Verwaltungsrechts, in: Hoffmann-Riem/Schmidt-Aßmann (Hrsg.), Konfliktbewältigung, Band 2, S. 9.
–, Verwaltungslegitimation als Rechtsbegriff, AöR 116 (1991), S. 329.
–, Deutsches und Europäisches Verwaltungsrecht, DVBl. 1993, S. 924.
–, Kommunalrecht, in: ders. (Hrsg.), Besonderes Verwaltungsrecht, 1. Abschnitt, 11. Auflage, Berlin, New York 1999.
–, Das Allgemeine Verwaltungsrecht als Ordnungsidee, Berlin u.a. 1998.
Schmidt-Jortzig, Edzard, Meinungs- und Informationsfreiheit, in: Isensee/Kirchhof (Hrsg.), HdBStR, Band VI, § 141.
Schmidt-Preuß, Matthias, Kollidierende Privatinteressen im Verwaltungsrecht, Berlin 1992.
–, Verwaltung und Verwaltungsrecht zwischen gesellschaftlicher Selbstregulierung und staatlicher Steuerung, VVDStRL 56 (1996), S. 160.
–, Integrative Anforderungen an das Verfahren der Vorhabenzulassung – Anwendung und Umsetzung der IVU-Richtlinie, NVwZ 2000, S. 252.
Schmitt Glaeser, Walter, Partizipation an Verwaltungsentscheidungen, VVDStRL 31 (1973), S. 179.
–, Die Position der Bürger als Beteiligte in Entscheidungsverfahren gestaltender Verwaltung, in: Lerche/Schmitt Glaeser/Schmidt-Aßmann, Verfahren, S. 35.
–, Mitwirkung an der Willensbildung, in: Isensee/Kirchhof (Hrsg.), HdBStR, Band II, § 31.
–, Schutz der Privatsphäre, in: Isensee/Kirchhof (Hrsg.), HdBStR, Band VI, § 129.
Schmitz, Heribert/Wessendorf, Frank, Das Genehmigungsverfahrensbeschleunigungsgesetz – Neue Regelungen im Verwaltungsverfahrensgesetz und der Wirtschaftsstandort Deutschland, NVwZ 1996, S. 955.
Schneider, Jens-Peter, Nachvollziehende Amtsermittlung bei der Umweltverträglichkeitsprüfung, Berlin 1991.
Schneider, Peter, Pressefreiheit und Staatssicherheit, Mainz 1968.
Schoch, Friedrich, Der Verfahrensgedanke im Allgemeinen Verwaltungsrecht, Die Verwaltung 25 (1992), S. 21.
–, Öffentlich-rechtliche Rahmenbedingungen einer Informationsordnung, VVDStRL 57 (1997), S. 57.
–, Individualrechtsschutz im deutschen Umweltrecht unter dem Einfluß des Gemeinschaftsrechts, NVwZ 1999, S. 457.
Schoch, Friedrich/Schmidt-Aßmann, Eberhard/Pietzner, Rainer, Verwaltungsgerichtsordnung, Kommentar, München, Loseblatt, Stand: 4. Ergänzungslieferung, März 1999.

Schoenemann, Peter, Akteneinsicht und Persönlichkeitsschutz, DVBl. 1988, S. 520.

Scholz, Rupert/Pitschas, Rainer, Informationelle Selbstbestimmung und staatliche Informationsverantwortung, Berlin 1984.

Schomerus, Thomas/Schrader, Christian/Wegener, Bernhard W., Umweltinformationsgesetz-Kommentar, 1. Auflage, Baden-Baden 1995.

Schröder, Meinhard, Staatstheoretische Aspekte einer Aktenöffentlichkeit im Verwaltungsbereich, Die Verwaltung 4 (1971), S. 301.

–, Der Schutz von Betriebs- und Geschäftsgeheimnissen im Umweltschutzrecht, UPR 1985, S. 394.

–, Auskunft und Zugang in bezug auf Umweltdaten als Rechtsproblem, NVwZ 1990, S. 905.

–, Die Berücksichtigung der Interessen der Wirtschaft bei der Gestaltung und Umsetzung der Umweltinformationsrichtlinie der Europäischen Gemeinschaft, ZHR 155 (1991), S. 471.

–, Stichwort „Geheimhaltungsschutz", in: Kimminich/von Lersner/Storm (Hrsg.), Handwörterbuch des Umweltrechts, Sp. 821.

Schürmann, Frank, Öffentlichkeitsarbeit der Bundesregierung, Berlin 1992.

Schulin, Betram, Sozialrecht, 5. Auflage, Düsseldorf 1993.

Schulte, Martin, Schlichtes Verwaltungshandeln, Tübingen 1995.

Schulz, Winfried, Artikel „Kommunikationsprozeß", in: Elisabeth Noelle-Neumann/Winfried Schulz/Dieter Wilke (Hrsg.), Fischer Lexikon Publizistik, Neuausgabe, Frankfurt am Main 1994, S. 140.

Schulze-Fielitz, Helmuth, Der Konfliktmittler als verwaltungsverfahrensrechtliches Problem, in: Hoffmann-Riem/Schmidt-Aßmann (Hrsg.), Konfliktbewältigung, Band 2, S. 55.

Schuppert, Gunnar Folke, Verwaltungsrechtswissenschaft als Steuerungswissenschaft. Zur Steuerung des Verwaltungshandlens durch Verwaltungsrecht, in: Hoffmann-Riem/Schmidt-Aßmann (Hrsg.), Reform, Band 1, S. 65.

Schwab, Joachim, Die Umweltverträglichkeitsprüfung in der behördlichen Praxis, NVwZ 1997, S. 428.

Schwan, Eggert, Amtsgeheimnis oder Aktenöffentlichkeit?, Datenverarbeitung im Recht, Beiheft 15, München 1984.

Schwanenflügel, Matthias von, Das Öffentlichkeitsprinzip des EG-Umweltrechts, DVBl. 1991, S. 91.

Schwarze, Jürgen, Administrative Leistungsfähigkeit als verwaltungsrechtliches Problem, DÖV 1980, S. 581.

–, Deutschland (Landesbericht), in: ders. (Hrsg.), Verwaltungsrecht, S. 123.

–, Die Europäisierung des nationalen Verwaltungsrechts, in: ders. (Hrsg.), Verwaltungsrecht, S. 789.

Schwarze, Jürgen (Hrsg.), Das Verwaltungsrecht unter europäischem Einfluß, Baden-Baden 1996.

Schweitzer, Michael/Hummer, Waldemar, Europarecht, 5. Auflage, Neuwied, Kriftel, Berlin 1996 (mit Nachtrag 1999).

Seewald, Otfried, Kommunalrecht, in: Udo Steiner (Hrsg.), Besonderes Verwaltungsrecht, 6. Auflage, Heidelberg 1999.

Seifert, Karl-Heinz/Hömig, Dieter (Hrsg.), Grundgesetz für die Bundesrepublik Deutschland, Taschenkommentar, 6. Auflage, Baden-Baden 1999.

Seppälä, Mika, Finland, in: Hallo (ed.), Access, S. 291.

Sieber, Ulrich, Informationsrecht und Recht der Informationstechnik, NJW 1989, S. 2569.

Simitis, Spiros, Vom Markt zur Polis: Die EU-Richtlinie zum Datenschutz, in Marie-Theres Tinnefeld/Lothar Philips/Susanne Heil (Hrsg.), Informationsgesellschaft und Rechtskultur in Europa, Baden-Baden 1995, S. 51.

–, Die EU-Datenschutzrichtlinie – Stillstand oder Anreiz?, NJW 1997, S. 281.

–, Datenschutz – Rückschritt oder Neubeginn?, NJW 1998, S. 2479.

Simitis, Spiros/Damann, Ulrich/Geiger, Hansjörg/Mallmann, Otto/Walz, Stephan, Kommentar zum Bundesdatenschutzgesetz, Baden-Baden, Loseblatt, Stand: 29. Ergänzungslieferung, Dezember 1998.

Smend, Rudolf, Zum Problem des Öffentlichen und der Öffentlichkeit, in: ders., Staatsrechtliche Abhandlungen, 3. Auflage, Berlin 1994, S. 465.
Sobota, Katharina, Das Prinzip Rechtsstaat, Tübingen 1997.
Sodan, Helge/Ziekow, Jan (Hrsg.), Nomos-Kommentar zur Verwaltungsgerichtsordnung, Baden-Baden, Loseblatt, Stand: 2. Ergänzungslieferung, November 1999.
Sommermann, Karl-Peter, Staatsziele und Staatszielbestimmungen, Tübingen 1997.
Steinberg, Rudolf, Komplexe Verwaltungsverfahren zwischen Verwaltungseffizienz und Rechtsschutzauftrag, DÖV 1982, S. 619.
–, Kritik von Verhandlungslösungen, insbesondere von mittlerunterstützten Entscheidungen, in: Hoffmann-Riem/Schmidt-Aßmann (Hrsg.), Konfliktbewältigung, Band 1, S. 295.
–, Fachplanung, 2. Auflage, Baden-Baden 1993.
–, Zulassung von Industrieanlagen im deutschen und europäischen Recht, NVwZ 1995, S. 209.
–, Verfassungsrechtlicher Umweltschutz durch Grundrechte und Staatszielbestimmungen, NJW 1996, S. 1985.
Steinberg, Rudolf/Koepfer, Isabell, IVU-Richtlinie und immissionsschutzrechtliche Genehmigung, DVBl. 1997, S. 973.
Stelkens, Paul/Bonk, Heinz Joachim/Sachs, Michael, Verwaltungsverfahrensgesetz, Kommentar, 5. Auflage 1998.
Stern, Klaus, Das Staatsrecht der Bundesrepublik Deutschland, Band I, 2. Auflage, München 1984; Band II, München 1980; Band III/1, München 1988.
Stollmann, Frank, Umweltinformation im Verwaltungsverfahren – zwischen europäischem Anspruch und deutscher Umsetzung, NVwZ 1995, S. 146.
Stoltenberg, Klaus, Stasi-Unterlagen-Gesetz, Kommentar, Baden-Baden 1992.
Storm, Peter-Christoph, Stichwort „Umweltbundesamt“, in: Kimminich/von Lersner/Storm (Hrsg.), Handwörterbuch des Umweltrechts, Sp. 2126.
Streinz, Rudolf, Europarecht, 4. Auflage, Heidelberg 1999.
Theuer, Andreas, Der Zugang zu Umweltinformationen aufgrund des Umweltinformationsgesetzes, NVwZ 1996, S. 326.
Tierney, Stephen, European Citizenship in Practice? The First Annual Report of the European Ombudsman, European Public Law 2 (1996), S. 517.
Tinnefeld, Marie-Theres/Ehmann, Eugen, Einführung in das Datenschutzrecht, 3. Auflage, München, Wien 1998.
Tipke, Klaus/Lang, Joachim, Steuerrecht, 16. Auflage, Köln 1998.
Tolley, George S., The Freedom of Information Act: Competing Interests in the Supreme Court, 1990 Annual Survey of American Law, S. 497.
Trantas, Georgios, Akteneinsicht und Geheimhaltung im Verwaltungsrecht, Berlin 1998.
Trute, Hans-Heinrich, Öffentlich-rechtliche Rahmenbedingungen einer Informationsordnung, VVDStRL 57 (1997), S. 216.
–, Der Schutz personenbezogener Informationen in der Informationsgesellschaft, JZ 1998, S. 822.
Trzaskalik, Christoph, Die Rechtsschutzzone der Feststellungsklage im Zivil- und Verwaltungsprozeß, Berlin 1978.
–, Diskussionsbeitrag, VVDStRL 41 (1983), S. 250.
Turiaux, André, Umweltinformationsgesetz (UIG), Kommentar, 1. Auflage, München 1995.
Ule, Carl Hermann, Verfassungsrecht und Verwaltungsprozeßrecht, DVBl. 1959, S. 537.
Ule, Carl Hermann/Becker, Franz, Verwaltungsverfahren im Rechtsstaat, Köln, Berlin 1964.
Ule, Carl Hermann/Laubinger, Hans-Werner, Empfehlen sich unter dem Gesichtspunkt der Gewährleistung notwendigen Umweltschutzes ergänzende Regelungen im Verwaltungsverfahrens- und Verwaltungsprozeßrecht? Gutachten B zum 52. Deutschen Juristentag Wiesbaden 1978, München 1978.
–, Verwaltungsverfahrensrecht, 4. Auflage, Köln, Berlin, Bonn, München 1995 (mit Nachtrag 1998).
Ule, Carl Hermann/Laubinger, Hans-Werner (Hrsg.), Bundes-Immissionsschutzgesetz

(BImSchG), Kommentar, Loseblatt, Neuwied, Stand: 109. Aktualisierungslieferung, April 2000.

Vesting, Thomas, Von der liberalen Grundrechtstheorie zum Grundrechtspluralismus – Elemente und Perspektiven einer pluralen Theorie der Grundrechte, in: Grabenwarter, Christoph/Hammer, Stefan/Pelzl, Alexander/Schulev-Steindl, Eva/Wiederin, Ewald (Hrsg.): Allgemeinheit der Grundrechte und Vielfalt der Gesellschaft, Stuttgart u.a. 1994.

Wachs, Stefan, Das Recht auf Akteneinsicht im immissionsschutzrechtlichen Genehmigungsverfahren, Frankfurt am Main u.a. 1996.

Wahl, Rainer, Verwaltungsverfahren zwischen Verwaltungeffizienz und Rechtsschutzauftrag, VVDStRL 41 (1983), S. 151.

–, Das Verwaltungsverfahren bei Genehmigungsverfahren. Die nachvollziehende Amtsermittlung im UVP-Gesetz, in: Karl Kroeschell (Hrsg.), Recht und Verfahren, Heidelberg 1993, S. 155.

–, Neues Verfahrensrecht für Planfeststellung und Anlagengenehmigung – Vereinheitlichung des Verwaltungsverfahrens oder bereichsspezifische Sonderordnung, in: Blümel/Pitschas (Hrsg.), Reform, S. 83.

–, Die doppelte Abhängigkeit des subjektiven öffentlichen Rechts, DVBl. 1996, S. 641.

–, Materiell-integrative Anforderungen an die Vorhabenzulassung – Anwendung und Umsetzung der IVU-Richtlinie, NVwZ 2000, S. 502.

Wahl, Rainer/Masing, Johannes, Schutz durch Eingriff, JZ 1990, S. 553.

Wald, Patricia M., The Freedom Of Information Act: A Short Case Study In The Perils And Paybacks Of Legislating Democratic Values, 33 Emory Law Journal (1984), S. 649.

Wates, Jeremy, Ireland, in: Hallo (ed.), Access, S. 121.

–, The UN ECE Guidelines and Draft Convention on Access to Environmental Information and Public Participation in Environmental Decisionmaking, in: Hallo (ed.), Access, S. 423.

Weberling, Johannes, Stasi-Unterlagen-Gesetz, Kommentar, Köln, Berlin, Bonn, München 1993.

Weichert, Thilo, Informationsfreiheitsgesetz Schleswig-Holstein, DuD 2000, S. 262.

Weiss, Wolfgang, Die Verteidigungsrechte im EG-Kartellverfahren, Köln, Berlin, Bonn, München 1996.

Wenzel, Karl Egbert, Presse- und allgemeiner Informationsanspruch insbes. gegenüber den Gerichten, in: Festschrift für Martin Löffler, München 1980, S. 391.

–, Informationsanspruch, § 4 LPG, in: Martin Löffler/Karl Egbert Wenzel/Klaus Sedelmeier (Hrsg.), Presserecht, Kommentar zu den Landespressegesetzen der Bundesrepublik Deutschland, 4. Auflage, München 1997.

Werner, Julia, Das EU-Netzwerk für Umsetzung und Vollzug von Umweltrecht, in: Lübbe-Wolf (Hrsg.), Vollzug, S. 131.

Wiedemann, Gerhard (Hrsg.), Handbuch des Kartellrechts, München 1999.

Wind, Irene, Die Kontrolle des Datenschutzes im nicht-öffentlichen Bereich, Baden-Baden 1994.

Winter, Gerd, Akteneinsicht in Frankreich, in: Winter (Hrsg.), Öffentlichkeit, S. 175.

–, Kompetenzen der Europäischen Gemeinschaft im Verwaltungsvollzug, in: Lübbe-Wolf (Hrsg.), Vollzug, S. 107.

–, Individualrechtsschutz im deutschen Umweltrecht unter dem Einfluß des Gemeinschaftsrechts, NVwZ 1999, S. 467.

Winter, Gerd (Hrsg.), Öffentlichkeit von Umweltinformationen, Baden-Baden 1990.

Winter, Gerd/Gurlit, Elke, Zusammenfassender Bericht, in: Winter (Hrsg.), Öffentlichkeit, S. 1.

Wippermann, Gerd, Zur Frage der Unabhängigkeit der Datenschutzbeauftragten, DÖV 1994, S. 929.

Wolff, Hans J./Bachof, Otto/Stober, Rolf, Verwaltungsrecht, Band 1, 11. Auflage, München 1999.

Würtenberger, Thomas, Die Akzeptanz von Verwaltungsentscheidungen, Baden-Baden 1996.

Ziamou, Theodora, Public Participation in Administrative Rulemaking: The Legal Tradition and Perspective in the American and European (English, German, Greek) Legal Systems, ZaöRV 60 (2000), S. 41.

Zöllner, Dieter, Der Datenschutzbeauftragte im Verfassungssystem, Berlin 1995.

Sachverzeichnis

Kursive Seitenzahlen verweisen auf Schwerpunkte

Jus Publicum

Beiträge zum Öffentlichen Recht

Alphabetisches Verzeichnis

Axer, Peter: Normsetzung der Exekutive in der Sozialversicherung. 2000. *Band 49.*
Bauer, Hartmut: Die Bundestreue. 1992. *Band 3.*
Blanke, Hermann-Josef: Vertrauensschutz im deutschen und europäischen Verwaltungsrecht. 2000. *Band 57.*
Böhm, Monika: Der Normmensch. 1996. *Band 16.*
Bogdandy, Armin von: Gubernative Rechtsetzung. 2000. *Band 48.*
Brenner, Michael: Der Gestaltungsauftrag der Verwaltung in der Europäischen Union. 1996. *Band 14*
Britz, Gabriele: Kulturelle Rechte und Verfassung. 2000. *Band 60.*
Burgi, Martin: Funktionale Privatisierung und Verwaltungshilfe. 1999. *Band 37.*
Claasen, Claus Dieter: Die Europäisierung der Verwaltungsgerichtsbarkeit. 1996. *Band 13.*
Danwitz, Thomas von: Verwaltungsrechtliches System und Europäische Integration. 1996. *Band 17.*
Detterbeck, Steffen: Streitgegenstand und Entscheidungswirkungen im Öffentlichen Recht. 1995. *Band 11.*
Di Fabio, Udo: Risikoentscheidungen im Rechtsstaat. 1994. *Band 8.*
Enders, Christoph: Die Menschenwürde in der Verfassungsordnung. 1997. *Band 27.*
Epping, Volker: Die Außenwirtschaftsfreiheit. 1998. *Band 32.*
Felix, Dagmar: Einheit der Rechtsordnung. 1998. *Band 34.*
Gellermann, Martin: Grundrechte in einfachgesetzlichem Gewande. 2000. *Band 61.*
Gröschner, Rolf: Das Überwachungsrechtsverhältnis. 1992. *Band 4.*
Groß, Thomas: Das Kollegialprinzip in der Verwaltungsorganisation. 1999. *Band 45.*
Gurlit, Elke: Verwaltungsvertrag und Gesetz. 2000. *Band 63.*
Häde, Ulrich: Finanzausgleich. 1996. *Band 19.*
Hase, Friedhelm: Versicherungsprinzip und sozialer Ausgleich. 2000. *Band 64.*
Heckmann, Dirk: Geltungskraft und Geltungsverlust von Rechtsnormen. 1997. *Band 28.*
Hellermann, Johannes: Örtliche Daseinsvorsorge und gemeindliche Selbstverwaltung. 2000. *Band 54.*
Hermes, Georg: Staatliche Infrastrukturverantwortung. 1998. *Band 29.*
Hösch, Ulrich: Eigentum und Freiheit. 2000. *Band 56.*
Holznagel, Bernd: Rundfunkrecht in Europa. 1996. *Band 18.*
Horn, Hans-Detlef: Die grundrechtsunmittelbare Verwaltung. 1999. *Band 42.*
Huber, Peter-Michael: Konkurrenzschutz im Verwaltungsrecht. 1991. *Band 1.*
Ibler, Martin: Rechtspflegender Rechtsschutz im Verwaltungsrecht. 1999. *Band 43.*
Jestaedt, Matthias: Grundrechtsentfaltung im Gesetz. 1999. *Band 50.*
Kadelbach, Stefan: Allgemeines Verwaltungsrecht unter europäischem Einfluß. 1999. *Band 36.*
Kahl, Wolfgang: Die Staatsaufsicht. 2000. *Band 59.*
Koch, Thorsten: Der Grundrechtsschutz des Drittbetroffenen. 2000. *Band 62.*

Korioth, Stefan: Der Finanzausgleich zwischen Bund und Ländern. 1997. *Band 23.*
Kluth, Winfried: Funktionale Selbstverwaltung. 1997. *Band 26.*
Kugelmann, Dieter: Die informatorische Rechtsstellung des Bürgers. 2001. *Band 65.*
Lehner, Moris: Einkommensteuerrecht und Sozialhilferecht. 1993. *Band 5.*
Lücke, Jörg: Vorläufige Staatsakte. 1991. *Band 2.*
Manssen, Gerrit: Privatrechtsgestaltung durch Hoheitsakt. 1994. *Band 9.*
Masing, Johannes: Parlamentarische Untersuchungen privater Sachverhalte. 1998. *Band 30.*
Morgenthaler, Gerd: Freiheit durch Gesetz. 1999. *Band 40.*
Morlok, Martin: Selbstverständnis als Rechtskriterium. 1993. *Band 6.*
Oeter, Stefan: Integration und Subsidiarität im deutschen Bundesstaatsrecht. 1998. *Band 33.*
Pauly, Walter: Der Methodenwandel im deutschen Spätkonstitutionalismus. 1993. *Band 7.*
Pielow, Johann-Christian: Grundstrukturen öffentlicher Versorgung. 2000. *Band 58.*
Puhl, Thomas: Budgetflucht und Haushaltsverfassung. 1996. *Band 15.*
Reinhardt, Michael: Konsistente Jurisdiktion. 1997. *Band 24.*
Rodi, Michael: Die Subventionsrechtsordung. 2000. *Band 52.*
Rossen, Helge: Vollzug und Verhandlung. 1999. *Band 39.*
Rozek, Jochen: Die Unterscheidung von Eigentumsbindung und Enteignung. 1998. *Band 31.*
Sacksofsky, Ute: Umweltschutz durch nicht-steuerliche Abgaben. 2000. *Band 53.*
Šarčević, Edin: Das Bundesstaatsprinzip. 2000. *Band 55.*
Schlette, Volker: Die Verwaltung als Vertragspartner. 2000. *Band 51.*
Schmidt-De Caluwe, Reimund: Der Verwaltungsakt in der Lehre Otto Mayers. 1999. *Band 38.*
Schulte, Martin: Schlichtes Verwaltungshandeln. 1995. *Band 12.*
Sobota, Katharina: Das Prinzip Rechtsstaat. 1997. *Band 22.*
Sodan, Helge: Freie Berufe als Leistungserbringer im Recht der gesetzlichen Krankenversicherung. 1997. *Band 20.*
Sommermann, Karl-Peter: Staatsziele und Staatszielbestimmungen. 1997. *Band 25.*
Trute, Hans-Heinrich: Die Forschung zwischen grundrechtlicher Freiheit und staatlicher Institutionalisierung. 1994. *Band 10.*
Uerpmann, Robert: Das öffentliche Interesse. 1999. *Band 47.*
Wall, Heinrich de: Die Anwendbarkeit privatrechtlicher Vorschriften im Verwaltungsrecht. 1999. *Band 46.*
Wolff, Heinrich Amadeus: Ungeschriebenes Verfassungsrecht unter dem Grundgesetz. 2000. *Band 44.*
Volkmann, Uwe: Solidarität – Programm und Prinzip der Verfassung. 1998. *Band 35.*
Voßkuhle, Andreas: Das Kompensationsprinzip. 1999. *Band 41.*
Ziekow, Jan: Über Freizügigkeit und Aufenthalt. 1997. *Band 21.*